백투더 바이블 21

Jeremiah
Lamentations

예레미야 · 애가

장종길 지음

김의원 박사 추천

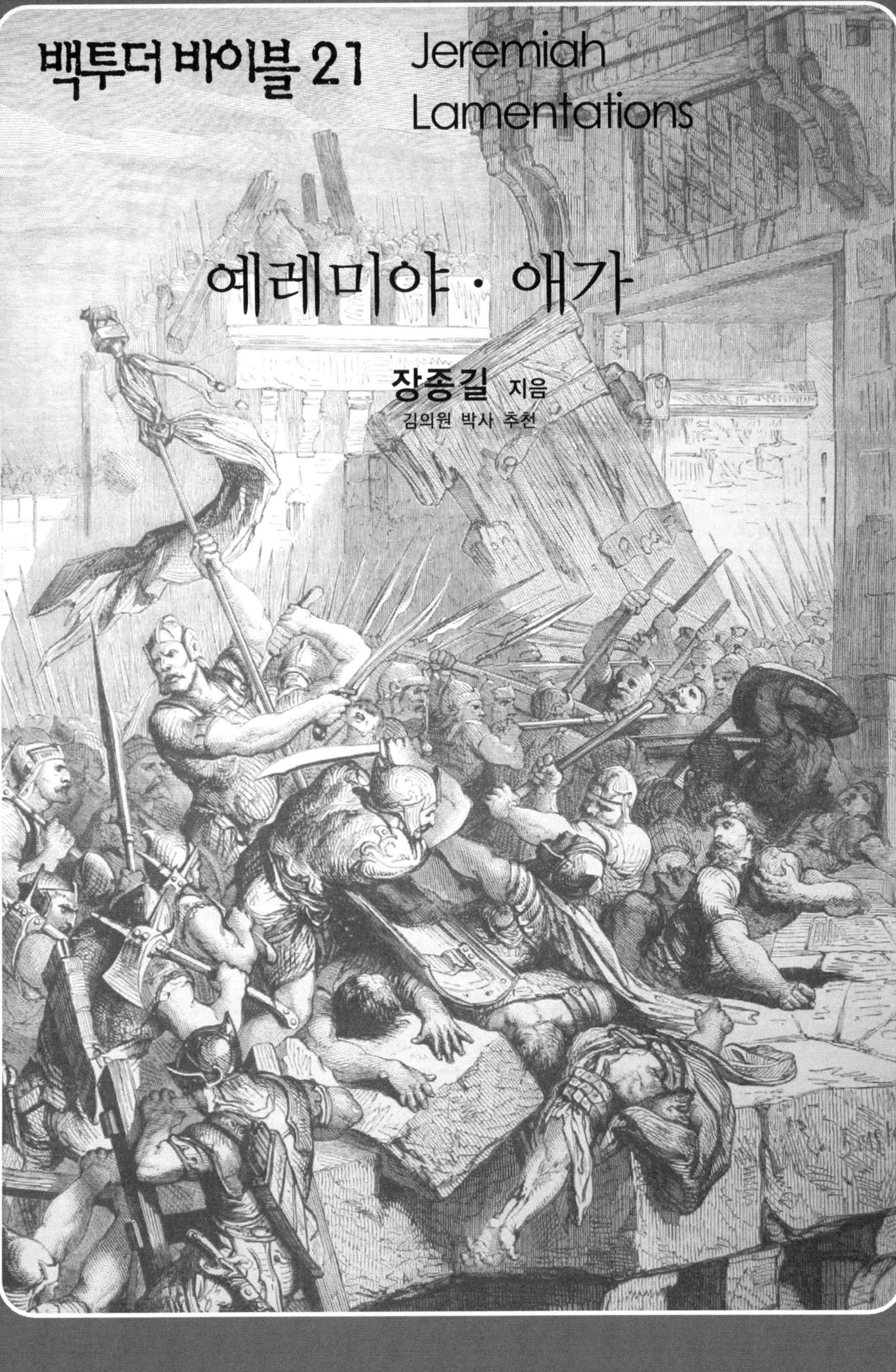

Jeremiah / Lamentations

Back to the Bible

by

JANG Jong-Gil

Grisim Publishing Co.
Seoul, Korea

“내가 공을 세우나 은혜 갚지 못하네”

- 이사야서를 출간하고, 예레미야서 집필을 위해 전력질주했습니다. 이사야서보다 조금 쉽게 진행되었으나 역시 힘든 작업이었습니다.
- 렘 31장에 언급된 '새 언약'을 정리하면서 큰 기쁨을 느꼈습니다.
- 이 작업을 위해 늘 기도하시는 김상옥, 배창남 장로님께 감사를 드립니다.
- 문맥성경을 제공해 주신 채호덕 목사님께 감사하고, 마지막 교정을 보아주신 설규식 장로님께 고마움을 드립니다.
- 교회 식구들에게 감사를! 특히 ~에게... 왜? 모르겠는데~~
- 열심히 말씀을 배우려는 분들에게, 격려와 용기를!! - 훌륭한 교사가 되도록 노력하십시오.

추천사

현재 우리는 범세계적인 정보 시대에 살고 있습니다. 정보의 부재 시대는 이미 갔습니다. 원하는 분야에 대해 조회만 하면 얼마든지 많은 정보를 확보할 수 있습니다. 그래서 정보 홍수라는 말이 우리에게 익숙해져 있습니다. 그런데 막상 접수한 정보를 대하면 정보의 빈곤을 느끼지 않을 수 없습니다. 질적 수준에 문제가 있는 정보들 때문입니다. 사회가 이런 문제를 안고 속앓이를 하고 있음을 우리는 익히 알고 있습니다.

이른바 초고속 정보화 시대에 있는 교회도 풍부한 목회 자료와 이들 자료들의 질적 난해성 사이에서 많은 고민을 하고 있습니다. 현재 우리 한국 교회는 컴퓨터에 의한 자료보다는 출판물에 의한 자료 의존도가 아직은 높은 상태입니다. 그러므로 질적으로 우수한 자료의 출판이 시급하다 할 수 있습니다. 질적인 우수성의 기준 중 하나는 정보를 사용하는 현장 사역자들의 필요를 정확하게 이해하고 있는지의 여부입니다. 그 자료를 수집한 현장 사역자들이 친근성을 가지고 쉽게 사용할 수 있게 해야 합니다. 많은 번역서들이 이 문제를 안고 있음을 우리는 알아야 합니다. 단순한 소개 정도로 정보를 전달하는 것은 또 다른 문제, 즉 현장화라는 과정을 요구하기 때문입니다. 다른 하나는 자료의 신뢰성입니다. 정확한 정보를 적절하게 인용한 자료를 간직하는 것은 필수적인 도리입니다. 이것이 부족할 경우 선의의 피해자를 계속해서 낳을 수 있습니다.

추천자는 새로운 출판물, 새로운 정보를 접할 때마다 이런 염려로부터 해방될 수 있기를 늘 바라고 있는 사람 중의 한 명입니다. 그런데 본서는 이런 점으로부터 필자를 안심시키는 책이라고 봅니다. 우리 한국의 목회자들은 굵게 잘라 놓은 정보보다는 잘게 정리된 정보에 익숙합니다. 한국적인 상황이 특수하기 때문입니다. 확신하건대 이 책을 접하는 분들은 이런 면에서 공감할 것입니다. 또한 본서의 필자는 많은 출판 경험을 통해 인용되는 정보를 어떻게 사용해야 한국의 사역자들이 잘 활용할 수 있는지를 잘 알고 있는 분이라고 봅니다. 다른 책들이 외국의 좋은 내용을 단순히 알려주고 있는 반면에, 본서의 필자는 내용을 잘 요리해서 일정한 분야의 독자들이 효과적으로 사용할 수 있게 배려했다는 점이 본서의 장점이라 할 수 있습니다. 앞으로 출판 매체를 통해 정보를 제공하려는 분들이 참고하여 따라야 할 모델이라 생각하여 자신 있게 추천합니다.

김 의 원 박사 (전 총신대학교 총장)

이 책의 주된 목적은

신학자들의 연구를 한 단계 끌어내리고,
일반 성도의 수준을 한 단계 끌어올려
누구나 쉽게 접근할 수 있도록
인도하려는 데 그 목적이 있습니다.

신앙생활을 오래하셨는데도
성경이 여전히 수학문제같이 어렵게만 느껴지는
분들에게 도움을 줄 것입니다.

특히 일반 성도들에게는
성경에 대한 지식이 풍부하더라도
성경 전체를 조망할 수 있는 훈련이 부족합니다.

따라서 이 교재는
성경 본문에 충실하면서도
성경의 통일성을 견지하고 구속사적 해석의 원리를
적용하여 설명하려고 노력하였습니다.
그것은 곧 하나님의 위대하신 섭리를 이해하는
빠른 길이기도 하기 때문입니다.

무엇보다도, 이 교재는
누구나 성경에 친근해질 수 있도록
쉽게 접근했다는 것입니다.
그러므로
아주 자세한 해설과 자료보다는
전체적인 흐름을 잡으려
강해식으로 설명했습니다.

지금, 곧 연필을 들고 시작하십시오.
여러분의 가장 친한 친구가
옆에서 설명해 주는 느낌을 받을 수 있을 것입니다.

저자 장 종 길

6

이 교재의 특징

본 교재는 무엇보다 성경 본문에 충실하려고 노력했다. 그러면서도 자칫 성경의 통일성을 놓치기가 쉬운 것을 감안, 언약 개념이 성경을 이해하는 데 중요한 요소라고 여겨, 성경 전체를 관통하는 언약의 흐름을 파악할 수 있도록 안내했다. 아래에 안내한 교재의 특징들을 잘 활용하면서 성경을 읽어나가면 성경을 보는 재미가 생겨날 것이다. 이 교재의 최선의 목표는 성경을 혼자 공부할 수 있는 수준

장별 제목

중심내용 : 본문의 내용이 무엇인가를 간단하게 숙지할 수 있도록 요약해 놓았다. 이 요약은 본 과에서 배울 내용을 한눈에 볼 수 있게 해준다.

도입 부분 : 본과에 들어가기 전에 지난 과에서 배운 내용을 간단히 이야기하고 이번 과에서 어떤 내용을 공부할 것인가를 안내했다. 이 부분은 음악에서 서곡(序曲)에 해당하는 부분으로 대단히 중요하므로 꼭 읽어야 한다. 그래야 전체의 흐름을 이해할 수 있기 때문이다.

본문개관 : 매장마다 본문의 내용을 간단하게 요약, 정리했다. 이 부분은 각 장을 정리하는데 도움을 준다.

Close-up : 본문에서 신학적인 정리 및 자세한 설명이 필요할 때는 확대 설명해 놓았다. 내용이 그리 쉽지 않기 때문에 깊이 있게 공부하지 않을 분은 그냥 지나가도 된다. 만약 리더가 있다면 안내를 받자. 그러나 확대경은 본문의 이해를 위해 꼭 필요한 신학적 내용의 요약 정리이다. 이 부분을 더욱 확대하여 교회에서 특강으로 해결하는 것도 좋은 방법이다.

까지 끌어올리는 것이다. 그것은 본인의 끊임없는 노력이 필요함은 두말할 나위가 없다. 너무 쉬운 것만 찾다 보면 우리의 믿음이 성장할 수 없다. 어려운 내용을 쉽게 설명하려고 노력했으나 한계가 있었다. 다만 성경(말씀) 동산에는 무궁무진한 보화가 있다는 사실을 알려주려고 애를 썼을 뿐이다. 말할 수 없는 보화를 캐내는 작업은 본인 스스로가 해야 한다. 안내자는 안내자일 뿐이다.

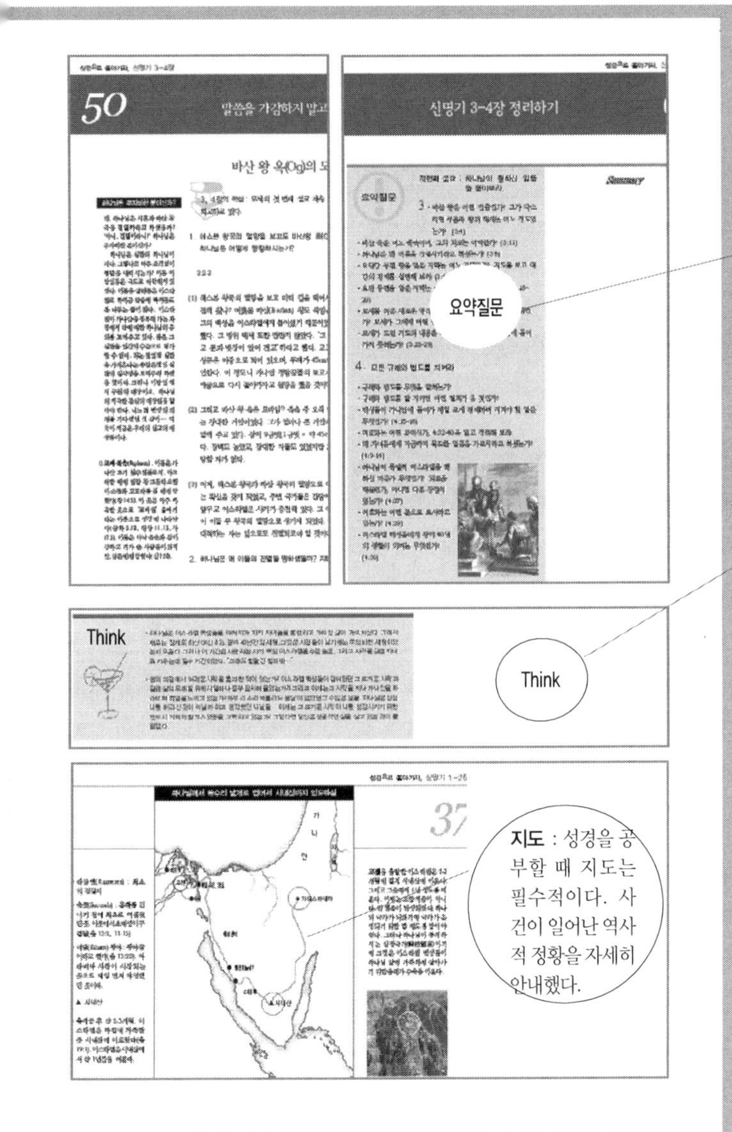

용어해설 : 본문에서 내용의 도움을 위해 꼭 설명이 필요한 부분은 간단하게 적어두었다. 최근에 발간된 주석성경에 이에 대한 해설이 잘 되어 있기에 꼭 필요한 것이 아니면 설명을 생략했다.

요약정리 및 질문 : 매과마다 요약 질문을 넣어 그 장의 내용을 정리했다. 질문을 통해 내용을 정리해보자. 리더는 숙제로도 활용할 수 있다. 더욱이 연구과제를 통해 신학적인 문제도 정립할 수 있겠다.

적용 : 말씀이 우리의 삶에서 적용되지 못한다면 지식만을 자랑하는 공부가 되기 쉽다. 삶의 적용을 위한 내용을 실었다. 그러나 그 적용은 개인에 따라 달라질 수 있다. 본문에 대한 정확한 이해가 먼저 선행되어야 하고, 또한 그 말씀이 우리 삶에 적용되어야 한다. 각자가 더 추가적인 적용을 이끌어내자.

질문식 문제 및 해설: 본 교재는 먼저 질문을 하고 그 질문에 해설을 하는 식으로 정리하되 전체의 흐름을 강해식으로 전개했다. 따라서 차례대로 답을 적어 간다면 성경 본문의 내용을 아주 쉽게 이해할 수 있을 것이다.

이 교재를 사용하시는 분들을 위하여

혼자 공부하시는 분에게

첫　째 물론, 성경공부를 하기 전에 기도하셔야지요! 본문을 잘 이해하게 해달라고 성령님께 지혜를 부탁하세요.

둘　째 오늘 배울 본문을 정독하면서 여러 번 읽으십시오. 혹시 영어 성경을 보신다면 함께 읽으십시오. 그리고 필요한 부분에는 구문분석을 소개했습니다. 내용의 흐름을 이해하는 데 도움을 줄 것입니다.

셋　째 이 교재는 문제를 먼저 던지고, 그에 대한 해설을 소개했습니다. 그런데 그 해설을 먼저 읽어보려는 유혹에서 벗어나야 성공합니다. 반드시 본인의 말로 답을 쓰십시오. 그리고 설명을 참고하세요.

넷　째 이 교재의 설명이 부족하신 분은 간단한 주석 또는 강해서를 참고하십시오. 그러나 이 교재의 주 목적이 전체의 흐름을 잡는 것이고, 또 너무 자세한 주석은 진도에 방해를 가져오기에 많이 생략했습니다.

다섯째 혼자 공부하시다 이해가 잘 안 가는 문제는 여백에다 기록했다가 나중에 교역자의 안내를 받으십시오.

여섯째 꼭 한 번에 한 과씩 진도를 나갈 필요는 없습니다. 맛있는 뷔페에 가서는 정량보다 더 많이 먹는 것처럼 여러 과를 하셔도 됩니다. 따라서 이 교재가 어떤 사람에게는 몇 주나 몇 달이 걸릴 수 있고 어떤 사람에게는 더 걸릴 수도 있습니다.

일곱째 그 날 배운 내용을 주위 사람들에게 교재를 보지 않고 설명해 보십시오. 물론 완전히 자기 것으로 소화해서 자신의 말로 전달하셔야 합니다. 정 그럴 상대가 없다면, 자녀나 친구에게, 그래도 없으면 이불 속에서라도 혼자 중얼거려보세요. 그 효과가 배로 나타날 것입니다.

여덟째 소개된 성경 구절을 다 찾아 적으신다면 그보다 더 좋은 효과는 없겠지요. 그렇지 못하더라도 소개된 성경 구절은 꼭 찾아보아야 합니다. 아주 반드시.

아홉째 Close up은 어떤 사람에게는 너무 어렵겠지만, 어떤 사람에게는 도움이 될 것입니다. 잘 활용하시면 이해에 큰 도움이 될 것입니다. 책 소개는 필요하신 분을 위해 안내했습니다.

열　째 분명한 것은 이 교재가 반드시 완전하다는 것은 아닙니다. 성경에서 보다 풍성한 꼴을 얻게 하기 위한 기초과정일 것입니다. 보다 깊은 연구는 자기 스스로 하셔야 합니다. 꼭 부탁드리는 것은 잘 성장하셔서 교회에서 성경을 지도하는 교사가 되기를 바랄 뿐입니다. 노력하십시오.

구역공부 교재로 사용하시는 분들께

첫 째 구역의 활성화가 교회부흥의 첩경임은 누구나 다 아는 사실입니다. 그러나 말씀 중심으로 모이는 모임이 아니면, 그 모임이 계속 불타오를 수 없습니다. 인위적인 열심은 곧 시들해지기 때문이니까요.

먼저, 교재를 나누어 주시고 집에서 숙제를 해오게 하십시오. 성경 구절을 적어 오게 하되 바쁜 사람은 성경을 찾아보았다는 증거로 성경 페이지 숫자라도 적어 오게 하세요. 물론 안 해 오는 분에게는 벌금을 물리세요. 집에서 이 교재를 사용하시는 방법은 앞의 내용을 참고하십시오.

둘 째 만약 당신이 인도자라면, 앞에서 '혼자서 공부하는 사람에게' 말했던 내용대로 하십시오. 철저히 준비하셔서 속이 후련하게 해주셔야 합니다. 자세한 설명보다는 그 본문이 의미하는 내용을 아주 간단하고 알기 쉽게 설명해 주셔야 합니다.

셋 째 구역 모임은 시간을 그리 길게 잡을 수는 없을 테니까, 짧은 시간 내에 그 내용을 소화할 수 있도록 지도자나 지도를 받는 분들이 미리 준비를 잘 해오셔야 합니다. 그래서 구역 모임에서는 중요 내용을 토론, 요약해 주는 방법이 나을 것입니다. 물론 잘 이해가 안 되는 부분은 지도자가 설명해 주셔야 합니다.

넷 째 나머지 재미나는 프로그램은 지도자가 안내하십시오. 이 교재에 나와 있는 삽화를 예쁘게 색칠해 오게 하는 방법도 그 하나일 것입니다. 또는 좋은 책을 선정, 그 내용을 서로 소개하는 방법도 있을 것입니다.

성경공부 모임의 교재로 사용하시는 분들께

첫 째 우선 앞의 내용을 참고하십시오. 성경공부 시간이 얼마나 되는지 잘 모르겠지만, 물론 집에서 각자 충분히 공부를 해오게 하시는 것이 효과적입니다. 주로 교역자나 전문 성경공부 지도자가 인도하게 되겠기에 보다 깊은 토론을 할 수 있을 것입니다.

둘 째 그러나 어느 한 주제를 가지고 너무 깊은 토론을 하는 것은 유익하지 못합니다. 더욱이 교역자가 없는 성경공부 모임에서는 너무 깊은 토론을 하지 않는 것이 좋습니다. 이런 문제는 교인 전체를 대상으로 강사를 모시거나 본 교회 교역자의 특강으로 해결하는 것이 좋습니다.

셋 째 그보다는 성경 전체의 맥을 잡아 가는 것이 효과적입니다. 우리의 논쟁거리는 신학자들 사이에서도 논쟁이 되는 것이 대부분입니다. 만약, 성경공부 모임에 처음 참석하는 분이 있다면 더더욱 비효과적입니다. 많은 지식의 습득보다 성경 본문이 전하려는 핵심 메시지가 무엇인지를 알려고 노력하십시오.

차 례

[Close-up]

14

예레미야서 서론

1. 누가 썼을까? : 예레미야

(1) 예레미야에 대한 자료는 예레미야서를 제외하면 그리 많지 않다. 역대하 36:12, 21, 22에서 예레미야를 언급하고 있다. 그리고 다니엘서에서 70년간의 포로생활과 관련된 언급이 단 한 번 있다(단 9:2). 그러나 예레미야서는 저자가 자서전적인 부분을 많이 남겨 놓았기에 그의 생애를 잘 알 수 있다. 그의 부친의 이름은 힐기야(Hilkiah)라고 했다. 주전 622년에 성전에서 율법책을 발견한 대제사장 이름이 힐기야였다(왕하 22:8). 그러나 여기 등장하는 힐기야가 그의 부친인지는 확실치 않다.

(2) 예레미야서의 저술 문제는 간단치 않다. 렘 36:1-8, 32을 보면 네리야의 아들 바룩(Baruch the son of Neriah)이 필기자로 언급되었다. 그래서 학자들은 예레미야가 예레미야서 전부를 기록하지 않았다는데 동의한다. 보수적인 학자들의 견해는 예레미야가 저자이며, 바룩이 그의 필사자였으며, 또한 저작들의 수집자였다고 본다.

(3) 예레미야 (יִרְמְיָהוּ 또는 יִרְמְיָה) - 어원을 רוּם('be exalted' 또는 'rise') 에서 찾는다면, 예레미야 이름의 뜻은 "하나님께서 높이시다" ('the Lord exalts') 또는 "하나님께서 세우시다" ('the Lord establishes')이다. 만약, 어원을 רָמָה('cast' 또는 'throw')에서 찾는다면, 예레미야 이름의 뜻은 "하나님께서 내던지시다" ('the Lord throws, hurls)라고 유추할 수 있다.[1)]

2. 언제 부름을 받았는가?

(1) 요시야가 왕이 된 것은 주전 640년이었다. 예레미야는 요시야 왕 제13년, 젊은 나이에 선지자로 부름을 받았다고 했다(1:2, 그러니까 주전 627년이다). 그렇다면 이때는 율법서가 발견되기(주전 622년) 5년 전이다.

(2) 요시야 왕의 등장으로 내리막을 치닫던 유다는 회생하기 시작했다. 그러나 므낫세부터 심화된 부패는 근본적인 마음의 변화가 없는 피상적인 운동에 그쳤다.

(3) 므낫세와 그의 아들 아몬의 악정으로 부패가 백성들 가운데 뿌리 깊게 자리잡

• 대하 36:11 "시드기야가 왕위에 오를 때에 나이가 이십일 세라 예루살렘에서 십일 년 동안 다스리며 12그의 하나님 여호와 보시기에 악을 행하고 **선지자 예레미야**가 여호와의 말씀으로 일러도 그 앞에서 겸손하지 아니하였으며"

• 대하 36:21 "이에 토지가 황폐하여 땅이 안식년을 누림 같이 안식하여 칠십 년을 지냈으니 여호와께서 **예레미야**의 입으로 하신 말씀이 이루어졌더라."

• 대하 36:22 "바사의 고레스 왕 원년에 여호와께서 **예레미야**의 입으로 하신 말씀을 이루시려고 여호와께서 바사의 고레스 왕의 마음을 감동시키시매 그가 온 나라에 공포도 하고 조서도 내려 이르되."

1) 최순진, 프로에클레시아, 통권 10호, 12-30. 한편으로는 하나님께서 선지자를 세상으로 내보내다는 뜻과 다른 한편으로는 세상의 죄 때문에 하나님께서 심판으로 세상을 내던지신다는 의미로 해석할 수 있다.

고 있었다. 이런 부패는 므낫세의 오랜 통치 기간에 급속도로 퍼져 나갔다(왕하 23:26, 27, 24:3, 4).

3. 예레미야는 어떤 인물인가?

(1) 예레미야는 "여호와의 말씀"(דְּבַר־יְהוָה)의 선지자였다.
"여호와의 말씀이 내게 임하니라" 또는 이와 비슷한 말이 구약에서 총 349회 사용되었는데, 그 중 157회를 사용했다(James G. S. Thomson).

(2) "보라 내가 내 말을 네 입에 두었노라"(렘 1:9, 5:14)고 말함으로써 예레미야는 하나님께서 말씀하심의 근거로 삼았다. 또 하나님의 명령으로 기록도 하였다(렘 36:1-2). 예레미야의 비서인 바룩은 예레미야가 전하는 말을 받아썼다(렘 36:8). 바룩이 기록한 "(예레미야의) 입에서 나온 것"이라는 예레미야의 말은 여호와께서 하신 말씀이었다.[1)]

(3) 예레미야는 유다의 폭력을 지적하고, 따라서 멸망을 선포했다. 그러나 여호와의 말씀 선포는 자신에게 치욕만을 가져왔고(20:7이하), 그의 사역은 결실이 없는 것처럼 보였다. 그래서 다시는 여호와의 말씀을 전하지 않겠다고 다짐했지만, 그럴수록 오히려 여호와의 말씀이 예레미야 안에서 타오르는 불길 같아서 그 말씀이 뼛속 깊은 곳까지 태우는 것 같았다고 했다.

(4) 소위 예레미야의 고백은 대부분은(렘 11:18-23, 12:1-6, 15:10-20, 17:14-18, 18:18-23, 20:7-11) 이런 투쟁의 산물이었다. 이 기도에는 선지자에 대한 부르심에서 직접 나타나는 예레미야의 고통과 항의를 날카롭게 표현하고 있다. 기도의 정직성과 대담함을 보라.

(5) 예레미야는 소명에 대한 두려움을 갖고 있었다. "주 여호와여, 보소서. 저는 어린아이라 말할 줄 모릅니다"(1:6). 또한 예레미야는 하나님에 대한 두려움을 갖고 있었다(렘 10:24, "여호와여, 나를 꾸짖으시되 공평하게 해 주십시오. 노여움 가운데서 저를 벌하지 마십시오. 저의 존재가 사라질까 하옵니다. - 쉬운성경). 하나님께서는 유다에 대한 심판이 다가오고 있으므로 예레미야로 하여금 결혼하지 말것이며, 자녀도 갖지 말라고 명령하신다(렘 16:1-4*). 또한 예레미야는 자신이 하나님으로부터 부여받은 사명조차도 힘들어 했다. 그는 하나님의 전능하심을 의지하고, 그리고 승리의 노래까지 불렀지만, 역시 그의 사역이 얼마나 힘든 것이었나를 생각하게 한다. 슬픔과 비통함을 갖고서 사역에 대한 거리낌을 갖고 있

1) 하나님이 주신대로 전혀 다듬지 않고 음절 그대로 토해낸 불굴의 용기를 가진 선지자였다. 이런 용기는 어디서 나온 것일까? 그는 자기 자신을 잘 알고 있었다(1:6). 그의 강함은 소명 이후에 주어진 것이었다.

• 렘 16:1 "여호와의 말씀이 또 내게 임하여 이르시되 2**너는 이 땅에서 아내를 맞이하지 말며 자녀를 두지 말지니라** 3이 곳에서 낳은 자녀와 이 땅에서 그들을 해산한 어머니와 그들을 낳은 아버지에 대하여 여호와께서 이와 같이 말씀하시오니 4 그들은 독한 병으로 죽어도 아무도 슬퍼하지 않을 것이며 묻어 주지 않아 지면의 분토와 같을 것이며 칼과 기근에 망하고 그 시체는 공중의 새와 땅의 짐승의 밥이 되리라."

었다(20:14-18).

(6) 예레미야는 자기가 하는 사역에 너무 결실이 없는 것 같아 절망에 빠진다. 그는 하나님이 자기를 속였다고 불평하였다. "내가 말할 때마다 외치며 파멸과 멸망을 선포하므로 여호와의 말씀으로 말미암아 내가 종일토록 치욕(조소, 경멸, 비난)과 모욕거리(켈레스, קֶלֶס)가 됨이니이다"(20:8). 그래서 그는 "다시는 여호와를 선포하지 아니하며 그의 이름으로 말하지 아니하리라."고 결심한다. 그러나 막상 그렇게 하다보면 "나의 마음이 불붙는 것 같아서 골수에 사무치니 답답하여 견딜 수 없나이다"라고 속내를 드러낸다(본문 설명에서).

• 렘 1:7-8 "여호와께서 내게 이르시되 너는 아이라 말하지 말고 내가 너를 누구에게 보내든지 너는 가며 내가 네게 무엇을 명령하든지 너는 말할지니라 8 너는 **그들 때문에 두려워하지 말라 내가 너와 함께 하여 너를 구원하리라** 나 여호와의 말이니라 하시고"

(7) 예레미야는 또한 **용기있고 담대하라**는 하나님의 확신을 받았다(1:7-8*; 17-19).

(8) 예레미야를 '눈물의 선지자'라고 부른다. 예레미야는 그의 "고백"(11:18-23; 12:1-4; 15:10-21; 17:12-18; 18:18-23; 20:7-18)에서 자신의 내부의 갈등을 놀라울 정도로 정직하게 드러내놓는다. "어찌하여 제 고통이 끝나지 않는 것입니까? 제 상처는 어찌하여 고칠 수 없고 낫지 않는 것입니까? 주는 제게 물이 넘쳤다가 말랐다가 하는 믿을 수 없는 시내와도 같습니다"(15:18). 지금 예레미야의 눈에는 하나님이 마치 "흐르다가는 마르고 마르다가는 흐르는 여름철의 시냇물처럼 도무지 믿을 수 없는 분(새번역)"이 되셨다는 것이다.

(9) 몹시 힘들어 하는 예레미야에게 하나님은 어떤 확신을 주시는가? (15:19-21) 아마, 그의 사역이 너무 힘들어 잠시 중단했던 것 같이 보인다. 힘들어 하는 예레미야를 다독거리신다. 만일 다시 주의 일을 감당할 마음이 생기면, 다시 그를 세우실 것임을 약속하신다. 하나님은 그에게 "이 백성 앞에 견고한 놋 성벽이 되게" 해주시겠다고 용기를 주신다. 이제 "그들이 너를 칠지라도 이기지 못할 것이다." 하나님이 그를 도와주고 구원하여 주실 것이기 때문이다.

1) Roy B. Zuck & Eugene H. Merrill, 구약성경 신학

4. 예레미야서의 신학의 요점[1)]

(1) 유다의 언약 파기 - 따라서 하나님의 심판이 임할 것이다.

(2) 백성들은 우상 숭배, 지도자들은 극도로 타락했다.

(3) 검과 재앙과 기근이 그 땅을 황무케 할 것이며 많은 사람들이 바벨론 포로로 잡혀갈 것이다.

(4) 그러나 하나님은 교만한 나라들을 심판하실 것이며, 자기의 백성들을 고국으로 돌아오게 하실 것이다.

(5) 통일된 남북 왕국과 언약을 맺을 것이다.

(6) 예레미야 시대의 무능한 왕과 제사장들을 다윗 계열의 이상적 통치자(메시아)와 성결케 된 자들로 대신하실 것이다.

5. 예레미야서의 본문해석상의 난제

70인역의 바탕이 되는 히브리 사본을 재구성해 보면 전통적 맛소라 사본보다 1/8이 짧다. 맛소라 사본이 70인역보다는 2,700단어가 더 많다. 열방에 대한 신탁이 맛소라 본문에서는 끝에 위치하지만(맛소라 사본에서는 46-51장) 70인역에서는 중간에 위치해 있다(70인역에서는 25:13 이후에 나타난다). 아마 헬라어 번역자는 이 책을 보다 논리적으로 배열하고자 시도했던 것 같다.

예레미야 사역 당시 역사적 배경

1. 부패가 백성들 가운데 뿌리깊게 자리잡고 있었다.

(1) 부패의 원인 : 므낫세 왕의 오랜 통치 기간에 급속도로 퍼져나간 것이다(왕하 23:26, 27, 24:3-4). 므낫세의 성격은 그 시대의 만연된 세태를 그대로 반영한 것이다. 그런 부패를 만들어낸 장본인이라기보다는 오히려 그 부패상을 대변하는 대표격에 지나지 않는다.

(2) 므낫세는 만년에 회심했다(대하 33:11-20).
열왕기하에서는 언급이 없지만 역대하 33장에는 므낫세의 회개가 언급되어 있다(대하 33:11). 므낫세가 어떤 이유로 사슬에 묶여 앗수르 왕 앞에 끌려갔는지 확실치 않다.[1] 어쨌든 "그가 환난을 당하여 그의 하나님 여호와께 간구하고 그의 조상들의 하나님 앞에 크게 겸손하여"(대하 33:12) 기도했다고 했다. "하나님이 그의 기도를 받으시며 그의 간구를 들으시사 그가 예루살렘에 돌아와서 다시 왕위에 앉게 하시매 므낫세가 그제서야 여호와께서 하나님이신 줄을 알았더라"(13절).

1) 에살핫돈 시대나 아슈르바니팔 시대에도 반란이 계속 일어났는데, 이런 반란 사건에 연류되어 바벨론으로(바벨론 역시 앗수르의 통치 하에 있었다) 끌려갔을 것이다. 그러나 혐의가 크게 없자 오히려 융숭한 대접을 받고 왕위로 복귀했다. (백투더 바이블, 열왕기하)

2. 므낫세가 언제 이런 회심을 했을까?

(1) 이에 대한 정확한 언급이 없지만, 아마 652-648년 바벨론에서 일어난 아슈르바니팔의 아우 샤마쉬-슘-우킨(Shamssh-shum-hkin)의 반란과 연관되어 끌려갔

을 수도 있다.[1] 므낫세의 재위 연대가 642년까지라면 그의 통치 말년에 회심이 있었을 것이다.

(2) 어쨌든, "그 후에 다윗 성 밖 기혼 서쪽 골짜기 안에 외성을 쌓되 어문 어귀까지 이르러 오벨을 둘러 매우 높이 쌓고 또 유다 모든 견고한 성읍에 군대 지휘관을 두며 (대하 33:14), 이방 신들과 여호와의 전의 우상을 제거하며 여호와의 전을 건축한 산에와 예루살렘에 쌓은 모든 제단들을 다 성 밖에 던지고 (15절), 여호와의 제단을 보수하고 화목제와 감사제를 그 제단 위에 드리고 유다를 명령하여 이스라엘 하나님 여호와를 섬겼다"(16절)고 했다. 그러나 "백성이 그의 하나님 여호와께만 제사를 드렸으나 아직도 산당에서 제사를 드렸더라 "고 했다(17절).[2]

(3) 그러나 므낫세의 이런 잠깐 동안의 호심에도 불구하고 그의 영향력은 전면적이거나 지속적이지 못했다. 그의 아들 아몬의 악한 통치 때문이었다. 아몬은 므낫세의 뒤를 이어 왕위에 올랐으나(642-640년) 2년간 부왕의 타락한 정치를 답습하는 데 불과했다. 므낫세와 아몬은 혼합신앙을 따른 것이 아니라 한 걸음 더 나아가 전적으로 우상 숭배로 나아갔다. 므낫세에게 압제 당하던 사람들이 새로 등극한 왕조차 같은 길을 가는 것을 좋게 보지 않은 것 같다. 앗수르의 속국과 같은 처지에 환멸을 느꼈을 반앗수르파의 조종이 있었거나 아니면 므낫세에게 압제당한 사람들의 사주가 있었을 것이다. 국민(지방민, עַם־הָאָרֶץ)이 아몬 왕을 살해한 사람들을 다 죽이고 어린 요시야를 왕으로 옹립했다. 낭떠러지로 굴러 떨어지는 차에 올라 탄 것은 8살된 어린 요아스였다.

3. 그러나 이때는 벌써 바벨론이 점차 두각을 나타내기 시작했다.

(1) 앗수르는 거의 수명을 다해가고 있었다. 그러나 앗수르와 애굽은 바벨론의 세력을 꺾으려 했다. 국제 정세가 또다시 요동치기 시작한다. 어린 요시야가 어떻게 국정을 펴 나갈까?

(2) 역대하 34:3을 자세히 읽어보면 이제 더 이상 앗수르가 유다에 대한 간섭을 할 처지가 못 되었다는 것을 보여준다. 유다가 앗수르의 손에서 벗어나기는 했지만,[3] 이번에는 애굽에 종속되는 위치로 나아가게 된다. 물론 이 당시 애굽은 팔레스타인 지역을 합병할 생각은 없었고, 주로 상업 활동에 주력하고 있었다. 어쨌든 요시야 시대에는 외세에 크게 시달리지 않게 되었다. 따라서 요시야는 개혁정책을 단행할 수 있었다. 초기에는 므낫세가 썼던 정책을 전면 부정하는 것이었다.

1) 그 외에도 앗수르에 대한 반란은 여러 곳에서 일어났다. 677/76에 일어난 시돈의 반란, 668/7에 일어난 아슈르바니팔에 대한 두로의 반란, 640년대에 있었던 아라비아 종족들과 대규모 전쟁 등.

2) 외경 중에 「므낫세의 기도」라는 책이 있다.

역대기 기자는 므낫세가 바벨론 포로로 잡혀 갔다가 온 후(대하 33:11-16), 개혁을 단행한 왕으로 묘사하고 있다. 아마 역대기 기자는 하나님은 회개한 자들에게 은혜를 베푸신다는 점을 강조하려 했던 것으로 보인다.

3) 역대하 34:3a "아직도 어렸을 때 **곧 왕위에 있은지 팔 년에** 그의 조상 다윗의 하나님을 비로소 찾고." 이 구절을 보면, 유다는 요시야가 등극한 지(633/2년) 얼마 안 돼서 이미 앗수르의 그늘에서 벗어난 것같다. 그리고 몇 년 지나서 전격적으로 개혁 작업에 착수했을 것이다(34:3b "제 십이년에 유다와 예루살렘을 비로소 정결하게 하여 그 산당들과 아세라 목상들과 아로새긴 우상들과 부어 만든 우상들을 제거하여 버리매").

(3) 요시야는 8세에 왕위에 올라 31년간을 통치했는데(639-609년), 이미 그의 배후에는 경건한 인물들이 많이 있었다. 그의 치리 기간은 유다 창건 이래 가장 행복했던 시기라고 볼 수 있다. 앗수르의 그늘에서 벗어났기 때문에 그는 남방만 아니라 북방 이스라엘의 바알 우상까지도 없애는 정화 운동을 벌였다.

• 렘 3:4 "네가 이제부터는 내게 부르짖기를 나의 아버지여 아버지는 나의 청년 시절의 보호자이시오니 5노여움을 한없이 계속하시겠으며 끝까지 품으시겠나이까 하지 아니하겠느냐 보라 네가 이같이 말하여도 악을 행하여 네 욕심을 이루었느니라 하시니라"

4. 그러나 유다는 다시 부패의 늪으로 빠진다.

예레미야나 여선지 훌다, 스바냐 선지자 등이 등장해 왕을 도왔으나 백성들 가운데 만연되어 있는 뿌리 깊은 부패의 물줄기를 막을 수는 없었다(렘 3:4-5을 보라.). 요시야의 개혁 이후 몇 년 지나지 않아 유다는 다시 옛길로 돌아섰다(3:1절). 이들의 회개(왕하 22:3-23:3)는 피상적인 것이었다.

예레미야서의 중요 내용

(Roy B. Zuck & Eugene H. Merrill, 구약성경신학을 중심으로)

1. 유다가 하나님을 거절함

레갑 족속 - 레갑의 아들 요나답의 후손이다. 레갑은 겐 족속이다(민 10:29-32). 모세의 장인 호밥도 겐 족속이다. 이들은 유목 생활을 하면서, 나실인의 사역을 철저히 지켰다(렘 35장 참조). 이들 족속은 바알 숭배를 거절하고 전심으로 여호와 하나님을 좇아 살았다(왕하 10:15-23). 요나답은 후손들에게 포도주를 금하고 엄격한 유목민의 삶을 촉구하였다. 200년이 지난 후 그의 후손들은 조상들이 세운 이 규례를 지켰다. 예레미야는 이들을 성전으로 데려다가 포도주를 접대하였다. 그러나 이들은 그것을 마시기를 거절했다. 언약을 파기하며 범죄하고 있는 백성들과는 극명한 대조를 이룬다.

(1) 파기된 언약(렘 11:1-17) - 모세 시대에 하나님은 그의 백성과 언약을 세우셨다. 그 언약의 핵심은 무엇인가? 언약의 순종은 곧 축복이고, 언약 파기는 저주를 경험할 것이라고 약속하셨다(레 26:14-39, 27:15-26, 28:15-29:11). 예레미야는 백성에게 그들의 언약에 대한 의무를 상기시킨다. 백성의 언약 파괴에 대해 비난했다.

(2) 이스라엘의 역사를 보면 백성들은 언제나 언약을 어겨 하나님의 징계를 받곤 했다(렘 11:7-8). 불순종의 길은 곧 죽음의 길이다(신 30:15-20). 그러나 이들은 조상들의 전철을 밟았다(언약 파기, 렘 9:9-13). 다른 신들을 섬기고 가장 기본적인 기준들마저 대담하게 불순종했다(렘 11:7-9). 십계명 중 다섯 가지에 대한 위반 사례를 지적한다. 이제는 아무리 호소해도 하나님께서 내리시는 재앙을 피할 수 없다(렘 11:11-17).

(3) 예레미야는 왜 레갑의 가족에 대한 교훈을 주는가? (렘 35:1-19) 그 내용을 설명해 보라.[1] 예레미야는 언약 요구에 대한 백성들의 불성실을 강조하기 위해 레갑 족속의 교훈을 주었다. 레갑 족속과 유다 백성들간의 신앙의 태도는 얼마

나 다른가!

(4) 베 띠의 교훈 : 하나님의 명령에 따라 예레미야는 베 띠를 사서 허리에 띠고, 다시 여호와의 말씀에 따라 개울가 바위틈에 감추었다. 나중에 그곳을 파자 당연히 썩어 있었다. 유다 백성들은 지금 반역으로 인해 쓸모 없는 나라가 되었다는 것이다(렘 13:1-11). 썩은 베 띠처럼 유다는 하나님의 종으로서 쓸모가 없게 되었다.

2. 영적 간음

• 렘 1:16 "무리가 **나를 버리고 다른 신들에게 분향하며** 자기 손으로 만든 것들에 절하였은즉 내가 나의 심판을 그들에게 선고하여 그들의 모든 죄악을 징계하리라."

• 렘 2:5 "나 여호와가 이와 같이 말하노라 너희 조상들이 내게서 무슨 불의함을 보았기에 **나를 멀리하고 가서 헛된 것을 따라** 헛되이 행하였느냐"

(1) 우상 숭배 : 여호와는 참되시며 살아계신 하나님이시며, 우주의 주권자이시다(렘 10:10, 12, 13). 그러나 백성들은 이런 여호와를 섬기지 않고 아무런 가치도 없고 생명도 없으며 인간이 나무와 금속으로 만든 우상 숭배로 빠져들었다(1:16*, 2:5*, 8-12, 10:3-5, 8-9, 14-15, 16:18-20).

(2) 그들은 생수의 근원이신 여호와를 버리고 스스로 물웅덩이를 팠다(렘 2:13). 우상은 '물을 가두지 못할 터진 웅덩이'와 같다고 했다.

• 가나안의 폭풍과 다산의 신 바알을 섬김(렘 2:8, 23, 7:9, 9:14, 11:13, 12:16, 19:5, 23:13, 27, 32:29, 35)
• 몰렉 신(32:35, 참고 - 레 18:21, 20:2-5; 왕하 23:10) - 이들은 바알과(19:5) 몰렉을 위해 자녀들을 불에 태우기까지 했다.
• 하늘 황후 - 지중해의 여신 이스타르(Ishtar) (렘 7:18, 44:17-19, 25) - 이 신을 섬기는 예배에는 그의 모습을 본뜬 과자를 만들고 향을 태우며 전제를 붓는 행위가 포함되었다. (이유 : 예루살렘이 함락되자 애굽으로 내려간 피난민들은 예루살렘의 멸망의 이유가 이 의식을 버렸기 때문이라고 주장하며, 다시 시행했다, 44:15-19). - 이에 대한 하나님의 경고를 보라(44:20이하).

(3) 백성들의 우상 숭배 행위가 하나님 앞에 얼마나 불충성한가를 결혼의 불충성에 비유했다. 바알을 섬기는 행위를 간음하는 행위로 비유했다(렘 2:19). 이들은 자매인 북왕국의 전철을 밟았다(렘 3:6-20). 유다는 부정한 아내와 같이 결혼 패물을 잊어버리고(렘 2:32), 여러 가지 부정한 관계에 빠졌다(렘 3:1-3). 이들의 모습은 성욕이 일어난 암나귀의 헐떡임과 같다고 비유했다(렘 2:23-24).

3. 사회적 불의

(1) 부자는 가난한 자 학대, 고아와 과부를 돌보지 않았다(2:34, 5:26-28, 7:5-6).

(2) 유다의 왕들은 공의를 시행하고 유지해야 했으나(렘 21:11이하, 22:2-4) 전혀 그렇지 못했다.

(3) 특히 여호야김 왕의 악정을 보라. 그는 자신을 위해 궁정을 호화롭게 짓기 위해 백성들을 동원했다. 물론 노동에 대한 대가도 지불하지 않았다. 예레미야는 여호야김의 악행을 그의 아버지 요시야와 비교하고 있다. 요시야는 의로운 왕으로 가난한 자와 궁핍한 자를 보살폈다(렘 22:15-17*). 이에 비해 여호야김은 오직 '불의한 이'만 탐하였다.

• 렘 22:15 "네가 백향목을 많이 사용하여 왕이 될 수 있겠느냐 네 아버지가 먹거나 마시지 아니하였으며 정의와 공의를 행하지 아니하였느냐 그 때에 그가 형통하였었느니라 16 그는 가난한 자와 궁핍한 자를 변호하고 형통하였나니 이것이 나를 앎이 아니냐 여호와의 말씀이니라 17 그러나 네 두 눈과 마음은 탐욕과 무죄한 피를 흘림과 압박과 포악을 행하려 할 뿐이니라."

(4) 바벨론이 예루살렘을 포위할 당시 시드기야는 하나님 앞에서 히브리 노예들을 풀어주겠다고 굳게 언약했으나 포위가 잠시 풀어지자 다시 뜻을 돌이켰다(34:8-20).

4. 위선과 거짓 소망

(1) **거짓 선지자들** - 재앙이 임하지 아니할 것이고 미래는 평안과 번성으로 가득 찰 것이라고 했다(5:12, 8:11, 14:13, 15, 27:9, 28:2-4). 왜 이런 주장을 하고 있는 것일까? 그들은 모세 율법(8:8)과 여호와의 성전이 있기 때문에 결코 멸망하지 않을 것이라고 생각했다(7:4).

(2) 여호와께서는 그들이 가져온 제물을 받지 않으시겠다고 선언하셨다(6:20). 진정한 순종이 제사보다 훨씬 중요하다(7:21-26). 진정한 순종이 없다면 율법을 가지고 있다는 것만으로 소용이 없다(8:8-9). 예레미야는 실로 성전을 예로 든다. 이곳은 한 때 성막이 있던 곳이었으나 하나님에 의해 취소된 것이다. 백성들이 회개하지 않는다면 현재의 성전도 멸망당하게 될 것이다(7:12-14, 26:6, 9).

(3) 거짓 선지자들은 탐욕 때문에 신탁 선언했다. 그리고 백성들을 안심시키는 말로 이익을 취했다(6:13, 8:10). 물론 이들은 여호와의 회의에 참여하지도(23:18), 하나님의 명령을 받지도 않았다(14:14, 23:21, 29:9, 31). 그들은 행악하는 자들에게 어떤 해도 입지 않을 것이라고 안심시킨다(23:22). 거짓 선지자들의 메시지는 속임수이며 자신의 복술과 거짓 계시에서 나온 것이다(14:14, 23:16, 26-38, 29:8).

(4) 이에 비해 예레미야 선지자는 하나님에 의해 복중에서 선택되었으며, 심판을 전하라는 특별한 사명을 받았다(1:4-9). 그는 하나님의 파수꾼이었다(6:17). 언약 백성들에게 악한 길에서 돌아올 것을 전하기 위해 부름을 받았다(7:25, 25:4).

• 렘 26:20 "또 여호와의 이름으로 예언한 사람이 있었는데 곧 기럇여아림 스마야의 아들 우리야라 그가 예레미야의 모든 말과 같이 이 성과 이 땅에 경고하여 예언하매 21 여호야김 왕과 그의 모든 용사와 모든 고관이 그의 말을 듣고서 왕이 그를 죽이려 하매 우리야가 그 말을 듣고 두려워 애굽으로 도망하여 간지라 22 여호야김 왕이 사람을 애굽으로 보내되 곧 악볼의 아들 엘라단과 몇 사람을 함께 애굽으로 보냈더니 23 그들이 우리야를 애굽에서 연행하여 여호야김 왕에게로 그를 데려오매 왕이 칼로 그를 죽이고 그의 시체를 평민의 묘지에 던지게 하니라 24사반의 아들 아히감의 손이 예레미야를 도와 주어 그를 백성의 손에 내어 주지 아니하여 죽이지 못하게 하니라."

5. 여호와의 말씀에 대한 거절

(1) **여호야김**은 예레미야의 동료 선지자 가운데 하나인 우리야를 죽였다(렘 26:20-23*). 예레미야의 생명도 여러 번 위협을 받았다.

(2) 예레미야의 고향인 아나돗(1:1) 사람들도 여호와의 이름으로 말하지 말라고 협박하며 죽이려 했다(렘 11:18-21). 임멜의 아들 바스훌이라는 제사장은 그를 때리고 성전 윗문 차꼬에 채웠다(렘 20:1-2). 제사장과 선지자들이 예레미야를 죽이려 했으나(렘 26:8-9, 예레미야가 예루살렘에 좋지 않은 예언을 했다는 것이다), 몇몇 관리와 장로들이 구해 주었다(렘 26:10-19, 24).

(3) 예레미야가 다가올 바벨론의 침략을 알리기 위해 목에 멍에를 메자 선지자 하나냐는 모든 백성 앞에서 그것을 꺾어버렸다(렘 28:10).

(4) 다른 거짓 선지자 느헬람 사람 스마야는 제사장들에게 편지를 보내 예레미야를 반역한 거짓 선지자라고 고소하며 차꼬에 채우라고 했다(렘 29:24-28).

(5) 왕들도 예레미야를 인정하지 않았다. 예레미야의 메시지 가운데 하나를 기록하여 성전에서 낭독하자 여호야김의 수하들은 예언을 기록한 두루마리를 빼앗아 왕에게 가져갔고, **왕은** 그것을 **한 장 씩 베어 불에 태워버렸다**(렘 36:1-26).

(6) 시드기야 통치 중, 왕의 관리들이 예레미야를 반역죄로 체포하여 때리고, 오랫동안 토굴 속에 가두었다(렘 37:13-16). - 시드기야는 그에게 안락한 장소를 제공했으나(21절) 결국 예레미야의 대적들의 사주를 받아 진흙 구덩이에 던져 넣었다(38:1-6). 오직 구스인 에벳멜렉만이 예레미야의 목숨을 구해주었다(7-13절).

(7) 왕은 비밀리에 예레미야와 대화하며 하나님의 말씀을 받고자 하였으나 공개적으로 인정하지 않았다(렘 38:14-27). 그는 바벨론이 예루살렘을 정복할 때까지 감옥에 갇혀 있었다(28절). 성이 함락된 후에도 몇몇 지도자들은 그를 반역자로 고소했다(렘 43:1-4). 그들은 강제적으로 예레미야를 애굽으로 데려갔다(6절). 예레미야는 그곳에서도 백성들의 죄를 지적했다(렘 43:8-44:30).

6. 여호와를 거절하고 계속 악을 행하면:

(1) 토기장이가 토기를 빚고 있을 때, 진흙에 흠이 갔다. 그러자 토기장이는 자신의 임의대로 다른 모양을 만들어버렸다. **토기장이가 자신의 임의대로 결정한**

것은 하나님과 이스라엘의 관계를 보여준다. 즉 이스라엘 백성이 회개하면 이 결정은 변경될 수 있다는 것이다. 반대로 복을 주시려 했다가도 계속 여호와를 거절하면 그 축복을 거두시겠다는 것이다.

(2) 하나님은 타락한 백성들에게 "돌아오라"고 촉구하신다(렘 3:12, 14, 22, 4:1, 18:11, 25:5, 35:15). 우상을 버리고 '마음'의 할례를 받기 원하셨다(3:9-4:4). 그들이 진정으로 여호와께 돌아온다면 자비를 베푸시고(3:12), 그들에게 내릴 재앙을 거두어들일 것이다(26:3). 그래서 가시적인 시험대로서 안식일에 관한 규례를 지키게 하셨다(렘 17:19-27).

(3) 그러나 백성들은 여호와께 돌아오기를 거절했다(렘 5:3*, 8:5-6*, 15:7, 18:12, 23:14, 25:7, 35:15, 44:5). 하나님은 다시는 심판을 취소하지 않으실 것이라고 하셨다(4:28). 단 한 명이라도 신실한 사람을 찾으면 예루살렘을 멸망시키지 않을 것이라고 말씀하신다(5:1). 예루살렘은 소돔과 고모라보다 더 타락했다(23:14. 비교 - 창 18:32).

(4) 하나님은 예레미야에게 중재하지 말라고 하셨다(렘 14:11). 금식이나 제사와 같은 종교 의식으로 마음이 바뀌지는 않을 것이라고 말씀하셨다(14:12). "모세와 사무엘이(이들은 기도로 여러 번 하나님을 구한 바 있다. 출 32:9-14; 민 14:11-23; 삼상 7:2-13, 12:19) 내 앞에 섰다 할지라도 내 마음은 이 백성을 향할 수 없나니 그들을 내 앞에서 쫓아 내보내니라"(렘 15:1).

(5) 시드기야는 예레미야에게 과거처럼 기적적으로 구원해 주실 것인가를 묻는다. 그는 바벨론이 예루살렘을 정복할 것이며 거민들을 살육할 것이라고 선언하셨다(21:1-10). 오히려 시드기야에게 바벨론에 항복할 것을 요구하였다(27:1-22).

• 렘 5:3 "여호와여 주의 눈이 진리를 찾지 아니하시나이까 주께서 그들을 치셨을지라도 그들이 아픈 줄을 알지 못하며 그들을 멸하셨을지라도 그들이 징계를 받지 아니하고 그들의 **얼굴을 바위보다 굳게 하여 돌아오기를 싫어하므로**"

• 렘 8:5 "이 예루살렘 백성이 항상 나를 떠나 물러감은 어찌함이냐 **그들이 거짓을 고집하고 돌아오기를 거절하도다** 6 내가 귀를 기울여 들은즉 그들이 정직을 말하지 아니하며 그들의 악을 뉘우쳐서 내가 행한 것이 무엇인고 말하는 자가 없고 전쟁터로 향하여 달리는 말 같이 각각 그 길로 행하도다."

예레미야 시대의 역사적 상황

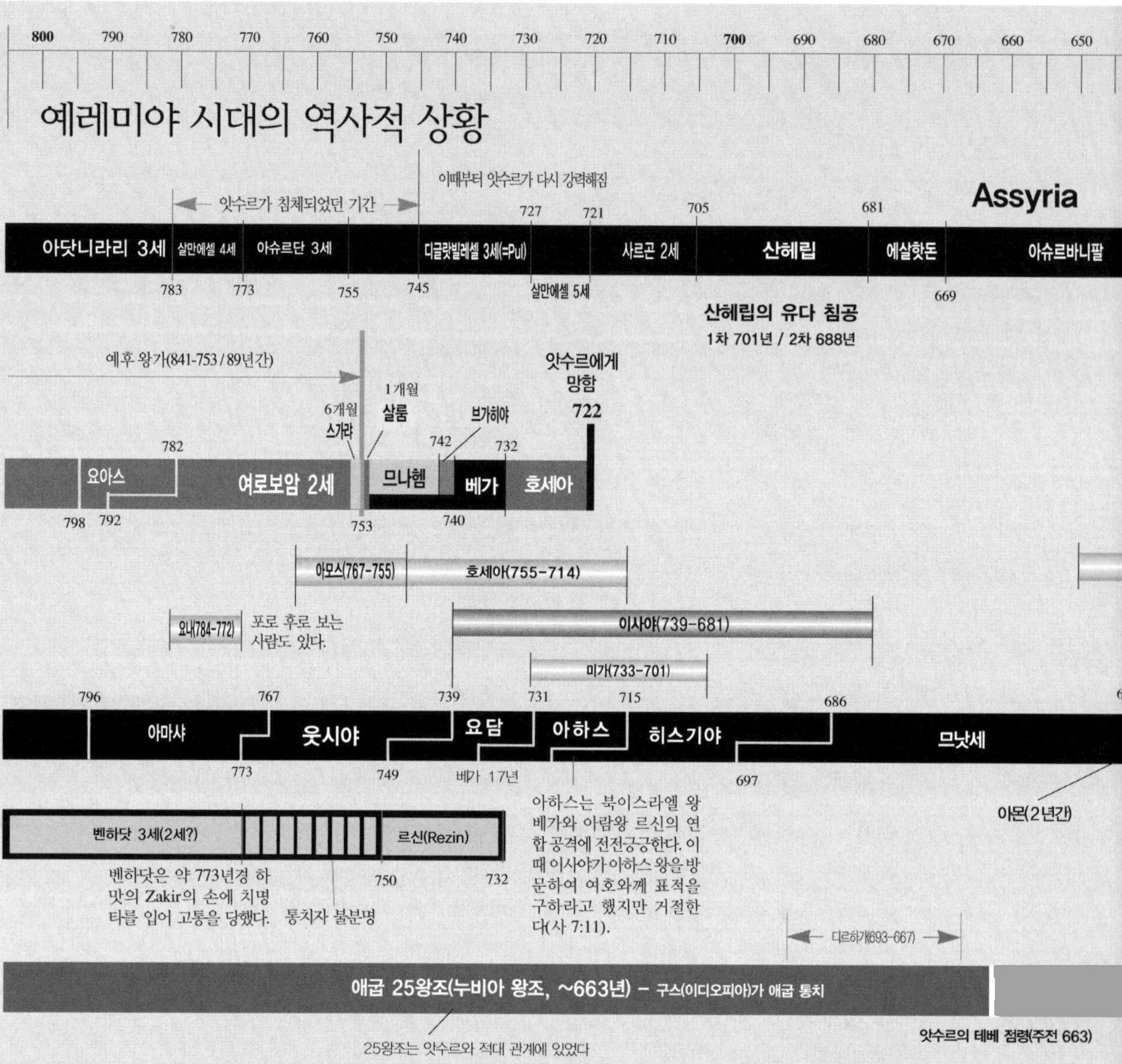

이사야 선지자는 북이스라엘의 멸망을 보면서(주전 722년) 남유다에다 경고의 메시지를 전했다. 북이스라엘은 크게 자만했다. 그들은 군사적 업적(암 6:13)이나, 군사력을 신뢰했다(호 10:13). 또한 강력한 요새(호 8:14; 암 6:8)와 부(富, 호 12:8)를 의지했다. 한마디로 이스라엘은 하나님과의 언약적 관계를 파기하였다. 우상 숭배, 사회적 불의 만연, 형식적인 제사, 위선적인 예배를 드렸다. 물론 선지자의 음성에 귀를 기울였을리 만무하다. 결국 북이스라엘은 역사에서 사라진다.

이사야와 동시대에 같은 메시지를 선포한 미가 선지자는 우상 숭배를 음란에 비유하면서 유다가 북왕국의 전철을 밟았다고 책망했다(미 1:5-7, 5:12-14). 미가는 부모 멸시하는 죄를 포함시킨다(미 7:6). 소유에 대한 착취(암 2:8; 미 2:1-2, 8), 거짓 저울 사용(암 8:5; 미 6:10-11), 가난한 자에 대한 법적 정의를 부인하고 왜곡했음을 지적했다(암 2:7, 5:7, 10, 6:12, 미 3:1-3). 이사야가 고발하는 백성의 죄는 제의적(祭儀的)으로 불충분하다는 것이 아니었다. 문제는 이사야 서론에 나오는 여호와의 고발의 말씀(사 1:2-6, 10-17)을 듣지 않으려 했다는 것이다(6:9, 10). 하나님이 자기 백성에게 원하시는 것은 바른 행실이었다(1:16, 17). 예루살렘은 한때는 성실했었다. 그런데 거룩한 도덕적 속성을 잃고 창기가 되었다는 것이다. 정의와 의가 사라졌다(1:22, 23). 만약 돌아서지 않는다면 멸망은 필연적이라는 것이다.

이사야 선지자의 외침이 있은지(주전 739-681), 반세기가 지났을까 그의 우려는 현실로 나타나기 시작했고, 예레미야가 부름을 받는다. 요시야 왕이 죽은 후 남유다는 절벽으로 곤두박질치기 시작했다.

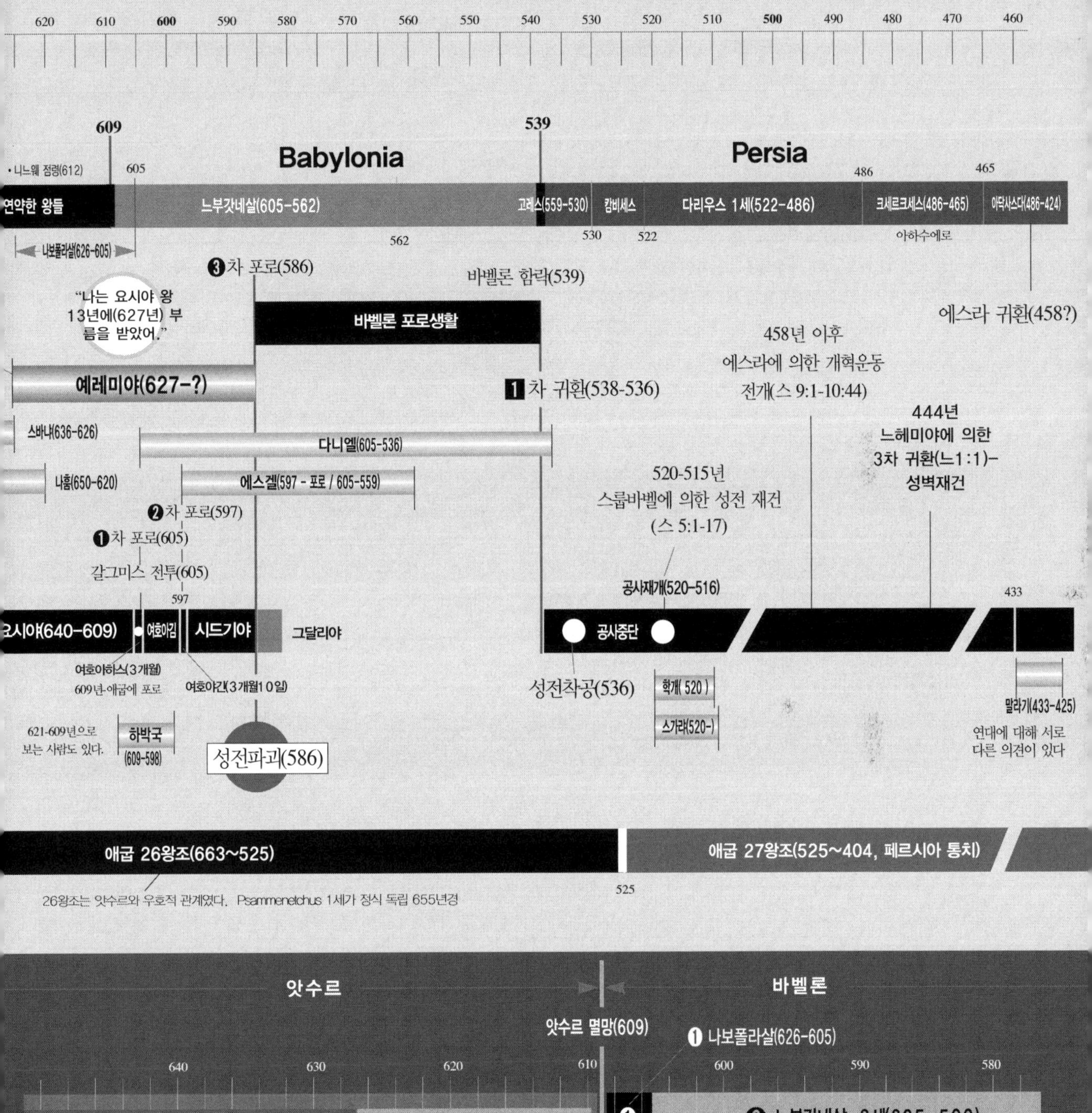
620 610 600 590 580 570 560 550 540 530 520 510 500 490 480 470 460
609
539
Babylonia
Persia
• 니느웨 점령(612)
605
486
465
연약한 왕들
느부갓네살(605-562)
고레스(559-530)
캄비세스
다리우스 1세(522-486)
크세르크세스(486-465)
아닥사스다(486-424)
나보폴라살(626-605)
562
530
522
아하수에로
❸차 포로(586)
바벨론 함락(539)
"나는 요시야 왕 13년에(627년) 부름을 받았어."
바벨론 포로생활
에스라 귀환(458?)
458년 이후
에스라에 의한 개혁운동
전개(스 9:1-10:44)
예레미야(627-?)
1 차 귀환(538-536)
444년
느헤미야에 의한
3차 귀환(느1:1)-
성벽재건
스바냐(636-626)
다니엘(605-536)
나훔(650-620)
에스겔(597 - 포로 / 605-559)
520-515년
스룹바벨에 의한 성전 재건
(스 5:1-17)
❷차 포로(597)
❶차 포로(605)
갈그미스 전투(605)
597
공사재개(520-516)
433
요시야(640-609)
여호야김
시드기야
그달리야
공사중단
여호아하스(3개월)
609년-애굽에 포로
여호야긴(3개월10일)
성전착공(536)
학개(520)
스가랴(520-)
말라기(433-425)
연대에 대해 서로 다른 의견이 있다
621-609년으로 보는 사람도 있다.
하박국 (609-598)
성전파괴(586)
애굽 26왕조(663~525)
애굽 27왕조(525~404, 페르시아 통치)
525
26왕조는 앗수르와 우호적 관계였다. Psammenetchus 1세가 정식 독립 655년경

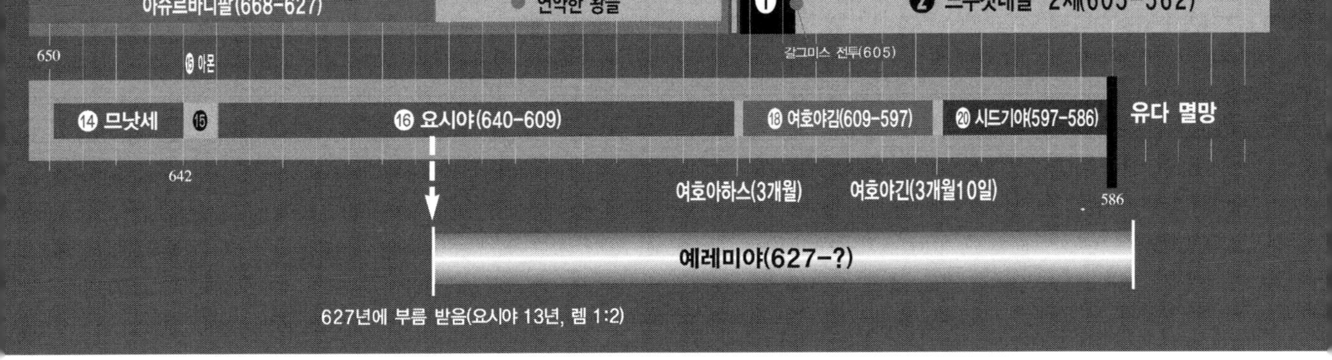
앗수르
바벨론
앗수르 멸망(609)
❶ 나보폴라살(626-605)
640 630 620 610 600 590 580
아슈르바니팔(668-627)
연약한 왕들
❶
❷ 느부갓네살 2세(605-562)
650
⑮ 아몬
갈그미스 전투(605)
⑭ 므낫세
⑮
⑯ 요시야(640-609)
⑱ 여호야김(609-597)
⑳ 시드기야(597-586)
유다 멸망
642
여호아하스(3개월)
여호야긴(3개월10일)
586
예레미야(627-?)
627년에 부름 받음(요시야 13년, 렘 1:2)

• 예레미야는 유다와 국제정세에 자신만의 특별한 시각을 갖고 있었다. 유다는 우상 숭배를 계속 했기 때문에 북방으로부터 멸망이 임할 것이라는 예언과 함께 그의 사역을 시작한다.

유다의 멸망을 직접 목격해야 했던 눈물의 선지자

예레미야

• 여기서 예레미야의 사역을 한눈에 볼 수 있도록 도표화시켰다. 본문에서 설명할 때 조금 자세히 도표와 함께 언급될 것이다.

❖ 요시야 개혁 정책 지지(렘 11:1-14)

❖ 다른 신들을 의지하는 것은 어리석은 일임을 보여주기 위해 유브라데 강가에 허리띠를 묻는 상징적인 행동을 함(렘 13:1-11)

☞B.C. 표기 생략

부름받음, 627

627-621 621

❖ 유다인과 예루살렘 주민에게 언약을 준수하라고 선포(렘 11:1-14)

❖ 요시야의 죽음을 위해 울지 말고 여호아하스가 사로 잡혀갈 것에 대해 울라고 충고(렘 22:10-12)

여호아하스(609)

요시야(640-609) | 여호야김(609-597)

요시야가 므깃도 전투에서 전사

❖ 유다의 죄 고발 / 북방으로부터의 침략 위협 선포(렘2:1-6:30)

유다의 죄 고발 / 회개하지 않는 것에 대한 슬픔 / 회개하지 않을 때 그들의 비애에 대한 예언(렘 8:4-9:24)

❖ 요시야 왕 13년에 선지자로 부름을 받았다.

• 아버지 : 힐기야(요시야 개혁 당시에 대제사장과 같은 이름을 갖고 있다(렘 1:1, 왕하 22:4,8)

❖ "예레미야야, 재난이 임박했으니 결혼하지 말아라"(렘 16:1-9).

❖ 위로의 책 / 새언약 언급(렘 30:1-31:40)

❖ 요시야를 매우 찬양했다. 이 왕이 이스라엘의 재통일의 계획을 추진하자 회복된 북부 이스라엘과 함께 시온에서 여호와를 예배할 날이 오기를 기대했다. 그러나 백성들은 다윗의 길로 되돌아갈 기미는 보이지 않았다. 사람들은 율법에 대해서는 알고 있었지만 여호와의 말씀에는 귀를 기울이지 않았다.

❖ 결국 요시야의 개혁은 어떠한 회개도 가져오지 못한 피상적인 것을 깨달았다(렘 4:3이하, 8:4-7).

▼ 608-605년

❖ 성전 파괴에 대한 예언(렘 7:1-8:3, 11:5-17, 26장)

❖ 여호야김에 대한 예언(렘 22:13-19) / 여호야김에 대해 환멸을 느낌 : 불의로 궁전을 짓고, 공의 대신에 호사를 좋아하는 여호야김을 책망 : "네가 남보다 백향목을 더 많이 써서 집짓기를 경쟁한다고 해서 네가 더 좋은 왕이 될 수 있느냐?"

❖ 유다가 우상 숭배하는 것과 안식일을 지키지 않는 것을 책망 / 그리고 자신의 고난에 대해 슬퍼함(렘 17:1-27)

❖ 공의를 행하라고 왕에게 명령함(렘 21:11-22:9) / 공평과 정의를 실천하고, 억압 받는 사람들을 구하여 주고, 외국인과 고아와 과부를 괴롭히거나 학대하지 말라.

❖ 하나님, 어찌해서 심판이 지체됩니까? (렘 11:18-12:6, 15:10-21, 18:18-23, 20:7-18)

❖ 예레미야의 메시지의 요약 / 심판에 대한 몇 가지 메시지(렘 25:1-26)

❖ 애굽 및 다른 주변 국가들에 대한 심판의 메시지(렘 46-51장)

❖ 멸망에 대한 예레미야의 예언이 제사장 바스훌로부터 심한 반대를 일으킴(렘 19:1-20:6)

❖ 예레미야의 서기관 바룩의 생명을 보존하시겠다고 하나님께서 약속하심(렘 45:1-5).

❖ 침략자들에 의해서 유다가 파괴된 것에 대한 예레미야의 애가(렘 12:7-17)

❖ **601-598년▼** 유다 사람들이 하나님을 어떻게 순종하여야 하는가에 대한 예증을 위해 레갑인들을 성전으로 데려옴(렘 35:1-19)

❖ 토기장이 집을 방문한 예레미야(렘 18:1-11)

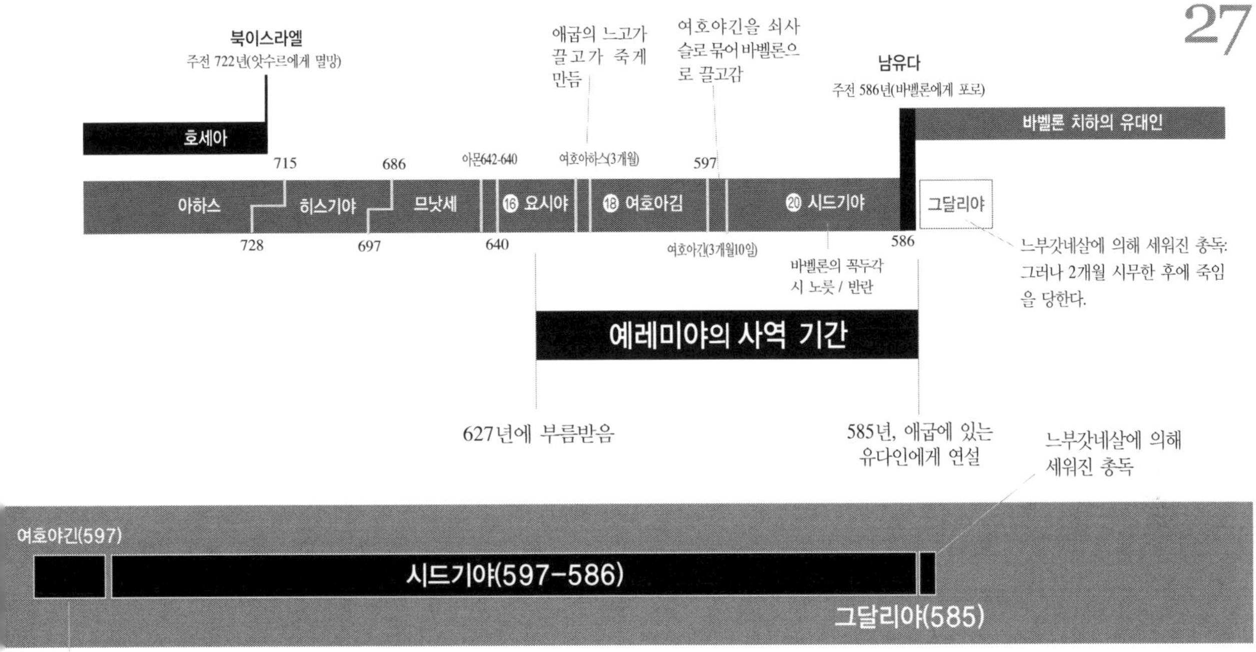

598년 ▼

❖ 느부갓네살이 예루살렘을 약탈한 것에 대한 애가(렘 15:5-9, 9:10-11, 17-22)

❖ 바벨론 포로를 예비하라고 백성들에게 명령하는 예레미야(렘 16:16-18)

❖ 여호와께서 여호야긴(=고니야로 부름)에게 심판을 내릴 것이다(렘 22:24-30, 13:18-19).

597년 ▼

❖ 좋은 무화과 나무와 썩은 무화과 나무 비유(바벨론에 사로잡혀갈 자들과 유다에서 심판을 당할 자 비유) (렘 24:1-10)

❖ 엘람인들에 대한 예언(렘 49:34-39)

❖ 바벨론에 포로로 잡혀간 자들에게 바벨론에서 오랫동안 체류할 준비를 하라고 격려하는 예레미야의 편지(29:1-29)

❖ 바벨론의 멸망 예언 : 그 상징으로 유브라데 강에 두루마리를 던지는 상징적인 행동을 함(렘 51:9-64)

❖ **594년** • 노예생활을 상징하는 뜻에서 멍에를 짊어진 예레미야 / 거짓 선지자 하나니와의 대결(렘 27:1-28:16)

❖ 유다의 지도자들에 대한 고발 / 다윗의 의로운 가지에 대한 예언(렘 23:1-40) / 595-590년

❖ **589년** • 예루살렘 멸망 예언(렘 34:1-22)

❖ **588년** • 느부갓네살에게 항복하라고 시드기야에게 촉구(렘 21:1-10)

❖ **588년** • 포로가 돌아올 것에 대한 상징으로 아나돗의 밭을 삼(렘 32:1-44)

❖ **588년** • 포로들이 귀환한 후에 하나님께서 백성들의 삶을 회복시켜 주실 것이라고 확신하는 예레미야 (렘 33:1-26)

❖ **586년** • 예루살렘 함락 / 시드기야가 포로로 끌려감 (렘 52:1-30)

❖ **586년** • 예레미야가 그달리야의 보호 아래 풀려남(렘 40:1-16)

❖ **586년** • 그달리야가 암살당함 / 정치적 혼란(렘 41:1-18)

• 요하난(유다에 남은 자들의 지도자)

❖ **585년** • 유다의 남은 자들이 느부갓네살의 보복이 두려워서 애굽으로 도망감 / 예레미야를 그의 뜻과 상관없이 데려감(렘 43:1-13)

❖ **585년** • 애굽에 있는 유다인들을 향한 예레미야의 마지막 연설 / 이들의 죄를 지적하고 애굽에 있으면서도 심판을 당할 것을 예언함(렘 44:1-30)

❖ **560년** • 바벨론의 에윌므로닥이 느부갓네살을 계승함 / 37년의 포로생활 후에 여호야긴을 옥에서 풀어주고 왕으로 대접함(렘 52:31-34)

<윌리엄 S. 구약개관, 크리스찬다이제스트, 634-639면을 참조하여 정리>

Close up-02

28

바벨론의 왕들

비빌론 중앙 도로에 있던 이슈타르 문

구운 벽돌 위에 채색 유약을 발라 만든 짐승 형상의 부조(浮彫)
(위) : 마르두크 신의 뱀머리를 한 '용' (아래) 뇌우(雷雨)의 신 아다드의 황소

❶ 나보폴라살

"나는, 앞에서 간단하게 소개 되었잖아."
"나는 원래 앗수르 남부군의 신하였었어. 기분 나빠서 쿠데타를 일으켰지. 물론 메대와 손잡고 수도 니느웨를 점령했어."
"이 전쟁으로 앗수르는 끝난 거나 마찬가지였어. 앗수르는 하란에서 최후의 항전을 벌였지만 우리 아들한테 완전히 정복당했지."
"우리 아들이 누구냐고? 느부갓네살이야. 게 보통 애가 아니야. 메소포타미아를 공포로 몰아놓은 아이지."

❷ 느부갓네살 2세 (605-562, 43년간)

"나는 43년 동안 바벨론을 다스렸지. 아마 나만큼 크게 유명한 사람도 드물거야!"

"다니엘서 2:38에 나오는 신상의 "금머리"는 바로 나를 가리키는 거야. 무슨 소린지 모르면 다니엘서를 2장을 자세히 읽어봐."

"내가 한 일 간단하게 소개해 볼까!"

- "애굽이 지는 해인 앗수르를 도우려고 므깃도를 지나(이 므깃도 전투에서 요시야 왕이 죽었어) 유프라테스 강까지 진격하는 것을 내가 한 방 먹였지. 그리고 마지막 왕 우바리트 2세의 군대도 내가 섬멸했어. 앗수르는 이것으로 끝났어." "그리고 내친 김에 애굽의 국경선까지 추격했지." "그리고 우리 아버지 뒤를 이어 왕위에 오른거야. 그때가 605년이야."
- "사실상 바벨론 나라는 내가 치리하던 때가 가장 황금기였어. 내가 죽은 다음에 20여년 동안 계속되었지만 지지리 못난 왕들 때문에 나라가 곧 망했거든. 그러니까 1세기도 가지 못하고 말았어."
- "그리고 애굽, 시리아, 팔레스틴 지역을 완전히 장악했지. 예루살렘? 응, 그것도 내가 멸망시켰어. 아주 못된놈들이었거든. 애굽에 붙었다, 바벨론에 붙었다…."
- "애굽, 그 놈들 나를 이기겠다고 주위에 약소국가와 연합해 공격했지. 내가 차례 차례로 이들에게 철퇴를 내렸지. 물론 유다도 쑥대밭을 만들었어." "뭐, 이들이 여호와의 말씀을 잘 안듣고 그랬다던데. 뭘"
- "아, 그런데 두로 놈들은 보통이 아니었어. 글쎄 13년이나 포위해서 항복은 받아냈으나 아주 혼났어." (573 B.C) 이렇게 시리아, 페니키아의 상권이 내 손에 들어왔지. 따라서 우리나라의 수도 바빌론은 정말 끝내주는 번영을 구가했지."

• "바빌론이 얼마나 화려한 도시인지…. 하여튼 이 도시에다 엄청난 돈을 쏟아부었어."

• "마르두쿠, 그러니까 '마르둑'(Marduk) 신이라고 부르잖아. 바벨론의 주신(主神)이 '마루둑' 신이거든. 이 신을 위한 신전이 55개, 여러 대신(大神)의 신전이 53개, 지신(地神)의 소신전이 300개, 천신(天神)의 신전이 600개, 신(神)의 여왕인 이슈타르를 위한 제단이 180개가 있었다는 것도 알아 주었으면 좋겠어. 이 숫자는 거의 확실한 통계야." "그래서 다니엘이 이런 말을 했잖아 - 4:30을 읽어봐."

"어느 날, 왕이 바빌론 왕궁 옥상에서 거닐면서 혼자 중얼거렸다: <내가 세운 이 도성, 이 거대한 바빌론을 보아라! 나의 권세와 능력과 나의 영화와 위엄이 그대로 나타나 있지 않느냐!>" / 이 말은 사실이야.

• "그리고 '지구랏'이라는 말 들어봤지? 이 도시 중앙에 7층의 계단탑이 있는데, '하늘과 땅의 경계의 집'이라는 의미를 가진 지구랏(Ziggurat)이야. 아버지가 시작한 것을 내가 완공했지. 맨 아래 층 한 변의 길이가 91m, 높이가 90m 정도가 되는 대신전이야." / "그렇지만 나는 다니엘한테는 꼼짝도 못했어. 그 양반 워낙 믿음이 좋았거든." / "그런데 이 지구랏은 훗날 페르샤의 크세르크세스(구약성경에는 아하수에로 왕)의 명령으로 거의 파괴됐어."

• "아참, 한 가지 더 자랑할 것이 있지. '공중 정원'이라고 들어봤어? 그 정원 내가 지은 거야. 세계7대 불가사의 중 하나잖아. 메대 나라에서 시집 온 아뮤티스 왕비가 얼마나 향수에 젖어 애타하는지, 내가 최고의 정성을 들여 지어준 거야."

• "그리고, 시내 한 복판으로 통하는 길이 있지. 축제 때, 신(神)의 행렬이 지나가는 '행렬도로'야. 길 양편으로 채색된 구운 벽돌에는 이슈타르신의 심벌인 사자를 그려넣었어. 그리고 성 밖으로 나가는 '이슈타르 문' 가까이에는 아다드 신의 심벌인 황소와 마르둑 신의 심벌인 괴수(怪獸)를 부조(浮彫)처럼 그려 넣었어." / "이렇게 화려하면 뭘해. 곧 나라가 멸망으로 곤두박질 칠 걸."

❸ 에윌므로닥(562-560, 2년간)

• "나는 느부갓네살의 아들, 아멜 마르둑(Amel-marduk, 성경에서는 에윌므로닥, 왕하 25:27-30)이야. 창피하게 2년 동안밖에 통치하지 못했어."

"옥에 갇혀 있던 여호야긴을 내가 풀어주고 바벨론 궁에 거하는 특권을 주었지. 예레미야 52:31-34도 읽어봐."

• "왜 2년밖에 통치못했느냐고? 우리 매부가 나를 살해했거든." "그 양반이 네르글리셀(Neri-glissar)이야."

❹ 네르글리셀(560년 8월-556년)

• "나를 너무 나쁘게 보지마. 586년에 옥에 갇혀 있던 예레미야를 풀어주는데 내가 일등 공신이었거든. 렘 39:3, 13을 봐. 거기에는 네르갈사레셀(Nergal-sharezer)로 되어 있을거야." "나는 주로 건축 사업에 손을 많이 댔어." "원정에 나갔다가 패해서 556년에 바벨론으로 철수했지."

❺ 라바시 마르둑

• "아버지를 뒤이어 내가 왕이 되었는데, 몇 개월 못했어. 나보니두스를 포함한 신하들에게 암살당했거든."

❻ 나보니두스(555-539)

• "나는 귀족이었던 아버지와 달신(月神)인 Sin을 섬기는 여사제였던 어머니 사이의 소생이었어. 100세가 넘게 살았던 어머니의 영향력 때문에 나는 바벨론의 국신 마르둑(Marduk)보다는 월신인 Nanna(Sin)를 더 숭배했어."

• "나는 북아라비아에 위치한 테이마(Teima)를 점령, 이곳을 제2의 수도로 삼았어. / 11년간 이곳에 정주하면서 나의 아들(손자?) 벨사살을 부왕(副王)으로 삼아 바벨론궁을 지키며 바벨론을 다스리게 했던거야."

• "내가 주전 540년, 페르시아 침공에 대비하기 위해 아라비아에서 돌아왔을 때 나는 이미 70이 넘은 노인이었어. / 고레스의 침공에 대비하기 위해 바벨론 성과 외곽 요새를 강화했고, 그리고 10년 동안 중단되었던 봄의 신년 축제에도 참여했지만 이미 나라는 기울기 시작했어."

❼ 벨사살

• "나는 나보니두스의 아들(?)이야." - 다니엘서 5:2, 11, 13, 18, 22에서 느부갓네살을 벨사살의 부친이라고 한 것은 조부나 증조부도 아버지라고 부를 수 있는 히브리 풍속 때문일 것이다(C.F. Keil). "술좌석에서 벽에 글씨가 나타났어"(메네 메네 데겔 우바르신).

Close up-03

30

느부갓네살의 죽음과 바벨론

1. 느부갓네살 2세의 죽음(주전 562년)과 더불어 그의 43년에 걸친 통치가 종말을 고하자 바벨론의 영광은 급격히 쇠퇴한다. 느부갓네살 2세(주전 605-562)의 치세 동안 바벨론은 최고의 황금기를 누렸다. 이 왕조 밑에서 바벨론은 1000년도 더 지난 함무라비 왕의 시대를 연상케 하는 권력과 영광에 넘친 시대를 맞이했다. 그러나 바벨론은 1세기도 채우지 못하고 역사에서 사라졌다. 그의 뒤를 이은 왕들은 강력하지 못했으며 암살을 당하는 등 정치 세력에 휘말리다가 20여년이 지나 신흥 페르시아에게 망하게 되었다.

(1) 바벨론의 영화는 하늘을 찌를 듯 했다.

- 단 4:29 "열두 달이 지난 후에 내가 바벨론 왕궁 지붕에서 거닐새 [30]나 왕이 말하여 이르되 이 큰 바벨론은 내가 능력과 권세로 건설하여 나의 도성을 삼고 이것으로 내 위엄의 영광을 나타낸 것이 아니냐 하였더니."

(2) 위의 구절에서 보는 것처럼 느부갓네살은 그가 세운 바벨론 도성을 내려다 보면서 자신의 위엄을 자랑했다. 그러나 역사가 말해주듯 최고의 번영의 시점은 곧 멸망의 시작점이라는 사실을 그는 알지 못했다. 당시 바벨론의 수도는 세계의 수도로서 통상의 중심지였다.

2. 바벨론의 멸망, 그 내리막 길

(1) 바벨론의 융성(隆盛)은 곧 오리엔트 상업의 이권을 한 손에 쥐었다는 의미이기도 했다. 당시 이미 주화(鑄貨)가 유통되고 있어서 화폐 경제가 발달되어 있었다. 그 결과로 상업 자본주의가 발달되었다. 고리대금업자 또는 대은행가가 나타나서 왕, 고관, 지주, 수공업자 등 모든 방면에 돈을 대부함으로써 바벨론 사회의 실질적 지배자로 등장했다. 이 과정에서 중산 자유민이 몰락했고, 노예의 수가 증가하는 등 불건전한 사태가 진행되었다.

(2) 몰락한 중산층은 구세력인 신전(神殿)의 신관(神官) 계급에 가담하게 된다. 바벨론 사회는 이 과정에서 은행 대 신전, 또는 신관 대 상인의 투쟁이 전개되었다. 따라서 강력했던 왕 느부갓네살의 뒤를 이은 3대(代) 왕은 이 싸움에 휘말리게 된다. 당연히 치세 기간도 짧았으며, 암살을 당했다.

(3) 이렇게 바벨론 정세가 불안정한 가운데 느부갓네살의 아들 에윌므로닥(헬라어 : Amel-Marduk, 왕하 25:27, ['마르둑(=바벨론의 신)'의 종이라는 뜻])이 왕위에 오른다. 이 왕은 여호야긴을 감옥에서 내어 놓아 바벨론의 다른 속국의 왕들보다 그 지위를 높여 주었다(왕하 25:27-30; 렘 52:31-34). 바벨론에서 발견된 공문서들과 배급문제(기름)의 항목을 내포하고 있는 공문서에서 여호야긴을 언급하고 있다.

왕하 25:27-30 "유다의 왕 여호야긴이 사로잡혀 간 지 삼십칠 년 곧 바벨론의 왕 에윌므로닥이 즉위한 원년 십이월 그 달 이십칠일에 유다의 왕 여호야긴을 옥에서 내놓아 그 머리를 들게 하고 [28] 그에게 좋게 말하고 그의 지위를 바벨론에 그와 함께 있는 모든 왕의 지위보다 높이고 [29] 그 죄수의 의복을 벗게 하고 그의 일평생에 항상 왕의 앞에서 양식을 먹게 하였고 [30] 그가 쓸 것은 날마다 왕에게서 받는 양이 있어서 종신토록 끊이지 아니하였더라."

(4) 에윌므로닥은 재위 2년만에 궁중 반역을 당하여 피살되고, 그의 처남인 네르갈사레셀(헬라어로 네르글레셀)이 왕위에 오른다. 그는 예루살렘 함락시(렘 39:3, 13)에 바벨론 왕과 입성한 바벨론 고관 중 하나였다.

(5) 네르글레셀(Neriglissar, 560-556년)은 매우 정력적으로 활동했지만 4년만에 죽고, 미성년자인 아들 라바시 마르둑(Labashi-marduk)이 왕위를 계승한다. 네르글레셀은 다른 장관들과 더불어 예레미야를 옥에서 석방시켜 그다랴에게 맡겼던 사람이다(렘 39:13-14). "이에 사령관 느부사라단과 내시장 느부사스반과 궁중 장관 네르갈사레셀과 바벨론 왕의 모든 장관이 [14]사람을 보내어 예레미야를 감옥 뜰에서 데리고 사반의 손자 아히감의 아들 그다랴에게 넘겨서 그를 집으로 데려가게 하매 그가 백성 가운데에 사니라." / 바벨론 연대기에는 그가 주전

▼ *from*, 동교재, 에스라-느헤미야 30-32면

557/6년에 서부 길리기아의 동부 지역에 있는 바벨론 보호령에 대한 공격을 응징하기 위해 길리기아로 출정했다고 기록하고 있다.

(6) 라바시 마르둑(Labashi-marduk)은 하란 출신의 아람계 귀족 가문의 자손인 나보니두스에 의해 제거되었다. 나보니두스는 스스로 왕권을 장악했다.

바벨론 최후의 왕 나보니두스

(1) 나보니두스(Nabonidus, 555-538 B.C.)가 나보폴라살의 왕통(王統)과 어떤 관계가 있는지 확실치 않다. 어린 나이의 선왕(先王) 라바시-마르둑이 암살된 뒤에 왕위에 오른 노령(老齡)의 나보니두스는 그 양친이 모두 신관(神官)임을 볼 때, 그의 배후에는 제사단(祭司團)의 세력이 작용하고 있었던 것으로 보인다. 그는 나이가 많고 명상적이고 신앙심이 깊고 박식해 학문을 즐겼다고 한다. 그러나 위기 관리 능력은 뛰어나지 못했던 것 같다.

(2) 벨사살은 누구인가?

다니엘서 5:2, 11, 13, 18, 22에서는 벨사살이 느부갓네살의 아들로 소개되고 있다. 히브리 풍속에는 조부나 증조부도 '아버지'라고 부를 수 있다. 바벨론 고대문서에는 바벨론은 나보니두스가 다스릴 때에 망했다고 기록하고 있다. 그는 귀족이었던 아버지와 달신(月神)인 Sin을 섬기는 여사제였던 어머니 사이에서 태어났다. 100세가 넘게 살았던 어머니의 영향력 때문에 나보니두스는 바벨론의 국신 마르둑(Marduk)보다는 달신인 Nanna(Sin)를 더 숭배했다.

(3) 바벨론에서는 새해를 맞을 때마다 신년제(新年祭)를 지내는데 이 나라의 정월인 니산월(지금의 3, 4월경) 초하루부터 10일간 계속된다. 이 신년제에서 중요한 것은 왕의 즉위식이 이와 결부되어 있다는 것이다. 새로운 왕은 전왕(前王)의 사후에 즉시 통치권을 행사하지만 즉위식은 신년제에 거행된다. 그래서 신왕의 통치 제1년은 다음 해 신년부터 셈하는 것이 보통이었다. 즉 신왕은 이 신년제에서 우주의 질서를 유지하는 힘을 신으로부터 받아야 했다. 반드시 해마다, 연초에 신년제를 거행하고, 신의 축복에 의해 그 힘을 다시 받게 된다는 것이었다. 그러므로 열광적인 의식을 거행하였다.

(4) 그러나 나보니두스는 국신(國神) 마르둑보다는 어머니가 섬기는 달신을 더 숭배했기 때문에 그는 제2의 수도인 (아라비아 사막에 있는) 테이마로 가서 10여년 간이나 거했다. 바벨론의 여러 신전들을 세운 자의 이름과 그 연대를 알아보기 위해 신전들을 발굴하고(고고학에 몰두), 이미 오래 전에 폐지되었던 수많은 의식들을 부활시켰다.

(5) 어쨌든 그는 통치 말년에 해마다 치르는 신년제에 참여하지 않았다. 결국 이런 왕의 행동은 제국 내의 반발을 불러일으켰다. 많은 시민이 이를 신성모독으로 여겼다. 바벨론 궁에는 그의 아들(?) 벨사살로 하여금 통치케 했다. 이 벨사살 왕이 다니엘서 5장에 등장하는 왕이다. 물론 그렇다고 나보니두스가 통치에 전혀 신경쓰지 않은 것은 아니었다. 그는 아리비아 지역의 오아시스들에 대한 지배권을 확대하고, 이곳에 군사식민지를 건설했다.

(6) 이런 분열 가운데 고레스 대제는 페르시아 지역으로부터 영역을 확장하더니 주전 550년 메대의 수도 엑바타나(Ecbatana)를 점령한다. 이로써 그는 바벨론의 적국인 메대 제국도 무너뜨렸다. 이어 메소포타미아 남부도 점령했다.

바벨론의 마지막 나보니두스의 아들 벨사살의 당황한 모습

(מְנֵא מְנֵא תְּקֵל וּפַרְסִין 메네 메네 데겔 우바르신)

예레미야서 간단하게 훑어보기

주제 : 언약의 불성실에 대한 심판과 새로운 언약을 세우심으로 만국의 백성을 회복시키시는 하나님

<교재본문에서 가져와 정리한 것입니다. 예레미야서 전체를 훑어볼 때 사용하십시오. 그렇지 않을 경우 본문으로 바로 들어가세요.>

(1-45장)

이스라엘의 심판의 예언과 예루살렘의 멸망

1장 : 예레미야에 대한 소명

2-35장 :
유다에 대한 경고와 권고
- 2-24장 : 유다에 대한 예언
- 25-29장: 바벨론 유배에 대한 예언
- 30-33장: 회복에 대한 약속
- 34-35장: 역사적 부록

예레미야 1-45장

▶ 1:1-19 예레미야의 소명

- 태어나기 전부터 열국의 선지가 되도록 하나님께서 구별하셨다(5절, 내가 **너를 모태에 짓기 전에 너를 알았고** 네가 배에서 나오기 전에 너를 **성별하였고** 너를 **여러 나라의 선지자로** 세웠노라 하시기로). / 힐기야(Hilkiah)의 아들이다. 그러나 요시야왕 때 대제사장 힐기야는 아닌 것 같다. 예루살렘에서 약 3마일 가량 떨어진 '아나돗'(아비아달의 고향, 왕상 2:26)의 제사장 중의 한 사람이다.

- 예레미야 선지자는 요시야 왕 통치 13년에 예언을 시작했다(1:2, 주전 627-587).

  요시야 왕은 그의 통치 12년에 종교개혁을 시작했다(대하 34:3). 예레미야 선지자는 선한 일을 하는 요시야 왕을 크게 격려했다. 비교적 선한 왕이었던 요시야의 통치하에서는 훌륭한 예언가들(예레미야, 여선지 훌다, 스바냐 선지자)이 있었음에도 불구하고 죄악은 계속되었다. 요시야 왕 18년에도 완전히 제거 되지 못한 우상들이 있었다. 왕의 의지가 있었다해도 개혁을 싫어하는 백성들에게는 소용없는 일이었다. 따라서 예레미야는 계속 그들의 멸망을 예언했다.

- 예언 기간: 요시야 13년부터 예루살렘이 멸망하기까지(시드기야 11년) 40년간

- 하나님의 백성의 부패
  1) 여호와를 버렸다(2:13, 17, 19, 5:7, 19, 16:11, 17:13)
  2) 우상을 섬겼다.

- 1:11 **"여호와의 말씀이 또 내게 임하니라."**라는 형식의 말씀으로 임하셨다(1:11, 2:1, 14:1, 18:1, 21:1, 27:1).
- 처음에는 사명에 반대 - "나는 말할 줄 알지 못하나이다" / 그러나 하나님은 "내가 너와 함께 하겠다"(1:8)라고 말씀하신다.
- 그러나 예레미야의 사명은 유다뿐만 아니라, 이방 나라까지였다(25:15, 36:2, 46-51장).
- 살구나무 환상(1:11-12)
  - 예레미야에 의해 선포된 말씀이 이루어지는가 지켜 보실 것이다.
- 끓는 가마의 환상(1:13-14)
  - 북쪽에서 재앙이 흘러넘칠 것이다. 바벨론의 침략을 예시한다.
- 왜 이런 형벌을 내리시는가? (1:16 - 언약 백성이 하나님과의 언약을 파기하였기 때문이다.)
- 격려의 메시지(1:17) - 그러므로 허리를 동이고, 일어나라 그들(정치, 종교지도자, 왕들) 때문에 두려워하지 말라.

예레미야서는 "적어도 처음 읽을 때는, 극심하게 읽기 어려운" 책이다. 예레미야서를 읽고나서는 "어떤 구성 원칙이 없이 뒤죽박죽 섞여있듯이" 문학적으로 구성되어 있다는 인상을 받는다(John Bright).

2장 **유다의 배교와 심판 (2-6장)** 2-5장: 유다의 배교 • 2:1-3:5 유다의 배교에 대한 생생한 묘사	• 하나님은 렘 2-6장에서, 왜 예레미야가 하나님의 말씀을 선포해야만 하는가를 설명하신다. 이제 예레미야는 유다의 희망은 오직 하나님께만 달려있음을 증거해야 한다. • 이스라엘이 여호와 하나님과 언약을 맺던 초기에는 신부처럼 충실했었다. 이들의 충성은 불모지역인 광야로 들어가는 모험도 마다하지 않았다. • 그런데, 하나님의 이런 사랑에 대한 배도(背道)가 일어났다. 유다가 지금 위기에 처해 있다면, 그 원인은 무엇일까? (5-7절) - 불순종 때문이다. 지도자들의 타락 때문이다(8절을 보라). (총체적 부패) • 그래서 하나님은 소송하시겠다고 선언하신다(2:9). 이스라엘의 두 가지 명백한 범법 행위(2:13) - ① 생수의 근원되시는 여호와를 버린 것과 ② 스스로 웅덩이를 판 것(바알 종교를 좇은 것 / 어려울 때 앗수르나 애굽의 도움을 구한 행위) • 배도의 결과(14-19절) - 강대국의 먹이감이 되었다. 그런데도 애굽과 앗수르의 군사적 도움을 받으려고 한다. • 바알 제사의 매력은? - 그 무익함(20-28절)	• 2-24장 : **유다에 대한 예언** • 25-29장: **바벨론 유배에 대한 예언** • 신혼 때의 사랑 : 이스라엘 백성들은 하나님과의 깊은 언약 관계를 맺고 있다. 그래서 여호와는 남편으로 비유되기도 했다(3:14 ; 31:32 ; 사 54:5 ; 호 2:16. 호세아와 고멜 간의 <남편-아내의> 관계가 여호와와 이스라엘 간의 관계를 뜻하였다. • 심판받아 마땅한 이스라엘(29-37절) - 그동안 징계를 내리곤 했지만 돌아서지 않았다. 이스라엘은 어쩌다 실수로 타락한 것이 아니다. 하나님을 버리는 것은 마치 신부가 결혼예식날 패물과 예복을 잊어버리는 것과 같다.
3장 • 3:6-11 이스라엘과 유다의 비교 • 3:12-4:4 회개의 요청 • 4:5-31 북방으로부터의 위협	• 불충한 아내 이스라엘(3:1-5) - 배도한 아내(3:1), 배도한 증거가 있는가? 있다(2절). "네가 행음하지 아니한 곳이 어디 있는가보라." - 결과 (단비가 그쳤고, 늦은비가 없어졌다.) • 배역한 이스라엘과 패역한 유다(6-11절) 이스라엘이 하나님을 배도한 대가는? (8절) • 회개를 촉구(3:12-18) 이스라엘에 대한 회개로의 부르심(12-14절) - 회복의 약속(14하 -15절)	• 예레미야의 강렬한 책망이 있었지만(3:1-5), 돌아서지 않는다. 19-22절에서 다시 이 문제를 꺼내시며, 회개의 기도문을 제시하신다(22-25절). 입만 놀리는 회개가 아니라 마음을 찢는 회개를 하라.
4장 **자기 백성에 대한 하나님의 임박한 심판 선언** **8:14-10에서 다시 이 주제가 되풀이 된다.**	**4:5-6:30 임박한 심판 - 유다와 예루살렘 기소** • 심판이 있기 전에 참된 회개를 하고 돌아오라(4:1-4) • 경보 : 북쪽에서 임할 재앙(4:5-10) 예레미야가 철저한 회개를 외치나 실제로 회개는 일어나지 않는다. 따라서 심판은 필연적이다.	• 진정한 회개는 적어도 새로운 각오가 있어야 한다는 것이다. 그러려면 먼저, 하나님 앞에서 가증한 것을 버려야 한다. 즉 우상과 과거의 습관을 포기해야 한다.

"예레미야서를 읽고서 혼동되지 않은 독자는 예레미야서를 이해하지 못했다."(Robert P. Carroll)

4장 **자기 백성에 대한 하나님의 임박한 심판 선언**	• 심판은 하나님으로부터(4:11-18) 유다에 참변이 닥쳐올 것인데 그 참상을 무엇으로 표현하고 있나?(11-18절). 타는 듯한 심판의 모래 바람, 사막의 뜨거운 바람(熱風)이 불어온다(11절). / 접근해 오는 적군의 모습을 보라(4:12-13) • 유다의 몰락에 대한 번뇌 - 선지자의 탄식(4:19-22) 예레미야의 고통스러운 부르짖음을 보라(나의 창자여, 나의 창자여, - 슬프다, 아프다) • 다가오는 무시무시한 재난을 묘사(23-28절) • 고문 당하는 고통 속에 처한 예루살렘(29-31절) - 죽음에 이르는 시온의 고통	• 무질서와 혼돈의 세상이 될 것이다. 사방을 둘러보니 기름진 땅은 황무지가 될 것이고, 땅과 모든 성들은 파괴될 것이다. 하나님의 맹렬한 진노 앞에서 창조의 질서가 깨어지고 말았다(26절). 이 땅은 안식의 땅이 아니라 전쟁 때문에 폐허가 되었다. 그렇다고 해서, 즉 "이 온 땅이 황폐할 것이지만" 아주 진멸하지는 아니할 것이라고 하셨다(27절).
5장 **이 심판의 원인이 무엇인지를 선언하고 있다.** (1) 예루살렘의 사악함을 묘사(1-9절) (2) 자신의 죄책을 부인하는 백성들의 뻔뻔스러움(10-17절) - 거짓된 안전 (3) 경고 - 중심주제 반복(20-31절) - 반복된 경고에도 불구하고 받아들여지지 않았다.	• 예레미야는 의로운 자를 찾으려고 예루살렘 거리를 필사적으로 헤매고 있다(비교 ; 창 18:16-33). 그러나 한 사람도 발견할 수 없었다. 5장에서는 2장에서보다 도덕적 악행 문제를 더욱 강조하고 있다. 5장에서는 사회적 도덕성과 개인적 도덕성을 강조하고 있다. • 예루살렘이 이 모양인데 "내가 어찌 너를 용서하겠는가, 벌하지 않겠는가?" 지도자들의 두 가지 잘못된 점이 무엇인가? (7-9절) • 바벨론 포로로 끌려갈 수밖에 없는 이유를 길게 설명한다(4:5-5:19). 예레미야는 하나님의 백성들의 죄가 도무지 끝이 없다는 결론을 내린다. • 심판은 필연적이지 않는가? 하나님 경외가 부족하다(20-31절). 여호와가 그들의 삶의 원천이며 생명윤리의 근본임을 인정치 않았다(21-25절을 보라).	• 이런 자가 있는가 찾아보라. (어떤 자? - 공의를 행하는 자 / 진리를 구하는 자) • 그렇다면, 정의를 추구하는 영역은 어디일까? 사회나 장사 영역이다. 그러니까 하나님은 모든 영역에서 샬롬(평화)이 있는 삶을 요구하신다. 이런 일이 있을 때, 하나님은 이들을 공의롭다고 평가하신다. • 백성들은 윤리적으로 부패한 종교지도자를 따라가 그들과 동조한다. 그래서 부패에 부패를 거듭한다. 거짓 선지자들은 평안을 노래한다.
6장 • **포위 당하는 예루살렘(6:1-8)** • **북방에서 오는 무서운 적(6:22-26)**	• **포위 당하는 예루살렘(6:1-8)** - 엄청난 파멸을 가져올 재앙이 북쪽에서 예루살렘을 향해 타내려오고 있다. 그러니 베냐민 자손들에게 예루살렘에서부터 떠나라고 명령하신다. • **부패한 민족에게 임하는 심판(9-15절)** - 적군이 예루살렘에 살아 남아 있는 자들을 포도송이를 따듯이 찾아 끌고갈 것이다. 그러니 너는 최선을 다해 구할 수 있는 사람은 구해내라는 것이다. • **아무리 정교한 제사라도 순종을 대신 할 수 없다(16-21절)**.	• 처음에는 백성들이 하나님의 말씀에 귀를 기울였으나(렘5:12-13을 보라), 그러나 이제는 아예 들으려고도 하지 않는다. 싫어할 뿐만 아니라 이제는 경멸까지 한다. 여호와의 말씀을 치욕으로 여기고 이를 즐겨하지 않았다는 것이다. 예레미야는 이런 백성들의 태도에 분개한다.

6장 • 렘 6:23 • 그들은 활과 창을 잡았고 • 잔인하여 사랑이 없으며 • 그 목소리는 바다처럼 포효하는 소리라 • 그들이 말을 타고 전사 같이 다 대열을 벌이고 • 시온의 딸인 너를 치려 하느니라 하시도다	• 이들에게 재앙을 내리는 까닭이 무엇인가? (6:19) 제사장과 백성들은 하나님의 율법을 버리고 대신에 무엇을 드렸는가? (20절) 이들은 값비싼 성전 의식에 몰두했다. 이것으로 언약의 요구사항에 충실하려 했다. 그러나 하나님이 진정 원하시는 것은 무엇인가? (20절) • 북방에서 오는 무서운 적(6:22-26) - 북방 침략자들을 다시 한 번 소개한다. 군대가 이르러 그들을 멸하려 할 때에야 그들은 현실을 깨닫게 될 것이다.	• 지금 예레미야의 경고를 듣고 있는 백성들은 하나님이 원하시는 삶에는 무관심하고, 값비싼 제물로 하나님을 섬기고 있다. 하나님은 "시바에서 유향과 먼 곳에서(인도?) 향품을 내게로 가져옴은 어찌함이냐?" 고 그들의 예배를 받지 않을 것임을 분명히 하신다.
▶ **2-6장의 결론** : 강한 경고, 그리고 회개에로의 촉구, 무거운 징벌을 선포했다. 그러나 결론은 하나이다. 교만한 백성들이 여호와께 돌아오지 않았다(회개치 않았다). 따라서 심판은 필연적이다. 여호와께서는 이들을 버리실 것이다.		
7장 • **성전 설교(7:1-15)** **(26장에서 반복된다)** • **하늘의 여왕(황후)에 대한 제사(7:16-20)** • **희생 제사보다는 순종을(7:21-28)** • **힌놈 골짜기에서의 죄악(7:29-34) - 요시야의 개혁이 역전되고 있음을 보여 준다.**	**잘못된 종교생활 · 우상숭배(7:1-10:25)** • 성전설교는 여호야김 시대에 되어진 것으로 보고 있다. 그렇다면 주전 609년 가을 아니면 609/8년 겨울에 왕좌에 오른 직후(렘 26:1)일 것이다. 이들은 언약이 요구하는 명령에는 아랑곳하지 않고 종교행사에는 엄청난 비중을 두고 성대하게 치루었다. • "[너희는] 너희 길과 행위를 바르게 하라 //그리하면(and, 결과, ו) 내가 너희로 이 곳에 살게 하리라."(3절) • "너희는 이것이 여호와의 성전이라, 여호와의 성전이라, 여호와의 성전이라 하는 거짓말을 믿지 말라"(4절). • 이들이 범하는 구체적인 악행들이 무엇인가? (9절) 너희가 도둑질하며 / 살인하며 / 간음하며 / 거짓 맹세하며 / 바알에게 분향하며 /너희가 알지 못하는 다른 신들을 따르면서. • 이제 하나님은 예레미야에게 이 백성을 위하여 기도하지 말며(7:11:14, 14:11 참조), 유다 백성들이 하늘의 여왕(황후)에 대한 제사에 주의를 기울이지 말라고 말씀하신다. • 유다가 행한 두 가지 큰 악은 무엇인가? (7:30-31) ① 성전에 '가증한 것'(쉬쿠츠, שִׁקּוּץ)을 두었다. 이런 일은 하나님께 반항하는 최고 형태의 도전 행위였다. 가증한 이방 신상은 밀곰(왕상 11:5), 그모스(왕상 11:7), 몰록(왕상 11:7), 아스다롯(왕하 23:13) 등이다. ② 또 예루살렘에서 멀지 않은 곳에서 힌놈의 아들 골짜기에 도벳 사당을 만들어 놓았다.	• 백성들은 성전 그 자체 때문에 예루살렘은 결코 침략을 당하지 않을 것이라는 잘못된 생각에 빠져 있었다. "여호와께로부터 예레미야에게 말씀이 임했다" (7:1). • 이들이 계속 예루살렘에 거주할 수 있는 조건은 무엇인가? (6절을 보라) - 그리하면 내가 너희를 이 곳에 살게 하리니(I will let you dwell in this place) /곧 너희 조상에게 영원무궁토록 준 땅에니라 • 설령 기도한다 해도 들어주시지 아니하실 것이라고 언급하신다. 하나님의 최후 통첩과도 같은 이 명령, 그러나 이들에게는 그 어떤 응답도 기대할 수 없었다(16절).

8-10장 / 버림받은 유다에 대한 충격적인 모습을 묘사한다.

8장 • 천체에 대한 제사와 무서운 처벌(8:1-3) • 하나님의 율법을 거부하는 유다의 모습 (8:4-17). • 기만적으로 살아가는 이들의 모습(18-22절). • 백성들의 불평에 대한 하나님의 응답(19-20절).	**천체(天體) 신(神)들에 대한 제사 :** • 이런 제사는 므낫세 당시에는 아주 보편적이었다(왕하 21:3). 백성들에게 이런 관행은 상당한 매력을 주었던 것 같다(겔 8:16 참조). 이 백성들은 천체의 신들을 사랑하며, 섬기며 또한 순복했다. 그것들에게 조언을 구했고 경배했다. • 하나님은 철저한 파멸을 예언하신다(8:1-3을 읽어보라). 그러나 아무도 회개하지 않는다(8:4-13). 대체로 잘못된 결정이나 곁길로 나갔다가 다시 돌아오기도 한다. 그러나 유다는 그런 상식이 통하지 않았다. **그들은 결코 돌아서려 하지 않는다.** • 영적 지도자들도 거짓으로 물들어 있었다. "그들은 가장 작은 자로부터 큰 자까지 다 욕심내며 선지자로부터 제사장까지 다 거짓을 행했다"고 했다(12절). **예레미야의 슬픔(8:18-9:1)** • 예레미야는 '내 마음이 병들었다'고 했다. 하나님의 백성이 지금 우상 숭배에 온 힘을 쏟고 있기에 이들에게 다가올 멸망을 보고 마음에 병이 들어 버렸다. 심신이 허약해졌다는 말이다. 예레미야의 눈에는 눈물이 그치지 않는다(9:1).	• 하나님은 유다를 향해 '악한 민족'이라고 하셨다. 그 땅에서 쫓겨나서 각처에 남아 있는 자들이 이렇게 말할 것이다. : "쫓겨난 곳에서 사는 것보다 차라리 죽는 게 낫다." • 백성들이 중병을 앓고 있는 데도 모든 것이 무사하다는 안일한 말만 되풀이했다(11절). 이들은 다 수치를 당할 것이다(12절). • "내 머리가 물이었으면, 내 눈이 샘물이었으면, 죽임을 당한 내 백성을 위해 밤낮으로 울 수 있을 텐데"(9:1).
9장 • 유다의 죄악(9:2-16) • **예루살렘의 멸망을 내다보며(9:10-16)** 예레미야는 장래에 유다에 닥칠 환난을 내다보고 슬퍼한다. • 예루살렘에 대한 애도의 노래(9:17-22) • 인간의 유일한 자랑은 무엇일까? (9:23-24) • 할례의 무가치함 (9:25-26)	• 예레미야가 아무리 유다의 시련에 깊이 동참한다 하더라도(8:18-9:1) 그는 결코 백성의 사악한 죄악을 덮어주려고 하지 않았다. 차라리 광야로 도망가면 더 좋을 것이라고 생각했다(9:2-3). 9:3-6, 8을 읽어보라. 이들이 짓는 죄가 구체적으로 어떤 것들인가? • 곡하는 부녀를 불러오라. 그래서 이들이 예루살렘 거민을 위해 눈에 눈물이 흘러내리고 눈꺼풀이 눈물로 젖을 때까지 애곡하라고 하신다(18절). • 인간이 유일하게 자랑하는 것은 무엇인가? 8:4-9:22에서 말하는 것은 결국 인간의 자랑이다. 그것은 하나님으로부터 독립하려는 것이다(렘 8:6). • 할례의 무가치함(9:25-26) - 예레미야는 지금까지 이스라엘이 자랑했던 것들을 공박했다. 이스라엘이 크게 자랑했던 것들이 무엇일까? [법궤(3:16), 성전(7:4), 제사(7:21-27), 할례(9:25)] - 그러나 만일 삶 속에서 순종이 없다면 어떤 방식으로 제사를 드리든 하나님은 관심이 없으시다는 것이다.	• 예레미야는 백성들의 죄악들을 보면서 "누군가가 자신을 광야에 두어 나그네들이 묵는 집에 있게 하였으면," 즉 내 백성을 떠나 멀리 갈 수 있었으면 좋겠다고 솔직한 심정을 드러낸다. 그 이유는 백성들의 패역함 때문이다. • 24 자랑하는 자는 이것으로 자랑할지니 곧 **명철하여 나를 아는 것과 나 여호와는 사랑과 정의와 공의를 땅에 행하는 자인 줄 깨닫는 것이라** 나는 이 일을 기뻐하노라 여호와의 말씀이니라

10장

- 예레미야 10:1-16은 하나님의 탁월성에 대한 찬양이다.

그 내용이 사 44:9-20에 나오는 우상 숭배에 대한 정죄와 상당히 많이 유사하다.

- 다가오는 추방 : 비탄과 중재 (10:17-25)

우상 숭배의 어리석음(10:1-16)

- A. 거짓 우상에 대한 조롱의 시(2-5절)
  우상을 두려워하지 말아야 할 이유는 여러 나라의 풍습(풍속)은 헛된 것이기 때문이다. 그들이 섬기는 우상은 삼림에서 벤 나무를 기술자가 도끼를 가지고 만든 것에 지나지 않기 때문이다(3절).
  A′ 열방의 왕이신 여호와께 대한 찬양의 시(6-7절)
- B. 거짓 우상에 대한 조롱의 시(8-9절)
  우상은 사람의 손으로 만든 것이다. 철공(대장쟁이)이 뜨거운 숯불에 쇠를 달구고 망치질을 하여 우상을 만든다. 우상을 만드느라고 힘이 부쳐 갈증으로 기진맥진 한다(사 44:12).
  B′ 열방의 왕이신 여호와께 대한 찬양의 시(10-12절)
- C. 거짓 우상에 대한 조롱의 시(14-15절)
  C′ 열방의 왕이신 여호와께 대한 찬양의 시(16절)
- "사로잡혀 가리라"(17-18절). 오랫동안 예언되어 왔던 이스라엘에 대한 참변이 이제 눈앞에 다가왔다.

우상은 말도 못하며 걸어다니지도 못하므로 사람이 메어야 한다.

고대 근동 지방의 종교행위들은 천체(해, 달, 별들) 숭배였다. 이런 일들은 아모스 시대에도(암 5:25-26), 므낫세 당시에도 있었다. 또한 요시야의 개혁 운동 중의 하나가 바로 이 천체숭배를 타파하는 일이었다(왕하 23:5, 11, 12). 그러나 이 천체를 창조하시고 섭리하시는 분이 바로 하나님이 아니신가.

깨어진 언약 · 하나님의 심판(11:1-20:18)

하나님의 목소리에 순종하고, 그의 명령을 따라 행하라고 하셨는데, 그래야 하나님의 백성이 될 수 있었는데, 그러나 이 언약을 잘 지키지 못했다는 것이다(12:2 - 이들은 하나님의 마음에서 멀어졌다). 그래서 하나님은 하나님의 성전을, 그리고 백성을 원수들에게 넘겨줄 것이다(12:7). 아예, 그 땅에서 뽑아버리실 것이라고 선언하신다(렘 12:14).

11장

- 권고(11:2-8) - 이 언약의 말씀을 들어라 '들어라'라는 말씀이 8번 나온다. (2, 3, 4, 6, 7, 8, 10, 11절)
- 고발(11:9-13)
- 금지사항과 선언(11:14-17)
- 예레미야에 대한 음모 (11:18-23)

파기된 언약(11:1-17)

- 여호와께서 예레미야에게 이렇게 말씀하신다. "너희는 이 언약의 말을 듣고 유다인과 예루살렘 주민에게 전하여라." 예레미야를 통해 이 언약(모세 언약)의 실천을 다시 한 번 강조하고 계신다. "너희는 내 목소리를 순종하고 나의 모든 명령을 따라 행하라"라는 것이다. "그리하면 너희는 내 백성이 되겠고 나는 너희의 하나님이 되리라"라는 언약의 기본 공식이 선포되고 있다.
- 그렇다면, 백성이 선지자의 말에 잘 순종했을까? 물론 이들은 언약을 파기했다. 이제 심판은 불가피하다(9-14절). 그들은 (언약의 의무조항들을 순종하지 않았던) 자기 조상들의 죄악으로 돌아섰다고 말씀하신다.

- 언약의 규정을 순종하면 축복을, 그리고 언약 파기는 저주를 가져왔다(레 26:14-39; 신 27:15-26, 28:15-29:1 참조).
- 하나님의 목소리에 순종하고, 그의 명령을 따라 행하라고 하셨는데, 그래야 하나님의 백성이 될 수 있었는데, 그러나 이 언약을 잘 지키지 못했다는 것이다(12:2 - 이들은 하나님의 마음에서 멀어졌다).

유다의 타락은 곧 언약의 파기와 직접적으로 결부된다(렘 11:1-13:27).

"한 때는 내가 너를 '아름다운 열매가 달린 무성한 올리브 나무'라고 불렀지만, 내가 이제 요란한 폭풍 소리와 함께 그 나무를 불사르고 그 가지를 불살라 버릴 것이다"(16절, 쉬운성경).	**예레미야에 대한 음모 (11:18-23)** • 예레미야의 목숨을 노리는 음모가 자기 고향 아나돗 사람들에 의해 선동되었다(11:18). 그는 여호와께서 아나돗 사람들이 자신을 죽이려 한다는 사실을 알려주셔서 알게 되었다고 말한다. • 여호와에 대한 순종이 없는 제사는 아무 소용이 없음을 다시 한 번 강조한다(15절).	• 하나님은 한때 이스라엘을 아름다운 감람나무로 보신 때가 있었다. 그러나 지금은 그 모양이 어떻게 되었나? (16절) 희생 제사를 드린다고 해서 자동적으로 죄가 사해지는 것은 아니다.
12장 • **예레미야를 노리는 음모** (11:18-12:6) • **폐허가 되어버린 땅, 여호와의 분노** (12:7-13) 하나님은 하나님의 성전을, 그리고 백성을 원수들에게 넘겨줄 것이다(12:7). 아예, 그 땅에서 뽑아버리실 것이라고 선언하신다(렘 12:14).	• 다른 무엇보다 고향 사람들이 자신을 죽이려 음모를 꾸몄던 일은 예레미야에게는 괴로운 일이었을 것이다. 유다의 멸망을 선포하는 예레미야에게 당연히 고난이 뒤따랐다. 예레미야는 왜 하나님이 죄를 멈추도록 더 많이 역사하지 않으시는지를 궁금해 한다. 예레미야는 악한 자들이 심판 받기를 바란다. 그런데 왜 사악한 자들이 잘 되는가? 그것을 궁금해 했다(12:1). 이에 대해 하나님은 어떻게 응답하시는가? (12:5) • 이스라엘의 부패는 결국 이방인의 침략을 받는 것으로 나타났다. 하나님은 자신의 성전과 자신의 소유인 이스라엘 백성을 이방인의 손에 넘기셨다. 대적의 손에 붙이셨다. 내 백성(소유)을 포기하셨다는 말이다. 물론 이스라엘은 적들의 수중에서 엄청난 수난을 겪는다. • 황폐함은 백성들의 생존을 위협했다. "백성이 밀을 심어도 가시를 거두며, 지치도록 수고하여도 아무런 유익이 없고 거둔 것이 너무 적어 부끄러움을 당하는구나." 그 이유가 무엇일까? "이는 여호와의 분노로 말미암음이니라." 그러면, 언제까지 여호와의 분노가 계속될 것인가? 그러나 곧 뒤이어 회복의 역사가 있을 것임을 보여주고 있다(렘 12:14-17).	• 12:5 "만일 네가 보행자와 함께 달려도 피곤하면 어찌 능히 말과 경주하겠느냐 네가 평안한 땅에서는 무사하려니와 요단 강 물이 넘칠 때에는 어찌하겠느냐" • 유다는 지금 바벨론의 느부갓네살의 군대가 휩쓸고 지나갔다. 땅이 황폐화되었다. 백성들은 두려움에 떨고 있다. 땅의 소출도 없어졌다. 왜 이런 일들이 일어났을까? • '분노'(fierce anger)란 단어 '하론'은 '맹렬함, 격노, 격분' 등의 뜻으로 하나님에 대해서만 사용되었다(출 15:7; 겔 7:12; 호 11:9 - 맹렬한 진노).
13장 • **허리 띠, 깨뜨려진 술 항아리** (13:1-27)	• 좀처럼 반응을 보이지 않는 유다 백성들에게 약간은 충격적인 요법이 필요하다. 그래서 하나님은 예레미야에게 베로 만든 띠를 하나 사오라고 명령하신다. 상징적인 행동이다. "너는 사서 네 허리에 띤 띠를 가지고 일어나 유브라데로 가서 거기서 그것을 바위 틈에 감추라 하시기로."(4절). 그는 그대로 순종했고, 상당한 기간이 지나 그것을 다시 가져오게 하셨다. 무슨 상징적 행동일까?	• 하나님의 백성, 이스라엘과 유다는 하나님 앞에 너무 교만했다. 예레미야는 부지런히 회개를 외쳤지만 반응이 없었다. 그래서 극단적인 상징적 행동을 통하여, 관심을 이끌어내려 하신다.

13장 • **허리 띠,** • **깨진 술 항아리** (13:1-14) • **교만한 자들에 대한 심판**(13:15-27)	• 깨진 술 항아리(13:12-14) - "모든 가죽부대가 포도주로 차리라" - 속담(13:12-14) / 이 비유는 하나님은 그들을 불쌍히 여기지 아니하실 것이라는 내용이다. 자비를 베풀지도 아니하신다. 이들을 멸망시키실 것이라고 선언하신다. 사회 구조가 전체적으로 파괴된다. 이미 나라가 아니다. 무질서의 나라, 결국은 파멸한다.	**여호와께로부터 받은 메시지를** **행위나 이미지로 나타냄** ① **베 띠(13:1-11)** ② 깨진 술 항아리 (13:12-14) ③ 극심한 가뭄(14:1-15:21) ④ 외로움(16:1-21) ⑤ 토기장이(18:1-23) ⑥ 항아리(19:1-13)
14장 • **극심한 가뭄** (14:1-15:21) • **백성을 위한 예레미야의 애곡** (14:19-22) • 거짓 선지자는 백성들이 죄에 대하여 마음을 강하게 만들어 심각한 결과를 가져오게 한다(렘 23:16-17). 거짓 선지자의 악 영향력은 의인을 낙담케 한다(렘23:16-17). 하나님은 거짓 선지자들에게 영원한 수치를 당하게 하실 것이라고 말씀하신다(렘 23:39-40).	• 젖과 꿀이 흐른다던, 가나안 땅, 지금 이곳은 가뭄으로 인해 "울고 있다. 유다의 성들이 다 죽어 가고 있다. 땅 위에 쓰러져 통곡하니 예루살렘의 우는 소리가 하늘로 울려 퍼진다." 일시적인 가뭄은 있을 수 있으나 비가 내리지 않아 땅이 갈라지는 일이 계속된다면 이는 하나님의 징계와 무관치 않다. 이들이 하나님의 언약을 파기하고 곁길로 나간다면, 반드시 저주가 임할 것이라고 선언하셨기 때문이다(레 26:19-20). • 가뭄으로 인한 참담함을 묘사하고 있다. 어느 정도인가? (14:1-6) 가뭄의 참혹함, 왜 이런 일이? (14:1-10) • 비가 내리지 않아 땅이 갈라진다. 그러니 밭을 갈 수도 없다. 농부의 낙심이 이만저만이 아니다(4절). 들의 암사슴은 갓 태어난 새끼를 낳아도 먹일 풀이 없으므로 내버린다(5절). 들 나귀들도 벌거숭이 산 위에 서서 승냥이 같이 헐떡인다(6절). 상황이 이 지경인데도 (거짓) 선지자들은 기근은 없을 것이며, 오히려 평화가 있을 것이라고 말한다. • 이런 분명한 하나님의 작정을 선포하셨는데도 유다 멸망 직전의 (거짓) 선지자들은 어떻게 백성들을 기만했는가? 거짓 선지자들은 전쟁도 일어나지 않을 것이며, 기근도 오지 않을 것이라고 했다.	• 그런 거짓 선지자들을 방관만 하고 계실 것인가? "그런 말을 하는 자들은 전쟁과 칼로 굶겨 죽일 것이다."(15절). 거짓 선지자들은 선한 사람이나 악한 사람 모두에게 악 영향을 끼친다. 예레미야 선지자는 거짓 선지자의 피해를 너무 잘 알고 있었다(렘 23:13-14, 15).
15장 • **예루살렘의 멸망에 대한 탄식**(15:5-9) • **예레미야의 기도와 여호와의 말씀** (15:10-21)	**모세와 사무엘이 내 앞에 선다 해도(15:1-21)** • 15:1-9은 여호와께 대한 예레미야의 탄원 기도에(14:19-22) 대한 하나님의 응답이다. 하나님은 두 명의 위대한 중보자였던 모세와 사무엘이 백성들을 위하여 기도한다해도 그들을 쫓아버릴 것이라고 말씀하신다. • 예루살렘의 멸망에 대한 탄식(15:5-9) - 유다가 심판을 받되 아무도 동정하지 않을 것이다. • 백성들은 예레미야의 사역에 못마땅해 한다. 그렇다고 백성에게 큰 경제적 손실을 안겨준 것도 아닌데 사람마다 그를 저주한다.	• 예레미야는 자신의 출생을 슬퍼한다. 왜냐하면 그의 예언 과정 중에서 어느 사이에 유다 사람이 기피하는 인물이 되어버렸기 때문이다. 사람들은 그를 극도로 싫어하여 조롱하고 있다. 그는 정신적으로 심히 불안했다.

15장 **• 어찌하여 제 고통이 끝나지 않는 것입니까? (18절)**	• 예레미야는 지금 머리가 너무 복잡하다. 유다의 멸망은 너무 확실한데, 백성들은 천하태평이다. 결코 망하지 않을 것이라는 거짓 선지자들의 예언 때문이다. 예레미야는 그런 대적들에게 복수해주실 것을 탄원한다. 선지자의 고통이 얼마나 컸던가를 볼 수 있다. 예레미야는 하나님의 사역으로 엄청난 고난 속에 빠졌다(15절). • 몹시 힘들어 하는 예레미야에게 하나님은 어떤 확신을 주시는가? (19-21절)	• 하나님은 그에게 "이 백성 앞에 견고한 놋 성벽이 되게" 해주시겠다고 용기를 주신다. 이제 "그들이 너를 칠지라도 이기지 못할 것이다." 하나님이 그를 도와주고 구원하여 주실 것이기 때문이다.
16장 • 악과 죄를 배나 갚을 것이다. 10-13절은 멸망을 선포하고, 14-15절에서는 구원을 선포한다. 이제 16-18절에서 다시 심판이 언급된다.	아내를 맞이하지 말라(16:1-21) • 다시 여호와의 말씀이 예레미야에게 임했다. 그러나 이번에는 새로운 메시지가 하달된다. 이 땅에서 결혼을 하지 말며 자녀를 두지 말라는 것이다. 그리고 장례식과 기쁜 행사에도 참석하지 말라는 명령이다. 이런 명령은 곧 다가올 포로시대에 대한 경고였다. • 예레미야의 사역의 성격은 가정이 주는 위로와 안락을 구가하는 것이 아니었다. 그의 사명은 홀로 생명을 걸고 싸워야 하는 사역이었다.	예레미야에게 내려진 3가지 지침 ① 결혼과 자녀를 두지 말라. ② 장례에 참석치 말라 (16:2-5). ③ 결혼식, 가장 기쁨이 충만한 곳에 가지 말라.
17장 **심판과 애가의 단편들 (17:1-18)** **• 유다의 죄는 금강석 끝 철필로 기록되었다(17:1-4)** **• 예레미야의 기도 (17:14-18)** 예레미야의 비탄과 번뇌를 본다. 그는 다시 한 번 치료와 구원을 간청한다. 유다 백성의 반발도 만만치 않다. **• 안식일 준수의 설교 (17:19-27)**	• 유다의 불의가 얼마나 심각했는지는 앞에서 언급한 예레미야의 탄식에서 볼 수 있다. 하나님은 언약 공동체 내에 정의가 실현되기를 위해 율법을 주셨다. 율법에서 요구하는 범위는 법적인 판결에서부터 범 사회의 고정된 틀에까지 이른다. 그런데 이런 율법이 무시당함으로써 무기력한 것이 되고 말았다. 정의가 왜곡되어 전혀 시행치 못하게 되었다. • 여기 17장은 여러 개의 메시지를 담고 있다. 예레미야의 짧은 단편적인 예언들을 모은 것이다. 먼저, 유다의 심각한 죄의 문제를 다룬다. 유다의 죄의 심각함을 어떻게 표현하고 있는가? • 유다의 죄가 그들의 마음 판에도 새겨져 있고 그들의 제단 뿔에도 새겨져 있다고 했다. 제단은 제물이 죽고 피가 뿌려지는 곳인데 그곳에도 죄가 새겨져 있다는 것이다. 잘못된 (우상을 위한) 제사가 드려지고 있다. • 이스라엘의 역사에서 안식일을 지킨다는 것은 어떤 의미가 있는가? 이스라엘의 전 역사에 걸쳐 안식일을 범하는 것은 추방을 당하는 죄목 중의 하나였다.	1) 사람을 의지하고 육체를 자기 힘으로 삼는 자 (17:5-8) 2) 만물보다 거짓되고 심히 부패한 것은? (17:9-10, 12-13) - 인간의 마음이다. • 죄의 본질, 그것을 알지 못하면, 인간은 끝없이 하나님 없이도 선을 이룰 수 있다는 망상에 사로잡힌다. 왜 사람들은 그렇게 악한 행동을 하고 어리석은 일들을 추구하는가?

토기장이 · 깨진 옹기(18:1-19:15)

포로로 잡혀가야 하는 불가피한 상황, 그러나 하나님은 토기장이의 비유를 통해, 만약 백성이 돌이키면, 하나님의 축복/저주도 변한다고 선언하신다. 예레미야는 토기장이의 집에 가서 하나님의 메시지를 듣고 백성들에게 선포한다. 그러나 백성들은 예레미야의 말을 듣지 않는다(19:15). 유다에 대한 심판이 선언된다. 깨진 오지병처럼 - 회개의 기회는 지나갔다.

18장

- 너는 토기장이의 집으로 내려가라(18:1-12)
- 내 백성은 나를 잊어버렸다(18:13-17)
- 예레미야를 죽이려 하다(18-23절)

• 하나님은 예레미야를 토기장이의 집으로 보내신다. 토기장이 - 진흙의 비유를 통해 유다 백성을 어떻게 다루셨는가를 예증(例證)하면서 그들이 아직도 회개할 기회가 있음을 보여주려 하신다. 진흙이 토기장이의 손 안에서 아름다운 그릇으로 태어난다. 만드는 과정에서 잘못되면, 그 흙으로 다시 빚을 수가 있다. 토기장이는 그가 사용하는 재료에 대하여 온전한 주권을 행사하는데, 인간의 생사화복을 주장하는 하나님이 너희를 주관하지 못하겠는가? "진흙은 토기장이의 손에 달려 있다. 그것처럼 이스라엘 집은 내 손에 달려 있다." 결국 유다의 운명은 여호와의 손에 달려 있다는 것이다.

• 예레미야의 설교를 듣는 유다 백성의 반응은 여전히 냉랭했다. 여호와께서 이렇게 말씀하신다. 처녀 이스라엘은 흠없이 자신을 지켜야 했다. 그런데 심히 가증한 일을 행했다. '가증한 일'이란 소름 끼치도록 싫은 것을 가리킨다. 이는 하나님 앞에 역겨운 일이다(우상 숭배, 불의, 배신 행위, 각종 범죄, 추행, 실제적 간음 등).

• 예레미야의 선포에 '그것은 헛된 말이다'(12절)라고 반응하는 유다 백성들, 회개를 외쳐도 '우리가 우리의 계획대로 하겠다'는 지도자와 백성들은 한걸음 더 나아간다. 즉 '예레미야를 죽이자'는 것이었다.

• 이 토기장이의 비유를 통해서 주시고자 하는 메시지는 무엇인가? 예레미야는 이 비유를 통하여 백성이 변하면, 하나님의 저주의 계획이 축복으로 변한다는 것이다. 여기서 핵심은 재앙의 길에서 '돌이키라'는 것이다. 즉 심판을 강조하는 것이 아니라 돌아서는 것(슈브), 즉 회개하는 것이다. 그 회개할 기회가 토기장이, 전능자 하나님의 손에 달려 있다. 이제 그 선택 여부는 백성에게 있다.

19장

- 깨진 옹기는 회개의 기회가 지나갔음을 보여준다.

깨진 옹기(19:1-15)

• 두 번째 토기장이집 방문, 예레미야는 이곳에서 진흙토기(옹기)를 하나 산다. 그리고 백성의 장로들과 제사장의 어른 몇 사람을 힌놈의 아들(벤 힌놈) 골짜기로 불러모은다. 그리고 하나님의 말씀을 전한다. "보라 내가 이 곳에 재앙을 내릴 것이라"(3절). 예레미야는 함께 가는 자의 목전에서 그 옹기를 깨뜨렸다.

• 토기장이가 그릇을 한 번 깨뜨리면 다시 완전하게 할 수 없다. 이와 같이 백성과 이 성읍을 무너뜨리겠다고 선언한다.

20장 • 바스훌이 예레미야를 차꼬에 채움 (20:1-6) • 사람마다 종일토록 나를 조롱하나이다 (20:7-18)	• 예레미야는 그의 사역을 너무 힘들어 한다. 그는 다시는 여호와를 선포하지 않겠다고 다짐했지만 그럴수록 그의 중심이 불붙는 것 같아서 견딜 수가 없다. 더욱 그를 힘들게 하는 것은 그의 사역을 도와야 할 제사장들과 그의 친한 친구들의 반대였다. 제사장 바스훌은 예레미야가 예언한 말씀을 듣고 회개한 것이 아니라 오히려 그를 때리고 차꼬에 채워 옥에 가두었다. 다음날이다. 바스훌은 예레미야를 차꼬에서 풀어 준다. 왜 풀어 주었을까? 더 이상 그의 강렬한 메시지를 듣지 않기 위해서였을 것이다. (메시지 내용 - 20:4-5) • 예레미야는 자기가 하는 사역에 너무 결실이 없는 것 같아 절망에 빠진다. 그는 하나님이 자기를 속였다고 불평한다. 그래서 그는 "다시는 여호와를 선포하지 아니하며 그의 이름으로 말하지 아니하리라."고 결심한다. 그러나 막상 그렇게 하다보면 "나의 마음이 불붙는 것 같아서 골수에 사무치니 답답하여 견딜 수 없나이다"라고 속내를 드러낸다.	• 바스훌의 집과 가족들은? (6절) • 너와 네 집에 사는 모든 사람이 포로 되어 옮겨지리니 • 네가 바벨론에 이르러 거기서 죽어 거기 묻힐 것이라 • "내가 말할 때마다 외치며 파멸과 멸망을 선포하므로 여호와의 말씀으로 말미암아 내가 종일토록 치욕(조소, 경멸, 비난)과 모욕거리가 됨이니이다"(8절).
	유다의 지도자들 고소(21:1-23:40)	
21장 • 시드기야에게 전한 말씀 (21:1-22:9) • 여호아하스(살룸)에 관한 말씀(22:10-12) • 여호야김에 관한 말씀 (22:13-19) • 여호야긴(여고냐, 고니야)게 관한 말씀 (22:20-30)	• 이 부분에서 우리는 유다가 멸망에 이른 주요 이유로 유다의 지도자들을 고소하는 것을 보게 된다. 물론 먼저, 왕들의 대한 고소이다. 21:1-22:9에서는 시드기야 왕이 등장한다. 그는 바벨론이 예루살렘 성을 에워싸자 여호와의 도움을 청하고자 예레미야를 찾는다. 물론 이 구원 요청은 거절된다. 유다의 마지막 왕 시드기야는 비참한 최후를 맞는다. • 바벨론 왕 느부갓네살 2세, 그는 예루살렘을 멸망시키기 위해 포위 작전을 펼치기 시작한다. 포위 작전은 주전 588년에 시작 587년 7월까지 진행된다. • 시드기야 왕이 사신들을 통해 부탁한 내용은? "바벨론의 느부갓네살 왕이 우리를 치니 너는 우리를 위하여 청컨대 여호와께 간구하라." 히스기야 왕의 경우처럼, 기적이 일어나기를 기대한다(왕하 19:14이하). 이에 대한 하나님의 응답은? • 예레미야는 그의 백성에게 오히려 바벨론에게 항복하라고 권한다. 그는 계속해서 이를 권고했고, 그래서 백성들은 그를 배반자라고 불렀다.	• 메시지의 주 내용은 포로 끌려감을 피할 수 없다는 것이다. 이 모든 책임이 잘못된 지도층들의 통치로 인한 결과였음을 전한다. 결국 유다는 자신의 죄로 인하여 심판을 받았음을 보여준다. • 내가 친히 너희를 칠 것이다. 그것도 진노와 분노와 대노로 / "내가 또 사람이나 짐승이나 이 성에 있는 것을 다 치리니 / 그들이 큰 전염병에 죽으리라"(6절). • 유다 왕실에도 파멸이 전해진다(21:11-14).

22장 • 다윗의 왕위에 앉은 유다 왕이여 들으라 (22:1-9) • 예루살렘에 대한 탄식 (22:20-23)	• 하나님의 말씀에 순종하면, 다윗 왕국의 보좌에 왕이 계속 앉게 될 것이지만 순종하지 않는다면 성전도 파괴될 것이다. • 하나님은 다윗에게 영원한 왕조를 약속하셨고, 다윗계의 왕을 자신의 '아들'로 받아들이셨다. 그의 왕조에게 세계적인 통치를 포함하는 유업을 보증하셨다(시 2:7-9; 72:8-11; 89:25). 다윗의 가계(家系)는 하나님의 주권에 대한 계속적인 순종이 있는 상태에서만 영구히 확립될 것이었다(시편 89: 30-32). • **살룸**(여호아하스) (22:10-12) • **여호야김**(렘 22:13-19) 요시야 왕에게는 네 아들이 있었다(요하난 - 어려서 죽음). ① 엘리야김, ② 여호아하스(=살룸), ③ 시드기야 앞에서 언급한 대로 여호아하스는 애굽으로 끌려갔고, 애굽의 느고는 요시야의 첫째 아들 엘리야김(=그의 재위명은 여호야김)을 애굽의 꼭두각시 왕으로 앉힌다(25세). (대하 3:15 참조) • **여호야긴**이 왕위에 올랐으나...(22:24-30) 여호야김이 죽고 뒤를 이어 그의 아들 여호야긴이 18세의 나이로 왕위에 올랐다(왕하 24:6). 그러나 그 역시도 여호와 보시기에 악했다.	• 오늘, 유다의 멸망의 근본 원인이 오직 왕에게만 있는가? 왕을 보좌하던 신하들, 바른 메시지를 전해야만 하는 선지자들, 제사장들, 고위직 참모들은 무죄하단 말인가?
23장 • 악한 지도자들에게 징계와 심판(23:1-8) • 선지자들에 대한 말씀이라 (23:9-40) • (거짓) 선지자들의 말을 듣지 말라 (23:16-24) • (거짓) 선지자들의 꿈 해석을 비난한다 (23:25-32)	• 앞에서는(21-22장) 유다 멸망의 원인이 어디에 있었는가를 보여주었다. 유다의 왕정에게 그 책임이 있었음을 분명하게 밝히고, 이로 인해 심판은 필연적임을 설명했다. 23장 1-8절에서도 3가지 예언이 언급된다. (1) 목자들이 자신에게 주어진 임무를 수행하지 못했기에 자신의 백성을 위해 새 지도자를 세우실 것이다(23:1-4). (2) 시드기야는 왕위를 누리기에는 너무 미천하기 때문에 언젠가 자격이 있는 사람에게 대체될 것이다(23:5-6). (3) 이스라엘 백성은 자기들의 땅에서 살게 될 것이다(23:7-8). • 23:9-10에서는 거짓 선지자들을 비난한다. 예레미야는 제사장과 선지자들 때문에 이 땅이 오염이 되었다고 탄식한다. 이로 인해 심판이 올 것이다.	• 참선지자와 거짓 선지자의 차이점이 무엇일까? 참 선지자와 거짓 선지자가 늘 상존해 왔다. 이 두 사이를 분별해내는 것은 아주 중요하다. 나라의 운명이 이들의 예언에 달려 있기 때문이다. • 내 말을 도둑질하는 선지자들을 내가 치리라 (23:33-40).

바벨론에게 종속해라(24:1–29:32)

24장 • **좋은 무화과나무, 나쁜 무화과나무 (24:1-10)** • "또 그들에게 내가 쫓아 보낼 모든 곳에서 부끄러움을 당하게 하며 • 말 거리가 되게 하며 (치욕, 恥辱을 당케 하며) 조롱과 저주를 받게 할 것이며 • 두려움이 되게 하고 내가 칼과 기근과 전염병을 그들 가운데 보내 • 그들이 내가 그들과 그들의 조상들에게 준 땅에서 멸절하기까지 이르게 하리라"(9-10절).	1. 여호야긴이 바벨론에 끌려간 직후(597년), 하나님은 예레미야에게 환상을 보여주신다. 어떤 의미의 메시지인가? 24:1 "여호와께서 여호와의 성전 앞에 놓인 **무화과 두 광주리**를 내게 보이셨는데" • 언제? 바벨론의 느부갓네살 왕이 유다 왕 여호야김의 아들 여고냐와 유다 고관들과 목공들과 철공들을 예루살렘에서 바벨론으로 옮긴 후에 • 예레미야는 두 광주리를 보았다. 한 광주리에는 (각각 좋은 처음 익은 듯한) 극히 좋은 무화과가 있었고 한 광주리에는 (나빠서 먹을 수 없는) 극히 나쁜 무화과가 있었다. 하나님은 무화과 이미지를 통해 메시지를 전달하신다. 2. 포로로 끌려간 사람들이 좋은 무화과라면, 남아 있는 백성은 무엇이란 말인가? - 유다의 왕 시드기야와 그 고관들과 예루살렘의 남은 자들. • [내가] 환난을 당하게 할 것이다. 어떻게? "세상 모든 나라 가운데 흩어버릴 것이다."	• 우려했던 바가 현실이 되었다. 예루살렘은 지금 바벨론 느부갓네살의 군대에 포위되었고, 여호야긴을 비롯하여 황후, 왕자, 신복 등 나라의 유력한 자들이 많이 끌려 갔다. 그리고 하나님은 예레미야에게 메시지를 주셨다. 그런데, 하나님은 좋은 무화과는 바벨론에 포로로 끌려간 유다의 포로들이라는 것이다. • 시드기야 왕, 고관들, 그리고 포로로 끌려가지 않고 예루살렘에 남아 있는 자들 - 하나님은 이런 사람들에게 무엇이라고 말씀하시는가? (9절)
25장 • **유다의 패망 원인 (1-7절)** • **유다에 대한 심판 (70년 포로생활 예언, 8-11절)** • **바벨론에 대한 심판 (12-14절)** • **유다와 그 이웃 나라들에 임할 진노 (15-29절)**	**칠십 년 동안 바벨론의 왕을 섬기리라(25:1–14)** • 25장은 70년 동안의 포로생활을 예언한다. 이 예언은 주전 605년 갈그미스 전투 후 바벨론의 통치가 시작할 때의 예언이다. • 1-7절은 유다의 패망 원인이 어디에 있는가를 설명하고 있다. 그것은 유다의 범죄함 때문이다(왕하 17:7-23). 따라서 유다에 대한 심판이 언급된다. • 70년 포로생활을 예언하고 있다(8-11절). "내 종 바벨론의 왕 느부갓네살을 불러다가" 심판하시겠다는 것이다. • 내 종' 바벨론의 왕 느부갓네살(25:9) - 유다를 징계하기 위한 하나님의 계획은 사납고 성급한 백성 갈대아 사람을 일으키시겠다는 것이었다(합 1:6). 그런데 하나님은 바벨론의 느부갓네살을 '나의 종'(עַבְדִּי)이라고 언급하고 있다는 점이다 (렘 25:9, 27:6).	• 70년 기간은 언제부터 언제까지? 1차 포로(주전605년) ~ 귀환(536년) • 또는 성전 파괴(586)~ 성전재건 완공(516년)으로 보기도 하는 등 다양한 견해가 있다. • 바벨론의 왕이 유다의 심판을 위해 사용되는 하나님의 도구가 된다. 이는 여호와 하나님에 의해 지명되었다. 여호와께서 내 종 바벨론의 왕 느부갓네살을 보내어(I will send) 불러다가(and take) 이 땅과 그 주민을 함께 치게 하며, 그 주위의 모든 민족을 치게 하겠다는 것이다.

26장 • **26-29장은 산문 형식으로 이루어졌다.** • **이 부분은 23:9-40에서 언급된 참 선지자와 거짓 선지자의 대립이 26-29장에서 되풀이 된다.** • 26장은 요시야의 아들 여호야김이 다스리기 시작한 때에, 그러니까 아직은 유다가 바벨론에 종속되기 전의 일이다. 그의 통치 원년, 그러면 주전 609년 9월에서 608년 4월 이전에 주어진 말씀이다.	**예레미야의 성전 설교(26:1-24)** • 여호와의 성전 뜰에 서서 말씀을 전하던 예레미야는 거의 목숨을 잃을뻔 했다. "너희가 내 말에 순종하지 않으면, 이 성전을 실로에 있던 성막처럼 무너뜨리겠다." 물론 백성들은 예레미야를 붙잡고 "너를 죽이겠다"고 날뛴다. "네가 어찌 감히 여호와의 이름으로 그런 예언을 할 수 있느냐"는 것이었다. • 그러나 예레미야는 자신이 전하는 말은 여호와로부터 보냄을 받아서 전하는 것임을 분명히 했다. 우리야는 죽었지만 예레미야는 사반의 아들 아히감에 의해 보호를 받는다. • 예레미야는 분명하게 하나님의 뜻을 전한다. 하나님은 지금이라도 돌아서서 생활 태도를 바꾼다면 유다에게 내리려던 재앙을 거두시겠다는 것이다. 예레미야는 지금 아주 담대하다. 그는 자신이 살아남기보다는 도성과 백성에게 더 관심이 있다. 하나님은 자신을 백성에게 보내셨음을 강조하고, 그가 전하는 말이 바로 여호와께서 전하시는 말씀임을 강조했다.	• 하나님은 예레미야에게 성전 뜰에 서서 (유다 백성들에게) 여호와께서 명한 모든 말을 하나도 빠짐없이 전하라고 명하신다. 어떤 내용인가? • **스마야의 아들 우리야(26:20-24)** • 우리야는 어떤 선지자인가? 그는 기럇여아림 사람이라고 했다. "여호야김 왕과 그의 모든 용사와 모든 고관이 그의 말을 듣고서 왕이 그를 죽이려" 했다(21절). 우리야는 그 말을 듣고 애굽으로 도망했다. 여호야김 왕이 사람을 애굽으로 보내되 곧 악볼의 아들 엘라단과 몇 사람을 함께 애굽으로 보냈다(22절). 그들이 우리야를 애굽에서 연행하여 여호야김 왕에게로 그를 데려오매 왕이 칼로 그를 죽이고 그의 시체를 평민의 묘지(=공동묘지)에 던졌다"(23절). 우리야는 죽었지만 예레미야는 사반의 아들 아히감이 보호하여 주었기에 백성의 손에 죽지 않게 되었다.
27장 • 시드기야4년(주전593년)에 각국사신들이 예루살렘으로 모여들었다(1-7절).	**멍에의 상징, 바벨론에 종속하라(27:1-22)** • 여기 모인 나라들은 공동의 적을 가지고 있다. 이들 나라의 영토는 느부갓네살에게 빼앗긴 상태였다. 느부갓네살은 국내 문제로 철수했던 것 같고, 이에 시드기야의 요청으로 주변 나라들의 사신들이 바벨론에 대항하기 위한 대책을 논의하기 위해 예루살렘에 모였을 것이다. • 예레미야는 사신들이 보는 앞에서 목에 멍에를 메고 다시 (바벨론 왕을 섬기는) 상징적 행동을 하였다(27:1-22).	
28장 • 백성들은 선지자와 거짓 선지자를 구별할 수있어야한다. 만약거짓 선지자의 선포를 참선지자의 말로 알고 순종한다면 엄청난 혼란이 있을 것은 당연한 일이다.	**예레미야와 거짓 선지자 하나냐(28:1-17)** • 28장도 27장에 이어 거짓 선지자와 참 선지자간의 갈등을 다룬다. 거짓 선지자들의 대표자라 할 수 있는 인물은 누구일까? 28-29장에서는 거짓 선지자들의 이름이 거명된다. 하나냐, 아합, 스마야. • 유다 왕 시드기야가 다스리기 시작한 지 사 년 다섯째 달, 기브온 앗술의 아들 선지자 **하나냐가** 여호와의 성전에서 제사장들과 모든 백성이 보는 앞에서 **예레미야에게 대항한다.**	• 선지자와 선지자가 대립했다. 한 사람은 하나냐, 또 한 사람은 예레미야이다. 왕과 고관들과 백성은 어떤 선지자의 말이 진짜인지 혼란해 했다.

29장 • 1-15은 예레미야가 포로들에게 보낸 편지의 내용이다.	**바벨론 포로에게 보낸 편지(29:1-32)** • 26-28장에서는 참된 예언과 거짓 예언의 문제를 언급했다. 29장에서는 바벨론에 포로로 끌려간 자들에게 주어진 편지임을 밝힌다. 몇 통의 편지를 보냈을까? • 바벨론 제1차 포로는 갈그미스 전투 때이다(주전 605년). 이때 느부갓네살은 유다의 젊은이들을 바벨론으로 데려가 그곳에서 일하게 했다(왕하 24:1-5). 다니엘과 세 친구도 이때 끌려갔다(단 1:1-6 참조). • 예레미야는 포로민들에게 그곳에서 오래 정착하여 살라고 말한다. 결국 포로생활이 장기화 될 것이라는 말이다(5-7절). "너희는 집을 짓고 거기에 살며 텃밭을 만들고 그 열매를 먹으라"는 말을 볼 때, 어느 정도 자유가 주어졌던 것 같다.	• 제2차 포로는 주전 597년에 있었다. 이때 분봉왕으로 있던 여호야긴이 반란을 일으키자 바벨론의 침공이 있었다(왕하 24:8-12). 왕뿐만 아니라 에스겔은 이때 끌려가게 된다(겔 1:1). 군사들 1만 명 포함하여 많은 기술자가 끌려갔다(왕하 24:14).

회복의 약속(30:1-33:26)

위로의 책(30-33장) - 포로생활이 끝난 후 유다와 이스라엘의 회복을 언급한다

31장 • 1-3절 - 두루마리에 적어라(회복의 약속) • 4-9절 - "내가 멍에를 깨뜨리라" • 10-11절 - "내가 너와 항상 함께 있고, 너를 구원하리라" • 12-17절 - 이스라엘을 위한 치료 - "내가 너를 건강하게 회복시키리라." • 17b-22절 - 궁극적인 약속 - "내가 그들에게 명예를 주리라" • 23-31:1 - 심판의 위협적인 말씀 - 백성들을 다 벌하시기까지 여호와의 분노가 그치지 않는다.	(1) 위로의 책: 회복에 대한 약속(30-31장) - 흩어진 이스라엘과 유다 백성의 귀환을 다루고 있다. (2) 예레미야의 상징적 땅 구매(32장) (3) 회복약속에 대한 결론(33장) 근거: 언약(covenant) 새 언약 : (31:31-34) 이스라엘의 회복 / 새 언약을 마음에 기록할 것 **심판을 통한 회복(30:1-31:1)** • 30장에서는 백성이 그 땅을 다시 차지하게 될 것이라는 땅에 대한 약속이고, 하나님과의 관계회복은 31장에서 주어진다. • 네가 어찌하여 상처를 입었다고 울부짖느냐? (30:12-17) 이스라엘은 치료불능의 상태가 되었다. 이들은 이제 스스로 일어날 수 있는 힘이 없다. 인간의 그 어떤 방법으로는 치료가 불가능하다. 오직 하나님의 개입으로만 가능하다. • **내가 야곱 백성의 장막을 회복시키리라**(30:18-22). 이스라엘은 다시 회복될 것이다. 예루살렘 성의 회복, 그 성은 중건될 것이다. 폐허가 된 야곱의 장막터가 회복되고, 새로운 통치자도 나올 것이다.	• **이스라엘의 상처는 결국 여호와의 자기 백성에 대한 징벌이다.** • "너희 죄가 너무 많고 허물이 많아서' 이런 벌을 내린 것이다. 이러한 사실을 잘 알지 못하고 "너를 먹는 모든 자는 잡아먹힐 것이다." • 또 "네 모든 대적은 포로로 사로잡혀 가게 될 것이다." "너에게서 탈취해 간 자는 탈취를 당할 것이며 너에게서 노략질한 모든 자는 노략물이 되리라"(16절).

새 이스라엘, 새 언약, 새 예루살렘(31:1-40)

31장

- **31장은 이스라엘의 궁극적 회복을 예언한다.** 그런데 그 희망의 메시지가 다른 어떤 희망의 메시지보다 보다 인상적이고 가장 강력한 호소력을 담고 있다.

이스라엘의 패배와 포로생활과 징벌은 반드시 임할 것이다. 그러나 징벌 후에 구원 또한 확실하다.

물론, 위로받을 수 없는 슬픔이 있을 것이지만 미래에 찬송이 있을 것이라는 약속이 주어진다.

- **예레미야서에서 가장 주요한 메시지로 알려진 것은 새 언약과 관련된 예언이다.** 유다가 포로로 끌려가는 것은 확실한가? 확실하다. 심판은 불가피하다. 그렇다면, 자기 땅에서 쫓겨난 이들에게 소망은 전혀 없는 것인가?
- "여호와의 말씀이니라 그 때에 내가 이스라엘 모든 종족의 하나님이 되고 그들은 내 백성이 되리라"(1절). 31장은 하나님과 백성 간의 관계를 회복하는 것으로 시작한다.

라마에서 슬퍼하며 통곡하는 소리(31:15-22)

- 기쁨의 절정(7-14절) 뒤에 다시 포로생활의 고통을 묘사하고 있다. 라헬이 그 자식 때문에 울고 있다. 라헬은 누구이며, 왜 울고 있는가? - 에브라임은 하나님을 버렸었지만, 이제는 참회하면서 다시 가정으로 돌아오는 젊은 여인으로 묘사된다(21절).

사로잡힌 자를 돌아오게 할 때(31:23-26)

- "내가 깨어 보니 내 잠이 달았더라"(26절) - 이 메시지는 예레미야가 잠을 자는 동안 직접 받은 것이다. 어떤 내용인가? 이스라엘의 하나님은 그의 이름을 거시고 유다가 다시 회복될 것임을 직접 말씀하신다. 그래서 유다 땅과 그 성읍에서 다시(once again) '정의의 처소여, 거룩한 산'이라는 말을 하게 될 것이다. "유다와 그 모든 성읍의 농부와 양 떼를 인도하는 자가 거기에 함께"(24절) 살게 될 것이다. 즉 이스라엘과 유다가 회복될 것임을(렘 30:1-3) 거듭 강조하고 있다.

- 하나님은 이스라엘의 회복을 언급하신다. 그 회복은 총괄적이다. 거기에는 물질적인 축복도 포함된다. 이스라엘을 포로로 흩으신 분이 하나님이시기에 이스라엘의 회복 역시 하나님의 주도하에 의하여 이루어진다. 이스라엘 스스로 회복할 수 있는 능력이 전혀 없기 때문이다.
- 처녀 이스라엘은 반역한(faithless) 딸이었다(22절). "패역한 딸"이라는 표현은 아직 귀환에 마음을 정하지 못하는 포로민들의 믿음 없음(faithless)을 보여준다. 이스라엘은 여호와를 버리고 우상 숭배를 했던 바람난 딸이었다. "네가 어느 때까지 방황하겠느냐?"

새 언약(new covenant, בְּרִית חֲדָשָׁה)

- 구약성경 신학과 예레미야의 메시지의 핵심은 렘 31:3-34의 '새 언약'에 관한 교훈이라고 할 수 있다. 이스라엘 백성을 바벨론으로 추방해야 한다는 결정은 야웨의 회의(會議)에서 내린 것이었다(렘 23:18). 이 회의에서 결정된 사항은 무엇인가? 그것은 언약 파기로 인한 유다에게 내릴 무서운 재앙이었다(렘 23:19-20, 30:23-24). 이를 목도한 예레미야는 이 메시지를 전하지 않을 수 없었다. 그러나 그 회의에서는 재앙과 심판 뒤에 일어날 '귀환'과 '회복'까지도 포함하고 있었다는 것이다(렘 29:1).
- 새 언약은 '그 언약'과 같지 않다고 말한다(32절a). '그 언약'은 물론 시내산 언약을 말한다. 새 언약은 이전의 백성과 세운 언약들의 모든 약속의 성취이다. 모세 언약 밑에서 실현되지 못했던 하나님의 율법 순종은 새 언약의 규정 밑에서 완전한 성취를 보게 될 것이라고 말한다(렘 31:33).
- 이제 하나님께서는 자신의 율법 – 시내산 밑에서 주어진 동일한 율법들과 계명들 – 을 이스라엘의 '속'에, 다시 말해서 '인간의 마음'에 기록하시겠다는 것이다(33b).

• 영원히 다시는 뽑거나 전복하지 못할 것이다 (31:35-40)	• '마음'(לֵב)은 인간의 사고와 생각과 의지의 중심부이다. 이제 돌비(石碑)에 기록된 율법이 아니라 사람의 심비(心碑)에 기록하여 그 율법을 지울 수 없게 만들겠다는 약속이다. 사람들의 심비(心碑)에 새겨진 율법은 그들로 하여금 하나님의 율법에 스스로 복종하도록 이끌 것이다. 이제 하나님의 율법에 대한 복종은 하나님이 공급하시는 내적인 힘과 동기에 의하여 이루어질 것이다. 하나님의 성령은 인간의 마음에서 역사하시게 된다(렘 31:33, 32:40; 겔 37:23). • 아브라함의 언약(창 17:7), 모세 언약(출 40:11; 레 16:34), 다윗 언약(삼하 7:13, 16)도 영원한 것으로 특징지어졌으나, 새 언약의 영원한 성격은 종말론적인 차원을 나타내고 있다. 여호와의 전능하심이 확신할찐대, 이스라엘과 맺으신 이 새 언약도 확실히 설 것이다. • 하나님께서 이스라엘과 맺으실 새 언약(31-34절)이 끊어지는 일은 자연 질서가 깨어지는 일만큼이나 불가능하다는 것이다.	• **새 언약은 영원성을 지닌다.** 더 이상 새로운 언약을 필요로 하지 않는다. • 이스라엘은 다시 포로에서 돌아오게 될 것이고, 반드시 회복될 것이다. "보라, 날이 이르리니 이 성은 하나넬 망대로부터 모퉁이에 이르기까지 여호와를 위하여 건축될 것이라"(38절).
예루살렘 함락 5분전 유다의 시드기야 왕 열째 해 곧 느부갓네살 열여덟째 해에 여호와의 말씀이 예레미야에게 임하니라	• "유다의 시드기야 왕 열째 해 곧 느부갓네살 열여덟째 해에 여호와의 말씀이 예레미야에게 임했다"(1절). 그렇다면 주전 588-587년이다. "그 때에 바벨론 군대는 예루살렘을 에워싸고 선지자 예레미야는 유다의 왕의 궁중에 있는 시위대 뜰에 갇혔다"(2절). 왜 갇혔을까? 3-5절에서 그 이유를 설명하고 있다. **아나돗에 있는 밭을 사라(32:6-15)** • 백성들은 거짓 선지자들의 말을 더 믿고 싶어했을 것이다. 느부갓네살의 포위가 잠시 해제되었을 때, 백성들은 예루살렘의 함락은 우발적인 사고일 뿐이라고 생각했을 것이다. 예루살렘 주민들에게는 바벨론의 (잠정적인) 철수가 엄청난 희망과 안도의 한숨을 내쉬는 계기가 되었다. 애굽의 군대가 바벨론을 치기 위해 올라온다는 소식, 바벨론이 이 소식을 듣고 철수했다는 사실은 이제 모든 시련이 끝났다는 징표로 생각했을 것이다. • **다시 심판의 필연성을 말씀하신다(32:26-35).** 심판은 피할 수 없는 일이다. 반드시 예루살렘 성을 바벨론의 군대와 느부갓네살의 손에 넘겨버릴 것이다(28절).	• 그러나 예레미야는 분명하게 하나님의 메시지를 전한다. "**너희를 도우려고 나왔던 바로의 군대는 자기 땅 애굽으로 돌아가겠고 갈대아인이 다시 와서 이 성을 쳐서 빼앗아 불사르리라**"(렘, 34장; 37:7-8). "바벨론에 항복하면 왕과 그 가족이 무사할 것이요, 성읍도 불타지 않을 것"이라고 했다(렘 38:17-19). • 그렇다면 영원히 버리실 것인가? (36-44절) 그러나 자기 백성을 영원히 버리지는 아니하실 것임을 다시 확약하신다. 심판이 진행되는 중에서라도 여전히 은혜와 긍휼은 결코 철회되지 않을 것이다 (32:37).

33장

• 예레미야는 이스라엘의 미래의 소망의 메시지를 남겼다(그래서 30-33장을 위로의 책이라고 부른다). 때가 되면, 하나님이 포로된 그들을 돌아오게 하리라고 약속하신다.

예루살렘의 회복(33:1-13)

• 33장에서는 파멸과 심판의 메시지보다는 하나님의 무조건적인 용서를 통한 회복을 언급한다.

1-13절에서는 예루살렘 성의 재건에, 14-26절에서는 지도자들이 다시 통치를 시작한다는 것에 초점을 맞춘다. 의의 왕과 레위 제사장의 계열의 회복을 말하고 있다.

• 지도자들이 다시 통치하게 될 것이다(33:14-26) "보라 내가 이스라엘 집과 유다 집에 대하여 일러 준 선한 말을 성취할 날이 이르리라" (14절) 여호와의 말씀이 다시 예레미야에게 임하셨다(19절). 다윗에게 세운 하나님의 언약이 깨뜨려질 수 없음을 설명하신다.

• 내 종 다윗에게 세운 나의 언약(33:20-26)
다윗의 언약을 '영원한 언약'이라고 했다(삼하 7, 23장). 따라서 그와의 언약이 일시적인 심판으로 인해 파기될 수 없다. 그렇다면, 영원한 언약이란 무엇인가?

다윗과 맺은 언약(삼하 7:12-16)과 레위인들과 맺은 언약(민 25:12-13)의 파기로 인해 바벨론으로의 포로로 끌려가는 심판을 받게 되겠지만 그 약속은 무효화 되지 않을 것이다. 하나님께서 그렇게 약속하셨기 때문이다.

예루살렘 함락 전의 사건들(34-38장)

유다의 마지막 날들(34-38장)

• **시드기야에게 전한 말씀(34:1-7)**
하나님은 예레미야에게 시드기야 왕에게 경고의 말씀을 전하라고 명령하신다. 주전 588년 10월 10일에 시드기야의 반역에 대한 징계로 바벨론의 예루살렘 성의 포위가 시작되었다. (시드기야 9년에)

• **백성들에게 전한 말씀(34:8-12)**
여호와 앞에서 맺은 언약을 어기다(34:8-22). 주전 588-587년 사이에 예루살렘은 바벨론 군대에 포위되어 있었다. 그런데 바벨론 군대를 공격하기 위하여 애굽 군대들이 움직였다는 소식이 바벨론의 첩보망에 걸려들었다. 따라서 바벨론은 예루살렘의 포위망을 해제할 수밖에 없었다.

• 이 일은 유다 백성에게 희망과 동시에 혼란을 유발시키는 동기가 되었다.

• 시드기야 왕은 예루살렘에 있는 모든 백성과 한 가지로 하나님 앞에서 언약을 맺고 자유를 선포한다(8절). 어떤 언약인가? 시드기야는 히브리 종들을 다 풀어주기로 예루살렘에 살던 모든 백성들에게 언약을 맺었다(8절). 남자나 여자를 가리지 않고 히브리 종을 다 풀어주기로 언약을 맺었다. 아무도 같은 동쪽끼리 종을 삼지 못하게 한 것이다(9절). - 매우 잘한 일이었다.

유다의 마지막 날들(34-38장) 	• 그러나 그 뒤에 이들은 마음을 바꾸었다. 풀어주었던 남종들과 여종들을 다시 데려와 종으로 삼았던 것이다(11절). 이 사건에서 백성들의 사악함이 여실히 드러났다. 진정으로 회개하는 모습은 보이지 않는다. 백성들은 이런 극단적인 상황에서 하나님의 징계를 감내(堪耐)해야만 했다. 그러나 조금의 노력도 하지 않았다. 다시 옛날로 돌아선 것이다. 그 짧은 시간에 말이다. 그들은 하나님과의 언약을 무의미한 말로, 공허한 말로 흘려보냈다. **레갑 족속에 관한 말씀(35:1-19)** • 34장에 이어 35장에서도 예레미야는 레갑 족속을 통하여 유다가 얼마나 불신앙적이고 불경건했는가를 증언하고 있다. 예레미야는 레갑 족속을 배워야 할 대상으로 여겼다. 레갑 족속은 그들이 조상으로부터 이어받은 생활 양식과 전승들을 초지일관적으로 지켜낸 작은 공동체였다. 이들은 조상의 전통과 유전(遺傳)을 지키려는 충성심이 대단하였다. 이들에 비해 언약의 상속자들이라고 자처하는 이스라엘의 왕과 지도자들, 그리고 백성들은 얼마나 불신앙적인가! **여호야김이 예레미야의 두루마리를 불태움(36:1-32)** • 바룩이 고관 앞에서 두루마리를 낭독하다(11-19절). • 왕이 두루마리를 태우다(20-26절) • 예레미야가 말씀을 다시 쓰다(27-32절) - 기록한 말씀을 불사른 후에 여호와의 말씀이 예레미야에게 다시 임했다.	• 왕과 백성들은 다시 옛날로 돌아가 버렸다. 유다가 구원 받을 수 있는 길을 백성들 스스로 걷어차 버렸다. 하나님께서 그들을 지킬 능력이나 의향이 없어서가 아니라 **그들 스스로가 멸망의 길을 자초한 것이다.** • 여호야김 왕의 체포령에 숨어 있던 예레미야에게 여호와의 말씀을 다시 기록하라고 하셨다. 바룩은 "여호야김 왕이 불사른 책의 모든 말을 예레미야가 전하는 대로 기록하고 그 외에도 그 같은 말을 많이 더 하였다"고 했다(32절).
• 바벨론 왕이 시드기야를 왕으로 삼다(37:1-10) • 예레미야를 붙잡아 가두다(37:11-16)	• 느부갓네살이 다시 예루살렘을 점령했다(왕하 24:10-17). 느부갓네살은 여호야긴을 비롯하여 유력한 자들을 많이 끌고 갔다. 용사 7천과 기술자 1천 명이 포함되었다(왕하 24:15). 이때 바벨론은 솔로몬 성전에 있던 기구들을 빼앗아갔다(대하 36:6-7). 그리고 느부갓네살은 그의 숙부 맛다니야를 왕위에 세우고(21세에) 그 이름을 시드기야(Zedekiah)로 고친다. • 예루살렘을 에워싼 바벨론 군대가 바로의 군대를 두려워하여 포위망을 해제할 수밖에 없었다. 급한 것은 시드기야 왕이었다. 잠시 포위망이 풀렸지만, 언제 바벨론 군대가 다시 쳐들어 올지 불안했다. 그래서 시드기야는 옥에 갇혀 있는 예레미야에게 사람을 보낸다.	• 예레미야를 옥에서 불러내어 개인적으로 물었다. 시드기야는 좋은 소식이 있기를 간절히 바라고 있었으나 예레미야로부터 들은 이야기는 왕이 바벨론의 손에 넘겨질 것이라는 분명한 대답뿐이었다.

38장

- **시드기야가 예레미야에게 묻다(38:14-28)**
- **만약, 시드기야 왕이 예레미야의 예언을 듣지 않는다면 어떻게 될 것인가? (21-23절)**

만약 여호와 하나님이 명령을 거절한다면 그와 예루살렘은 재앙을 만나게 될 것이다(22-23절).

예레미야가 진흙 웅덩이에 갇히다(38:1-13)

- 왕의 요청에 의하여 서기관 요나단의 집에 갇혀 있던 예레미야는 시드기야 왕과 독대한다. 시드기야 왕은 예레미야로부터 좋은 소식을 기대했다. 그러나 돌아온 대답은 도우려 출정했던 애굽의 군대를 돌아갈 것이고, 잠시 포위망을 해제했던 바벨론 군대는 다시 돌아와 이 왕궁을 불사를 것이라는 말이었다.

- 시드기야는 현재의 상황에 불안하다. '정말, 바벨론은 완전히 철수한 것인가?' 시드기야는 은밀한 만남을 갖기 예레미야를 소환한다. 시드기야는 이미 갈대아인에게 항복한 유다인을 두려워하고 있었다. "염려하건대 갈대아인이 나를 그들의 손에 넘기면 그들이 나를 조롱할까 하노라." 예레미야는 바벨론 군대가 결코 그렇게 하지 않을 것이라고 보증한다(20절).

- 이로 인해 조정은 발칵 뒤집혔다. 왕실은 바벨론의 후퇴로 한 가닥 희망을 가졌음에 틀림없다. 그러나 예루살렘의 파멸을 선포하는 예레미야는 일부 왕실 고위 관리들의 분노를 사게 된다(38:1-3).

예루살렘 함락(39:1-18)

예레미야 52장

- 바벨론의 느부갓네살 왕의 열아홉째 해 다섯째 달 열째 날에 바벨론 왕의 어전 사령관 느부사라단이 예루살렘에 이르러(12절)
- 여호와의 성전과 왕궁을 불사르고 예루살렘의 모든 집과 고관들의 집까지 불살랐으며(13절)
- 사령관을 따르는 갈대아 사람의 모든 군대가 예루살렘 사면 성벽을 헐었더라(14절)
- 사령관 느부사라단이 백성 중 가난한 자와 성중에 남아 있는 백성과 바벨론 왕에게 항복한 자와 무리의 남은 자를 사로잡아 갔고(15절)
- 가난한 백성은 남겨 두어 포도원을 관리하는 자와 농부가 되게 하였더라(16절)

- 공포의 예루살렘 거리 - 예루살렘이 함락된 후 2주 동안, 예루살렘은 공포의 도시가 되었다. 느부갓네살 2세의 근위대장 느부사라단이 예루살렘을 짓이기고, 닥치는대로 약탈했기 때문이다(왕하 25:8-12).

- 이 난리통에 예레미야는 어떻게 되었을까? (39:11-14) 바벨론의 느부갓네살 왕은 사령관 느부사라단에게 특명을 내린다. 예레미야를 잘 대우하라는 것이다.

- 예루살렘 성을 공격했던 바벨론 군대의 주요 참모들이 참석했다. 예레미야 52장에 당시 예루살렘 성의 상황을 자세히 언급했다. 미리 읽어보자.

- 바벨론은 귀족 출신의 그달리야를 이들의 총독으로 임명했다. 그는 사반의 손자 아히감의 아들이었다. 그달리야의 아버지 아히감은 전에 예레미야의 목숨을 구해준 적이 있었다(렘 26:24). 할아버지는 요시야 왕 때의 국무대신으로 대개혁의 주도적 역할을 했다(왕하 22:3).

- 여러 정황으로 예루살렘에 머물 수 없었던 그달리야는 총독 관저를 미스바로 옮긴다.

- 유다는 더 이상 주권 국가가 아니었다. 바벨론의 일개 주(州)가 되었기 때문이다.

- 성읍들은 파괴되었고, 쓸만한 일꾼들은 바벨론으로 끌려갔고, 경제는 파탄나버렸다. 남은 자들이란 가난한 농부들뿐이었다. "그 땅의 가난한 사람들"로서 땅의 경작을 위해 남겨두었다고 했다(왕하 25: 12, 렘 52:16). 이들은 바벨론을 대항하여 소란을 피울 일이 없기 때문이다.

<table>
<tr><th colspan="3">예루살렘 함락 후에는 어떤 일들이? (40–44장)</th></tr>
<tr><td>• 그달리야가 바벨론에 의해 총독으로 임명됨(40:1–16)
• 그달리야가 살해당함(41:1–18)
• 요하난과 관리들 – 예레미야에게 여호와의 뜻을 물음(42:1–43:7)
• 애굽에 내려간 예레미야의 예언(43:8–44:30)</td><td>[40장] 그달리야가 바벨론에 의해 총독으로 임명됨(40:1–16)
• 예루살렘 성이 함락된 후 예레미야는 다른 포로들과 함께 라마로 끌려간다(40:1-6).
• 예루살렘 멸망의 이유(40:2-3) - 여호와께 범죄하고 그 목소리를 청종치 않았으므로(40:3). 그 결과 - 그래서 이곳에 재앙을 선포했다(40:2).
• 예레미야는 바벨론 군대에 의해 '시위대 뜰'에서 풀려났다. 예레미야에게 선택권이 주어졌다. 바벨론으로 초대받아 가든가, 유다에 남아 있든가(4절).
• 폐허가 된 유다를 통치하기 위해 바벨론 왕은 그달리야를 총독으로 세웠다(40:7-12).</td><td>• 바벨론으로 끌려가지 않은 사람들(흩어져 있던 정치가 및 군인들)이 그달리야에게 몰려들었다(40:8). / 이들에게 반기를 드는 인사들도 있었다(이스마엘 등) / 요하난은 이스마엘을 제거할 것을 시드기야에게 건의했으나(40:14-15), 시드기야는 이를 거절한다(16절).</td></tr>
<tr><td>41장
그달리야가 살해당함(41:1–18)</td><td>• 그달리야가 살해 당함(41:1-3) (예루살렘 성 함락 후 3개월 후인 7월에)
• 이스마엘의 악행 - 대량 살육(예루살렘 성전 파괴에 대한 애도를 표시하기 위한 조문객 60명을 그달리야에게 초대하는 것으로 가장하여 죽였다. 10명은 그에게 뇌물을 제의했기에 살려줌) / 이스마엘은 인질들을 데리고 미스바에서 암몬으로 달아났다. 이를 안 요하난 일행은 그를 추격했으나 실패했다.</td><td>• 바벨론 군인들의 보복을 두려워한 요하난과 그를 추종하는 백성들이 애굽행을 선택한다(41:16-18).</td></tr>
<tr><td>42장
요하난과 관리들 – 예레미야에게 여호와의 뜻을 물음(42:1–43:7)</td><td>• 예레미야에게 여호와의 뜻을 물음(42:1-43:7) : '애굽으로 가야 하는가, 유다에 남아 있어야 하는가?' 하는 문제를 가지고 예레미야를 찾아와 기도를 요청했다(42:1-6). 이들은 하나님의 응답대로 행동하겠다고 약속한다(42:5-6).
• 이에 대한 예레미야를 통한 하나님의 응답은 유다의 남은 자들이 애굽으로 내려가지 않고 유다 땅에 머무는 것이었다(10-12절). 그렇게 할 때 바벨론의 위험으로부터 보호해 주시겠다는 것이었다.
• 만약, 이를 어기고 애굽으로 내려간다면 분명히 심판하실 것이다(42:13-18). 그러나 이들 일행은 결국 애굽행을 택했다. 물론 예레미야도 이들과 애굽으로 끌려가야 했다.</td><td></td></tr>
</table>

43장 **애굽에 내려간 예레미야의 예언(43:8-44:30)**	• 애굽의 다바네스로 도피한 사람들(43:1-7) : 이들에게 분명한 하나님의 뜻을 전달했지만 애굽에 피난한 사람들은 오히려 예레미야에게 거짓말을 한다고 대들었다(43:2). • 다바네스에서 주신 메시지(43:8-13) : 상징적인 행동으로 하나님의 뜻을 전달했다(43:8-9). 몇 개의 큰 돌을 취하여 바로가 다바네스를 방문할 때, 발견할 수 있게 왕궁의 입구에 진흙으로 감추라는 것이다. 이 예언의 내용은 "느부갓네살 왕이 와서 애굽 땅을 치고 죽일 자는 죽이고 사로잡을 자는 사로잡고 칼로 칠 자는 칼로 칠 것이라." "바벨론 왕은 무자비하게 이곳을 평정할 것"(11절)이라는 내용이다. 애굽인들이 믿는 신전들도 불태울 것이고(12절) 그리고 우상들도 가져갈 것이라는 예언이 주어졌다.	• 이렇게 죄를 회개하지 않고(44:1-14), 우상을 섬기는 백성들은(15-19절) 결국 파멸을 당할 것이다. 이들은 애굽에 내려와서까지 '하늘 황후'를 섬기겠다고 고집했다.
44장 **애굽에 내려온 남은 자들을 징벌할 것이다(44:1-14)**	• 요하난을 포함한 유다인들은 바벨론의 군대의 보복을 피할 수 있는 길은 오직 애굽으로의 피난이 최선이라고 생각했다. 그래서 이미 마음에 결정하고 난 후, 하나님께 그 진의를 물었다. 그러나 하나님은 이를 승낙치 않으셨다. 그대로 유대에 남아 있으라는 것이었다. 물론 이들은 순종하지 않고 애굽행을 택한다. 그래서 나일 강 삼각주 다바네스에 정착하게 된다. 그러나 하나님은 이들에게 바벨론 군대의 침략이 있을 것임을 상징적 행동을 통해 보여주셨다. 훗날 이 예언은 그대로 성취된다.	• 애굽으로 내려간 백성들은 점차로 다른 신에게 나아가 분향하게 되었다. 여호와에 대한 신앙이 변질되기 시작한다.
45장 **바룩을 위한 약속(45:1-5)**	• 39-45장은 예루살렘의 멸망에 대해서 언급하고 있다. 45장도 39장과 같이 "유다의 요시야 왕의 아들 여호야김 넷째 해에" 일어난 일을 기록하고 있다. 하나님은 예레미야의 서기관 바룩에게 특별한 개인적 메시지를 주셨다. 바룩 역시 예레미야와 함께 애굽으로 끌려갔다(렘 43:6). 이 장은 두루마리에 기록된 예언이 그대로 성취되었음을 보여주려는 데 있는 것 같다. • 바룩은 자신을 위한 놀라운 성공(기대치)을 바라지 말라는 경고를 받는다. 바룩은 예레미야와 함께 사역을 하면서 조력자로서 고통을 함께 했다. 그러나 앞으로도 계속 어려움은 있을 것이라는 말씀이다. 이 말씀이 전해진 것은 여호야김 통치 제 4년째에 주어진 말씀이다. 이후 그는 계속 예레미야와 함께 고통을 받아왔고, 애굽에까지 내려와야만 했다. 	• 예레미야의 신실한 조력자 바룩, 당연히 그에게도 고난이 넘친다. 선지자와 함께 고난을 당한다. 물론 당연히 힘들다. 그래서 그는 탄식한다. 그러나 하나님의 응답은 무엇일까? 하나님은 그에게 임박한 심판과 그 땅에 임할 재앙을 받아들이라는 것이었다. 하나님은 자신이 세운 것을 헐기도 하고, 심은 것을 뽑기도 하신다. 하나님은 지금 자신이 세운 이스라엘을 헐어야 하는 아픔을 겪으셔야만 했다.

열방에 대한 예언들 (46–51장)		
(1) 애굽에 대한 심판 예언(46장) (2) 블레셋에 대한 심판 예언(47장) (3) 모압에 대한 심판 예언(48장) (4) 다른 나라들에 대한 예언(49장) (5) 바벨론에 대한 심판 예언(50-51장)	• 하나님의 심판은 어디부터 임할 것인가? 심판은 우주적이다. 심판은 먼저, 유다에게 임할 것이지만, 결국은 당시의 열강인 애굽과 바벨론에게 주어지겠고, 점차 주변국들로 확산될 것이다(렘 25:15-38). 9개의 심판 예언이 나열되어 있는데, 대체적으로 남서쪽으로부터 먼 동쪽으로 옮겨가는 양상을 보인다. • 심판자의 모습 - 우는 사자와 같이 여호와께서 그들을 공격하실 것이다. 따라서 그들의 지도자들은 그의 진노와 권세 앞에 망할 것이다.	• 여러 나라(열방)에 대한 예레미야의 메시지는 주로 심판에 관한 것이다. 그러면서도 하나님의 백성에게 하나님의 절대주권을 강조한다. 따라서 이방 나라와의 동맹을 의지하지 말라는 경고가 주어진다.
• 유다와 같이 열방 가운데 할례를 자랑으로 여기는 민족이 있다. 이 할례 행위가 하나님의 특별한 지위를 부여하고, 그래서 진노를 면하게 해 줄 것이라는 생각을 차단하신다. • 육체의 할례만을 고집하고 삶의 변화가 없는 사람들은 하나님께서 반드시 벌하실 것이다(렘 9:25-26). "… 모든 이방인들은 몸에 할례를 받지 않았고, 모든 이스라엘 백성은 마음에 할례를 받지 않았다" (26절).	• **애굽(46:2-28)에 대한 심판**: 여호와께서 이스라엘을 구원하시고 열방을 심판하실 것이다. 애굽은 예루살렘 함락 전이나(렘 2:18, 36) 함락 후에도(42:14) 유다가 의지했던 나라였다. 그러나 그러한 애굽에도 심판이 임할 것이다. 누구를 시용하실 것인가? 바벨론의 느부갓네살과 바벨론 군대를 도구로 사용하시어 애굽의 권세와 영광을 멸하실 것이다(렘 43:10, 44:30, 46:13, 26). • **블레셋(47:1-7)에 대한 심판** - 블레셋과 그의 동맹군들의 도시가 함락되고 멸망 받을 것을 예언했다(47:1). 공격의 정확한 날자는 알려져 있지 않다(610-601년 사이에 공격이 있었던 것으로 알려져 있다). 블레셋뿐만 아니라 북쪽 해안가에 살고 있는 페니키아, 가사와 아스글론도 파멸될 것이다(47:4, 5). • **모압(48:1-47)** - 느보와 기랴여아림에 임할 재앙을 선포하신다(48:1-2). 그 땅의 지도자들은 모압의 신 그모스와 함께 포로로 잡혀갈 것이다(7절). 모압은 비어 있는 포도주 항아리처럼 부서질 것이다(12절). 모압의 멸망 이유는 이스라엘이 멸망을 당할 때 그들이 여호와를 무시했기 때문이다(26-28절). • **암몬에 대한 심판 예언(49:1-6)** - 자만심에 가득 찬 암몬 사람들도 그들의 국가 신인 밀곰과 함께 사로잡혀 갈 것이다(3절). 그러나 모압의 경우처럼 암몬도 여호와께서 이들에 대한 회복을 약속하신다. • **에돔(49:7-22)**은 전멸할 것이다. 오바댜서에서 완전한 멸망의 모습을 볼 수 있다.	• 애굽의 신도 징벌을 받을것이다(렘46:25). 이런 애굽을 의지하는 유다 백성은 지극히 어리석다. 애굽의 멸망과(46:13-26) 대비하여 유다-이스라엘은 구원이 약속된다(46:27-28). • 다메섹(49:23-27)과 게달과 하솔(49:28-33) 및 엘람(49:34-39)에 관한 심판 예언은 바벨론에 대한 심판에 앞서 제시되었다. 다메섹은 북이스라엘이 멸망하기 10년 전에 앗수르에 의해서 사라졌다(732년). 게달과 하솔은 시리아 사막의 아랍 족속들이다. 이들 민족도 그 지역들을 버리고 사방으로 흩어질 것이다(49:30-33). 엘람은 바벨론 동쪽에 위치한 나라이다. 이들에게도 재앙이 선포된다(34-38절).

(5) 바벨론에 대한 심판 예언(50-51장)

강대한 제국, 바벨론은 하나님의 도구로 쓰임을 받는다. 앞장에서 여러 나라들의 교만과 악행으로 인하여 하나님의 심판 예언을 듣는다. 열방들의 징계는 주로 바벨론에 의해 진행된다. 그러나 바벨론 역시 하나님의 심판의 대상이 된다. 그 이유는 이들이 너무 교만했기 때문이다. 열방 심판 중 가장 긴 메시지가 선포된다.

바벨론(50:1-51:58) 멸망은 가장 길게 언급되었다. 바벨론은 여러 나라들에 대한 하나님의 심판의 도구였다. 그러나 이들은 교만 때문에 멸망의 대상이 된다. 바벨론 멸망은 예루살렘의 멸망이라는 관점에서 기록되었다. 이 예언은 유다의 대적들의 운명에 관한 짧은 시들을 모은 것으로 보인다. 여기에 유다의 회복과 위로의 말도 언급되었다. 바벨론의 죄악은 그가 여호와의 목전에서 시온에게 행한 잔학한 행위이라고 언급하고 있다(51:5, 24).

▶ 이웃 나라들에 대한 심판 예언 - 몇 가지 특징들

첫째, 그들의 잔인함과 우상 숭배, 그리고 교만했다는 점이다. 그래서 하나님께서 그들을 심판하실 것이다.

둘째, 그 나라들이 이스라엘을 대우한 것에 따라 하나님으로부터 그들도 대우(심판)를 받을 것이라는 점이다.

셋째, 그들도 궁극적으로는 이스라엘이 얻을 구속을 공유할 것이다. 이들을 심판하실 때, 바벨론이 도구로 쓰임을 받을 것이다. 그리고 쓰임을 받은 바벨론은 너무 교만하고 파괴적 행위로 인하여 바벨론 자신도 심판을 받게 된다. 바벨론에 대해서는 50-51장에서 언급된다.

부록 :

예레미야의 예언이 어떻게 성취되었는가? (52장)

예레미야서는 예루살렘 함락에 관한 후기로 끝 맺는다.
이 부분은 열왕기하 24-25장과 평행을 이룬다.
대체로 학자들은 52장을 역사적 부록으로 다룬다.
왜냐하면 렘 51:64에 "예레미야의 말이 이에 끝나니라"라고
예레미야의 예언을 마무리하고 있기 때문이다.

또 52장이 여호야긴의 석방(주전 562/1년)을 기록하고 있기 때문이다.
52장에서는 예루살렘 함락이 다시 요약 설명되었고, 그 이유를 밝힌다(52:1-20).
하나님이 자기 백성에게 선포한 심판이 그대로 성취되었다는 것이다.
그리고 포로로 끌려간 여호야긴이 복직되었음을 기록하고 있다(52:31-34).
이 단락은 왕하 25장에도 나온다.

Jeremiah 1-45

이스라엘의 심판의 예언과 예루살렘의 멸망

북 이스라엘은 아모스와 호세아 선지자의 피끓는 외침에도 불구하고 여호와께로 돌아서지 않는다. 결국 북이스라엘은 앗수르에 의해 주전 722년 역사에서 사라진다. 이사야 선지자는 이 모든 과정을 목도한다.

북이스라엘의 멸망을 바라보고도 남유다는 크게 변화되지 않는다. 유다의 사회, 경제적 타락에 하나님은 분노하신다. 포도나무를 심은 농부와 같이 하나님은 그 땅에 자기 백성을 세우기 위해 많은 노력을 기울이셨다. 하나님은 '극상품 포도나무'(쏘레크, שֹׂרֵק - 정선한 포도나무)를 심으셨다. '좋은 포도(열매)' 맺기를 바랐지만 들포도(악취가 나거나 무가치한 것)를 맺었다고 탄식하신다(겔 16장 참조). 즉 자기 백성들에게 원하신 것은 공평과 정의였으나 포학(피 흘림)과 부르짖음뿐이었다는 것이다. 백성들의 비윤리적이요 비도덕적인 삶이 하나님의 인내를 넘어서버렸다.

결국 이들에게 심판이 선언된다. 이 백성을 치유하는 유일한 길은 이들을 심판(징계)하시는 길뿐이다. 이스라엘에 대한 하나님의 심판은 구원역사를 원점으로 되돌려 놓는 것 같이 그들을 약속의 땅 밖으로 내어쫓고 다시 포로가 되게 하신다는 것이다. 하나님이 자기 백성에게 원하신 것은 무엇이었는가? 하나님의 백성은 거룩한 삶을 살아가야 한다. 그런데 지금 백성들은 책망과 함께 심판을 선고받고 있다. 하나님과의 언약을 파기하였기 때문이다.

이사야가 심판을 선고하고 얼마의 기간이 흘렀을까? 앗수르 제국의 팽창이 극대화 되고 반면에 이스라엘의 몰락이 진행중이던 그 폭풍우 같은 시기에 예레미야가 부름을 받는다. 그는 무엇보다 먼저 유다의 죄를 고발한다(렘 1-12장).

하나님은 심판의 근거를 어디에서 찾으시는가? 그 근거는 이스라엘 백성과 시내산에서 세워진 언약에 근거한다. 시내산 언약 이후 몇 차례 언약이 갱신되었는데(출 24:1-8, 34:10-28; 신 29:1-32:47; 수 24:1-27 참조), 이 언약 과정에서 백성들은 율법을 철저하게 지키기로 동의했다. 만약 이 언약을 어겼을 경우에는 그 죄에 합당한 징계와 심판을 받을 것을 거듭 경고하셨다(레 26장 및 신 28장 참조).

이사야가 그의 사역을 마치고(주전 739-681), 반세기가 지나 예레미야는 유다의 마지막을 지켜보아야만 했다. 예레미야는 아몬의 아들 요시야의 통치 13년에 부름을 받는다(주전 627년). 요시야는 므낫세의 악정의 후유증을 걷어내기 위해 애를 썼지만 갑작스럽게 전사함으로써 그의 사역이 중단되었고, 유다는 내리막길을 걷게 된다. 요시야의 뒤를 잇는 왕들, 여호아하스, 여호야김, 여호야긴, 시드기야 등은 쓰러져가는 유다를 되돌리지 못한다. 아니, 오히려 이들은 유다 멸망을 재촉하는 장본인이 된다. 예레미야는 이 무능한 왕들과의 싸움에서 지쳐만 간다.

간단한 구조(1-45장)

1장 : 예레미야를 부르시고 사명을 주심

1:1-10 / 예레미야의 소명

1:11-19 / 소명에 대한 확증

2-35장 : 유다에 대한 경고와 권고

○ 2-24장 : 유다에 대한 예언

4:5-6:30

- 임박한 심판 - 유다와 예루살렘 기소
- 심판이 있기 전에 참된 회개를 하고 돌아오라(4:1-4)
- 경고 : 북쪽에서 임할 재앙(4:5-10)

2-6장의 결론 : 강한 경고, 그리고 회개의 촉구, 무거운 징벌을 선포했다. 그러나 교만한 백성들이 여호와께 돌아오지 않았다(회개치 않았다). 따라서 심판은 필연적이다. **여호와께서는 이들을 버리실 것이다.**

○ 25-29장: 바벨론 유배에 대한 예언

- 바벨론에게 종속해라(24:1-29:32)
- 예레미야의 성전 설교(26:1-24)

○ 30-33장: 회복에 대한 약속

- 위로의 책(30-33장) - 포로생활이 끝난 후 유대와 이스라엘의 회복을 언급한다

○ 34-35장: 역사적 부록

- 예루살렘 함락 전의 사건들(34-38장)

○ 36-38장 : 예레미야에 대한 박해

- 여호야김이 예레미야의 두루마리를 불태움(36:1-32)
- 예레미야가 진흙 웅덩이에 갇히다(38:1-13)

39-45장 : 예루살렘의 멸망

- 예루살렘 함락(39:1-18)

- 태어나기 전부터 열국의 선지가 되도록 하나님께서 구별하셨다(5절 - **모태에 짓기 전에 / 성별하였고 여러 나라의 선지자로** 세우심).
- 격려의 메시지(1:17) - 그러므로 허리를 동이고, 일어나라 그들(정치, 종교지도자, 왕들) 때문에 두려워하지 말라.

- 유다의 방종한 죄(2:1-3:5), 즉 유다의 배교에 대해 생생하게 묘사했다. 이스라엘은 하나님과의 깊은 언약 관계를 맺고 있다. 그러나 죄악으로 심판받아 마땅한 자녀였다(2:29-37).
- 배도의 결과(2:14-19) - 강대국의 먹이감이 되었다. 그런데도 애굽과 앗수르의 군사적 도움을 받으려고 한다.

- 불충한 아내 이스라엘(3:1-5)
- 배역한 이스라엘과 패역한 유다(3:6-11)

  이스라엘이 하나님을 배도한 대가는? (8절) - 심판하실 것이다.
- 회개를 촉구(3:12-18)

  이스라엘에 대한 회개로의 부르심(12-14절) - 회개하면 회복을 약속(14하 -15절)

잘못된 종교생활 · 우상숭배(7:1-10:25)

- 하늘의 여왕(황후)에 대한 제사(7:16-20)
- 힌놈 골짜기에서의 죄악(7:29-34) - 요시야의 개혁이 역전되고 있음을 보여준다.
- 천체에 대한 제사와 무서운 처벌(8:1-3)
- 하나님의 율법을 거부하는 유다의 모습(8:4-17)
- 기만적으로 살아가는 이들의 모습(8:18-22)
- 백성들의 불평에 대한 하나님의 응답(8:19-20)

깨어진 언약 · 하나님의 심판(11:1-20:18)

- 유다에 다가올 가뭄(14:1-15:9)
- 유다의 구체적인 죄악들(16:10-17:27)
- 유다의 주권자 토기장이(18:1-23)
- 깨진 옹기로서의 유다(19:1-20:18)

유다의 마지막 왕들(21:1-23:8)

- 시드기야에게 전한 말씀(21:1-22:9)
- 여호아하스(살룸) (22:10-12)
- 여호야김(22:13-19)
- 여호야긴(22:20-30)

예루살렘 함락 후에는 어떤 일들이? (40-44장)

- 40장 - 그달리야가 바벨론에 의해 총독으로 임명됨(40:1-16)
- 43장 - 애굽에 내려간 예레미야의 예언(43:8-44:30)
- 44장 - 애굽에 내려온 남은 자들을 징벌할 것이다(44:1-14)

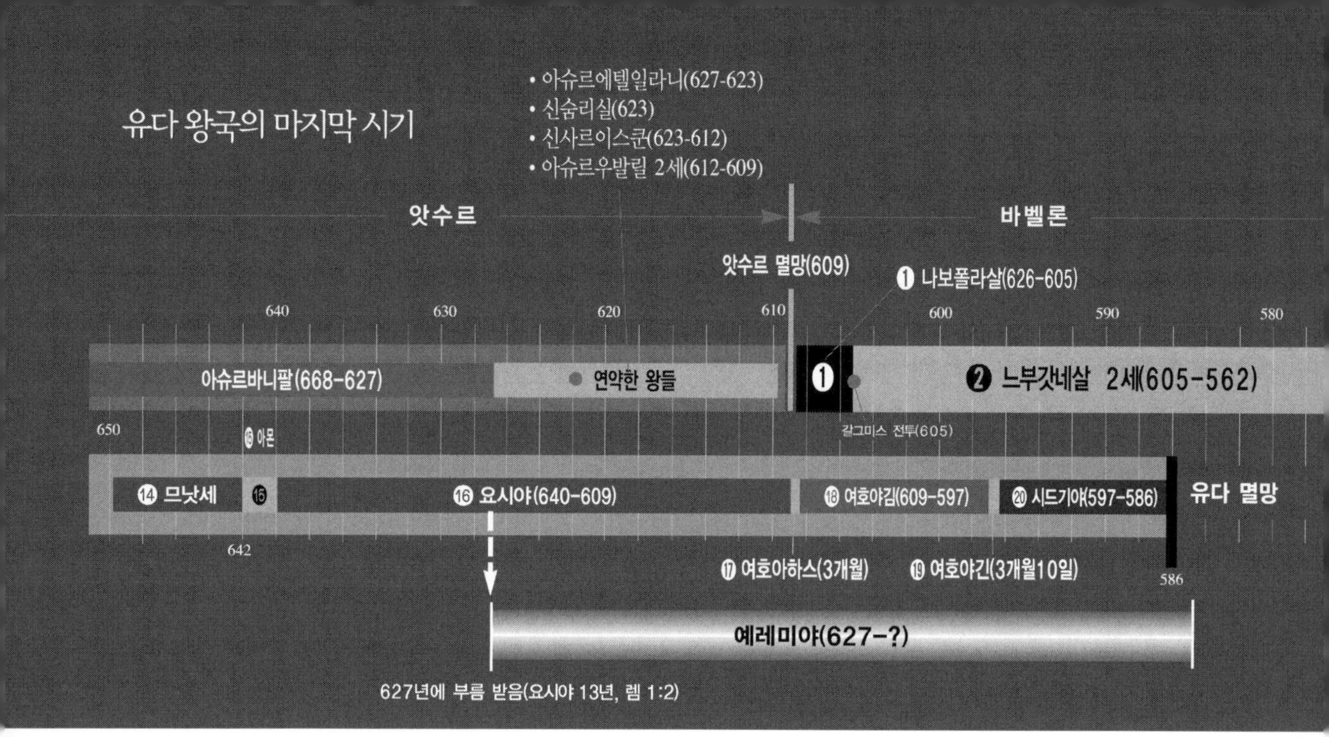

본문에서 보다 자세히 언급될 것이지만, 먼저 유다 말기의 왕들의 행적을 간단하게 살펴보기로 하자.

⑯ 요시야 • 그의 치리기간은 유다 창건 이래 가장 행복했던 시기라고 볼 수 있다. 그는 우상 제거작업을 벌였다. 개혁운동은 아주 철저했다.

- 성전을 수리하다가 율법책을 발견했다.
- 앗수르는 바벨론의 공격을 받았다. 메대도 바벨론과 연합하여 앗수르를 공격했다. 애굽도 신흥 바벨론을 꺾어야겠다고 생각했다. 요시야 왕은 반앗수르적인 입장이었다. 그래서 앗수르를 도우려 출정하는 애굽을 저지하고자 므깃도로 출전한다. 그러나 그곳에서 전사하고 만다(왕하 23:29, 30).

⑰ 여호아하스 • 므깃도에서 요시야 왕이 죽자 백성들은 둘째 아들인 여호아하스를 왕으로 삼았다. 그러나 3개월뿐이었다. 바로 느고(Pharaoh Necho)가 여호아하스를 제거하고 그의 형인 엘리야김을 왕으로 삼고 그의 이름을 여호야김으로 고쳤다. 여호아하스는 애굽의 포로로 끌려가 거기서 죽었다(왕하 23:34). **그의 죽음은 예레미야가 예언한 그대로였다**(렘 22:11).

⑱ 여호야김 • 애굽은 유다를 속국으로 삼고 조공을 받았다. 여호야김은 이를 위해 은과 금을 징수하였다(왕하 23:35). 에스겔은 여호아하스와 여호야김을 '사람을 움키는 사자 새끼'라고 했다(겔 19:1-4).

- 여호야김은 아마 자기가 형이면서도 동생 여호아하스가 왕이 된 것을 불만으로 여겼을 것이다. 그런 와중에서도 왕궁을 더 크게 짓기 위해 백성에게 고역을 시켜 많은 피를 흘리게 했다(렘 22:13-19). 예레미야의 경고가 있었고 하박국 선지의 탄식(합 1:3-4)도 이 시대를 배경으로 한 것이다.
- 선지자 우리야를 죽였고(렘 26:20-23), 예레미야도 죽이려 했으나 하나님이 보호하심으로 살았다(렘 26:24, 36:26). **특히 예레미야가 받은 계시의 두루마리를 불에 태웠다.** 그는 많은 죄악된 일을 저질렀으며 그의 정책도 애굽을 섬기다 바벨론을 섬기는 등 불안정했다. 그러다가 비참한 죽음을 맞게 된다(렘 22:18-19).

⑲ 여호야긴

- 여호야김의 뒤를 이어 왕위에 올랐다. 그러나 3개월 10일만에 바벨론으로 끌려가게 된다. 그리고 여호야긴의 숙부 시드기야를 대신 왕으로 세웠다. 그때 많은 이들이 포로로 끌려갔다.
- 에스겔도 그때에 잡혀간 포로 출신 중 한 사람이었다. 여호야긴은 일평생 바벨론 왕궁에서 비교적 후한 대접을 받았다(왕하25:27-30).

⑳ 시드기야 • 느부갓네살은 여호야긴의 숙부 맛다니야를 왕위에 세우고 그 이름을 시드기야로 고친다. 그러나 바벨론은 여호야긴을 계속 유다 왕으로 처우했다.

- 시드기야는 반바벨론파와 친애굽파의 알력으로 결국 바벨론을 배반하게 된다(왕하 24:20).
- 느부갓네살 군대가 시드기야 9년(주전 588)에 유다를 공격해와 예루살렘을 포위한다. 그리고 2년 후에 주전 586년에 예루살렘은 함락된다.
- 느부갓네살은 시드기야가 보는 앞에서 그의 아들들을 죽이고, 그의 두 눈을 뽑고 결박하여 바벨론으로 끌고 갔는데 죽는 날까지 옥에 갇혀 있었다(렘 52:9-11). 그리고 그달리야(Gedaliah)를 세워 총독으로 삼았다. 그달리야는 한때 예레미야를 숨겨주기도 했던 인물이었다.

여호와의 말씀이 내게 임하니라(1:1-10)

아몬의 아들 유다 왕 요시야가 다스린지 13년에 예레미야는 하나님의 부름을 받는다. 하나님께서 선지자를 부르셨을 때에는 분명 어떤 좋지 않은 조짐이 보였기 때문이리라. 므낫세의 악정(惡政)은 유다를 질식하기에 충분했다. 조부(祖父) 므낫세의 정책을 뒤엎은 요시야의 개혁 정책은 앗수르에 짓눌려 살던 유다 백성들에게는 새로이 되찾은 (앗수르의 약체로 인한) 독립과 함께 새로운 소망을 갖게 하기에 충분했다. 그런데, 지금 급하게 예레미야를 부르셨다는 것이다. 당시의 상황은 이미 서론에서 살펴보았다.

⑯ 요시야
(아몬 왕의 아들)
왕하 22:1-23:30/대하 34:1-35:27
640-609 B.C. (31년간)

선한 왕

1. 요시야의 통치 13년, 예레미야는 하나님의 부름을 받는다. 아직은 어린 나이에.

(1) 요시야는 그의 나이 16세 되던 해부터(즉위 8년) 개혁을 시작했다. 그 개혁을 시작한 지 1년 후쯤 예레미야가 부름을 받았다. 그의 사역은 여호야김 시대부터 시드기야의 십일년 말까지("곧 오월에 예루살렘이 사로잡혀 가기까지") 임하였다고 했다. 우선, 옆의 도표를 살펴보자. 그리고 간략하게 왕들의 행적을 살펴보자.

1:4 여호와의 말씀이 내게(אֵלַי) 임하니라 **이르시되** (하시기로)
5/내가 너를 모태에 짓기 전에 너를 **알았고**(יְדַעְתִּיךָ)[1)]
네가 배에서 나오기 전에 너를 **성별하였고**
너를 여러 나라의 선지자로 **세웠노라**(נְתַתִּיךָ)[2)]

(2) '너를 알았고' - '알다'라는 말 '야다'(יָדַע)는 여기서 '다른 사람과 인격적이며 친숙한 관계를 가지다'라는 의미로 쓰였다(예, 대면하여 모세를 아신다, 출 33:17; 신 34:10). 하나님은 예레미야가 태어나기도 전에 그를 성별하셨다(קָדַשׁ, 카다쉬). 그리고 그를 선지자로 삼았다. '세웠다'라는 말은 '나탄'(נָתַן-주다, 두다, 세우다, 만들다) 동사의 칼형이다. 즉 지명했다는 말이다. 그러니까 예레미야로서는 선택의 여지가 없었다.

(3) 예레미야를 부르신 바로 그 하나님이 이사야도 부르셨음을 볼 수 있다.

- 사 49:1 "섬들아 내게 들으라 먼 곳 백성들아 귀를 기울이라 **여호와께서 태에서부터 나를 부르셨고** 내 어머니의 복중에서부터 내 이름을 기억하셨

1) 이 동사는 매우 친밀한 관계를 나타낸다.

2) 열방의 선지자로 부름을 받았다. 자신이 태어나기도 전에 부름을 받았다는 것이다. (참고 - 시 139; 사 45:4, 49:1; 행 9:15; 갈 1:15 등을 읽어보라.) 그가 전파할 대상은 유다뿐만 아니라 열방에게까지 전해야 할 선지자로 임명받았다. / 칼 동사 완료

선지제도의 궁극적 기원은 창조에 그 뿌리를 두고 있다(렘 1:5, 10). 하나님은 우주의 주재(主宰)로 나라의 흥망성쇠를 다스리신다. 이 권위를 가지고 자신의 선지자를 세우신다.

으며 …3내게 이르시되 너는 나의 종이요 내 영광을 네 속에 나타낼 이스라엘이라 하셨느니라.”

(3) 이런 하나님의 부르심에 예레미야는 선듯 응했을까? 물론 핑계를 댄다.

“내가 이르되 ‘슬프도소이다’ 나는 아이(נַעַר)[1]라.”

나아르(נַעַר)라는 단어를 볼 때 아마 그는 25세 이전에 부름받은 것이 분명하다. 그러나 하나님 앞에서는 아이라는 이유가 통하지 아니한다. 네가 아이(나아르)임에도 불구하고 선지자가 되어야 한다는 것이다.

“너는 아이라 말하지 말고 내가 너를 (to all) 보내든지 너는 가라(תֵּלֵךְ - הָלַךְ의 칼 미완료). 그리고 내가 네게 무엇을 명령하든지 너는 말할지니라”(7절). 하나님께서 보호해 주실 것이다(8절). 모세와 같이 예레미야도 자신의 사명에 무능력을 뼈저리게 절감하고 있다. 예레미야는 그의 사명이 이사야와 같이 힘든 사명임을 알았다.[2]

1:8 너는 그들 때문에[3] **두려워하지 말라(אַל־תִּירָא)**

//(for, כִּי) - 왜 두려워하지 말아야 할까?

내가(אֲנִי) 너와 함께 하여 너를 구원하리라(=하실 것이기 때문)

(4) 그들 때문에(그들의 면전에서) 두려워하지 말라(8절). 내가(אֲנִי), 즉 여호와께서 늘 함께 하면서 보호해 주겠으니 두려워하지 말라는 것이다. ‘두려워하다’는 말(야레, יָרֵא)은 ‘무서워하다’라는 의미가 있다. 하나님의 말씀을 증거한다는 것은 당시 사회에서 너무 무섭고 두려운 일이었다. 모세(출 3:11, 4:10)도, 이사야도(사 6:5) 이와 같은 경험을 한다.[4]

2. 그러나 말씀을 전하는 것은 자신의 의견이나 사상을 전하는 것이 아니다. 그는 단순한 대언자일 뿐이다. 그러니, 두려워하지 말라는 것이다.

(1) 예레미야가 두려워하는 것은 무엇이었을까? 그는 자신이 여호와의 대언자로서는 자격이 없다는 것이다. 나이도 어리고, 말솜씨도 없다는 것이다(6절). 그러나 하나님은 그에게 어떤 확신을 주시는가?

1:9 여호와께서 그의 손을 **내밀어** 내 입에 **대시며**

여호와께서 내게 **이르시되**

1) 나아르 - 소년, 젊은이, 청년(유년기에서 청년기까지를 말한다.)

2) Cf. 모세의 변명(출 3:11-12, 4:10, 13); 요나의 경우(욘 1:3); 기드온의 경우(삿 6:16).

3) מִפְּנֵיהֶם
of their faces
그들의 면전에서
(유다 지도자들과 백성 앞에서)

4) 선지자를 부르실 때에 그가 해야 할 책임이 규정되는 것은 필연적이다. 이런 하나님의 부르심이라는 인식은 선지자들의 사역에 큰 영향을 끼쳤다. 선지자는 자신의 길을 자기 스스로 선택한 것이 결코 아니다. 그는 하나님에 의해 직접 부르심을 받았다는 인식이 있었기 때문에 독보적인 지위와 기능을 가졌다.

/보라 내가 (my words)을 (your mouth)에 두었노라.[1]

(1) 예레미야는 이사야와 같은 경험은 없지만(사 6장), 하나님께서는 당신의 손으로 그의 입술을 만지셨다고 하셨다(וַיַּגַּע, and touched my mouth). 여기서 '만지셨다'는 표현은 어떤 사람에게 일할 수 있는 권한을 주셨다는 의미이다(사 6:7; 단 10:16*; 렘 1:9). 이렇게 하나님은 예레미야에게 선포할 말씀을 주겠노라고 약속하신다. (신 18:18에서 모세에게 어떻게 약속하셨나?)

1:10 보라(רְאֵה - 칼 동사 명령법, 똑똑히 보아라)
내가 ── 오늘 너를 여러 나라와 여러 왕국 위에 **세워(=리라)**
//(목적: לְ to) - 왜 세우실까?
네가 그것들을 뽑고 파괴하며
파멸하고 넘어뜨리며 건설하고 심게 하였느니라(=하려고)

(2) 하나님은 그의 말씀으로 열방을 뿌리 뽑을 것이다. 하나님이 부르셨으니 물론 그에게 권위도 함께 주실 것이다. 그의 메시지는 '죄, 심판, 회복'과 같은 내용이 될 것이다.[2] 그래서 내가(하나님께서) 너를 세우시겠다(הִפְקַדְתִּיךָ)는 것이다. '파가드'(פָּקַד)는 여기서 '임명하다, 지명하다'라는 의미로 쓰였다(히필 동사 완료).[3] 물론 여기서는 주어진 임무를 잘 수행해야 하는 책임이 있어야 한다.

(3) 왜 그를 세우려 하시는가? (//목적: לְ to)

- **네가 ~을 뽑아버리려고**(to pluck up, לִנְתוֹשׁ) - 정원사가 쓸모가 없는 잡목들을 뽑아버리는 것처럼, 언약 백성과 열방들 중에서도 뽑혀나갈 수 있음을 말하고 있다(렘 12:14-17, "내가 내 백성 이스라엘에게 기업으로 준 소유에 손을 대는 나의 모든 악한 이웃에 대하여 여호와께서 이와 같이 말씀하시니라 보라 내가 그들을 **그 땅에서 뽑아 버리겠고** 유다 집을 그들 가운데서 뽑아 내리라 ... 17그들이 **순종하지 아니하면 내가 반드시 그 나라를 뽑으리라 뽑아 멸하리라** 여호와의 말씀이니라").

- **파괴하려고**(to break down) - 더 이상 쓸모 없는 건물은 부수거나 제거한다(렘 39:8 참조, "갈대아인들이 왕궁과 백성의 집을 불사르며 예루살렘 성벽을 헐었고")

1) 예레미야는 "여호와의 말씀"(דְּבַר־יְהוָה)의 선지자였다.

"여호와의 말씀이 내게 임하니라" 또는 이와 비슷한 말이 구약에서 총 349회 사용되었는데 그 중 157회가 예레미야서에서 사용되었다.

- 단 10:16 "인자와 같은 이가 있어 **내 입술을 만진지라** 내가 곧 입을 열어 내 앞에 서 있는 자에게 말하여 이르되 내 주여 이 환상으로 말미암아 근심이 내게 더하므로 내가 힘이 없어졌나이다."

2) 선지자들은 항상 심판을 통해 회복을 염원한다. 그러므로 회복이 빠진 심판의 메시지는 온전한 메시지가 될 수 없다(폴 R. 하우스., 장세훈 역, 구약신학, 539).

3) 히필형에서는 종종 왕이 관리를 임명한다는 뜻으로도 쓰였다.

▶기록 선지자들 외에 예언적 사역에 부르심을 받은 선지자들
- 모세(출 3-4장)
- 사무엘(삼상 3:1-4:1상)
- 이사야서에서 나오는 하나님의 종(사49:1-6, 50:4-9)
- 기드온의 부르심(삿 6:11하-17)
- 선지자 미가야의 임직(왕상 22:19-22)

▶ **기록 선지자**
- 이사야 (사 6장) - 초기 기록 선지자(주전 8세기)
- 아모스(암7:10-17) - 초기 기록 선지자(주전 8세기)
- **예레미야(렘1:4-10)** - 7세기후반 - 6세기로 연결되는 시기
- 에스겔(겔1:4-3:11) - 7세기후반 - 6세기로 연결되는 시기

<합하여 약 150년간>

- 파멸하려고(וּלְהַאֲבִיד and to destroy) - 아바드(אָבַד)의 히필 동사 연계형 - 멸망시키다, 멸하다, 죽음에 처하게 하다(예, 우상을 제거할 때, 렘 10:15).

- 넘어뜨리려고(וְלַהֲרוֹס and to overthrow) - 하라스(הָרַס)의 칼동사 연계형 - 부수다, 때려부수다, 완전히 박살내다. - 유다 왕국은 전복되고 제거될 것이다. 예레미야의 사역 기간에 실제로 이 일이 일어났다.

- 건설하고(לִבְנוֹת, to build) 심게 하려고(וְלִנְטוֹעַ, and to plant) // 그러나 유다는 영원히 멸절되지는 않는다. 여기 '리브노트'(לִבְנוֹת)는 건물을 세운다는 의미를 갖는다. '린토아'(לִנְטוֹעַ)는 '나타'(נָטַע)라는 단어에서 왔으며, '심다'를 의미한다. 이스라엘을 심판 하신 후에 다시 복구하시겠다는 말씀이다.

(4) 이렇게 하나님은 예레미야가 할 일을 구체적으로 언급하신다. 이제 모세 아래서 세워진 신정(神政)이 거의 끝나고 있었다. 예레미야는 옛 질서의 종말과 새로운 질서의 시작을 선포해야 했다.

소명에 대한 확증(1:11-19)

1. 예레미야가 전하는 메시지는 인기를 끌지 못할 것이 분명하다. 특별히 왕의 분노가 있을 것이다. 예레미야는 이제 이들과 일전을 각오해야 한다.

(1) 하나님은 지금 부름에 주저하고 있는 예레미야에게 어떤 반대에도 견딜 수 있는 사람으로 만드시겠다고 다짐하신다. 확신을 심어주기 위해 두 가지 예언을 말씀하신다.

1:11 여호와의 말씀이 **또** 내게 **임하니라** 이르시되(=기를, 부정사)
/예레미야야 네가 무엇을 보느냐 하시매
내가 ——— **대답하되**
/내가 (살구나무) 가지를 보나이다

(2) 첫째, 예레미야는 살구나무(11-12절, 아몬드 나무) 가지를 보았다. 이 나무는 봄철에 가장 먼저 싹을 낸다. "여호와께서 내게 이르시되 네가 잘 보았도다(=네가 바로 보았다) 이는(for) 내가 내 말을 지켜 그대로 이루려 함이라 하시니라(=나도 이 말이 그대로 이루어지는가, 이루어지지 않는가를 깨어 지켜보리라)"(12절).[1]

1) 히, 살구나무(솨케드, שָׁקֵד)라는 말과 지킨다(솨커드, שֹׁקֵד)는 말의 음이 비슷함.

(3) 지켜보다(watch to carry out) : 예레미야에 의해 선포된 하나님의 말씀이 시행되는지를 지켜보시겠다고 하신다. 마치 살구나무가 이른 때에 잎과 꽃을 피워 봄을 알리는 것과 같이, 선지자에 의해 선포된 하나님의 말씀이 신속하게 성취될 것을 주지시켜 주신다. 유다와 열방들에 대한 여호와의 심판 계획들이 불가피하게 이루어질 수밖에 없음을 보여준다(11-12절).

(4) 끓는 가마(נָפוּחַ boiling סִיר pot) : 첫 번째 환상과는 시간적으로 간격이 있었을 것이다. 당시로서는 그 메시지의 내용이 명확히 나타나지 않고 몇년이 지나가서야 비로소 분명한 의미를 나타나게 되었다.

1:14 여호와께서 내게 **이르시되**
/재앙이 — 북방에서[부터](מִצָּפוֹן) (**일어나**)
— 이 땅의 모든 주민들에게 **부어지리라(תִּפָּתַח)**[1]

1) 파타흐(פָּתַח)의 니팔 미완료/ 열다, 던져져서 열리다, 벗어나다 / will be poured out

(5) 가마 속에 담긴 액체는 북에서부터 남쪽 방향으로 흘러넘쳤다. 의아해 하는 예레미야에게 북쪽에서 재앙이 흘러넘칠 것을 보여주신다. 이는 북방에서 바벨론의 침입을 예시하는 것이다. 23년 후에, 이 예언의 대적은 느부갓네살로 밝혀졌다(렘 25:1, "유다의 왕 요시야의 아들 여호야김 넷째 해 곧 **바벨론의 왕 느부갓네살 원년에** 유다의 모든 백성에 관한 말씀이 예레미야에게 임하니라").

• 렘 1:15 "내가 **북방 왕국들의 모든 족속들을 부를 것인즉** 그들이 와서 예루살렘 성문 어귀에 각기 자리를 정하고 그 사방 모든 성벽과 유다 모든 성읍들을 치리라 여호와의 말이니라."

(6) 여호와는 북방에서부터 군대를 부르신다. 북쪽에서부터(facing away from the north, מִפְּנֵי צָפוֹנָה) 유다에 대한 엄청난 침공을 예시하고 있다(1:15*). 이들이 와서 예루살렘 정문 앞에 자리를 정하고 이 땅에 대한 정복과 통치를 한다는 말이다. 이런 예언에 어찌 유다인들이 반감을 갖지 않겠는가? 백성들은 B.C. 586년 유다의 멸망도 일시적인 패배로만 보았다.

2. 그런데 왜 여호와께서 이런 형벌을 선언하시는가?

(1) 언약 백성이 하나님과의 언약을 어겼기 때문이다.

1:16 무리가 ― 나를 버리고
― 다른 신들에게 분향하며
― 자기 손으로 만든 것들에 절하였은즉
내가 나의 심판을 그들에게 선고하여(דִבַּרְתִּי)[2]
그들의 모든 죄악을 **징계하리라**

하나님께서 유다의 모든 죄악을 인하여 심판하실 것이다. 그렇게 심판하시는 이유는? 무리가 ① 여호와를 버리고 ② 다른 신에게 분향하고 ③ 자기 손으로 우상을 만들어서 그것에게 절하였기 때문이다.

2) 피엘 동사 완료 / 경고하다, 선포하다, 협박하다.

(2) 10절에 이어 17절을 읽어보라. 이제 예레미야에게 어떤 격려의 말씀을 하시는가?[1)]

1) 요단강을 건너 가나안 땅을 정복해 들어가는 여호수아에게 하나님은 어떻게 격려하셨었나 찾아보라(수 1:6-9).

하나님의 소명에는 선지자 직무의 일반적인 부르심이 있고, 또 특정한 역사적 상황에서 특수한 일을 수행하기 위한 부르심이 있다.

1:17 그러므로[וְ]

너는 ┬ 네 허리를 **동이고**(תֶּאְזֹר) - 아자르(אָזַר)의 칼 미완료 / 졸라매다

　　 └ **일어나, 말하라**(דִבַּרְתָּ)- 다바르(דָּבַר)의 피엘 동사 완료

/내가 네게 명령한 바를 다 그들에게

[너는] — **두려워하지 말라**(אַל־תֵּחַת)

/그들 때문에

//(פֶּן, lest)

네가 – 두려움을 당하지 않게 하리라(=지 않게 하려고)

/그들 앞에서

(3) 이제 예레미야는 앞으로 있을 온갖 어려움을 감당해야 한다. 만약 예레미야가 주저하거나 망설인다면? (17절하) 그렇게 한다면 사람들로부터도 적대시 당할 뿐만 아니라 하나님으로부터도 그러할 것이다.

(4) 18절을 보라. 이제 하나님은 예레미야를 "튼튼한 요새와 같은 성으로, 쇠기둥으로, 놋성벽으로 만들어 주시겠다"는 것이다. 여호와의 약속은 강렬한 것이어서 대단한 확신을 주고 있다. 이제 예레미야는 나라 전체와 일전(一戰)을 각오해야 할 상황이다(11:18-23을 미리 읽어보자). 하나님은 예레미야로 하여금 어떤 공격에도 견딜 수 있는 사람으로 만드신다는 것이다. 어떤 세력들이 그를 치더라도 격파할 능력을 주실 것이다("그들이 너를 치나 너를 이기지 못하리니 이는 내가 너와 함께 하여 너를 구원할 것임이니라 여호와의 말이니라", 19절). 예레미야는 '유다의 희망은 오직 하나님께 달려 있음'을 백성에게 전해야 한다.

• 우리는 말씀을 전하는 주의 종들을 세워주신 것을 감사해야 한다. 그들이 처음 부름을 받을 때의 모습을 보라. 정의감도, 기백도 넘쳐난다. 그러나 시간이 지나가면, 점차 그 열정은 사라진다. 그리고 복음의 내용도 변질(?)되어 간다. 상황이 그들을 옥죄기 때문이다. 예레미야 당시에도 선지자는 많았다. 그러나 하나님 편에서 예레미야와 같이 목숨을 건 선지자는 얼마 없었다. (하박국, 하나냐가 동시대에 활동했다)

• 우리는 복음을 변질시켜 전할 수 있다. 왜 그렇게 될까? 죽어가는 영혼을 바라볼 때, 눈물이 서려 있어야 한다. 그래야 메시지가 살아난다. 그렇지 않으면 지식만을 전하게 된다. 열심보다는 하나님의 의도하신 뜻을 제대로 전해야 한다. 그러므로 말씀에 대한 연구와 기도가 반드시 필요하다.

유다의 범죄에 대한 기소(2:1–13)

하나님은 렘 2-6장에서, 왜 예레미야가 하나님의 말씀을 선포해야만 하는가를 설명하신다. 이제 예레미야는 유다의 희망은 오직 하나님께만 달려있음을 증거해야 한다. 이스라엘이 여호와 하나님과 언약을 맺던 초기에는 신부처럼 충실했었다. 이들의 충성은 불모지역인 광야로 들어가는 모험도 마다하지 않았다. 그런데, 하나님의 이런 사랑에 대한 배도(背道)가 일어났다. 유다가 지금 위기에 처해 있다면, 그 원인은 무엇일까? 우리는 마지막을 향해 달려가는 브레이크가 파열된 기관차의 모습을 보고 있다.

2-35장 : 유다에 대한 경고와 권고
- 2-24장 : 유다에 대한 예언
- 25-29장: 유배에 대한 예언

유다의 배교와 심판(2-6장)

2-5장: 유다의 배교
- **2:1-3:5 유다의 배교에 대한 생생한 묘사**
- 3:6-11 이스라엘과 유다의 비교
- 3:12-4:4 회개의 요청
- 4:5-31 북방으로부터의 위협

1. 하나님이 이스라엘을 그 땅으로 인도하셨을 때에는 하나님을 사랑했었다(1-4절). 그런데 왜 지금은 이렇게 혼란해졌는가?

2:1 여호와의 말씀이 내게 **임하니라** 이르시되(=기를, 부정사)
2 /[너는] — **가서** 예루살렘의 귀에 **외칠지니라**
/여호와께서 이와 같이 말씀하시기를
/내가 —— 기억하노니
/너를 위하여 네 청년 때의 인애[1]와
네 신혼 때의 사랑[2]을
곧 씨 뿌리지 못하는 땅,
그 광야에서 나를 따랐음이니라

1) 인애(헤세드, חֶסֶד) : 두 민족 사이나 혹은 개인과 여호와 사이에 존재하는 충성, 헌신, 사랑을 의미한다.

2) 신혼 때의 사랑 : 이스라엘 백성들은 하나님과의 깊은 언약 관계를 맺고 있다. 그래서 여호와는 남편으로 비유되기도 했다(3:14, 31:32; 사 54:5; 호 2:16. 호세아와 고멜 간의 <남편-아내의> 관계가 여호와와 이스라엘 간의 관계를 뜻하였다.

(1) 이스라엘이 어렸을 때에 그들에 대한 하나님의 사랑을 말해보라(1-4절).

2:3 이스라엘은 —— 여호와를 위한 **성물**(코데쉬, קֹדֶשׁ)[3]
곧 그의 소산 중 **첫 열매**(레쉬트, רֵאשִׁית)[4] 이니
그를 삼키는 자면(=가) — 모두 벌을 받아 재앙이 그들에게 닥치리라
여호와의 말씀이니라

3) 분리됨, 거룩함, 신성함

4) 첫째, 처음, 시작, 최초, 최상의 것. 창세기 1:1에 나온다. "태초에"에 해당하는 '베레쉬트'는 명사 레쉬트에 전치사 베(בְּ)가 접두된 것이다(בְּרֵאשִׁית).

(2) 초기의 이스라엘은 여호와의 '성물'(聖物, 거룩한 물건)이었다. 오직 여호와만 즐길 수 있는 구별된 것이었다. 또한 그가 수확하신 처음 열매였다. 수확의 첫 소산은 하나님의 몫이었다. 이렇게 이스라엘은 하나님의 특별한 소산이었기에 그(이스라엘)를 건드리는 자는(삼키는 자는) 하나님의 소유물을 건드리는 것과 같았다. 따라서 그 결과에 대한 대가를 치루어야 했다.

(3) 그래서 하나님의 사랑을 길게 논증하고 있다(1-4절). 이렇게 끊임없는 하나님의 사랑(헤세드)에 비해 이스라엘의 반응은 어떠했을까? 그 보답은 끝없는 배신으로 돌아왔다(5-13절).

2. 그러나 지금 상황은 어떠한가? 북 이스라엘은 이미 앗수르의 포로로 끌려갔고, 그 땅은 앗수르의 한 주(州)로 편입되어 있었다.

(1) 예레미야가 부름을 받은 시기는 북 이스라엘이 망하고(주전 722년) 거의 1세기가 흘러간 시점이다(주전 627년에 부름을 받았으므로). 그 동안 남 유다는 므낫세의 악정(惡政)의 후유증에 시달리고 있었다. 다행이 요시야 왕이 등장하여, 개혁을 착수하기 시작했다. 즉위 8년, 그의 나이 16세, 아직은 어린 왕이다. 그들 주위에 훌륭한 제사장들이 보좌하고 있어 개혁에 착수했지만, 해이해진 백성의 신앙을 되잡기에는 상황이 너무 복잡했다.

(2) 어쨌든 유다 백성의 눈에는 마치 하나님께서 이스라엘을 잊어버린 것 같이 보였을 것이다. 그러나 실은 그들이 여호와를 잊었다는 것을 알지 못했다. 이제 예레미야 선지자는 이스라엘은 근본적으로 여호와의 소유이며, 따라서 그를 건드리는 자는 모두 여호와의 심판을 면할 수 없을 것이라는 확신을 갖고 사역에 임한다.

3. 그런데 왜 이스라엘은 우상을 섬기고 하나님을 저버리게 되었을까? (5-7절)

(1) 이스라엘의 죄악은 그들이 여호와께 불순종한 데 있다. 이들은 주(主)이신 여호와를 버리고 '허탄한 것' (헤벨, הֶבֶל)[1]을 따랐다(5절, "나 여호와가 이와 같이 말하노라 너희 조상들이 내게서 무슨 불의함을 보았기에[2] 나를 멀리 하고 가서 **헛된 것을 따라** 헛되이 행하였느냐?"). 이런 배도는 여호와의 은혜로운 구속 사역을 망각하는 것이었다. 이들은 마치 하나님에게서 어떤 잘못이라도 발견한 것처럼 하나님을 멀리 떠나 헛된 것들을 따라 갔다는 것이다.

(2) 여호와는 어떻게 그들을 인도해 오셨나? (6-7절을 읽어보라.)

우리를 애굽 땅에서 '인도하여 내시고'(הַמַּעֲלֶה) - 아라(עָלָה)의 히필 분사형 - 올리시고 광야 곧 사막과 구덩이 땅, 건조하고 사망의 그늘진 땅을 통과하게 하셨다.

그런데도 백성들은 우리를 인도하신 하나님이 지금은 어디 계시냐고 묻지도

1) 증기(vapor), 숨(breath), 헛됨(vanity)을 의미한다. 백성들이 우상을 섬길 때 거짓된 신을 지칭할 때, '우상들'로 번역되었다. 또 전도서에서 인생을 헛됨을 노래할 때 무의미함을 의미했다.

2) '보았기에'(마차, מָצָא) - 이 단어는 우연히 보았다는 의미가 아니라 '발견하다, 찾다, 찾아내다'라는 의미이다. '내게서(하나님에게서) 어떤 잘못을 발견했기에 나를 멀리하느냐' 라는 말이다.

않았다는 것이다.

(3) 하나님은 이렇게 이들을 "기름진 땅으로 인도하여 그것의 열매와 그것의 아름다운 것을 먹게 하셨지만" 이 땅에 들어와서는 오히려 "내 땅을 더럽히고(타메, טָמֵא)[1] 내 기업을 역겨운 것으로 만들었다"는 것이다(7절). "기름진 땅"(7절)은 풍부한 땅(RSV)이나 갈멜의 땅으로 번역되기도 했다. 갈멜산 지역(이스르엘 평야)은 아름다운 땅이다(암 1:2, 9:3; 미 7:14; 나 1:4 참조). 그러나 이 아름답던 땅이 오염되었고 여호와의 기업은 '가증스러운 것'(토에바, תּוֹעֵבָה)이 되었다. '토에바'는 '혐오스러운 것'을 말한다. 우상숭배(신 7:25; 왕하 23:13), 인신제사(왕하 16:3), 이방신 숭배(신 13:14), 의식적으로 부정한 동물을 먹는 것(신 14:3-8), 제의적 매음(왕상 14:23이하) 등의 행위를 말한다. 이 단어는 '우상'과 동의어로도 사용되었다(사 44:19).

1) וַתְּטַמְּאוּ
and defiled
부정하다, 더럽다, 불결해지다 / 여기서는 피엘 동사로 쓰였다. 가장 큰 부정은 성전과 나라를 더럽힌 우상 숭배였다.

4. 이스라엘이 이런 상황에 빠진 이유가 무엇인가? 누가 이 일에 앞장 섰는가?

2:8 제사장들은 ― **말하지 아니하였으며**
/여호와께서 어디 계시냐
율법을 다루는 자들은 ― 나를 **알지 못하며**
관리(목자)들도 ― 나에게 **반역하며** (파솨, פָּשְׁעוּ)[2]
선지자들은 ┬ 바알의 이름으로 **예언하고**
└ 무익한 것들을 **따랐느니라**(הָלָכוּ)[3]

통치자들과 지도자들의 타락 - **총체적 부패**

부패와 범죄는 여러 계층에서 일어났다. 심판은 모든 제사장, 율법사, 관리자들, 선지자들이 여호와를 버렸기 때문이라고 고발하고 있다(8절).

- 제사장들이 얼마나 타락해 있었을까? (겔 34:3; 미 3:11 참조) 이들은 율법에는 전문가가 되었지만 하나님께 대한 신뢰는 없었다(호 4:4-10을 보라).
- 율법을 다루는 자들은 거의 형식적으로 행동했다. 제사장이나 레위인 모두 율법의 해석자인 것 같다(말 2:5-8 참조).
- 관리들(목자들)은 여호와께 (항거, 반역) 했다.
- 선지자들은 (바알)의 이름으로 예언하고 (무익한 것)을 따랐다. 여러 번의 종교개혁이 있었음에도 불구하고(예 : 아사, 히스기야 왕의 개혁운동) 백성들은 여전히 가나안 신들을 따랐다. 이제, 예레미야는 그의 사역 전체에서 이들과 싸워야만 한다.

2) 통치자에 대한 반역을 가리킨다. 그러나 종교적 의미에서 이스라엘의 왕이신 하나님께 대한 반역, 또는 항거를 의미한다(사 1:28, 48:8; 겔 2:3; 호 8:1). 여기서는 하나님으로부터 완고하게 거절하는 행태를 말한다(렘 2:29; 호 7:13; 습 3:11; 암 4:4).

3) 할라크(הָלַךְ)의 칼 완료 / 가다, 오다, 걷다 / 여기서는 다른 신이나 거짓 신을 좇는 것을 말한다(렘 5:23). 무익한 것은 아무 도움도 주지 못하는 우상들을 말한다.

5. 하나님은 언제까지나 이들을 방치하실 것인가? 아니다. 이제 여호와께서는 계속해서 이스라엘 백성을 소송하시겠다고 선언하신다(9절).

2:9 그러므로(Therefore, לָכֵן)
내가 다시(עֹד) **싸우고**(אָרִיב) - 싸우다, 다투다(I *will* yet contend with you)
너희 자손들과도 **싸우리라** 여호와의 말씀이니라

(1) '그러므로' - 8절과 같은 행동을 보이므로, 반드시 내가 다시(I *will* yet) 법대로 처리하겠다고 말씀하신다. 그러면서 하나님은 너희들 주변 나라들을 살펴보라고 말씀하신다. 서쪽에 있는 '깃딤'[1] 섬들을 보라. 그리고 동쪽의 게달[2]로 사람을 보내보아라. 도대체 자기들이 믿는 신(神)을 다른 것과 바꾸는 민족들이 있는가 살펴보라고 하신다(10-11절).

(2) 심지어 깃딤 섬이나 사막 베두인들이 사는 곳에 가서 물어보아도(자세히 살펴보라) 이런 일은 없다는 것이다. 그래서 하나님은 이스라엘 백성의 배반(背反)에 대해 철저하게 싸우실 것이라고 선언하신다(I *will*). '내가 싸우고, 싸우리라'- 이는 사법적 의미를 가진다. 심판하시겠다는 것이다.[3]

"너 하늘아 이 일로 말미암아 놀랄지어다 심히 떨지어다 두려워할지어다 여호와의 말씀이니라"(12절). 이는 하늘도 놀랄 일이다. 이들 백성에게 내려질 심판은 너무 기가 막혀 몸서리칠 일이라는 것이다. "하늘아, 이것을 보고 너도 놀라고 떨다가, 새파랗게 질려 버려라"(표준새번역).

1) 지중해에 있는 모든 섬 사람들을 일컫는 용어이다(사 23:1, 12). 키프로스를 가리키기도 한다. 깃딤은 황양목으로 유명하다(겔 27:6).

2) 베두인들이 사는 아랍 족속의 사막, 창 49: 28-33.

3) 이 단어는 3분의 1이 70인역에서 사법적 의미를 함축한 단어인 '크리노'로 번역되었다.

6. 이스라엘이 저지른 두 가지 명백한 범법 행위가 무엇인가? (13절)

2:13 //(for, כִּי) - 앞절의 이유 / 왜, 놀라고 떨어야 하는가?
내 백성이 두 가지 악을 행하였나니(=기 때문에)
곧 그들이 ① 생수의 근원되는(מְקוֹר מַיִם חַיִּים)[4] 나를 버린 것과
② 스스로 웅덩이(보르, בֹּאר)를 판 것인데
/그것은 그 물을 가두지 못할 터진 웅덩이들이니라

(1) ① 생수의 근원되시는 여호와를 버린 것과 ② 물을 저축할 수 없는 웅덩이를 팠다. 즉, 이들은 아무 도움도 되지 못하는 무능한 신들을 의지했다는 것이다. 하나님은 어떤 분이신가? 그는 '생수의 근원'(The fountain of living waters)이시다. 하나님에게서만 끊임없이 생수가 나온다(렘 17:13*). 그런데

4) 마코르(מָקוֹר) - 샘(spring), 근원(fountain) / 비유적으로 여호와는 생수의 샘이시다(렘 2:13, 17:13). 생명의 샘이 주께 있다(시 36:10).

이런 생수의 근원이신 여호와를 거절했다는 것이 첫 번째 악이라는 것이다.

(2) 두 번째, 스스로 웅덩이(cisterns, בֹּארֹת)를 판 것 - 생수의 근원이신 여호와를 버린 결과는 당연히 전혀 물이 고이지 않는 웅덩이를 파는 결과를 가져온다. 하나님을 신뢰하지 않는다면, 결국 인간을 의지하게 마련이기 때문이다. 이런 일은 실제로 일어났다. 그 당시 앗수르는 세계적 강국이었는데, 정책 당국은 앗수르를 의지하자는 편과 애굽을 의지해야 한다는 쪽으로 갈렸다. 그래서 그 강대국들이 믿는 신들을 받아들였고, 이로 인한 휴유증은 나라의 근간을 흔들게 된다.

• 렘 17:13 "이스라엘의 소망이신 여호와여 무릇 주를 버리는 자는 다 수치를 당할 것이라 무릇 여호와를 떠나는 자는 흙에 기록이 되오리니 이는 생수의 근원이신 여호와를 버림이니이다."

이스라엘의 배도의 결과(2:14–19)

1. 이제 여호와 하나님을 버린 결과가 어떠한가?

2:14 이스라엘이 — **종이냐 씨종이냐**
— **어찌하여 포로가 되었느냐**

15 어린 사자들이 — 그를 향하여 **부르짖으며**
— 소리를 **질러**
— 그의 땅을 **황폐하게 하였으며**

누구를 가리키냐?

그의 성읍들은 — **불타서** 주민이 없게 **되었으며**

16 놉과 다바네스의 자손도 — 네 정수리를 **상하였으니**

이스라엘이 노예냐? 아니면 집에서 태어난 종이냐? 이런 수사학적 질문은 당연히 그렇지 않다는 부정적인 대답을 기대한다. 그러므로 당연히 그렇지 않다는 것이다. 그런데 어찌하여 사자들(이스라엘이 의지하는 강대국)의 먹이감이 되었느냐는 것이다.

(1) 이스라엘이 종(servant, 에베드, עֶבֶד)이냐, 아니면 씨종(homeborn slave, 예리드 바이트, יְלִיד בָּיִת)이냐? 씨종이란 주인의 집에서 태어났으므로 주인의 사유 재산이 된다. 이스라엘 사람들이 이같이 종이 아니라면, 왜 사자들의 먹이감 같이 되었는가? 여기 사자들은 누구를 가리키는가? 이들에 의해 이스라엘의 성읍들이 불타버렸다. 애굽이나 앗수르 같은 나라들이다. 과거 어떤 도시들까지 이스라엘 백성에게 재앙을 가져다 주었는가? (16절) 놉과 다바네스는 어디를 가리키는가?[1)]

1) 놉 – 멤피스 / 카이로 근처에 있는 고대 수도

다바네스 – 애굽의 북동쪽에 있는 팔레스틴으로 가는 길이 내려다보이는 도시.

(2) 그러니까, 이스라엘이 고통 당하는 실제적인 원인이 어디 있었는가? (17절) 그 책임이 누구에게 있다고 말씀하시는가? 하나님이 길을 인도하여 주셨는데도 불구하고 스스로 여호와 하나님을 버리고 이런 일을 당하다니, 재앙을

만나도 당연한 것이 아니겠느냐는 것이다(17절).

3. 그런데도 불구하고 이들은 또 어디에다 도움을 구하려고 하는가? (18절)

(1) 그 당시 앗수르는 세계적 강국이었다. (본문은 B.C. 627년 아슈르바니팔이 죽기 전에 예레미야 사역 시초에 예언된 것 같다.) 애굽도 예루살렘을 괴롭혔다. 이들 앗수르나 애굽 모두 이스라엘에게 고통만을 가져왔다. 이런 나라들과 정치적 동맹 관계를 맺는다는 것은 있어서는 안 될 일이었다. 이스라엘은 정치적 술수를 능숙하게 발휘할 것이 아니라 오히려 여호와의 언약을 갱신하는데 그 주요점이 있음을 알지 못했다.

(2) 예레미야의 사역 초기에는 앗수르나 애굽의 세력이 균형을 이루고 있었다. 그러나 아슈르바니팔이 죽자 앗수르의 세력은 급격히 약화되었다(B.C. 621년 붕괴되기 시작). 그 뒤로 연약한 왕들이[1] 등장하다가 결국 609년에 남부의 군사령관이었던 나보폴라살(626-605년 - 바벨론의 초대 왕)에게 치명타를 맞고 망하게 된다. 나보폴라살은 원래 앗수르 남부군의 신하였었다. 그가 반역을 일으켜 메대 나라와 손잡고 앗수르의 수도 니느웨를 점령한다(주전 609년).

1) 아슈르바니팔 이후의 왕들(668-627년)은 연약했다. 내란으로 나라가 급격히 하강하기 시작했다.
- 아슈르에텔일라니(627-623)
- 신숨리실(623)
- 신사르이스쿤(623-612)
- 아슈르우발릳 2세(612-609)

예레미야는 요시야 통치 13년, 627년에 사역에 부름을 받았다.

▶ 앗수르는 당시 남 유다뿐만 아니라 주변 국가들에게 공포의 대상이었다. 주변국들은 앗수르인들의 정복욕과 그 잔인성 때문에 골머리를 앓았다. 요나 선지자가 전한 심판의 메시지를 듣고 이들은 한 때 조용했었다. 그러나 약 150여 년이 흐른 뒤에 니느웨는 또다시 심판의 메시지를 들어야 했다. 그들의 포악함으로 더 이상 하나님의 심판을 유예시키지 못했다. 나훔 선지자는 니느웨를 향해 '피의 도성'이라고 외치고 있다. 이제 심판이 시작되고 있다. 나훔서 1장에서는 그 심판의 확실성을 전하고 있다. 뒤에 가서 앗수르의 멸망 과정을 자세하게 설명할 것이다.

2:18 [그런데, 이제, But now, וְעַתָּה]
네가 —— **애굽으로** 가는 길에 있음은 **어찌 됨이며**(מַה־לָּךְ)
/시홀[2]의 물을 마시려고(לִ, to drink)
또 네가 — **앗수르로** 가는 길에 있음은 **어찌 됨이냐**
/그 강물[3]을 마시려고(לִ, to drink)

2) 애굽의 나일 강, 뜻 = 검음

3) 하수(유브라데)

(3) 이렇게 유다 정부가 의지하려 했던 것은 애굽과 앗수르의 군사적 도움이었다. 이는 하나님과의 언약을 어기는 행동이다. "무리가 나를 버리고 다른 신들에게 분향하며 자기 손으로 만든 것들에 절하였은즉"(렘 1:16), 그래서 자기 백성 유다에게 심판을 선고하시는 것이다. "그들의 모든 죄악을 징계하리

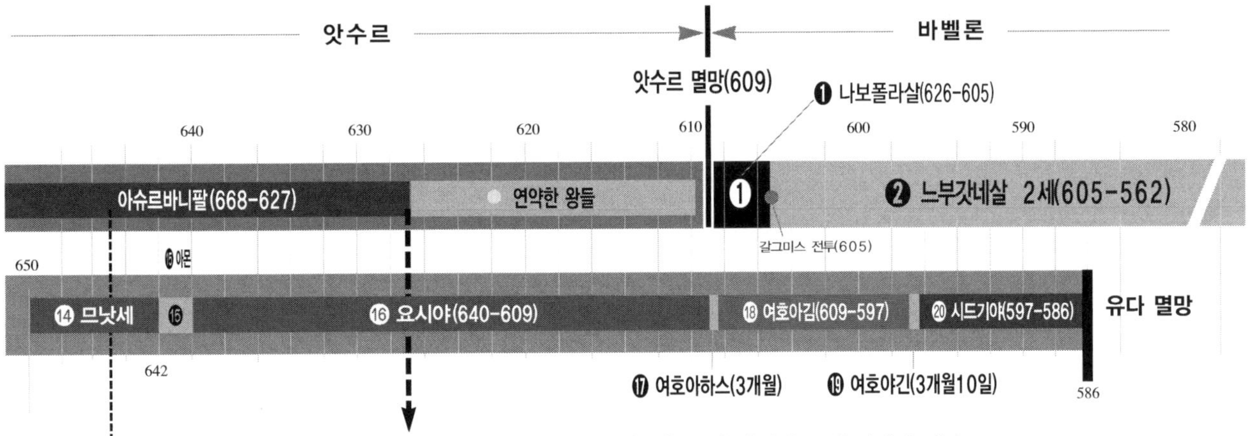

▶ 유다 왕 요시야가 어린 나이로(8세) 등장 - 이즈음 국제 정세가 크게 변하기 시작
- 늘 앗수르 그늘에서 기를 펴지 못했던 바벨론이 급부상하게 되었고
- 강성했던 앗수르는 내란에 휩싸이게 된다.
- 아슈르바니팔은 627년에 죽는다. 이때부터 유다를 못살게 굴었던 앗수르가 하강 길로 접어든다.
- 그 후 20년도 안 되어 앗수르는 바벨론에 의해 망한다(612년 니느웨 함락, 609년 하란이 함락된다).
- 므낫세에게 호의적이던 애굽은 제25왕조가 끝나고, 제26왕조가 등장한다.

▶ 유다의 요시야(640-609년) 왕이 개혁을 착수하기 시작한 것은 그의 즉위 8년이었다(16세).
- 그가 개혁을 시작했지만 아직도 므낫세의 악 영향으로 사회가 극도로 혼란했다.
- 역대하 34:3a "아직도 어렸을 때 곧 왕위에 있은 지 팔 년에 **그의 조상 다윗의 하나님을 비로소 찾고**" 이 구절을 보면, 유다는 요시야가 등극한 지(633/2년) 얼마 안 돼서 이미 앗수르의 그늘에서 벗어난 것같다. 그리고 몇 년 지나서 전격적으로 개혁 작업에 착수했을 것이다(34:3b "**제 십이 년에 유다와 예루살렘을 비로소 정결하게 하여** 그 산당들과 아세라 목상들과 아로새긴 우상들과 부어 만든 우상들을 제거하여 버리매").

▶ 이제 더 이상 앗수르가 유다에 대한 간섭을 할 처지가 못 되었다는 것을 보여준다.
- 이번에는 애굽에 종속되는 위치로 나아가게 된다. 그러나 요시야 시대에는 외세에 크게 시달리지 않게 되었다. 따라서 요시야는 개혁정책을 단행할 수 있었다. 그래도 사회는 므낫세의 악정(惡政)의 후유증에서 벗어나지 못했다. **예레미야는 요시야 통치 13년에(627년) 하나님의 부름을 받는다.**

앗수르는 어떠했을까?

▶ 산헤립 ⇨ 에살핫돈 ⇨ 아슈르바니팔(668-627)
산헤립의 군대가 18만 5천명이 죽는 엄청난 사건이 벌어진 후 산헤립은 본국으로 철수했으나 얼마 되지 않아 몇몇 아들에 의해 살해 당했다(왕하 19:37). 그리고 나이 어린 에살핫돈이 왕위를 잇는다. 그는 나중에 매우 박력 있는 통치자가 되었다. • 에살핫돈은 부왕이 파괴해 버린 바벨론 도성과 마르둑 신전을 복원했다. 국내 사정이 좋아지자 그는 애굽 정복에 힘을 쓴다. 왜냐하면 서쪽 지역의 맹주인 애굽이 주변 나라에 영향을 끼쳐 앗수르에 대항했기 때문이다. 마침내 674/3년, 애굽을 공격했고(이때는 승리하지 못했지만), 671년에는 디르하가를 참패시키고 멤피스를 점령했다.

▶ 669년 12월 에살핫돈이 이집트 원정 중에 갑자기 하란에서 죽는다. 아슈르바니팔은 할머니의 도움으로 모든 왕실과 신하의 충성을 맹세받고 다음해 순조롭게 왕위에 올랐고 이복형제 샴슈-슈무-우킨을 바벨론의 왕위에 앉혔다. (이때 바벨론은 앗수르 통치하에 있었다).

▶ 아슈르바니팔이 통치할 때, 유다는 누가 통치하고 있었을까? 위의 도표에서 볼 수 있듯이 **므낫세**였다(682-642년). 므낫세는 55년간을 통치했기에, 강력한 왕들인 산헤립, 에살핫돈, 아슈르바니팔의 영향권 안에서 기를 펴지 못하고 앗수르에게 절대 복종했다. 그러나 백성에게는 폭정(暴政)으로 일관했다. 그를 이어 그의 아들 아몬이 등장했으나 그 역시 2년간 부왕의 타락한 정치를 답습했다. 그는 통치 2년만에 궁중 신하들의 반역으로 죽었다. 이런 과정에서 나라는 혼란이 지속되었고 우상 숭배와 타락의 길을 걸어갔다.

라"(1:16하).

2:19 네 악[1]이 — 너를 **징계하겠고**
네 반역[2]이 — 너를 **책망(징계)할 것이라**
그런즉(ו, therefore)
[너는] —— **알라**(דְּעִי you know) 그리고 **보라**(וּרְאִי, and see)
/네 하나님 여호와를 버림과
/네 속에 나를 경외함이 없는 것이 악이요 고통인 줄
주 만군의 여호와의 말씀이니라(נְאֻם־אֲדֹנָי יְהוִה צְבָאוֹת[3])

1) 라(רַע) - 나쁜, 악한, 악한 것 / 하나님 보시기에 용납될 수 없는 상태나 행동(렘 52:2; 말 2:17).

2) 메슈바(מְשׁוּבָה) - 배신, 변절(호 14:4, 11:7; 렘 3:11, 12)

3) '네움'은 발언(utterance), 신탁(oracle)을 말한다. 구약에서 376회 나오는데, 예레미야서에서 167회나 등장한다. 예언서 외에서는 단 20회만 언급된다. 이 단어가 사용될 때, 그 메시지의 기원과 권위에 특별한 주의가 요구된다. 즉 **이 단어는 메시지의 기원과 권위가 하나님이심을 선언하는 관용적 표현**으로만 사용된다.

(4) 이렇게 유다가 벌을 받은 것은 그의 죄악과 배도 때문임을 말한다(19절). 이들은 불변하시는 하나님을 의지하지 않고 오히려 믿을 수 없는 지상의 통치자들을 의뢰했다.

바알 제사의 매력과 무익함 (2:20–28)

1. 유다는 왜 그렇게 이방신들을 그리워하고 있는가? 예레미야는 구체적으로 유다의 배도 행각을 묘사하고 있다.

2:20 //(이유: for, כִּי) - 앞절의 이유를 설명한다
네가 옛적부터 네 멍에를 꺾고 네 결박을 끊으며 말하기를
/나는 순종하지 아니하리라 하고
/너는 — **몸을 굽혀 행음하도다**
/모든 높은 산 위에서와 모든 푸른 나무 아래에서[4]

4) 여기에 이방 신을 섬기는 제단이 위치해 있었다(왕상 14:23; 왕하 17:10; 겔 6:13).

(1) 멍에를 끊고 자유롭게 된 짐승으로 묘사하고 있다(20절).
황소가 그 멍에를 끊어버리듯이 유다는 여호와의 멍에를 끊었다. 그들은 주 여호와께서 그들을 매어두었던 모든 속박들을 내던져버리고 "나는 순종하지 아니하리라"고 선언했다. 마치 군주와의 언약을 깨뜨린 종이 다른 군주, 즉 바알에게 굴복하고 있는 것과 같다.

(2) 그리고 이들은 높은 산 위와 모든 푸른 나무 아래서 행음에 몰두하고 있었다. 매음 행위에 참여하는 것은 우상 숭배였음을 알면서도 거기서 벗어나지 못했다. 물론 시내산 언약의 모든 율법 규정을 받아들이기를 거부했다.

(3) 극상품 포도나무를 심었는데 잡종 포도나무로 변했다는 것이다(20절, 사 5:2 비교). 이들의 죄는 너무 악했기에 그 어떤 세제를 써도 씻어지지 않았다. "주 여호와의 말씀이니라 <네가 잿물로 스스로 씻으며 네가 많은 비누를 쓸지라도> 네 죄악이 내 앞에 그대로 있으리니."(22절)

2. 이스라엘 백성이 하나님을 떠나 바알을 숭배하고 또 이와 관련된 성적(性的)인 난잡함을 무엇으로 묘사하고 있나? (23-24절)

(1) 이스라엘 백성은 마치 젊은 암낙타와 같이 똑바로 걸을 수도 없었다. 또 들나귀와 같이 성적(性的) 목표를 향하여 달려가던 방향을 바꿀 수도 없는 꼴이 되었다.[1] 특별히 이런 관행은 힌놈의 골짜기에서 일어난 것으로 묘사하고 있다. 이스라엘 백성들의 우상 숭배와 관련된 성적인 난잡함이 마치 수컷을 찾기 위해 이리 뛰고 저리 뛰는 발이 빠른 암나귀의 행동과 같다는 것이다. 하나님의 백성의 우상 숭배가 얼마나 극성을 부렸나를 알 수 있다. 특히 므낫세 때의 우상 숭배는 극에 달했다. 므낫세가 얼마나 우상 숭배로 빠졌는가를 잠깐 살펴보자. (아래의 설명은 동교재, 열왕기하 246면에서 가져온 것임.)

▶ 므낫세는 부왕(히스기야)이 헐어버린 산당들을 다시 짓고 바알의 단을 세우고 아세라 목상과 하늘의 일월성신을 숭배했다. 무엇보다 가증스러운 일은 성전 안과 뜰에다 일월성신을 섬기는 제단들을 세운 일이었다(왕하 21:3-7, 대하 33:2-7). 그는 그의 조부(祖父)와 마찬가지로 앗수르의 봉신(封臣)의 입장에서 그들의 신들에게 경의를 표하지 않을 수 없었을 것이다.

▶ 무엇보다 "자기가 만든 아로새긴 아세라 목상을 성전에 세웠다"(왕하 21:7)고 했다(왕하 23:4-7 참조). 또한 몰렉에게 자기 아들을 번제로 드려 불 가운데를 지나게 하며 점치고 사술(邪術)을 행했다(왕하 21:6; 대하 33:6). 게다가 요술과 마술을 부렸으며, 표적과 꿈을 풀어 점을 치기도 했다. 또한 무당과 점쟁이를 불러 의논하기도 했다. 므낫세의 죄는 북쪽 이스라엘의 죄 또는 아합의 죄와 비교되고 있다(21:3). 유다의 왕으로서는 아합과 같은 죄를 지었다고 평가받은 일은 므낫세가 유일하다.

▶ 유다에서 그보다 더 악했던 자는 아무도 없었다고 했다(왕하 21:9; 대하 33:8, 9*). 므낫세는 그 전의 아모리 사람들보다 더 악한 일을 저질렀고, 또한 유다 백성들이 우상 섬기는 죄를 짓도록 만든 장본인이었다(왕하 21:11). 지금까지 부왕 히스기야의 개혁은 완전히 수포로 돌아갔다. 이런 므낫세의 통치는 유다를 멸망시키는 결정적인 요인이 되었다. 그의 손자인 요시야가

1) 암낙타 : 성욕에 뜨거워진 암낙타는 마구 날뛰지만 대단히 온순하다.

암나귀 : 그러나 암나귀는 성욕으로 뜨거워지면 대단히 강폭해진다. 이 암나귀는 수컷의 냄새 (수컷의 오줌 냄새)를 좇아 맹렬하게 달려내려 간다. 수나귀는 암나귀를 좇아다닐 필요가 없다. 암나귀가 머리를 숙여 그를 찾아오기 때문이다. 이스라엘을 이렇게 들나귀로 묘사하는 것은 바알들을 좇아 달려가는 것과 흡사하기 때문이다.

• 대하 33:8 "만일 이스라엘 사람이 내가 명령한 일들 곧 모세를 통하여 전한 모든 율법과 율례와 규례를 지켜 행하면 내가 그들의 발로 다시는 그의 조상들에게 정하여 준 땅에서 옮기지 않게 하리라 하셨으나 9 **유다와 예루살렘 주민이 므낫세의 꾀임을 받고 악을 행한 것이 여호와께서 이스라엘 자손 앞에서 멸하신 모든 나라보다 더욱 심하였더라.**"

등장해서 또다시 개혁을 단행했지만(왕하 23:26-27) 멸망으로 치닫는 유다를 구하기에는 역부족이었다.

(2) 다시 본문 25절을 읽어보자.
야생 암나귀와 같이 우상 숭배를 위해 이리 뛰고 저리 뛰다가는 신발이 다 해질 것이다, 목이 다 탈 것이다(25절, 공동 번역 참조). 그러나 이들은 하나님의 경고를 듣지 아니한다. 그리고 오히려 이렇게 말한다: "이는 헛된 말이라 내가 이방 신을 사랑하였은즉 그를 따라 가겠노라" – "다 버린 몸 말리지 마세요. 나는 외간 남자들이 좋아요 나는 외간 남자를 따라가겠어요"(공동번역).

우상숭배의 극

• '푸른 나무'가 자라는 비옥한 곳에서 우상 숭배의 흔적이 전 국토에서 발견된다. 이들은 여호와의 신앙을 저버리고 가나안 토착 신이었던 바알을 섬겼다.

(3) 하나님과의 언약에서 백성을 떠나가게 했던 (지도적인 위치에 있었던) 부류들은 누구였는가? (2:8을 보라. • 제사장들 • 율법을 다루는 자들 • 관리들 • 선지자들) 예레미야는 이런 부류의 사람들을 가리켜 현장에서 붙들린 상습적인 도둑으로 묘사한다(26절). 도둑이 들키면 창피를 당하듯이 왕이나 예언자들이나 제사장들이나 고관들에게 창피를 당해보라고 말한다.

그들은,
나무[1])를 향하여 - "너희는 나의 (아버지)라."
돌[2])을 향하여 - "너는 나를 (낳았다)."

1) 이 나무는 가나안 여신을 상징하는 아세라 또는 막대기를 뜻하는 것 같다.

2) 가나안 남신(男神)을 상징하는 맛세바 또는 서 있는 돌 기둥을 가리킨다.

(4) 이렇게 말하면서 등을 돌리고 말도 하지 않다가도 어려움만 당하면 살려달라고 떼를 쓴다. 그러나 하나님은 "네가 섬기던 신들은 다 어디 갔느냐?"고 책망하신다. "너희 신들이 성읍들만큼이나 많지 않느냐!" "환난을 당할 때에는 네 신들이 일어나서 너를 도와주어야 옳지 않겠느냐?"(표준새번역)

심판받아 마땅한 이스라엘 (2:29–37)

1. 이스라엘의 부패하고 무책임한 행동들이 어떻게 묘사되고 있는가 살펴보자.

(1) 백성들은 여호와와 맞서 법적 소송을 제기한다. 그러나 하나님은 무엇이라 말씀하시는가?

2:29 너희가 나에게 대항함은 **어찌 됨이냐**(לָמָּה)
너희가 다 내게 **잘못하였느니라**
여호와의 **말씀이니라**

(2) 이들은 하나님의 징계를 받지 아니하였을 뿐 아니라 오히려 예언자들을 칼로 죽였다. 므낫세 통치 기간의 악랄한 행위를 보라(왕하 21:16; 느 9:26 참조). 므낫세는 자신이 행하는 이런 일에 대해 반대하는 사람들을 처형했다. 그가 이렇게 악해진 것은 앗수르에 예속된 후 그 나라의 종교와 풍속을 따르면서 호의를 얻고자 했기 때문일 것이다. 한마디로 그는 앗수르의 괴뢰였다. 유대인의 전설에 의하면 이사야도 그의 손에 죽었다고 한다(왕하 21:10-15 참조). 므낫세는 죄 없는 사람을 많이 죽여 예루살렘을 이쪽 끝에서 저쪽 끝까지 피로 가득 채웠다고 했다(왕하 21:16*).[1)]

1) 동교재, 열왕기하 246면.

• 왕하 21:16 "므낫세가 유다에게 범죄하게 하여 여호와께서 보시기에 악을 행한 것 외에도 또 무죄한 자의 피를 심히 많이 흘려 예루살렘 이 끝에서 저 끝까지 가득하게 하였더라."

2. 하나님은 백성을 돌이키기 위해 매를 드시기도 하셨다. 그러나 소용없는 일이었다.

2:30 내가 ——— 너희 자녀들을 **때린 것이(=렸도다)** 무익함은
그들이 —— 징계를 **받아들이지 아니함이라**
너희 칼이 — **삼켰느니라**
/사나운 사자 같이
/너희 선지자들을

"내가 너희 자녀들을 벌했으나 소용이 없었다. 그들은 벌을 받고도 돌아오지 않았다." - 매질도 해 보았으나 헛된 일이었다. 오히려 선지자들을 사자와 같이 칼로 죽였다는 것이다.

(1) 징계를 한다고 자녀들이 한결같이 돌아설까?

하나님이 그렇게 해보셨지만 소용없는 일이었다. 하나님은 이스라엘에게 이렇게 물으신다. : "내가 너희 이스라엘이 살 수 없는 사막이라도 되었단 말이냐?" "내가 이스라엘에게 광야나 흑암의 땅처럼 된 적이 있느냐?"(공동번역, 현대인의 성경) (31절). 그런데 다시는 주께로 돌아가지 않겠다고 하니, 어찌 그럴 수가 있느냐고 탄식하신다(31절).

(2) 출애굽 때의 백성들은 거친 광야 길을 가면서도 그들을 구원해 줄 것을 믿고 의지하면서 여호와를 따랐다. 마치 어린 신부와도 같이(2:2). 그러나 이제 이들은 무엇이라고 말하고 있는가? (렘 2:31하*)

• 렘 2:31 "너희 이 세대여 여호와의 말을 들어 보라 내가 이스라엘에게 광야가 되었었느냐 캄캄한 땅이 되었었느냐 무슨 이유로 **내 백성이 말하기를 우리는 놓였으니 다시 주께로 가지 아니하겠다 하느냐**."

3. 이스라엘은 어쩌다가 실수로 타락한 것인가?

(1) 아니다. "그 반역의 날 수는 계수할 수 없을" 정도라고 말씀하신다. 너무 오랫동안 고의로 여호와를 망각했다.

• 신 8:19 "네가 만일 네 하나님 **여호와를 잊어버리고 다른 신들을 따라 그들을 섬기며** 그들에게 절하면 내가 너희에게 증거하노니 너희가 반드시 멸망할 것이라."

하나님을 버리는 것은 마치 신부가 결혼식날, 패물과 예복을 잊어버리는 것과 같다는 것이다. 혹 그런 일이 있을 수 있겠으나 그들은 셀 수 없는 많은 날 동안 여호와를 잊었다는 것이다.

2:32 처녀가 — **어찌** 그의 패물을 **잊겠느냐**
신부가 — **어찌** 그의 예복을 **잊겠느냐**
오직 내 백성은 — 나를 **잊었나니**
//그 날 수는 셀 수 없거늘(셀 수 없는 동안)

(2) 하나님을 잊었다는 것은 그의 계명을 무시하는 것과 같다(신 8:11). 그것은 곧 다른 신을 따른다는 것을 의미한다(신 8:19*). 여호와를 잊어버린다면 결국 반드시 멸망을 초래한다. 이는 또한 하나님에게 도전하는 것이다(시 106:13). 어느 때에 하나님을 자주 잊어버리게 되는가? 인생들은 풍요가 넘쳐나 배가 부를 때 하나님을 찾지 않는다(시 137:5, "예루살렘아 내가 너를 잊을진대 내 오른손이 그의 재주를 잊을지로다").

(3) "네가 어찌 사랑을 얻으려고 네 행위를 아름답게 꾸미느냐 그러므로 네 행위를 악한 여자들에게까지 가르쳤으며"("너는 연애하는 일에 익숙하다 경험 많은 창녀도 오히려 너에게 배워야 하겠다." - 쉬운성경)

(4) 이 정도까지 왔는데, 세상적인 면에도 올바랐겠는가? "또 네 옷단에는 죄 없는 가난한 자를 죽인 피가 묻었나니"(34절상) - '도둑질하다가 들킨 것도 아닌데, 가난하다고 해서 죄 없는 사람을 죽이다니.' 이들은 계속 자신들은 아무 죄도 없다고 발뺌한다. "너는 말하기를 나는 무죄하니 그의 진노가 참으로 내게서 떠났다 하거니와"(35절상) 그들은 하나님은 자신들에게 분노하지 않으실 것이라고 했다. 그러나 하나님은 너희들이 죄가 없다고 계속 주장하니, "내가(여호와께서) 너를(אוֹתָךְ) 심판할 것이라"(נִשְׁפָּט)[1]고 선언하신다. 즉 내가 반드시 너를 심판대 앞에 세우실 것이라는 뜻이다(Behold, I ***will*** enter into judgment **with you**).

1) 솨파트(שָׁפַט)의 니팔 분사형. / 재판하다, 통치하다 / 니팔 동사로 쓰일 때에는 소송사건이라는 의미가 있다. 이 때에는 에트(~와 함께)가 동사의 목적어 앞에 온다. 즉 "내가 너와 함께 심판에 들어가리라"라는 뜻이다(겔 17:20, 20:25, 38:22 참조).

(5) 이렇게 남유다의 정부와 그 각료들은 앗수르와 애굽을 의지하기 위하여 부지런히 돌아다니지만 이는 다 소용없는 일이다(36절). 결국 수치만 당할 뿐이다(대하 28:16-21; 렘 37:5-7). 현실의 어려움을 타개하기 위해 강대국을 의지하려 하지만 결국은 거기서도 포로처럼 두 손을 머리 위에 얹은 채 나오게 될 것이다.

그 이유가 무엇인가?
이는(for, כִּי)
네가 의지하는 자들을 나 여호와가 버렸기 때문이라고 말씀하신다.
너희는 결코 그들로 말미암아 형통하지 못할 것이다.

불충한 아내 이스라엘(3:1–5)

3장에서는 2장의 내용을 확대 설명하고 있다. 이스라엘의 불충한 행실을 무엇이라고 묘사하고 있는가? 회개에 대한 간절한 호소와 여호와의 용서와 자비에 대한 약속이 뒤따른다. 예레미야가 거듭 강조하고 있는 주제이기도 하다. 즉, 이스라엘은 배도했지만 여호와께 돌아오기만 하면 하나님의 용서와 회복을 누릴 수 있다는 것이다.

2–35장 : 유다에 대한 경고와 권고
- 2–24장 : 유다에 대한 예언
- 25–29장: 바벨론 유배에 대한 예언

유다의 배교와 심판(2-6장)

2-5장: 유다의 배교
- **2:1-3:5 유다의 배교에 대한 생생한 묘사**
- 3:6-11 이스라엘과 유다의 비교
- 3:12-4:4 회개의 요청
- 4:5-31 북방으로부터의 위협

1. 이스라엘을 무엇으로 묘사하고 있나? (1–5절)

(1) 배도한 아내 : 따라서 자연히 이혼 문제를 제기한다. 1절을 보자.

> 3:1 가령(If, הֵן) 사람이 그의 아내를 버리므로
> 그가 그에게서 떠나 타인의 아내가 된다 하자
> 남편이 그를 다시 받겠느냐(첫 번째 남편이 그 여자에게 다시 돌아오겠느냐?)

(2) 물론 이런 수사학적 질문에 대한 답은 '그렇지 않다'는 것이다. "만약 다시 돌아온다면 그 땅이 더러워지지 않겠느냐?" 지금 이스라엘은 신실하지 못해 남편에게 버림 받은 아내로 묘사되고 있다. 1절과 같은 질문에 당시 유대인들은 강력히 '아니오'라고 대답했을 것이다. 호세아 2:14-3:3에는 어떤 사상이 내포되어 있나? 이스라엘은 여러 명의 정부(情婦)에게 마치 고멜이 했던 것과 똑같은 방법으로 창녀와 같은 짓을 했다는 것이다. "네가 많은 무리와 (행음, 行淫)하고도 내게로 돌아오려느냐?"(렘 3:1)

(3) 이들 이스라엘 백성들은 가나안 사람들의 제사에 연루되어 있었다. 여호와에 대한 충성과 다른 신들에 대한 충성을 혼합하려 했다. 가나안의 다산(多産) 제사의식(祭祀儀式)에 연루되게 함으로써 이스라엘 사람들은 종교적 의식에서 뿐만 아니라 육체적 성행위에서도 연관되게 되었다.

2. 그렇다면 배도(背道)의 증거가 있는가? 선지자의 말을 들어보라(2절).

> 3:2 네 눈을 들어 헐벗은 산을 보라
> 네가 행음하지 아니한 곳이 어디 있느냐
> 네가 음란과 행악으로 이 땅을 더럽혔도다
> /(길 가에 앉아 사람들을 기다린 것이 광야에 있는 아라바 사람 같아서)

"네가 창녀처럼 행동하지 않은 곳이 어디 있느냐?"

길가에 앉아서 남자를 기다리는 모습이 마치 유목민이 광야에 앉아 있듯 하다는 것이다.

길가에 앉아 있는 사람들은 바로 이스라엘 사람들을 가리킨다.

▲ **영육간 음란에 빠진 백성들**
백성들이 나무 우상에게 묻고 음란한 마음에 미혹되어 하나님을 전적으로 신뢰하지 않았다.

(1) "네가 행음하지 아니한 곳이 어디 있느냐?"(3:2)라고 묻는다. 이들 이스라엘 사람들은 마치 누구와 같았는가? "길 가에 앉아 남자들을 기다라는 모습이 마치 광야에 있는 아라바 사람 같다"는 것이다. 그러니 이스라엘 사람들은 마치 창녀처럼 살며 악한 짓을 하여 이 땅을 더럽혔다는 것이다. 이들 백성들은 무엇인가 음란한 행동을 할 기회를 이만큼 열정적으로 기다렸다는 것이다. 이렇게 우상 숭배는 약속의 땅을 크게 오염시킨다(레 18:25-28).

(2) 그러므로 그 결과를 보라. 어떤 결과가 있게 되었는가? (3절)

3:3 그러므로(Therefore)
단비[1]가 **그쳤고** 늦은 비[2]가 **없어졌느니라**
그럴지라도
네가 ─ 창녀의 낯을 **가졌으므로**
└ **수치를 알지 못하느니라**

유다가 창녀처럼 살며 악한 짓을 계속했기에 이 땅에는 농사에 필요한 비가 내리지 않고 있다. 그런데도 이스라엘은 창녀의 얼굴을 하고 부끄러운 줄 모르고 있다.

(1) 지금 이 땅은 가뭄으로 고통을 당하고 있다. 이것은 우연이 아니다. 하나님이 주신 약속의 땅에서의 한발(旱魃)은 하나님의 징계이다. 여호와의 율법에 불순종했을 때에는 저주가 선포되었다(레 26:14-39). 물론 저주가 갖는 목적은 이스라엘의 멸망이 아니다. 따라서 회개하면 하나님의 은혜가 다시 임하게 된다(레 26:40-46). 그러나 불순종했을 때에는 질병이 생기게 될 것이다(레 26:16-17).

(2) 질병 못지 않게 무서운 것은 기근이다(레 26:18-20). 만약 징계하더라도 회개치 않는다면 그들의 교만을 꺾으실 것이다. 아무리 열심히 경작을 해도 하늘을 철과 같게 하며, 땅을 놋과 같게 하실 것이다. 땅이 한발로 인해 처참해질 것을 묘사한 것이다. 따라서 모든 수고가 헛될 것이다.[3]

(3) 이뿐만이 아니다. 불순종하면 들짐승으로 인해 피해를 입을 것이다(레 26:21-22). 지금이야 들짐승이 대단하지 않지만, 당시 인구가 희소할 때 들짐승은 대단히 무서운 존재였다(왕하 17:25). 저주의 강도는 더욱 높아진다. 적들의 침입이 있을 것이다(레 26:23-26). 전쟁은 재앙 중에서 가장 무서운 것이다. 모든 것은 폐허를 가져올 것이고, 무엇보다 양식이 없음으로 고통을 당하게 될 것이다. "열 여인이 한 화덕에서 떡을 구워 저울에 달아" 먹어야 하는 고통을 당하게 될 것이다.

(4) 만약에 그래도 순종하지 않는다면, 그 다음 단계는? (레 26:27-33)

1) 단비(르비빔, רְבִבִים) = 10, 11월에 내렸다. / 이른 비를 말한다.

2) 늦은 비(말코쉬, מַלְקוֹשׁ) = 3, 4월에 내렸다.

3) 동교재, 레위기 26장.

그렇다면 이스라엘을 징책하여 이들을 그 땅에서 쫓아내실 것이다. 하나님은 칠 배나 더 징책하시겠다고 선언하신다. 적국이 쳐들어 올 것이고 이로 인한 극한적인 상황은 자녀의 고기를 먹는 비참한 상황까지 갈 것이다(신 28:53*; 렘 19:9; 애 4:10을 참조해 보라). 또한 대량 학살과 성읍이 파괴되고 땅이 황폐화될 것이다. 그때 가서야 땅이 안식을 누릴 것이라고 말한다. 경작을 할 수 없는 때가 올 것이라는 말이다(레 26:35). 설령 전쟁에 죽지 않고 남은 자가 있다 하더라도 적국의 포로가 된 사람들일 것이다. 이 일은 경고에 그친 것이 아니라 실제로 역사에 일어나게 된다.

• 신 28:53 "네가 적군에게 에워싸이고 맹렬한 공격을 받아 곤란을 당하므로 네 하나님 여호와께서 네게 주신 자녀 곧 네 몸의 소생의 살을 먹을 것이라."

3. 그러나 이들이 다급하게 될 때에는 '내 아버지여' 라고 울부짖는다.

3:4 네가 이제부터는 내게 **부르짖기를** (=기를 ...하지 않겠느냐)
/나의 아버지여 아버지는 나의 청년 시절의 보호자이시오니

(1) 그러나 얄팍한 이들의 신앙을 보라. 이렇게 애걸복걸하면서 부르짖으면 하나님은 자비로우시기 때문에 엄청난 죄악을 눈 감아주시고 자기 백성을 구하려 속히 오실 것으로 여겼다. 물론 그럴듯한 훌륭한 말들이 늘 그들의 생활과 일치하지 않았다. 어려움을 당할 때에 "나의 아버지여" 하고 울부짖지만 그들이 울부짖는 대로 행동하지 않았다는 것이다(5절*). "네가 입으로는 그런 말을 하면서도 네가 하고 싶은 대로 온갖 악을 다 저질렀다"(5절하, 쉬운성경).

• 렘 3:5 "노여움을 한없이 계속하시겠으며 끝까지 품으시겠나이까 하지 아니하겠느냐 보라 네가 이같이 말하여도 악을 행하여 네 욕심을 이루었느니라 하시니라."

(2) 왜, 이런 일이 계속되는 것일까? 우리는 므낫세의 악정(惡政)이 얼마나 유다 공동체를 침체하게 만들었는가를 알고 있다. 요시야는 8세에 왕위에 올라 그의 나이 16세쯤되었을 때, 개혁의 칼을 빼들었다. 환부를 도려내는 엄청난 개혁운동을 벌였지만 너무 깊게 패인 죄악의 늪을 정화시키기에는 역부족이었다. 요시야의 개혁 이후 몇 년 지나지 않아 유다는 다시 옛길로 돌아섰다(렘 3:1이하). 결국 백성들의 회개(왕하 22:3-23:3을 읽어보자)는 피상적인 것이었다. 예레미야는 이런 점을 지적하면서 다시 이혼 문제를 제기하고 있다. 당시 사람들은 '이미 이혼했다가 다른 사람과 다시 결혼하는 것'을 대단히 가증스러운 것으로 여겼다(신 24:1-4). 북 이스라엘은 이미 100여년 전에 역사에서 사라졌다. 이 망해가는 과정을 지켜본 남 유다는 북이스라엘이 그랬던 것보다는 훨씬 더 불성실했다(3:6이하). 배역한 이스라엘과 유다의 모습을 먼저 살펴보자. 그 전에 요시야 왕의 등장과 그의 개혁 작업에 대해 간단하게 살펴보기로 하자(다음 면 Close-up 참조).

Close-up-04 유다 왕 요시야(왕하 22:1-13)

<동교재, 열왕기하, 250면이하에서 그대로 가져와 정리했습니다. 열왕기하에서 이 부분을 자세히 공부하신 분은 지나쳐도 됩니다. 그래도 다시 보시겠다고요? >

▶ 악정(惡政)을 펼쳤던 므낫세가 죽고 그의 아들 아몬이 등장했으나 2년만에 고관들로 짐작되는 몇몇 왕족들에게 암살당하고 만다. 앗수르의 속국과 같은 처지에 환멸을 느꼈을 반앗수르파의 조종이 있었거나 아니면 므낫세에게 압제당한 사람들의 사주가 있었을 것이다. 국민(지방민, עַם־הָאָרֶץ)이 아몬 왕을 살해한 사람들을 다 죽이고 어린(8살) 요시야를 왕으로 옹립했다.

1. 요시야가 등장할 때, 국제 정세가 크게 변하기 시작했다. 늘 앗수르 그늘에서 기를 펴지 못했던 바벨론이 급부상하게 되었고, 강성했던 앗수르는 내란에 휩싸이게 된다.

(1) 앗수르가 약체로 내려앉자, 유다에 대한 간섭을 할 처지가 못 되었다. 유다가 앗수르의 손에서 벗어나기는 했지만, 이번에는 애굽에 종속되는 위치로 나아가게 된다. 그러나 아직은 애굽은 팔레스타인 지역에 군사적인 압박은 크게 없었다. 애굽은 25왕조(유다에 우호적이었음)가 끝나고 제26왕조가 이미 들어섰다(655년).

(2) 어쨌든 요시야 시대에는 외세에 크게 시달리지 않게 되었다. 따라서 요시야는 개혁정책을 단행할 수 있었다. 초기에는 므낫세가 썼던 정책을 전면 부정하는 것이었다. 그는 앗수르의 영향 하에 있었던 제의(祭儀)들을 모두 제거하려 했을 것이다. 그의 개혁은 민족주의적인 면도 있었다. 따라서 비(非)이스라엘적인 것은 계속 제거해 나갔을 것이다.

2. 요시야는 8세에 왕위에 올라 31년간을 통치했는데(639-609년), 이미 그의 배후에는 경건한 인물들이 많이 있었다. 그의 치리 기간은 유다 창건 이래 가장 행복했던 시기라고 볼 수 있다. 앗수르의 그늘에서 벗어났기 때문에 그는 남방만 아니라 북방 이스라엘의 바알 우상까지도 없애는 정화 운동을 벌였다.

3. 무엇보다 획기적인 일은 성전을 대대적으로 수리하다가 율법책을 발견한 사건이다(왕하 22:8-20).

(1) 성전을 수리하다 제사장 힐기야는 율법책을 발견했다. 요시야는 서기관 사반에게 힐기야가 발견한 그 율법책을 주어 읽게 했다(왕하 22:10). 그것을 듣자 왕은 옷을 찢으며 회개했다.

(2) 요시야는 이 민족에게 닥친 재앙의 원인을 이 율법책에서 발견했다. 그는 여호와의 전에서 발견된 율법책을 통해 하나님의 백성들이 언약적 불순종을 행하고 있다는 사실을 깨달았다. 이스라엘 조상이 이 책의 말씀대로 순종하지 않았기 때문에 하나님의 진노가 임했음을 알았다. "…우리 조상들이 이 책의 말씀을 듣지 아니하며 이 책에 우리를 위하여 기록된 모든 것을 행하지 아니하였으므로 여호와께서 우리에게 내리신 진노가 크도다"(왕하 22:13).

(3) 요시야의 개혁운동이 이 율법책의 발견 이후에 시작된 것일까? 물론 그렇지 않다. 율법책이 발견된 것은 그의 재위 18년이었다(대하 34:14, 주전 622). 요시야는 율법책이 발견되기 이전에도 이미 개혁에 손을 대고 있었다.

(4) 요시야는 재위 8년(633/2년)에 이미 앗수르의 공식적인 제의(祭儀)를 거절했고, 그리고 12년에는(629/8), 신사르 이스쿤이 앗수르 왕위에 오를 때를 같이하여, 온갖 우상 숭배에 대한 제거 조치를 취했다. 그리고 재위 18년에 성전을 수리하다가 율법책이 발견되었다(622년). 이 율법책이 발견됨으로써 그의 개혁 작업은 방향성을 부여받게 되었고, 개혁에 더욱 박차를 가하게 되었다.

4. 그렇다면 므낫세에게 내려진 유다 멸망에 대한 예언(왕하 21:11-15을 보라)은 다시 철회되는 것일까? (왕하 22:17)

(1) 율법책을 통해서 밝혀진 하나님의 뜻을 알고 요시야

는 경악했다. 자, 그렇다면 유다의 운명은 어떻게 될 것인가? 정말로 멸망당하게 될 것인가? 아니면, 이제라도 정신을 차리면 재앙을 면할 가능성은 없는 것일까? 그래서 그는 이 뜻을 여호와께 묻고자 하여 사자들(제사장 힐기야와 아히감과 악볼과 사반과 아사야)을 훌다(חֻלְדָּה)에게 보냈다. 훌다는 여선지자로 예복을 관리하던 살룸의 아내였다. 훌다는 백성들의 우상 숭배가 신명기 28:15-68에 언급된 심판을 초래할 것이라고 했다. 그러나 심판이 예루살렘에 임하되 그 심판은 요시야가 죽은 다음에 일어날 것이라고 선포했다(왕하 22:14-20; 대하 34:22-28). 이 예언이 이루어질 때 요시야는 그것을 경험하지 않을 것이라는 말이다. 그 이유가 무엇일까?

(2) 훌다 여선지의 대답은 분명했다. 저주와 재앙을 피할 수 없다는 것이었다. 그렇다면 요시야는 지금까지 실행해 왔던 개혁의 끈을 놓았을까?

5. 요시야는 모든 백성들을 불러 모았다. 온 백성이 모인 가운데 성전에서 언약을 재확인했다.

(1) '유다가 분명히 멸망당할 것'이라는 통고를 받고도 요시야의 개혁 작업은 중단되지 아니했다. 아니, 오히려 백성들로 하여금 여호와 앞에 언약을 세워 진정 하나님만을 섬기기로 서약하게 했다. 그는 언약 갱신 의식을 치렀다(왕하 23:1-3을 읽어보자).

(2) 요시야가 이런 믿음을 가질 수 있었던 것은 스바냐와 젊은 예레미야 선지자(렘 11:1-8, 17:19-27 참조)의 영향이 매우 컸을 것이다. 애국심에 가득 찼던 유다인들은 친앗수르적인 므낫세 통치 하에서 굴욕적인 삶을 살았다. 따라서 반앗수르 정책을 폈던 요시야의 개혁에 적극적으로 동참했을 것이다. 요시야의 이방 제의(祭儀)와 관습에 대한 일관된 숙청 작업에 크게 호응했을 것이다.

6. 요시야의 철저한 개혁운동을 보라. 그의 개혁의 철저함을 왕하 23:25에서 어떻게 언급하고 있는가?

(1) 유다 전역에 정화 작업(게바에서 브엘세바까지, 왕하 23:8) - 왕하 23장을 읽어보자.

- 므낫세가 세웠던 바알과 아세라와 하늘의 일월 성신을 위하여 만든 모든 기구들을 불사름
- 우상 숭배를 주관했던 제사장들을 쫓아냄(왕하 23:5)
  (이들은 아하스와 므낫세와 아몬 왕 때, 평민 가운데서 임명한 제사장들일 것이다.)
- 아세라 상을 내어 예루살렘 바깥 기드론 시내로 가져다가 거기서 불사르고 빻아서 가루를 만들어 그 가루를 평민의 묘지에 뿌리고(23:6)
- 여호와의 성전 가운데 남창(男娼)의 집(아세라를 위하여 휘장을 짜는 처소)을 헐고(7절)
- 유다 각 성읍에서 모든 제사장을 불러오고 제사장이 분향하던 산당을 게바에서부터 브엘세바까지 부정하게 하고 성문의 산당들을 헐어 버림(8절).
- 산당의 제사장들은 예루살렘 여호와의 제단에 올라가지 못하게 함(9절)
- 몰록에게 제사 드리지 못하게 함(10절)
- 태양을 위하여 드린 말들을 제하여 버리고 태양 수레를 불사름(11절)
- 아하스의 다락 지붕에 세운 제단들과 성전 마당에 세운 제단들을 다 헐고 거기서 빻아 내려서 그 가루를 기드론 시내에 쏟아버림(12절)
- 예루살렘 앞 멸망산(=감람산) 우편에 세운 산당을 헐어버리고(13절), 석상들을 깨뜨리고 아세라 목상들을 찍고 사람의 해골로 그곳을 채웠다(14절).
- 여로보암이 벧엘에 세운 제단과 산당을 왕이 헐고 또 그 산당을 불사르고 빻아서 가루를 만들며 또 아세라 목상을 불사름(15절).
- 산에 있는(벧엘 근처에 있는?) 묘실들을 보고 그 묘실에서 해골을 취하여다가 (여로보암의) 제단 위에 불살라버림(16절)
- 요시야는 벧엘뿐만 아니라(15절), 이스라엘 각 성읍에 있던 산당들도 모두 제거했고, 산당의 제사장들을 모두 제단 위에서 죽이고 사람의 해골을 제단 위에 불사르고 예루살렘으로 돌아왔다(19-20절).

(2) 그의 재위 18년에, 즉 율법책이 발견된 해에 유월

절을 지킬 것을 명령했다. 요시야는 공적인 개혁과 함께 각 가정에 있던 우상들을 제거하는 작업에 도착수했다. 신접한 자(영매, 靈媒)와 박수(점쟁이, 마술사, wizard, spiritist)와 드라빔과 우상과 모든 가증한 것을 다 제거하였다. "이는 대제사장 힐기야가 여호와의 성전에서 발견한 책에 기록된 율법의 말씀을 이루려 함이라"고 했다(왕하 23:24).

(3) 이런 요시야의 개혁 작업에 대한 평가는 이러했다.

"요시야와 같이(처럼)
마음을 다하며 뜻을 다하며 힘을 다하여(신 6:4-6)
여호와를 '향하여'(שׁוּב) 모세의 모든 율법을 (온전히 준행한 임금은) 요시야 전에도 없었고 후에도 그와 같은 자가 없었더라"(왕하 23:25).

7. 요시야는 남 유다뿐만 아니라 이미 망한 북 이스라엘 지역에도 개혁을 단행했다.

(1) 앗수르의 통치가 이곳에 미치지 못하자 요시야는 북부를 장악했고, 이곳에서도 강도 높은 개혁을 추진했다. 특히 사마리아의 신당들과 (남쪽의 예루살렘 성전에 상응했던) 벧엘 성전을 파괴하고 그곳의 제사장들을 처형했다(왕하 23:15-20). 그의 개혁은 멀리 갈릴리 지역까지(므낫세와 에브라임과 시므온, 납달리 땅의 여러 마을) 미쳤다(대하 34:6).

(2) 물론 히스기야도 개혁 운동을 펼쳤지만 영속적인 성공을 거두지 못했다. 그러나 요시야는 유다 전 지역에 산재해 있던 산당들을 폐쇄했고, 모든 공적인 예배를 예루살렘으로 집중시켰다. 지방의 제사장들을 예루살렘으로 오게 하여 성직 계급 속에서 지위를 부여했다(왕하 23:8, 9).

(3) 이 정도의 개혁이 있었다면, 유다의 멸망은 철회되어야 하지 않겠는가? 그러나 하나님은 그의 결정을 되돌리지 않으셨다. 그 이유가 무엇인가? (23:26)

그러나 여호와께서 유다를 향하여 내리신
그 크게 타오르는 진노(아프, אַף)를 돌이키지 아니하셨으니
이는(עַל)
므낫세가 여호와를 격노하게 한
그 모든(כֹּל) 격노(the provocations) 때문이라(왕하 23:26)

(4) 이렇게 요시야의 선행에도 불구하고, 유다를 심판하기로 작정하신 하나님의 뜻을 철회하지 않으신 이유는 므낫세의 행위가 여호와의 노를 격발하게 했기 때문이라고 말씀하신다.

(5) 무엇보다 백성들의 불신실함이 하나님을 진노케 했다. 하나님은 므낫세의 악행 때문에 분노하셨지만, 요시야가 개혁을 시도했을 때에는 진정하셨다(왕하 21:1-26). 그러나 하나님은 "내가 이스라엘을 물리친 것같이 유다도 내 앞에서 물리치며 내가 택한 이 성 예루살렘과 내 이름을 거기에 두리라 한 이 전을 버리리라"(23:27)고 하셨다. 이 심판은 유다를 약속의 땅에서 몰아내는 것이었다(신 4:25-28). 이러한 심판은 하나님의 공의와 보조를 같이하면서 하나님의 사랑에 조금도 어긋나지 않는다.

(6) **북 이스라엘의 멸망은 여로보암의 죄에다 아합의 죄가 겹쳐서 이루어졌다. 유다의 멸망도 이와 같은 이유에서 일어난다.** 므낫세의 죄로 인해 그 심판에서 벗어날 수 없었다. 다만 요시야와 같은 훌륭한 왕 때문에 이스라엘의 패망이 지연되었을 뿐이다.

▶ 그러나 이렇게 선한 왕, 요시야에게도 한계는 있었다. 그의 개혁작업에도 불구하고, 뼈속까지 깊게 침투한 백성들의 죄의 족적을 지우기에는 힘에 부쳤다. 백성들은 개혁작업에 동참하기는 했지만 회개는 피상적이었다. 근본적인 변화는 크게 일어나지 않았다. 그러다가 요시야는 (쓰러져가는 앗수르를 돕기 위한) 애굽의 출정에 정면으로 가로막고 나서다가 므깃도에서 전사한다. 그때가 주전 609년이다(앗수르의 완전 멸망은 갈그미스 전투, 605년이었다). 이후 남 유다는 절벽으로 곤두박칠 친다. 예레미야의 메시지는 이런 배경에서 이해되어야 한다. 다시 본문으로 들어가 보자.

배역한 이스라엘과 패역한 유다(3:6-11)

(1) 역사적 배경 : 사마리아가 함락된(B.C. 722) 이후 므낫세(왕하 21:1-18)까지는 유다가 북쪽에서 유행하던 우상 숭배의 관행에 깊숙히 빠지지는 않았다. 그러나 히스기야의 개혁에도 불구하고 그가 죽자마자 그의 개혁운동은 급격히 쇠퇴했다. 그리고 장기간에 걸친 므낫세의 통치로 인해, 배도 행위는 극에 달했다. 므낫세의 아들, 아몬의 통치(2년간) 때도 이들의 배도는 이어졌다. 그러므로 백성의 악행은 요시야 통치 초기에도 여전했다(요시야 B.C. 640-609, 31년간 통치).

3:6 요시야 왕 때에
여호와께서 또 내게 **이르시되** (패역(悖逆)한 북쪽 이스라엘)
/너는 —— 배역한 이스라엘이 행한 바를 **보았느냐?**
그가 ┬ 모든 높은 산에 오르며
├ 모든 푸른 나무 아래로 **가서**
└ 거기서 **행음하였도다(תִּזְנִי־שָׁם)**[1]

1) 자나(זָנָה) - 간음하다, 매춘하다 / 문자적으로, 또 비유적 의미로 쓰였다. 이스라엘이 다른 민족과 교제하는 것, 또는 이스라엘이 거짓 신을 예배하는 것에 대하여 언급되었다. 문자적 의미로는 이성간의 불의한 교제를 말한다. / 여기서는 거짓 신을 예배하는 행위를 말한다.

(2) 패역(悖逆)한 북쪽 이스라엘에 대한 묘사: 이스라엘은 너무 이런 관행에 익숙해져 있었다. 이런 이스라엘의 처지를 흥미롭게 바라보고 있는 구경꾼 그는 누구였는가? (7절) "그가 이 모든 일들을 행한 후에 내가 말하기를 그가 내게로 돌아오리라 하였으나 아직도 내게로 돌아오지 아니하였고 **그의 반역한 자매 유다는** 그것을 보았느니라."

(3) 북이스라엘이 하나님을 배도한 그 대가는 무엇으로 나타났는가? (8절*)
사마리아가 앗수르 군대에 함락된 사건(왕하 17:1-18, B.C. 722)을 나타내고 있다. 이 사건이 있기 전에도 이스라엘 북쪽 지역은 이미 앗수르에 의해 잘려나갔다(왕하 15:29). 디글랏빌레셀 3세에 의해 이스라엘 광야 이북의 전 영토와 트랜스요르단 내의 이스라엘 땅은 이미 앗수르의 세 주(州)로 편성되었다(므깃도, 가르나임, 길르앗 등). 지도층 인사들도 유배당했다(왕하 15:29). 하나님은 지금 이혼서를 주고 이들을 내보냈다고 표현하고 있다.

• 렘 3:8 "내게 배역한 이스라엘이 간음을 행하였으므로 내가 그를 내쫓고 그에게 이혼서까지 주었으되 그의 반역한 **자매 유다가** 두려워하지 아니하고 자기도 가서 행음함을 내가 보았노라."

(4) 이런 일들은 하나님을 배역하고 행음으로 인한 것임을 분명히 보고도 패역한 자매 유다는 조금도 겁내지 않고 오히려 자기도 가서 행음하고 있다는 것이다. 이들의 행위가 9절에 묘사되어 있다. 이들 유다는 간음을 하면서도 그것을 대단치 않은 것으로 여겼고, 이들은 이스라엘이 범했던 것과 똑같은

악습에 참가하여 땅을 더럽혔다.

3:9 그가 돌과 나무와 더불어 **행음함을(=하더라)**[1] 가볍게 여기고[2]
행음하여[3] 이 땅을 **더럽혔거늘** (하네프, חָנֵף) - (신성을) 모독하다

(5) 선지자는 우상 숭배에 대하여 돌과 나무 예배를 통렬히 비난했다(렘 2:27, 3:9, 겔 20:32, 단 5:4, 23). 이사야 37:19과 레위기 26:1도 찾아보자. 제의적 돌들에 대해 철저하게 금하고 있음을 본다.

(6) 이스라엘이 언약을 파기함으로써 심판의 고통을 당한 것이 분명함에도 불구하고 이들 유다는 여호와께로 돌아오지 아니했고, 거짓으로 돌아섰을 뿐이었다. 배역한(=배교하는) 이스라엘은 패역한(=배신한) 유다보다 죄가 더 크지 않은 것으로 묘사하고 있다(10절).

3:10 이 모든 일이 있어도 (=이런 온갖 음행을 하면서도)
그의 반역한(패역한) 자매 유다가 진심으로 내게 돌아오지 아니하고
거짓으로 할 뿐이니라 여호와의 말씀이니라.
(건성으로 나에게 돌아온 척만 하고 진심으로 돌아오지 않았다. - 표준새번역)

1) 여기서 행음이라는 단어는 '나아프'(נָאַף)라는 말이다. '간음하다'라는 말이고, 비유적으로는 '우상 숭배하다'라는 말이다. 호세아, 예레미야, 에스겔 같은 선지자는 종교적 우상 숭배를 영적 간음으로 설명했다(렘 9:2, 23:10; 호 4:13-14, 7:4). 예레미야는 이스라엘의 이교적이고 우상 숭배적인 생활 방식을 호되게 질책했다(렘 13:27).

2) מִן קוֹל - מִקֹּל
① 목소리 ② 가벼움, 경박

3) 제누트(זְנוּת) - 간음, 매춘 (상징적으로) 불성실, 우상숭배

회개를 촉구(3:12-18)

A. 이스라엘에 대한 회개로의 부르심(12-14절)

"북을 향하여" : 이전에 북쪽 이스라엘의 포로로 잡혀간 자들을 지적한다. (비교 렘 31:2-6, 15-22)

(1) 이스라엘도 하나님께 배반은 하였지만 패역한 화냥년 같은 유다보다는 낫다고 말씀하신다(11절). 그러나 북쪽에 가서 이렇게 외치라고 말한다:

"배역한(배교, 타락) 이스라엘아 돌아오라" -- 만약 하나님이 유다의 죄악이 큼에도 불구하고 그토록 오랫동안 참으셨다면, 이스라엘이 돌아올 경우 하나님은 자비로우시고 그 노를 영원토록 품지 아니 하시기 때문에 '이스라엘은 하나님의 영접을 받을 것이 당연하지 않겠는가' 하는 말이다(12절).

(2) 이스라엘이 여호와를 배반하여 죄를 짓고 난 후 이들이 해야 할 일이 무엇이었는가? (13절* : 죄를 자복했어야 했다. "너는 오직 네 죄를 인정하기만 하면 된다.")

• 렘 3:13 "너는 오직 네 죄를 자복하라 이는 네 하나님 여호와를 배반하고 네 길로 달려 이방인들에게로 나아가 모든 푸른 나무 아래로 가서 내 목소리를 듣지 아니하였음이라 여호와의 말씀이니라."

B. 회복의 약속(14하-15절)

3:14 여호와의 말씀이니라
배역한[1] 자식들아 —돌아오라(שׁוּבוּ בָנִים שׁוֹבָבִים)[2]
//(for, כִּי) - 이유는?
나는 — 너희 남편[3]임이라(כִּי אָנֹכִי בָּעַלְתִּי בָכֶם)(=이기 때문에)
내가 —너희를 성읍에서 하나와 족속 중에서 둘을 **택하여**
—너희를 시온으로 **데려오겠고**

(1) 여기 '배역한 자식들'은 누구를 가리킬까? 이스라엘?, 유다? 21, 22절을 보면 이스라엘을 향하여 하신 말씀이 분명하다. 그 앞의 문맥에서도 배역한 이스라엘이 계속 언급되었다(3:6, 8, 11절). 유다는 행음하는 자들이라고 말하고 있다(8, 11절). 여기 14절에서는 전체적인 귀환보다는 남은 자만 포로에서 귀환하게 될 것을 암시한다. 북쪽 사람들이 시온으로 귀환하게 되면 이스라엘 전체는 다시 통일될 것이고, 분단의 현상들은 제거될 것이고, 하나의 민족, 하나의 주(主)만이 있을 것이라고 말한다(18절을 보면). 이렇게 다시 회복되면 새로운 왕들이 지식과 명철로 올바르게 통치할 것이다(15절). 예루살렘이 아니라 '시온'으로 표현된 것은 목자의 역할을 할 다윗의 집에 다윗에게 주어진 약속(삼하 7:12-16)의 무대를 마련한다.[4]

(2) 돌이키면, 목자들을 보내주시겠다고 약속하신다. 어떤 목자들?

3:15 (Then, וְ)
내가 —— **또 주리니(נָתַתִּי)** - 칼, 완료 (세워주겠다는 의미)
/내 마음에 합한 목자들(רֹעִים - 복수)을
/너희에게 (누구에게?)
여기 '목자들'은 누구?
그들이 —— 너희를 **양육하리라**
/지식(knowledge)과 명철(understanding)로

(3) 받을 자격이 없는 이들이지만, 돌아오기만 하면, 목자들을 세워주시겠다고 약속하신다. 목자들이란 누구를 가리키나? 렘 23:1을 보라. "**목자들, 곧 유다의 지도자들**에게 재앙이 있을 것이다. 그들은 양떼와 같은 내 백성을 망쳐 놓으며, 뿔뿔이 흩어 놓고 있다. 나 여호와의 말이니라"(쉬운성경). 시 78:70-71*을 보라. 다윗은 여호와께서 당신의 백성을 맡기신 목자로 언급되어

1) 쇼바브(שׁוֹבָב) - 되돌아가는, 변절의, 복종을 거부하는 - 하나님을 배신하여 불복종하는 것을 묘사한다(사 57:17; 렘 3:22, 50:6).

2) 문자적으로는 "돌이키라, 돌아선 아들들아" - 회개하라는 의미

3) 남편 - 바알(בָּעַל)이라는 단어는 한 사람의 '주인이 되다', 또는 한 사람에 대해 '권위를 가지다'라는 뜻이다. 하나님은 계속해서 이스라엘이 당신의 신부라고 주장하신다.

4) 그로닝겐, 메시야 사상

• 시 78:70 "또 그의 종 다윗을 택하시되 양의 우리에서 취하시며 71젖 양을 지키는 중에서 그들을 이끌어 내사 그의 백성인 야곱, 그의 소유인 이**스라엘을 기르게 하셨더니** 72이에 그가 그들을 자기 마음의 완전함으로 기르고 그의 손의 능숙함으로 그들을 지도하였도다."(삼상 16:1; 삼하 7:7-8 참조)

있다. 그런데 다윗이 "여호와의 마음에 맞는" 사람이었다는 것이다(삼상 13:14, 행 13:11 참조). 물론 본문에서 '목자들'(복수)이란 유다의 지도자들이라고 말한다(렘 23:4을 보라. 새 지도자들을 보내주실 것이라고 약속하신다). 물론 후에 그 목자들이 제 역할을 못하였음을 보여준다(렘 23:1).

(2) 회복 때의 장면이 더욱 확대되어 묘사된다(16절).
물질적 풍요가 있을 것이며, 참된 종교가 있을 것이다. 예레미야는 이스라엘 제사의 종교적 상징들을 반대하지는 아니했다. 제사나 할례, 제사 기구 등은 단지 영적인 실체를 가리키는 역할에 지나지 않았기 때문에 이것들은 사람들을 영적으로 인도할 때에만 그 가치를 지닌다.[1] 어느 때 그것들이 무가치하게 되는가? 렘 7:22-23*을 주의깊게 읽어보자. 이렇게 예레미야는 이스라엘을 위한 미래를 선포한다. 그 미래에는 구약의 상징들과 모형들은 더 이상 관련된 것을 찾아볼 수 없게 될 것이다(그로닝겐, 메시야 사상).

(3) 앞절에서(16절) 말한 참된 종교의 내용을 말하고 있다(17절).
언약궤의 기능은 무엇인가? 여호와의 보좌요, 임재의 상징이었던 이 기능이 앞으로는 예루살렘 그 자체에 의해 수행될 것이다(겔 48:35 참조). 여호와 임재를 상징하는 법궤가 미래에는 메시야의 보좌가 중심이 될 것이라는 말이다. 예루살렘은 새로운 광채를 받으며 열방들의 예배의 중심점이 될 것이다. 이제 북쪽 이스라엘 왕국과 유다 왕국의 재통일에 대한 약속을 말한다(18절; 호 3:5; 미 2:12). 그러나 그 재통일은 양자 모두 국외 추방이라는 고난을 겪고 난 이후에 이루어지리라고 설명한다(겔 37:15-28; 사 11:10-16 참조).

(4) 예레미야는 지금, 유다의 바벨론 포로와 예루살렘의 성전 파괴를 예언하고 있다. 이들에게 엄청난 비극이 닥쳐올 것을 선포하고 있다. 그러면서도 회복의 메시지도 함께 전하고 있다.

1) 사람들이 다시는 여호와의 언약궤를 말하지 아니할 것이다.

• 렘 7:22 "사실은 내가 너희 조상들을 애굽 **땅에서 인도하여 낸 날에 번제나 희생에 대하여 말하지 아니하며 명령하지 아니하고** 23 오직 내가 이것을 그들에게 명령하여 이르기를 **너희는 내 목소리를 들으라 그리하면 나는 너희 하나님이 되겠고 너희는 내 백성이 되리라** 너희는 내가 명령한 모든 길로 걸어가라 그리하면 복을 받으리라 하였으나."

참된 회개의 결핍(3:19–4:4)

1. 렘 3:1-5에서 강렬한 책망이 있은 후,

(1) 3:19-22에서 다시 이 문제를 다루고 있다. 여기서 하나님은 신의(信義) 없는 백성을 간곡하게 타이르며 신실한 회개를 호소하신다. 22하-25절에서 마음을 찢으며 회개하는 기도문을 제시한다.

(2) 4:1-2에서는 이 백성이 그 악한 길에서 '돌아온다면' '귀환하게' 될 것이라는 약속을 한다. 3-4절에서 회개의 성격을 기술하고 있다. (한번 불이 붙으면 끌 수 없는) 진노가 그들에게 임하지 않도록 하는 참회의 회개를 말한다.

예레미야의 이 간절한 메시지에도 백성들은 고의적으로 거부한다.

2. 그렇다면, 하나님께서 이들에게 진정 바라시는 것이 무엇인가? (19절)

3:19 내가 **말하기를** (. . . 하였고)
/내가 어떻게 하든지 너를 자녀들 중에 **두며**
네게 **주리라**
/허다한 나라들 중에 아름다운 기업인 이 귀한 땅을
내가 다시 **말하기를** (...하였노라)
/너희가 나를 나의 아버지라 **하고**
나를 **떠나지 말 것이니라**

(1) 결국, 이 약속은 순종하며, 언약 규정의 범위 내에서 살게 하려는 것이었다. 이렇게 하는 것이 축복의 약속이 성취되는 길이기 때문이다(신 28:1-6, 30:9-10). 그러나 실제로 이들은 어떠했나? "남편을 속이고 떠남같이" 여호와를 떠났다는 것이다(20절).

(2) 이들의 울부짖는 소리가 여호와를 향한 것으로 보이나(22-24절) 실은 바알 숭배자들의 길을 따랐다(3:21). 요시야의 개혁은 수많은 회개의 반응들을 나타내었을 것이다. 그러나 진정한 변화가 없었다. 참된 마음의 회개가 없는 입만 놀리는 회개였다. (말뿐인 회개와 실천하는 회개 사이의 대조)

• 렘 3:21 "소리가 헐벗은 산 위에서 들리니 곧 이스라엘 자손이 애곡하며 간구하는 것이라 그들이 그들의 길을 굽게 하며 자기 하나님 여호와를 잊어버렸음이로다 22 배역한 자식들아 돌아오라 내가 너희의 배역함을 고치리라 하시니라."

3. 자, 입만 놀리는 회개가 아니라 마음을 찢는 회개를 하라(22절하-25절).

22절하 - "보십시오. / 이제 우리가 여호와께로 돌아갑니다. / 주님은 여호와 우리의 하나님입니다. 23언덕 위에 우상을 섬기는 것은 / 참으로 어리석은 짓이었습니다. / 산 위에서 떠들어댄 온갖 소리는 거짓이었습니다. 24우리가 어렸을 때부터 / 우리 조상들이 애써 일해 얻은 모든 것을 저 부끄러운 우상들이 삼켜 버렸습니다. / 우리 조상의 양 떼와 소 떼를 삼켜 버렸고 / 아들과 딸들을 삼켜 버렸습니다. 25우리는 이제 우리의 부끄러움을 요로 삼고 / 망신거리를 이불로 삼겠습니다. / 우리가 우리 하나님 여호와께 죄를 지었기 때문입니다. / 우리와 우리 조상 모두가 죄를 지었고 / 어릴 때부터 지금까지 / 우리 하나님 여호와께 순종하지 않았기 때문입니다."(쉬운성경)

4:5 너희는 유다에 선포하며 예루살렘에 공포하여 이르기를
이 땅에서 나팔을 불라 하며 또 크게 외쳐 이르기를
너희는 모이라 우리가 견고한 성으로 들어가자 하고
6 시온을 향하여 깃발을 세우라, 도피하라, 지체하지 말라, 내가 북방에서 재난과 큰 멸망을 가져오
리라

임박한 심판, 유다와 예루살렘 기소(4:5–6:30)

여호와께서는 이들의 회개가 진실한 것이라면 그들이 돌아올 수 있게 되리라고 응답하신다(4:1, 2). 그러나 그 회개는 국가나 개인 생활의 근본적인 변화와 마음의 할례에 수반되는 깊고 완전한 회개를 가져오는 것이어야 했다(4:3-4). 그러나 이러한 회개는 일어나지 않았다.

심판이 있기 전에 참된 회개를 하고 돌아오라(4:1–4)

1. "네가 돌아오려거든 내게로 돌아오라."

(1) 4:1-4은 3:22-24의 후속 부분이다. 선지자는 계속해서 회개를 촉구한다.

> 4:1 여호와께서 **이르시되**
> /[만일, אִם]
> /이스라엘아 네가 돌아오려거든
> [너는] —— 내게로 **돌아오라**
> /[만일, אִם]
> 네가 ─┬ 나의 목전에서 가증한 것을 버리고
> └ 네가 흔들리지 아니하며
> 2 /[네가] — 진실과 정의와 공의로 여호와의 삶을 두고 맹세하면(if)
> 나라들이 ─┬ 나로 말미암아 **스스로 복을 빌며**
> └ 나로 말미암아 **자랑하리라**

진정한 회개는 적어도 새로운 각오가 있어야 한다는 것이다. 그러려면 먼저, 하나님 앞에서 가증한 것을 버려야 한다. 즉 우상과 과거의 습관을 포기해야 한다. 그리고 진실과 공의로 서약해야 한다. 그러면 세계 만민이 하나님을 찬양할 것이고, 하나님도 그들에게 복을 베푸실 것이다.

(2) 하나님은 유다가 회개하도록 촉구하신다(3-4절). "여호와께서 유다와 예루살렘 사람에게 이와 같이 이르노라 너희 묵은 땅을 갈고 가시덤불에 파종하지 말라." 묵은 땅은 쟁기질 하기가 어렵다. 그 묵은 땅을 기경(起耕)하라는 것이다. 즉 새롭게 쟁기질을 하라는 것이다(3절). 이는 근본적으로 삶의 변화를 촉구하라는 말이다. "유다인과 예루살렘 주민들아 너희는 스스로 할례를 행하여 **너희 마음 가죽을 베고** 나 여호와께 속하라 그리하지 아니하면 너희 악행으로 말미암아 나의 분노가 불 같이 일어나 사르리니 그것을 끌 자가 없으리라." 이렇게 마음의 할례를 하라는 것이다. 육적 할례는 하나님께 돌아오는데 오히려 방해가 된다(신 10:16 참조).

- 2-24장 : 유다에 대한 예언
- 25-29장: 바벨론 유배에 대한 예언

4장 : 자기 백성에 대한 하나님의 임박한 심판 선언

(1) 북쪽에서 임할 재앙(5-10절)
(2) 심판은 하나님으로부터(11-18절)
(3) 유다의 몰락에 대한 번뇌(19-22절)
(4) 다가오는 무시무시한 재난을 묘사(23-28절)
(5) 고문 당하는 고통 속에 처한 예루살렘(29-31절)

5장 : 이 심판의 원인이 무엇인지를 선언하고 있다.

너는 진실과 정직과 정의로
여호와의 살아계심을 두고
맹세하여라.
그러면 모든 나라들이
여호와의 복을 받고
여호와를 찬양할 것이다.
(쉬운성경)

경보(警報) : 북방에서 임할 재앙(4:5-18)

1. 앞장에서 예레미야는 철저한 회개를 외친다. 그러나 실제로 그런 회개는 없었다. 그렇기에 심판이 다가 온다.

(1) 이 부분은 끓는 가마 환상(렘 1:13-16)의 직접적인 성취 또는 간접적인 성취일 것이다. 그들은 자신들의 범과를 시인하고 여호와께로 돌아와야만 한다. 그러나 그 부패한 사회 전체가 돌아오기에는 너무 늦었다. 그러므로 이제, 남은 자들이 돌아와 다시 회복될 것이다. 이 사악한 사회를 칠 심판은 이미 정해졌으며, 이 심판은 북으로부터 신속한 침략에 의해 실현될 것이다.

4:5 너희는 — 유다에 **선포하며,** 예루살렘에 **공포하여 이르기를**
/[너희는] ┬ 이 땅에서 나팔을 **불라** 하며
└ 또 크게 외쳐 **이르기를**
/너희는 — 모이라
/우리가 — 견고한 성으로 들어가자

• 렘 4:6 "시온을 향하여 **깃발을 세우라, 도피하라, 지체하지 말라, 내가 북방에서 재난과 큰 멸망을 가져오리라** [7]사자가 그 수풀에서 올라왔으며 나라들을 멸하는 자가 나아 왔으되 네 땅을 황폐하게 하려고 이미 그의 처소를 떠났은즉 네 성읍들이 황폐하여 주민이 없게 되리니"

(2) **나팔을 울려라** : (왜냐하면) 북방에서 재앙이 오기 때문이다(7절). 유다에 선포하고, 이스라엘에 전하라(5절). 즉 온 나라에 나팔(경보)을 울리라고 말한다. 지체 말고 피하라. 북방에서(=바벨론의 침략) 대살육의 재앙이 임할 것이다(6절). 유다를 폐허로 만들기 위해 수풀에서 올라온 사자로 묘사된 침입자가 올 것을 말하고 있다. 이 소식을 듣고 사람들은 굵은 베를 입고 슬피 울부짖게 될 것이다(7절). "이로 말미암아 너희는 굵은 베를 두르고 애곡하라 이는(for) 여호와의 맹렬한 노가 아직 너희에게서 돌이키지 아니하였음이라(=기 때문이다)"(8절).

• 렘 4:10 "내가 이르되 슬프도소이다 주 여호와여 주께서 진실로 이 백성과 예루살렘을 크게 속이셨나이다 이르시기를 너**희에게 평강이 있으리라 하시더니 칼이 생명에 이르렀나이다** 그들이 이르기를 미쳤나이다 하리이다"

2. 예레미야는 하나님께 어떻게 항의하고 있는가? (10절)

(1) 예레미야는 주님께서 백성과 예루살렘을 속이셨다고 항의한다. 주님은 우리에게 '평화가 있으리라'라고 하셨으나 지금 칼이 우리 목숨을 겨누고 있지 않느냐고 묻는다.

(2) 예레미야에게는 풀 수 없는 수수께기였다. 그 당시 선지자들은 평화를 외쳤다. 그러나 예레미야는 심판이 펼쳐지는 것을 목격하고 있지 않은가? 예레미

야는 어쩌면 히스기야 때처럼 위험이 지나가버릴 수도 있을 것이라고 희망하였을 것이다. 그러나 후에 예레미야는 하나님의 심판이 당연하다는 것을 인정하며 하나님의 계획에 순응하게 된다(렘 16:10-11).

3. 유다에 참변이 닥쳐올 것인데 그 참상을 무엇으로 표현하고 있나? (11-18절)

• 렘 4:11 "그 때에 이 백성과 예루살렘에 전할 자가 있어서 **뜨거운 바람이 광야에 있는 헐벗은 산에서 내 딸 백성에게 불어온다** 하리라 이는 키질하기 위함도 아니요 정결하게 하려 함도 아니며"

(1) 타는 듯한 심판의 모래 바람, 사막의 뜨거운 바람(熱風)이 불어온다(11절*). 앞에서는 쳐들어 오는 적군을 사자로 비유했으나, 여기서는 '뜨거운 바람'으로 비유한다. 팔레스틴에 부는 바람은 동편에서 불어오며, 때로는 모래 바람을 동반한다. '뜨거운'(차흐, צַח)이라는 말은 '작열하는(glowing)' 열을 가리킨다(사 18:4, '**쬐이는**' 일광 같고). 이 모래 바람은 곡식과 겨, 즉 모든 것을 휩쓸어간다. 이것은 키질하기 위함이 아니라고 했다. 타작마당에서 키질하기에는 너무 강한 바람이다. 이 열풍이 누구에게 불어 닥치는가? (내 딸, 내 백성에게)

(2) 접근해 오는 적군의 모습을 보라. 이 환상의 무서움이 어느 정도인가? (12, 13절)

> 4:12 이보다 더 강한 바람이 나를 위하여 **오리니**
> 이제 내가 그들에게 심판을 **행할 것이라**

11 뜨거운 바람이 광야에서 불어오는데 키질할 때 이용하는 부드러운 바람이 아니라 12 그것보다 더 강한 바람이니 그것은 여호와께서 명하신 바람이다.

(3) 그 광경이 얼마나 무서울 것인가! 19-21절에 표현되는 예레미야의 고뇌에 찬 울부짖음을 보라. 만약 그들이 구원 받기를 원한다면 어떻게 하라고 말씀하시는가? (14절 "예루살렘아 **네 마음의 악을 씻어 버리라 그리하면 구원을 얻으리라** 네 악한 생각이 네 속에 얼마나 오래 머물겠느냐") 비록 심판이 문 앞에 이르렀지만 예레미야는 회개에 대한 촉구가 너무 늦었다는 생각이 전혀 없었던 것 같다.

4. 위급을 알리는 내용이 어디로부터 오는가? (15-17절)

(1) '단' : 이스라엘 북쪽의 변경 지방을 가리킨다.
에브라임 : 이스라엘 북쪽 지역을 말한다.

(2) 이들 지역으로부터 흉보가 날아든다. 예루살렘은 독 안에 든 쥐 같이 되었다고 말한다(공동번역). 그 이유는 하나님을 거역했기 때문이다. 이렇게 고통을 당하는 것은 다 백성 자신들의 잘못 때문이었다.

선지자의 탄식(4:19–22)

1. 예레미야의 고통스러운 부르짖음을 보라(19–22절).

(1) 비록 예레미야는 하나님으로부터 패역한 이 백성들에게 심판을 선포하라는 명령을 받았었지만(1:9, 10) 그는 천성적으로 자기 백성에 대한 깊은 사랑을 가지고 있었다. 예레미야의 고통스러운 눈물을 보라(19-22절). 하나님에 대한 이들의 무지와 우둔함, 이들은 하나님의 심판을 받아 마땅했다.

4:19 슬프고(=나의 창자여) 아프다(=나의 창자여)[1)]
[내가] ——— 내 마음속이 **아프고**
내 마음이 —— **답답하여**(הֹמֶה, 분사형) **잠잠할 수 없으니**(לֹא אַחֲרִישׁ)
//(for, 이는)
나의 심령이 나팔 소리와 전쟁의 경보를 들음이로다

1) מֵעַי מֵעַי
O my soul - NASB
My heart - NIV
O my soul - KJV
아이고, 아파라!
아이고, 아파라!

(2) 예레미야의 고뇌에 찬 절규를 보라. "패망에 패망이 연속하여 온 땅이 탈취를 당하니 나의 장막과 휘장은 갑자기 파멸되도다"(20절). - 재앙이 꼬리를 물고 일어난다는 말이다. '언제까지 저 전쟁의 깃발을 보아야 합니까?' 하나님은 어떤 생각을 갖고 계실까? 하나님도 죄로 인한 우둔함 때문에 고뇌하신다(22절). 이 백성들은 "미련한 자식이라 악을 행하기에는 지각이 있으나 선을 행하기에는 무지하다"는 것이다(사 1:2-3 참조).

재앙이 오고 있다(4:23–28)

1. 다가오는 무시무시한 재난을 묘사하고 있다(23–28절).

(1) 임박한 파멸에 대한 환상과 하나님의 말씀을 보라(23-28절).
'내가 본즉'이라는 말들이 네 번씩이나 나온다. 유다에 임하게 될 심판이 세계적 양상을 띠고 돌발적으로 나타나게 된다고 묘사하고 있다. 땅과 하늘들(23절), 산과 작은 산들(24절), 사람과 새들(25절), 밭과 성읍들(26절)이 어떻게 되는가?

"땅을 본즉 혼돈하고 공허하며", 즉 창 1:2의 표현대로 재난은 우주적이다.

"내가 본즉"(רָאִיתִי)
땅, 하늘, 산들, 작은 산들이 모두 황폐화되었다.

4:23 보라 내가 땅을 **본즉 혼돈하고 공허하며** 하늘에는 빛이 **없으며**
24 내가 산들을 **본즉** 다 **진동하며** 작은 산들도 **요동하며**
25 내가 **본즉** 사람이 **없으며** 공중의 새가 다 **날아갔으며**

(2) 무질서와 혼돈의 세상이 될 것이다. 사방을 둘러보니 기름진 땅은 황무지가 될 것이고. 땅과 모든 성들은 파괴될 것이다. 하나님의 맹렬한 진노 앞에서 창조의 질서가 깨어지고 말았다(26절). 이 땅은 안식의 땅이 아니라 전쟁 때문에 폐허(廢墟)가 되었다. 그렇다고 해서, 즉 "이 온 땅이 황폐할 것이지만" 아주 진멸하지는 아니할 것이라고 하셨다(27절). "이로 말미암아 땅이 슬퍼할 것이며 위의 하늘이 어두울 것이라."

◀ 심판의 이유를 설명하는 다음 구절을 찾아보자.

- 왕하 17:7-20
- 에스겔 8-11장에서는 어떻게 이스라엘이 신앙적 무지의 상태에 이르게 되었는가를 소상하게 보여주고 있다.

(3) 그렇다면 이 무서운 재앙을 피할 수는 없는가? 하나님은 단호히 말씀하신다. 심판은 이미 작정된 것이기 때문에 돌이킬 수 없다는 것이다.

4:28하 //(עַל כִּי, Because) - 28절의 이유를 말한다.

내가
- 이미 말하였으며(דִּבַּרְתִּי)
- 작정하였고(זַמֹּתִי) - זָמַם의 칼 완료 / 계획하다, 의도하다
- 후회하지 아니하였은즉(לֹא נִחַמְתִּי)
- 또한 거기서 돌이키지 아니하리라(לֹא־אָשׁוּב)

2. 죽음에 이르는 시온의 고통을 보라(29-31절).

(1) 여호와의 딸 시온을 무엇으로 묘사하고 있는가? 다가오는 적에게 몸을 바치려고 곱게 차려입은 창녀로 묘사하고 있다(30절). 아무리 아양을 떨어보았자 황폐와 파멸만이 뒤따르게 될 것이다. 별의별 수단을 다 동원하여 심판을 면해보려 하지만 이제 더 이상 기회는 없다는 말씀뿐이다.[1)]

(2) 이 창녀는 첫 아기를 해산하려고 애쓰는 한 여인으로 등장한다. 이 여인이 울부짖는 소리를 들어보라. 그 악행의 대가를 지불하게 되었다.

4:31 내가 소리를 들은즉 여인의 해산하는 소리 같고 초산(初産)하는 자의 고통하는 소리 같으니 이는 시온의 딸의 소리라 그가 헐떡이며 그의 손을 펴고 이르기를 내게 화가 있도다 죽이는 자로 말미암아 나의 심령이 피곤하도다 하는도다.

1) 언약 백성은 그들의 불순종 때문에 바벨론 포로라는 벌을 받고 있었다. 유다인들이 포로로 끌려갔을 때, 예레미야는 그 이유를 이렇게 확실하게 전하고 있다.

- 렘 25:6 "너희는 다른 신을 따라다니며 섬기거나 경배하지 말며 너희 손으로 만든 것으로써 나의 노여움을 일으키지 말라 그리하면 내가 너희를 해하지 아니하리라 하였으나 7 **너희가 내 말을 순종하지 아니하고 너희 손으로 만든 것으로써 나의 노여움을 일으켜** 스스로 해하였느니라 여호와의 말씀이니라"

94

의로운 자를 찾지 못함(5장)

4장 : 자기 백성에 대한 하나님의 임박한 심판 선언

5장 : 이 심판의 원인이 무엇인지를 선언하고 있다.

(1) 예루살렘의 사악함을 묘사(1-9절)
(2) 자신의 죄책을 부인하는 백성들의 뻔뻔스러움(10-17절)
(3) 중심주제 반복(20-31절) - 반복된 경고에도 불구하고 받아들이지 않았다.

6장 : 다시 유다 왕국에 임할 임박한 재난과 그 재난의 성격

예레미야는 의로운 자를 찾으려고 예루살렘 거리를 필사적으로 헤매고 있다(비교 ; 창 18:16-33). 그러나 한 사람도 발견할 수 없었다. 5장에서는 2장에서보다 도덕적 악행 문제를 더욱 강조하고 있다. 5장에서는 사회적 도덕성과 개인적 도덕성을 강조하고 있다.

▶ 4장 : 자기 백성에 대한 하나님의 임박한 심판을 선언했고
5장 : 이 심판의 원인이 무엇인지를 선언하고 있다. 5:15-19에서 희미하게 심판의 모습이 그려져 있다.

1. 예레미야 5:1-9에서 이스라엘의 사악한 모습을 보여주고 있다. 그렇다면 이 내용이 언제쯤 선포되었을까?

여기의 기록은 재앙이 분명히 닥칠 것임은 확실하긴 해도 임박하지 않고 아직 피할 여지가 있음을 전제하는 것 같다. 따라서 요시야 통치 때이거나 아니면 여호야김 통치 초였던 것 같다. 5:26-31에 언급되고 있는 악습은 7:2-15의 성전 설교에서 지적되고 있는 것과 유사하다. 이 성전 설교는 여호야김 통치 초기 때의 것이기 때문이다. (옆의 도표 참조).

2. 이 백성이 과연 용서받을 수 있을까? (1-9절)

(1) 어떤 자를 찾아보라고 하는가? (정의를 행하는 자, 진리를 구하는 자)

5:1 너희는	예루살렘 거리로 **빨리 다니며**(슈트, שׁוּט) - 이리저리 돌아다니다.
	그 넓은 거리에서 **찾아보고 알라**
	만일[אִם] 너희가 정의를 행하며 진리를 구하는 자를
	만일[אִם] 한 사람이라도 찾으면(마짜, מָצָא - 찾아내다)
	내가 —— 이 성읍을 용서하리라(וְאֶסְלַח לָהּ[1])

1) וְאֶסְלַח לָהּ
Then I *will* pardon her.
살라흐(סָלַח) - 용서하다, 사면하다 / 칼 동사 미완료

(2) 예루살렘 거리를 이리저리 다녀보라. 만일 한 사람이라도 정의를 행하며 진리를 구하는 사람이 있다면(**If** there is one who does justice, who seeks truth), 여호와께서 이 성읍을 반드시 용서해 주시겠다는 말씀이다(Then I ***will*** pardon her). '용서하다'라는 말 '살라흐'는 성경에서는 오직 하나님에 관하여 사용되었다. 사람들이 서로 용서하는 것에는 사용되지 않았다는 말이다. 창세기 18:23-

니느웨 점령(612) : 신흥 바벨론과 메대 연합군에 의해 니느웨가 함락됨으로써 앗수르는 멸망한다. 그러나 앗수르는 수도를 하란으로 옮긴다. 그러나 나보폴라살은 하란을 점령 1년간 통치했다. 앗수르 멸망 후 잔류민들이 하란 재탈환전을 벌인다(609년과 605년 - 갈그미스 전투)

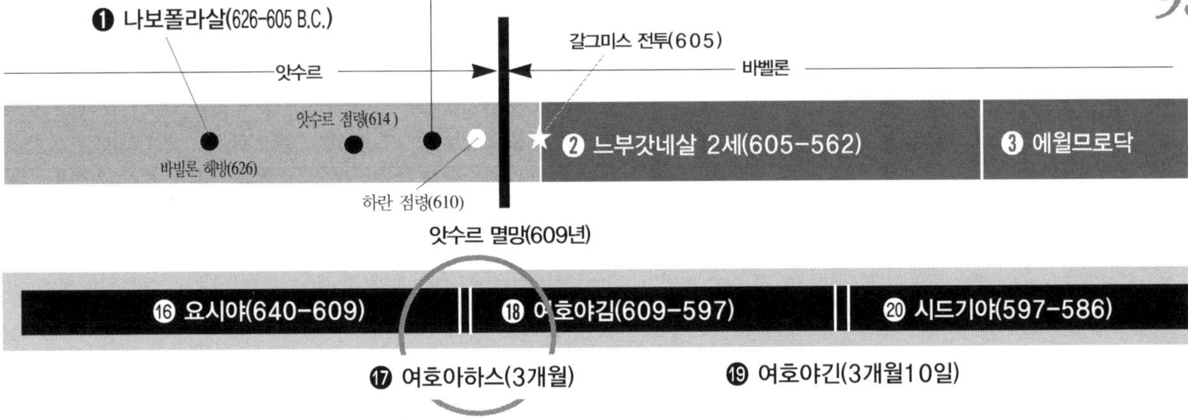

32의 사건보다는 하나님은 더 쉬운 문제를 내고 계신다.

5:2 만일[אִם] 그들이 여호와께서 살아 계심을 두고 맹세할지라도(although)
[그들이] __ 실상은(surely) 거짓 **맹세니라**

(3) 이들의 맹세는 여호와의 이름으로 행한다('As the LORD lives' - 여호와의 사심으로). 그러나 모두 거짓(쉐케르, שֶׁקֶר) 맹세라는 것이다. 맹세(샤바, שָׁבַע)라는 것은 맹세를 하는 자가 어떤 약속 행위를 신실하게 수행하겠다는 증거로 여호와의 이름으로, (즉 파할 수 없는 것으로), 공적으로 인정하는 것이다. 그러나 이들의 맹세를 아무리 '여호와의 이름'을 걸고 맹세했더라도 실제는 거짓 맹세라는 것이다. 왜냐하면, 하나님은 맹세에 걸맞는 정의를 행하며 진리를 추구하는 사람을 원하시기 때문이다. 정의를 실천하지 않는다면 그 맹세는 '거짓 맹세'라고 했다.

• 거짓(쉐케르, שֶׁקֶר) - 거짓말, 속임, 허위, 실망 / 여러 가지 뜻이 있으나 본문에서는 거짓 맹세와 관련해서 쓰였다(슥 5:4, 8:17 참조). 이 단어가 어떤 맥락과 상황에서 사용된다 할지라도 하나님은 그것을 용서하지 않으신다고 했다. 왜냐하면 하나님은 진실하고 신실하신 하나님이시기 때문이다. 따라서 그의 백성 역시 그러한 특성을 가져야 하는 것이다.

(4) 그렇다면, 정의를 추구하는 영역은 어디일까? 사회나 장사 영역이다. 그러니까 하나님은 모든 영역에서 살롬(평화)이 있는 삶을 요구하신다. 이런 일이 있을 때, 하나님은 이들을 공의롭다고 평가하신다. 그러나 그렇게 사는 사람 한 사람이라도 찾아내거든(If you can find a man, אִם־תִּמְצְאוּ אִישׁ, 5:1) 내게로 데려와 보라는 말씀이다. 그러면 하나님은 이미 용서하셨을 것이다. 이렇게 거짓(쉐케르, שֶׁקֶר)이라는 주제는 유다의 배교의 특징들 중 하나이다(특히 렘 9:1-8을 보라).

3. 예레미야는 지금 백성들의 한심한 작태에 놀라면서 탄식한다(3절).

5:3 여호와여 주의 눈이 진리를 **찾지 아니하시나이까**
주께서 그들을 **치셨을지라**도

하나님께서 진정으로 찾는 사람은 신실한(에무나) 사람이다. 물론 유다 백성 중에는 지금 그런 사람을 한 명도 발견하지 못했다고 했다. 그래서 그들을 때리셨는데도 그것조차 정신을 차리지 못했다는 것이다.

죽도록 얻어 맞으면서도 그들은 아파하지도 않는다. 하나님께서 그들을 멸망시키신 것인데도 그 사건에서 교훈을 얻으려 하지 않는다. 얼굴을 바윗돌보다 더 굳게 하고 하나님께 돌아오려는 생각을 아예 하지도 않았다는 것이다.

그들이 **아픈 줄을 알지 못하며**
그들을 **멸하셨을지라도** 그들이 징계를 **받지 아니하고**
그들의 얼굴을 바위보다 **굳게 하여** 돌아오기를 **싫어하므로**

(1) 선지자의 탄식을 보라. "저는 이렇게 생각해 보았습니다."(4절)

이 무리는 — **비천하고 어리석은 것뿐이라**
//이유(for, כִּי)
여호와의 길(דֶּרֶךְ יְהוָה)
자기 하나님의 법(מִשְׁפַּט אֱלֹהֵיהֶם)을 알지 못하니(=기 때문에)

아, 이들은 가난하고 어리석기 때문일 것이다. 여호와의 길도 모르고 하나님께서 바라시는 공평이 무엇인지도 모르니까

• 렘 5:5 "내가 지도자들에게 가서 그들에게 말하리라 그들은 여호와의 길, 자기 하나님의 법을 안다 하였더니 **그들도 일제히 멍에를 꺾고 결박을 끊은지라.**"

(2) 그래서 이번에는 누구를 찾아가는가? (5절 - 유다의 지도자들)

'평범한 백성들이야 무식하고 배운 것이 없어서 그렇다 치자(4절). 지도층(귀인들)에 있는 사람들은 그래도 낫겠지(5절).' '귀인들'은 높은 지위에 있는 사람들로서 여호와의 길, 자기 하나님의 법을 아는 자들로 묘사되고 있다. 무지하고 무감각했던 비천한 자들과는 너무 대조적이다. 그러나 이들은 "일제히 그 (멍에) 를 꺾고 (결박)을 끊은지라" 했다. 이들은 오히려 굴레 벗은 말이 되어 고삐를 끊고 날뛰고 있다. 그러니까, 이들은 하나님의 법을 알고는 있지만 법을 지키지는 아니했다는 말이다.

• 렘 5:6 "그러므로 수풀에서 나오는 사자가 그들을 죽이며 사막의 이리가 그들을 멸하며 표범이 성읍들을 엿본즉 그리로 나오는 자마다 찢기리니 이는 그들의 허물이 많고 반역이 심함이니이다."

(3) 요시야 왕의 개혁에 비추어 보면 이들의 개혁은 얼마나 외형적인 것이었나를 알 수 있다. 개혁 운동은 그들의 삶에 깊은 영향력을 끼치지 못했다. 그들은 허물(반역된 행위들)과 패역(배도, 돌아섬)이 심하였다. 외양간을 벗어난 황소는 사막의 사자와 이리들의 표적이 되듯이 이들 이스라엘이 당할 운명과 너무 흡사하다(6절*). 여기 문맥에서 사자는 북쪽 군대로 비유하고 있다.

4. 예루살렘이 이 모양인데 "내가 어찌 너를 용서하겠는가, 벌하지 않겠는가?"

(1) 이 지도자들의 두 가지 잘못된 점이 무엇인가? (7-9절)

① 여호와 대신에 신(神)이 아닌 것들에게 빼앗기게 되었고
② 여호와께서 그들을 만족케 해주셨고 필요로 하는 것들을 다 주어 배불리 먹여 놓으니까 창녀 집에나 몰려다닌다는 것이다.

(2) 종교적 매춘 행위는 페니키아(뵈니게)와 수리아 지역의 다산(多産) 여신(女神)

제사에 거의 언제나 수반되는 일이었다. 므낫세 당시에 이런 매음이 광범위하게 유포되어 있었던 것 같다. 요시야의 개혁이 있었음에도 그 불길이 다시 피어올라 근본적으로 매음(賣淫)이 없어진 것 같지 않다.

(3) 지도자는 물론이고 백성들도 하나님을 버렸다. 하나님을 대신해 우상을 섬겼다. 우상 앞에서 맹세를 한다. 그러면서도 하나님께서 내려주시는 풍요를 기다리고 있다. "그들은 두루 다니는 살진 (음욕에 찬) 수말 같이 각기 이웃의 아내를 따르며 소리지르는도다"(8절). 결국 풍요는 사회 전체가 사치로 이어졌고, 성적으로 타락한 사회를 만들었다. 결혼 언약을 파기하는 간음은 분명히 음욕보다 더 심각한 것이다.

(4) 이런 모습을 보고 "어찌 하나님이 벌하지 아니하겠으며 내 마음이 이런 나라에 보복하지 않겠느냐?"(9절) 하나님께서 이들을 심판할 수밖에 없는 상황이 되었다는 말이다.

거짓된 안전(5:10–19)과 경고(5:20–31)

1. 망쳐진 포도원이나 산불에 의해 타버린 수목들처럼 유다는 산산이 부서지고 말 것이다.

(1) 유다가 하나님께 충성하지 않고 자만에 빠진 것 때문에 그들에게 임할 무서운 심판이 발표된다(10-14절).

5:10 너희는 — 그 성벽에 **올라가 무너뜨리되**
[너희는] — 다 무너뜨리지 말고 그 가지만 **꺾어 버리라**
//(for, כִּי) 여호와의 것이 아님이니라(=기 때문에)
11 //(for, כִּי) 이스라엘의 집과 유다의 집이
내게 심히 반역하였느니라(=기 때문에)

누구를 가리키나? 적군을 말한다. 하나님께서 적군의 편이 되어 그들을 돕는 것이다.

왜, 가지를 꺾어 태워버리려 하시는가? 반역 때문이다.

• 하나님은 끝내 회개하기를 거부하는 이스라엘과 유다를 꺾어버리실 것이다. 그러나 전부 꺾어버리지는 말라고 하신다(4:27, 5:18 참조). 가지를 꺾어 불에 태워버리는 일이 있겠지만(5:14), 완전히 태워 없애지는 말라는 것이다. 왜냐하면 새 언약을 위해 남은 자를 보존하실 것이기 때문이다(렘31:31-34). 이스라엘은 메시야가 오기 위한 통로이기에 완전 멸절을 말씀하시지 않는다.

5:12 그들이 여호와를 **인정하지 아니하며, 말하기를**
/여호와께서는— 계시지 아니하니
/재앙이 ——— 우리에게 임하지 아니할 것이요
/우리가 ——— 칼과 기근을 보지 아니할 것이며

어떤 나쁜 일도 우리에게 일어나지 않는다. 우리는 전쟁이나 굶주림을 겪지 않을 것이다. 거짓 선지자들은 이렇게 백성들의 눈과 귀를 어둡게 했다.

(2) "하나님은 그런 분이 아니시다. 우리가 재앙을 당하다니, 그럴 리가 없다"라고 거짓 선지자들은 예언했다. 그러나 하나님은 이렇게 말씀하신다. "나는 아무런 예언도 그들에게 주지 않았다." 결국 그들의 말은 모두 '헛된 바람'(יִהְיוּ לְרוּחַ)이었다(are as wind, 12절). 그렇기 때문에 하나님은 그들을 수목처럼 태워버리실 것이다(14절*).

거짓 선지자들

거짓 선지자들은 재앙이 일어나지 않을 것이라고 했다. 따라서 미래는 평안과 번성으로 가득 찰 것이라고 했다(5:12, 8:11, 14:13, 15, 27:9, 28:2-4). 왜, 이런 주장을 하는 것일까? 7:4을 보자. 8:8도 읽어보자. 이들은 예루살렘 성전과 율법이 있는 동안에는 결코 망하지 않을 것이라고 증거했다.

(3) 심판을 가지고 올 북쪽의 적군이 다시 한 번 묘사된다. 그들은 어떤 자들인가? 그들이 행한 짓들을 보라. 그들은 힘쓰는 용사들이요, 목구멍은 닥치는 대로 삼키는 무덤이었다(16-17절*). 이 침략자는 바벨론이었다고 보는 것이 좋다(15-17절). 유다가 산산조각으로 부서질 것이다. 그러나 정치적으로 큰 변동이 일어난다고 해도 전부를 파괴하지는 아니할 것이다. 결국은 이방 땅에 포로가 되어서야 예레미야의 메시지를 기억하게 될 것이다. "그 때에도 내가 너희를 진멸하지는 아니하리라"(18절). 멸절은 아니지만 심판은 반드시 있을 것이라는 말씀이다.

(4) 무엇 때문에 하나님이 우리를 이 지경으로 만들었느냐고 백성이 묻거든 이렇게 대답해라(19절).

5:19하 너는 그들에게 **이르기를**
/[너희는] — 이방인들을 섬기리라 하라
/너희 것이 아닌 땅에서
/이와 같이
/너희가 여호와를 버리고
너희 땅에서 이방 신들을 섬겼은즉

'너희가 여호와를 저버리고 너희의 땅에서 이방 신을 섬겼기 때문'이라고 말씀하신다. 따라서 이제는 남의 땅에서 이방인들에게 종노릇하며 그들을 섬기게 될 것이라고 선언하신다.

(5) 이렇게 바벨론 포로로 끌려갈 수밖에 없는 이유를 길게 설명한다(4:5-5:19). 예레미야는 하나님의 백성들의 죄가 도무지 끝이 없다는 결론을 내린다.

2. 그렇다면, 심판은 필연적이지 않는가!

(1) 먼저, 백성에게 하나님 경외가 부족함을 꾸짖는다(20-31절).

이 심판의 사실을 누구에게 선포하라고 하시는가? (20절) 야곱 집(=이스라엘)과 유다에 모두에게 계속해서 공포하라고 명령하신다. 이미 흩어져버린 북 이스라엘도 포함하는 백성 전체를 대상으로 한다. 백성들이 여호와의 권세와 주권에 대한 수많은 증거에 대해 무감각해 있었다. 눈이 있으나 보지 못한다. 귀를 가졌으나 듣지 못한다(21절; 사 6:9-10; 마 13:14-15 참조). 어떻게 그들이 무감각한지 알 수 있는가? 그들은 하나님 면전에서 떨지 않았고 두려워하지도 않았다고 증언한다(22절).

(2) 여호와가 그들의 삶의 원천이며 생명윤리의 근본임을 인정치 않고 또 존경하지 않았다(21-25절*).

- 22 너희가 왜 나를 두려워하지 않느냐
  왜 내 앞에서 떨지 않느냐?

  (이들은 바다를 다스리는 창조주 앞에서도 떨지 않는다. 바다도 하나님께서 통제하시기에 그 경계를 넘지 못한다. 만약 하나님께서 이런 통제를 거두신다면 세상은 엄청난 재앙을 초래할 것이다. 그런데도 백성들은 하나님 앞에서 떨지 않는다.)

- 23 이들 백성은 하나님을 배반하며 반역하는 마음이 있다. 아니, 이미 배반하고 갔다. (아주 고집이 쎈 백성이다. 그래서 벌써 배반하고 떠났다.)
- 24 이른 비와 늦은 비를 때를 따라 주시며 추수 기한을 정하시는 하나님에게 '경외하자'라는 말도 하지 않는다.
- 27 새장에 새들이 가득함 같이 너희 집들에 속임이 가득하구나.
- 28 살지고 윤택하며 또 행위가 심히 악하여
  자기 이익을 얻으려고 송사
  곧 고아의 송사를 공정하게 하지 아니하며
  빈민의 재판을 공정하게 판결하지 아니하는구나

  있는 자가 없는 자를 더욱 가난하게 만든다. 사회적인 두 계층을 대립시켜 왕이나 권세자가 없는 자를 억압한다고 비난한다.

(3) 자, 상황이 이러할진대
"내가 이 일들에 대하여 벌하지 아니하겠으며
내 마음이 이같은 나라에 보복하지 아니하겠느냐?"(29절)

(4) 결국 이러한 태도, 죄의 완악함이 무서운 결과를 가져오게 되었다는 것이다. "너희 허물이 이러한 일들을 물리쳤고 너희 죄가 너희로부터 좋은 것을 막았느니라"(25절). 이렇게 유다가 하나님을 버린 결과로(18-25절) 악한 생활 속에 빠지게 되었고(26-31절), 결과적으로 심판을 가져올 수밖에 없었다.

특히 종교지도자들의 행위를 보라.

- 예언자들은 거짓을 말하고,
- 제사장들은 제멋대로 권력을 휘두르고,
  내 백성은 그런 제사장을 좋게 여기고 있지 않느냐?
  마지막 때가 오면 너희가 어떻게 하려느냐? (31절, 쉬운성경)

- 렘 5:22 "여호와의 말씀이니라 너희가 나를 두려워하지 아니하느냐 내 앞에서 떨지 아니하겠느냐 내가 모래를 두어 바다의 한계를 삼되 그것으로 영원한 한계를 삼고 지나치지 못하게 하였으므로 파도가 거세게 이나 그것을 이기지 못하며 뛰노나 그것을 넘지 못하느니라 23 그러나 **너희 백성은 배반하며 반역하는 마음이 있어서 이미 배반하고 갔으며**"

포위 당하는 예루살렘(6:1–8)

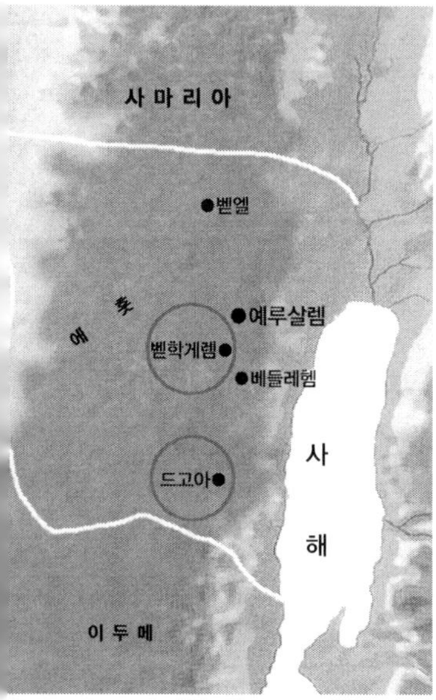

앞장에서 백성들은 윤리적으로 부패한 종교지도자를 따라가 그들과 동조한다. 그래서 부패에 부패를 거듭한다. 거짓 선지자들은 평안을 노래한다. 결코 예루살렘은 망하지 않는다는 것이다. 왜냐하면 율법과 성전이 있기 때문이라는 것이다. 그러나 예레미야는 북방의 적이 다가오는 장면을 생생하게 전한다(1-8절). 적군으로 포위된 거룩한 성을 묘사하고 있다.

1. 예레미야는 적들의 맹공격 앞에 예루살렘은 분명히 망한다는 내용을 지금 선포하고 있다. 그래도 최후의 순간까지도 희망을 버리지 않는다(8절).

6:1 베냐민 자손들아
예루살렘 가운데로부터 **피난하라(הָעִזוּ)** - 우즈(עוּז)의 히필 명령법
드고아에서 나팔을 **불고**
벧학게렘에서 깃발을 **들라**
//(for, כִּי)
재앙과 큰 파멸이 북방에서 '엿보아 옴이니라'(נִשְׁקְפָה)[1](=오기 때문)

바른성경 - 북쪽에서 엿보고 있다.
우리말성경 - 북쪽에서 어렴풋하게 보인다.

2 내가 —— **멸절하리니**(I will cut off.) - 다마(דָּמָה) - 베어내다, 멸망하다
/아름답고 우아한 시온의 딸을

1) 솨카프(שָׁקַף)의 니팔 동사 완료/ 내려다보다, 아래를 보다, 밖을 보다, 돌출하다 / looks down

(1) 1절 : 드고아 : 베들레헴 남쪽 19.3km / 아모스의 고향이다(암 1:1).
벧학게렘 : 예루살렘 남쪽에서[2] 경고의 나팔이 울려퍼진다.

2) 예루살렘에서 남쪽으로 3.2km (느 3:14)

이곳은 예루살렘 부근이다. 엄청난 파멸을 가져올 재앙이 북쪽에서 예루살렘을 향해 타내려오고 있다는 것이다. 그래서 베냐민 자손들에게 예루살렘에서부터 떠나라고 명령하신다.

(2) 그러면 수도 시온(예루살렘)은 어떤 곳이 될 것으로 묘사했는가? (2절)

예루살렘은 목자들(3절, 군대를 거느리고 진격해 오는 적국의 왕들을 가리킴)이 그 양 떼(군대)를 데려와 먹일(침략할) 아름다운 목초지와 같다는 것이다(12:10 참조). 여호와의 심판의 정확한 시점과 방법은 아직 분명하지 않다. 그러나 적군은 다음과 같이 외치라고 말한다(4-5절).

너희(=적군)는 기습전을 펴서 예루살렘 을 공격하라는 것이다. 이제 하나님은 적군의 편이 되셔서 침략군을 인도하신다(렘 21:4 참조).

6:4 **너희**는 예루살렘을 쳐부실 준비를 해라.

6:1 베냐민 자손들아 예루살렘 가운데로부터 피난하라 드고아에서 나팔을 불고 벧학게렘에서 깃발을 들라 재앙과 큰 파멸이 북방에서 엿보아 옴이니라

대낮에 쳐올라 가라 (전쟁은 보통 아침에 시작, 해가 질 때까지 싸운다).
그런데 날이 이미 어두웠다면,
밤에 올라가서라도 그 요새를 헐라고 말한다.

(3) 예루살렘 성은 어떤 성이라고 말씀하시는가? (6절*)
이 성은 포악한 성이다. 예루살렘은 백성을 억압하는 자들이 활개치며 다니는 성이라고 하신다. 여호와께서는 "그래서 하나님께서 너희는 나무를 베어서 예루살렘을 향하여 목책(토성, 土城, 흙둔덕)을 만들라"고 말씀하신다. 하나님은 적군이 예루살렘을 칠 때 군사들이 오를 수 있도록 흙둔덕을 만들도록 지침을 하달하신다. 왜냐하면, 이 성은 벌 받을 성이기 때문이다. 예루살렘 성은 오직 포학한 것뿐이라고 말한다. "샘은 신선한 물을 계속 솟아낸다. 그것처럼, 예루살렘은 오직 악만을 계속 만들어 낸다는 것이다(7절). "폭력과 탈취가 거기에서 들리며 질병과 살상이 내 앞에 계속하느니라"

(4) 들리는 소리가 늘 때리고 부수는 소리, 보이느니 앓는 사람, 상처난 사람뿐이다. 비록 그러할지라도 훈계를 받으라고 말씀하신다. 그렇지 아니하면 그들에게서 급히 돌아서실 것이다(8절, "예루살렘아 너는 훈계를 받으라 그리하지 아니하면 내 마음이 너를 싫어하고 너를 황폐하게 하여 주민이 없는 땅으로 만들리라").

• 렘 6:6 "만군의 여호와께서 이와 같이 말하노라 너희는 나무를 베어서 예루살렘을 향하여 목책을 만들라 이는 벌 받을 성이라 그 중에는 오직 포학한 것뿐이니라."

나무를 베어다가 성벽으로 올라가는 목책을 만들어라.

부패한 민족에게 임하는 심판(6:9–15)

1. 습격하는 군대의 목적은 전체 사회를 파멸하려는 데 있다(11–15절).

(1) 이 민족의 자기 도취를 지적하는 선지자와 여호와 사이의 대답으로 대화체 형식으로 되어 있다.

6:9 만군의 여호와께서 이와 같이 **말씀하시되**
/그들이 — **주우리라**
/이스라엘의 남은 자를
/포도를 따듯이 말갛게
/너는 —— **자주자주 놀리라** 하시나니
/포도 따는 자처럼
/네 손을 광주리에

그들은 바벨론을 가리킨다. 포도송이를 거두는 것 같이 적군이 이스라엘의 남은 자를 끌고갈 것이다.

그러니까 너는(예레미야는) 포도 따는 사람이 포도송이를 들추는 것처럼 네가 구할 수 있는 사람은 다 구해내야 한다. 아직은 시간이 조금 있다는 것이다.

적군이 예루살렘에 살아 남아 있는 자들을 포도송이를 따듯이 찾아 끌고갈 것이다.

그러니 너는 최선을 다해 구할 수 있는 사람은 구해내라는 것이다.

(2) 예레미야는 과연 이 말을 누구에게 해주어야 하는가 하는 의문이 일어났다. 사람들이 귀 기울이려 하지 않기 때문이었다. "내가 누구에게(עַל־מִי) 말하며 누구에게 경책하여(and give warning) 듣게 할꼬?" / "그런 말을 누구에게 하란 말입니까? 일러준들 그 누가 듣겠습니까?"(공동번역) (10절)

(and give warning, וְאָעִידָה) - 경책하여 - 증거하다, 엄숙히 경고하다. / 여기서는 강한 경고의 의미가 있다.(히필 동사, 미완료 - 연장형 / '연장형'은 강조의 의미가 있다.

6:10 보라(Behold, הִנֵּה) 그 귀가 할례를 받지 못하였으므로 듣지 못하는도다
(보십시오, 이스라엘 백성은 귀를 막고 있어서 내 경고를 듣지 못합니다.)

보라(Behold, הִנֵּה) 여호와의 말씀을 그들이 자신들에게 욕으로 여기고
이를 즐겨 하지 아니하니
(보십시오, 이스라엘 백성은 하나님의 말씀쯤 우습게 알아 아예 들을 마음이 없습니다 - 공동)

(3) 처음에는 백성들이 하나님의 말씀에 귀를 기울였으나(렘 5:12-13을 보라), 그러나 이제는 아예 들으려고도 하지 않는다. 싫어할 뿐만 아니라 이제는 경멸까지 한다. 여호와의 말씀을 치욕으로(לְחֶרְפָּה)[1] 여기고 이를 즐겨하지 않았다는 것이다(They have no delight in it.). 예레미야는 이런 백성들의 태도에 분개한다.

[예레미야] - "그러므로 여호와의 분노가 내게 가득하여 참기 어렵습니다." (11절상)

1) 헤르파(חֶרְפָּה) - 비난, 경멸, 치욕 / 하나님의 경고의 말씀을 듣는 것을 치욕으로 여겼다.

(4) 이에 대한 하나님의 대답은 무엇인가? (11절하)

[**이를 들으신 하나님**] - "그러면 그것을 거리에 있는 아이들과 모인 청년들에게 쏟아부어라(שְׁפֹךְ - 명령형).[1] 남편과 아내와 나이 든 사람과 늙은이가 다 잡혀가게 될 것이다" 여호와의 대답은 더 이상 이 말씀을 붙들어 매둘 수 없으며 남녀노소 누구를 막론하고 이들 모두가 다 잡혀 갈 것이라고 말씀하신다. 사회 전 계층이 참화를 입게 될 것이다(참고. 2:1-8, 29-32, 5:1-3, 20-29). 여기서 쏟아붓는다는 것은 북방의 적이 밀려내려오게 함으로 징벌하신다는 의미가 들어 있다.

1) 솨파크(שָׁפַךְ) - 칼 동사, 명령법. 쏟아 붓다, 엎지르다, 흘리다 / 이 동사가 비유적으로 사용되는 실례 중 가장 흔한 것은 하나님께서 진노를 쏟아내는 경우이다(사42:25). 이 단어는 선지서에서 자주 나타난다(겔 9:8, 20:8, 33:30; 렘 10:25; 참조; 계 16:1).

(5) 하나님의 심판은 가혹하다. 백성들이 상상하는 것보다 훨씬 엄할 것이다. 집과 밭과 아내, 즉 나에게 가장 귀중한 것이 다 날아가 버린다는 것이다.

6:12 그들의 **집**과 **밭**과 **아내**가 타인의 소유로 **이전되리라**
//(for, כִּי) 내가 그 땅 주민에게 내 손을 펼 것인즉(=이기 때문에)
여호와의 말씀이니라.
(하나님의 말씀이기에 분명하게 집행된다. 헛된 공언(空言)이 아니다)

2. 특히 이 백성들의 불의한 이(利)를 바라는 탐욕은 작은 자로부터 큰 자에 이르기까지 다 그렇다는 것이다(13-15절).

(1) 예레미야는 선지자도, 제사장도 모두 사기나 치는 자들이라고 논박한다.

6:13 //이는(for, כִּי) - 12절의 그 이유를 설명한다.
그들이 '가장 작은 자'(카탄, קָטָן)[2]로부터 큰 자까지
다 탐욕[3]을 부리며 선지자로부터 제사장까지 다 거짓[4]을 행함이라

2) 카탄 - 어린, 작은, 하찮은, 중요하지 않은

3) 베짜(בֶּצַע) - 일반적으로 부당한 이득(출 18:21; 삼상 8:3; 렘 22:17), 폭력으로 얻은 이득을 말한다(사 5:19; 미 4:13).

4) 쉐케르(שֶׁקֶר) - 속임, 사기, 거짓말

(2) 거짓 선지자들은 백성에게 무엇이라고 외쳤는가? 내 백성의 상처를 치료해 주면서, 건성으로 평강하다, 평강하다를 외쳤다. 엄중한 경고 대신에 하나님의 심판 받을 짓들을 계속하고 있는 백성들에게 괜찮다, 괜찮다 하고 있었다(14절*) 이들은 전혀 부끄러워하지 아니했다(15절,"그들이 가증한 일을 행할 때에 부끄러워하였느냐 아니라 조금도 부끄러워하지 않을 뿐 아니라 얼굴도 붉어지지 않았느니라"). 아마도 요시야의 종교개혁 이후 자만감에 빠져 있었는지도 모른다.

14절 "그들이 내 백성의 상처를 가볍게 여기면서 말하기를 평강하다 평강하다 하나 평강이 없도다"

아무리 정교한 제사라도 순종을 대신 할 수 없다(6:16–21)

1. 유다는 역사, 율법, 그리고 선지자들의 증거를 거절해 왔다. 백성들은 이렇게 저항해 왔다. 어떻게?

• 렘 6:16 "여호와께서 이와 같이 말씀하시되 너희는 길에 서서 보며 옛적 길 곧 선한 길이 어디인지 알아보고 그리로 가라 너희 심령이 평강을 얻으리라 하나 그들의 대답이 우리는 그리로 가지 않겠노라 하였으며"

(1) 예레미야는 백성들에게 이 민족의 지난 전통들을 연구해 보고 하나님이 기뻐하시는 행위가 무엇인지 알아보라고 호소한다(16절*). 이스라엘이 택할 길은 바로 이 선한 길(דֶּרֶךְ הַטּוֹב)이다. 그러나 백성들은 하나님의 언약을 어겼다. "그들의 대답이 우리는 '그리로 가지 않겠노라'(לֹא נֵלֵךְ) 하였으며" 하나님은 자기 백성들이 멸망 당하길 원치 않으신다. 그래서 파수꾼을 세우셨다. 그러나 그들의 대답이 "우리는 듣지 않겠노라"('We will not listen.')라고 하면서 선지자의 말을 거역했다.

(2) 임박한 전투를 알리는 나팔 소리가 나거든 귀담아 들으라고 가르쳐 주셨다. 이들은 무엇이라고 대답하고 있는가? (17절하) 이들은 고의로 듣지 않는다(19절이하). 하나님은 증인들을 불러서 언약을 거부한 백성에게 내리게 될 선고문의 내용을 들으라고 하신다(18절).

2. 이들에게 재앙을 내리는 까닭이 무엇인가? (19절)

> 6:19 땅이여(O earth!)
> [너는] —— **들으라**(שִׁמְעִי) - 경청하라(pay attention) - 주위를 기울여 들으라
> [보라!, הִנֵּה]
> 내가(אָנֹכִי) — 이 백성에게 재앙을 **내리리니**
> 이것이 —— 그들의 생각의 **결과라** - 이것은 그들이 받아 마땅한 벌이다.
> //(for, כִּי) - 재앙을 내리는 이유는?
> 그들이 내 말을 듣지 아니하며(they have not listened to My words)
> 내 율법을 거절하였음이니라[1](=기 때문에)

1) 거절하다(마아쓰, מָאַס) - 단호히 거절하다, 멸시하다 / 여호와의 율법(암 2:4; 사 5:24; 렘 6:19), 여호와의 말씀(삼상 15:23, 26; 렘8:9), 하나님의 의로운 결정(겔 5:6), 법령(레 26:15; 겔 20:24) 등에 거절, 또는 멸시한다.

(1) 이렇게 제사장과 백성들은 하나님의 율법을 버리고 대신에 무엇을 드렸는가? (20절)

2) 쉐바 - 아라비아 남쪽에 있는 나라

> 6:20 시바[2]에서 유향과 먼 곳에서 향품을 내게로 가져옴은 어찌함이냐
> 나는 그들의 번제를 받지 아니하며
> 그들의 희생제물을 '달게 여기지 않노라'(לֹא־עָרְבוּ)

(2) 이들은 값비싼 성전 의식에 몰두했다. 이것으로 언약의 요구사항에 충실하려 했다. 그러나 하나님이 진정 원하시는 것은 무엇인가? (20절)

이들은 값비싼 성전 의식에 몰두했다.

호화로운 제사인가? 하나님은 이들의 번제를 좋아하지 아니하신다. 그렇다고 제사의식을 부정하시는 것인가? 물론 아니다. 내적 마음 가짐이 수반되지 않는 외적 종교행사들은 거부되어야 한다. 순종과 믿음과는 분리된 의례적인 행사는 하나님 보시기에 아무런 가치가 없다는 것이다. 이런 메시지는 다른 선지자들에게서도 발견된다(사 1:11-14; 암 5:21; 미 6:6-8).

3. 그렇다면 여호와께서 진정 원하시는 제사는 무엇인가? 잠깐 아모스 선지자의 이야기를 들어보자.[1)]

암 5:21 "내가 너희 절기들을 **미워하여**(שָׂנֵא, 샤네) **멸시하며**[2)]
너희 성회들을 기뻐하지 아니하나니"

(1) 하나님은 이들이 절기를 지키러 와서 예배하는 행위를 미워하셨다. "내가(=여호와께서) 미워한다"고 말씀하신다. שָׂנֵא(샤네)는 '미워하다, 싫어하다, 혐오(증오)하다'를 의미한다.

(2) 하나님이 이스라엘의 절기일을 미워하시는 이유가 무엇인가?
이런 백성들의 종교적 모임에서 드리는 희생 제사는 결코 열납하지 않으실 것이라는 말이다. 왜냐하면 사실상 규정된 이러한 예배의 요소들이 위선과 궤휼 그리고 영적 간음의 가리개에 지나지 않았기 때문이다(슥 8:17). 삶이 없는 예배는 가증한 행위요 그것들은 우상 및 죄를 표현하는 기타 수단들(잠 6:16)과 동일한 범주에 속하기 때문이다. 물론 우상 숭배도 하나님이 미워하신다(말 1:3; 창 27장; 시 5:5; 시 11:5 참조). 이런 자들이 드리는 제물을 거절하실 것이라고 분명하게 말씀하신다.

(3) 어떤 제물이 하나님께 역겨운 일인가?

5:22 "(만일, אִם)
너희가 내게 번제나 소제를 드릴지라도
내가 **받지**(라차, רָצָה)[3)] **아니할 것이요**
너희의 살진 희생의 화목제도 내가 **돌아보지**(나바트, נָבַט)[4)] **아니하리라.**"

1) 동교재(백투더바이블), 아모스 5장에서 설명을 가져옴.

2) 또한 '멸시한다'(마아스, מָאַס)라고 하셨다. 백성들이 진정한 섬김 없이 단지 형식적 관습으로 나아오기 때문에 그들의 절기와 제물을 싫어하고 멸시하셨다. 하나님은 자기 말을 듣지 않는 사람들을 거절하신다(겔 9:17).

3) 라차(רָצָה) - 기뻐하다, 호의를 보이다, 즐거워하다, 받아들이다.

4) 나바트 - 보다, 바라보다 - 여기서는 히필(사역 능동) 동사로 쓰였다. 히필형에서는 '보다, 바라보다'의 의미로 사용된다(출 3:6). 또한 '주시하다, 눈여겨보다, 관찰하다'라는 뜻으로 쓰였다. 그 어떤 희생제물이라도 눈여겨보지 않으실 것이라는 말이다.

(4) 제사 제도는 왜 세우신 것인가? 그것은 범죄자와 하나님과의 화목한 관계를 회복하기 위해 계획되어졌다. 번제, 화목제, 소제는 예배자와 하나님과의 친밀한 관계(親交)를 유지하는데 역점을 두고 있고, 속죄제, 속건제는 범죄로 인해 그 관계가 금이 갔을 때 이를 속죄(피로 인한 대속)하기 위해 드려졌다. 레위기는 여러 가지 제사법과 윤리적 규례 등을 기록하고 있다. 물론 그 섬김의 척도는 바로 '거룩'이다. 그 거룩을 유지하기 위해 조금은 까다로운 주문을 하고 있다. 그런데 지금(아모스 당시, 북이스라엘의 상황) 이스라엘 백성은 제사를 드리는 그 근본 목적을 왜곡하고 있다. <여기까지 아모스 5:21-22>

(5) 그런데 지금 예레미야의 경고를 듣고 있는 백성들은 하나님이 원하시는 삶에는 무관심하고, 값비싼 제물로 하나님을 섬기고 있다. 하나님은 "시바에서 유향과 먼 곳에서(인도?) 향품을 내게로 가져옴은 어찌함이냐?"고 그들의 예배를 받지 않을 것임을 분명히 하신다. 아니, 하나님은 이들을 향해 역정을 내고 계신다. 율법에 대한 진정한 순종은 없고, 겉만 번지르하고 허식에 가득 찬 예식은 오히려 하나님께 역겨운 일이다(사 1:1-3 참조).[1] 이제 하나님은 이들에게 걸림돌(장애물)을 주실 것이라고 말씀하신다.

1) 이와 같은 예배는 성경 여러 곳에서 발견된다. 가인과 아벨의 제사에서(창 4장), 사 1:1-3; 암 5:21-27; 호 6:6; 미 6:6-7; 렘 7:21-23 등.

북방에서 오는 무서운 적(6:22-26)

1. 북방 침략자들을 다시 한 번 소개한다. 군대가 이르러 그들을 멸하려 할 때에야 그들은 현실을 깨닫게 될 것이다.

(1) 북쪽에서 다가오는 민족은 그 이름을 밝히고 있지 아니하나 바벨론일 것이다(22-23절).

- 렘 6:23
- 그들은 활과 창을 잡았고
- 잔인하여 사랑이 없으며
- 그 목소리는 바다처럼 포효하는 소리라
- 그들이 말을 타고 전사 같이 다 대열을 벌이고
- 시온의 딸인 너를 치려 하느니라 하시도다

6:22 여호와께서 이와 같이 **말씀하시되**
/보라
한 민족이 북방에서 오며 — מֵאֶרֶץ צָפוֹן, *from* the north land
큰 나라가 땅 끝에서부터 떨쳐 일어나나니

이들은 얼마나 무서운 적인가? (23절)

(2) 이 무자비한 적군 앞에 유다는 아무 방어 무기 없이 산고의 고통을 당하는 여인으로 묘사되고 있다(24절).

(3) 이제 이런 환경에서 "딸 내 백성"으로 묘사되고 있는 유다에게 오직 한 가지 남은 일은 무엇인가? (26절)

> 6:26 나의 딸, 내 백성아!(בַּת־עַמִּי)
> [너는] ─┬ 굵은 베를 **두르고** 재에서 **구르며**
> └ 독자를 잃음 같이 **슬퍼하며 통곡할지어다**
> //(for, כִּי)
> 멸망시킬 자가 ── 갑자기 우리에게 올 것임이라(=이기 때문에)

여기서 슬퍼하며 통곡하라는 것은 회개가 아니라 애곡(哀哭)의 울음을 울라는 것이다.

(4) 예루살렘은 해산하는(24절) 딸 시온으로 불린다. 딸이 사는 주변에는 공포의 거리로 변해 있다(25절 "너희는 밭에도 나가지 말라 길로도 다니지 말라 <왜냐하면, כִּי> 원수의 칼이 있고 사방에 두려움이 있기 때문이다."). 예레미야는 포위 기간 동안에 성 밖으로 나가지 말라고 조언한다. 오히려 굵은 베를 두르고 잿더미 속에서 구르며 외아들을 잃은 어머니처럼 창자가 끊어지도록 목놓아 울라는 것이다.

(5) 하나님은 이미 예레미야를 시켜 내 백성을 시험해 보라고 명령하신다. 그리고 지금 네 백성이 어떤 모양으로 살아가고 있는가를 살펴보고 그들의 정체가 무엇인지 살펴보게 하셨다. 이스라엘 백성들의 행위들을 살피도록 하셨다. 마치 광석의 질을 평가하는 야금학자처럼 면밀히 살핀 후에 예레미야의 결론은 무엇인가?

> 6:28 그들은 다 심히 **반역한 자며**
> **비방하며 돌아다니는 자며**
> 그들은 **놋과 철이며** 다 **사악한 자라**

(6) 예레미야는 자기의 예언 메시지가 금속의 불순물을 제거하듯이 유다의 부정들을 제거해 주길 바랐다.[1] 그러나 아무리 풀무를 부쳐도 도가니가 제 구실을 못하면 납 찌꺼기가 녹지 않는다(공동번역). 악한 자들이 없어지지 않으니 소용없는 일이었다. 이런 제련 과정의 실패는 심판의 불가피성을 분명히 보여주고 있다.

1) 이 구절들로 보아 연대를 측정할 수 없지만 요시야가 죽게된 B.C. 609년의 비참한 사건을 바탕으로 깔고 있을지도 모른다.

> **▶ 2-6장의 결론 : 강한 경고, 그리고 회개로의 촉구, 무거운 징벌을 선포했다. 그러나 결론은 하나이다. 교만한 백성들이 여호와께 돌아오지 않았다(회개하지 않았다). 따라서 심판은 필연적이다. 여호와께서는 이들을 버리실 것이다.**

잘못된 종교생활 · 우상 숭배(7:1–10:25)

예레미야는 유다에 임박한 멸망에 대한 메시지를 선포했다. 그런데 거짓 선지자들은 어떻게 선포하고 있었는가? 이들은 하나님께서 시온을 자기의 처소로 삼으셨기에(왕상 9:3) 그 성전과 그 백성들을 끝까지 보호하실 것이라고 주장했다. 그래서 이들은 의식만을 강조했다. 하나님과의 언약 관계에 내포된 도덕적인 면은 무시했다. 요시야의 종교개혁이 있었지만 하나님의 말씀을 소유하지 아니하고 경건스런 형태만을 추구했다는 것이다.

성전 설교(7:1–15)

▶**1-15절 : 이 백성이 신뢰하였던 성전(聖殿), 그것은 온갖 종류의 윤리적, 합법적 비리를 감추고 있는 덮개에 지나지 않았다. 그러므로 그 성전은 파괴될 것이다.**

▶16-20절 : 성전 경배와 더불어 하늘 황후에 대한 제사가 근절되지 않고 뿌리 깊이 박혀 있었다. 그 죄악이 얼마나 심각했나를 보여준다.

▶21-28절 : 이러한 상황에서 제사 제도는 아무런 의미가 없는 일이었다.

1. 예레미야는 지금 어디에서 설교하고 있나?

(1) 이 설교는 여호야김 시대에 되어진 것으로 보고 있다. 그렇다면 주전 609년 가을 아니면 609/8년 겨울에 왕좌에 오른 직후(렘 26:1)일 것이다. 이들은 언약이 요구하는 명령에는 아랑곳하지 않고 종교행사에는 엄청난 비중을 두고 성대하게 치루었다.

(2) 백성들은 성전 그 자체 때문에 예루살렘은 결코 침략을 당하지 않을 것이라는 잘못된 생각에 빠져 있었다. "여호와께로부터 예레미야에게 말씀이 임했다"(7:1). 예레미야는 여호와의 집 문에 서서 이 말을 선포한다. 그는 예배하러 이 문으로 들어가는 유다 사람들에게 하나님께서 전하라고 하신 메시지를 선포한다.

יְהוָה צְבָאוֹת אֱלֹהֵי יִשְׂרָאֵל

> 7:3 만군의 여호와 이스라엘의 하나님께서 이와 같이 **말씀하시되**
> [너희는] —— **바르게 하라(הֵיטִיבוּ)** - 야타브(יָטַב)의 히필 명령(~에게 선을 행하다)
> /너희 길과 행위를
> //그리하면(and, 결과, וְ)
> 내가 너희로 이 곳에 살게 하리라(I *will* let you dwell in this place)

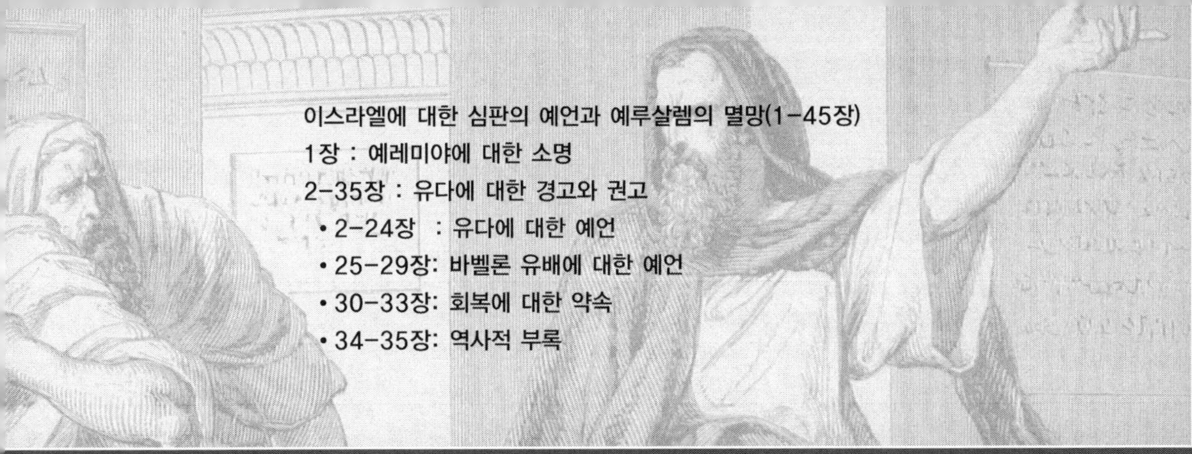

이스라엘에 대한 심판의 예언과 예루살렘의 멸망(1-45장)
1장 : 예레미야에 대한 소명
2-35장 : 유다에 대한 경고와 권고
- 2-24장 : 유다에 대한 예언
- 25-29장: 바벨론 유배에 대한 예언
- 30-33장: 회복에 대한 약속
- 34-35장: 역사적 부록

7:4 너희는 — 거짓말을 **믿지 말라**
/하는(saying)
/이것이 — 여호와의 성전(הֵיכַל יְהוָה)이라
— 여호와의 성전이라
— 여호와의 성전이라

이런 거짓 선지자들 때문에 하나님의 나라의 백성들은 치명타를 입는다. 망하는 길이기 때문이다.

(3) 여호와께서는 그들이 계속해서 하나님의 언약을 지키지 아니하는 한 이제는 결코 성전과 예루살렘의 숨은 보호자가 되거나 백성들과 함께 남아있을 이유가 없으시다는 것이다. 여호와의 옛 약속은 그의 계명을 충실히 지키는 자에게만 유효한 것이기 때문이다(3절, 신 7:12-15* 참조).

- 신 7:12 "**너희가 이 모든 법도를 듣고 지켜 행하면** 네 하나님 여호와께서 네 조상들에게 맹세하신 언약을 지켜 **네게 인애를 베푸실 것이라** 13곧 너를 사랑하시고 복을 주사 너를 번성하게 하시되 네게 주리라고 네 조상들에게 맹세하신 땅에서 네 소생에게 은혜를 베푸시며 네 토지 소산과 곡식과 포도주와 기름을 풍성하게 하시고 네 소와 양을 번식하게 하시리니 14네가 복을 받음이 만민보다 훨씬 더하여 너희 중의 남녀와 너희의 짐승의 암수에 생육하지 못함이 없을 것이며 15여호와께서 또 모든 질병을 네게서 멀리 하사 너희가 아는 애굽의 악질에 걸리지 않게 하시고 너를 미워하는 모든 자에게 걸리게 하실 것이라."

(4) 그러니까, 4절과 같이 외치는 것은 이들에게 부질없는 일이었다. 하나님이 그들에게 시온을 선택하사 그의 지상 거주지로 삼으셨으며(시 132:12-13), 또 다윗과 그의 후손들에게 영원한 나라를 약속하셨다(삼하 7:12-13). 그러나 그것은 이들이 그 언약을 잘 지켰을 때에만 의미있는 것이었다.

▶ 하나님의 왕국(나라)은 다윗과 그의 가정(왕조)에 위임된다. 물론 그렇다고 하나님이 자신의 통치를 포기하신다는 뜻은 아니다. 다윗에게 위임된 이 나라는 그 소유가 하나님께 있다(대상 28:5-6; 대하 13:8; 대하 9:8 참조). 따라서 위임되어 이스라엘을 통치하는 왕들은 교만할 이유가 전혀 없다. 그들은 하나님의 대리 통치자이기 때문이다. 다윗과 이후 등장하는 왕들은 여호와 하나님의 대리인의 자격으로 통수권을 행사해야 한다. **그러므로 다윗 왕조의 통치자들은 시내산 언약이 요구하는 바를 충실하게 잘 지켜야 한다. 그리고 모든 영광은 하나님께 돌려야 한다.** 그러나 훗날 이들 중 대다수의 왕들은 그 영광을 자신이 가로채곤 했다. 특히 므낫세는 이와는 정반대의 길을 걸었다. 지금 통치하고 있는 여호야김 역시 부패의 극을 달리고 있다. 그리고 하나님은 예레미야를 통해 최후 통첩을 보내시고 계신다. (동교재, 사무엘하 7장 참조)

(5) 삼하 7:14의 말씀을 읽어보자. 이 말씀처럼 다윗 가계(家系)가 징책을 받을

• 시 89:30 "만일 그의 자손이 내 법을 버리며 내 규례대로 행하지 아니하며 31내 율례를 깨뜨리며 내 계명을 지키지 아니하면 32내가 회초리로 그들의 죄를 다스리며 채찍으로 그들의 죄악을 벌하리로다"

• 시 132:12 "네 자손이 내 언약과 그들에게 교훈하는 내 증거를 지킬진대 그들의 후손도 영원히 네 왕위에 앉으리라 하셨도다"

• 왕상 2:3 "네 하나님 여호와의 명령을 지켜 그 길로 행하여 그 법률과 계명과 율례와 증거를 모세의 율법에 기록된 대로 지키라 그리하면 네가 무엇을 하든지 어디로 가든지 형통할지라 4 여호와께서 내 일에 대하여 말씀하시기를 **만일** 네 자손들이 그들의 길을 삼가 마음을 다하고 성품을 다하여 진실히 내 앞에서 행하면 이스라엘 왕위에 오를 사람이 네게서 끊어지지 아니하리라 하신 말씀을 확실히 이루게 하시리라."

수 있을 것이나, 사울에게서 은총을 빼앗은 것같이 이 (다윗과의) 약속이 철회되는 일은 없을 것이라는 말씀이다. 사울의 불순종으로 인해 하나님은 그를 폐하셨다. 즉, 은총을 거두셨다. 분명히 다윗의 후손 중에서는 사울과 같은 불순종이 있을 것이나 사울에게서처럼 은총을 거두지는 않으실 것이다. 따라서 다윗과의 언약을 무조건적 언약이라고 설명한다. 그러나, 이 약속은 무엇에 제재를 당하는가? 옆의 성경구절을 주의깊게 읽어보자.

(6) 옆의 구절에서 살펴본 것처럼 다윗 왕조의 왕들이 언약을 어겼을 때도 그대로 묵과하시겠다는 말씀은 아니다. 따라서 다윗 언약 속에서 은혜가 강조되고 있지만, 그 은혜가 무조건적이라고 하는 것은 이 언약의 성격에 오해를 가져올 수 있다(E. A. 말텐스). **하나님의 주권에 대한 계속적 순종이 있을 때만 다윗의 가계가 영구히 확립될 것이었다.** 따라서 모세의 율법(렘 8:8)과 여호와의 성전이 있는 동안에는(렘 7:4) 나라가 안전할 것이라는 생각은 망상이다. 그런데 지금 거짓 선지자는 무엇을 전하고 있는가?

2. 그러면 그들이 계속 거할 수 있는 조건은 무엇인가? (6절)

7:5 //(만일, For if, כִּי אִם) - 4절(거짓말을 믿지 말라. 그 이유는?)
① 너희가 길과 행위를 참으로 바르게 하여
② 이웃들 사이에 정의를 행하며
6 ③ 이방인과 고아와 과부를 압제하지 아니하며
④ 무죄한 자의 피를 이 곳에서 흘리지 아니하며
⑤ 다른 신들 뒤를 따라 화를 자초하지 아니하면

7 (then, וְ)
내가 너희를 이 곳에 살게 하리니(I ***will*** let you dwell in this place)
/곧 너희 조상에게 영원무궁토록 준 땅에니라

(1) 이런 목록들의 조건들을 보면(5, 6절) 예레미야 당시에 사회가 얼마나 부패했는가를 알 수 있다. 죄가 더욱 기승을 부리고 있었는데, 모세의 율법에 있는 인간의 행복에 대한 하나님의 깊은 관심은(신 14:29, 24:19, 21) 무시되었다. 이것은 여호와의 주권을 거부한데 따른 언약 파기의 결과였다.

(2) 이제 이런 조건들을 잘 지킨다면, 계속적인 하나님의 보호가 있을 것이라고 강조하고 있다(7절). 그런데 아직도 유다 백성들은 예루살렘(성전)은 안전할 것이라는 빈말만 믿고 있다(8절 "보라 너희가 무익한 거짓말을 의존하는도다.").

7:2 너는 여호와의 집 문에 서서 이 말을 선포하여 이르기를
여호와께 예배하러 이 문으로 들어가는 유다 사람들아
여호와의 말씀을 들으라…

4 너희는 이것이 여호와의 성전이라,
여호와의 성전이라,
여호와의 성전이라 하는 거짓말을 믿지 말라

1) 가증한 일(토에바) - 구역질 나는 것, 혐오 / 우상 - 몹시 싫어함.

3. 이들이 범하는 구체적인 악행들이 무엇인가? (9절)

7:9 너희가 도둑질하며 / 살인하며 / 간음하며 / 거짓 맹세하며 / 바알에게 분향하며 /너희가 알지 못하는 다른 신들을 따르면서.

(1) 백성들은 이런 일들은 모두 '가증한 일'[1]이라고 했다(10절). 그러면서도 무사할 것이라고 생각하는 착각에 빠져 있었다. "내 앞에 서서 말하기를 우리가 구원을 얻었나이다 하느냐?"

(2) 이런 하나님을 무시하는 행위는 성전을 "도둑의 소굴"로 여기는 데까지 왔다(11절). 성전에만 들어가 있으면 어떤 죄악을 범하여도 좋다는 생각들이었다. 성전은 결코 언약을 범한 자들을 위한 은신처가 아니다.

4. 하나님은 어떤 특정 지역이나 특정 구조에 얽매여 있는 분이 아니시다. 그 예로서 어떤 사건을 상기시키는가?

2) 엘리 제사장 당시 - 여호와에 대한 경배는 '실로'를 중심해서 이루어졌다(삼상 1-4장). 백성들은 여기 와서 희생제사와 경배를 드렸다(삼상 1:3). 이곳에 '여호와의 집'(삼상 1:24)인 성소가 거기 있었던 까닭이었다. 그러나 이곳은 B.C. 1050년경, 블레셋 군대에 의해 파괴되었다(삼상 1:9).

7:12 너희는 내가 처음으로 내 이름을 둔 처소 **실로에 가서**[2]
내 백성 이스라엘의 악에 대하여 내가 어떻게 행하였는지를 보라

(1) 백성 중에 악이 있는 한 어떤 종류의 성소이든, 어느 장소이든 그 성소에 대한 절대성을 보장하지 못한다. <실로> 성전을 무용하게 만드셨던 하나님이 <예루살렘> 성전이라고 예외일 수는 없다는 것이다. 언약궤와 성전, 그리고 희생과 찬양이 예배를 돕는 보조 수단으로 대단히 중요한 가치를 지닌다 해도 하나님께 대한 충성스러운 순종을 대신할 수는 없다.

(2) 하나님은 백성들에게 "(처음으로 내 이름을 둔 처소) 실로에 가서 (내 백성 이스라엘의 악에 대하여) 내가 어떻게 행하였는지를 보라"고 말씀하신다. 그런데, 이스라엘 백성들은 그 모든 일(온갖 악한 짓)을 저질렀다는 것이다. 이들은 새벽부터 부지런히 말하여도 듣지 아니하였고, 불러도 대답하지 아니했다"고 탄식하신다(13절).

3) 그러므로 백성들이 그렇게 신뢰하던 성전은 <실로>의 성전이 그러했듯이 다 사라질 것이다(14절). 에브라임(북 왕국)이 그러했듯이, 그와 똑같은 방법으로 그들은 나라 밖으로 추방당할 것이다(15절).

(3) 끝없이 외쳤던 선지자들의 호소, 지금도 외치는 예레미야의 절규, 그러나 완악한 이들에게는 다 소용 없는 일이었다. 여호와께서는 자기 백성을 목이 쉬도록 부르셨지만 그에 대한 응답이 없었다(13절). 뻔뻔스러운 얼굴, 귀는 먹었고, 태도 역시 완고했다(렘 1:8, 19; 겔 2:3-8).[3]

하늘의 여왕(황후)에 대한 제사(7:16-20)

이제 하나님은 예레미야에게 이 백성을 위하여 기도하지 말며(11:14, 14:11 참조), 유다 백성들이 하늘의 여왕(황후)에 대한 제사에 주의를 기울이지 말라고 말씀하신다. 설령 기도한다 해도 들어주시지 아니할 것이라고 언급하신다. 하나님의 최후 통첩과도 같은 이 명령, 그러나 이들에게는 그 어떤 응답도 기대할 수 없었다(16절).

1. 이들을 위해 기도하지 말라는 그 명령은 아주 강력한 명령이다.

> 7:16 그런즉(וְ)
> 너는 ─┬─ 이 백성을 위하여 **기도하지 말라**(אַל־תִּתְפַּלֵּל)
> 　　　├─ 그들을 위하여 부르짖어 **구하지 말라**
> 　　　└─ 내게 **간구하지 말라**(אַל־תִּפְגַּע־בִּי)
>
> //(for) 내가 ── 네게서 듣지 아니하리라(=아닐 것이기에)

하늘의 여왕(황후, 皇后)

• 왕하 23:4 "왕이 대제사장 힐기야와 모든 부제사장들과 문을 지킨 자들에게 명령하여 **바알과 아세라와 하늘의 일월 성신을 위하여** 만든 모든 그릇들을 여호와의 성전에서 내다가 예루살렘 바깥 기드론 밭에서 불사르고 그것들의 재를 벧엘로 가져가게 하고 5 옛적에 유다 왕들이 세워서 유다 모든 성읍과 예루살렘 주위의 산당들에서 분향하며 우상을 섬기게 한 제사장들을 폐하며 또 **바알과 해와 달과 별 떼와 하늘의 모든 별에게 분향하는 자들을 폐하고**"

(1) 이런 백성을 너그럽게 보아달라고 빌지 말고, 용서해 달라고 울며 불며 떼를 쓰지도 말라고 명령하신다.

(2) 그렇다면 구체적인 악한 관행들은 무엇이었나? (17-18절)
유다 성읍과 예루살렘 거리에는 하늘의 여왕(황후)에 대한 제사가 시행되고 있었다.

이 신은 <앗수르-바벨론>의 아스타르(44:17에 하늘 여신 참조)를 가리킨다. 당시 유다에서는 메소포타미아의 다른 신들과 함께 아스타르를 경배하는 일이 유행되었다(왕하 21장, 23:4-14*).

(3) 이 여신에 대한 경배가 공개적으로 진행되었다(렘 19:13*, 32:29; 왕하 23:12; 습 1:5 참조).

• 렘 19:13 "예루살렘 집들과 유다 왕들의 집들이 그 집 위에서 **하늘의 만상에 분향하고 다른 신들에게 전제를 부음으로** 더러워졌은즉 도벳 땅처럼 되리라 하셨다 하라 하시니"

(4) 경배 방법 : 아이들은 나무를 주어 모으고, 아비들은 불을 피우고, 그러는 동안에 어미들은 하늘 황후에게 바칠 과자를 준비하였다(44:19 참조).

• 렘 44:18 "우리가 **하늘의 여왕에게 분향하고** 그 앞에 전제 드리던 것을 폐한 후부터는 모든 것이 궁핍하고 칼과 기근에 멸망을 당하였느니라 하며

요시야의 죽음과 국제 정세

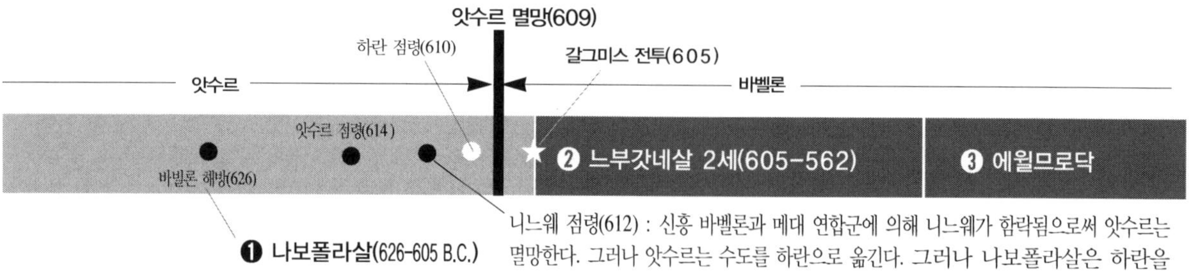

니느웨 점령(612) : 신흥 바벨론과 메대 연합군에 의해 니느웨가 함락됨으로써 앗수르는 멸망한다. 그러나 앗수르는 수도를 하란으로 옮긴다. 그러나 나보폴라살은 하란을 점령 1년간 통치했다. 앗수르 멸망 후 잔류민들이 하란 재탈환전을 벌인다(그것이 609년과 605년에 일어난 갈그미스 전투이다.)

[앗수르의 마지막 왕들]

- 산헤립(705-681)
- 에살핫돈(681-669)
- 아슈르바니팔(668-627)

  반란은 여기서부터 꿈틀대고 있었다. 이 왕은 통합된 앗수르와 바벨론을 통치하였다.
- 아슈르에텔일라니(627-623)
- 신숨리실(623)

  바벨론에서 몇 달간 통치
- 신사르이스쿤(623-612)

  앗수르에서 권력을 잡았고 남부에서도 '신숨리실'을 승계하려 했으나 갈대아인 ❶ **나보폴라살**에 의해서 저지당해 실패한다. 나보폴라살은 바벨론의 군대를 통솔하고 있던 앗수르의 장군인데, 신사르이스쿤에 의해 3년 일찍 시랜드(Sealand, 해변가 왕조, 습지가 많은 페르시아만 일대)의 관리로 임명받았다. 나보폴라살은 신사르이스쿤에 반기를 들고 이들과 접전해 승리를 거둔다. 그는 626년 11월 23일, 공식적으로 바벨론 왕으로 등극한다.
- 아슈르우발릿 2세(612-609)

  앗수르의 마지막 왕이다.

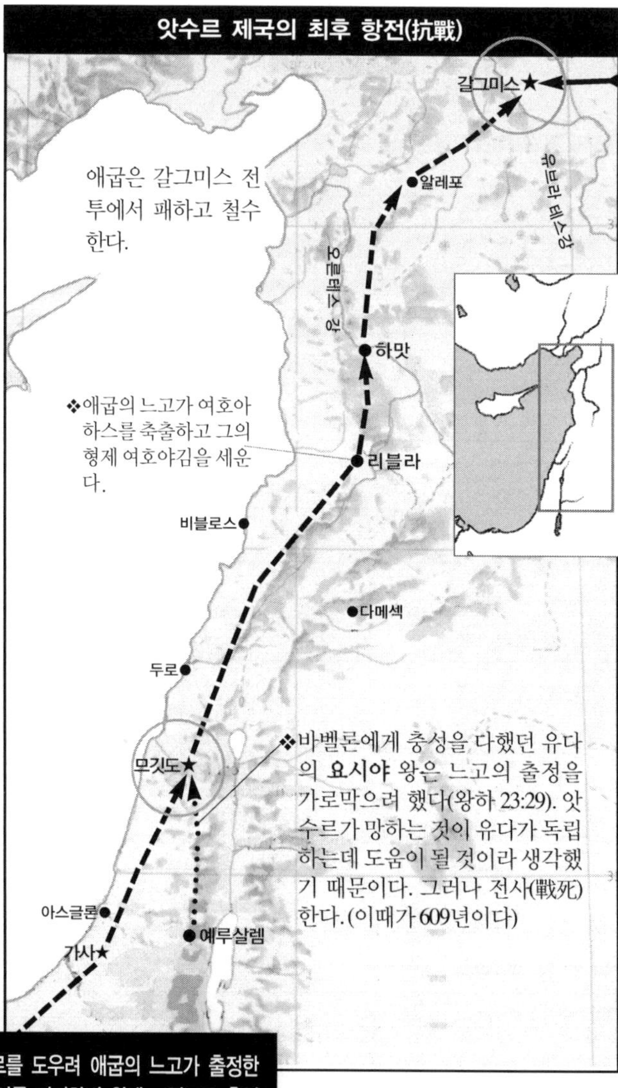

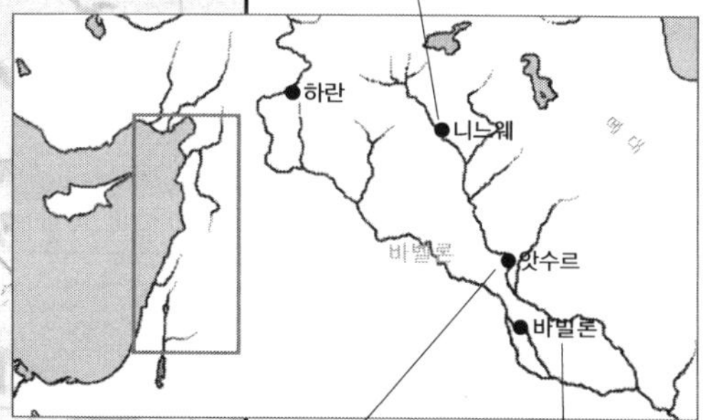

바벨론군과 메대 연합군이 하란 점령(B.C. 610)

❖바벨론군과 메대 연합군이 **니느웨** 점령(612 B.C.)

❖메대 왕 키악세레스가 도시 앗수르 정복(614 B.C.)

❖ 수도 바벨론은 이미 나보폴라살에 의해 해방됨(626 B.C.)

갈그미스 전투 후(605 B.C.) 유다는 바벨론의 속국이 된다.

쓰러져가는 앗수르를 도우려 애굽의 느고가 출정한다. 요시야 왕은 이를 저지하기 위해 므깃도로 출정했다.

from 동교재(백투더바이블), 열왕기하, 261면.

도표설명

▶ 아슈르바니팔(668-627 B.C)의 말년은 모든 반란 국가들을 무자비하게 평정한 후였기에 대체로 조용했다. 따라서 큰 도서관을 짓는 등 괄목할만한 사업을 벌였다. 그러나 그가 죽자 앗수르는 크게 흔들리기 시작했다. 그의 사후 내란이 일어났고 연약한 왕들이 그 뒤를 이어갔기 때문이다. 따라서 앗수르는 바벨론의 공격을 받는다. 메대(메디아)도 바벨론과 연합하여 앗수르를 공격했다.

(1) 요시야 왕 말년, 사람들은 앗수르의 멸망을 지켜볼 수 있었다. 그렇다면 서쪽 지역(팔레스타인 및 수리아)에 평화가 찾아왔을까? 그러나 그것은 오산이었다. 역사가 늘 그래왔듯이 강대한 제국이 무너졌을 때, 그 공백에는 또 다른 세력들의 각축장이 되었기 때문이다. 앗수르가 빠진 이 서쪽 지역의 실력자는 이제 애굽과 바벨론이었다. 애굽은 팔레스타인 및 수리아 지역에 대한 주도권을 차지하려고 마지막 쓰러져가는 앗수르와 동맹을 맺었다. 애굽은 새로 일어서려는 바벨론의 융성을 달가워하지 않았기 때문이다.

앗수르의 마지막 왕, 아슈르우발릳 2세

도시 앗수르는 메대가 이미 약탈한 후에 나보폴라살에 의해 함락당했다(614 B.C.). 그리고 후에 나보폴라살은 메대 왕 키악세레스와 동맹을 맺는다(양가 사이에 결혼관계로). 그리고 612년 메대와 연합하여 니느웨를 점령한다.

급해진 앗수르의 마지막 왕은 그들의 정부를 하란으로 이주시킨다. 그러나 나보폴라살은 하란을 점령 1년간 통치했으며, 609년에는 하란을 재탈환하려고 시도했던 앗수르와 애굽 동맹군을 격퇴했다. 그러나 나보폴라살은 북쪽 국경지대를 잠재우기 위해 우라라트를 상대해야 했다. 유일하게 남은 앗수르의 요새 갈그미스는 나보폴라살의 아들이자 군대장관인 느부갓네살에 의해 점령된다. 이제 앗수르는 역사에서 사라졌다.

(2) 앗수르의 서북부 도성인 하란은 이미 바벨론에 의해 점령당했다. 그러나 앗수르는 다시 대오를 정비하여 하란을 재탈환하려 안간힘을 쓰고 있었다. 애굽의 바로 느고 2세(Neco II, 610-594)는 앗수르의 마지막 왕 아슈르우발릳 2세의 간곡한 청원으로, 쓰러져가는 앗수르를 도우려(옛날에는 비록 원수지간이었지만) 대군을 이끌고 유프라테스 강변의 갈그미스(Chrchemish)로 진격했다. 느고(Necho)는 신흥 세력인 바벨론을 꺾어야겠다고 생각했기 때문이다. (첫 번째는 609년, 두 번째는 605년 갈그미스 전투)

▶ 그렇다면 유다의 요시야 왕은 어떻게 하고 있었을까?

(1) 요시야 왕은 반앗수르적인 입장에 있었다. 앗수르가 망하는 것이 유다의 독립을 위해서 유익하다고 판단했을 것이다. 그래서 앗수르를 도우려고 출정하는 애굽을 저지하고자 므깃도로 출정한다. (물론 이 출정이 바벨론을 공식적으로 돕겠다는 입장인지, 독자적인 행동인지 알 수 없다) 또한 요시야는 이스라엘 지파들이 추방된 북부 지역에 정치적인 지배력이 증가되기를 원했는데, 느고의 침략은 여러모로 달갑지 않았다.

(2) 애굽의 느고는 요시야 왕에게 사람을 보내어 자신과 맞서서 싸우지 말 것을 권면했다(하나님께서 애굽의 느고를 시켜서 하시는 말씀을 듣지 아니했다. 대하 35:22). 그러나 요시야는 변장을 하고 나가 싸웠다(609년). 그러나 그는 화살을 맞고 그곳에서 전사한다(왕하 23:29, 30). 이 므깃도 전쟁으로 애굽은 앗수르를 돕는 기회를 놓쳤고(요시야의 출정

때문에 도울 기회를 놓쳤는지는 확실치 않다.) 하란은 바벨론에 함락된다.

왕하 23:29 "요시야 당시에 애굽 왕 바로느고가 앗수르 왕을 치고자 하여 유브라데 하수로 올라가므로 **요시야 왕이 나가서 방비하더니** 애굽 왕이 요시야를 므깃도에서 만나본 후에 죽인지라."

(5) 요시야를 죽음으로 이끈 당시 7세기 말의 국제 정세가 얼마나 정치적으로 혼란했는가를 알 수 있다. 신하들은 요시야의 시체를 예루살렘으로 옮겨 와서 묻어주었다. 이로써 여선지 훌다의 예언이 성취되었다(왕하 22:20). 요시야는 예루살렘이 멸망하는 것을 보지 못했다. 예레미야는 요시야에 관해 슬픈 노래들을 지었다(대하 35:25을 읽어보자). 역대하 34:28에서는 그의 죽음은 모든 재앙을 보지 않게 하시려는 하나님의 뜻이었다고 기록하고 있다.

(6) 그리고 요시야의 아들 여호아하스가 뒤를 이어 왕이 된다. 앗수르는 최후를 맞이했고 애굽은 난처하게 되었다. 그러나 애굽은 즉시 손을 쓴다. 즉 서쪽 지역의 주도권을 잡기 위해 이제 3개월간 유다의 왕으로 통치하고 있던 여호아하스를 자신의 (수리아 리블라에 있는) 사령부로 소환해 왕위를 박탈하고 애굽으로 유형을 보냈다(왕하 23:31-35, 렘 22:10-12). 그리고 여호아하스의 형제인 엘리아김(여호야김으로 개명시킴)을 왕위에 앉히고, 과중한 공물을 부담케 했다. 렘 7장은 엘리아김의 통치하에서 예언된 것으로 보인다. 여호야김의 악정(惡政)이 예레미야 22:13-19에 기록되어 있다.

<동교재, 열왕기하 259-260면에서 설명을 가져옴>

• 렘 44:19 "여인들은 이르되 우리가 **하늘의 여왕에게 분향하고** 그 앞에 전제를 드릴 때에 어찌 우리 남편의 허락이 없이 그의 형상과 같은 과자를 만들어 놓고 전제를 드렸느냐 하는지라."

• 렘 7:20 "그러므로 주 여호와께서 이와 같이 말씀하시니라 보라 나의 진노와 분노를 이 곳과 사람과 짐승과 들나무와 땅의 소산에 부으리니 불 같이 살라지고 꺼지지 아니하리라 하시니라"

(5) 이 제사가 이스라엘에서 오래 계속 되었음을 아모스 5:26을 보아 알 수 있다.

• 암 5:25 "이스라엘 족속아 너희가 사십 년 동안 광야에서 희생과 소제물을 내게 드렸느냐 26너희가 너희 왕 식굿과 기윤과 너희 우상들과 너희가 너희를 위하여 만든 신들의 별 형상을 지고 가리라 27내가 너희를 다메섹 밖으로 사로잡혀 가게 하리라 그의 이름이 만군의 하나님이라 불리우는 여호와께서 말씀하셨느니라."

(6) 요시야의 강력한 개혁에도 불구하고 가정 깊숙히 침투되어 있는 이런 관행들은 규제하지는 못했던 것 같다. 물론 이런 일은 언약의 최고 주로서의 여호와의 독단적인 주권을 거부하는 일이었다. 이제 여호와의 진노가 어떻게 나타나는가 보라(렘 7:20*). 이들이 돌이키기에는 이미 너무 깊숙히 빠져 있었다. 예레미야를 이집트로 데리고 도망갔던 자들도 거기서도 계속해서 하늘 황후께 제사하였다(렘 44장). 어찌 이런 백성을 위해 기도하라고 하나님이 말씀하시겠는가?! 심판은 이제 너무나도 확실하다.

희생 제사보다는 순종을(7:21-28)

1. 자, 이제 다음과 같은 명령을 내리는 분은 누구인가? 또 무엇이라고 명령하시는가? (7장)

- 21 [만군의 여호와 이스라엘의 하나님께서] - 너희 희생제물과 번제물의 고기를 아울러 먹으라.[1)]
- 22 사실은 내가 너희 조상들을 **애굽 땅에서 인도하여 낸 날에 번제나 희생에 대하여 말하지 아니하며 명령하지 아니하고**
- 23 **너희는 내 목소리를 들으라 *그리하면*** 나는 너희 하나님이 되겠고 너희는 내 백성이 되리라 너희는 내가 명령한 모든 길로 걸어가라 ***그리하면*** 복을 받으리라 하였으나

▲ 설명 : 출 19:3-8을 보면 언약을 체결하는 의식의 첫 단계는 언약에 대한 무조건적 순종을 하나님은 요구하셨다. 그리고 백성들은 이를 다 지키겠다고 약속했다(출 19:8). 그러므로 출 20:1-17에 나오는 십계명에는 의례(儀禮)와 같은 자세한 내용이 서술되어 있지 않다. 그 의례와 관련된 기사는 언약 체결이 있은 후에 등장한다(24:1-8). 렘 7:22의 말씀처럼 번제와 희생제사의 세부 규정은 언급하지 아니하셨다는 것이다. 그러니까, **만약 그들이 순종이라는 기본적인 필수요건이 충족되지 않는다면,** 어떤 방식으로 제사를 드리든 하나님은 관심이 없다는 것이다.

▶ **그런데 여호와의 목소리도 듣지도 않고 / 명령하신 길로도 걸어가지 아니했다.**

- 24 그들이 **순종하지 아니하며 귀를 기울이지도 아니하고** 자신들의 악한 마음의 꾀와 완악한 대로 행하여 그 등을 내게로 돌리고 그 얼굴을 향하지 아니하였으며
- 25 너희 조상들이 애굽 땅에서 나온 날부터 오늘까지 내가 내 종 선지자들을 너희에게 보내되 끊임없이 보내었으나
- 26 너희가 나에게 순종하지 아니하며 귀를 기울이지 아니하고 목을 굳게 하여 너희 조상들보다 악을 더 행하였느니라

►**<그러니, 예레미아야 너는 이렇게 전해라 > - 그래도 여전히 듣지 않을 것이다.**

- 27 "네가(예레미야가) 그들에게(백성에게) 이 모든 말을 할지라도 그들이 너에게 순종하지 아니할 것이요 네가 그들을 불러도 그들이 네게 대답하지 아니하리니"
- 28 너는(예레미야야 너는) 그들에게 이렇게 말해라.
  "너희는 너희 하나님 여호와의 목소리를 순종하지 아니하며 교훈을 받지 아니하는 민족이라 진실이 없어져 너희 입에서 끊어졌다 할지니라."

1) 원래 번제는 제단 위에 제물을 완전히 태워버리는 제사였다. 그리고 다른 희생 제물이나 그 일부는 경배자가 먹을 수 있었다. 그런데 여기서 하나님은 번제와 다른 제사를 구별하지 말고 아울러 그 고기를 먹으라고 말씀하신다. 왜냐하면 그 모든 제사가 어떤 방식으로 드려지든간에 하나님은 그것에 전혀 관심이 없으시기 때문이다.

◀ 백성들은 시내산에서 언약 준수 약속에도 불구하고 하나님께 순종치 아니했다. 아니 하나님께 등을 돌렸다(24절). 언약이 있은 후 그들은 곧 불순종하기 시작했다. 이 불순종이란 것이 전혀 새로운 것은 아니였다. 하나님은 끊임없이 그의 종, 선지자들을 보냈다(25절). 그러나 모든 것은 헛된 일이었다.

◀ 예레미야 당시의 백성들은 그들 조상의 악행보다 오히려 더 큰 악행을 범했다(26절).

◀ 백성들에게 전파해야할 하나님의 말씀이 전달되었다. 그러나 이들은 진실(에무나)이 없어졌다는 것이다(28절). 진실이란 용어는 언약을 지키는 자들의 특성을 나타내는 말이다.

◀ 신26:16-19에서 하나님은 무엇을 백성들에게 요구하셨나?

2. 그렇다면, 7:22의 말씀처럼 정말로 광야에서 희생제사가 없었단 말인가?

7:22 사실은
내가 너희 조상들을 **애굽 땅에서 인도하여 낸 날에**
번제나 희생에 대하여 말하지 아니하며 명령하지 아니하고
("그들에게 번제물이나 다른 어떤 희생제물이라도 바치라고 했더냐?")

(1) 물론 그렇다고 주장하는 학자들도 있다. 아모스 5:25의 설명을 들어보자.

암 5:25 이스라엘 족속아
너희가 ――― 내게 **드렸느냐?**(הַזְּבָחִים)[1]
/사십 년 동안 광야에서
/희생과 소제물을

(1) 하나님은 백성들의 제사가 얼마나 종교적인 형식주의였나를 입증하기 위해 과거의 사건을 들어 설명하신다. 먼저 수사학(修辭學)적 질문을 하신다. 이 구절이 의문문이라면 이런 질문을 하면서 기대하시는 대답은 무엇일까? 물론 '아닙니다'(No.)라는 말일 것이다. 어쨌든 그 질문 내용을 보면 마치 이스라엘 백성이 광야에서 희생과 소제물을 드리지 않은 것처럼 들린다.

(2) 학자들 중에는 광야생활 동안 정말 희생제사가 있었는가 없었는가에 대해 다른 의견들을 제시한다. 드라이버(Driver) 같은 학자는 렘 7:22을 들어 하나님은 광야생활 동안 희생제사를 요구하지 않으셨다고 주장한다. 물론 광야에서도 많은 가축을 갖고 있었다(출 12:38, 17:3; 레 17:1-9). 그런데도 이를 요구하지 않으셨다면, 하나님은 백성들에게 희생 제사보다는 하나님의 뜻에 대한 순종적인 삶을 원하셨다는 것을 알 수 있다. 희생 제사가 없었음에도 불구하고 하나님은 백성들을 특별한 보호와 사랑으로 인도하셨다는 것이다(신 2:7, 8:2-4, 29:2-13; 느 9:20-22).[2] 그렇다면 여호와께서 진정 원하시는 것은 지금 이스라엘 백성처럼 삶이 없는 형식주의요, 의식주의인 예배가 아니라 순종, 정의 등을 실천하는 삶 자체가 예배임을 알 수 있다. 물론 이스라엘은 광야 생활 하는 동안 우상을 섬긴 행동들도 있었다(신 32:16, 17).

(3) 그렇다면 분명히 희생 제도가 있었음에도 광야 시절 40년 동안 제사를 전혀 드리지 않았다는 말인가? 물론 그렇지는 않았을 것이다(민수기 7장 참조). 그래서 제롬(Jerome)은 '제사는 있었으나 그들의 마음은 없었다'고 주장한다. 즉 드리기는 했으나 '내게'(=하나님께)(לִי, unto me) 드리지는 않았다는 것이다.

1) 나가쉬(נָגַשׁ) - '가까이 끌어당기다, 접근하다'라는 뜻으로 종교적으로 '경배하다'; 사역동사로 '바치다' (히필<사역 능동) 동사 완료형.

2) 김희보, 소선지서 주해, 아모스, 총신대학교출판부.

힌놈 골짜기에서의 죄악(7:29–34)

1. 머리털을 밀어라. 그것은 슬픈 일이다(욥 1:20*, 미 1:16). 이제 유다의 긴 머리털은 소용이 없다. 그것을 쓸 가치가 없는 일이다.

• 욥 1:20 "욥이 일어나 겉옷을 찢고 **머리털을 밀고 땅에 엎드려** 예배하며"

7:29 너의 머리털을 베어 버리고 벗은 산 위에서 **통곡할지어다**
여호와께서 그 노하신 바 이 세대를 **끊어 버리셨음이라**

(1) 머리털을 미는 것은 애통을 표현하는 풍습이었다(렘 16:6; 사 15:2). 미가서 1장에서도 같은 표현이 나온다.

미 1:16 너는 네 머리털을 깎아 대머리 같게 할지어다 //(이유, עַל) 네 기뻐하는 자식으로 인하여 네 머리가 크게 벗어지게 하기를 독수리 같게 할지어다 //이는(이유, כִּי) 그들이 사로잡혀 너를 떠났음이라(...גָּלוּ - 칼동사 완료형)

• 고대 이스라엘에서 어린 아이를 희생 제물로 바쳤던 풍습은 비록 그다지 흔하지는 않았던 것으로 추측되나 그럼에도 불구하고 이 풍습은 모세 율법에서 절대적으로 금지할 정도로 일반적인 것이었다(레 18:21; 신 18:10).

• 아하스(대하28:3), 므낫세(왕하 21:6)는 그들의 아들들을 불태워 제물로 바쳤다. 이러한 불사르는 제사는 대개 "몰렉에게"(예: 왕하 23:10) 드려졌다.

(2) 결국 유다는 포로로 끌려가게 될 것이다. 미가는 이미 그들이 사로잡혀 갔다고 완료형으로 언급했다(예언적 과거형). 이미 선지자의 눈에 기정사실로 보여졌기 때문이다. 선지자는 사랑하는 자녀들을 생각하며 머리를 밀어 대머리를 만들라고 했다.

2. 유다가 행한 두 가지 큰 악은 무엇인가? (30–31절)

(1) 성전에 '가증한 것'(쉬쿠츠, שִׁקּוּץ)을 두었다. 이런 일은 하나님께 반항하는 최고 형태의 도전 행위였다. '가증한 것'은 하나님 보시기에 '몹시 싫어하는 것'을 의미하는 것으로 우상 그 자체를 언급할 때나 우상 숭배와 관련된 어떤 것을 언급할 때 쓰였다(렘 16:18; 겔 5:11, 7:20). 가증한 이방 신상은 밀곰(왕상 11:5), 그모스(왕상 11:7), 몰록(왕상 11:7), 아스다롯(왕하 23:13) 등이다.

(2) 또 예루살렘에서 멀지 않은 곳에서 힌놈의 아들[1] 골짜기에서 도벳 사당을 만들어 놓았다. 이제 그들은 시체까지도 모독 당하게 될 것이다(33절). 환락의 기쁨의 웃음 소리가 끊쳐지고 그 땅은 황폐하게 될 것이다.

1) 벤-힌놈으로 붙여진 명칭은 원래는 이 골짜기의 이전 소유주의 이름에서 유래되었던 것으로 보인다.

천체에 대한 제사와 무서운 처벌(8:1-3)

므낫세의 악행(우상 숭배)

왕하 21:2
- 므낫세가 여호와 보시기에 악을 행하여
- 여호와께서 이스라엘 자손 앞에서 쫓아내신 이방 사람의 가증한 일을 따라서

3
- 그의 아버지 히스기야가 헐어 버린 산당들을 다시 세우며
- 이스라엘의 왕 아합의 행위를 따라 바알을 위하여 제단을 쌓으며
- **아세라 목상을 만들며 하늘의 일월 성신을 경배하여 섬기며**

4
- 여호와께서 전에 이르시기를 내가 내 이름을 예루살렘에 두리라 하신 여호와의 성전에 제단들을 쌓고

5
- 또 여호와의 성전 두 마당에 하늘의 일월 성신을 위하여 제단들을 쌓고

6
- 또 자기의 아들을 불 가운데로 지나게 하며 점치며
- 사술을 행하며 신접한 자와 박수를 신임하여
- 여호와께서 보시기에 악을 많이 행하여 그 진노를 일으켰으며

천체(天體) 신(神)들에 대한 제사 : 이런 제사는 므낫세 당시에는 아주 보편적이었다(왕하 21:3*). 백성들에게 이런 관행은 상당한 매력을 주었던 것 같다(겔 8:16참조). 이 백성들은 천체의 신들을 사랑하며, 섬기며 또한 순복했다. 그것들에게 조언을 구했고 경배했다. 그러나 이제 이들은 어떤 수모를 당하게 될 것인가. 8장에서는 하나님의 율법을 거부하는 유다의 모습을 그리고 있다(8:4-17). 그리고 기만적으로 살아가는 이들의 모습을 보여주고 있다(18-22절). 백성들의 불평에 대한 하나님의 응답이 주어지고, 뒤이어 또다른 불평이 이어진다(19-20절).

1. 무덤에서 뼈를 끌어낸다는 것은 대단히 모욕스러운 일이다(왕하 23:16-18). 그런데 이런 일들이 예루살렘에서 이루어지겠다는 것이다.

8:1 여호와의 말씀이니라
그 때에 사람들이 유다 왕들의 뼈와
그의 지도자들의 뼈와
제사장들의 뼈와 선지자들의 뼈와
예루살렘 주민의 뼈를 그 무덤에서 **끌어내어**

이런 행동들은 전쟁에서 승리한 자들이 종종 행하던 일이다(암 2:1, "여호와께서 이와 같이 말씀하시되 모압의 서너 가지 죄로 말미암아 내가 그 벌을 돌이키지 아니하리니 이는 그가 **에돔 왕의 뼈를 불살라 재를 만들었음이라.**")

2 [그것들이] ── 펼쳐지게 하리니(And they will spread them out)
/**해와 달과 하늘의 뭇 별 아래에서**
/그들이 사랑하며 섬기며 뒤따르며 구하며 경배하던

그 뼈가 ── **거두이거나, 묻히지 못하여, 분토 같을 것이며**
/지면에서

(1) 모처럼 매장될 수 있는 행운을 얻은 자들도 무덤이 파헤쳐져 내어던짐을 당할 것이다. 그렇다고 그들이 경배하던 하늘의 신들이 도와줄 수도 없다. 다만 그러한 뼈들은 지면의 분토처럼 나뒹굴 것이다. 나중에 그 뼈들을 모아 묻어 줄 사람이 아무도 없으므로 땅에 버려진 거름처럼 될 것이다. 생존자들이 그것을 해결할 수 있었으련만 오히려 살아있는 생존자들이 더 비참해질 것이다(왕하 25:5-7 참조). 이런 모욕스러운 일들이, (그들이 그렇게 사랑하며, 섬기며, 구하고, 경배하던) 해와 달과 하늘의 뭇 별 아래에서 펼쳐지게 하시겠다는 것이다.

(2) 이제 하나님께서 유다 백성을 그 집과 땅에서 쫓아내시겠다는 선언을 하신다. 유다를 향해 '악한 민족'이라고 하셨다. 그 땅에서 쫓겨나서 각처에 남아 있는 자들이 이렇게 말할 것이다. : "쫓겨난 곳에서 사는 것보다 차라리 죽는 게 낫다."

그런데도 아무도 회개하지 않는다(8:4-17)

1. 대체로 잘못된 결정이나 곁길로 나갔다가 다시 돌아오기도 한다. 그러나 유다는 그런 상식이 통하지 않았다. 그들은 결코 돌아서려 하지 않는다.

(1) 넘어졌다가 다시 일어나지 않는 자가 있겠으며, 한 번 떠나갔다가 돌아오지 않는 사람이 있겠는가? 그런데 이 백성은 어떤가? 이 백성은 나를 배반하더니 다시는 돌아올 생각을 하지 않는다고 탄식하신다(5절, "이 예루살렘 백성이 항상 나를 떠나 물러감은 어찌함이냐 그들이 거짓을 고집하고 **돌아오기를 거절하도다**").

• 렘 8:7 "공중의 학은 그 정한 시기를 알고 산비둘기와 제비와 두루미는 그들이 올 때를 지키거늘 내 백성은 여호와의 규례를 알지 못하도다."

(2) 아무리 귀를 기울여 들어보았지만 이들에게서 정직한 말을 들어본 적이 없으시다. 악한 짓을 하고도 뉘우칠 생각을 하지 않는다. 오히려 "내가 무슨 잘못을 했습니까?"하고 반문한다. 마치 전쟁터로 달려가는 말처럼 각기 제 갈길로 갔다(6절). 본능을 따르는 새들도 다 제 집으로 돌아오는데 말이다(7절*).

2. 서기관들은 어떠했을까? 영적 지도자들은? (8-12절)

(1) 서기관들은 스스로 지혜롭다고 주장했다(8절, "너희가 어찌 우리는 지혜가 있고 우리에게는 여호와의 율법이 있다 말하겠느냐 참으로 서기관의 **거짓의 붓**[1])이 거짓되게 하였나니"). 이들 서기관들의 활동은 대단했다. 이들이 아니면 이스라엘과 유다 왕들의 공식 문서들이 어떻게 보존될 수 있었겠는가. 그러나 이들도 사로잡혀 갈 것이다. "그들이 여호와의 말을 버렸으니 그들에게 무슨 지혜가 있으랴"(8절하).

1) 거짓의 붓 - 율법을 잘못 해석하여 백성으로 하여금 도전을 받지 못하게 했다는 말이다.

• 렘 8:11 "그들이 딸 내 백성의 상처를 가볍게 여기면서 말하기를 평강하다, 평강하다 하나 평강이 없도다."

(2) 영적 지도자들도 거짓으로 물들어 있었다. "그들은 가장 작은 자로부터 큰 자까지 다 욕심내며 선지자로부터 제사장까지 다 거짓을 행했다"고 했다(12절). 백성들이 중병을 앓고 있는 데도 모든 것이 무사하다는 안일한 말만 되풀이했다(11절). 이들은 다 수치를 당할 것이다(12절). 선지자들은 현재의 이

위급한 국가적 상황에서도 백성들에게 바른 지도와 판단이 없었다. "그들이 가증한 일을 행할 때에 부끄러워하였느냐?" "아니라 조금도 부끄러워하지 않을 뿐 아니라 얼굴도 붉어지지 아니하였느니라" 선지자들도, 제사장들도 부끄러운 일(우상 숭배?)에 참여했다. 예레미야는 선지자도, 제사장도 모두 사기나 치는 자들이라고 논박(論駁)한다(렘 6:12-15). "그러므로 그들이 엎드러질 자와 함께 엎드러질 것이라 내가 그들을 벌할 때에 그들이 거꾸러지리라."

3. 하나님은 수확을 위해 자기 백성들에게 나아가신다. 그러나 이들은 어떤 꼴이 되었나? 하나님은 이들을 불태울 것이다.

(1) 이들은 이렇게 외친다. : '이렇게 죽을 바에야 견고한 성읍에 들어가서나 죽자. 우리를 죽이는 것은 바로 여호와 하나님이 아니냐!' 하나님께서는 자기 백성의 죄악으로 인하여 광야에 불뱀을 보내셨던 일이 있었다(민 21:6-9). 그러나 그 당시에는 구리 뱀을 만들어 구원받을 수 있는 기회가 있었지만 이번 경우에는 그런 일이 전혀 없다고 말씀하신다(17절, "여호와의 말씀이니라 내가 술법으로도 제어할 수 없는 뱀과 독사를 너희 가운데 보내리니 그것들이 너희를 물리라 하시도다").

(2) 적군의 침략은 "말의 부르짖음(콧소리)"으로 시작한다. 그 울음소리가 이미 이 단에서부터(이스라엘의 가장 북쪽 지역에서부터) 들린다(16절). "그 준마들이 우는 소리에 온 땅이 진동하며 그들이 이르러 이 땅과 그 소유와 성읍과 그 중의 주민을 삼켰도다." 전쟁이 일어날 때 견고한 성읍들로 들어가면 되지 않을까? "차라리 거기로 들어가서 죽자." 지금 이들은 자신들이 범죄한 것을 인정하고 있다.

• 진정한 회개는 생각보다 쉽지 않다. 우리는 수없이 회개를 외치고, 또 자신의 잘못을 늘 고하지만, 회개의 열매는 찾아보기 힘들다. 입으로만 하기 때문이다. 지금까지 걸어왔던 길이 잘못되었다면 되돌아가야 한다. 그것이 회개가 요구하는 내용이다. 그러나, 대체로 가던 길을 계속 간다. 이 전 일들을 후회하면서...

• 영적 지도자들은 스스로 지혜롭다고 주장한다(렘 8:8). 서기관들의 활동은 대단했다. 이들이 아니면 이스라엘과 유다 왕들의 공식 문서들이 어떻게 보존될 수 있었겠는가. 그러나 이들도 사로잡혀 갈 것이라고 선언하신다. 여호와의 말을 버렸기 때문이다(8절하). 하나님을 버렸으니 이들에게 무슨 지혜가 있겠는가? 지도자가 변절되면 영적 공동체는 치명타를 입는다. '지도자를 위해 기도하자!!'

예레미야의 슬픔(8:18–9:1)

"나의 중심이 번뇌하도다." 예레미야의 자기 백성을 향한 탄식과 연민을 보라. 전국 방방곡곡에서 백성들의 부르짖는 소리가 들리는데 하나님은 시온에 계시지 아니하신가? 길르앗의 유향은 치료제였다. 이렇게 육체적 질병은 치료할 약이 있지만 내 딸, 이 백성의 영혼은 치료하지 못하는가? (22절)

▶ **예레미야는 지금 혼란에 빠졌다. 그는 지금 위로를 받고 싶다. 유다 백성의 죄와 그들이 받을 심판을 생각하고 마음이 터질 것 같다.**

8:18 (슬프다)
나의 근심이여(이)[1] —(어떻게) **위로를 받을 수 있을까**
내 마음이 ———— **병들었도다**[2]

(1) 예레미야는 '내 마음이 병들었다'고 했다. 하나님의 백성이 지금 우상 숭배에 온 힘을 쏟고 있기에 이들에게 다가올 멸망을 보고 마음에 병이 들어 버렸다. 심신이 허약해졌다는 말이다. 이 백성에게서 구원을 찾을 수 없었기 때문이다.

8:19 딸 내 백성의 심히 먼 땅에서 부르짖는 소리로다
(내 딸 내 백성의 신음소리가 먼 땅에서도 들려온다. 먼 땅에서 도와달라고 부르짖고 있다)

사람들은 "여호와께서 시온을 떠나셨다는 말이냐?, 시온의 왕이 그 가운데 계시지 아니한가?"라는 말을 하고 있다. 이런 물음에서 백성에게는 예루살렘은 절대로 멸망시키지 않으실 것이라는 잘못된 의식이 있었음을 본다.

(2) 그러나 하나님은 이렇게 말씀하신다. "그들이 어찌하여 그 조각한 신상과 이방의 헛된 것들(우상들)로 나를 격노하게 하였느냐?" 백성은 "추수 때가 지나고 여름이 끝났지만 우리는 구원받지 못했다"고 말한다(쉬운성경, 20절).

(3) "딸 내 백성이 상하였으므로 나도 상하여 슬퍼하며 놀라움에 잡혔도다"(21절). 예레미야는 이렇게 외친다. "길르앗에는 유향이 있지 아니한가 그 곳에는 의사가 있지 아니한가." "딸 내 백성이 치료를 받지 못함은 어찌 됨인고(그런데 제 백성의 상처가 어찌하여 낫지 않는 것입니까?)" (쉬운성경)

(4) 예레미야의 눈에는 눈물이 그치지 않는다. "내 머리가 물이었으면, 내 눈이 샘물이었으면, 죽임을 당한 내 백성을 위해 밤낮으로 울 수 있을 텐데"(9:1)

---

1) 슬프다 나의 근심이여 (야곤, יָגוֹן) - 큰 슬픔, 비탄, 고통, 괴로움 / 예언자의 슬픔을 표현했다(렘 8:18, 20:18, 45:3).

2) 다우와이(דַּוָּי) - 허약한

도벳 Tohet

- 구약성경에서 이 단어는 9회 나온다. 왕하 23:10에 한 번 사용되고 모두 예레미야서에 사용되었다(렘 7:31-32, 19:6, 19:11-14).
- 어린 아이들이 이방신들에게 제물로 바쳐져 불살라졌던 힌놈의 아들(들)의 골짜기에 있는 한 장소를 가리키는 명칭이었다(왕하 23:10; 렘 7:31 이하, 19:6).
- "피밭"을 뜻하는 아겔다마(행 1:19) 근처의 기드론 골짜기와 만나는 예루살렘 남단 외곽 한 지점에 위치한, 즉 야외 사당을 가리킨다.
- "시체와 재의 골짜기"라고 한 예레미야의 언급(렘 31:40)
- 이곳은 불타는 장작 더미가 있는 넓은 구덩이로(사 30:33) 여기에 어린 아이를 던졌던 것 같다.

유다의 죄악(9:2–9)

예레미야가 아무리 유다의 시련에 깊이 동참한다 하더라도(8:18-9:1) 그는 결코 백성의 사악한 죄악을 덮어주려고 하지 않았다. 차라리 광야로 도망가면 더 좋을 것이라고 생각했다(9:2-3). 예레미야는 독백처럼 이렇게 고한다. "친구도, 동기도, 이웃도 믿지 못할 세상이 되어버렸다. 서로 모함하며 속고 속이는 세상이 되어버렸구나!"(4-6절). 하나님께서는 이 백성을 도가니에 넣고 그들을 녹이고 연단 해보겠다고 말씀하신다(7-8절). 이들은 입으로는 이웃에게 평안을 말하지만 중심에는 올가미를 씌우고 있지 아니한가. 이런데도 내가 이 백성을 심판하지 않겠는가!(9절)

1. 불성실한 백성들의 특징을 말하고 있다.

9:2 내가 — 광야에서 나그네가 머무를 곳을 얻는다면
내 백성을 — 떠나 가리니(I *might* leave my people)

//(for, כִּי)
그들은 다 간음하는 자요 반역한 자의 무리가 됨이로다

(1) 예레미야는 백성들의 죄악들을 보면서 "누군가가 자신을 광야에 두어 나그네들이 묵는 집에 있게 하였으면," 즉 내 백성을 떠나 멀리 갈 수 있었으면 좋겠다고 솔직한 심정을 드러낸다. 그 이유는 백성들의 패역함 때문이다.

(2) 특히 일반적인 특징(간음, 불성실 등)에다 거짓말하는 죄와 혀를 거론한다.

9:3 여호와의 말씀이니라(9:3-6, 8).

- 그들이 활을 당김 같이 그들의 **혀를 놀려 거짓을 말하며**
- 그들이 이 땅에서 강성하나 진실하지 아니하고
- 악에서 악으로 진행하며 또 나를 알지 못하느니라
- 너희는 각기 이웃을 조심하며 어떤 형제든지 믿지 말라
- 형제마다 완전히 **속이며** 이웃마다 다니며 **비방함이라**
- 그들은 각기 **이웃을 속이며** 진실을 말하지 아니하며
- 그들의 **혀로 거짓말하기를** 가르치며 악을 행하기에 지치거늘
- 네가 사는 곳이 **속이는 일** 가운데 있도다
- 그들은 **속이는 일**로 말미암아 나를 알기를 싫어하느니라
- 그들의 **혀는** 죽이는 화살이라 거짓을 말하며(8절)
- 입으로는 그 이웃에게 평화를 말하나 마음으로는 해를 꾸미는도다

이런 죄악들은 하나님을 알지 못할 때 일어난다(3, 6절)

- 혀는 활이다 - 활을 당김 같이 혀를 놀려 거짓을 말한다(3절). 또한 이것은 형제와 친구들 사이의 불신을 가져왔다(4, 8절).
- 혀는 화살이다 - 그들의 혀는 죽이는 화살이라(8절)
- 부패는 도처에 있다(6절).

2. 이런 부패에 대해 하나님은 강력한 심판을 예고하신다.

9:7 그러므로(לָכֵן, Therefore)
만군의 여호와께서 이와 같이 **말씀하시되**
/보라 [내가](הִנְנִי)
/내가 내 딸 백성을 **어떻게 처치할꼬**
[내가] 그들을 **녹이고 연단하리라**

사람들이 쇠를 불에 녹이듯이 유다 백성을 시험하시겠다는 것이다. 그래서 진리를 말하는 자가 있는가 살피신다는 것이다.

이렇게 백성들이 거짓말을 떡먹듯이 하고 있다. 그리고 입으로는 이웃에게 좋은 말을 하지만 속으로는 해칠 생각만 하고 있으니(8절), "내가(여호와께서) '이 일들로 말미암아'(for these things) 그들에게 벌하지 아니하겠으며 내 마음이 이런 나라에 보복하지 않겠느냐?"(9절)

예루살렘의 멸망을 내다보며(9:10-16)

1. 예레미야는 장래에 유다에 닥칠 환난을 내다보고 슬퍼한다.

9:10 내가 산들을 위하여 **울며 부르짖으며**
광야 목장을 위하여 **슬퍼하나니**
//이는(for) 그것들이 불에 탔으므로
//(so that) 지나는 자가 없으며(=리라)
거기서 가축의 소리가 — **들리지 아니하며**
공중의 새도 짐승도 —— 다 **도망하여, 없어졌음이라**

(1) 배도한 백성에게 곧 들이닥칠 심판을 보고 예레미야는 슬픔을 터뜨린다. 목장과 산들은 황폐되어질 것이다. 가축소리도 들리지 않고, 공중의 새도 짐승도 다 도망갈 것이다. 하나님께서 예루살렘을 돌무더기로 만들어 승냥이(여우)의 굴혈이 되게 하실 것이기 때문이다(11절).

(2) 그렇다면 도대체 이 땅이 왜 이렇게 되었는지 알려주셔야 나가서 전하지 않겠습니까? "이 땅이 왜 이렇게 황폐해지고 말았는가?"라는 질문에(12절) 하나님은 무엇이라 말씀하시는가? 예레미야야, 정말 몰라서 묻는 거냐?(13-14절을 보면 알 것이다.)

▶ 이는(Because, עַל)(13절)
 • 그들이 <내가 그들의 앞에 세운> 나의 **율법을 버리고**
 • <내 목소리를> **순종하지 아니하며**
 • 그대로 **행하지 아니하고**
 • **따랐음이라**(14절)(=기 때문이다) - 누구를? 어떻게?
  /그 마음의 완악함(강퍅함)을 따라
  /바알[1])들을 [따라]
   /그 조상들이 자기에게 가르친

1) 엘 신(神) - 가나안 신들의 우두머리 /
아세라 여신 - 그의 배우자

가나안 신화에 따르면 이 둘 사이에 태어난 신이 바알 신이다.

(3) 그러므로(לָכֵן) 이들은 열국 중에 흩어지게 될 것이다. 이스라엘은 여호와의 율법을 버렸으며, 마음의 고집, 불순종으로 언약을 파기하였다. 이들에게는 오직 심판만이 있을 뿐이다. "[15]보라 내가 그들 곧 이 백성에게 쑥을 먹이며 독한 물을 마시게 하고 [16]그들과 그들의 조상이 알지 못하던 여러 나라 가운데에 그들을 흩어 버리고 진멸되기까지 그 뒤로 칼을 보내리라."

예루살렘에 대한 애도의 노래(9:17-22)

▶ **곡하는 부녀를 불러오라. 그래서 이들이 예루살렘 주민을 위해 눈에 눈물이 흘러내리고 눈꺼풀이 눈물로 젖을 때까지 애곡하라고 하신다(18절).**

9:18 그들로 **빨리 와서** 우리를 위하여 **애곡하여**
 //우리의 눈에서 눈물이 떨어지게 하며
 우리 눈꺼풀에서 물이 쏟아지게 하라(18절)

(1) 초상집에서 곡하는 여자를 불러 오라. 그래서 우리 눈에 눈물이 줄줄 흘러내리게 하라. 그 이유는? 시온에서 크게 울부짖는 소리가 들리기 때문이다. 왜 울고 있을까? "우리는 완전히 망했다. 그래서 이 땅을 떠나야 한다. 우리가 살던 집을 버려야 한다."는 소리가 들린다(19절).

(2) 전문적으로 곡하는 여인을 불러 딸들에게 슬피 우는 법을 가르쳐 너희들도 소리 높여 우는 법을 배워라(20절). 왜?(for). 죽음이 창문을 통하여 넘어 들어오기 때문이다(21절). 적군이 온 도성을 포위했다. 가족 모두에게 죽음이 찾아온다. 죽음, 애곡, 예루살렘은 암흑의 그림자가 덮쳤다. 그 죽음의 그림자가 거리에서 놀던 아이들을 데려가고 광장에 모여 있던 젊은이들을 끌고

17 만군의 여호와께서 이와 같이 말씀하시되 너희는 잘 생각해 보고 곡하는 부녀를 불러오며 또 사람을 보내 지혜로운 부녀를 불러오되

갔다. 여인의 통곡소리가 아직도 계속된다. 공포와 시체와 통곡, 예루살렘은 더 이상 평화의 도시가 아니다. 자신의 지혜를 자랑했던 도시(8:8), 그러나 부에 탐닉하여, 선지자와 제사장들까지 모두 거짓을 행하던(8:10) 예루살렘은 이제 죽음의 공포로 마지막 숨을 몰아쉬고 있다. "사람의 시체가 분토 같이 들에 떨어질 것이며 추수하는 자의 뒤에 버려져 거두지 못한 곡식단 같이 되리라"(22절).

인간의 유일한 자랑은 무엇일까? (9:23-24)

1. 인간이 유일하게 자랑하는 것은 무엇인가? 8:4-9:22에서 말하는 것은 결국 인간의 자랑이다. 그것은 하나님으로부터 독립하려는 것이다(렘 8:6)

9:23 여호와께서 이와 같이 **말씀하시되**
/지혜로운 자는 ― 그의 **지혜**를 **자랑하지 말라**
/용사는 ――― 그의 **용맹**을 **자랑하지 말라**
/부자는 ――― 그의 **부함**을 **자랑하지 말라**

(1) 인간의 자랑은 지혜와 용맹과 부(富)임을 본다. 솔로몬은 지혜와 부귀와 힘을 자랑했던 표상이다. 여기 나오는 목록은 왕권 권력을 대변한다.[1] 지금 예

1) 지혜 - 왕상 3:4-15
부귀 - 왕상 3:11, 13, 10:23
힘 - 삼하 10:7, 16:6, 20:7

레미야가 메시지를 선포하고 있는 때는 여호야김이 통치하고 있을 때이다. 이 왕은 엄청난 부귀를 탐닉한다. 여호야김은 "악한 짓을 통해 왕궁을 짓고, 속임수로 다락방을 올리며, 자기 이웃에게 일을 시키고도 품삯을 주지 않은 자"로 고발되고 있다(렘 22:13).

사랑 - 언약적 신실함
정의 - 올바른 심판
공의 - 특히 약속을 지키는 일에 있어서의 바른 행동(ESV)

9:24 자랑하는 자는 이것으로 **자랑할지니**
/① <그가> 곧 명철하여 나를 아는 것과
/② 나 여호와는 (**사랑**과 **정의**와 **공의**를 땅에 행하는 자인 줄)
깨닫는 것이라
//(for)
나는 —— 이 일을 기뻐하노라(=기 때문에)

- 올바른 통치는 왕의 덕목이다(시 72:1-2).
- 하나님은 의로운 자처럼 통치하신다(시 7:10, 11:7, 119:137; 사 45:24).
- 의(義)는 구원과 동의어로 사용된다(시 24편; 사 45:8, 46:13, 51:5-6).

(2) 진정으로 지혜로운 자는 하나님을 바로 아는 자이다. 결국 하나님을 안다는 것은 하나님의 **사랑**과 **정의**와 **공의**(약속을 지키는 일에 신실함)를 땅 위에서 실천하는 것임을 의미한다. 언제까지나 알량한 지식만을 자랑할 것인가!

할례의 무가치함(9:25–26)

1. 예레미야는 지금까지 이스라엘이 자랑했던 것들을 공박했다. 여기 한 가지를 더 추가하고 있다. 무엇일까?

(1) 이스라엘이 크게 자랑했던 것들이 무엇일까?

- 법궤(3:16) - 그 때에는 사람들이 여호와의 언약궤에 대해 다시는 말하지 않을 것이며, 생각하지도 않을 것이다. 그것을 기억하지도 않고, 찾지도 않고, 다시 만들지도 않을 것이다. (쉬운성경)

- 성전(7:4) - 너희는 —— 거짓말을 **믿지 말라**
/하는(saying)
/이것이 ┬ 여호와의 성전(הֵיכַל יְהוָה)이라,
├ 여호와의 성전이라,
└ 여호와의 성전이라

- 제사(7:21-27) - 너희 희생제물과 번제물의 고기를 아울러 먹으라.

[이 구절의 말씀의 의미는 이미 살펴본 것처럼, 번제와 희생제사의 세부 규정은 언급하지 아니하셨다는 것이다(렘 7:22). 그러니까, 만약 삶속에서 순종이 빠져 버린다면, 어떤 방식으로 제사를 드리든 하나님은 관심이 없다는 것이다.]

(2) 이제 한 가지 더 첨가한다. 무엇일까? '할례' 문제이다.

9:25 여호와의 **말씀이니라**
보라(הִנֵּה)
날이 **이르면(=를 것이라)(יָמִים בָּאִים)** the days are coming
/내가 다 벌하리니(=할)
/① 할례 받은 자와[1] ② 할례 받지 못한 자를

2. 하나님께서는 아브라함과 그 후손에게 언약을 지키는 표로서 '할례'를 명하신다.[2]

(1) 모든 남자 아이는 낳은지 8일만에 할례를 받아야 할 것을 명하셨다. 이 할례(割禮)는 아브라함과 언약을 맺으신 후 주어진 '언약의 징표'라고 말한다. 따라서 아브라함과 그 자녀뿐만 아니라 아브라함의 종들의 종까지도 이 할례의 범위에 포함된다(창 17:9, 12).

(2) 할례는 누가 받을 수 있는가? (창 17:12)

창 17:12 너희의 대대로 모든 남자는 집에서 난 자나
또는 너희 자손이 아니라
이방 사람에게서 돈으로 산 자를 막론하고
난 지 팔 일 만에 **할례를 받을 것이라**

13 너희 집에서 난 자든지
너희 돈으로 산 자든지 **할례를 받아야 하리니**
//이에(결과)
내 언약이 너희 살에 있어 영원한 언약이 되리라

(3) 앞에서(창 17:1-8), 아브라함과 맺은 언약의 재확인 과정에서 ① 땅에 대한 약속(8절)과 ② 열왕이 아브라함에게서 나오리라는 것과 ③ 주께서 그의 백성의 하나님이 되시리라는 것이다. 이러한 약속의 재진술이 창 17:2, 4, 7에서 언약(베리트)이라고 소개되었다.

• 렘 7:22 "사실은 내가 너희 조상들을 애굽 땅에서 인도하여 낸 날에 번제나 희생에 대하여 말하지 아니하며 명령하지 아니하고"

• 렘 7:23 "너희는 내 목소리를 들으라 그리하면 나는 너희 하나님이 되겠고 너희는 내 백성이 되리라 너희는 내가 명령한 모든 길로 걸어가라 그리하면 복을 받으리라 하였으나"

1) 할례를 받았어도 마음으로 받지 아니한 자

2) 동교재, 창세기, 17장.

3) 할례의 특성 : ① 아브라함과 하나님의 계약 표시. ② 유대인과 이방인의 구별 ③ 가견적 교회에 입회한다는 표. ④ 신약에 세례(洗禮)를 예시(豫示)한다.

4) 고후 1:22; 엡 1:13, 4:30 등에서는 신약의 성도들이 성령을 소유하는 것에 같은 말을 사용하고 있다.

• 창 17:12 "너희의 대대로 모든 남자는 집에서 난 자나 또는 너희 자손이 아니라 이방 사람에게서 돈으로 산 자를 막론하고 난 지 팔 일 만에 할례를 받을 것이라."

(4) 이 의식을 행하지 않으면 혈통이 이스라엘 백성이라 해도 언약의 공동체인 하나님의 백성으로서의 이스라엘 백성은 될 수 없었다(창 17:14). 할례는 이 '믿음'에 대한 날인(捺印, sign)이었다(롬 4:10-11). 아브라함의 믿음을 받으시고 아브라함과의 언약을 끝까지 성취시켜 주신다는 사실을 확증해 주기 위해 덧붙인 것이라고 말하고 있다. 그러나, 이 할례를 받지 아니하면 백성 중에서 끊어진다. 이는 곧 하나님의 언약을 배반하는 일이기 때문이다.

(5) 그런데, 할례는 '마음의 할례'를 해야 한다고 성경은 계속 강조하여 말하고 있다(신 30:6, 10:16; 렘 4:4, 9:25, 26을 보라). 사도 바울은 표면적 육신의 할례가 할례가 아니라고 힘주어 강조하고 있다(롬 2:28). 즉 유대인으로 태어났다고 해서 참 유대인이 아니다. 육체에 할례를 받았다고 참 할례가 아니라 마음의 할례, 즉 마음의 변화를 받은 사람만이 참 유대인이요, 율법에 의한 할례가 아니라 성령으로 받은 할례가 참 할례라고 말하고 있다(롬 4장).

마음의 할례

• 성경에서는 계속해서 마음의 할례를 받아야 한다고 강조하고 있다. 렘 9:25, 26은 단순한 육체적 행위로서의 할례는 한계가 있음을 말한다. 이스라엘 백성이라도 마음에 할례를 받지 못하면 할례를 행하는 다른 이방 민족과 다를 바가 전혀 없다는 것이다(겔 44:9을 읽어보자). 비록 할례가 유대인에게 민족적 정체성을 제공하지만 여기에는 언제나 하나님의 언약의 윤리적 가르침에 대한 순종과 헌신이 요구된다.

(6) 골 2:11을 보라. 할례와 세례의 관계가 설명되어 있다. 할례로 그리스도와 함께 된다는 사실을 말하고 할례와 세례가 서로 연관되어 있는 것으로 표현하고 있다. 골 2:11에서는 신자들이 할례를 받은 것으로 간주한다(그리스도 안에서). 이 할례는 물론 손으로 하지 아니한 할례를 말한다. 하나님 자신이 인간의 마음 속에 정화(淨化)의 작업을 하신다.

(7) 이제 하나님은 할례에 대해서 잘못 이해하고 있는 백성에게 이렇게 말씀하신다. "보라, 때가 되면 몸에만 할례를 받은 사람을 벌할 것이다." 또 "애굽과 유다와 에돔과 암몬 자손과 모압과 및 광야에 살면서 머리를 짧게 깎는 광야 백성도 벌할 것이다." 모든 이방인은 육신적 할례를 받지 못하였고, 이스라엘은 육신적 할례를 받았지만 마음에 할례를 받지 못하였다고 결론삼아 말씀하신다. 이렇게 신실하지 못한 유다 백성을 이방 민족들에 비유하고 있다.

Think

• 만약 하나님의 언약의 말씀에 대한 순종과 헌신이 없다면 육체적 할례가 무슨 의미가 있겠는가? 그런데 이스라엘 백성은 할례의 참된 의미를 알지 못하고 교만했다. 신명기에서도 하나님의 백성이 마음에 할례를 받아야 함을 강조하고 있다(신 10:16).

• 지금 남 유다 백성은 무엇 때문에 하나님의 책망을 듣고 있는가? 그들의 종교적 행위가 없기 때문이었을까? 우리는 아직도 교회에 빠지지 않고 참석하는 것만으로 하나님의 자녀라고 생각하고 있는가? 할례는 그 자체로 목적이 될 수 없다. 그러면 무엇이 필요하다는 말인가? 교회에서 특강을 통해 이 부분을 정리해 보자.

우상숭배의 어리석음(10:1-16)

예레미야 10:1-16은 하나님의 탁월성에 대한 찬양이다. 그 내용이 사 44:9-20에 나오는 우상 숭배에 대한 정죄와 상당히 많은 내용이 유사하다. 고대 근동 지방의 종교행위들은 천체(해, 달, 별들) 숭배였다. 이런 일들은 아모스 시대에도(암 5:25-26), 므낫세 당시에도 있었다. 또한 요시야의 개혁 운동 중의 하나가 바로 이 천체 숭배를 타파하는 일이었다(왕하 23:5, 11, 12). 그러나 이 천체를 창조하시고 섭리하시는 분이 바로 하나님이 아니신가. 하늘의 징조를 두려워할 이유가 없다. 이 단락은 거짓 우상에 대한 조롱과 여호와에 대한 경배가 함께 어우러져 있다.

말도 못하며 걸어다니지도 못하므로 사람이 메어야 한다.

1. 우상의 헛됨과 그와 반대로 하나님의 능력이 얼마나 무한하신가를 대조적으로 설명하고 있다.

A. 거짓 우상에 대한 조롱의 시(2-5절)

2-7절은 열방의 풍습에 초점을 맞춘다. 열방의 풍속은 헛된 것이다.

> 10:2 여호와께서 이와 같이 **말씀하시되**
> /[너희는] ── 여러 나라의 길을 **배우지 말라**
> /너희는 ── 그것을 **두려워하지 말라**
> //(이유: for, כִּי)
> 이방 사람들은 ─ 두려워하거니와(=기 때문에)
> /하늘의 징조를

(1) 두려워하지 말아야 할 이유는 여러 나라의 풍습(풍속)은 헛된 것이기 때문이다. 그들이 섬기는 우상은 삼림에서 벤 나무를 기술자가 도끼를 가지고 만든 것에 지나지 않기 때문이다(3절). 그 기술자들은 "은과 금으로 그것에 꾸미고 못과 장도리로 그것을 든든히 하여 흔들리지 않게" 고정시킨다(4절).

(2) 그 우상들은 "둥근 기둥 같아서"(כְּתֹמֶר מִקְשָׁה)[1] (5절)

מִקְשָׁה(미크샤) - '망치로 두들겨 만든 제품'을 말한다.
כְּתֹמֶר(כְּ like+תֹּמֶר - 토메르 / 종려나무, 기둥, 원주(圓柱)
('쳐서 만든 제품이 기둥 같아서'라고 번역할 수 있다)

그러니까, 우상은 말도 못하며 걸어다니지도 못하므로 사람이 메어야 한다. 당연히 그것이 그들에게 화를 주거나 복을 주지 못한다. 그러나 "너희는 두려워하지 말라"는 것이다.

NASB는 '참외밭의 허수아비처럼'이라고 번역했다.
Like a scarecrow in a cucumber field - NASB

Like a scarecrow in a melon patch - NIV

They are upright as the palm tree, - KJV

A′ 열방의 왕이신 여호와께 대한 찬양의 시(6-7절)

(1) 이런 우상에 비해 하나님은 어떤 분이신가?

10:6 여호와여 ── **주와 같은 이 없나이다**
주는 ── **크시니**
주의 이름이 그 권능으로 말미암아 **크시니이다**

7 이방 사람들의 왕이시여
주를 경외하지 아니할 자가 누구리이까
//이는(for, כִּי)
<그것은> ── 주께 당연한 일이라
이는(for, כִּי)
<아무도> ── 주와 같은 이가 없음이니이다
/여러 나라와 여러 왕국들의 지혜로운 자들 가운데

2-7절은 열방의 풍습에 초점을 맞춘다. 열방의 풍속은 헛된 것이다. 앞절에서 언급한 우상의 모습(2-5절)에 비교하여 대조적으로 하나님의 지고하심을 언급한다.

(2) 이방의 풍습은 헛된 것이다. 이방 풍습이란 천체의 징후들을 두려워하고 그것에 의지하는 삶의 방식을 말한다. 우상은 삼림에서 벤 나무요 기술공의 두 손으로 만든 것이다(렘 10:3, 14). 히브리어로 우상은 '헛됨'이라는 뜻을 가지고 있다. 따라서 우상을 만드는 것은 스스로 헛됨을 보이는 것이다. 우상이 사람에게 화를 주거나 복을 주지 못한다. 이에 비해 하나님은 어떤 분이신가? 그 분은 존경을 받으시기에 마땅한 분이시다. 모든 민족 중에는 지혜로운 사람도 많고 나라마다 왕도 많지만 주와 같은 분은 아무도 없다.

B. 거짓 우상에 대한 조롱의 시(8-9절)

10:8 그들은 다 무지하고 어리석은 것이니 우상의 가르침은 나무뿐이라[1)]
9 다시스에서 가져온 은박과 우바스에서 가져온 금으로 꾸미되 기술공과 은장색의 손으로 만들었고 청색 자색 옷을 입었나니 이는 정교한 솜씨로 만든 것이거니와 [2)]

(1) 우상은 사람의 손으로 만든 것이다. 철공(대장쟁이)이 뜨거운 숯불에 쇠를 달구고 망치질을 하여 우상을 만든다. 우상을 만드느라고 힘이 부쳐 갈증으로 기진맥진 한다(사 44:12). 목공은 어떤 과정을 거쳐 우상을 만드는가? (사 44:13-18절까지 읽어보자) 우상은 단순한 돌이나 인간의 수공예품에 지나지 않는다. 우상을 만드는 나무는 화목(火木)으로 쓰인다. 화목으로 불을 피어 떡을 구어먹기도 하고, 그 나머지로 우상을 만들어 경배한다고 조롱한다(15절).[3)]

1) 우상(偶像) : 말 못하고, 보지 못하고, 알지도 못하는 인간이 만들어낸 허상이다. 그런데 … 이런 우상을 좇아갔다(사 44:9, 18).

2) 도대체 이런 신상(神像)을 만들고 무익한 우상(偶像)을 부어 만드는 자가 누구인가? (사 44:10) 하나님은 이런 우상 제작자들을 하나도 빠지지 말고 법정에 세우라고 말씀하신다. 그들은 떨며 수치만 당하게 될 것이다(사 44:11).

3) 동교재, 이사야 44장의 설명을 가져옴.

(2) 이 말은 우상 숭배의 어리석음을 탄핵하는 가장 강렬한 표현이다. 이사야 57장에서는 우상 숭배의 어리석음을 규탄하신다. 사 57:3-10을 읽어보자. 우상 숭배의 혐오스러움을 어떻게 묘사하고 있나?

우상을 만드는 과정을 조롱 섞인 표현으로 묘사하고 있다(렘 10:9)

- 은박은 다시스에서 가져온 것이고
- 금은 우바스에서 수입한 것이다.
- 우상은 기술공과 은장색의 손으로 만들었고
- 그리고 청색 자색 옷을 입혔다.
- 이는 정교한 솜씨로 만든 것이다.

(3) 특별히 우상 숭배를 금하는 목적은 무엇인가?
하나님을 알고, 사랑하고, 섬기는 대신에 물질을 사랑하고 섬기는 것은 모든 인류가 대대로 거쳐 오면서 행한 중죄(重罪)이다. 따라서 율법은 어떤 형태로든지 우상 숭배를 금하는 것에 초점을 맞추고 있다. 선지자들은 "우상들을 마음에 들이는 것"을 확실하게 정죄했다(겔 14:3-4, 7). 호세아서는 우상숭배에 대해 잘 설명하고 있다(호 9:10하). 호세아는 우상숭배자는 특별한 심판을 받는다고 언급했다.

B′ 열방의 왕이신 여호와께 대한 찬양의 시(10-12절)

10:10 오직 여호와는 **참 하나님이시요** 살아 계신 **하나님이시요**
영원한 **왕이시라**
그 진노하심에 땅이 **진동하며**
그 분노하심을 이방이 **능히 당하지 못하느니라**

오직 여호와만이 참 하나님이시다. 살아 계신 하나님이시며, 영원한 왕이시다. 주께서 분노하시면 세계 모든 나라가 능히 감당하지 못한다. ⇒

10:11 "너희는 이같이 그들에게 이르기를 천지를 짓지 아니한 신들은
땅 위에서, 이 하늘 아래에서 망하리라 하라"[1]

(1) 8-9절에서는 우상을 어떻게 설명하고 있나? 우상은 아무리 아름답게 꾸며도 그것은 단지 나무에 불과하다. 이에 비해 여호와 하나님의 실체는 무엇인가? 그의 창조적 능력을 말해보라(12-13절). "여호와께서 그의 권능으로 땅을 지으셨고 그의 지혜로 세계를 세우셨고 그의 명철로 하늘을 펴셨으며"(12절). 만물의 조성자 만군의 여호와시라는 말이다.

(2) 거짓 신과 참 신의 차이점은 무엇인가? 여호와는 어떤 분이신가? 다음 구절을 읽고 정리해 보자(6절, 7절, 12절, 13절, 16절).

C. 거짓 우상에 대한 조롱의 시(14-15절)
C′ 열방의 왕이신 여호와께 대한 찬양의 시(16절)

(1) 무식한 자들(하나님을 아는 지식이 없는 자들)은 이제 심판을 받을 것이다(14절,

1) 앞에서는 장엄한 시문체로 기록되어 있는데, 11절에서는 아람어로 된 산문체의 해설이 삽입되어 있다.

우상 숭배에 대한 풍자 : 사 40:18-20, 41:7, 44:9-20, 46:5-7을 읽어보자.

"사람마다 어리석고 무식하도다 은장이마다 자기의 조각한 신상으로 말미암아 수치를 당하나니 이는 그가 **부어 만든 우상은 거짓 것이요** 그 속에 생기가 없음이라").

우상은 무엇인가? 들에 서 있는 허수아비 같은 것이 아닌가?!

(2) 우상들은 다 헛것이다. 그러나 여호와는 물질로 만들어진 생명 없는 우상과 같지 아니하시다(16절, 야곱의 분깃은 이같지 아니하시니 그는 만물의 조성자요 이스라엘은 그의 기업의 지파라 그 이름은 만군의 여호와시니라). 그는 야곱의 분깃이시다. 그의 이름은 만군의 여호와시다. 우상과 이방 신은 서로 병행하는 것으로(레 19:4; 신 32:21; 사 45:20) 심지어 동일시 되기도 한다(시 96:5). 그러므로 이방 신을 섬기는 것은 우상을 섬기는 것이다.

• 고전 10:20 "무릇 이방인이 제사하는 것은 귀신에게 하는 것이요 하나님께 제사하는 것이 아니니 나는 너희가 귀신과 교제하는 자가 되기를 원하지 아니하노라."

(3) 우상은 단순한 수공예품에 불과하다(사 57:13; 왕상 18:27). 우상은 믿을 수 없는 신이기 때문에 속은 자들만 절한다(고전 6:9; 엡 5:5-6). 거짓된 신들은 사람들을 거짓 되게 만든다(왕하 17:15). 결국 우상 숭배는 사람들을 곁길로 가게 한다(암 2:4). 바울은 우상은 아무것도 아니라고 했다(고전 8:4). 동시에 귀신에 의해 능력을 부여받는다고 했다(고전 10:20). 우상은 실제의 신이 아니라 우상 뒤에 있는 실제적인 힘, 영을 다루는 손잡이일 뿐이다. 우상은 그 신과 동일시 되어 분리하기가 어려워진다. 문제는 인간이 그들의 신을 조정할 수 있도록 한다는 것이다.

다가오는 추방 : 비탄과 중재(10:17-25)

1. "사로잡혀 가리라"(17-18절). 오랫동안 예언되어 왔던 이스라엘에 대한 참변이 이제 눈앞에 다가왔다.

(1) "이스라엘아 이제 짐꾸러미를 꾸려라." - 추방당하면서 보따리를 머리에 이고 끌려가는 모습은 고대 근동에서 흔히 볼 수 있는 모습이었다(17절). 지금까지 하나님은 참으시고 인내하셨다. 그러나 이제는 심판이 다가왔다. 호소와 눈물의 시간은 지나갔다. 이번에는 내던지실 것이다(18절). 아마 포위 상태에 있는 이들에게 주어진 말씀인 것 같다. 바벨론 군에 의한 예루살렘 멸망에 앞서 일어났던 포위 공격을 말한 것 같다.

(2) 백성의 아우성과 예레미야의 기도(19-25절)
유다의 황폐한 모습을 유목민들에 비유하고 있다.
유목민과 같이 그녀의 장막(예루살렘)이 파괴되며,

자녀들은 다 떠나가고,
내 집은 다시 세울 자가 없구나(20절).

(3) 목자들은 어떠한가? 목자들은 유다의 지도자들을 말하나 일차적인 것은 왕들을 의미하는 것 같다(2:8 참조). 이들은 우둔했다. 즉, 하나님을 찾지 아니했다. 따라서 그 모든 양떼들은 흩어졌다.

10:25 주를 알지 못하는 이방 사람들과
주의 이름으로 기도하지 아니하는 족속들에게
주의 분노를 **부으소서**

//(for)
그들은 야곱을 씹어 삼켜 멸하고
그의 거처를 황폐하게 하였나이다(=기 때문에)

(4) 인간은 하나님 앞에서 무엇인가? 하나님은 토기장이요, 유다는 진흙이다(18장 참조, 사 45:9-13). 유다의 죄상을 고발하는 예레미야, 그러나 그는 하나님의 백성들을 쳐부실 열방 위에 하나님의 크신 진노가 임하기를 기도한다(25절). 그들은 야곱을 씹어 삼켰으며, 그의 거처를 황무지로 만들었기 때문이다.

Think

• 교회에 잘 출석하는 성도들 중에도 아직도 점을 치는 사람이 있다던데! 정말일까? 정말이다. 심심치 않게 들려오는 소리를 들어보면, 생각보다 많은 사람이 점을 본단다. '나는 그렇지 않은데, ㅋㅋ' 하는 사람도 성경에서 말하는 우상 숭배에서 자유롭지 못하다. 왜? 우상 숭배가 단순히 점이나 우상 앞에 절하지 않는 것만을 의미하지 않기 때문이다.

• 우리(나)에게 하나님보다 더 집착하고 의존하는 그 무엇이 있는가? 그렇다면 그 대상이 무엇이든 그것이 바로 우리(내)가 믿는 하나님이다. 마음의 신뢰와 믿음만이 하나님도 만들어내고 우상도 만들어 낸다. 루터의 말이다. 인간의 고질적인 문제는 무엇일까? 그것은 성적 부도덕이나 탐욕 같은 사회적 문제가 아니라 (여러 파괴적인 범죄들을 야기하는) 거짓된 신들로 하나님을 대체하려는 것이다. (IVP 성경신학사전)

• 성경에는 이 우상숭배에 대한 언급이 유난히 많다. 물론 가혹한 처벌이 선고되고 있다. 지금 남 유다가 바벨론에 의해 심판을 받게 되는 이유 중 하나가 우상 숭배이다. 우리(나)에게도 하나님보다 더 신뢰하는 그 무엇이 있을 텐데! 무엇일까?

136 깨어진 언약 · 하나님의 심판(11:1–20:18)

[예레미야의 메시지][1]

- 예레미야 선지자를 부르심(1:1-19)
- 심판에 대한 일련의 시적 예언 - 이스라엘의 언약적 간음(2:1-6:30)
- **이스라엘 백성의 거짓된 예배와 신앙의 모습(7:1-20:18)**
- 유다 왕들의 실패를 애곡하며 메시야의 약속과 바벨론의 심판을 포함한 전적으로 새로운 질서에 대한 최초의 환상(21:1-25:38)
- 백성들의 완고함 (26:1-36:32)
- 위로의 책 - 새언약 중심(30:1-33:26)
- 유다의 몰락과 이후의 사건들(37:1-45:5)
- 열방에 대한 예언과 유다의 몰락에 대한 심층적인 기술(46:1-52:34)

1) J.G. 맥콘빌, 구약의 신학적 해석(CLC, 2011), 296-309.

파기된 언약(11:1–17)

- 권고(11:2-8)
  이 언약의 말씀을 들어라
  '들어라'라는 말씀이 8번 나온다. (2, 3, 4, 6, 7, 8, 10, 11절)
- 고발(11:9-13)
  ① 말씀 듣기를 거절
  ② 다른 신을 섬김
- 금지사항과 선언(11:14-17)
- 예레미야에 대한 음모(11:18-23)

11장은 여호야김 통치 때일 것이다. 요시야의 개혁 운동이 그 열기를 잃어가고 또 그 백성들이 다시 옛길로 돌아서고 있다. 예레미야는 지금 목숨의 위협을 받고 있다. 그래서 하나님께 불평한다(11:17-12:6). 언약을 지키라는 여호와의 명령에 예레미야의 응답은 아멘이었다(5절). 하나님은 이 언약을 백성들에게 선언하라고 말씀하셨다. 선지자는 이스라엘의 역사를 되돌아보면서 이 언약의 말을 듣고 준행하라고 촉구한다. 불순종의 길은 죽음의 길이기 때문이다(신 30:15-20 참조). 그러나 이들은 전혀 반응을 보이지 않는다.

1. 본문에서 언약의 핵심은 무엇인가?

(1) 여호와께서 예레미야에게 이렇게 말씀하신다. "너희는 이 언약의 말을 듣고 유다인과 예루살렘 주민에게 전하여라."

(2) 이 언약은 언제 어디서 주어진 것인가? (4절)

137

이스라엘에 대한 심판의 예언과 예루살렘의 멸망(1-45장)

1장 : 예레미야에 대한 소명

2-35장 : 유다에 대한 경고와 권고

- **2-24장 : 유다에 대한 예언**
- **25-29장: 바벨론 유배에 대한 예언**
- **30-33장: 회복에 대한 약속**
- **34-35장: 역사적 부록**

2절 - 너희는 이 언약의 말을 듣고 **유다인과 예루살렘 주민에게** 말하라.

11:3 [너희는] 그들에게 **이르기를**
/이스라엘의 하나님 여호와께서 이와 같이 **말씀하시되**
/따르지 않는 자는── **저주를 받을 것이니라(אָרוּר)**[1]
/이 언약의 말(אֶת־דִּבְרֵי הַבְּרִית הַזֹּאת)을
4 /이 언약(베리트, בְּרִית)은
내가 — 명령한 것이라(צִוִּיתִי)[2] - 누구에게, 언제?
/그들(=너희 조상)에게
/너희 조상들을 쇠풀무 애굽 땅에서 이끌어내던 날에
/곧 내가 이르기를
/너희는┬내 목소리를 순종하고
└나의 모든 명령을 따라 행하라
//그리하면 너희는 내 백성이 되겠고
나는 너희의 하나님이 되리라
5//(목적: לְמַעַן, in order to)
이루리라 한 것인데(הָקִים) - 쿰(קוּם)의 히필 연계형
/언약(쉐부아, שְׁבוּעָה - 맹세, 약속)을 - 어떤 약속?
/내가 또 너희 조상들에게 한 맹세는 그들에게
젖과 꿀이 흐르는 땅을 주리라 한
오늘이 그것을 증언하느니라 하라 하시기로(=그 약속이 오늘날 이루어졌다)
(그 약속한 맹세를 지켜 이 날에 이른 것이다. - 표준새번역)
내가 ── **대답하여 이르되**
/아멘 여호와여 하였노라 (주님, 참으로 그렇습니다.)

1) 아라르(אָרַר) - 칼 수동분사
신 27:15-26 참조
우상 숭배, 부모에 대한 불경, 이웃을 속이는 것, 불리한 상황에 있는 사람을 속이는 것, 성적 탈선, 뇌물, 율법을 지키지 않는 자는 저주를 초래한다(신 27:26).
"이 율법의 말씀을 실행하지 아니하는 자는 저주를 받을 것이라 할 것이요 모든 백성은 아멘 할지니라"

2) 짜바(צָוָה) - 명령하다, 명령을 내리다 / 피엘 동사 완료형

하나님의 목소리에 순종하고, 그의 명령을 따라 행하라고 하셨는데, 그래야 하나님의 백성이 될 수 있었는데, 그러나 이 언약을 잘 지키지 못했다는 것이다(12:2 - 이들은 하나님의 마음에서 멀어졌다). 그래서 하나님은 하나님의 성전을, 그리고 백성을 원수들에게 넘겨줄 것이다(12:7). 아예, 그 땅에서 뽑아버리실 것이라고 선언하신다(렘 12:14).

(3) 언약의 규정을 순종하면 축복을, 그리고 언약 파기는 저주를 가져왔다(레 26:14-39; 신 27:15-26, 28:15-29:1 참조).

2. 요시야 왕은 그의 즉위 8년(16세)에 이미 개혁에 착수했다. 조부(祖父) 므낫세 왕이 뿌려놓은 악들을 제거하기 위해서였다.

• 대하 34:3 "제 십이년에 유다와 예루살렘을 **비로소** 정결하게 하여 그 산당과 아세라 목상들과 아로새긴 우상들과 부어 만든 우상들을 제거하여 버리매"

1) 이들은 아하스와 므낫세와 아몬 왕 때, 평민 가운데서 임명한 제사장들일 것이다.

(1) 그리고 몇 년 지나서(즉위 12년) 본격적으로 개혁 작업에 착수했다(대하 34:3*) 그의 통치 13년에 예레미야가 부름을 받았다. 요시야의 개혁정책은 게바에서 브엘세바까지 유다 전역에 걸친 대 청소 작업이었다(왕하 22:3-23:3). (대제사장 힐기야와 모든 부제사장들과 문을 지킨 자들에게 명하여) 므낫세가 세웠던 바알과 아세라와 하늘의 일월 성신을 위하여 만든 모든 기구들을 불살랐다. 우상 숭배를 주관했던 제사장들[1]을 그 자리에서 다 쫓아냈다(왕하 23:5). 아세라 상을 예루살렘 바깥 기드론 시내로 가져다가 거기서 불사르고 빻아서 가루를 만들어 그 가루를 평민의 묘지에 뿌렸다(23:6). 그의 개혁운동은 멀리 갈릴리 지역까지(므낫세와 에브라임과 시므온, 납달리 땅) 미쳤다(대하 34:6).

• 왕하 23:3 "왕이 단 위에 서서 여호와 앞에서 언약을 세우되 마음을 다하고 뜻을 다하여 여호와께 순종하고 그의 계명과 법도와 율례를 지켜 이 책에 기록된 이 언약의 말씀을 이루게 하리라 하매 백성이 다 그 언약을 따르기로 하니라.
"

(2) 그러는 중에 대제사장 힐기야가 성전을 수리하다가 율법책을 발견했다(왕하 22:3-23:3). 이는 요시야의 개혁 작업에 탄력이 붙게 했다. 그는 백성들로 하여금 여호와 앞에 언약을 세워 진정 하나님만을 섬기기로 서약하게 했다. 그리고 언약 갱신 의식을 치렀다(왕하 23:1-3*). 요시야가 이런 믿음을 가질 수 있었던 것은 스바냐[2]와 젊은 예레미야 선지자(렘 11:1-8; 17:19-27 참조)의 영향이 매우 컸을 것이다.

3. 이런 요시야의 개혁 작업에도 불구하고 백성들은 어떤 태도를 가졌을까? 오늘 본문에서 왜 또 이 언약을 준수하라고 촉구하게 되었을까?

2) 시드기야 왕 당시 예루살렘의 제사장 마아세야의 아들(렘 21:1, 29:25, 29, 37:3)로 예루살렘이 망할 때,그는 느부갓네살의 명령으로 립나에 연행되어가서 살해되었다(렘 52:24).

(1) 요시야 때, 율법책이 발견된 것은 주전 622년이다. 그의 개혁 작업은 끝까지 순조롭게 진행되지 못했던 것 같다. 더욱이 요시야는 애굽의 바로 느고의 북진을(쓰러져가는 앗수르를 돕기 위한) 가로막고 나섰다가 전사한다. 주전 609년의 일이다. 그의 뒤를 이은, 여호아하스는 3개월만에 애굽에 끌려가 죽임을 당한다. 그리고 그의 형, 여호야김이 등장하여 11년간을 통치한다. 물론 그는 애굽이 세워놓은 왕이었다. 그가 어떤 왕이었나를 옆의 Clode-up을 통해 살펴보라. 유다는 다시 절벽으로 추락하고 있다.

(2) 그래서, 예레미야를 통해 이 언약(모세 언약)의 실천을 다시 한 번 강조하고 계신다. "너희는 내 목소리를 순종하고 나의 모든 명령을 따라 행하라"라는 것이다. "그리하면 너희는 내 백성이 되겠고 나는 너희의 하나님이 되리라"라는 언약의 기본 공식이 선포되고 있는 것이다.

여기좀 보세요, 얼마나 악한 왕인가? 이스라엘 언약 공동체는 왕의 잘잘못에 따라 부침(浮沈)을 계속하잖아요?!

Close-up ⑱ 여호야김

엘리아김에서 ➜ 여호야김으로 개명

<동교재, 열왕기하(270-271)에서 설명을 가져옴>

1. 요시야 왕에게는 네 아들이 있었다(첫째는 일찍 죽었고, ① 엘리아김, ② 여호아하스, ③ 시드기야). 앞에서 언급한 대로 여호아하스는 애굽으로 끌려갔고, 애굽의 느고는 요시야의 첫째 아들 엘리아김(=그의 재위명은 여호야김)을 애굽의 꼭두각시 왕으로 앉힌다(왕하 23:34-24:7 / 대하 36:4-8).

(1) 엘리아김(=여호야김)은 11년 동안 유다를 통치했다(609-597). 애굽은 유다를 속국으로 삼고 조공을 받았다. 여호야김(Jehoiakim)은 바로의 명령을 이루기 위해 백성 각자에게 힘대로 액수를 정하고 은과 금을 늑봉(징수)했다(왕하 23:35). 후일에 에스겔 선지는 여호아하스와 여호야김을 가리켜 "사람을 움키는 사자 새끼"라고 했다(겔 19:1-4).

(2) 여호야김은 아마 자기가 형이면서도 동생 여호아하스가 왕이 된 것을 불만으로 여겨 애굽 왕 바로 느고에게 모략적인 충동질을 했을 것이다. 그런 와중에서도 여호야김은 왕궁을 더 크게 짓기 위해 백성들에게 고역을 시켜 많은 피를 흘리게 했다(왕하 24:4; 렘 22:13-19). **예레미야** 선지의 경고나 **하박국** 선지의 탄식도(합 1:3-4) 여호야김 통치 시대를 배경으로 한 것이다. 이 한심한 여호야김의 행동을 꾸짖은 예레미야의 경고를 들어보자.

▲ 악한 짓을 통해 왕궁을 짓고 / 속임수로 다락방을 올리며 / 자기 이웃에게 일을 시키고도 그 품삯을 주지 않는 사람은 저주를 받을 것이다. 그는 '내가 살 왕궁을 크게 짓고 다락방들도 넓게 만들어야지' 하며 왕궁을 크게 짓고…벽에는 백향목을 입히고 / 붉은색을 칠한다. / 네 집에 백향목이 많다고 해서 / 네가 위대한 왕이 되겠느냐? / 네 아버지는 / 먹고 마시는 것으로 만족했다…(렘 22:13-15, 쉬운성경).

2. 여호야김은 많은 의인의 피를 흘렸다. 특히 선지자 우리야를 죽였다(렘 26:20-23). 예레미야도 죽이려 했으나 예레미야는 하나님의 보호하심으로 살았다(렘 26:24, 36:26). 특히 예레미야가 받은 계시의 두루마리를 불태웠다(렘 36:23).

(1) 여호야김은 11년간 왕위에 있으면서 죄악된 일을 많이 저질렀으며(왕하 24:3, 4) 그의 정책도 애굽을 섬기다 또 바벨론을 섬기는 등 불안정했다. 그러다가 비참한 죽음을 맞게 된다(렘 22:18-19).

(2) **요시야의 개혁 운동이 열기를 잃어가고 또 그 백성이 옛길로 다시 돌아섰다. 예레미야는 이스라엘의 역사를 돌이켜보며 언약을 준수하라고 경고한다.** 그 동안의 개혁 운동이 무슨 소용이 있는가. 바알에게 희생 제사를 드리기 위한 제단이 다시 세워지고 있다. 오히려 백성들은 죄를 지적하는 선지자를 죽이려고 음모를 꾸미고 있다(렘 11:18이하).

3. 갈그미스 전투 후(605년), 몇 년이 지나서 바벨론 왕 느부갓네살은 잠재적으로 남아 있는 애굽의 느고를 치기 위해 애굽의 국경까지 진격했다(601 B.C.). 그러나 양편이 많은 사상자를 내고 성공하지 못한다(여호야김 3년에). 이런 상황에서 여호야김은 애굽을 섬겨야 했다(602/1, 애굽에 조공을 바침). 느부갓네살은 바벨론으로 돌아갔다.

4. 이때 예레미야는 여호야김에게 바벨론을 섬겨야 한다고 권면했으나 듣지 않는다. 시드기야 때도 이같이 권면했다(렘 27:1-25). 그러나 이를 기회로 여호야김은 느부갓네살을 배반한다(왕하 24:1). 이 소식을 들은 느부갓네살은 갈대아 부대와 그 예하에 있던 모압, 암몬의 부대들을 급파하여 여호야김을 쳤다(왕하 24:2, 렘 35:11). 끝내는 바벨론이 예루살렘에 주둔하게 되었다(598 B.C.). 그는 많은 죄를 지었다. 느부갓네살은 여호야김을 붙잡아 쇠사슬로 묶어 바벨론으로 끌고 갔다. 예레미야는 그가 어떻게 죽을 지를 예언했다. 그의 비참한 최후가 렘 22:18, 19에 기록되어 있다. (*)

▶ 주전 622년 율법책 발견 - 요시야의 개혁 작업에 탄력이 붙었다. 609년 요시야 왕 전사 / 그리고 여호아하스 3개월 통치 / 그리고 뒤이은 왕이 여호야김(609-597년까지 통치) - 물론 이 왕은 애굽이 세운 꼭두각시였다. 애굽에 조공을 바치기 위해 국민 각자에게 엄청난 세금을 징수했다(왕하 23:35).

(3) "내가(예레미야가) 대답하여 이르되 '아멘 여호와여(אָמֵן יְהוָה)' 하였노라." 이 언약을 지키라는 여호와의 명령에 예레미야의 대답은 '아멘'이었다. 예레미야는 이스라엘의 역사를 되돌아보면서 이 언약의 말을 듣고 준행하라고 촉구한다. 물론 불순종의 길을 계속한다면 그것은 멸망의 길이다(신 30:15-20 참조).

4. 그렇다면, 백성이 선지자의 말에 잘 순종했을까? 물론 이들은 언약을 파기했다. 이제 심판은 불가피하다(9-14절).

11:9 여호와께서 또 내게 **이르시되**
/유다인과 예루살렘 주민 중에 반역이 **있도다**
10 /그들이 — **돌아가서**
/자기들의 선조의 죄악으로
/내 말 듣기를 거절한
/[그들이] 다른 신들을 **따라** 섬겼은즉
이스라엘 집과 유다 집이 —언약을 **깨뜨렸도다**
/내가 그들의 조상들과 맺은

◀ 요시야의 개혁 작업은 다시 원 위치? - 예레미야가 목청 터지게 외쳤지만 소용이 없었다. 개혁운동이 전보다 더 악해졌다.

(1) 그들은 (언약의 의무조항들을 순종하지 않았던) 자기 조상들의 죄악으로 돌아섰다고 말씀하신다. 그것은 언약을 파기하는 일이었다. 이제는 아무리 호소해도 하나님께서 내리는 재앙을 피할 수 없을 것이다. 하나님 앞에 가서 구원을 요청해도 소용없는 일이라면, 어떻게 할까? 바알 신에게로 가볼까? '그렇게 해보아라.' "유다 성읍들과 예루살렘 주민이 <그 분향하는 신들에게 가서> 부르짖을지라도 그 신들이 그 고난 가운데에서 절대로 그들을 구원하지 못하리라"(12절).

• 렘 11:13
"유다야 네 신들이 네 성읍의 수와 같도다 너희가 예루살렘 거리의 수대로 그 수치스러운 물건의 제단 곧 바알에게 분향하는 제단을 쌓았도다."

11:11 그러므로(Therefore, לָכֵן)
나 여호와가 이와 같이 **말하노라**
/보라 내가 **재앙**을 그들에게 **내리리니**
/[**재앙으로부터**] 그들이 피할 수 없을 것이라
/그들이 내게 부르짖을지라도(though they will cry to Me,)
/내가 — 듣지 아니할 것인즉(yet I *will not* listen to them)

(2) 말씀 듣기를 거부하는 것뿐만 아니라 다른 신들을 따라간다. 13절*은 2:28의

반복이다. 예레미야 사역 초기보다 상황이 더 악해졌다는 것을 암시한다. 621년에 있었던 개혁(요시야 즉위 8년에 시작된)이 아무 성과도 없었던 것 같음을 말하려고 한 것 같다. 바알에게 희생 제사를 드리기 위한 제단이 얼마나 많은가?

11:14 그러므로(Therefore, וְ)
너는 ┬ 이 백성을 위하여 **기도하지 말라**(do not pray for this people)
└ 그들을 위하여 **부르짖거나 구하지 말라**

//(for, כִּי)
그들이 — 내게 부르짖을 때에
/그 고난으로 말미암아
내가 —— 그들에게서 듣지 아니하리라(=아니할 것이기 때문에)

14절은 7:16의 내용이다. 진정한 회개가 없다면 중재의 기도조차 소용이 없다는 말이다.

(3) 여호와에 대한 순종이 없는 제사는 아무 소용이 없음을 다시 한 번 강조한다(15절). 하나님은 한때 이스라엘을 아름다운 감람나무로 보신 때가 있었다. 그러나 지금은 그 모양이 어떻게 되었나? (16절) "한 때는 내가 너를 '아름다운 열매가 달린 무성한 올리브 나무'라고 불렀지만, 내가 이제 요란한 폭풍 소리와 함께 그 나무를 불사르고 그 가지를 불살라 버릴 것이다"(쉬운성경). 기도하면 무조건 들어주실까? 온 밤을 지새우는 기도만 있다면 하나님이 감동하셔서(?) 무슨 기도라도 다 들어주실까? 우리는 그렇게 생각하기 쉽다. 무엇보다 하나님의 뜻을 아는 것이 중요하다. 그런 다음에 실천에 목숨을 걸어라.

(4) 하나님과의 언약이 회복할 수 없을 정도로 파괴되었는데, 제사를 드린다고 해서 현재의 난국을 피해갈 수 있겠는가? (15절)[1]

1) 칠십인역은 이렇게 번역했다.

"내 사랑하는 자가 가증한 일을 행하였거늘 내 집에 있음은 어찜이뇨 서원이나 거룩한 고기가 죄악을 없게 하겠으며 혹 이것으로 피하겠느냐."

11:15 나의 사랑하는 자가 ┬ 많은 악한 음모를 꾸미더니
└ 나의 집에서 **무엇을 하려느냐**
거룩한 제물 고기로 —— 네 재난을 **피할 수 있겠느냐**

//(so that)
그 때에 — 네가 기뻐하겠느냐

나의 사랑하는 유다가 악한 계획을 수없이 세우더니 / 나의 성전에서 무엇을 하고 있느냐? / 짐승을 잡아 제사를 드리면 / 벌을 피할 수 있다고 생각하느냐? 너는 악한 짓을 하고 기뻐하는구나. (쉬운성경)

(5) 희생 제사를 드린다고 해서 자동적으로 죄가 사해지는 것은 아니다. 희생 제사를 통해 죄사함을 얻는 방법은 하나님이 친히 세우신 가장 적절한 수단이지만 거룩한 제물 고기로, 즉 희생 제사를 드린다고 해서 무조건 다가올 재난을 피할 수 있다고 생각하는 것은 제사제도를 설정하신 하나님의 뜻을 오해한 것이다.

예레미야를 노리는 음모(11:18-12:6)

▶ 하나님은 단순한 진노의 하나님이신가? 하나님의 진노는 그의 자비가 의미를 가지도록 하기 위한 진노이다. 하나님께서 그의 백성과 관련하여 복수를 하신다. 첫째로, 그는 공동의 적에 대항하여 싸울 때 그들의 편이 된다는 의미에서 자기 백성의 원수를 갚으신다(시 94편). 둘째로, 언약의 하나님으로서 그는 그와 맺은 언약을 깨뜨리는 자를 징벌하신다(레 26:24-25).

1. 예레미야의 목숨을 노리는 음모가 자기 고향 아나돗 사람들에 의해 선동되었다(11:18).

(1) 그는 여호와께서 아나돗 사람들이 자신을 죽이려 한다는 사실을 알려주셔서 알게 되었다고 말한다. 이들은 마치 주인이 자기 짐승을 죽이려고 끌고 가지만 그 짐승은 전혀 눈치 채지 못하고 있는 것과 같이 예레미야를 해치려고 했다(19절). 아직 결혼도 하지 않았을 때에 죽여 없애 그 이름조차 남지 않게 하자고 음모를 꾸몄다. 그에게 안전을 제공해야 할 고향이 그를 내몰았다.

(2) 이제 예레미야는 하나님께 무엇이라고 호소하는가? (20절)

예레미야는 자기를 내몰려고 하는 고향 사람들의 간계를 하나님이 해결해 주시기를 호소한다. 하나님의 보복(네카마, נְקָמָה)이 그들에게 임하는 것을 눈으로 보게 해달라고 기도한다.

(3) 왜, 그렇게 아나돗 사람들[1]이 예레미야를 죽이려고 음모를 꾸몄는가?

아마 예레미야는 유다 전체에 대해 종교적인 면이나 사회적인 악에 대해 강도 높은 비난을 했을 것이다. 이런 비난의 내용은 그 당시 유다 백성에게는 전혀 이해할 수 없는 일이었다. 따라서 자기 마을에 대해 명예를 실추시켰다고 생각했을 것이다. 그 외에도 또다른 직접적인 이유가 있었을 것이다. 그러나 이 일은 너무 위험했기에 하나님은 예레미야에게 이 사실을 알리셨다(18절). 아나돗 사람들은 "여호와의 이름으로 예언하지 말라"고 예레미야를 위협했다. 이제 하나님께서 아나돗 사람들에게 내리시는 징벌의 선언을 들어 보라. 하나님은 아나돗 사람에게 재앙을 내리실 것이다. 이들은 하나도 살아남지 못할 것이다(11:23).

(4) 다른 무엇보다 고향 사람들이 자신을 죽이려 음모를 꾸몄던 일은 예레미야에게는 괴로운 일이었을 것이다. 유다의 멸망을 선포하는 예레미야에게 당연히 고난이 뒤따랐다. 그가 당했던 일들을 찾아보자.[2]

2. 예레미야는 왜 하나님이 죄를 멈추도록 더 많이 역사하지 않으시는지를 궁금해 한다.

1) 에스라 2:23을 보라. 아나돗 사람들 128명이 포로에서 돌아왔다는 기록이 있다. 바벨론 포로에서 돌아온 것 같다.

2) 예레미야는 여러 번 죽을 뻔했던 고난이 있었다.

- 렘 20:1-3 / 차꼬(着錮)에 채여서.
- 렘 38:6 / 마른 우물에 갇혀서.
- 렘 38:13 / 시위대 뜰에 갇혀서.

(1) 예레미야는 악한 자들이 심판 받기를 바란다. 그런데 왜 사악한 자들이 잘 되는가? 그것을 궁금해 했다.

12:1 여호와여 내가 — 주와 변론할 때에는(when)
주께서 ——— **의로우시니이다**
그러나(אַךְ)
내가 ——— 주께 **질문하옵나니**
악한 자의 길이 — [어찌] **형통하며**
반역한 자가 —— 다 **평안함은 무슨 까닭이니이까**

"여호와여, 제게 불평할 때마다 언제나 주님이 옳으셨습니다. 그래도 정의의 문제에 대해서 주께 드릴 말씀이 있습니다. 어찌하여 악한 사람은 모든 일이 뜻대로 잘 되어 나갑니까? 어찌하여 속이며 배반하는 사람이 그렇게 편안하게 삽니까?"(쉬운성경) - 이는 하박국이 하나님께 드린 질문과 같은 내용이다.

(2) **이런 질문은 같은 시대에 사역했던 하박국 선지자의 메시지에서도 나타난다.** 여호야김이 애굽의 꼭두각시 왕으로 11년을 통치하는 동안 유다는 엄청난 수렁으로 빠져들었다. 여호야김은 왕궁을 더 크게 짓기 위해 백성들에게 고역을 시키고, 선지자들을 죽이려 하는 등 악으로 치달았다. 백성들은 개혁 운동의 열기를 잃어가고 다시 옛길로 돌아섰다. 의인이 핍박을 받고 악인이 득세하는 세상이 지속되었다. 그런데도 하나님은 침묵하고 계시지 않는가! 하박국이 일어나 하나님께 질문한다.[1)]

3. 하박국 선지자의 탄식 중 첫 질문은 이렇다.

합 1:2 여호와여!
내가 **부르짖어도**(שִׁוַּעְתִּי) - 피엘 동사 완료
주께서 **듣지 아니하시니**
어느 때까지리이까(עַד־אָנָה) - 문장 맨 앞에 나와 있다.
내가 강포(하마쓰, חָמָס)로 말미암아 **외쳐도**(자아크, זָעַק)
주께서 **구원하지**(תוֹשִׁיעַ - 히필 미완료) **아니하시나이다**

(1) "어느 때까지리이까"(How long, עַד־אָנָה) - 문장 맨 앞에 나와 그 뜻이 강조되어 있다. '얼마나 오랫동안'이라는 의미이다. 사람들은 하나님께서 응답하시기까지 얼마나 오래 걸릴 것인지를 물었다(합 1:2; 시 13:1-2).

(2) 선지자는 여호와께 부르짖었다. '샤와'(שָׁוַע)의 피엘 동사로 쓰였다. (도와달라고) 아주 간절히 부르짖었다는 말이다. 이 동사는 피엘형(강조 능동)으로만 쓰였는데, 그 행위가 강력함을 보여준다. 그렇게 아주 간절히 부르짖었는데도 하나님께서 듣지 않으셨다는 것이다. 그래서 '언제까지 들어 주지 않으십

1) 이미 앞에서 여러 번 살핀대로 요시야의 등장으로(주전 640-609년) 유다는 다시 상승곡선을 그린다. 조부(祖父) 므낫세의 정책을 뒤엎고 과감한 개혁정책을 펼쳤기 때문이다. 그러나 그러한 개혁정책도 한계에 부딪쳤다. 그의 정책이 모든 사람에게 환영을 받은 것이 아니었다. 결국 강력한 개혁 정책이 외적 조치들로만 만족하려는 경향을 띠었다. 민족의 정신적 삶에 깊은 영향을 미치지 못하였다. 따라서 진정한 삶의 변화는 없고 단지 제의 활동만을 활발하게 하는데 그치고 있었다(렘 6:16-21).
<동교재, 하박국, 1장>

니까' 라고 울부짖는다. 우리는 여호와께 부르짖을 수는 있으나 응답을 받지 못할 때가 있다(욥 19:7, 30:20; 시 18:41).

4. 예레미야는 자신의 심판 예언이 이루어지지 않고, 자신은 계속 조롱을 당하자(6절, 심지어는 형제들과 친척까지도) **하나님께 불평(?)한다. "언제까지~?"**

12:2 주께서 그들을 **심으시므로(נְטַעְתָּם)** - 나타(נָטַע) plant - 칼 완료 2단 - 3인칭 복수
그들이 **뿌리가 박히고 장성하여** 열매를 **맺었거늘**
그들의 입은 주께 **가까우나** 그들의 마음은 **머니이다**

(1) 예레미야는 행악자는 심판을 견디지 못할 것이라고 예언했지만, 아직도 주위에는 악인이 득실거린다. 그래서 하나님께 질문을 드린다. '주님께서 그들을 나무를 심듯이 심으셨기 때문에 그들이 뿌리를 내리고 자라며 열매도 맺었다'는 것이다. 그런데, 이들은 말로는 주님과 가깝다고 하지만, 마음은 주님으로부터 멀리 떨어져 있다는 것이다. 그러니, 저런 놈들은 양처럼 죽일 날을 정하시고 따로 떼어 놓으시라는 것이다. "언제까지 이 땅이 슬퍼하며 온 지방의 채소가 마르리이까 짐승과 새들도 멸절하게 되었사오니"(4절상*) 그렇게 된 것은 "이 땅 주민이 악하기 때문이다." 그들은 스스로 말하기를 "하나님은 우리의 일을 내려다보시지 않는다"(4절)라고 말한다. 이런 일은 한 개인의 문제가 아니라 나라의 운명이 달려 있는 문제이기 때문에 예레미야는 더욱 조급하다. 예레미야는 지금 당장이라도 악인들에게 심판이 떨어지기를 바라고 있다(렘 11:20*).

- 렘 12:4 "이 땅에 사는 사람의 잘못으로 짐승이나 새가 없어져야 되겠습니까?"(공동)
- 렘 11:20 "공의로 판단하시며 사람의 마음을 감찰하시는 만군의 여호와여 나의 원통함을 주께 아뢰었사오니 그들에게 대한 **주의 보복을 내가 보리이다 하였더니.**"

(2) 이런 불평에 대해 하나님의 대답은 더욱 놀랍다.

12:5 만일(If, כִּי) 네가 보행자와 함께 달려도 피곤하면
[너는] **어찌 능히 경주하겠느냐**
/말과
네가 평안한 땅에서는 무사하려니와
어찌하겠느냐
/요단 강 물이 넘칠 때에는

6절은 그 이유를 설명한다. "심지어는 네 형제들과 친척까지도 너를 배신하고 너를 욕하지 않느냐 그러므로 그들이 너에게 다정하게 말을 걸어와도 그들을 믿지 말아라."

(3) 지금 예레미야는 사람과 경주를 하고 있는 것과 같은 형국이다. 그런데 지금 피곤해 한다면, 앞으로 말과 달릴 경우에는 어떻게 할 것인가? 즉 이렇게 작은 문제로 걸려 넘어진다면, 앞으로 보다 큰 문제가 닥치면 어떻게 할 것인가? 만약 안전한 땅에서도 걸려 넘어졌다면, 요단 강 깊은 덤불 속에서는 어떻게 살겠느냐?

폐허가 되어버린 땅, 여호와의 분노(12:7-13)

느부갓네살(605-562)

▶ 나보폴라살(바벨론 초대 왕)은 앗수르와 애굽 동맹군을 격퇴했다(609년). 그리고 3년간 마지막 앗수르 요새인 갈그미스(Carchemish)로 가서 앗수르 군대를 격파했다(605년). 갈그미스 전투의 승리는 그의 아들이자 군사령관이었던 느부갓네살(두 번째 왕, 605-562)이 이룬 것이었다. 이후 다니엘을 포함한 포로들을 끌고갔다. - 이것이 1차 포로이다.

1. 앞에서 예레미야의 탄식(11:18-12:6)에 이어 심판을 받아 폐허가 된 땅을 향한 하나님의 탄식이 나타난다.

(1) 앞에서 살펴보았듯이 갈그미스 전투(605년) 후, 몇 년이 지나서 바벨론 왕 느부갓네살은 잠재적으로 남아 있는 애굽의 느고를 치기 위해 애굽의 국경까지 진격한다(주전 601년). 그러나 양편이 많은 사상자를 내고 성공하지 못한다. 애굽이 세운 꼭두각시 여호야김은 그 동안 애굽에다 많은 조공을 바쳐왔다. 그러나 갈그미스 전투에서 승리한 느부갓네살은 유다를 봉신으로 만들고 애굽에다 바쳐야 했던 조공을 바벨론에게 바치게 했다. 그래서 여호야김은 3년 동안 느부갓네살의 종이 되었다. 그리고 그 뒤에 느부갓네살을 반역한다(렘 46:14-28 참조).

12:7 내가 ─ 내 집을 **버리며** 내 소유를 **내던져**
　　　　 └ 내 마음으로 사랑하는 것을 그 원수의 손에 **넘겼나니**

8 내 소유가 ─ 숲속의 사자(아리, אֲרִי) 같이 되어서
　　　　　 └ 나를 향하여 그 소리를 내므로

[그러므로]
내가 ──── 그를 **미워하였음이로라**

9 내 소유가 ── 내게 대하여는 무늬 있는 매가 아니냐
매들이 ──── 그것을 에워싸지 아니하느냐
너희는 ─── 가서 들짐승들을 모아다가 그것을 삼키게 하라

10 많은 목자가 ─ 내 포도원을 **헐며**
　　　　　　 ├ 내 몫을 **짓밟아서**
　　　　　　 └ 내가 기뻐하는 땅을 **황무지로 만들었도다**

7절 - 하나님은 내 집, 내 이스라엘 백성을 버리셨다고 말씀하신다. 하나님이 사랑하시는 백성을 원수들에게 넘기셨다.

8절 - 그랬더니 백성들이 이제 숲속의 사자처럼 변해서 하나님을 향해 으르렁거렸다는 것이다.

9절 - 내것으로 삼았던 내 백성이 사나운 매에게 둘러싸인 새와 같이 되어버렸다. 모든 들짐승들을 모아서 이 새를 뜯어 먹게 하여라.

10절 - 많은 목자(?) - 이방인의 통치자가 내 포도원을 망쳐놓았다.

(2) 이스라엘의 부패는 결국 이방인의 침략을 받는 것으로 나타났다. 하나님은 자신의 성전과 자신의 소유인 이스라엘 백성을 이방인의 손에 넘기셨다. 대적의 손에 넘기셨다는 말이다. 내 백성(소유)을 포기하셨다는 말이다(I have abandoned My inheritance). 버리고(עָזַבְתִּי - 칼 완료 1인칭 단수), 내던지고(נָטַשְׁתִּי ~ 한 상태로 놓아두다), 넘기셨다(נָתַתִּי - 여기서는 권력이나 지배를 넘겨주다)는 것이다. 물론 이스라엘은 적들의 수중에서 엄청난 수난을 겪는다.

(3) 그랬더니, 내 소유가, 즉 내 백성이 숲속의 사자 같이 되어서 여호와께 덤벼들

었다는 것이다. 사자는 잔인성과 사나움의 상징이다. 지금 유다 백성의 모습이다. 그래서 하나님은 백성을 미워하셨다(שְׂנֵאתִיהָ,[1] Therefore I have come to hate her.)고 했다.

(4) 하나님의 백성(나의 소유 - נַחֲלָתִי[2])은 무늬 있는(차부아, צָבוּעַ - 구약성경에서는 여기서만 1회 사용됨) 매가 되었다. 그런데 사나운 매들이 그 무늬 있는 새를 에워싸며 공격하려 한다. 이 사나운 매는 유다를 괴롭히는 바벨론을 가리킨다. "모든 들짐승들이 그 새를 뜯어먹게 하여라."

(5) 10절의 '많은 목자(רֹעִים)'는 누구를 가리킬까? <표준새번역>은 '이방 통치자들'로 번역했다. 렘 2:8, 23:1-4을 근거로 하여 유다의 통치자(목자)로 보기도 하나 문맥의 흐름으로 보아 여기서는 이스라엘을 공격하여 그 땅을 황폐케 한 이방 통치자들을 가리키는 것 같다. 왕하 24:1-2를 읽어보자. 이때의 상황이니까.

(6) 11절을 계속 보자. "그들이 이를 황폐하게 하였으므로 그 황무지가 나를 향하여 슬퍼하는도다 온 땅이 황폐함은 이를 마음에 두는 자가 없음이로다." '황무지가 된 땅이 나를 향하여 슬퍼한다.'(אָבְלָה עָלַי שְׁמֵמָה) - "온 땅이 황무지로 변하여 슬픔을 토해 내건만" - 쉬운성경)

2. 유다는 지금 바벨론의 느부갓네살의 군대가 휩쓸고 지나갔다. 땅이 황폐화 되었다. 백성들은 두려움에 떨고 있다. 땅의 소출도 없어졌다. 왜 이런 일들이 일어났을까?

> 12:12 파괴하는 자들이 — 광야의 모든 벗은 산 위에 **이르렀고**
> //(for, כִּי) - 이렇게 된 원인이 어디에 있을까?
> 여호와의 칼이 — 땅 이 끝에서 저 끝까지 삼키니(=켰기 때문이다)
> 모든 육체가 — '평안하지 못하도다'(אֵין שָׁלוֹם)
> (There is no peace for anyone)

(1) 황폐함은 백성들의 생존을 위협했다. "백성이 밀을 심어도 가시를 거두며, 지치도록 수고하여도 아무런 유익이 없고 거둔 것이 너무 적어 부끄러움을 당하는구나." 그 이유가 무엇일까? "이는 여호와의 분노(하론, חֲרוֹן)로 말미암음이니라." '분노'(fierce anger)란 단어 '하론'은 '맹렬함, 격노, 격분' 등의 뜻으로 하나님에 대해서만 사용되었다(출 15:7; 겔 7:12; 호 11:9 - 맹렬한 진노). 그러면, 언제까지 여호와의 분노가 계속될 것인가? 그러나 곧 뒤이어 회복의 역사가 있을 것임을 보여주고 있다(렘 12:14-17).

1) 샤네(שָׂנֵא) 칼 완료, 1인칭 - 대명사 3인칭 여성 단수 / 미워하다. - 사랑의 반대말이다.

2) 나하라[נַחֲלָה] - 소유, 재산, 상속물, 상속재산, 유산(inheritance), 물려 받은 것(heritage) / 여기서는 하나님의 백성을 가리킨다.

3) 분사형으로 '로에'는 양치는 사람(shepherd)을 가리킴. 복수

Many pastors - KJV
Many shepherds - NASB, NIV
목자들 - 공동번역

(2) 하나님은 예레미야에게 이 교만한 백성을 뽑아 내리라고 말씀하신다.

> 12:14 여호와께서 이와 같이 **말씀하시니라**
> /나의 모든 악한 이웃에 대하여(이스라엘을 침범한 악한 이웃나라에게)
> /손을 대는 (הַנֹּגְעִים - 칼, 분사형, who strike)
> /소유(בַּנַּחֲלָה)에(at the inheritance) - 땅을 가리킴
> /내가 내 백성 이스라엘에게 기업으로 준
> /보라(Behold, הִנְנִי)
> 내가 ┬ 그들을 그 땅에서 **뽑아 버리겠고**
> └ 유다 집을 그들 가운데서 **뽑아 내리라**(אֶתּוֹשׁ - 칼 완료)[1]

하나님은 유다를 그 땅에서 데려가시고, 유다의 악한 이웃(악한 나라)도 그들의 땅에서 데려가실 것이다.

1) 나타쉬(נָתַשׁ) - 잡아 뽑다, 근절하다, 멸망시키다 / 이스라엘을 심판하신 후 더 이상 뽑지 않으실 것이라고 하셨다(렘 31:28; 암 9:15).

(3) 그러나 하나님의 진노는 유다의 멸절이 목적이 아니다(신 30:1-10; 호 11:1-9).

> "내가 그들을 뽑아 낸 후에 내가 돌이켜 그들을 불쌍히 여겨서 각 사람을 그들의 기업으로, 각 사람을 그 땅으로 다시 인도하리니(=돌려 보내리니)"(15절).

(4) 하나님은 이방인들도 백성의 도를 부지런히 배우기를 원하신다. 하나님은 유다를 포로지에서 회복시켜 주실 뿐만 아니라 유다를 잡아갔던 이방인들도 회복시키실 것이라고 말씀하신다. 이제라도 '여호와의 살아 계심을 두고 맹세하면' 그들도 내 백성 이스라엘과 함께 살도록 하시겠다는 것이다. 그러나 "그들이 순종하지 아니하면 내가 반드시 그 나라를 뽑으리라 뽑아 멸하리라"(17절).

Think

- 이스라엘과 유다는 하나님 앞에 어떤 백성인가? 하나님은 열방 중에서 이들을 부르시고 하나님의 자녀로 삼으셨다. 당연히 이들은 여호와께 순종하고 그의 백성이 되어야 했다. 그렇게 할 때 하나님은 이들의 하나님이 되시고, 이들은 여호와를 열방에 전하는 제사장의 나라가 될 것이었다. 번영과 축복도 약속하셨다. 그런데 지금 이들은 바벨론 포로로 끌려갈 것이라는 경고를 받고 있다.

- 이들은 (시내산) 언약을 파기했다. 이들의 부패는 결국 이방인의 침략을 불러들인다. 아니, 하나님은 자신의 소유인 이스라엘 백성을 대적의 손에 넘기셨다. 자신의 백성(소유)을 포기하셨다는 말이다. 물론 영원히 버리지는 않을 것이지만 이들이 당해야 하는 고통은 상상을 초월할 것이다. 우리는 지금, 무엇을, 어떻게 살아가야 할까? 우리는 '그래도 이스라엘 백성보다는 더 낫다'고 생각할지도 모른다. '정말 그럴까?'

허리 띠, 깨뜨려진 술 항아리(13:1–27)

여호와께로부터 받은 메시지를

행위나 이미지로 나타냄

① **베 띠(13:1-11)**
② 깨뜨려진 술항아리 (13:12-14)
③ 극심한 가뭄(14:1-15:21)
④ 외로움(16:1-21)
⑤ 토기장이 (18:1-23)
⑥ 깨어진 옹기(19:1-13)

지금 예레미야는 하나님으로부터 황당한(?) 주문을 받는다. 좀처럼 반응을 보이지 않는 유다 백성들에게 약간은 충격적인 요법이 필요하다. 그래서 하나님은 예레미야에게 베로 만든 띠를 하나 사오라고 명령하신다. 상징적인 행동이다. "너는 사서 네 허리에 띤 띠를 가지고 일어나 유브라데로 가서 거기서 그것을 바위 틈에 감추라 하시기로." 그는 그대로 순종했고, 상당한 기간이 지나 그것을 다시 가져오게 하셨다. 무슨 상징적 행동일까?

1. 하나님의 백성, 이스라엘과 유다는 하나님 앞에 너무 교만했다. 예레미야는 부지런히 회개를 외쳤지만 반응이 없었다. 그래서 극단적인 상징적 행동을 통하여, 관심을 이끌어 내려하신다. 하나님은 어떤 명령을 내리셨는가? 1-4절을 읽어보자.

- 너는 가서 베 띠(waistband)를 사서 네 허리에 띠고 물에 적시지 말라(1절).
- 그래서 말씀대로 띠를 사서 내 허리에 둘렀다(2절)
- 하나님의 말씀이 다시 예레미야에게 임했다(3절)

  "너는 사서 네 허리에 띤 띠를 가지고 일어나 유브라데(페라트[1])로 가서 거기서 그것을 바위 틈에 감춰라"(4절)

- 그래서 하나님의 명령하신 대로 가서 그것을 유브라데 물 가에 감추었다(5절).

여러 날 후에(after many days)[2]

- 일어나 유브라데로 가서 내가 네게 명령하여 거기 감추게 한 띠를 가져오라(6절).
- 예레미야가 유브라데로 가서 그 감추었던 곳을 파고 띠를 가져왔더니
- 띠가 습기, 벌레 등으로 썩어서 쓸 수 없게 되었다.

2. 이 상징적 행위가 의미하는 바가 무엇인가? 하나님께서 그 의미를 설명해 주신다. "여호와의 말씀이 내게 임하니라 **이르시되**"(8절)

13:9 여호와께서 이와 같이 **말씀하시니라**
내가 ········ 이같이 **썩게 하리라(אַשְׁחִית)**-שָׁחַת의 히필 미완료1인칭
/유다의 교만과 예루살렘의 큰 교만을

(1) 이런 실물 교훈을 주신 것은 "이 악한 백성이 ① 내 말 듣기를 거절하고 ② 그 마음의 완악한 대로 행하며 ③ 다른 신들을 따라 그를 섬기며 그에게 절하니

1) 페라트(פְּרָתָה) - 아나돗에서 유브라데까지는 왕복 700마일. 그래서 어떤 학자들은 유브라데가 아나돗에서 가까운 거리에 있는 와디 파라(Wadi Farah)라고 주장한다. 아니면 예레미야에 의하여 '유브라데'라고 지명된 특정한 장소일 수도 있다.

2) רַבִּים יָמִים days מִקֵּץ after

רַבִּים(many) - 라브(רַב)의 형용사 남성 복수 / רַב는 시간에 관해 사용될 때 '긴, 오랜(long)'이란 의미이다(창 21:34; 신 1:6, 2:1, 20:19).

렘 13:4 너는 사서 네 허리에 띤 띠를 가지고 일어나 유브라데로 가서 거기서 그것을 바위 틈에 감추라 하시기로 5 내가 여호와께서 내게 명령하신 대로 가서 그것을 유브라데 물 가에 감추니라

◀
이 악한 백성이 내 말 듣기를 거절하고 그 마음의 완악한 대로 행하며 다른 신들을 따라 그를 섬기며 그에게 절하니 그들이 이 띠가 쓸 수 없음 같이 되리라

그들이 이 띠가 쓸 수 없음 같이 되었기" 때문이라고 설명하신다. 백성의 죄가 많지만 그 중에서도 교만이 가장 큰 문제였다.

(2) 설명이 계속된다. "여호와의 **말씀이니라**" 11절에서 유다가 쓸 수 없는 띠 같이 된 이유를 설명하고 있다.

11절 //(이유, for, כִּי)
내가 ―― 내게 속하게 하여(=하였으나)
　　/이스라엘 온 집과 유다 온 집으로
　　/띠가 사람의 허리에 속함 같이
//(목적: לְ, that...might)
그들로 ―― 내 백성이 되게 하며
　　　└― 내 이름과 명예와 영광이 되게 하려(하였으나)(=고)
그들이 ―― 듣지 아니하였(느니라)(=기 때문에)

이스라엘의 존재 목적은 무엇인가? 왜 하나님은 이들에게 깊은 관심을 갖고 역사하시는가?

(3) 띠가 사람의 허리를 동여매듯이, 하나님은 이스라엘 온 백성과 유다 온 백성을 단단히 동여매어서 그들을 내 백성으로 삼아, 하나님의 이름을 빛내게 하고 찬양과 영광을 돌리게 하려 했으나 백성은 하나님의 말을 들으려고도 하지 않았다는 것이다.

• 하나님께서 이스라엘을 애굽에서 이끌어내신 목적은 제사장의 나라로 만드시기 위해서였다(출 19:6, "내 언약을 지키면, 소유/제사장 나라/백성이 되게 할 것이다). 그러나 이들은 교만으로 순종하지 않았고, 따라서 이 썩은 허리 띠처럼 온전히 쓸모 없는 존재가 되어버렸다.

◀ 하나님은 자기의 백성을 버리실 수 있을까?

• 버릴 수 있다고 분명하게 말씀하신다. 허리 띠는 가장 개인적인 물건이다. 따라서 주인이 가장 아끼는 물건이다. 그러나 너무 더러워졌다면 더 이상 쓸모가 없어 갖다 버려야 한다. 지금 이 백성은 썩은 허리 띠와 같이 되어버렸다. 버림을 당해야 한다. 아니, 버리신다고 선언하신다.

포도주 항아리를 말한다.

"모든 가죽부대가 포도주로 차리라" – 속담 (13:12–14)

여호와께로부터 받은 메시지를

행위나 이미지로 나타냄

① 베 띠(13:1-11)
② 깨뜨려진 술항아리 (13:12-14)
③ 극심한 가뭄(14:1-15:21)
④ 외로움(16:1-21)
⑤ 토기장이 (18:1-23)
⑥ 깨어진 옹기(19:1-13)

▶ 포도주가 술병에 채워지는 것처럼, 주정꾼이 서로에게 달려들어 싸우게 마련이다. 백성들이 하나님의 말씀을 익살(joke)로 잘 받아넘긴다.

▶ 하나님은 그들로 하여금 잔뜩 취하여 서로 대적케 하려 하신다. 그래서 각계 각층이 서로 반목케 하실 것이다. 심지어 부자지간에도 반목 질시하게 만드실 것이다. 즉 사회 전체 구조를 파괴시키겠다는 말씀이다.

1. 이번에는 잠언(속담)을 인용하여 백성의 문제점을 드러낸다.

13:12 /그러므로(ㄱ)
너는 — 이 말로 그들에게 이르기를
/이스라엘의 하나님 여호와의 말씀에
'모든 가죽부대가 포도주로 차리라' 하셨다 하라

당시 유대인들이 잘 아는 통속적인 속담이다. 예레미야로부터 이 말을 듣자 이미 우리가 잘 아는 말이라고 대꾸한다.

/(그리하면)
그들이 네게 이르기를 (...하리니)
/ **'모든 가죽부대가 포도주로 찰 줄을 우리가 어찌 알지 못하리요'**

13 너는 다시 그들에게 **이르기를**
/여호와의 말씀에 보라!
/내가 — 잔뜩 취하게 하고
/이 땅의 모든 주민과 다윗의 왕위에 앉은 왕들과
제사장들과 선지자들과 예루살렘 모든 주민으로

모든 사람을 술에 잔뜩 취하게 하여

14 /[내가] — 또 충돌하여 상하게 하되
/그들에게 각 사람이
그러하게 할 것이라
/부자 사이에도

서로 부딪치고 깨지게 하겠다. 부자 사이에도 불화하게 하겠다.

/내가 — 그들을 불쌍히 여기지 아니하며
사랑하지 아니하며
아끼지 아니하고
멸하리라 하셨다 하라

진노의 술잔, 이는 하나님의 진노와 저주의 표현이다(출 25:15 참조)

2. 이렇게 모두가 주정꾼이 되어 사회 전체가 파괴된다. 하나님은 그들을 불쌍히 여기지 아니하실 것이다. 자비를 베풀지도 아니하신다. 이들을 멸망시키실 것이라고 선언하신다. 사회 구조가 전체적으로 파괴된다. 이미 나라가 아니다. 무질서의 나라, 결국은 파멸한다.

교만한 자들에 대한 심판(13:15-27)

1. [교만에 대한 최후의 경고](15-19절) - 자만심에 대한 경고

13:15 너희는 — **들을지어다,**
— **귀를 기울일지어다,**
— **교만하지 말지어다,**

여호와께서 말씀하시는 것이니까 거만을 떨지 말고 귀 기울여 잘 들어라

//(for) 여호와께서 — (이같이) 말씀하셨음이라(=기 때문에)

16 [너희는] — 너희 하나님 여호와께 영광을 **돌리라(תְּנוּ)** - נָתַן의 칼, 명령
/그가 어둠을 일으키시기 전,
/너희 발이 어두운 산에 거치기 전,
/너희 바라는 빛이 사망의 그늘로 변하여 침침한 어둠이 되게 하시기 전에

"너희가 빛을 원해도 주께서는 빛을 어둠으로 바꾸시고 짙은 그늘로 바꾸실 것이다"(16절하, 쉬운)

(1) "[너희는] 너희 하나님 여호와께 영광을 돌리라." 렘 11:14에서는 이들을 위하여는 기도도 하지 말라고 하셨으나 자만심에 가득 차 있는 자들에게 다시 한 번 교만하지 말 것을 경고하신다. 만약 "너희가 이를 듣지 아니하면"(17절) 너희의 교만 때문에 "내 심령은 숨어서 울고 통곡하고 내 눈에 눈물이 마르지 않을 것이다." 물론 예레미야는 이들이 자신을 낮추는 일이 결코 없을 것이기에, 그래서 적군에게 포로로 끌려갈 것이기에 울지 않을 수 없다(4:19, 20, 8:18, 19, 9:1 참조). 이는 또한 하나님의 눈물이다. 하나님의 마음이 편치 않으시다.

(2) 백성들이야 그렇다고 해도, 궁정은 어떨까? 부패하기는 그곳도 마찬가지이다. 아니, 그곳이 부패의 진원지이다.

13:18 너는 **전하기를**
/왕과 왕후에게
/[당신들은] — **스스로 낮추어, 앉으라**
//(for) 관 곧 영광의 면류관이 내려졌다(=기 때문에)

여기 왕과 왕후는 누구일까? (왕하 24:8이하)

(3) 네겝(유다 남쪽 지역)의 성읍들이 포위되었다. 그 포위망을 뚫어줄 사람이 없다. 결국 유다가 다 잡혀가되 한 사람도 남김없이 사로잡혀 갈 것이다(19절). 여호야긴이 즉위한 지 3개월 뒤 바벨론 왕 느부갓네살이 다시 예루살렘을 포위한

여호야긴

• 왕하 24:8 "여호야긴이 왕이 될 때에 나이가 십팔 세라 예루살렘에서 석 달간 다스리니라 그의 어머니의 이름은 느후스다요 예루살렘 엘라단의 딸이더라 •9 여호야긴이 그의 아버지의 모든 행위를 따라서 여호와께서 보시기에 악을 행하였더라 •10 그 때에 바벨론의 왕 느부갓네살의 신복들이 예루살렘에 올라와서 그 성을 에워싸니라 •11 그의 신복들이 에워쌀 때에 바벨론의 왕 느부갓네살도 그 성에 이르니 •12 유다의 왕 여호야긴이 그의 어머니와 신복과 지도자들과 내시들과 함께 바벨론 왕에게 나아가매 왕이 잡으니 때는 바벨론의 왕 여덟째 해이라."

Close-up

⑲ 여호야긴

여호야김의 아들 고니야, 또는 여고냐라고도 불림
왕하 24:8-17 / 대하 36:9-10
597 B.C. (3개월 10일간) - 바벨론 포로로 끌려감

<동교재, 열왕기하(272)에서 설명을 가져옴>

침략당하고, 포로로 끌려가고(왕하 24:8-17)

1. 여호야김은 바벨론의 지배로부터 벗어나려고 몸무림쳤다. 바벨론의 느부갓네살이 애굽을 정복하는 데 실패하자(601년) 이에 용기를 얻어서였을까, 유다는 독립을 위한 투쟁을 한다. 그러나 역부족이었다. 화가 난 느부갓네살은 갈대아인, 수리아인, 모압인, 암몬인으로 구성된 부대를 유다에 파견한다(왕하 24:2).

• 왕하 24:1 "여호야김 시대에 바벨론의 왕 느부갓네살이 올라오매 여호야김이 **삼 년간 섬기다가 돌아서 그를 배반하였더니** 2여호와께서 그의 종 선지자들을 통하여 하신 말씀과 같이 갈대아의 부대와 아람의 부대와 모압의 부대와 암몬 자손의 부대를 여호야김에게로 보내 유다를 쳐 멸하려 하시니"

• 왕하 24:3 "이 일이 유다에 임함은 곧 여호와의 말씀대로 그들을 자기 앞에서 물리치고자 하심이니 이는 므낫세의 지은 모든 죄 때문이며 4 또 그가 무죄한 자의 피를 흘려 그의 피가 예루살렘에 가득하게 하였음이라 여호와께서 사하시기를 즐겨하지 아니하시니라."

2. 3년 후 바벨론의 **느부갓네살은 유다를 공격해 여호야긴을 쇠사슬로 묶어 바벨론으로 끌고 갔다.** 그러나 여호야김은 성 공격이 시작될 때 죽었을 가능성도 있다(렘 22:18-19, 36:30 참조). 그는 여호와 앞에 악을 행했다고 했다. 여호야김이 죽고 뒤를 이어 그의 아들 **여호야긴이 18세의 나이로 왕위에 올랐으나**(왕하 24:6) 그 역시도 여호와 보시기에 **악한 일을 했다.**

3. 여호야긴이 즉위한 지 3개월 뒤 바벨론 왕 느부갓네살이 다시 예루살렘을 포위하여 점령한다(왕하 24:10-17). 느부갓네살은 여호야긴을 비롯하여 황후, 왕자, 신복 등 나라의 유력한 자들을 많이 끌고 갔다. 그 중에는 용사 7천과 기술자 1천 명이 포함되었다(왕하 24:15). 나라가 완전 폐허화되었다. 게다가 느부갓네살은 여호와의 성전에 있던 기구들을 빼앗아 바벨론으로 가져가 자기 왕궁에 두었다(대하 36:6-7). 그리고 솔로몬이 성전에서 사용했던 금그릇을 다 깨뜨려버렸다.

4. 이 사건에 대해 하나님은 예레미야를 통해 다음과 같이 말씀하신다.

• 렘 15:7 "내가 그들을 그 땅의 여러 성문에서 키로 까불러 그 자식을 끊어서 내 백성을 멸하였나니 **이는 그들이 그 길에서 돌이키지 아니하였음이라.**"

결국 여호야긴의 멸망은 다윗 왕조의 멸망을 의미한다는 것이다. 예레미야 22:24, 25, 30을 읽어보라.

5. 여호야긴을 잡아가고 대신 그의 숙부요 요시야의 아들인 시드기야(맛다니야)를 대신 왕으로 세웠다. 그러나 여호야긴은 일평생 바벨론 왕궁에서 비교적 후한 대접을 받았다(왕하 25:27-30). 포로라기보다는 국가의 귀빈처럼 국가 연금을 받으며 오랫동안 살았다(왕하 25:27-30). 백성들도 그를 다윗의 왕권을 가진 왕으로 인정했다. 에스겔도 본래는 그때에 잡혀간 포로 중 한 사람이었다. - 제 2차 포로(597년) (*)

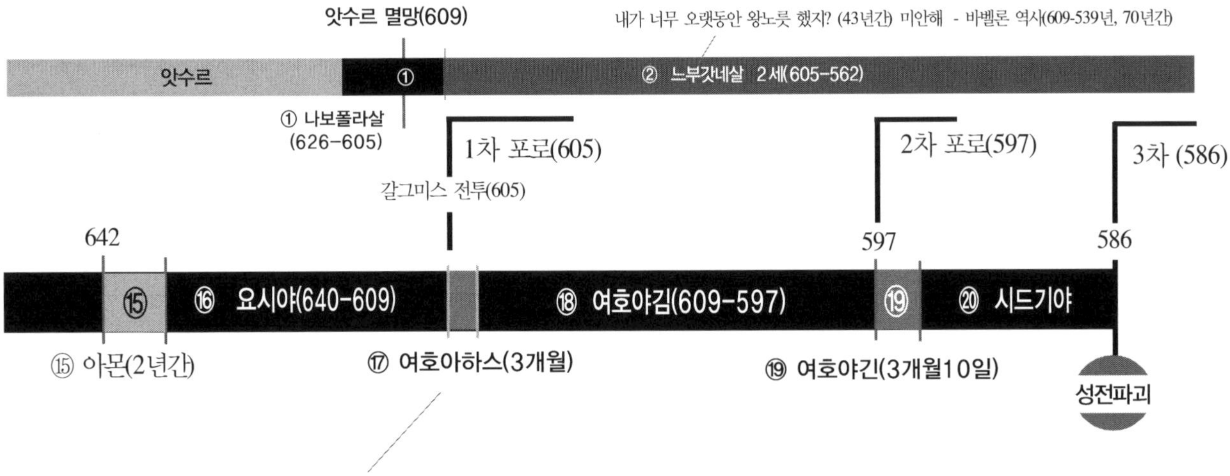

여호아하스(Jehoahaz)

▶ 므깃도에서 애굽의 북진(北進)을 막으려던 요시야 왕이 애굽의 느고 2세에 의해 죽임을 당하자(609 B.C.) 유다의 지방 귀족들은 둘째 아들인 여호아하스(Jehoahaz)를 왕으로 삼았다(23세).

• 보수주의 유다 집단에서는 이 후계자가 요시야의 정책을 계속하여 주기를 바랐을 것이다. 그러나 3개월뿐이었다. 왜냐하면 요시야 왕을 죽인 바로 느고(Necho)가 여호아하스를 제거하고 그의 형인 엘리아김(Eliakim)을 왕으로 삼았기 때문이다. 그리고 그의 이름을 여호야김으로 고쳤다.

▶ 쓰러져가는 앗수르를 돕기 위해 출정했던 애굽의 느고는 어떻게 되었을까?

• 앗수르는 하란을 마지막 보루로 안간힘을 쓰고 있었다. 그런 앗수르를 돕고, 바벨론의 세력이 부활하는 것을 막으려고 애굽 왕 느고는 하란으로 출정했지만, 요시야 때문에 실기(失期)했는지 그의 지원은 성공을 거두지 못한다. 결국 하란은 바벨론 왕 나보폴라살과 그의 아들 느부갓네살에 의해 점령된다(609 B.C.).

• 그러나 바벨론은 아직 서쪽 지역에 손을 쓰지 못한다. 따라서 애굽은 재빨리 수리아 지역과 팔레스틴 지역을 완전 장악하게 된다. 애굽 왕 느고는 여호아하스(='살룸'으로 알려져 있음)가 마음에 들지 않았을 것이다. 아마 충성스럽지 못하다고 생각했던 것 같다. 게다가 유다가 반역을 일으킬지도 모른다고 생각한 느고는 여호아하스를 애굽으로 끌고가 죽게 만든다.

▶ 이때 예레미야 선지자의 메시지를 들어보자. 이때의 메시지가 22:10이하의 내용이다.

• 렘 22:10 "너희는 죽은 자(=요시야 왕)를 위하여 울지 말며 그를 위하여 애통하지 말고 잡혀간 자(=애굽으로 끌려간 여호아하스)를 위하여 슬피 울라 그는 다시 돌아와서 그 고국을 보지 못할 것임이니라"

▶ 결국 유다는 애굽의 속국이 되어 버렸다. 유다는 애굽에 은 100달란트(약 3.43톤)와 금 한 달란트를 벌금으로 물었다. 여호야김 때에도 조공을 바쳤다. 물론 여호야김은 백성에게 무거운 짐을 지게 했다. 그는 백성에게 많은 은과 금을 징수했다(왕하 23:35).

• 갈그미스 전투에서 승리한 느부갓네살은 내친 김에 서쪽으로 진군해 유다까지 쳐들어와 예루살렘을 정복하고(여호야김 때) 많은 포로들을 끌고갔다(1차 침공). 이때 에스겔, 그리고 다니엘과 그의 친구들도 함께 끌려갔다. 그리고 597년에(여호야긴 때) 다시 유다를 침공했고, 시드기야를 꼭두각시 왕으로 앉힌다.

여호야긴(Jehoiakin)

▶ '내 이야기 하려고?' '옆 페이지에서 했는데?!.'
그러면, 예레미야 22:24 공부할 때 이야기 해보자.
'여호야긴의 이야기가 나오니까.'

"나의 삶을 두고 맹세하지만, 유다 왕 여호야김의 아들 고니야(여호야긴)야, 네가 나의 오른손의 도장 가락지라 하더라도 내가 너를 뽑아 버리고 말겠다. 나 여호와의 말이다"(렘 22:24).

• 왕하 24:11 "그의 신복들이 에워쌀 때에 바벨론의 왕 느부갓네살도 그 성에 이르니 12유다의 왕 여호야긴이 그의 어머니와 신복과 지도자들과 내시들과 함께 바벨론 왕에게 나아가매 왕이 잡으니 때는 바벨론의 왕 여덟째 해이라."

사건을 가리킨다(왕하 24:10-17). 느부갓네살은 여호야긴을 비롯하여 황후, 왕자, 신복 등 나라의 유력한 자들을 많이 끌고 갔다(왕하 24:1). "그가 또 예루살렘의 모든 백성과 모든 지도자와 모든 용사 만 명과 모든 장인과 대장장이를 사로잡아 가매 비천한 자 외에는 그 땅에 남은 자가 없었더라"(왕하 24:14).

2. 예레미야는 수사학적 질문으로 시온(=여인으로 의인화)에게 질문한다.

13:20 너는 —— 눈을 **들어 보라**
/북방에서 오는 자들을(=바벨론 군대, 8:16)
네게 맡겼던 양 떼, 네 아름다운 양 떼는 **어디 있느냐**

(1) 하나님이 네게 주신 양 떼(=유다 백성들을 가리킨다), 네가 자랑하던 양 떼는 지금 어디 있느냐? 그는 더 구체적으로 질문을 한다. "너의 친구 삼았던 자를 그가 네 위에 우두머리로 세우실 때에" 즉 바벨론은 한때 유다의 동맹국이었다(사 39:1-8 참조).[1] 게다가 바벨론은 여호야김 때에 3년이나 조공을 받아왔던 나라가 아닌가? "내가 그런 사람들을 너의 통치자로 세운다면 네 심정이 어떠하겠느냐? 네가 고통에 사로잡힘이 산고를 겪는 여인 같지 않겠느냐?"(21절)

(2) 그렇다면, 너 예루살렘은 마음으로 이르기를 "어찌하여 이런 일이 내게 닥쳤는고 하겠으나" "네 치마가 들리고[2] 네 발뒤꿈치[3]가 상함은 네 죄악이 크기 때문"이다(22절).

13:23 구스인이 —— 그의 피부를, **<변하게 할 수 있느냐>**
표범이 —— 그의 반점을 **변하게 할 수 있느냐**
(할 수 있을진대)
악에 익숙한 너희도 – 선을 **행할 수 있으리라**

(3) 검은 피부를 가진 구스인(에티오피아 사람)이 자신의 피부 색깔을 바꿀 수 있을까? 없다. 표범도 그의 반점(얼룩)을 변하게 할 수 있을까? 없다. 완전히 죄에 빠져 있는 유다인의 모습이 마치 이와 같다는 것이다. 만약 변하게 할 수만 있다면 죄악에 익숙해진 백성들도 선을 행할 수 있을 것이다. 예루살렘이 너무나 오랫동안 불충성과 무감각으로 인해 그들의 내적 성향을 도저히 바꿀 수 없기에 심판은 불가피하다는 것이다.

(4) 이제 예루살렘은 어떤 결과를 맞을 것인가?

1) 히스기야 왕 때, 그가 병들었다가 나았을 때, 므로닥발라단이 사신을 보내왔다.

2) 여인으로 인격화한 예루살렘의 치마가 들린다는 것은 수치스러운 행위요 불명예스러운 일이다(렘 13:22, 26; 나 3:5 - "보라 내가 네게 말하노니 만군의 여호와의 말씀에 네 **치마를 걷어 올려** 네 얼굴에 이르게 하고 네 벌거벗은 것을 나라들에게 보이며 네 부끄러운 곳을 뭇 민족에게 보일 것이요") 이 문구는 성적인 관계를 가리키는 완곡어법이다(레 18:6-19, 20:17).

3) 남녀의 몸중에서 특히 성기를 가리키는 완곡한 표현이다(신 28:57; 삼상 24:3).

16:7-8
그 죽은 자로 말미암아
슬퍼하는 자와 떡을 떼며
위로하는 자가 없을 것이며
그들의 아버지나
어머니의 상사를 위하여
위로의 잔을
그들에게 마시게 할 자가 없으리라

너는 잔칫집에 들어가서
그들과 함께 앉아 먹거나
마시지 말라

13:24 그러므로(Therefore, וְ)
내가 —그들을 **흩으리로다(אֲפִיצֵם)** - פּוּץ의 히필 동사 - 흩뿌리다
/사막 바람에 불려가는 검불 같이

(5) 첫 번째로, 이제 교만한 유다를 사막 바람 앞에 날리는 겨처럼 흩어 놓을(I ***will*** scatter them) 것이다. 이렇게 된 것은 "네 몫이요 내가 헤아려 정하여 네게 준 분깃(배당)"이라고 했다. 이렇게 된 이유는 "네가 나를 잊어버리고(שָׁכַחַתְּ)[1] 거짓을 신뢰하는 까닭이라"고 했다.

1) 솨카흐(שָׁכַח)의 칼 완료 / 무시하다, 잊다 / 하나님의 계명을 잊어버리는 것은 그의 계명을 무시하는 것이요(신 8:11), 다른 신을 따라가는 것이다(신 8:19).

(6) 두 번째로, (여인으로 의인화된 여호와의 딸인) 예루살렘은 강간 당하여 굴욕적인 치욕을 겪게 될 것이다. "그러므로 내가 네 치마를 네 얼굴에까지 들춰서 네 수치를 드러내리라"(26절).

3. 예루살렘아, 언제까지 그렇게 더럽게 지내려느냐?

13:27 내가 —— **보았노라**
/너의 간음과 - 비유적으로 우상 숭배
/사악한 소리와 - 부정함, 음탕함
/음란(간음, 매춘, 종교적 간음)과 음행과
/들의 작은 산 위에서 네가 행한
/가증한 것을 -가증하고 더러운 것, 나 3:6
예루살렘이여
화 있을진저(אוֹי)
네가 ······ **정결하게 되겠느냐** - 육체적으로 순결하다, 순수하다
/얼마나 오랜 후에야

하나님은 이스라엘이 얼마나 부정했는지를 아신다. 그래서 탄식하신다. 도대체 언제까지 이런 부정함 속에서 머물겠느냐?

심판은 이미 작정된 일이지만, 이를 집행해야만 하는 하나님의 안타까움이 드러나 있다.

가뭄의 참혹함, 왜 이런 일이? (14:1–10)

여호와께로부터 받은 메시지를

행위나 이미지로 나타냄

① 베 띠(13:1-11)
② 깨뜨려진 술항아리 (13:12-14)
③ 극심한 가뭄(14:1-15:21)
④ 외로움(16:1-21)
⑤ 토기장이 (18:1-23)
⑥ 깨어진 옹기(19:1-13)

젖과 꿀이 흐른다던 가나안 땅, 지금 이곳은 가뭄으로 인해 "울고 있다. 유다의 성들이 다 죽어 가고 있다. 땅 위에 쓰러져 통곡하니 예루살렘의 우는 소리가 하늘로 울려 퍼진다." 일시적인 가뭄은 있을 수 있으나 비가 내리지 않아 땅이 갈라지는 일이 계속된다면 이는 하나님의 징계와 무관치 않다. 이들이 하나님의 언약을 파기하고 곁길로 나간다면, 반드시 저주가 임할 것이라고 선언하셨기 때문이다(레 26:19-20).

1. 가뭄으로 인한 참담함을 묘사하고 있다. 어느 정도인가? (14:1-6)

14:1 가뭄에 대하여 예레미야에게 임한 여호와의 말씀이라
2 유다가 **슬퍼하며** (אָבַל - 애도하다, 한탄하다)
성문의 무리가 **피곤하여** 땅 위에서 **애통하니**(קָדַר - 캄캄하다, 슬퍼하다)
예루살렘의 부르짖음이 **위로 오르도다** (~에 달하거나 미치다)

3 귀인(귀족)들은 자기 사환들을 **보내어** 물을 얻으려 하였으나
그들이 우물에 갔어도 물을 **얻지 못하여**
빈 그릇으로 돌아오니 **부끄럽고**[1] **근심하여**[2]
그들의 머리를 **가리며**

1) 부쉬(בּוֹשׁ) - 부끄러워하다

2) 칼람(כָּלַם) - 수치를 당하다, 부끄러워하다

(1) 비가 내리지 않아 땅이 갈라진다. 그러니 밭을 갈 수도 없다. 농부의 낙심이 이만저만이 아니다(4절). 들의 암사슴은 갓 태어난 새끼를 낳아도 먹일 풀이 없으므로 내버린다(5절). 들 나귀들도 벌거숭이 산 위에 서서 승냥이 같이 헐떡인다(6절). 상황이 이 지경인데도 (거짓) 선지자들은 기근은 없을 것이며, 오히려 평화가 있을 것이라고 말한다. "선지자들이 그들에게 이르기를 너희가 칼을 보지 아니하겠고 기근은 너희에게 이르지 아니할 것이라 내가 이 곳에서 너희에게 확실한 평강을 주리라 하나이다"(14:13).

(2) 백성들은 이제야 하나님의 자비하심을 구한다(14:7-10).

14:7 여호와여, 비록[אִם]
우리의 죄악이 우리에게 대하여 증언할지라도(불리하게 증언할지라도)
주는 주의 이름을 위하여 **일하소서** (선처해 주십시오 - 주님의 이름을 위해서라도)
우리의 타락함이 **많으니이다** (우리가 수없는 반역을 했습니다)

우리가 주께 **범죄하였나이다**

(3) 예레미야는 백성들 편에 서서 자신의 죄를 고백하면서 하나님의 용서를 구한다. 하나님은 이스라엘의 유일한 소망이시다. 그래서 백성이 고난 당할 때에 구원하셨다(8절상). 그런데 지금은 "어찌하여 이 땅에서 거류하는 자 같이, 하룻밤을 유숙하는 나그네 같이 하시나이까?"(8절하) "어찌하여 놀란 자 같으시며 구원하지 못하는 용사 같으시니이까?" 하나님은 이들의 눈에 무력한 것처럼 행동하시신다. "여호와여 주는 그래도 우리 가운데 계시고, 우리는 주의 이름으로 불리는 백성이니 버리지 마옵소서"(9절)라고 간구한다.

2. 이런 유다의 탄원에 대해 하나님은 어떻게 응답하시는가?

14:10 여호와께서 **말씀하시되**(...하시고) (=내 말이니 잘 들어라)
/이 백성에 대하여 이와 같이
/그들이 ┬ 어그러진 길[1]을 **사랑하여**
└ 그들의 발을 **멈추지 아니하므로**
/여호와께서 ┬ 그들을 **받지 아니하고**(רָצָם accept לֹא not)
├ 이제 그들의 죄를 **기억하시고**
└ 그 죄를 **벌하시리라** (יִפְקֹד) - פָּקַד의 칼 미완료

1) 어그러진 길 - 누아(נוּעַ) - 비틀거리다, 방황하다 /

(1) "어찌하여 이 땅에서 거류하는 자 같이, 하룻밤을 유숙하는 나그네 같이 하시나이까?"(8절하)라는 백성들의 질문에 하나님은 내가 방랑자가 아니라 너희가 방랑자라고 책망하신다. "그들이 어그러진 길을 사랑하며" - 백성들은 하나님을 신뢰하지 않고 방황했다. 이렇게 하나님께 대항하는 죄 많은 반역을 어그러진 길로 갔다고 표현하고 있다. '어그러진 길을 사랑했다(they have loved to wander).'는 것이다. 그래서 하나님은 이들의 죄를 기억하고 벌하실 것이다.

(2) 이들을 심판하시기로 한 하나님의 작정은 변함이 없으시다. 따라서 이 백성을 위하여 은총을 베풀어 달라고 기도하지 말 것을 명하신다.

14:11 여호와께서 또 내게 **이르시되**
/너는 ― **복을 구하지 말라**
/이 백성을 위하여

(3) 예레미야는 백성들을 위해서 기도할 수 없었는가? 모세처럼?(신 9:25-29) 물론

할 수 있다. 그러나 하나님은 예레미야에게 이 백성의 죄 용서를 위해 기도하지 말라고 명하셨다. 하나님은 이 문제에 대해서 단호히 언급하신다.

14:12 그들이 —— 금식할지라도(Although, כִּי)		하나님은 예레미야에게 백성들의 죄가 너무 커서 그들을 위하여 기도하지 말라고 하신다. 비록 금식을 하면서 부르짖는다고 해도 말이다.
내가 —— 그 부르짖음을 **듣지 아니하겠고**		
[그들이] — 번제와 소제를 드릴지라도		
내가 —— 그것을 **받지 아니할 뿐 아니라**		
내가 —— 그들을 **멸하리라**		
/칼과 기근과 전염병으로[1]		
(by the sword, famine and pestilence)		

(4) 하나님은 그의 백성을 멸하실 것이라고 분명하게 말씀하신다. 금식을 하며 부르짖는다 해도, 이미 회개를 받아들일 시간이 지나가버렸다. 이제 이들에게는 끔찍한 재앙이 불어닥칠 것이다. 칼과 기근, 그리고 전염병으로 이들을 멸망시키실 것이다(칼라, כָּלָה).[2] 예레미야는 무서운 사건에 자주 칼, 기근, 전염병 등을 연결시켜 언급했다.[3] 내가 그들을 멸하리라(מְכַלֶּה - 피엘 분사). 다른 나라가 아니라 바로 '내가'(אָנֹכִי)라고 강조하여 말씀하신다(I ***will*** destroy them - NIV).

3. 이런 분명한 하나님의 작정을 선포하셨는데도 유다 멸망 직전의 (거짓) 선지자들은 어떻게 백성들을 기만했는가?

(1) 예레미야는 다시 하나님께 말씀드린다. "슬프도소이다 주 여호와여 보시옵소서." 거짓 선지자들은 이 백성에게 "너희가 칼을 보지 아니하겠고 기근은 너희에게 이르지 아니할 것이라 내가 이 곳에서 너희에게 확실한 평강을 주리라고 말합니다"(13절). 거짓 선지자들은 전쟁도 일어나지 않을 것이며, 기근도 오지 않을 것이라고 했다.

(2) 여호와께서 다시 예레미야에게 말씀하신다. "그 선지자들이 내 이름으로 거짓 예언을 하는 것이다"(14절). 하나님은 "하나님께서 그들을 보내지 아니하였고 그들에게 명령하거나 이르지 아니하셨다"는 것이다. 그들이 예언하는 것은 거짓 계시이다. "점술과 헛된 것과 자기 마음의 거짓으로 너희에게 예언하는 것이다."

(3) 그런 거짓 선지자들을 방관만 하고 계실 것인가?

1) 칼(헤레브, חֶרֶב) - 이 단어는 아람어 하라바(약탈하다), 하브르(전투, 전쟁)와 동족어이다.

• 기근 - 굶주림. 고대 세계에서는 식량 분배와 보존이 한계가 매우 컸기 때문에 기근은 많은 사람들에게 혹독한 고난과 굶어죽는 것을 의미했다.

• 전염병(데베르) - 역병, 페스트(렘 29:17)

2) 완성하거나 마치거나 끝내는 것을 의미한다. 여기서는 피엘형을 씀으로써(מְכַלֶּה) 그 뜻을 분명하게 하셨다.

3) 렘 14:12, 21:7, 24:10, 27:8, 13, 29:17-18, 32:24, 32:36, 34:17, 38:2, 42:17, 22, 44:13.

"그런 말을 하는 자들은 전쟁과 칼로 굶겨 죽일 것이다."(15절). 그들의 예언을 받은 백성도 역시 "기근과 칼로 말미암아 예루살렘 거리에 던짐을 당하게 할 것이다." 그들을 묻어줄 사람이 아무도 없을 것이다. 그들의 자녀도 묻어줄 사람이 없을 것이다.

(4) 거짓 선지자들은 선한 사람이나 악한 사람 모두에게 악 영향을 끼친다. 하나님은 에스겔 선지자를 통하여 거짓말로 예언하는 여인에게 이렇게 선포하신다.

- 겔 13:18 "이르기를 주 여호와의 말씀에 *사람의 영혼을 사냥하려고* 손목마다 부적을 꿰어 매고 키가 큰 자나 작은 자의 머리를 위하여 수건을 만드는 여자들에게 화 있을진저 너희가 어찌하여 내 백성의 영혼은 사냥하면서 자기를 위하여는 영혼을 살리려 하느냐 [19]너희가 두어 움큼 보리와 두어 조각 떡을 위하여 나를 내 백성 가운데에서 욕되게 하여 거짓말을 곧이 듣는 내 백성에게 너희가 거짓말을 지어내어 **죽지 아니할 영혼을 죽이고 살지 못할 영혼을 살리는도다.**"

겔 13:22 "내가 슬프게 하지 아니한 의인의 마음을 너희가 거짓말로 근심하게 하며 너희가 또 악인의 손을 굳게 하여 그 악한 길에서 돌이켜 떠나 삶을 얻지 못하게 하였은즉 23 **너희가 다시는 허탄한 묵시를 보지 못하고 점복도 못할지라** 내가 내 백성을 너희 손에서 건져내리니 내가 여호와인 줄을 너희가 알리라 하라"

(5) "거짓 선지자는 죽이라"(신 13:5) "(그런) 예언자나 꿈으로 점치는 그런 사람은 죽이시오.". 하나님은 거짓 선지자는 극단에 처하게 하셨다. 왕이나 제사장이 직분을 잘못 이용할 때에는 그들을 벌하셨지만 죽이라고 말씀하지는 않으셨다. 그러나 거짓 선지자는 죽이라고 명령하셨다. 왜 그러하실까? 선지자가 하나님의 백성에게 미칠 피해가 너무 크기 때문이다.

(6) 예레미야 선지자는 거짓 선지자의 피해를 너무 잘 알고 있었다(렘 23:13-14, 15). 거짓 선지자는 백성들이 죄에 대하여 마음을 강하게 만들어 심각한 결과를 가져오게 한다(렘 23:16-17). 거짓 선지자의 악 영향력은 의인을 낙담케 한다(렘 23:16-17). 하나님은 거짓 선지자들에게 영원한 수치를 당하게 하실 것이라고 말씀하신다(렘 23:39-40). 이런 거짓 선지자는 흑암 속에 던져질 것이다(미 3:6, 7; 겔 13:8-9, 13:15-16).

(7) 역사에는 참 선지자와 거짓 선지자가 늘 함께 등장한다. 그래서 전쟁을 방불케 하는 투쟁을 벌인다. 사탄과 그리스도 사이의 전쟁과 같은 것이다. 따라서 참 선지자의 역할이 매우 중요하다. 오늘날 말씀을 선포하는 말씀 사역자들도 같은 위치에 있다. 그래서 그 책임도 함께 져야 한다. 물론 참인지 거짓인지의 판단은 율법의 잣대에 의해서 되어져야 한다. 오늘날 교회 안까지 침투해 들어오는 이단자들은 어떻게 대해야 할까?

4. 유다에 대한 하나님의 탄식을 보라(14:17-18).

• 유다는 지금 큰 파멸로 무정부 상태가 되었다. 지도자급인 선지자나 제사장도 방황하기는 마찬가지이다. 이를 바라보는 하나님은 마음이 슬프시다. 이 백성에게 심판은 반드시 필요한 것이나 그 참혹상은 말로 다 표현할 수 없다. 들에 나가보아도, 성읍에 들어가보아도 참혹함만이 있을 뿐이다. 공의와 사랑, 이 두 가지가 집행되어야 하기 때문이다.

14:17 너는 이 말로 그들에게 **이르라**
/내 눈이 —— 밤낮으로 그치지 아니하고
눈물을 흘리리니
//이는(for, כִּי)
처녀 딸 내 백성이 — 망함이라
/큰 파멸, 중한 상처로 말미암아

18 [만일, If, אִם]
내가 들에 나가보면 —— [보라!] 칼에 찔려 죽은 사람들이 보이고
내가 성읍에 들어가 보면 – 굶주려 병든 사람들뿐이구나
///(for, כִּי) - 그 이유가 무엇일까?
선지자나 제사장이나 알지 못하는 땅으로 두루 다니도다
(선지자나 제사장도 어찌할 바를 모르고 온 땅을 헤매고 다닌다)

백성을 위한 예레미야의 애곡(14:19–22)

1. 예레미야는 다시 백성을 위해 애곡한다. 그의 간구에는 비통한 마음이 들어 있다. 이는 하나님의 마음의 표현이기도 하다.

1) 의문사 + 마아쓰(מָאַס) 칼 동사 절대형

2) 마아쓰(מָאַס)의 칼 완료 / 내쫓다, 증오하다, 업신여기다, 경멸하다.
Have you rejected Judah completely? - NIV

14:19 주께서 유다를 '온전히 **버리시나이까**'(מָאַסְתָּ[2] הֲמָאֹס[1])
주의 심령이 시온을 **싫어하시나이까**
어찌하여 우리를 **치시고, 치료하지 아니하시나이까**
우리가 평강을 **바라도** 좋은 것이 **없고**
치료 받기를 **기다리나** 두려움만 (**보나이다**)

"어찌하여 나을 수 없을 정도로 우리를 이렇게 심하게 치셨습니까? 치료받기를 기다렸으나 오히려 재앙이 왔습니다."

(1) 백성은 자신들의 죄를 고백한다. "여호와여 우리의 악과 우리 조상의 죄악을 인정하나이다 우리가 주께 범죄하였나이다"(20절). 그리고 "주께서 우리와 세우신 언약을 기억하시고 폐하지 마옵소서"라고 간구한다.

(2) 이들은 하나님에게 확실한 소망의 말씀으로 이렇게 결론내린다. "우리 하나님 여호와여 그리하는 자는 주가 아니시니이까 그러므로 우리가 주를 앙망하옵는 것은 주께서 이 모든 것을 만드셨음이니이다"(21절).

14:3

귀인(귀족)들은
자기 사환들을 보내어
물을 얻으려 하였으나

그들이 우물에 갔어도
물을 얻지 못하여
빈 그릇으로 돌아오니
부끄럽고 근심하여
그들의 머리를 가리며

14:21 [주께서] ——— 우리를 **미워하지 마옵소서**(אַל־[1]תִּנְאַץ not)
//(for, לְמַעַן) 주의 이름을 위하여 (for Thine own name's sake)
[주께서] ——— **욕되게 마옵소서**(אַל־[2]תְּנַבֵּל)
/주의 영광의 보좌를
주께서 ——— **기억하시고 폐하지 마옵소서**
/우리와 세우신 언약을

(1) "우리를 '미워하지' 마옵소서." - '미워하다'라는 말은 거부하는 것을 의미한다. 하나님은 광야에서 자기를 격노케 한 자기 백성을 거부하셨다(신 32:19). 왜 하나님은 자기 백성을 거부하실까? 이는 자신의 보좌를 불명예스럽게 하거나 사실상 백성과 맺은 그의 언약을 깨는 일이다. 그래서 지금 이런 사실을 들어 용서를 빌고 있다.

(2) "주의 영광의 보좌를 '욕되게' 마옵소서." - '나발'(נָבֵל)이라는 동사가 피엘형으로 쓰일 때에는 '불명예스럽게 하다, 경멸하다'라는 의미를 나타낸다. 예레미야는 주의 영광을 들어 하나님께 탄원하고 있다.

(3) 하나님과 인간 사이의 언약, 하나님과 노아(창 6:18), 아브라함(왕하 13:23), 또는 다윗과의 언약(렘 33:21), 이 언약은 분명히 그들의 후손에게로 연장되고(창 15:18; 삼하 7:12-16), 이스라엘과의 언약이 된다(출 6:4 이하). 예레미야는 이 언약을 근거로 하나님께 유다의 죄 용서를 간구한다.

1) 나아츠(נָאַץ) - 거부하다, 경멸하다, 업신여기다 / 칼 미완료.

2) נָבֵל의 피엘 동사 미완료. / 어리석다, 분별없다, 쇠약해지다, 시들다 / 피엘형에서는 '불명예스럽게 하다, 경멸하다'라는 의미를 나타낸다.

모세와 사무엘이 내 앞에 선다 해도 (15:1–4)

15:1-9은 여호와께 드린 예레미야의 탄원 기도에(14:19-22) 대한 하나님의 응답이다. 하나님은 두 명의 위대한 중보자였던 모세와 사무엘이 백성들을 위하여 기도한다 해도 그들을 쫓아버릴 것이라고 말씀하신다. 백성들이 받을 심판은 네 개로 되어 있다. "죽을 자는 죽음으로 나아가고 칼을 받을 자는 칼로 나아가고 기근을 당할 자는 기근으로 나아가고 포로 될 자는 포로 됨으로 나아갈지니라." 또 네 개의 저주가 있다. 칼, 개, 새, 짐승들이다. 다시 회복할 수 있는 기회가 지나갔다는 말이다.

1. 모세와 사무엘이 중재한다 할지라도 이 백성을 심판하시려는 선언은 철회되지 않을 것이다.

15:1 여호와께서 **이르시되**
/내게 (예레미야에게)
/모세와 사무엘이 내 앞에 섰다 할지라도(Even though)
/내 마음은—이 백성을 **향할 수 없나니**
/[너는] ─┬─ 그들을 내 앞에서[1] **쫓아[내라](שַׁלַּח)**[2]
└─(이 백성을) **내보내라(וְיֵצֵאוּ)**[3] and let them go!

1) 내 앞에서(מֵעַל־פָּנַי) from My presence

2) 살라흐 - 피엘 동사 명령형 / 쫓아내다, 내보내다.

3) 야차(יָצָא)의 칼 미완료/ 나가다, 나가게 하다, 이끌어내다

(1) 하나님은 예레미야에게 백성을 위하여 기도하지 말라고 하셨다(렘 14:11, "Do not pray for the welfare of this people."). 그래도 예레미야는 백성을 위하여 탄원의 기도를 드린다(14:19-22). 모세는 특히 하나님께서 범죄로 인해 자신의 백성들을 진멸하려 하실 때 간절한 기도를 드렸고, 이에 응답을 받았다(출 32:11-2; 민 14:13-25). 사무엘 선지자도 역시 그런 기도를 드렸다(삼상 7:3-11).

(2) '이 백성을 향할 수 없나니'[4] - 그런데 만일(אִם) 모세나 사무엘이 내 앞에 섰다 할지라도(Even though), 그래서 하나님께 이 백성의 죄를 탄원한다 할지라도 "나는 이 백성을 불쌍히 여기지 않겠다." 그러니, 다시는 그런 기도를 드리지 말라. "[너는], 내 앞에서(=내 면전에서) 그들을 (반드시) 쫓아내라(שַׁלַּח- 피엘 동사 명령)" 이 단어가 피엘형(강조 능동형)으로 쓰일 때 '내보내다, 쫓아내다'라는 의미이다(창 3:23, 18:16). 렘 26:16에서는 죽음의 뜻을 함축하고 있다. 이혼은 아내를 내보내는 것이다(신 22:29; 사 50:1 참조).

4) (אֶל־הָעָם toward this people
נַפְשִׁי My heart
אֵין could not)

2. '쫓아내라'는 하나님의 강한 명령을 받자, 백성들은 "우리가 어디로 가야 합

니까?"라고 물을 것이다. "그러면, 이렇게 대답해라"(2절).

15:2. [만일](כִּי)
그들이 —— 네게 말하기를 우리가 어디로 나아가리요 하거든
너는 —— 그들에게 **이르기를** (하셨다 하라)
/여호와께서 이와 같이 말씀하시니라
/ ① 죽을 자는 **죽음**으로 나아가고
/ ② 칼을 받을 자는 **칼로** 나아가고
/ ③ 기근을 당할 자는 **기근으로** 나아가고
/ ④ 포로 될 자는 **포로 됨으로** 나아갈지니라

므낫세의 악행이 너무 컸기 때문에 한번 내려진 심판 결정은 철회될 수 없다는 것이다. 아래의 설명을 더 들어보라. 여기서 어떤 방법으로 파멸될 것인가 네 가지로 언급하고 있다. 그 어느 하나 무섭지 않은 것이 없다. 죽음도, 칼도, 기근도 무섭다.

(1) 유다 백성들이 받아야 할 심판이 네 가지로 나타나 있다. 한번 심판하시기로 작정한 하나님의 뜻은 변치 않으신다. 이미 심판을 확정하셨기 때문이다. 이 백성을 심판하시기로 작정하신 것은 므낫세의 악행 때문이었다. 또한 므낫세의 통치 이전에 히스기야의 교만이 생각난다(왕하 20:12-19의 내용이다).[1)]

(2) 므낫세의 악행에 대해서는 앞에서 많이 언급되었기에 설명을 생략하자. 므낫세의 악정(惡政), 그리고 그의 뒤를 이은 아몬(642-640)은 아버지 므낫세의 타락한 정치를 답습하는 데 불과했다. 결국 아몬은 궁중 신하들의 반역으로 죽었다. 그러나 백성들은 이를 좋게 보지 않아 반역을 일으킨 자들을 처형하고 8살밖에 안 된 요시야 (아몬 왕의 아들)를 새로운 왕으로 세운다. 요시야는 성장해서 철저한 개혁을 단행했고, 쓰러져 가는 나라를 다시 일으켜 세웠다. 그렇다면 므낫세에게 내려진 유다 멸망에 대한 예언(왕하 21:11-15을 읽어보자)은 다시 철회되는 것일까?

(3) 율법책을 통해서 밝혀진 하나님의 뜻을 알고[2)] 요시야는 경악했다. 자, 그렇다면 유다의 운명은 어떻게 될 것인가? 정말로 멸망당하게 될 것인가? 아니면, 이제라도 정신을 차리면 재앙을 면할 가능성은 없는 것일까? 그래서 그는 이 뜻을 여호와께 묻고자 하여 사자들(제사장 힐기야와 아히감과 악볼과 사반과 아사야)을 훌다(חֻלְדָּה)에게 보냈다. 훌다는 여선지자로 예복을 관리하던 살룸의 아내였다. 훌다는 백성들의 우상 숭배가 신명기 28:15-68에 언급된 심판을 초래할 것이라고 했다. 그러나 심판이 예루살렘에 임하되 그 심판은 요시야가 죽은 다음에 일어날 것이라고 선포했다(왕하 22:14-20; 대하 34:22-28). 이 예언이 이루어질 때 요시야는 그것을 경험하지 않을 것이라는 말이다. 그 이유가 무엇일까?

1) 바벨론의 왕 므로닥발라단이 보낸 사절단이 그를 찾아왔다. 그때 히스기야는 "군기고와 창고(보물 창고)의 모든 것을 다 사자들에게 보였는데 무릇 왕궁과 그의 나라 안에 있는 모든 것 중에서 히스기야가 저에게 보이지 아니한 것이 없더라" (왕하 20:13). 그러나 히스기야의 어리석은 일은 결국 유다 왕국의 종말을 재촉하게 된다. 이사야 선지자는 그에게 나타나 후에 바벨론에게 망할 것을 예언했다(왕하 20:16-18).

2) 대제사장 힐기야가 성전을 수리하다가 율법책을 발견했다(왕하 22:3-23:3, 재위 18년에 율법책 발견). / 동교재, 열왕기하 251-53면에서 설명을 가져옴.

1) '아래, ~대신에, ~위하여, ~때문에' 등의 뜻으로 쓰였다. 여기서는 '그 이유가 어디에 있는가'라는 의미이다.

2) 행위, 행동, 일 - 이 단어는 악한 행위와 선한 행위를 가리키는 윤리적 의미로 쓰였다.

3) 헤마 - 분노, 분개, 화 / 하나님의 노는 심판 때에 퍼부으심으로써 누그러지며 격감된다(렘42:18). 후회와 회개가 그것을 막아주지 못한다(왕하 22:13-17).

5) '아프'는 기본적 의미로는 신체의 일부인 '코'를 의미한다. 어떤 문맥에서는 복수로 사용될 때는 얼굴 전체를 가리키기도 한다. 또한 '아프'는 하나님과 사람의 분노를 가리키기도 한다. 하나님의 분노는 그를 괴롭히는 백성들의 죄와 특별히 관련되어 있다.

6) 카아스(כָּעַס)의 히필 동사 3인칭 완료형. 이 단어가 히필형(사역동사 능동형)으로 쓸 때는 악으로 하나님을 '자극하여 성나게 하는 것'을 묘사한다(렘 32:30; 왕하 21:15).

7) 카아스(כַּעַס) : 화내다, 성내다, 분노하다.

이는(타하트, תַּחַת)[1] 이 백성이 나를 버리고
다른 신에게 분향하며
그 손의 모든 소위(마아쉐, מַעֲשֵׂה)[2]로 나의 노를 격발하였음이라
그러므로 이 곳을 향하여 발한 '나의 진노'(חֲמָתִי)[3]가
꺼지지 아니하리라(תִכְבֶּה[4] לֹא) 하라 하셨느니라(왕하 22:17).

4) 카바(כָּבָה) - 끄다, 꺼지게 하다 / 이 단어의 비유적 용법의 대부분은 하나님 외에는 끌 수 없는 진노를 가리킨다. 따라서 선지자들은 이 불이 발하지 않도록 회개를 촉구하는 방식으로 말하였다(렘 4:4, 비교: 막 9:48; 사 42:3).

(4) 한 군데 더 찾아보자. 하나님은 그의 유다에 대한 심판 결정을 되돌리지 않으셨다. 그 이유가 무엇인가? (왕하 23:26) (동교재, 왕하, 256에서)

그러나 여호와께서 유다를 향하여 진노하신
그 크게 타오르는 진노(아프, אַף)[5]를 돌이키지 아니하셨으니
이는(עַל)
므낫세가 여호와를 격노케 한(הִכְעִיסוֹ)[6]
그 모든(כָּל) 격노(the provocations)[7]를 인함이라(왕하 23:26)

(5) 이렇게 요시야의 선행에도 불구하고, 유다를 심판하기로 작정하신 하나님의 뜻을 철회하지 않으신 이유는 므낫세의 행위가 여호와의 노를 격발게 했기 때문이라고 말씀하신다. 물론 여호와께서 진노하시는 것은 하나님의 영속적인 속성은 아니다. 그러나 자기 백성들의 불신실함으로 하나님을 화나게 하고 진노케 했다. 하나님은 므낫세의 악행 때문에 분노하셨지만, 요시야가 개혁을 시도했을 때에는 진정하셨다(왕하 21:1-26).

3. 다시 본문으로 돌어가 3절을 보자. 어떻게 자신의 백성을 열방으로 흩어버리실 것인가? 그들에게 내려질 네 가지 벌은?

15:3 여호와의 **말씀이니라** (내 말이니 잘 들어라)
/내가 ㅡ그들을 네 가지로 **벌하리니**
/곧 죽이는 칼과 - 백성을 칼에 맞아 죽게 하고
찢는 개와 - 개가 그들을 뜯어 먹게 하고
공중의 새와 - 새가 그들의 시체를 쪼아먹게 하고
땅의 짐승으로 할 것이며 - 들짐승이 그들을 먹어 치우게
/삼켜 멸하는

(1) 앞에서도 설명했듯이 이 모든 것은 "유다 왕 히스기야의 아들 므낫세가 예루살렘에 행한 것으로 말미암아" 일어나는 일이다.

15:4하 내가 — **흩으리라**([זַעֲוָה][לְ][2] לְזַוְעָה[1] וּנְתַתִּים And I will cause them)
/그들을 세계 여러 민족 가운데에

(2) NASB는 므낫세의 한 일 때문에 그들을 세계 여러 민족 가운데 '공포의 대상'이 되게 하실 것이라고 해석했다. 공동번역은 "이렇게 하면 세상 만국은 보고 놀랄 것이다"라고 번역했다. 표준새번역은 "내가 이렇게 하여 그들로 만국을 놀라게 할 것이니"(또는 "그들을 만국에 흩을 것이니") 쉬운성경은 "땅 위의 모든 나라들이 유다 백성을 미워하게 될 것이다"라고 번역했다.

• I will make them abhorrent - NIV
• And I shall make them an object of horror - NASB
• And I will cause them to be removed - KJV

1) 제바아(זַוְעָה) 공포, 두려움의 대상, 떨림 - 케티브

2) 자아바(זַעֲוָה) - 공포, 떨림 - 케레

• 케티브는 "쓰인"이라는 뜻이고 케레는 "읽혀지는" "불려지는"이라는 뜻이다. 필사자들이 성경을 양피지에 베껴 쓸 때 가끔씩 단어를 잘못 베껴 그 단어를 읽으면 이상한 발음이 되는 경우가 종종 있었기 때문에 그 오류를 나중에 고칠 때 잘못된 단어를 직접 고치는 대신 해당되는 단어를 그대로 쓰고(케티브), 난외주에다 그것에 대해 올바로 읽는 방법(케레)을 기입했다.

예루살렘의 멸망에 대한 탄식(15:5–9)

유다가 심판을 받되 아무도 동정하지 않을 것이다.

15:5 예루살렘아
누구며[누가] ——— 너를 불쌍히 **여길 자[냐?]**
누구며[누가] ——— 너를 위해 **울 자[냐?]**
돌이켜 네 평안을 **물을 자[냐?]** 누구냐

(1) 하나님은 도대체 너를 위해 울어줄 자가 누구냐고 물으신다. 예루살렘이 비참하게 될 것을 아시고 탄식하신다. 불쌍히 여길 사람이 아무도 없다는 것이다. "네가 나를 버렸고(You have rejected me, נָטַשְׁתְּ אֹתִי) 내게서 (등을 돌리고) 물러갔으므로", 그러므로 "내가 너 위에 손을 뻗어서 너를 멸명시키겠다"는 것이다. "이는 내가 뜻을 돌이키기에 지쳤음이로다(염증이 났음이로다, נִלְאֵיתִי[3])."

3) 라아(לָאָה) - 육체적인 피로 혹은 심리적인 피로를 나타낸다. 니팔, 완료 / 하나님 자신도 긍휼히 여기시기에 염증이 나셨다는 말이다.

(2) 하나님은 유다 백성을 이 땅의 모든 성문에서 키질하여 흩어버리실 것이다. 이는 그들이 자기들의 길에서 돌이키지 아니하였기 때문이다(7절). 수많은 여자들이 전쟁으로 인하여 남편을 잃게 될 것이다. 그래서 과부가 바닷가의 모래보다 많아질 것이다.

대낮에 침략자들을 끌어들여 젊은이들과 그들의 어머니들을 함께 칠 것이다(8절). 자녀를 일곱이나 둔 여자도 자녀를 모두 잃게 될 것이다. 유다의 살아남은 자들도 적군의 칼날에 죽게 될 것이다(9절).

예레미야의 기도와 여호와의 말씀(15:10–21)

1. 백성들은 예레미야의 사역에 못마땅해 한다. 그렇다고 백성에게 큰 경제적 손실을 안겨준 것도 아닌데 사람마다 그를 저주한다.

15:10 "내게 재앙이로다"(Woe to me, אוֹי־לִי), 나의 모친이여(אִמִּי)

(1) 예레미야는 자신의 출생을 슬퍼한다. 왜냐하면 그의 예언 과정 중에서 어느 사이에 그는 유다 사람이 기피하는 인물이 되어버렸다. 사람들은 그를 극도로 싫어하여 조롱하고 있다. 그는 정신적으로 심히 불안했다. 그러나 그는 하나님의 말씀을 대변해야 한다. 그는 이렇게 소리친다.

"어머니께서 나를 온 세계에 다투는 자와 싸우는 자[1])를 만날 자로 낳으셨도다." 온 세상이 다 자신에게 시비를 걸어오고 싸움을 걸어온다는 것이다. "내가 꾸어 주지도 아니하였고 사람이 내게 꾸이지도 아니하였건마는 다 나를 저주하는도다"(10절).

(2) 하루종일 조롱과 야유를 받는 절망적인 그에게 하나님은 어떻게 위로하시는가? "내가 진실로 너를 강하게 할 것이요 너에게 복을 받게 하겠다." 내가 진실로 (네 원수로 재앙과 환난이 올 때) 네게 간구하게 하리라(네 기도를 들어주겠다)."

15:12 누가 능히 철 곧 북방의 철과 놋을 **꺾으리요** [2])

(Can anyone smash iron, Iron from the north, or bronze?) - NASB

도대체 누가 다가오는 북방의 공격을 막아낼 수 있단 말인가?! 유다의 방어가 무슨 소용이 있겠는가?

(3) 유다를 파멸하기로 한 하나님의 작정은 변하지 않는다. "그러나 네 모든 죄로 말미암아 네 국경 안의 모든 재산과 보물로 값 없이 탈취를 당하게 할 것이며"(13절). 너희들이 가지고 있는 재산과 보물을 아무런 값도 못 받는 약탈품으로 원수에게 주겠다.

15:14 [내가] 네 원수와 함께 네가 알지 못하는 땅에 **이르게 하리니**
//이는(for, כִּי)
나의 진노의 맹렬한 불이 너희를 사르려 함이라(=기 때문에)

1) 다투는 자(אִישׁ רִיב)
רִיב는 불화, 논쟁, 언쟁, 법정 소송

싸우는 자(אִישׁ מָדוֹן)
מָדוֹן 불화, 싸움

2) 공동번역 : 사람이 쇠를 부술 수야 없지 않느냐? 북에서 가져온 쇠나 놋쇠를 부술 수야 없지 않겠느냐?

- 진노(아프, אַף) - 코, 콧구멍, 얼굴이라는 뜻이다. 사람과 하나님의 분노를 가리킬 때 사용되었다. 하나님의 진노는 그를 괴롭히며, 매우 불쾌하게 하는 백성들의 죄와 관련이 있다(왕하 13:3). 죄는 그의 사랑에 위배되는 것이요 상처를 입히는 것이기 때문이다.

- 맹렬한(카다흐, קָדַח) - 분노의 불이 타오르는 것을 가리킨다(렘 17:14; 신 32:22).

(4) 이스라엘의 죄악은 너무나 커서, 일단 벌하시기로 한 결정은 다시 돌이킬 수 없다는 것이다. 회개의 기회는 언제나 주어지지 않는다. 하나님의 인내의 한계선을 넘어섰기에, 이제 이들에게 맹렬한 진노만 남아 있을 뿐이다. "절대로 안 된다." 진노의 화살은 이미 활시위를 떠났다. 백성이 죄지른 죄에 대한 대가를 치르지 않고는 용서는 없다. 그 대가가 전쟁과 살육과 기근이라는 데 심각한 문제가 있다. 백성들은 '설마' 하는 기대를 갖고 있을 것이다. '설마, 바벨론 포로로 끌려갈라고?!' '사랑의 하나님이신데, 설마.' 그러나 그는 또한 공의의 하나님이시다. 그런데 우리는 대체로 후자를 무시하곤 한다. 늘 하나님의 사랑만을 노래한다.

2. 예레미야는 다시 한 번 호소한다. 무엇이라고? (15절)

15:15 주께서 **아시오니**
여호와여! (יְהוָה)
주는 (원하건대) 나를 **기억하시며 돌보시사**
나를 박해하는 자에게 **보복하시고**
나로 **멸망하지 아니하게 하옵시며**
/주의 오래 참으심으로 말미암아
내가 부끄러움 당하는 줄을 **아시옵소서**
/주를 위하여

예레미야는 지금 머리가 너무 복잡하다. 유다의 멸망은 너무 확실한데, 백성들은 천하태평이다. 결코 망하지 않을 것이라는 거짓 선지자들의 예언 때문이다. 예레미야는 그런 대적들에게 복수해주실 것을 탄원한다. 선지자의 고통이 얼마나 큰 가를 볼 수 있다. 예레미야는 하나님의 사역으로 엄청난 고난 속에 빠진다.

(1) 예레미야가 이런 고난 속에서 오직 한 가지 위로가 되는 것이 있다면 무엇일까? "나는 주의 이름으로 일컬음을 받는 자라 내가 주의 말씀을 얻어 먹었사오니" 하나님께서 말씀을 주셨을 때 저는 그대로 받아 삼켰습니다. "주의 말씀은 내게 기쁨과 내 마음의 즐거움이오나" 그 하나님의 말씀은 자신에게 기쁨이 되었고 즐거움이 되었다는 것이다(16절). 예레미야에게 지금 남아 있는 것은 오직 이것뿐이다. 그에게는 하나님께서 주신 말씀이 전부다.

(2) 그러나 예레미야는 "기뻐하는 자의 모임 가운데(웃으며 깔깔대는 무리에) 앉지 아니하며 즐거워하지도 아니했다"는 것이다. 그의 동료들은 예레미야를 향해 야유를 보냈고, 친척들도 그를 미친 사람 취급했고, 고향 사람들도 그를 배척하고 있다. 어떻게 그런 무리들과 함께 어울릴 수 있단 말인가? 참 선지자는 늘 외롭다. 예레미야도 당시 거짓 선지자들과 어울려 거짓 메시지를 선포했다면 대우를 받았을 것이고, 사람 살아가는 재미도 느꼈으리라. 그러나 예레미야의 메시지는 갈수록 더욱 강도를 높여 간다. 그럴수록 더욱 큰 반발이 있었고 그를 죽이려는 데까지 나아갔다.

• 17절-“주께서 채우신 분노를 가득 안은 채로 주님의 손에 붙들려 외롭게 앉아 있습니다.” (표준새번역)

(3) 그는 계속해서 “주의 손에 붙들려 홀로 앉아 있었다.”고 했다. “이는 주께서 분노로 내게 채우셨음이니이다”(17절*). 물론 여기의 분노는 악과 부정에 대한 분노를 말한다. 그의 사역의 헌신, 그것이 그를 항상 홀로 있게 만들었다. 회개에 반응이 전혀 없었기 때문에 그는 더욱 고통스러워 한다.

3. 어찌하여 제 고통이 끝나지 않는 것입니까? (18절)

1) 아나쉬(אָנַשׁ) - 병들다. / 여기서는 고칠 수 없는 상처나 고통을 묘사한다(욥 34:6; 렘 30:15; 미 1:9).

(1) “나의 고통이 계속하며 상처가 중하여(아나쉬, אָנַשׁ)[1] 낫지 아니함은 어찌 됨이니이까?” 예레미야는 고통이 사라지지 않는다. 예레미야의 절규에도 좀처럼 변화를 가져오지 않는 백성들, 그는 그들이 당할 처참한 상황을 예견한다. 그래서 그의 상처는 치유되지 않는다. 만약 백성들이 변화를 가져왔다면, 그의 고통은 사라졌을 것이다.

(2) 지금 예레미야의 눈에는 하나님이 마치 “흐르다가는 마르고 마르다가는 흐르는 여름철의 시냇물처럼 도무지 믿을 수 없는 분(새번역)”이 되셨다는 것이다.

4. 몹시 힘들어 하는 예레미야에게 하나님은 어떤 확신을 주시는가? (19-21절)

• 예레미야가 그의 사역을 잠시 중단했다는 말인가? 아마 너무 힘들어서 그랬는지도 모른다.

15:19 [그러므로, לָכֵן] - 예레미야는 그의 사역에 기쁨을 느끼지 못한다. 그러므로
여호와께서 이와 같이 **말씀하시되**
/네가 만일(אִם) 돌아오면
/내가 — 너를 다시 **이끌어** 내 앞에 **세울 것이며**
/네가 만일(אִם) 헛된 것을 버리고 귀한 것을 말한다면
/너는 — **나의 입이 될 것이라**
/그들은 — 네게로 **돌아오려니와**
/너는 — 그들에게로 **돌아가지 말지니라**

(1) “네가 만일 돌아오면, 너를 다시 맞아 나를 섬기게 하겠다.” 아마, 그의 사역이 너무 힘들어 잠시 중단했던 것 같이 보인다. 정말, 힘들다. 그는 더 이상 내려갈 수 없는 지점까지 왔다. 힘들어 하는 예레미야를 다독거리신다. 만일 다시 주의 일을 감당할 마음이 생기면, 다시 그를 세우실 것을 약속하신다. 그렇다면, 헛된 것을 버려야 한다. 그렇게 할 때 진정한 하나님의 대변자가 된다.

(2) 하나님은 그에게 “이 백성 앞에 견고한 놋 성벽이 되게” 해주시겠다고 용기를 주신다. 이제 “그들이 너를 칠지라도 이기지 못할 것이다.” 하나님이 그를 도와주고 구원하여 주실 것이기 때문이다.

아내를 맞이하지 말라(16:1-4)

다시 여호와의 말씀이 예레미야에게 임했다. 그러나 이번에는 새로운 메시지가 하달된다. 이 땅에서 결혼을 하지 말며 자녀를 두지 말라는 것이다. 그리고 장례식과 기쁜 행사에도 참석하지 말라는 명령이다. 이런 명령은 곧 다가올 포로시대에 대한 경고였다. 선지자는 결혼 안하는가? 물론 대부분의 선지자는 결혼했다. 호세아도(호 1:2-8) 에스겔도(겔 24:15-27) 결혼했다. 그러면 왜 결혼을 금하셨을까? 이는 예레미야 자신의 삶으로 백성들에게 임할 심판의 메시지를 전하기 위해서였다.

1. 예레미야의 사역의 성격은 가정이 주는 위로와 안락을 구가하는 것이 아니었다. 그는 홀로 생명을 걸고 싸워야 하는 사역이었다.

16:2 너는 ── 이 땅에서 아내를 **맞이하지 말며**
└ 자녀를 **두지 말지니라**

3//(이유, for, כִּי)
여호와께서 ─ 이와 같이 말씀하시오니 (누구에게?)

(1) 누구에게 말씀하시는가? ("이 곳에서 낳은 자녀와 /이 땅에서 그들을 해산한 어머니와 / 그들을 낳은 아버지들이") 앞으로 어떻게 될 것인지를 말해주시겠다는 것이다.[1)]

1) 지금도 그렇겠지만, 당대 문화권에서는 자녀를 갖는다는 것은 큰 축복으로 생각했다(아브라함의 경우처럼, 창 15:1-4). 보아스처럼(룻 4:9-13).

예레미야에게 내려진 3가지 지침
① 결혼과 자녀의 선물 금지
② 장례에 참석치 말라.
③ 결혼식, 가장 기쁨이 충만한 곳에 가지 말라.

(2) 결혼해서 하나님의 말씀을 전하면 안 된다는 일인가? 안 된다고 하신다. 예레미야가 메시지를 직접적으로 또 정확하게 전달하기 위해 가정이 가져다 주는 기쁨마저 차단하신다. 앞으로 유다에게 벌어질 엄청난 재난을 눈앞에 두고, 결혼 생활과 자녀를 키우는데 시간과 정신을 빼앗길 수 없기 때문이다. 물론 이 일은 어떤 제의적인 금욕을 목적으로 명령되어진 것이다.

◀ 예레미야는 앞으로 백성들이 당해야 할 엄청난 환난의 참상을 먼저 경험해 보는 것이다. 그들은 부모를 잃고 슬퍼하며 애곡하게 될 것이다.

◀ 1-9절에서는 예레미야가 왜 이런 애곡의 삶을 살아가야만 하는 이유를 밝힌다.

(3) 그러면 앞으로 이 땅에서 태어난 자녀와 해산한 부모들에게 어떤 일이 벌어질 것인가? "그들은 독한(참혹한) 병으로 죽게 될지라도 아무도 슬퍼하지 않을 것이며 또 묻어줄 사람도 없어 그들의 시체가 거름처럼 땅에 버려질 것이다. 이들은 전쟁에서 죽거나 굶주려 죽게 될 것이다. 그 시체는 공중의 새와 땅의 짐승의 밥이 될 것이다"(4절). 심판은 그렇게 무서운 일이다. 전쟁은 삶의 모든 것을 뿌리째 흔들어 놓는다. 이 기막힌 일들이 곧 눈앞에 다가오고 있다. 예레미야는 이 사실을 증거하기 위해 부름을 받은 것이다. 그만큼 상황이 절박하다. 결혼 생활의 기쁨을 누리며 여유롭게 지낼 수 없다. .

초상집에도, 잔치집에도 들어가지 말라(16:5-15)

2. 예레미야에게 주어진 다음 지침은 장례식에도 잔치집에도 참여하지 말라는 것이다. 왜?

그 날이 오면 너무 많은 사람이 한꺼번에 죽을 것이기에 장례에 참여할 수도 없을 것이다. 높은 사람이나 낮은 사람이나 다 죽을 것이기 때문에 특별히 어느 한 집을 위하여 애곡할 수도 없을 것이다. 이런 이유가 무엇일까? 하나님께서 지금까지 누려왔던 평강을 거두시기 때문이다.

16:5 //(이유, for) - 예레미야에게 주어진 두 번째 지침
여호와께서 이와 같이 **말씀하시되**
/[너는] —— 초상집에 들어가지 말라
/[너는] —— 가서 통곡하지 말며
그들을 위하여 애곡하지 말라
//(for, כִּי)
내가 이 백성에게서 나의 평강을 빼앗으며(אָסַפְתִּי) - אָסַף, 칼 완료
인자와 사랑을 제함이라(=거두어들였기 때문이다)

for I have withdrawn My peace ***from*** this people

(1) 전쟁이 참혹함은 남녀노소를 구분하지 않는다. 높은 위치에 있는 자나 낮은 위치에 있는 자나 이 땅에서 죽을 것이다. 한꺼번에 죽을 것이기에 누구를 매장할 시간도 장지도 없다. 물론 애곡하는 자도 없다. 자기 몸을 베거나 머리털을 미는 자도 없을 것이다(6절).[1] 또 그 죽은 사람들 때문에 슬퍼하는 자와 떡을 떼며 위로하는 자가 없을 것이다. 그들의 부모를 위하여 위로해 줄 사람도 위로의 잔을 건네 줄 사람도 없을 것이다(7절).

1) 몸을 베거나 머리털을 미는 행위는 이교(異敎)의 풍습이다. 율법에서는 이를 엄격히 금하고 있으나(레 19:28, 21:5), 때때로 이런 일들이 이스라엘 내에서 자행되었다(렘 41:5; 겔 7:18).

(2) "(예레미야야) 너는 잔칫집에 들어가서 그들과 함께 앉아 먹거나 마시지 말라." 결혼 잔치는 가장 기쁨이 넘치는 곳이다(렘 25:10, 33:11). 그러나 이제 그럴 일은 없다. 곧 멸망의 날이 가까이왔기 때문이다.

16:9 //(이유, for, כִּי) - 앞절의 사건이 일어나게 된 이유를 설명한다.
만군의 여호와 이스라엘의 하나님께서 이와 같이 말씀하시니라
보라! (הִנְנִי) - 보라, 내가! (하나님께서 직접)
/내가 —— 끊어지게 하리라(מַשְׁבִּית) - שָׁבַת의 히필 분사형 / 중지하다, 끝내다
/기뻐하는 소리와 즐거워하는 소리와 신랑의 소리와
신부의 소리를 - 무엇을?
/네 목전, 네 시대에 이 곳에서 - 어디에서?

(3) 이 모든 일은 하나님의 결정 하에서 일어나는 일이다. 심판관이 바로 하나님 자신이라는 말이다. 따라서 이 일은 반드시 일어날 일이다.

3. 예레미야는 이런 심판을 선포할 것이고, 백성들은 그 이유를 물을 것이다. "이 모든 큰 재앙을 선포하심은 어찌 됨이냐?"

(1) 대다수의 사람들은 예레미야의 선포에 무관심하다. 그러나 근심스러운 얼굴로 그 이유를 묻는 사람도 있으리라. "그들이 네게 묻기를 여호와께서 ① 우리에게 이 모든 큰 재앙을 선포하심은 어찌 됨이며 ② 우리의 죄악은 무엇이며 ③ 우리가 우리 하나님 여호와께 범한 죄는 무엇이냐?" 그렇게 묻는 사람이 있거든 이렇게 대답해라(10절).

16:11 너는 그들에게 **대답하기를** - 10절의 질문에 대한 이유
/여호와께서 **말씀하시되**
//(이유, It is because, עַל אֲשֶׁר)
/너희 조상들이 나를 **버리고** 다른 신들을 **따라서**
그들을 **섬기며** 그들에게 **절하고** 나를 **버려**
율법을 **지키지 아니하였음이라**(=기 때문에)

(2) 지금 조상들의 죄 목록을 나열하고 있다(11절). 이보다 더 심각한 문제는 지금 예레미야의 메시지를 듣고 있는 백성들이다. "너희가 너희 조상들보다(even more than your forefathers) 더욱 악을 행하였도다." "보라 너희가 각기 악한 마음의 '완악함을 따라'(according to the stubbornness) 행하고 나에게 순종하지 아니하였으므로"(12절)

16:13 내가 — 너희를 이 땅에서 **쫓아내어**(הֵטַלְתִּי)[1] - 물(טוּל)의 히필 동사
(이르게 할 것이라)
/너희와 너희 조상들이 알지 못하던 땅에[2]
너희가 — 거기서 주야로 다른 신들을 **섬기리니**
//이는(אֲשֶׁר)
내가 너희에게 은혜를 베풀지 아니함이라(=하기 때문에)

(3) 이렇게 그들의 조상도 하나님을 버렸고, 그리고 지금 백성들도 하나님을 버렸다. 그래서 너희와 너희 조상들이 알지 못하던 땅으로 내던져버릴 것이라고 하셨다. 그래도 이들은 자신들이 심각한 죄를 짓는다고 생각하지 못한다. 그래서 이들은 예레미야의 선포에도 불구하고 "우리에게 이 모든 큰 재앙을 선포하심은 어찌 됨이냐"고 묻는다. "우리의 죄악은 무엇이냐?"(10절).

1) ~위에 던지다, 던져버리다
So I **will throw** you out of this land.

2) 바벨론 땅 /
신 28:36 "여호와께서 너와 네가 세울 네 임금을 너와 **네 조상들이 알지 못하던 나라로 끌어 가시리니** 네가 거기서 목석으로 만든 다른 신들을 섬길 것이며."

이미 모세를 통해서 만약 언약을 어기고 범죄하면 저주를 받을 것이라고 경고하셨었다. 다만 하나님은 그 언약을 집행하시는 것 뿐이다.

4. 그렇다면, 북 이스라엘과 같이 유다 백성의 멸절을 말하는가? 아니다.

16:14 여호와의 **말씀이니라**
/그러나 보라(Therefore behold, לָכֵן הִנֵּה)
/날(days, יָמִים)[1]이 — **이르리니** (*are coming*, בָּאִים[2])

(1) 심판은 반드시 받게 되겠지만, 그렇다고 영원히 버려두진 않을 것임을 밝히신다. 장차 이런 날이 올 것이다. 어떤 날? 회복의 날이요, 구원의 날이다. 그때에는 이스라엘 백성은 이렇게 맹세하게 될 것이다(15절).

- 이전에는 맹세할 때,
"(이스라엘 자손을 애굽 땅에서 인도하여 내신) 여호와께서 살아 계심을 두고 맹세" 했다.

- 그러나, 훗날(회복의 날)에는 다시는 그렇게 맹세하지 않게 될 것이다.
"(이스라엘 자손을 북방 땅과 그 쫓겨 났던 모든 나라에서 인도하여 내신) 여호와께서 살아 계심을 두고 맹세" 하게 될 것이다. 즉 "이스라엘을 포로에서 구원해 내신 여호와는 살아 계시다"라고 노래하게 될 것이다.

1) 구원의 날, 회복의 날이 심판 선언 중에 같이 나온다. 심판도 분명하지만, 회복(구원)도 분명하다. 심판하시는 분도, 회복시키시는 분도 동일한 여호와 하나님이시기 때문이다. 이사야40장 이후의 약속이 이루어질 것이다.

2) 보(בּוֹא)의 칼 분사형

(2) 이렇게 될 수 있는 그 이유는? (for, ו)
내가 —— 인도하여 들이리라[3] (=인도하여 들이실 것이기 때문이다)
/그들을 - 누구를? 어디로?
/(그들의 조상들에게 준) 그들의 땅으로

For I will restore them to their own land which I gave to their fathers.

3) וַהֲשִׁבֹתִים
For I will restore them
- NASB
and I will bring them again
- KJV
(שׁוּב) 동사의 히필 완료, 1인칭 - (대명사 어미 - 3인칭 남성 복수)

이스라엘의 회복의 말씀은 렘 30:1이하에서, 31:8-9, 16-17에서 자세히 선포된다. 여기서는 회복의 희미한 그림자가 보인다.

악과 죄를 배나 갚을 것이라(16:16–18)

5. 앞에 10-13절에서는 멸망을 선포하고, 14-15절에서는 구원을 선포한다. 이제 16-18절에서 다시 심판이 언급된다.

16:16 여호와의 **말씀이니라**
/보라!
/내가 —— 많은 어부를 **불러다가**
/[그들이] —— 그들을 낚게 하며
/[내가] —— 그 후에 많은 포수를 **불러다가**
/[그들이] —— 그들을 **사냥하게 하리니**
/모든 산과 모든 언덕과 바위 틈에서

누구? - 많은 어부들
많은 포수

어부가 물고기를 잡듯이 많은 어부를 보내어 유다 백성을 잡게할 것이다. 그래도 남은 사람은 포수를 보내어 산과 언덕, 바위 틈을 샅샅이 뒤져 유다 백성을 사냥하게 하겠다. 심판의 철저함을 보라.

(1) 16-18절에서 다시 심판의 철저함을 말씀하신다. 두 가지 비유를 통해서 그 철저함을 드러내신다. 어부가 물고기를 낚듯이(디그, דִּיג[1]) 많은 어부를 들여보내 유다 백성을 사로잡아 가게 하실 것이다. 여기 어부의 손에서 빠져나간다 해도 포수들(차야딤, צַיָּדִים[2])에게 잡힐 것이다. 이렇게 어부와 사냥꾼을 동원해서 유다 곳곳을 수색하는 것으로 표현하여, 심판의 철저함을 보여주고 있다. 비록 산과 바위 틈에 숨어 있더라도 그들의 은신처에서 찾아낼 것이다.

(2) 결국, "그들이 내 얼굴 앞에서 숨기지 못하며 그들의 죄악이 '내 목전에서'(from My face, מִלִּפְנֵי[3]) 숨겨지지 못함이라." "이는(עַל) 내 눈이 그들의 행위를 살펴보기" 때문이다. 어떤 일을 하든지 그들의 죄가 여호와의 눈앞에서 숨길 수도 없고 벗어날 수도 없다.

(3) 13절의 내용과 연결된다. "내가 너희를 이 땅에서 쫓아내어 너희와 너희 조상들이 알지 못하던 땅에 이르게 할 것이라." 즉, 바벨론으로 포로로 잡혀가게 할 것이다. 18절에서 유다 백성이 지은 죄를 두 배로 갚아주실 것이라고 말씀하신다.

16:18 내가 — 배나 갚을 것은(갚을 것이다, I ***will*** repay them double)[4]
/우선(first, רִאשׁוֹנָה - 여성 단수, 첫 번째의)
/그들의 악과 죄를
//(이유: because, עַל)
그들이 ┬ 내 땅을 더럽히며
/그 미운 물건(שִׁקּוּצֵיהֶם[5])의 시체로
└ 가득하게 하였음이라
/그들의 가증한 것(תּוֹעֲבוֹתֵיהֶם[6])으로
/내 기업에
누구? - 유다 백성들

(4) 무엇보다도 우선적으로(first) 그들의 죄악과 허물을 갑절로 보복하시겠다는 것이다(I ***will*** repay them double for their wickedness and their sin). 피엘 동사를 써서 '반드시' 갚겠다는 것을 나타내고 있다. '갑절로'(배나, double) 갚으신다는 것은 16절에서 잘 표현되어 있다.

(5) 이렇게 갑절로 보복하시려는 이유는 무엇일까? 그들이, 즉 유다 백성들이 하나님께서 물려주신 땅을 시체 같은 우상들로 더럽히고 역겨운 우상들로 가득 채워 놓았기 때문이다. 유다 백성들은 반드시 이 땅에서 쫓겨나게 될 것이다.

1) (고기를) 잡다, 낚다. 구약성경에서는 여기에 단 한 번 나온다.

2) 차야드(צַיָּד) - 사냥꾼 / 구약성경에서 여기에 1회 나온다.

3) מִן + פָּנִים = 내 얼굴로부터.

4) וְשִׁלַּמְתִּי
And I will ... repay
샬람(שָׁלַם) - 보답하다, 배상하다, 안전하다 / 여기서는 보복하겠다는 뜻으로 쓰였다. / 피엘 동사 완료 - 반드시 보복하겠다는 말이다.

5) 쉬쿠쯔(שִׁקּוּץ) / 남성 복수 연계형 - 3인칭 남성 단수 / 이 단어는 항상 우상 숭배 행위와 관련 사용된다. 하나님 보시기에 밉고 가증한 것으로 우상 그 자체를 가리키거나 관련된 어떤 것을 언급할 때 쓰인다 (렘 16:18; 겔 5:11, 7:20; 대하 15:8).

6) 토에바(תּוֹעֵבָה)의 남성 복수 연계형 / 혐오스러운 것, 가증스러운 것

예레미야의 기도(16:19–21)

1. 갑자기 시로 바뀐다. 예레미야는 심판 이후, 이스라엘의 회복을 내다본다. 이스라엘뿐만 아니라 이방 민족도 땅끝에서부터 여호와께로 돌아올 것을 바라본다.

- 누가 와서 주께 아뢰는가? 땅끝에서 여러 민족들이
- 무엇이라고 아뢰는가? 뭇사람들이 와서 우상의 헛됨을 말한다.

16:19 여호와[여!]
/나의 힘, 나의 요새, 환난날의 피난처시여
민족들이 – 땅 끝에서 주께 **이르러 말하기를**
/우리 조상들의 계승한 바는
허망하고 거짓되고 무익한 것뿐이라
20 사람이 – **어찌 삼겠나이까** (...하리이다)
/신 아닌 것을 자기의 신으로

(1) 예레미야는 온 세계의 나라들이 미래에 땅끝에서 돌아올 것을 내다본다. 그들은 하나님께 이렇게 말한다. "우리 조상이 물려준 것은(우리 조상 적부터 모시던 것은) 허망하고(אַךְ־שֶׁקֶר - 정말로 아무것도 아닌), 거짓되고(헤벨, הֶבֶל - 헛되다), 무익한 것(전혀 쓸모가 없는 것)이었습니다." 결국 우상 숭배하는 자들은 악인이라기보다는 미련한 자들이다. 그들은 자기 조상들이 물려준 신들을 아무런 의식 없이 섬겨왔을 뿐이다. 그러므로 우상 숭배의 대상에게는 박해보다는 그것의 허무함을 깨우치는 일이 더 급한 일이다.

(2) 결국 사람이 어찌 자기들이 섬길 신을 만들 수 있겠는가?! 사람이 만든 것을 어찌 신이라고 할 수 있는가? (20절)

(3) 이런 예레미야의 기도에 하나님은 어떻게 말씀하시는가?

16:21 (그러므로, Therefore, לָכֵן)
여호와께서 — **이르시되**
/보라(behold, הִנְנִי)
/이번에(This time, בַּפַּעַם הַזֹּאת)
/[내가] — 알려서(cause them to know, אוֹדִיעֵם)
/그들에게 내 손과 내 능력을
/그들로(=이) — 알게 하리라
/내 이름이 여호와인 줄

- 내가? - 하나님께서
- 누구에게? - 그들에게? 하나님께서 이방인들을 가르치신다는 말이다(사 2:1-25; 미 4:1-4).
- 무엇을 가르칠까? - 여호와의 힘과 능력을 그들에게 가르치겠다(출 6:3).

심판과 애가의 단편들(17:1–18)

유다의 불의가 얼마나 심각했는지는 앞에서 언급한 예레미야의 탄식에서 볼 수 있었다.[1] 하나님은 언약 공동체 내에 정의가 실현되기를 위해 율법을 주셨다. 율법에서 요구하는 범위는 법적인 판결에서부터 범 사회의 고정된 틀에까지 이른다. 그런데 이런 율법이 무시당함으로써 무기력한 것이 되고 말았다. 정의가 왜곡되어 전혀 시행치 못하게 되었다. 여기 17장은 여러 개의 메시지를 담고 있다. 예레미야의 짧은 단편적인 예언들을 모은 것이다.[2]

유다의 죄는 금강석 끝 철필로 기록되었다(17:1–4)

1. 먼저, 유다의 심각한 죄의 문제를 다룬다. 유다의 죄의 심각함을 어떻게 표현하고 있는가?

17:1 유다의 죄는 ┬ 금강석 끝 철필[3]로 **기록되되**
└ **새겨졌거늘**(חֲרוּשָׁה) - 칼 수동분사
/그들의 마음 판과 그들의 제단 뿔에

(1) 유다의 죄는 얼마나 깊은 것인가? 마치 뾰족한 금강석 철필로 마음 판에 새겨져 있는 것과 같다. 남왕국의 멸망의 시기에 거짓의 죄가 온 나라에 만연했다. 마치 소돔과 고모라 당시의 모습과 같았다고 말한다(렘 5:1-2). 유다의 죄가 그들의 마음 판에도 새겨져 있고, 그들의 제단 뿔에도 새겨져 있다고 했다. 제단은 제물이 죽고 피가 뿌려지는 곳인데, 그곳에도 죄가 새겨져 있다는 것이다. 잘못된 (우상을 위한) 제사가 드려지고 있다는 말이다.

(2) 어떤 우상을 섬기고 있었을까? 그 자손들은 그 기록을 보고서야 조상이 지은 죄를 기억할 것이다. "그들의 자녀가 높은 언덕 위 푸른 나무 곁에 있는 그 제단들과 **아세라**들을 생각하도다"(2절).

2. 유다 백성들이 섬긴 우상은 바알과 아세라였다. 어떤 신들이기에 거기에서 헤어나오지 못하는 것일까?

(1) 선지서에서는 요엘, 학개, 말라기서만을 제외하고 모두 우상 숭배를 지적한다(9개의 다른 용어들이 사용되었고, 200번이나 이 문제를 다루고 있다). 특히 이사야 40-48장에서 우상 숭배의 어리석음을 지적하고 있다.

1) 렘 9:3-6, 9:1-6, 12:1-4, 15:10, 20:7-8, 22:3, 13-17 참조.

2) ① 1-4절 (유다의 죄)
② 5-8절 (교훈적인 성찰)
③ 9-11절 - 마음이 거짓되고 어리석은 자
④ 12-13절 - 어떻게 참다운 하나님의 지식을 얻을 수 있는가?
⑤ 14-18절 - 치료와 구원을 요청
⑥ 19-27절 - 안식일 준수에 따른 설교

3) 이것은 돌에 글씨를 새기기 위한 도구였다. 유다의 죄는 돌 위에 새긴 글씨 같다는 것이다. 지울 수가 없다는 말이다.

바알 신

- 바알 신은 서부 셈족의 비의 신(storm god)이다. 구약성경보다는 성경 외의 문헌에서 바알에 대한 정보가 더 많다. 바알은 또한 핫두(Haddu=하닷 Hadad)로도 불렸다.
- 무엇보다도 초목을 소생시키는 단비를 주는 신이라고 알려졌다. 가뭄이 드는 것은 그가 잠시 포로로 잡혔거나 심지어 죽었기 때문이었다. 그러나 그가 소생하게 되면, 들짐승 떼, 그리고 가족들은 풍요롭게 되었다.
- 게다가 그는 아낫의 배우자인 전쟁 신이자 풍요의 신이었다. 서부 셈인들은 가을의 신년 축제 때, 생명을 소생시키는 그의 역할에 관한 신화를 암송했다. 그들은 왕, 여왕, 그리고 여사제가 제사 때 맡아 행하는 신성한 결혼이라고 하는 마술적인 의식에 의거하여 땅의 풍요를 보증해 줄 것을 기대했다.
- 매년 죽었다가 살아나는 신으로서의 바알을 바벨론의 탐무즈(Tammuz)와 동일시하기도 한다.
- 바알 종교는 사사 시대 전체에 걸쳐, 이스라엘에 악영향을 미쳤다. 남왕국에도 스며들어(왕하 11:18, 21:2 이하), 요시야의 개혁에도 불구하고(왕하23:4 이하), 이 나라도 포로로 잡히게 되었다(겔 16:23 등).

(2) 아세라는 어떤 우상인가? 이 우상 숭배가 어떤 악영향을 끼쳤는가? 옆의 Close-up을 살펴보자. 아세라 여신은 엘(El) 신의 배우자 혹은 아내로 알려져 있다. 그래서, 신들의 여자 조상 혹은 창조 여신이라는 칭호를 지녔다. 아세라의 가장 유명한 아들이 **바알 신**이었다. 특히 농경 사회에서 풍요와 다산(多産)을 중요시했던 당시로서는 아세라와 바알 숭배는 사람들의 매력을 끄는 힘이 있었다. 무엇보다 성전인 무절제와 부도덕이 문제거리였다. 이런 파괴적이고 부도덕 요소가 가정생활의 유대와 근거를 무너뜨렸다. 유다는 이런 아세라 숭배의 악영향으로 나라가 파멸의 구렁텅이에서 헤어나오지 못하고, 파멸의 원인이 된다. 특히 높은 언덕 위, 무성한 나무 옆에 제단을 쌓고 거기에 목상(아세라 상)을 세웠다.

3. 따라서 하나님은 유다의 멸망을 확정하신다.

17:3 들에 있는 나의 산아
내가 — **노략을 당하게 하리니**(I will give thy substance.)
/네 재산과 네 모든 보물과 산당들로
/네 온 영토의 죄로 말미암아

4 [네가] — **뗄 것이며**
/네 손을 내가 네게 준 네 기업에서
내가 — **또 섬기게 하리니**
/너로 하여금 / 너의 알지 못하는 땅에서 / 네 원수를

//이는(이유, for, כִּי)
너희가 ┬ 내 노를 맹렬하게 하여
└ 영원히 타는 불을 일으켰음이라(=기 때문에)

유다 백성들은 자신들의 몫으로 받은 땅에서 쫓겨날 것이다. 네가 알지도 못하는 땅으로 끌려가서 네 원수를 섬기게 될 것이다. 그 이유는 너희가 나의 분노를 불처럼 타오르게 했기 때문이다.

사람을 의지하고 육체를 자기 힘으로 삼는 자(17:5–8)

1. 이 부분은 인간을 신뢰할 것인가, 하나님을 의지할 것인가 그 사이에 분명한 대조를 보여준다.

Close-up

아세라(Asherah, אֲשֵׁרָה)

(1) 가나안의 여신으로 특히 베니게(페니키아) 사람들이 행운과 행복을 가져다주는 신(神)으로 예배했다.

- 그녀는 엘(El)신의 배우자 혹은 아내로, 신들의 여자 조상 혹은 창조 여신이라는 칭호를 지녔다.
- 그녀의 가장 유명한 아들은 바알이었다.
- 구약성경에서 아세라에 관한 실제적인 묘사가 없다. 사람에 의해 만들어졌다(왕상 16:33; 왕하 17:16; 대하 33:19; 사 27:9). 땅에 박은 조각한 나무 형상으로 볼 수 있다. 일종의 나무 기둥(주상, 목상, 출 34:13)으로서, 바알의 제단 곁에 세워졌으며(삿 3:7, 6:25, 6:28), 언덕 꼭대기의 잎이 무성한 나무 아래 있었다.

(2) 바알 및 아세라의 제의에는 성적 부도덕이 동반했다(출 34:13; 신 16:21).

- 이스라엘과 유다 모두에서 아세라 제의가 활발했다(분열 왕정 시). 물론 그 이전에 아세라 제의가 있었다(출 34:13; 신 16:21; 삿 6:25).
- 르호보암(왕상 14:23). 북왕국에서는 "아세라의 선지자 사백인"(왕상 18:19)을 끌어들인 장본인인 이세벨의 자극이 이 제의가 행해지게 된 가장 큰 계기가 되었다.
- 아사(왕상 15:13)나 후대의 히스기야(왕하 18:4)처럼 개혁을 원하는 왕조차 이 움직임을 억제시킬 수는 있었지만 완전히 없애버릴 수는 없었다.
- 선지자 엘리야는 이 세력의 배제에 진력하고, 이 아세라상의 예언자들을 바알의 예언자들과 함께 기손강에서 죽였다(왕상 18:19-40).
- 이러한 아세라 숭배는 여호와를 격노케 했다. 이것이 왕국 멸망의 원인으로 된 것이다(왕하 17:7 참조). 예루살렘 성전에 아세라상이 서고, '미동의 집'(남창)이 생겨난 것은(왕하 23:4, 23:7), 앗수르의 영향에 의한 것인데, 이것은 반앗수르 정책을 세운 요시야에 의해 철저히 배제되었다(왕하 23:4-15).
- 아세라 예배는 왕조시대에도 행해지고(사 17:8, 27:9; 미 5:14), 유다 왕조 말에도 '하늘 황후'라는 이름 아래 예루살렘에서 널리 행해졌다(렘 17:2, 18).

17:5 여호와께서 이와 같이 **말씀하시니라**

그 사람은 ——— **저주를 받을 것이라**
/무릇 사람을 믿으며
육신으로 그의 힘을 삼고
마음이 여호와에게서 떠난

- 어떤 사람들이 하나님의 저주를 받는가? 마음이 하나님을 떠나 사람을 의지하며 사람이 힘이 되어 주려니 하는 사람들은 저주를 받을 것이다. 앞에서 유다가 저주를 받게 된 것은 하나님을 의지하지 않고 사람을 의지했기 때문이다.

(1) 인간들이 형벌을 받게 되는 것은 사람을 의지하기 때문이다. 앞절에서 보는 것처럼 유다가 하나님의 형벌을 받게 된 것은 하나님을 떠났기 때문이다. 자연히 우상 숭배로 빠져들게 되었고, 갈 길을 잃어버렸다. 이들은 아세라와 바알을 따라가는 길이 풍요와 다산의 길인 줄 알고 있다. 이런 사람들은 사막에서 자라는 떨기나무 같아서 좋은 일이 오는 것을 보지 못하고 광야 간조한 곳, 소금기가 많아서 사람이 살 수 없는 땅에서 살게 될 것이다(6절).

(2) "그러나 무릇 여호와를 의지하며(바타흐, בָּטַח) 여호와를 의뢰하는(미브타흐,

1) '바타흐' - 이 단어는 시편에서 많이 발견된다. 이때 대부분 일관성 있게 하나님을 믿는 것의 가치를 표현하고 있다. 바타흐(동사)는 기본어근이며, '믿다, 신뢰하다, 의지하다, 확신하다', 여기서 '안심하다, 염려 없다'를 의미한다.

מִבְטָח - 신뢰, 피난처, 안전) 그 사람은 복을 받을 것이라."(7절) "그는 물 가에 심어진 나무가 그 뿌리를 강변에 뻗치고 더위가 올지라도 두려워하지 아니하며 그 잎이 청청하며 가무는 해에도 걱정이 없고 결실이 그치지 아니함 같으리라"(8절, 시편 1:3 참조). 그러므로 인간의 지혜를 의뢰하는 것은 단순한 무지보다 더 나쁘다. '바타흐'(בָּטַח)라는 말은 '믿다, 신뢰하다'라는 의미이다.[1)]

(3) 인간을 신뢰하는 것은 대체로 치욕과 수치로 끝난다(시 31:14). 그러나 하나님께만 소망을 두는 사람은 원수에게서 구출되며(시 22:4), 그들의 기도가 응답받으며(대상 5:20), 그들이 똑바른 길로 가며(잠 3:5), 기쁨과 즐거움을 누리며(시 16:9, 시 33:21), 마음의 평안을 깨닫고 공포가 없어질 것임(시 4:8, 사 26:3)은 분명하다. 그래서 여호와를 신뢰하라고 거듭 권고하고 있다(잠 16:20, 사 30:15, 렘 17:7). 그렇지만 하나님을 믿는다고 해서 모든 해악으로부터 자동적으로 보호되는 것은 아니다. 또한 하나님을 믿기를 거부한다고 해서 반드시 가난과 박탈의 길로 들어서는 것도 아니다.

2. 그런데, 사람은 하나님을 의뢰하기보다는 "사람을 믿으며 육신으로 그의 힘을 삼는다.

(1) 물론 거짓된 안전이다. 이들은;

- 인간을 의지하며(시 118:8, 146:3; 잠 25:19; 렘 17:5),
- 악을 의지하기도 하고(사 47:10),
- 폭력과 압제를 의지하기도 한다(시 55:23, 62:10; 사 30:12).
- 또 부(富)를 의지하고(시 49:6, 52:7; 잠 11:28)
- 우상을 섬긴다(시 31:6, 115:8; 사 42:17; 합 2:18).
- 군사력을 믿기도 한다(신 28:52; 시 44:6; 사 31:1; 렘 5:17; 호 10:13).
- 성전을 의지한다. 성전이 있는 동안 망하지 않는다는 확신을 갖는다(렘 7:4, 7:8, 7:14).
- 자기 자신의 의로움이 거짓된 안전임을 모른다(겔 33:13; 호 10:13).
- 이방인들과의 동맹으로 안전을 도모한다(사 36:4 이하; 겔 29:16).

(2) 그러나 여호와께서는 이렇게 "사람을 믿으며 육신으로 그의 힘을 삼고 마음이 여호와에게서 떠난"(렘 17:5) 사람은 저주를 받을 것이라고 했다. 지금 유다가 그러하다는 것이다. 이들이 망하게 되는 중요 이유는 더 이상 하나님을 바라보지 않는다는 것이다. 우리에게 가장 큰 위험은 무엇일까? 그것은 더 이상 하나님을 바라보지 않는 것이다. 그것이 악이다.

만물보다 거짓되고 심히 부패한 것은? (17:9–10, 12–13)

1. 죄의 본질, 그것을 알지 못하면, 인간은 끝없이 하나님 없이도 선을 이룰 수 있다는 망상에 사로잡힌다. 왜 사람들은 그렇게 악한 행동을 하고 어리석은 일들을 추구하는가?

(1) 인간의 "마음"에 대해서 심리학에서 이미 오랫동안 집중적으로 연구해 왔지만 정확한 규명은 없다. 그러나 성경은 이 문제를 어떻게 언급하고 있는가?

17:9 마음이(라) ─┬─ **거짓되고** (아코브, עָקֹב) - 교활한, 속이는, 험준한
　　　　　　　　│　　/만물보다(all things, מִכֹּל)
　　　　　　　　└─ **심히 부패한 것은**[1] (=부패하였느니라)
　　누가 ──── 능히 이를 알리요마는(알 수 있겠는가?)
　　　　　　　　(Who can understand it?)

1) 아나쉬(אָנַשׁ) - 병들다. / 여기서는 지독하게 약하거나 영적으로 자포자기한 마음 상태를 가리킨다.

(2) 마음(레브, לֵב) - 내부 인간, 마음(heart), 정신(mind), 이해력(undestanding), 의지(will)를 의미한다. '마음'은 창 6:5에서 사람의 언급에서 처음으로 언급되었다. 마음은 감정의 좌소(座所)이다(신 6:5; 출 4:14). 또한 마음은 양심과 도덕적 특성의 자리이다(욥 27:6). 하나님께서 그 마음을 지배하신다(시 86:11, 62:2). 마음은 인간의 내적인 존재, 곧 자신을 대표한다. 마음은 그 자체로서 인간이 행하는 모든 것의 근원이다(잠 4:4). 사람의 모든 생각, 욕망, 말, 행동들은 그의 내부 깊은 곳에서부터 나온다.

(3) 그럼에도 불구하고 사람은 자기 자신의 마음을 알지 못한다(렘 17:9). 그런데 그 마음이 만물보다 거짓되고 심히 부패했다는 것이다. 그 마음이 병들었다는 말이다. 인간을 포함하여 만물은 창조 시에 하나님이 보시기에 좋았다고 말씀하셨다. 그러나 인간은 타락했고, 타락한 인간으로 세상을 바라본다. 인간이 겪는 문제 대부분이 이 타락에서 직접 비롯한 결과물이다. 인간은 타락 이후 자연과의 관계가 멀어졌고, 또한 인간과 하나님의 관계가 멀어졌다. 물론 인간과 인간과의 관계도 멀어졌다. 인간 사이에 많은 폭력이 빚어진다. 개인적 차원에서도 관계가 단절되기도 하고, 국가간의 대규모 전쟁을 벌이기도 한다.

(4) 따라서 우리가 범죄하면 하나님께 불순종하고 하나님을 욕되게 하는 것으로 그치지 않고 살인, 절도, 간음, 비방, 증오, 시기심과 같은 행위로 서로를 파괴하는 결과를 낳는다.

(5) 사람은 자기 자신의 방식대로 행하기를 계속할 때, 그의 '마음'은 점점 완고해진다. 그러나 하나님께서는 자기 백성들의 마음에 할례를 행하여(마음에 부정함을 제거하여) 그들이 전심으로 하나님을 사랑하고 순종하도록 하실 것이다(신 30:6). 그래서 죄인들은 "하나님이여 내 속에 정한 마음을 창조하시고.."라고 기도한다(시 51:10).

2. 사람의 마음은 심히 악하여 그 속을 알 수 없으나, 그러나;

17:10 나 여호와는 ── 심장을 **살피며**(חֹקֵר)-분사형
└ 폐부를 **시험하고** (바한, בֹּחֵן) -분사형

//(목적: לְ, to)
각각 그의 행위와 그의 행실대로 보응하나니(=려고)

(1) 죄는 인간의 본성에 깊이 새겨져 있기에(17:1) 그 누구도 깊이를 알 수 없다(10절). 그러나 하나님은 사람의 속을 살필 수 있기 때문에 각 사람의 행실과 행동에 따라 갚을 수 있으시다. 문제는 인간의 근원이 잘못되었으므로 주어질 상은 징벌뿐이다.

(2) "불의로 치부하는 자"(부정으로 축재하는 사람)는 마치 자고새[1]가 낳지 아니한 알을 품음 같아서, 그의 중년에 가서는(인생의 한창 때에) 그 재산을 잃어버릴 것이고 말년에는 어리석은 사람의 신세가 될 것이다(11-13절).

3. 하나님께 소망을 가진자와 주를 버리는 자

17:12 보좌여!(킷세, כִּסֵּא)[2]
/영화로우신
/시작부터 높이 계시며 우리의 성소이시며(=신)

13 여호와여
/이스라엘의 소망이신

무릇 주를 버리는 자는 ── 다 **수치를 당할 것이라**
무릇 여호와를 떠나는 자는 ─ 흙에 **기록이 되오리니**

//이는(because, כִּי)
생수의 근원이신 여호와를 버림이니이다(=때문이다)

예루살렘에 있는 성전의 보좌는 어떤 자리인가?
• 영화로우신 자리이다.
• 처음부터 높이 계신 보좌이다.

• 주를 버리는 사람들은 누구인가? 여호와를 떠나는 자는 흙위에 쓴 이름과 같다. 곧 지워진다.

1) 메추라기와 비슷하여 산메추라기로도 불린다. 삼상26:20에서 다윗은 쫓기는 자기 신세를 자고새에 비유했다. 이 새는 알을 모으지만 알을 품고 부화하지는 않으며 그냥 알을 그대로 두고 떠나버린다. - 이 비유는 부정직하게 모은 재산은 오래 가지 못한다는 것이다.

2) 영예의 자리, 보좌 - 왕의 보좌, 여호와의 보좌 / 왕국의 보좌에 앉는다는 것은 그 왕국을 다스린다는 의미이다. 하나님의 보좌는 영원히 견고하시다(시 93:2).

(1) 하나님께 소망을 둔 자와 하나님을 떠나는 사람을 비교하고 있다.

하나님을 떠난 결과 : 유다는 하나님께 범죄했다. 그래서 하나님은 그들의 죄악에 보응하신다. 결국 이들은 열방 가운데 포로로 추방될 것이다. 여호와 하나님의 땅을 더럽혔기 때문이다. 대신 이방의 대적을 불러들여 이 땅을 차지하게 하셨다. 이 모든 일련의 일들은 인간의 어리석음 때문에 발생한 것이다. 주를 버리는 자들은 다 수치를 당한다고 하셨다.[1)] 이스라엘이 만약 회개하고 우상의 길에서 돌아서지 않는다면 이런 수치를 당하게 될 것이라고 단언한다(사 1:29, 30:5; 렘 2:36, 9:19).

(2) "하나님을 떠나는 자는 흙에 기록이 되오리니" - 그런 사람은 땅바닥에 쓴 이름처럼 지워지고 만다. 왜냐하면(because, כִּי) 생수의 근원이신 여호와를 버렸기 때문이다. 하나님을 신뢰하면 안전한 보장과 번영, 그리고 행복을 누리게 될 것이다. 물론 하나님을 신뢰함으로 얻는 평안은 불의로 치부하는 자에게는 해당이 없다. 그런데 당시 사회는 하나님 뜻대로 살아가려고 몸무림 치는 자가 오히려 고난을 당하고 있었다.

(3) 예레미야와 동시대의 사역자 하박국이 살고 있던 당시의 유다 공동체는 무질서한 사회 구조 속에서 질식할 것 같은 삶을 살아간다. 악인이 의인을 에워싸고 있어 정의(공의)는 사라졌고, 파괴행위와 폭력이 이어지고 있었다. 율법은 있으나마나였고 재판은 공정하게 진행되지 않는다. 겁탈과 강포만이 횡행하고 있었다. 그런데 어찌하여 공의로우신 하나님께서 그들을 징벌하지 않고 내버려두시는가, 이 문제로 하박국은 갈등하고 있었다. 그러나 하나님은 그에게 이렇게 말씀하신다. "의인들은 패역한 시대 속에서도 용기를 잃지 말고, 믿음으로 살아가야 한다."고 격려하신다.

1) '수치를 당하다'라는 말 '부쉬'(בּוֹשׁ)가 여기서는 적의 손에서 패한 결과로 당하게 되는 '치욕, 창피'를 나타낸다. 특별히 포로로 끌려가는 무서운 수치를 말한다(미 1:11; 렘 2:26).

예레미야의 기도 (17:14–18)

1. 우리는 이 부분에서 예레미야의 비탄과 번뇌를 본다. 그는 다시 한 번 치료와 구원을 간청한다. 유다 백성의 반발도 만만치 않다.

17:14 여호와여

주는 — 나를 **고치소서(רְפָאֵנִי)**[2)] - 라파(רָפָא)의 칼 동사 명령법

//그리하시면(וְ) 내가 낫겠나이다(אֵרָפֵא)[3)] - and I will be healed

[주는] — 나를 **구원하소서**

//그리하시면 내가 구원을 얻으리이다

//(for) 나의 찬송이시오니(=이시기에)

2) 치료하다, 건강하게 하다. 치료와 회복의 개념은 이사야 53:5에서 잘 나타나 있다. 하나님의 개입 없이는 치료될 수 없는 질병이나 재앙으로부터의 회복을 말한다.

3) 라파(רָפָא)의 니팔 동사 미완료

(1) 14절을 보라. 그의 사역은 얼마나 힘든 일인가? 예레미야는 심판을 선포했으나 아직은 재난은 닥치지 않았다. 그래서 유다 백성들이 예레미야를 향해 그런 일은 일어나지 않을 것이라고 빈정거리고 있다. '그러니 내 말을 한번 들어보세요.'

백성이 빈정거리는 말을 들어보십시오. "주님께서는 말씀으로만 위협하시지 별 것도 아니지 않느냐! 어디 위협한 대로 되게 해보시지!" 합니다.(표준새번역)

17:15 보라!(Look, הִנֵּה) 그들이 내게 **이르기를**(...하나이다)
/여호와의 말씀이 — **어디 있느냐**
/[그것이] ——— 이제 **임하게 할지어다**(Let it come now!)

(2) 선지자의 사역이 힘든 것은 청중들의 변화가 없기 때문이다. 나라가 망한다는 것은 그들에게 단순한 협박으로 들렸기 때문이리라. 예레미야는 기운이 진하도록 메시지를 선포했지만 백성들은 야유로 돌아왔다. 그는 탈진했다. 그래서 하나님께 치료와 구원을 요청한다. "여호와여, 저를 어루만져 주시어 마음의 상처를 고쳐 주십시오"(14절, 공동번역).

*16절하
"I have not pressed thee to send evil" - RSV
내가 악을 보내달라고 하나님을 압박하지도 않았습니다.

(3) 예레미야는 자신의 임무를 게을리 하지 않았다고 주장한다. "나는 목자의 직분에서 물러가지 아니하고 주를 따랐사오며"(16절상). 또한 "재앙의 날도 내가 원하지 아니하였음을 주께서 아시는 바라."* "주님께서 보시는 앞에서 제가 아뢰었으므로 주님께서는 제가 무엇을 아뢰었는지를 알고 계십니다"(표준새번역).

2. 그러나 예레미야는 심판이 임박했음을 알고 있다.

1) 파멸, 공포. 여기서는 공포의 외적 대상을 말한다(렘 18:17, 48:39). 재앙의 날에 하나님이 공포의 대상이 되지 않게 되기를 바라고 있다.

(1) 그래서 그는 재앙의 날이 무섭지 않게 해달라고 간구한다.

17:17 주는 ——— 내게 **두려움**(메힛타, מְחִתָּה)[1]**이 되지 마옵소서**
주는 ——— 나의 피난처시니이다
/재앙의 날에

2) 예레미야는 자신을 박해했던 자들이 치욕을 당하게 해달라고 기도한다. 그는 그가 선포한 메시지가 거짓이 아니었기를 간구한다. "재앙의 날을 그들에게 임하게 하시며 배나 되는 멸망으로 그들을 멸하소서."

(2) 유다가 당할 재앙의 날은 공포와 파멸의 날이다. 예레미야는 하나님께서 자신께 공포의 대상이 되지 않기를 바라고 있다(אַל־תִּהְיֵה־לִי, Do not be a terror to me). 여기 אַל־은 "결코 ~하지 마소서'라고 하나님께 드리는 기도에 자주 나온다(단 9:19, 시 31:1). 여기 재앙의 날은 다시는 회복이 없는 날이 될 것이다. 하나님은 그 재앙의 날의 피난처이시다. 피난처(마하세, מַחֲסֶה)는 하나님을 뜻하는 표현이기도 하다. 하나님은 언제나 그의 백성의 유일한 피난처이시다(시 14:6, 46:1, 62:8). 그를 신뢰하는 사람은 보호를 받는다(잠 14:26; 욜 3:16).[2]

안식일 준수의 설교 (17:19–27)

1. 이스라엘의 역사에서 안식일을 지킨다는 것은 어떤 의미가 있는가?

(1) 이스라엘의 전 역사에 걸쳐 안식일을 범하는 것은 추방을 당하는 죄목 중의 하나였다. 유다의 멸망과 안식일을 지키는 것과의 관계를 살펴보자. 하나님은 어디에 가서 말씀을 증거하라고 하시는가?

17:19 여호와께서 내게 이와 같이 **말씀하시되**
/너는 **가서, 서서**
/유다 왕들이 출입하는 평민의 문과 예루살렘 모든 문에

(1) 이렇게 지정된 장소에서 말씀을 전하라고 하신다(렘 7:2, 11:6 참조). 대상은? (20절). 유다 왕들과 유다 모든 백성과 예루살렘 모든 주민에게.

(2) 구체적인 지시사항
- 안식일에 짐을 지고 예루살렘 문으로 들어오지 말며(21절)
- 안식일에 너희 집에서 짐을 내지 말며
  어떤 일이라도 하지 말고
  내가 너희 조상들에게 명령함 같이 안식일을 거룩히 할지어다

(3) **만약 이에 순종하면, 이 성은 영원히 있을 것이며**

그러나 만일 너희가 나를 순종하지 아니하고
안식일을 거룩되게 아니하여 안식일에 짐을 지고
예루살렘 문으로 들어오면
내가 성문에 불을 놓아 예루살렘 궁전을 삼키게 하리니
그 불이 꺼지지 아니하리라(27절).

2. 이스라엘 역사에서 안식일을 잘 지켜져 왔을까? (23절)

17:23 그들은 순종하지 아니하며 귀를 기울이지 아니하며
그 목을 곧게 하여 듣지 아니하며
교훈을 받지 아니하였느니라

안식일을 잘 지켰을까?

- 물론 잘 지키지 못했다고 말한다. "그들은순종하지아니하며 귀를 기울이지 아니하며그 목을 곧게 하여 듣지 아니하며 교훈을 받지 아니하였느니라"(렘 17:23)
- 안식일은 언약이기에 반드시 지켜져야 한다(출 31:16-17).
- 안식일 준수는 순종 여부의 표시이다(출 16:27-28).

3. 이사야 선지자는 안식일에 대해 어떻게 설명하고 있는가? (사 58:13-14)

1) 동교재, 이사야서 58장에서 설명을 가져옴.

(1) 하나님은 언약 공동체 안에서 벌어지는 위선적인 신앙 태도를 질타하시고 지금까지 이스라엘이 회복되지 못한 근원적인 죄를 폭로하셨다. 여기에 더하여 하나님은 안식일 준수를 요구하신다.[1] 사 58:13을 보자.

> 만일(אִם)
> [네가]— 안식일에(מִשַּׁבָּת) 네 발을(רַגְלֶךָ) **금하여**(תָּשִׁיב)
> 내 성일에 오락을 행하지 아니하고 안식일을 **일컬어** 즐거운 날이라, 여호와의 성일을 존귀한 날이라 하여 이를 **존귀하게 여기고** 네 길로 행하지 아니하며 네 오락을 구하지 아니하며 사사로운 말을 하지 아니하면

(2) 거룩한 날에 너희 사업을 멈추고, 오락을 금하고 즐거운 날로 여겨야 한다는 것이다. 마음에 드는 일만 하지 말라. 자신들 멋대로 말하지 말아야 한다. 이들이 하나님 앞에 책망을 받고 있는 것은 삶과 안식일 준수가 일치하지 않기 때문이다. 자기 자신의 이기심으로 말미암아 공동체 내에서 악행도 문제이지만, 안식일 준수 또한 보다 근원적인 것임을 인식시켜 주신다.

4. 아모스 당시에는 안식일이 어떻게 지켜지고 있었을까?

2) 동교재, 아모스 8장에서 설명을 가져옴.

(1) 사회적인 부정과 불의는 지배자들에게서만 나타나지 않는다. 평민들의 시장에서도 일어난다. 당시 무질서한 상도덕의 타락을 보라.[2]

> 암 8:5 "너희가 이르기를 월삭(new moon, 초하루, חֹדֶשׁ)[3]이 언제 지나서
> 우리가 곡식을 팔며
> **안식일이** 언제 지나서 우리가 밀을 내게 할꼬
> 에바를 작게 하고 세겔을 크게 하여 거짓 저울로 속이며

• 렘 46:1 주 여호와께서 이같이 말씀하셨느니라 안뜰 동쪽을 향한 문은 일하는 엿새 동안에는 닫되 안식일에는 열며 초하루에도 열고

(2) 월삭(月朔)은 그 달의 초하루를 가리킨다. 매달 월삭에는 나팔을 불며(시 81:3; 민 10:10, 28:11-15) 제사를 드렸다. 이 날은 축제일이었다. 물론 월삭 역시 일하지 않는 날이다(참조, 겔 46:1*). 이들은 월삭뿐만 아니라 안식일도 속히 지나가기를 원했다. 빨리 이 날들이 지나가야 장사를 해서 돈을 벌 수 있기 때문이다. 종교적인 형식을 행했으나 마음은 세상을 향하여 있었다는 말이다.

▶ **그렇다면 왜 이들에게 안식일의 종교적 중요성이 강조되고 있는가?**

(1) 안식일 준수에 대한 계명이 다른 어떤 것보다 적극적임을 볼 수 있다(출 23:12, 31:15). 소극적으로, "일곱째 날은 안식일인즉 아무 일도 하지 말라"(출 20:10) 고 언급되어 있다. 출 16:25-26에는 시내산에서 십계명이 주어지기 전에도 안식일을 준수했음을 보여준다.[1] 또한 안식일은 레 23:1-3에 보면 여호와의 절기 안에 포함되어 있다. 이 절기들은 기념일, 즉 이스라엘이 자기 민족 위에 내리신 하나님의 선한 손길에 대한 여러 측면들을 명상하는 시간을 갖기 위하여 정한 날이었다. 특히 그들이 이 절기를 지키는데 포함되어 있는 것은, '성회', 즉 예배를 위한 공식적인 행동이다. 그래서 가장 바쁜 시기인 밭 가는 시기와 추수기에까지 일을 하지 말라고 강조하고 있다(출 34:21).

(2) 그런데 이 안식일이 당시(아모스가 사역할 당시 북 이스라엘) 타락한 이스라엘 백성들에게는 무거운 짐이 되었다는 것이다. 이 날을 즐거운 날로 여기고 여호와의 성일로 여겨서 잘 지키면 특별한 복을 받는다고 약속하신다(사 58:13 이하, 사 56:2). 그러므로 안식일의 분위기는 즐거운 축제의 분위기로 진지하게 지켜야만 했다. 안식일의 구속사적 의미는 여기서 설명을 생략하자.

5. 에스겔서에서는 안식일을 거룩하게 지키지 못한 결과가 무엇인가를 설명하고 있다(겔 20:20-21).

- 겔 20:19 나는 여호와 너희 하나님이라 너희는 나의 율례를 따르며 나의 규례를 지켜 행하고 20또 **나의 안식일을 거룩하게 할지어다** 이것이 나와 너희 사이에 표징이 되어 내가 여호와 너희 하나님인 줄을 너희가 알게 하리라 하였노라
- 21 그러나 그들의 자손이 내게 반역하여… **나의 안식일을 더럽힌지라** 이에 내가 이르기를 내가 광야에서 그들에게 내 분노를 쏟으며 그들에게 내 진노를 이루리라 하였으나
- 23 내가 그들을 **이방인 중에 흩으며 여러 민족 가운데에 헤치리라 하였나니**
- 24 이는 그들이 나의 규례를 행하지 아니하며
  나의 율례를 멸시하며 **내 안식일을 더럽히고**
  눈으로 그들의 조상들의 우상들을 사모함이며.

1) 안식일은 인간에게 안식과 예배의 기회를 부여하기 위한 것이었다. 즉 거룩한 목적을 위해 구별한 것으로, 주님에게 헌신하는 날로 표한 것이다. 그 명령의 소극적인 면은 그들이 그 날에 일하지 않는 것, 즉 안식의 날로서 그 은혜스러운 취지를 나타내는 것이다.

느헤미야가 사역할 때, 안식일을 범하는 사람들에 대해서 어떤 조치를 내렸는가? (느 13:15-22)

토기장이 · 깨어진 옹기(18:1-19:15)

포로로 잡혀가야 하는 불가피한 상황, 그러나 하나님은 토기장이의 비유를 통해, 만약 백성이 돌이키면, 하나님의 축복/저주도 변한다고 선언한다. 예레미야는 토기장이의 집에 가서 하나님의 메시지를 듣고 백성에게 선포한다.

그러나 백성들은 예레미야의 말을 듣지 않는다(19:15). 유다에 대한 심판이 선언된다. 깨어진 옹기처럼 - 회개의 기회는 지나갔다.

너는 토기장이의 집으로 내려가라(18:1-12)

여호와께로부터 받은 메시지를

행위나 이미지로 나타냄

① 베 띠(13:1-11)
② 깨뜨려진 술항아리 (13:12-14)
③ 극심한 가뭄(14:1-15:21)
④ 외로움(16:1-21)
⑤ 토기장이 (18:1-23)
⑥ 깨어진 옹기(19:1-13)

하나님은 예레미야를 토기장이의 집으로 보내신다. 토기장이-진흙의 비유를 통해 유다 백성을 어떻게 다루셨는가를 예증(例證)하면서 그들이 아직도 회개할 기회가 있음을 보여주려고 하신다. 예루살렘 근교에는 토기를 만들기에 좋은 조건을 갖춘 곳이 있기에 그곳으로 갔을 것이다. 이 토기장이 비유를 통해서 모든 민족을 통치하시는 하나님의 절대주권이 강조되어 있다.

1. 왜 하나님은 예레미야를 토기장이의 집으로 보내셨을까?

18:2 너는 ┬ **일어나(קוּם)** - 칼 명령법
　　　　　└ 토기장이의 집으로 **내려가라**
　　내가 — 거기에서 내 말을 네게 **들려 주리라**

(1) 그래서 예레미야는 토기장이의 집으로 내려갔다. 그곳은 벤힌놈 골짜기 경사진 곳에 위치해 있었던 것 같다. 가서 보니까 토기장이가 질그릇을 만드는데 쓰는 물레(녹로, 돌림판)를 돌리고 있었다.

토기장이(옹기장이)는 진흙을 가지고 그릇을 빚는다. 그러다가 원하는 대로 잘 안 빚어지든가 터지면, 그 흙으로 다른 그릇을 빚는다. 예레미야는 그 현장에서 그 과정을 지켜보았다. 그런데 그 때에 여호와의 말씀이 그에게 임했다.

18:4 진흙으로 만든 그릇이 — 토기장이의 손에서 **터지매**(was spoiled)
　그가 — **만들더라** (so he remade it
　　/그것으로 (그 터진 진흙으로)
　　/자기(토기장이) 의견에 좋은 대로
　　/다른 그릇을(אַחֵר another כְּלִי vessel)

13:7에서 허리띠가 '썩다'(솨하트, שָׁחַת)와 같은 단어이다.

(2) 그 때에 하나님의 말씀이 그에게 임했다(Then the word of the LORD came to

유다에 대한 초기 메시지(1-24장)
심판과 위로의 예언(25-45장)
열국에 대한 그의 메시지(46-51장)

렘 18-19장은 보통 하나로 여긴다. 모두 선지자가 토기장이를 방문하는 것으로 시작하기 때문이다. 첫 번째 방문에서 토기장이는 진흙으로 만든 그릇을 부수고, 자신이 원하는 대로 다시 그릇을 빚었다. 이 행위를 통해 예레미야는 하나님의 메시지를 듣는다. 하나님은 한 국가를 그 죄 때문에 뽑으며 파괴하기로 결심하신다. 그런데 만약 백성이 돌이키면 하나님은 그 나라를 그의 목적대로 다시 만드실 것이다. 하나님은 언제든지 어느 민족이나 국가를 세우거나 폐하실 수 있으시다. 회개하라.

두 번째 토기장이 방문에서 선지자는 진흙토기를 샀다. 그는 백성의 장로들을 벤 힌놈 골짜기에서 모으고 그들 앞에서 그 토기를 깨뜨린다. 이것은 유다가 곧 황폐될 것을 가리킨다. 첫 번째는 회복을 보여주는데 반해 여기서는 깨뜨려지고 흩어진다. 유다가 멸망한다는 것이다. 그러나 백성들은 하나님의 명령에 불순종한다. 이들에게 멸망은 필연적이다.

me, וַיְהִי) (5절). 무엇이라고 말씀하시는가?

18:6 여호와의(가) **말씀이니라**(이르노라)
/이스라엘 족속아(בֵּית יִשְׂרָאֵל)
/내가 —— 능히 너희에게 **행하지 못하겠느냐**
/이 토기장이가 하는 것 같이
/[보라!] 이스라엘 족속아
/너희가 —— 내 손에 있느니라(so are you in My hand, בְּיָדִי)
/진흙이 토기장이의 손에 있음 같이

"Can I not, O house of Israel, deal with you as this potter does?"

(3) 앞의 생생한 토기장이의 예증에서 보았던 것처럼, "내가 너희를 다룰 수 없겠느냐?" 진흙이 토기장이의 손 안에서 아름다운 그릇으로 태어난다. 만드는 과정에서 잘못되면, 그 흙으로 다시 빚을 수가 있다. 토기장이는 그가 사용하는 재료에 대하여 온전한 주권을 행사하는데, 인간의 생사화복을 주장하는 하나님이 너희를 주관하지 못하겠는가? "진흙은 토기장이의 손에 달려 있다. 그것처럼 이스라엘 집은 내 손에 달려 있다." 결국 유다의 운명은 여호와의 손에 달려 있다는 것이다.

(4) 하나님은 계속 그 타당한 이유를 부연 설명하신다. "내가 어느 민족이나 국가를 뽑거나 부수거나 멸하려 할 때에"(7절). 하나님은 이스라엘의 하나님이실 뿐 아니라 온 우주를 통치하시는 하나님이시다. 따라서 하나님은 어떤 나라나 민족을 뿌리째 뽑아 버리거나 완전히 멸망시키실 수 있는 분이시다. "만일(וְ) 내가 말한 그 민족이 그의 악에서 **돌이키면**(שָׁב)[1] 내가 그에게 내리기로 생각하였던 재앙에 대하여 뜻을 **돌이키겠고**(נִחַמְתִּי)[2](=그 나라를 멸망시키지 않을 것이다)"(8절).

1) 돌이키다(슈브, שׁוּב) - 돌이키다, 돌아가다, 회복하다 / 칼 동사 완료

2) 나함(נָחַם) - 후회하다, 위로하다, 애석해하다 / 이 단어는 인간의 후회가 아니라 하나님의 후회를 언급한다. 인간의 후회는 슈브(שׁוּב)라는 동사를 쓴다. 물론 하나님이 후회하신다는 것은(창 6:6-7, 출 32:14) 자신의 주권적인 목적에 따라서 사람을 긍휼히 여기시거나 사람에 대한 태도를 변화시킨다는 것을 말한다.

2. 토기장이 비유는 이사야서에서도 언급되었다(사 30:12-14, 64:8).

(1) 이스라엘(유다)의 패역함으로(이사야 사역 당시), 거기에 따르는 심판이 분명히 있을 것이다. 더욱 나쁜 것은 하나님을 거부하는 것이다(사 30:12-14). 애굽과 동맹하는 일은 결국에는 어떻게 되겠다고 말씀하시는가? "너희가 이 말씀을 업신여기고 폭력과 거짓말만 일삼았음으로"(12절), 그러므로(לָכֵן), 즉 너희는 이 죄값을 면치 못할 것이다(13절). 이스라엘은 완전하지 못한 높은 성벽 같아서 금방 무너져내릴 것이다. 이사야는 결국 유다가 파멸될 것을, **깨져버린 토기 조각에 비유하면서** 경고했다(14절).[1]

1) 이제 하나님은 이런 유대 나라를 벌하시되"토기장이가 그릇을 깨뜨림" 같이 하신다고 말씀하신다. 얼마나 산산조각이 나는지 아궁이의 불을 담아 낼 조각도, 웅덩이의 물을 퍼낼 조각 하나 남지 않겠다고 하신다.

(2) 이사야 64:8에서도 토기장이의 비유가 나온다.
율법을 어긴 범죄는 율법의 공정한 요구에 따라 다루어져야 한다. 하나님은 범죄한 백성에게서 얼굴을 숨기신다. 그럼에도 불구하고, 즉 지금 하나님과 백성 사이의 관계가 벌어졌음에도 선지자는 다시 관계 회복을 기원한다.

사 64:8 그러나 여호와여, 이제(וְעַתָּה)
주는 우리 **아버지시니이다**(יְהוָה אָבִינוּ)
우리는 **진흙이요** 주는 **토기장이시니**
우리는 다 주의 손으로 **지으신 것이니이다**(마아세, מַעֲשֵׂה)

(3) 선지자는 하나님은 여전히 우리의 아버지라는 점을 들어 호소한다. 백성들은 진흙이요 하나님은 토기장이(יֹצְרֵנוּ - יָצַר의 칼 분사)시다.[2] 이 토기장이의 비유는 모든 민족을 통치하시는 하나님의 절대 주권을 가리킨다. 물론 이는 하나님의 변덕스러움을 말하는 것이 아니다. 결국 이스라엘 백성의 운명은 전적으로 하나님의 손에 달렸다는 것이다.

2) 야차르(יָצַר)라는 동사는 '형성하다, 만들다, 고안하다'라는 의미가 있다. 도공(potter)을 의미하는 분사형은 하나님에게 적용된다. 이 단어가 하나님의 기능에 대해 사용될 때 하나님의 창조활동을 가장 자주 나타낸다.

3. 이 토기장이의 비유를 통해서 주시고자 하는 메시지는 무엇인가?

(1) 예레미야는 이 비유를 통하여 백성이 변하면, 하나님의 저주의 계획이 축복으로 변한다는 것이다. 여기서 핵심은 재앙의 길에서 '돌이키라'는 것이다. 즉 심판을 강조하는 것이 아니라 돌아서는 것(슈브), 즉 회개에 있다. 백성이 회개하면 다시 회복해 주실 수 있는 주권이 전능자 하나님에게 있다. 그 선택 여부는 백성에게 있다.

18:10 만일 그들이 나 보기에 악한 것을 행하여
내 목소리를 청종하지 아니하면
내가 — 뜻을 돌이키리라(נִחַמְתִּי) - נָחַם의 니팔 동사 완료
/내가 그에게 유익하게 하리라고 한 복에 대하여

하나님은 그의 메시지를 극대화시키기 위해 예레미야로 하여금 토기장이의 집을 견학케 하신다. 그리고 현장에서 메시지를 전달하신다.

지금, 유다(진흙)가
다시 돌이키면(슈브, שׁוּב)
나 여호와도 심판을 내리기로 한 뜻을 돌이키겠다(나함, נָחַם).

그러나
백성은 돌아서지 않는다(8:12).

"나는 진흙, 잘 빚어져야 하는데..."
"그렇지 않으면(만약 터지면), 나는 다시 빚어져야 한다..."

"다시 만들고, 아니하고는 나 토기장이의 맘이다."

18:6 여호와의 말씀이니라 이스라엘 족속아 이 토기장이가 하는 것 같이 내가 능히 너희에게 행하지 못하겠느냐 이스라엘
족속아 진흙이 토기장이의 손에 있음 같이 너희가 내 손에 있느니라
7 내가 어느 민족이나 국가를 뽑거나 부수거나 멸하려 할 때에
8 만일 내가 말한 그 민족이 그의 악에서 돌이키면 내가 그에게 내리기로 생각하였던 재앙에 대하여 뜻을 돌이키겠고
9 내가 어느 민족이나 국가를 건설하거나 심으려 할 때에
10 만일 그들이 나 보기에 악한 것을 행하여 내 목소리를 청종하지 아니하면 내가 그에게 유익하게 하리라고 한 복에 대
하여 뜻을 돌이키리라
11 그러므로 이제 너는 유다 사람들과 예루살렘 주민들에게 말하여 이르기를 여호와의 말씀에 보라 내가 너희에게 재앙을
내리며 계책을 세워 너희를 치려 하노니 너희는 각기 악한 길에서 돌이키며 너희의 길과 행위를 아름답게 하라 하셨다
하라
12 그러나 그들이 말하기를 이는 헛되니 우리는 우리의 계획대로 행하며 우리는 각기 악한 마음이 완악한 대로 행하리라
하느니라

(2) 하나님은 예레미야에게 토기장이의 집에서 들은 메시지를 선포하라고 명령하신다.

- 유다에게 가서 전해라.
- 내가 곧 너희에게 내릴 재앙을 준비했다. 너희를 칠 계획도 준비했다.
- 그러니 너희는 너희 길과 악한 행실을 바르게 고쳐라.

:11 그러므로 이제(So now then, וְעַתָּה)
너는 —— **말하여(라)(אֱמָר־נָא)** - אָמַר의 칼 명령형, נָא는 '제발, 자'라는 뜻이 있다.
/유다 사람들과 예루살렘 주민들에게

여호와의(께서) [이와같이, כֹּה] 말씀에(=하시기를)
보라(Behold, הִנֵּה)
내가 ┬ 너희에게 재앙을 내리며
└ 계책을 세워 너희를 치려 하노니

너희는 ┬ 각기(each of you, אִישׁ) 악한 길에서 돌이키며
└ 너희의 길과 행위를 아름답게 하라

(3) 하나님은 백성들에게 자신의 계획을 말씀하신다. 하나님은 이미 백성들에게 내릴 재앙을 준비하고 계셨다. 그러니 악한 길에서 '제발 너희는 돌이키라'(שׁוּבוּ נָא)는 것이다. 이 명령에 간절함이 묻어 있다(נָא는 '제발'이라는 의미이다). 그리고 각기 너희의 그 악한 길로부터(from his evil way) 돌이키라(שׁוּבוּ - שׁוּב의 명령형)는 것이다.

1) 야아쉬(יָאַשׁ) - 절망하다, 절망적이다. / 니팔 분사형

- But they will say, It's hopeless! For we are going to follow our own plans - NASB

(4) 이렇게 재앙을 피할 수 있는 길을 열어 놓으시고, 백성이 스스로 결정을 내리기를 원하셨다. 그러나 이들의 반응은 싸늘했다. 이들은 고의적으로 하나님을 대적한다. 이들은 "이는 헛된 말이라(נוֹאָשׁ[1] It's hopeless!)"라고 반응했다. 이렇게 백성들은 다시 회복할 수 있는 기회를 스스로 박탈해 버렸다. "우리는 우리의 계획대로 행할 것이며, 각기 악한 마음대로 살아가겠노라."라고 말한다. 따라서 이들이 앞으로 당할 모든 고통도 스스로 감내해야 한다.

내 백성은 나를 잊어 버렸다(18:13-17)

1. 예레미야의 설교를 듣는 유다 백성의 반응은 여전히 싸늘하다. 여호와께서 이렇게 말씀하신다.

18:13 그러므로(לָכֵן)
여호와께서 이와 같이 **말씀하시니라**

/너희는 — 물어보라(Ask now, שַׁאֲלוּ־נָא[1]) - 제발 한번 물어 보라 (누구에게?)
/누가 이러한 일을 들었는지 - 누가 이런 말을 들어 보았는지
/여러 나라 가운데
/처녀[2] 이스라엘이 —심히(מְאֹד) '가증한 일'[3]을 행하였도다

(1) 처녀 이스라엘은 흠없이 자신을 지켜야 했다(렘 14:17, "너는 이 말로 그들에게 이르라 내 눈이 밤낮으로 그치지 아니하고 눈물을 흘리리니 이는 처녀 딸 내 백성이 큰 파멸, 중한 상처로 말미암아 망함이라."). 그런데 심히(메오드 - 엄청나게, 대단히, 매우) 가증한 일을 행했다. '가증한 일'이란 소름 끼치도록 싫은 것을 가리킨다. 이는 하나님에게 역겨운 일이다(우상 숭배, 불의, 배신 행위, 각종 범죄, 추행, 실제적 간음 등).

(2) 지도자와 백성들의 변절을 자연을 빗대어 책망하신다. "레바논의 눈이 어찌 들의 바위를 떠나겠으며" - 레바논 산 꼭대기에는 늘 눈이 사라지지 않고 덮여 있다. 레바논 산의 바위 틈에 있는 눈은 녹지 않는다. 따라서 그곳에서 흘러내리는 찬물은 마르지 않는다(14절). 이렇게 자연법칙은 변함이 없는데 "무릇 내 백성은 나를 잊었다(쇠카흐, שָׁכַח[4]). 그리고 허무한 것에게 분향했다"(15절)는 것이다. '잊었다'는 것은 하나님을 무시했다는 말이다. 이는 다른 신을 따르거나(신 8:19) 그에게 도전하는 행위이다(시 106:13 그러나 그들은 그가 행하신 일을 곧 잊어버리며 그의 가르침을 기다리지 아니하고").

(3) 이러한 것들은(하나님을 잊고 허무한 것에 분향하는 행위들)
그들로 그들의 길 곧 그 옛길에서(שְׁבִילֵי עוֹלָם)[5] 넘어지게[6] 하며
곁길 곧 닦지 아니한 길로 행하게 하여(닦지도 않은 험한 길로 들어섰다)

곁길로 들어섰다는 것은 백성이 패망의 길로 들어섰음을 말하는 것이다. 그 길은 사람을 넘어지게 하는 죄의 올무가 지뢰처럼 사방에 묻혀 있다.

2. 유다의 일련의 이런 행위들은 그들의 땅을 황폐하게 만드는 결과를 가져올 것이다. 하나님께서 그렇게 하실 것이다.

18:16 그들의 땅으로(=을)
두려움(삼마, שַׁמָּה - 황폐, 공포)과 영원한 '웃음 거리'[7]가 **되게 하리니**
그리로 지나는 자마다 놀라서
그의 머리를 **흔들리라(יָנִיד)** נוּד의 히필 미완료 / 비웃다, 불쌍히 여기다.

1) שָׁאַל의 칼 명령법 / 문의하다, 요청하다.

2) 베 툴 라(בְּתוּלַת) - virgin, maiden / 시집 가지 않은 여자(레 21:3)/ 남자를 알지 못하는 여자(삿 21:12)

3) 가증한 일(샤아루라, שַׁעֲרוּרָה) - 소름 끼치도록 싫은 것 / 여기서는 유다 백성의 배신 행위와 우상 숭배를 지적한다. 렘 23:14, 호 6:10에서는 거짓 선지자들의 거짓 형태와 예언과 실제적 간음을 지적한다.

4) 잊다, 모르다, 무시하다

5) 옛 길 - From the ancient paths. 즉 유다의 경건한 조상들이 신앙적으로 살아갔던 길을 말한다. (신 32:7을 읽어보자)

6) 무엇에 채여 넘어지다, 비틀거리다.

7) 웃음 거리
(셰루카, שְׁרוּקָה) - 쉿 하는 소리 - 여기서는 멸시적으로 하는 소리가 아니고 오싹할 때에 그것을 피하는 사람의 쉿 하는 소리를 의미한다.

1) 푸츠(פּוּץ)의 히필 미완료 / 히필(사역능동)형에서는 흩어버리다, 분산시키다라는 뜻으로 쓰였다. 백성을 **흩어버리다**(신 4:27, 28:64; 사 24:1).

- 신 4:27 "여호와께서 너희를 여러 민족 중에 흩으실 것이요 여호와께서 너희를 쫓아 보내실 그 여러 민족 중에 너희의 남은 수가 많지 못할 것이며"

2) 동풍은 무서운 파멸을 초래하는 사막의 바람을 나타낸다(욥 27:21; 시 48:7).

18:17 내가 — 흩어 버리기를(אֲפִיצֵם)[1)]
/그들을 /그들의 원수 앞에서
/동풍(카딤, קָדִים)[2)]으로 함 같이 할 것이며
내가 ┬ 그들에게 등을 보이고
└ 얼굴을 보이지 아니하리라
/그들의 재난의 날에는

하나님은 유다 백성을 그들의 원수 앞에서 무서운 파멸을 초래하는 모래 바람처럼 흩어 버릴 것이다. 그들에게 등을 돌리실 것이다. 유다가 어떤 환난에 처해도 그들을 돌보지 않으실 것이다. 백성들이 먼저 배반했기 때문이다. 재난(불행, 절망)의 날에도 얼굴을 보이지 않으실 것이다. 결코 어떤 은총도 베풀지 아니하시겠다는 말이다.

예레미야를 죽이려 하다(18:18-23)

1. 예레미야의 선포에 '그것은 헛된 말이다'(12절)라고 반응하는 유다의 백성들, 회개를 외쳐도 '우리가 우리의 계획대로 하겠다'는 지도자와 백성들은 한걸음 더 나아간다. '예레미야를 죽이자'는 것이었다.

예레미야를 없애야겠는데, 무슨 묘책이 없을까? "이 사람이 없어도 법을 가르쳐줄 제사장이 있고, 지혜를 가르쳐 줄 현자(賢者)가 있고, 말씀을 전하여 줄 예언자가 있다. 그러니 어서 우리의 혀로 그를 헐뜯자, 그가 하는 모든 말을 무시하여 버리자"(새번역)

18:18 그들이 **말하기를** (...하나이다)
/오라!(Come, לְכוּ)
우리가 —꾀를 내어 예레미야를 치자(עַל־יִרְמְיָהוּ)
//(for, כִּי) - 그를 죽여도 타당한 이유
제사장에게서 율법이, 지혜로운 자에게서 책략이,
선지자에게서 말씀이 끊어지지 아니할 것이니
오라
우리가 ┬ 혀로 그를 치고
└ 그의 어떤 말에도 주의하지 말자

(1) 예레미야는 충격에 빠진다. 그들의 계획은 문자 그대로 그를 죽이자는 것이다. 왜냐하면, 걱정할 것이 전혀 없다는 것이다. 예레미야를 대신할 사람은 얼마든지 있다. 제사장도 있고, 현자도 있고, 다른 선지자도 얼마든지 있다는 것이다.

(2) 예레미야, 그는 백성들의 악한 계획을 알고 하나님께 나아간다. 그는 충격과 분노로 자신의 개인적인 대적자들에게 무서운 저주가 임하게 해달라고 탄원한다. "여호와여 나를 돌아보사 나와 더불어 다투는 그들의 목소리를 들어 보옵소서"(19절).

18:20 어찌 악으로 선을 갚으리이까마는(=선을 악으로 갚아도 되는 겁니까?)
//(for) 그들이 — 구덩이를 팠나이다
/나의 생명을 해하려고
[주께서] **기억하옵소서(זְכֹר)** - Remember
/내가 — 주의 앞에 서서
//돌이키려 하고
/주의 분노를 그들에게서
//유익한 말을 한 것을
/그들을 위하여

• 예레미야의 생명을 해치려고 한 사건은 렘 11:18-23과 12:1-6에서도 언급되었다. 여기 이 본문이 앞의 것과 동일한 사건인지 확실치 않으나, 그를 해하려는 계획은 계속되었을 것이다.

• 예레미야는 하나님께서 그의 백성에게 진노를 내리려 하실 때, 그들을 위하여 중보했던 것을 기억해 달라고 했다.

(3) 왜, 백성들은 예레미야에게 이런 신경질적인 반응을 나타내는 것일까?
그것은 예레미야가 백성들에게 선포한 내용 때문이다. 그들은 예레미야가 전한 메시지가 적국 바벨론의 승리를 인정했다는 것으로 보여졌으며, 또 실제적으로 그 진노가 이루어지기를 바라고 있다는 것으로 이해되었기 때문이다. 한마디로 그는 애국심이라고는 전혀 없는 매국노라는 것이다.

(4) 예레미야의 탄원 기도는 강도가 높았다. "그러하온즉"(Therefore, לָכֵן)

- 그들의 자녀를 기근에 **내어 주시며**
- 그들을 칼의 세력에 **넘기시며**
- 그들의 아내들은 **자녀를 잃고 / 과부가 되며**
- 그 장정은 **죽음을 당하며**
- 그 청년은 전장에서 칼을 **맞게 하시며**
- 주께서 군대로 갑자기 그들에게 이르게 하사
  그들의 집에서 부르짖음이 **들리게 하옵소서**

//이는(for)
그들이 나를 잡으려고 구덩이를 팠고
내 발을 빠뜨리려고 올무를 놓았음이니이다(=기 때문입니다)

• 렘 18:23 "여호와여 그들이 나를 죽이려 하는 계략을 주께서 다 아시오니 그 악을 사하지 마옵시며 그들의 죄를 주의 목전에서 지우지 마시고 그들을 주 앞에 넘어지게 하시되 주께서 노하시는 때에 이같이 그들에게 행하옵소서 하니라."

깨어진 옹기, 유다(19:1–20:18)

여호와께로부터 받은 메시지를

행위나 이미지로 나타냄

① 베 띠(13:1-11)
② 깨뜨려진 술항아리 (13:12-14)
③ 극심한 가뭄(14:1-15:21)
④ 외로움(16:1-21)
⑤ 토기장이 (18:1-23)
⑥ 깨어진 옹기(19:1-13)

두 번째 토기장이집 방문, 예레미야는 이곳에서 진흙 토기(옹기)를 하나 산다. 그리고 백성의 장로들과 제사장들 가운데 몇 사람을 힌놈의 아들(벤힌놈) 골짜기로 불러모은다. 그리고 하나님의 말씀을 전한다. "보라 내가 이 곳에 재앙을 내릴 것이라."(3절) 예레미야는 함께 가는 자의 목전에서 그 옹기를 깨뜨렸다. 토기장이의 그릇은 한 번 깨어지면 다시 완전하게 될 수 없다. 이와 같이 백성과 이 성읍을 무너뜨리겠다고 선언한다. 그러나 이들은 그들의 길에서 돌이키지 않았다. 깨어진 옹기는 회개의 기회가 지나갔음을 보여준다.

1. 예레미야는 다시 토기장이의 집을 찾아간다. 그 과정을 설명해 보자(1-3절).

여호와께서 이와 같이 **말씀하시되**
/[너는] —— **가서**
토기장이의 옹기[1]를 사고
/<너는> —— **(데리고)**
/백성의 어른들과 제사장의 어른 몇 사람과(을)
/[너는] ┬ **가서**
/힌놈[2]의 아들(בֶּן־הִנֹּם)의 골짜기로
/하시드[3] 문 어귀 곁에 있는
└ **선포하여**
/내가 네게 이른 말을
/거기에서

(1) "무엇이라고 전할까요?" "너희 유다 왕들과 예루살렘 주민아 여호와의 말씀을 들으라(שִׁמְעוּ, 칼 명령법)."

19:3 보라(Behold, הִנְנִי)
내가 —이 곳에 재앙(רָעָה)을 **내릴 것이라(מֵבִיא)** **בּוֹא**의 히필 분사
그것을 듣는 모든 자의 귀가 **떨리니(תִּצַּלְנָה)** צָלַל의 칼 미완료

(2) 하나님은 이곳에 재앙을 내리실 것임을 선포하신다. 이제 그 누구든지 이 소식을 듣는 사람은 그의 귀가 떨릴 것이다(תִּצַּלְנָה). '찰랄'(צָלַל)이라는 말은 '울리다, 진동하다'라는 말로 무시무시한(두려운) 소식에 귀가 울리는 것(삼상 3:11; 왕하 21:12; 렘 19:3), 공포로 인해 입술이 떨리는 것을(합 3:16) 묘사한다.

1) 헤레스(חֶרֶשׂ) - 토기, 질그릇, 옹기(조각)을 의미한다. / 헤레스는 말려서 불에 굽고 겉칠까지 한 토기장이의 생산품이다(시 23:5; 잠 26:23; 사 45:9). 일반적으로 그릇을 의미하나 큰 조각 그릇을 의미하기도 한다(사 30:14).

2) 힌놈 - 애곡을 의미한다. (헬라어 - 게헨나). 예루살렘 남동부로 뻗어 있는 힌놈의 아들 골짜기를 말한다(렘 32:35). 이 골짜기에서 아이가 제물로 바쳐졌다(왕하 16:3, 21:6).

3) 하르수트 - 옹기, 도기 / 여기서는 예루살렘 성문 이름을 가리킨다.

예레미야 19장

10 너는 함께 가는 자의 목전에서
그 옹기를 깨뜨리고

11 그들에게 이르기를 만군의 여
호와께서 이와 같이 말씀하시
되 사람이 토기장이의 그릇을
한 번 깨뜨리면 다시 완전하게
할 수 없나니 이와 같이 내가
이 백성과 이 성읍을 무너뜨리
리니 도벳에 매장할 자리가 없
을 만큼 매장하리라

12 여호와의 말씀이니라 내가 이
곳과 그 가운데 주민에게 이같
이 행하여 이 성읍으로 도벳
같게 할 것이라

▶ 깨어진 옹기
이는 유다와 예루살렘이 황폐화 될 것을 상징한다.

19:4 //이는 - 재앙을 내리는 그 이유를 설명하고 있다.

- 그들이 나를 버리고 /이 곳을 **불결하게 하며**
- 이 곳에서 **분향하며**
- 자기와 자기 조상들과 유다 왕들이 알지 못하던 **다른 신들**에게 무죄한 자의 피로 이 곳에 채웠음이며
- 또 그들이 바알을 위하여 **산당**을 건축하고
- **자기 아들들을 바알에게 번제로 불살라 드렸나니**

이는 내가 명령하거나 말하거나 뜻한 바가 아니니라(5절).
(내가 상상조차도 하여본 적이 없는 죄를 저질렀기 때문이다. - 새번역)

- 그러므로 보라 다시는 이 곳을 **도벳**이나 힌놈의 아들의 골짜기라 부르지 아니하고 오직 **죽임의 골짜기**라 부르는 날이 이를 것이라 여호와의 말이니라(6절)

힌놈의 아들 골짜기에서 아이가 제물로 바쳐졌다(왕하 16:3; 21:6). 이 골짜기는 황소의 형상을 한 우상 몰록(Moloch)의 불로 이글거리는 팔에 던져진 어린 아이의 울음 소리에서 그렇게 불렸다. 유대인들은 이러한 가공스런 희생 제사가 요시야 왕에 의해 폐지된 이후 이곳을 혐오하여(왕하 23:10), 이곳을 모든 종류의 쓰레기뿐만 아니라 심지어 죽은 동물과 함께 처형되었으나 매장되지 아니한 범죄자들의 시체로 더럽혔다.

이곳은형벌에 대한 천연의 상징으로 간주한다(참조: 레 10:2; 민 16:35; 마 3:11, 13:42; 살후 1:8 등). 렘 7:32; 19:6 이하에 따르면 이 골짜기는 하나님의 심판의 장소가 될 것이라고 한다.

도벳(토페트, תֹּפֶת) - 아이들이 이방신들에게 제물로 바쳐져 불살라졌던 힌놈의 아들 골짜기의 한 장소

2. 힌놈의 아들 골짜기에 있는 도벳 산당은 우상 숭배자들에게는 예루살렘 성전 못지 않게 신성한 곳으로 간주되었을 것이다.

(1) 그러나, 이곳은 이제 **죽임(살육)의 골짜기**(הַהֲרֵגָה[1] אֵם־גֵּיא, the valley of Slaughter)라 부르게 될 것이다. 특히 이곳에서 몰렉 신에게 제사를 드렸다. 이제 이곳 산당을 철저히 피괴시키겠다고 선언하신다.

- 내가 이 곳에서 **유다와 예루살렘의 계획을 무너뜨려**
  그들로 그 대적 앞과 생명을 찾는 자의 손의 칼에 엎드러지게 하고
  그 **시체를 공중의 새와 땅의 짐승의 밥**이 되게 하며(7절)
- 이 성읍으로 놀람과 **조롱 거리**가 되게 하리니
  그 모든 재앙으로 말미암아 지나는 자마다 놀라며 **조롱할 것이며**(8절)
- 그들이 그들의 원수와 그들의 생명을 찾는 자에게 둘러싸여
  곤경에 빠질 때에 그들이 그**들의 아들의 살,**
  딸의 살을 먹게 하고 또 각기 **친구의 살을 먹게** 하리라(9절)

너는 —— **깨뜨리고**(Then you are to break the jar, וְשָׁבַרְתָּ)
/함께 가는 자의 목전(눈앞)에서
/그 옹기(바브르크, בַּקְבֻּק)를(10절)

(2) "사람이 토기장이의 그릇을 한 번 깨뜨리면 다시 완전하게 할 수 없다."

이와 같이(Even so, כֹּה)
내가 —— 무너뜨리리니(אֶשְׁבֹּר) - I will smash... / will I break
/이 백성과 이 성읍을
└ 매장하리라(יִקְבְּרוּ) - קָבַר의 칼 미완료
/도벳에 매장할 자리가 없을 만큼

(3) 두 번째 기회도 유다 지도자들과 백성은 거절했다. 여호와께로 돌이키지 않겠다는 것이다. 그래서 '이 백성과 이 성읍'(אֶת־הָעָם הַזֶּה וְאֶת־הָעִיר הַזֹּאת)을 이 토기그릇처럼 무너뜨리시겠다는 것이다(I *will* smash, אֶשְׁבֹּר). '무너뜨리다'라는 말 '솨바르'(שָׁבַר)는 문자적으로나 상징적으로 산산히 부수다, 으스러뜨리다'란 뜻이다. 그 파괴의 철저함을 드러내신다. 그래서 "내가 이 곳과 그 가운데 주민에게 이같이 행하여 이 성읍으로 도벳 같게 할 것이라"(12절)고 말씀하신다.

1) 관사 + 하레가(הֲרֵגָה) - 살해, 학살

신약에서 인용

- 회개할 기회를 여러 번 주셨는데도, 백성은 돌이키기를 포기했다. 따라서 멸망은, 그 길을 선택한 유다에게 필연적인 결과이다.
- 이 사건은 신약성경에서 현실화 된다. 마태는 가룟 유다가 이스라엘 지도자에게 예수님을 배반하여 받았던 삯을 돌려주려 한 사건에서 반영되었다.
- 마 27:6-10 "대제사장들이 그 은을 거두며 이르되 이것은 핏값이라 성전고에 넣어 둠이 옳지 않다 하고 의논한 후 이것으로 토기장이의 밭을 사서 나그네의 묘지를 삼았으니 그러므로 오늘날까지 그 밭을 피밭이라 일컫느니라 이에 **선지자 예레미야를 통하여 하신 말씀이 이루어졌나니**"

Close-up

몰렉(Molech) 신

(1) 율법에는 몰렉 제사를 금지하라는 명령이 나와 있다(레 18:21, 20:2-5). 그러나 예루살렘 남쪽 힌놈의 아들의 골짜기에서는 요시야가 이를 중지시켰는데도 여전히 행해졌다(렘 32:35).

(2) 이사야는 앗수르 왕을 심판하려고 도벳이 준비되어 있다고 조롱했다(사 30:33). 이 제사는 국가가 위급에 처해졌을 때 행해졌다. 유다 왕 아하스는 아람과 이스라엘 연합군의 침해를 받는 위기에 부딪치게 되자 "자기 아들을 불 가운데로 지나가게" 하고(왕하 16:3), 또 므낫세도 "그 아들을 불 가운데로 지나게" 하였다(왕하 21:6, 대하 33:11 앗수르의 위협을 받은 때).

(3) 소아 희생의 이교적 관습은 선지자(렘 19:5, 32:35; 겔 16:21, 20:31, 23:37)와, 신명기 기자에 의하여 신랄한 배격을 받았다(신 18:10), 또 요시야 왕은 신명기의 정신에 따라 이 제사를 일시 종식시켰다(왕하 23:10).

(4) 아이를 바치는 자는 사형에 처한다고 하는 율법이 정해져 있었는데도(레 18:21) 불구하고 솔로몬 왕은 만년에 사랑하는 암몬 사람의 아내를 통하여 이 우상신을 받아들여 제단을 쌓았다.

(5) 그리고 힌놈의 아들 골짜기 도벳 산당에서 계속하여 어린이 희생이 행해졌다(시 106:38; 렘 7:31, 19:4, 5, 겔 16:21, 23:37,39; 사 30:33). 북왕국 이스라엘은 이와 같은 가증스러운 죄 때문에 하나님의 진노를 샀다(왕하 17:17; 겔 23:37).

▶ 이제 도벳 산당은 죽임(살육)의 골짜기가 될 것이다. 예레미야를 통해 이곳을 심판하시겠다고 선언하신다(렘 19:6).

(4) 추가 설명이 이어진다. "예루살렘 집들과 유다 왕들의 집들이" 더러워졌다는 것이다. 그것도 전부가 종교적 의미에서 부정하고, 불결해졌다(타마, טָמֵא)고 말씀하신다. 왜? "그 집 위에서 '하늘의 만상'[1]에 분향하고 다른 신들에게(=잡신들에게) 전제(술을 부어 드리는 제사)를 바쳤기" 때문이다. 결국 유다는 "도벳 땅처럼 될 것이다"(13절).

1) the host of heaven
צְבָא הַשָּׁמַיִם
유다인의 집은 대체로 지붕이 평평하다. 그곳에서 별의 신들에 대한 제사가 드려졌다. (렘 32:29)

3. 예레미야를 못마땅해 하는 백성들은 아직도 집에 가지 않고 여호와의 성전 뜰에서 그를 기다리고 있었다. 도벳에서 지금 막 돌아온 예레미야는 아직도 버티고 서 있는 모든 백성에게 이렇게 전한다.

19:15 만군의 여호와 이스라엘의 하나님께서 이와 같이 **말씀하시되**
보라(הִנְנִי)
내가 —— **내리리니**
/모든 재앙을
/이 성읍에 대하여 선언한
/이 성읍과 그 모든 촌락에
//이는(כִּי, because) - 재앙을 내려야만 하는 필연적 이유
그들의 목을 곧게 하여 내 말을 듣지 아니함이라(=때문에)

198

선지자 예레미야를 통하여 하신 말씀이 이루어졌나니(마 27:9)

Close-up 이 내용은 동교재(백투더바이블) 학개-스가랴, 240-241쪽에 있는 것을 그대로 가져온 것입니다. 마태복음 27:9에서 "이에 **선지자 예레미야를 통하여 하신 말씀이 이루어졌나니**"라는 내용과 관계된 것을 조금 살펴보려 합니다.

마 27:1-10

1 새벽에 모든 대제사장과 백성의 장로들이 예수를
죽이려고 함께 의논하고
2 결박하여 끌고 가서 총독 빌라도에게 넘겨 주니라
3 그 때에 예수를 판 유다가 그의 정죄됨을 보고 스
스로 뉘우쳐 그 **은 삼십**을 대제사장들과 장로들
에게 도로 갖다 주며 4 이르되 **내가 무죄한 피를
팔고 죄를 범하였도다** 하니 그들이 이르되 그것
이 우리에게 무슨 상관이냐 네가 당하라 하거늘
5 유다가 **은을 성소에 던져 넣고** 물러가서 스스로
목매어 죽은지라 6 대제사장들이 그 은을 거두며
이르되 이것은 핏값이라 성전고에 넣어 둠이 옳
지 않다 하고 7 의논한 후 이것으로 **토기장이의
밭을 사서 나그네의 묘지를 삼았으니** 8 그러므로
오늘날까지 그 밭을 피밭이라 일컫느니라 9 이에
**선지자 예레미야를 통하여 하신 말씀이 이루어졌
나니** 일렀으되 그들이 그 가격 매겨진 자 곧 이스
라엘 자손 중에서 가격 매긴 자의 가격 곧 은 삼
십을 가지고 10 **토기장이의 밭 값으로 주었으니**
이는 주께서 내게 명하신 바와 같으니라 하였더라

스가랴의 예언의 성취

1. 마태복음 27:9, 10에서 스가랴 11:13의 말씀을 인용하면서 그 예언이 성취되었다고 소개한다. 문제는 마태가 스가랴의 예언이 아니라 예레미야의 예언이 성취된 것으로 소개하고 있다는 데 학자들 간의 논쟁이 있다.

(1) 공회의 핵심 구성원들인 대제사장과 백성의 장로들은 전체 공회를 소집하였고, 예수님에 대한 사형을 확정한다. 당시 그들에게는 사형 집행권이 없었기에 예수님을 묶은 다음 빌라도에게 넘겨주었다. 가룟 유다는 예수님에게 더 이상 메시야에 대한 기대감이 없어보이자 예수님을 유대지도자들에게 넘겨주기로 한다. 예수님이 별 저항 없이 사형선고를 받는 것을 보고 그는 후회하기 시작했고, 그가 예수를 넘겨준 대가로 받은 은 삼십을 다시 돌려주려 하였다.

(2) 그러나 유대 지도부는 그런 유다의 제의를 거절한다. 유대 지도자들은 1차 목적을 달성했기에 더 이상 유다의 말에 귀를 기울이지 않는다. 오히려 그 책임은 그에게 있다고 말한다. 이에 유다는 그 은을 성소에 *팽개쳐 버리고* 어디론가 가서 목을 매어 자살하고 말았다.

- 마 27:5 "(은을 성소에) **'던져 넣고'**(ῥίψας)" - 립토(ῥίπτω)의 과거분사 능동태 / '내던지다, 팽개치다'라는 뜻이다.
- 스가랴 11:13에서 "여호와의 전에서 토기장이에게 <던지고, אַשְׁלִיךְ>"라는 동사는 상당히 강조된 샬라크(שׁלך)의 히필형이다.

2. 가룟 유다는 예수를 판 돈을 먼저 '성소에 넣은 것'이 사실이나(마 27:5), 제사장과 장로들은 그 은을 거두며 이것은 핏값이라 성전고에 넣어 둠이 옳지 않다고 여겨(신 23:18 참조), 의논이 있은 후 **이 돈으로 토기장이의 밭을 사서** 나그네의 묘지로(순례 중에 죽은 주인 없는 주검을 처리할 무덤) 삼았다고 했다. 제사장들은 이 돈을 불결한 것으로 여겨 **힌놈의 골짜기에 있는 아주 보잘것 없는 밭을 산다. 이곳은 예레미야가 백성들이 내어 버림을 당할 것을 예언한 바로 그곳이었다.** 그곳에 핏값이 지불되었다. 곧 무죄한 피를 배반한 데 대한 보상이었다. 예레미야가 이스라엘의 가증한 일들에 대하여 말씀했던 경고가 이제 여기서 완전히 발효되는 것이다. 렘 19:1이하를 참고해 보자.

따라서 스가랴의 예언은 여자적(如字的)으로 응답되었다. 스가랴의 예언이 있은 후 550년 후의 일이다. 마태가 복음서를 기록할 당시 이 밭은 피밭(the Field of Blood)이라고 불렀다고 한다(마 27:8).

왜 예레미야의 예언이라고 했는가?

1. 마태는 이 사건 전체를 구약 예언의 성취라고 설명하면서 스가랴 11:12-13을 해석적으로 인용했다. 그러나 **마태는 그 예언의 출처를 예레미야라고 소개하고 있기에** 학자들 간의 논쟁이 되어 왔다.

(1) 핸더슨(Henderson)이라는 학자는 이렇게 설명한다. 마태복음의 많은 경우와 같이(예; 마 1:22, 2:5, 15, 13:35, 21:4, 27:35) 원래는 '예레미야'란 말을 하지 않고 '선지자로 하신 말씀'이라고 히브리어로 처음 기록된 것을 헬라어로 번역될 때에 '예레미야로'로 되었을 것이라고 했다. 어떤 사본에는 '예레미야'라는 말이 없다고 했다. 또다른 견해는 '예레미야'란 말이 도중에 필사자에 의해 삽입되었을 것이라고 주장한다.

(2) 둘째는, 널리 알려진 견해로 마태복음의 기자는 스가랴의 글과 예레미야의 글을 묶어서 인용했다는 견해이다. 이 학설에 따르면, 마태는 은 삼십을 토기장이(밭 값으로)에게 던진 것은 스가랴의 글에서 인용했지만, 그런 행동을 한 반역자들의 심판과 또 그 돈이 소위 핏값으로 어떻게 불결한 곳에 혹은 심판의 풀무 불에 던져질 것은 예레미야에서 인용되었다는 것이다(렘 18:1-16, 19:1-6, 11 참조).
이런 예는, 즉 두 선지자의 글을 동시에 섞어서 인용하는 경우는 흔히 있는 일로 잘 알려진 선지자의 이름만 기록했다. 예를 들어 막 1:2에 보면, 말라기 3:1과 이사야 40:3을 함께 묶어 인용하면서 마가복음의 기자는 말라기 선지자는 말하지 않고, '이사야의 글'이라고만 했다. 또 마 21:5에도 "이는 한 선지자로 하신 말씀"이라고 했는데, 이는 두 선지자 즉 이사야(62:11)와 스가랴(9:9)가 한 말을 인용한 것이다. 마태는 아마도 이사야(the prophet)만 생각했을 것이다.

2. 그러면 왜 그 예언을 예레미야의 것으로 돌려졌는가?

(1) 그것은 율법책의 초본(抄本)에서 인용하는 사람은 비록 편집물에서 말씀을 인용한다 할지라도 편집자보다는 오히려 원 저자를 밝히고자 한다는 이유에서이다.

(2) 당시 유대인들에게는 이전 선지자의 이름을 후대 선지자의 말씀 속에 들어 있는 예언의 형식과 관련시킴으로써 설명적 변화를 가한 것이다. 당시 유대인들에게는 소선지서들은 모두가 한 책으로 간주되었기 때문에 이름을 들어 인용한 예는 좀처럼 없고 대선지서들에 대한 보충 부가물로 간주되었기 때문이다.

▶ 마태의 이야기 중에서 중요한 요소들이 스가랴서에서는 나타나지 않는 반면, 예레미야서의 두 장에서 발견된다. '피 값'으로 제사장들이 '피밭'을 산 것이다(마 27:6-8). 이 내용은 "무죄한 자의 피로 이곳에 채웠음이며"를 반영한 것이다(렘 19:4).

▶ 마태 - "내가 무죄한 피를 팔고 죄를 범하였도다"(27:4)
예레미야 - 유다 왕들과 백성이 예루살렘에 채운 것을 '무죄한 자의 피'라고 했다.

▶ 여호와께서 요청한 회개를 거절한 유다에게 멸망의 심판이 내려진다(렘 18:7, 19:1, 6-7, 11) // 신약에서 메시야를 거절한 유대인에게도 이 심판이 그대로 적용된다(마 27:7-8).

바스훌이 예레미야를 차꼬에 채움(20:1-6)

예레미야는 그의 사역을 너무 힘들어 한다. 그는 다시는 여호와를 선포하지 않겠다고 다짐했지만 그럴수록 그의 중심이 불붙는 것 같아서 견딜 수가 없다. 더욱 그를 힘들게 하는 것은 그의 사역을 도와야 할 제사장들과 그의 친한 친구들의 반대였다. 제사장 바스훌은 예레미야가 예언한 말씀을 듣고 회개한 것이 아니라 오히려 그를 때리고 차꼬에 채워 옥에 가두었다.

1. 임멜의 아들 제사장 바스훌은 선지자 예레미야를 때리고 여호와의 성전에 있는 목에 씌우는 나무 고랑으로 채운다. 그의 사역에 고난이 계속된다.

(1) 임멜(Immer)은 예레미야 시대의 제사장이다. 그의 아들 바스훌(Pashhur)은 여호와의 성전의 총감독(파가드, פָּקִיד)이라고 했다. '파가드'는 감독관(chief officer, פָּקִיד נָגִיד)으로 성전에서 율법과 질서를 책임지는 사무직 관리를 말한다(렘 29:6 - 여호와의 성전 감독자).[1] 바스훌이 예레미야가 성전 뜰에서 하는 예언을 들었다고 했다(1절). 바스훌은 예레미야를 때리고(יַכֶּה - 히필 동사) 성전 윗층에 있는 베냐민 대문 근처에다가 차꼬를 채워 가두었다(2절). 예레미야는 무죄하였음에도 불구하고 매질을 당했다(렘 20:2, 37:15도 보라). 몇 대나 맞았을까? (40대? 신 25:3; 고후 11:24)

1) 어떤 경우에는 왕의 관원(제사장에 속한 관원<파카드>)도 있었다. 신약에서는 '군관'(눅 22:52), '성전 맡은 자'(행 4:1, 5:24) 등으로도 표기되었다.

개역성경은 פָּקִיד נָגִיד를 유사장으로 번역했다. chief officer

차꼬 : 렘 29:26을 보라. "여호와께서 너를 제사장 여호야다를 대신하여 제사장을 삼아 여호와의 성전 감독자로 세우심은 모든 미친 자와 선지자 노릇을 하는 자들을 **목에 씌우는 나무 고랑과 목에 씌우는 쇠 고랑을 채우게 하심이어늘**"

(2) 다음날이다. 바스훌은 예레미야를 차꼬에서 풀어 준다. 왜 풀어 주었을까? 더 이상 그의 강렬한 메시지를 듣지 않기 위해서였을 것이다. 예레미야의 매국노적인 발언에 정부당국은 골치가 아팠다. 그렇다고 그를 죽이기까지는 아니했다. 어쨌든 예레미야는 다음 날 풀려났다. 예레미야의 폭탄적인 선언이 시작된다. 우선, 그를 매질하고 가두웠던 바스훌에게 내리는 예언이다.

20:3 예레미야가 그에게 **이르되**
/여호와께서 ┬ [부르지] 아니하시고
　　　　　　│ /네 이름을 바스훌(פַּשְׁחוּר)[2]이라
　　　　　　└ 마골밋사빕(מָגוֹר מִסָּבִיב)[3]이라 하시느니라

(3) 바스훌이란 이름의 뜻은 '자유'인데, 이제는 반대의 뜻을 가진 이름인 Magor-missabib으로 불릴 것이다. 주위에서 오는 두려움이란 뜻이다. 다가오는 바벨론 포위 때에는 그와 그의 온 가족이 사방에서 공격하는 적의 목표가 된다는

2) '자유'라는 뜻

3) '사방으로부터의 두려움'을 의미한다.

예레미야 20:4, 6

내가 너로 너와
네 모든 친구에게
두려움이 되게 하리니
그들이 그들의 원수들의 칼에
엎드러질 것이요

너와 네 집에 사는
모든 사람이
포로 되어 옮겨지리니
네가 바벨론에 이르러
거기서 죽어
거기 묻힐 것이라

너와 너의 거짓 예언을 들은
네 모든 친구도
그와 같으리라

일종의 전시품이 된다는 말이다. 렘 29:24-26을 보면 예레미야가 바벨론 포로들에게 편지를 보낼 때에는 바스훌은 다른 제사장으로 대체되었음을 본다.

(4) 여호와의 말씀이 계속된다. (4절)

20:4 //(for, כִּי) - 3절의 그 이유를 설명한다.
여호와께서 이와 같이 **말씀하시되** 보라(הִנְנִי)

- 내가 두려움이 되게 하리니 - 누구에게? (너로 너와 네 모든 친구에게)
- 그들(바스훌과 온 가족)이 그들의 원수들의 칼에 엎드러질 것이요 네 눈은 그것을 볼 것이며

- 내가 온 유다를 바벨론 왕의 손에 넘기리니
- 그가(=바벨론 왕이) 그들을 사로잡아 바벨론으로 옮겨 칼로 죽이리라(4절)

- 내가 ── 그 원수의 손에 넘기리니 - 무엇을?
  (이 성읍의 모든 부와 그 모든 소득과 그 모든 귀중품과 유다 왕들의 모든 보물을)
- 그들이 그것을 탈취하여 바벨론으로 가져가리라(5절).

(5) 바스훌의 집과 가족들은? (6절)

- 너와 네 집에 사는 모든 사람이 포로 되어 옮겨지리니 네가 바벨론에 이르러 거기서 죽어 거기 묻힐 것이라

(6) 바스훌의 친구들은?

- 너와 너의 거짓 예언을 들은 네 모든 친구도 그와 같으리라

예언의 성취

- 왕하 25:7 "7그들이 시드기야의 아들들을 그의 눈앞에서 죽이고 **시드기야의 두 눈을 빼고 놋 사슬로 그를 결박하여 바벨론으로 끌고 갔더라** 8바벨론 왕 느부갓네살의 열아홉째 해 오월 칠일에 바벨론 왕의 신복 시위대장 느부사라단이 예루살렘에 이르러 9**여호와의 성전과 왕궁을 불사르고 예루살렘의 모든 집을 귀인의 집까지 불살랐으며** 10시위대장에게 속한 갈대아 온 군대가 **예루살렘 주위의 성벽을 헐었으며**11성 중에 남아 있는 백성과 바벨론 왕에게 항복한 자들과 무리 중 남은 자는 시위대장 느부사라단이 모두 사로잡아 가고 12시위대장이 그 땅의 비천한 자를 남겨 두어 포도원을 다스리는 자와 농부가 되게 하였더라."

사람마다 종일토록 나를 조롱하나이다(20:7-18)

1. 당시 상황에서 매국노적인 예언을 해야 하는 예레미야, 그의 사역이 너무 힘들다. 그는 하나님을 비난(?)한다. 친구와의 어려운 관계도 토로한다.

1) 파타(פָּתָה) - 넓다, 열려 있거나 개방되어 있다. / 여기서는 '유혹하다, 속이다'라는 뜻으로 쓰였다.

2) 하자크(חָזַק)이런 표현은 9, 10, 11절에도 나온다.

20:7 여호와여
주께서 —— 나를 권유하시므로(פִּתִּיתַנִי)[1] - פָּתָה의 피엘 완료
내가 —— 그 권유를 받았사오며
주께서 —— 나보다 강하사[2]
이기셨으므로
내가 —— 조롱거리가 되니
사람마다 —— 종일토록 나를 조롱하나이다

"주님, 주님께서 나를 속이셨으므로 내가 주님께 속았습니다."(표준새번역)

(1) 예레미야는 자기가 하는 사역에 너무 결실이 없는 것 같아 절망에 빠진다. 그는 하나님이 자기를 속였다고 불평하였다. "내가 말할 때마다 외치며 파멸과 멸망을 선포하므로 여호와의 말씀으로 말미암아 내가 종일토록 치욕(조소, 경멸, 비난)과 모욕거리(켈레스, קֶלֶס)가 됨이니이다"(8절). 그래서 그는 "다시는 여호와를 선포하지 아니하며 그의 이름으로 말하지 아니하리라."고 결심한다. 그러나 막상 그렇게 하다보면 "나의 마음이 불붙는 것 같아서 골수에 사무치니 답답하여 견딜 수 없나이다"라고 속내를 드러낸다.

(2) 바스훌의 이름이 '마골밋사빕', 즉 사방의 두려움이라는 의미로 바뀌었는데, 이제는 예레미야가 그런 꼴이 되고 있지 아니한가? "나는 무리의 비방과 사방이 두려워함을 들었나이다"(10절). 사람들이 모여서 수군거리기 시작한다. 상황이 심각하게 돌아간다. "저자야말로 사면초가다. 고소하라. 우리도 고소하리라" 한다는 것이다. 게다가 예레미야와 친하던 사람들도 다 예레미야가 실족하기를 기다리고 있다. "혹시 유혹을 받게 되면 우리가 그를 이기어 우리 원수를 갚자 하나이다."

1) 여호와는 용사 같으시며 / 용사, 전사(깁보르, גִּבּוֹר) 강한, 강력한 자

- 사 9:6 "그는 모사라 전능하신(깁보르) 하나님이라"
- 예레미야의 감동적인 고백을 보라(렘 32:17이하). 그는 창조(렘 32:17)와 구속(렘 32:18)에 나타난 하나님의 전능하심을 증거한다.

(3) 그러나 비탄에 잠겨 있던 예레미야는 다시 한 번 확고한 믿음을 갖게 된다. 그 이유는 무엇인가?

20:11 그러하오나(But, וְ)
여호와는 두려운 용사 같으시며(ike a dread champion, כְּגִבּוֹר)[1]
나와 함께 하시므로

[그러므로, Therefore, עַל־כֵּן]

• 나를 박해하는 자들이 ┬ **넘어지고 / 이기지 못할 것이오며**
  └ 큰 치욕을 **당하오리니**
  /(for) 그들은 지혜롭게 행하지 못하므로

• 그 치욕은 길이 **잊지 못할 것이니이다**

2. 예레미야는 그의 사역 때문에 낙심되고 비관적이지만, 결국은 문제점은 여호와께 있는 것이 아님을 깨닫는다.

(1) 그는 다시 하나님에게서 해결점을 찾으려 한다.

20:12 만군의 여호와여
  /의인을 시험하사 그 폐부(마음)와 심장(감정)을 보시는
주께서 ┬ 보게 하옵소서
  └ 그들에게 보복하심을 나에게
  //(for, כִּי) 나의 사정을 주께 아뢰었사온즉

예레미야는 대적자에 대한 복수를 청원한다. 11:18-23, 12:1-6, 17:14-18, 18:19-23도 읽어보라.

13[너희는] ——— 여호와께 노래하라
너희는 ——— 여호와를 찬양하라
  //(for, כִּי) 구원하셨음이니라
  /가난한 자의 생명을 행악자의 손에서

13절은 잘못된 배치처럼 보이나 말씀에 의지하여 싸우는 자는 하나님의 도와 주심으로 승리하게 된다는 점을 노래한 것 같다.

(2) 예레미야는 자신이 하나님으로부터 부여받은 사명조차도 의심하고 있다. 이는 저주의 시(詩)이다. 앞에서 하나님의 전능하심을 의지하고, 그리고 승리의 노래까지 불렀지만, 역시 그의 사역이 얼마나 힘든 것이었나를 생각하게 한다. 하나님의 일은 이런 양면성이 있다. 확신과 낙심이 수시로 교차한다. 어제는 소망을 갖고 달음질쳤지만 오늘은 지쳐서 모든 것을 그만두고 싶다.

• 14절 - 내가 태어난 날이 저주를 받았더라면...
• 15절 - 사내 아이가 태어났다고 나의 아버지에게 소식을 전하던 그 사람도 저주를...
• 16절 - 바로 그 사람은 멸망시켜버린 성읍처럼 되어야 할 터인데...
• 17절 - 내가 어머니 뱃속에 있을 때에 죽었더라면, 그러면 어머니가 내 무덤...

• 18절 내가 어찌하여 태에서 나와서
  고생과 슬픔을 보며
  나의 날을 부끄러움으로 보내는고

204 유다의 지도자들 고소(21:1–23:40)

이 부분에서 우리는 유다가 멸망에 이른 주요 이유로 유다의 지도자들을 고소하는 것을 보게 된다. 물론 먼저, 왕들의 대한 고소이다. 21:1–22:9에서는 시드기야 왕이 등장한다. 그는 바벨론이 예루살렘 성을 에워싸자 여호와의 도움을 청하고자 예레미야를 찾는다. 물론 이 구원 요청은 거절된다. 유다의 마지막 왕 시드기야는 비참한 최후를 맞는다. 여기서는 연대기적 순서를 따르지 않았다. 마지막 왕 시드기야, 그리고 여호아하스(살룸), 여호야김, 여호야긴에 대한 언급이 있다. 메시지의 주 내용은 포로로 끌려감을 피할 수 없다는 것이다. 이 모든 책임이 잘못된 지도층들의 통치로 인한 결과였음을 전한다. 결국 유다는 자신의 죄로 인하여 심판을 받았음을 보여준다.

바벨론이 세운 시드기야 왕, 그 시작과 끝

1. 유다의 멸망은 그 징조가 **므낫세** 왕부터 나타나기 시작했다. 므낫세는 12세에 왕위에 올라 55년(부친 히스기야와 함께 공동 통치한 기간까지 포함한 기간)을 통치했다.

2. 므낫세가 얼마나 **종교적으로 부패**했는지는 역대하 32:2-10, 열왕기하 21:2-16에 기록되어 있다.
   - 부왕이 헐어버린 신당들을 다시 짓고 바알의 단을 세우고 아세라 목상과 하늘의 일월성신을 숭배했다.
   - 성전 안과 뜰에다 일월성신을 섬기는 제단들을 세웠다(왕하 21:3-7; 대하 33:2-7).
   - 몰렉에게 자기 아들을 번제로 드려 불 가운데를 지나게 하며 점을 치고 사술(邪術)을 행했다(왕하 21:6; 대하 33:6). 또한 무당과 점쟁이를 불러 의논하기도 했다.
   - 유다에서 그보다 더 악했던 자는 아무도 없었다고 했다. 그는 그전의 아모리 사람들보다 더 악한 일을 저질렀고, 또한 유다 백성들이 우상 섬기는 죄를 짓도록 만든 장본인이었다(왕하 21:11).

3. 그가 이렇게 악해진 것은 앗수르에 예속된 후 그 나라의 종교와 풍속을 따르면서 앗수르의 호의를 얻고자 했기 때문일 것이다. 한마디로 그는 **앗수르의 괴뢰**였다. 므낫세는 죄 없는 사람을 많이 죽여 예루살렘을 이쪽 끝에서 저쪽 끝까지 피로 가득 채웠다고 했다(왕하 21:16).

4. 따라서 하나님은 예루살렘과 유다에 큰 재앙을 내리겠다고 선포하신다. 그 재앙의 정도를 "사람이 접시를 닦아 엎어 놓듯 예루살렘을 말끔히 씻어 버리겠다"(왕하 21:13)고 하셨다. 하나님은 드디어 무서운 징계를 내리신다. 앗수르의 군대를 보내 유다를 치게 하셨다. 결국 므낫세는 쇠사슬로 결박당하여 바벨론으로 잡혀가는 비참한 신세가 되었다(대하 33:10-13). 그는 이런 환난을 통해 하나님께 겸비해지기도 했다. 바벨론에서 다시 돌아와 우상을 제거하고 여호와의 제단을 보수하기도 했다(대하 33:12-19).

5. **히스기야의 종교개혁**, 그 종교개혁을 무로 돌리는 므낫세의 범죄, 유다는 이미 이때부터 기울기 시작했다(왕하 24:3 참조). 한때 요시야 왕은 개혁을 위해 몸부림쳤으나 외적인 개혁만 진행되었을 뿐이었다. 따라서 요시야 13년, 즉 627년에 여호와의 말씀이 예레미야에게 임한다(렘 1:2). 그의 사역은 그 뒤로 여호아하스, 여호야김, 시드기야, 그리고 586년 왕국이 망하고도 계속 이어졌다. 그러나 쓰러져가는 유다를 구하기에는 역부족이었다. 결국 유다는 시드기야를 마지막으로 바벨론으로 팔려가게 된다.

⑳ 시드기야 통치시 예언

• 좋은 무화과 나무와 썩은 무화과 나무 비유(바벨론에 사로잡혀갈 자들과 유다에서 심판을 당할 자 비유) (렘 24:1-10)
• 엘람인들에 대한 예언(렘 49:34-39)
• 바벨론에 포로로 잡혀간 자들에게 바벨론에서 오랫동안 체류할 준비를 하라고 격려하는 예레미야의 편지(29:1-29)
• 바벨론의 멸망 예언 : 그 상징으로 유브라데 강에 두루마리를 던지는 상징적인 행동을 함(렘 51:59-64)
• 594년 • 노예생활을 상징하는 뜻에서 멍에를 짊어진 예레미야 / 거짓 선지자 하나니와의 대결(렘 27:1-28:16)
• 595-590년 • 유다의 지도자들에 대한 고발 / 다윗의 의로운 가지에 대한 예언(렘 23:1-40) /
• 589년 • 예루살렘 멸망 예언(렘 34:1-22)

• 588년 • 느부갓네살에게 항복하라고 시드기야에게 촉구(렘 21:1-10)
• 포로에서 돌아올 것에 대한 상징으로 아나돗의 밭을 삼(렘 32:1-44)
• 포로들이 귀환한 후에 하나님께서 백성들의 삶을 회복시켜 주실 것이라고 확신하는 예레미야(렘 33:1-26)

• 586년 • 예루살렘 함락 / 시드기야가 포로로 끌려감(렘 52:1-30)

6. 시드기야, 전왕(前王)은 여호야긴이다. 그는 18세의 나이로 등극했으나 그 역시 여호와 보시기에 악한 일을 했다고 했다. 즉위한 지 3개월 뒤에 바벨론 왕 느부갓네살은 왕뿐만 아니라 황후, 왕자, 신하 등 나라의 유력한 자들을 자기네 나라로 끌고갔다. 성전에 있던 기구들도 바벨론으로 가져가 자기 왕궁에 두었다. 그리고 바벨론은 여호야긴의 숙부요, 요시야의 아들인 맛다니야(**시드기야**로 개명)를 대신 왕으로 세웠다(21세에). 그런데 시드기야 역시 하나님 보시기에 악을 행했다는 것이다.

바벨론이 세운 시드기야 왕

1. 바벨론이 시드기야에게 요구하는 것은 무엇이었을까?

(1) 우선 역대기 기자의 이야기를 들어보자.

대하 36장

• 11 시드기야가 왕위에 오를 때에 나이가 이십일 세라 예루살렘에서 십일 년 동안 다스리며
• 12 그의 하나님 **여호와 보시기에 악을 행하고** 선지자 **예레미야가 여호와의 말씀으로 일러도 그 앞에서 겸손하지 아니하였으며**
• 13 또한 느부갓네살 왕이 그를 그의 하나님을 가리켜 맹세하게 하였으나 그가 왕을 배반하고 목을 곧게 하며 마음을 완악하게 하여 이스라엘 하나님 여호와께로 돌아오지 아니하였고

14 **모든 제사장들의 우두머리들과 백성도 크게 범죄하여** 이방 모든 가증한 일을 따라서 여호와께서 예루살렘에 거룩하게 두신 그의 전을 더럽게 하였으며

(2) 바벨론이 시드기야에게 요구한 것은 다음과 같은 것이었다.

① 바벨론 군주에게 충성을 바칠 것(대하 36:13; 겔 17:12-20)
② 반란을 꾀하지 말 것과 애굽인들에게 호의를 보이지 말 것. (요세푸스)

(3) 예루살렘 함락, 그리고 여호야긴의 포로, 백성들은 방향 감각을 잃었다. 이에 대한 거짓 선지자들의 예언을 보라. 백성들은 하나님의 도성 예루살렘의 함락을 현실로 받아들이지 못했다. 예루살렘의 함락은 우발적인 사고일 뿐이라고 생각했다. 거짓 선지자들은 이 악몽이 속히 끝나고 끌려갔던 왕과 포로들이 곧 돌아오리라고 선포했다.

(4) 계속해서 애굽에게 희망을 걸 것이냐, 아니면 바벨론에게 완전히 복종할 것이냐를 놓고 백성들도 분열되었다. 예레미야는 바벨론을 섬길 것을 강력하게 권고했다. 많은 사람들은 여호야긴을 진정한 왕으로 여기고(시드기야는 바벨론에 의해 앉혀진 왕이었기에), 곧 바벨론에서 풀려날 것으로 기대했다(왕하 25:27 참조). 이런 와중에 시드기야는 바른 판단을 내릴 수 없었다. 노련한 외교관들은 이미 바벨론

포로로 끌려가서 자문할 사람이 없었기 때문이었다.

2. 시드기야가 바벨론에 대해 반기를 들다

(1) 앞에서 언급한 대로 반바벨론파들은 시드기야로 하여금 바벨론을 배반하라고 압력을 넣기 시작했다. 예레미야서 27장에서 이 내용을 잘 다루고 있다.

(2) 느부갓네살이 원정을 끝내고 신속하게 귀국하자(597년), 주위의 여섯 나라들이 예루살렘에서 비밀회동을 갖는다. 에돔, 모압, 암몬, 두로, 시돈 등의 대표자들이 모여서, 바벨론에 반기를 들 것을 결정한다. 시드기야의 주도로 이루어졌는지는 확실치 않다.

(3) 상황이 심각하게 돌아가자 예레미야는 이 비밀회담에 강력한 제동을 걸었다. 예레미야는 회담장 앞에서 멍에를 메고 가죽끈을 몸에 동인 채 격렬하게 시위를 벌였다(렘 27:2). 무엇이라고 이들에게 선포했을까? 예레미야 27장을 자세히 읽어보자.

(4) 예레미야는 만약, 느부갓네살을 섬기지 않으면 하나님의 심판이 있을 것이며, 나라는 초토화 될 것이라고 강력하게 바벨론에 충성할 것을 선포했다. 그러나 백성들은 이미 반바벨론 정서에 젖은 종교지도자들, 특히 일부 선지자들의 말을 믿고 있었다(렘 27:9, 14, 16). 거짓 선지자들은 무엇이라고 외쳤을까? 이들은 하나님이 바벨론의 멍에를 깨뜨리시겠고, 2년 안에 포로들이 예루살렘으로 돌아올 것이라고 예언했다(렘 28:2-4).

(5) 또 유다 사람들을 설레게 하는 두 가지 사건이 애굽과 바벨론에서 일어났다. 애굽에서는 느고 2세를 대신하여 프사메티쿠스 2세가 왕이 되었고(595-589 B.C.), 바벨론에서는 작은 반란들이 일어났다. 시드기야 4년째 일이었다. 그러나 아직 시드기야는 반바벨론파의 손을 들어주지 않았다. 오히려 시드기야는 바벨론에 사신을 보내(직접 갔을지도 모름), 유다의 충성을 표현했다. 여기까지는 잘했는데…

(6) 그러나 5년 후, **시드기야**는 결국 반바벨론파에 가담하여 **바벨론에 대해 반기를 들었고**, 이번에는 애굽에게 원조를 청했다. 애굽의 프사메티쿠스 2세는 누비아(=에디오피아)를 침공하여 승리를 거둔다. 이 왕은 이번 승전을 최대한 활용하여 바벨론 징벌에 대한 실패를 만회하려 했다. 그래서 주전 591년 프사메티쿠스 2세는 팔레스타인으로 승전여행을 계속했다. 따라서 시드기야는 애굽이 군사적으로 유다를 구원해 줄 수 있으리라고 생각했을 것이다. 더욱이 느부갓네살은 자국 내의 골치 아픈 일로(동부 지역 반란을 진압하는 일) 서부 지역에 대해 신경을 쓰지 못하고 있었다. 물론 유다 지도층도 같은 견해를 가지고 있었을 것이다(겔 17:35 참조).

(7) 이어 애굽에서는 프사메티쿠스 2세의 아들 호프라(Hophra)가 왕이 되었는데, 이 왕은 더 호전적이었다. 이 왕을 믿고 시드기야는 지금까지 바쳐왔던 연례적인 조공을 중지함으로써 바벨론에게 반기를 들었다(왕하 24:20하). 그 대신 시드기야는 애굽의 원조를 의존하려 했다.

3. 바벨론의 재침공(588 B.C.)

(1) 결국, 바벨론은 다시 칼을 빼어들었다. 588년, 느부갓네살은 또다시 서쪽으로 진군하여 예루살렘을 포위한다. 물론 애굽의 도움으로(렘 37:1-10, 새 바로인 호프라가 군대를 파견했다) 잠시 숨을 돌렸지만 바벨론의 군대는 다시 성을 포위한다.

(2) 주변 국가들 중에는 암몬과 두로만이 바벨론에 도전했다. 후에 느부갓네살은 13년 동안이나 두로를 포위한다(겔 26-28장, 29:17-20). 물론 두로를 점령했으나 아주 힘든 전쟁을 치러야 했다.

4. 그렇다면 예레미야는 어떤 태도를 갖고 있었을까?

(1) 시시각각 조여오는 바벨론의 말발굽, 급해진 시드기

야는 고관들을 예레미야에게 보내어 "여호와께 간구하라"고 청했다(렘 21장).

(2) 예레미야는 이렇게 대답한다: 예레미야 37:7-8이 그의 대답이었다.

(3) 포위가 잠시 해제되었을 때, 예레미야는 아나돗에 있는 토지 약간을 사기 위하여(렘 32장), 도성을 떠나려 했다. 이때 예루살렘 왕자들은 예레미야를 바벨론에 투항하려 했다는 죄목으로 투옥시킨다(렘 37:11-16).

(4) 급해진 시드기야는 몰래 예레미야를 방문하여 하나님께서 어떤 예언을 주셨는가를 물었다. 시드기야는 예루살렘이 적에게 함락될 것이라는 예언을 듣는다. 이때 예레미야는 시드기야에게 석방해 줄 것을 호소한다. 그래서 시드기야는 예레미야를 시위대 뜰로 옮겨 그에게 음식을 제공했다(렘 37:17-21). 그러나 왕자들은 다시 예레미야를 진흙 웅덩이에 가둔다(렘 38:1-6). 얼마나 웅덩이에 있었는지 모르나 시드기야는 그를 끌어낸다(렘 38:7-13을 읽어보자). 관료들은 이런 매국노 같은 예레미야를 사형에 처하라고 강력하게 요구했다(렘 38:4).

(5) 그 뒤로도 시드기야는 몰래 예레미야를 궁으로 불러들여 하나님의 예언을 듣고자 했다. 물론 예레미야의 대답은 전과 같았다. "바벨론에 항복하면 왕과 그 가족이 무사할 것이요, 성읍도 불타지 않을 것"이라고 했다(렘 38:17-19). 예레미야는 예루살렘이 함락되는 날까지 시위대 뜰에 머물렀다.

예루살렘 함락

1. 결국, 예레미야의 예언대로 느부갓네살의 징벌군이 **예루살렘을 포위했다**. 물론 팔레스타인의 여러 동맹국들은 뒤로 물러서고 유다 혼자서 강력한 갈대아 군과 맞서도록 버림을 당하고 말았다. 이런 혼란한 틈을 타 에돔까지도 또다시 유다를 침공한다(옵 1:10-14, 애 4:21-22).

(1) 자, 이번에는 바벨론 군대가 어떤 식으로 나왔을까? 시드기야는 바벨론이 왕으로 앉혀놓은 장본인이 아닌가. 그런데 배반을 하다니! 물론 바벨론의 보복은 사정이 없었다. 유다의 모든 성읍을 전차로 깔아뭉개듯 박살을 냈다. 그런 가운데도 최후까지 버티다 함락된 성읍이 라기스와 아세가였다(렘 34:7). 라기스에서 많은 유물이 발굴되었다.

(2) 예루살렘 공격은 애굽 군대가 쳐들어온다는 소문에 잠시 주춤했으나 곧 재개되었고, 결국은 그 최후를 맞았다. 포위는 2년간 계속되었고, 식량은 바닥을 드러냈다. 성벽은 금이 갔다. 급해진 시드기야, 그는 호위병들과 함께 여리고 방면 요단 쪽으로 달아났다(왕하 25:3이하). 물론 바벨론 군사가 뒤쫓았고, 시드기야는 여리고 근방에서 사로잡혔다. **587 B.C. 여름**의 일이었다. 한 달 뒤, 성전을 포함해서 성읍들이 불타고, 수많은 포로들이 바벨론으로 끌려갔다. 582년에 다시 더 많은 사람들이 끌려갔다. (그 숫자가 렘 52:28-30에 기록되어 있다)

(3) 시드기야는 느부갓네살이 주둔해 있는 리블라(지도 참조)까지 끌려갔다. 두 아들들은 시드기야의 눈 앞에서 처형당했고, 자신은 **눈이 뽑히고 쇠사슬에 묶인 채** 바벨론으로 끌려간다(왕하 25:3-7; 렘 52:5-11).

눈이 뽑히고 쇠사슬에 묶인 채 바벨론으로 끌려가는 시드기야

(1) 시드기야에게 전한 말씀 (21:1-22:9)
(2) 여호아하스(살룸)에 관한 말씀(22:10-12)
(3) 여호야김에 관한 말씀 (22:13-19)
(4) 여호야긴(여고냐, 고니야)에 관한 말씀(22:20-30)

바벨론의 침입, 시드기야의 구원 요청(21:1-10)

시드기야, 유다의 마지막 왕이다. 그의 조카가 여호야긴이다. 여호야긴은 바벨론으로 끌려간다. 그리고 바벨론이 세워놓은 꼭두각시 왕이 여호야긴의 숙부 시드기야이다. 마침내 예레미야의 예언대로 예루살렘은 바벨론 왕 느부갓네살 2세의 군대에 의해 포위된다(왕하 24:18-25:3의 내용이다). 그 마지막이 얼마나 급한 상황이었나 살펴보자. 시드기야, 그는 바벨론이 심어놓은 왕이었지만, 바벨론을 배반한다. 물론 애굽의 힘을 믿었기 때문이다. 어쨌든 상황이 급하자 예레미야를 찾는다.

왕하 25:1 "시드기야 제구년 열째 달 십일에(주전 588년 10월 10일) 바벨론의 왕 느부갓네살이 그의 모든 군대를 거느리고 예루살렘을 치러 올라와서 그 성에 대하여 진을 치고 주위에 토성을 쌓으매 [2]그 성이 시드기야 왕 제십일년(587년 7월)까지 포위되었더라. [3]그 해 넷째 달 구일에 성 중에 기근이 심하여 그 땅 백성의 양식이 떨어졌더라."

1. 바벨론 왕 느부갓네살 2세, 그는 예루살렘을 멸망시키기 위해 포위 작전을 펼치기 시작한다.

(1) 왜 바벨론이 예루살렘 성을 공격하게 되었나? 앞에서 그 이유가 자세히 언급되었으니까 여기서는 설명을 생략하자. 시드기야는 예루살렘이 느부갓네살 군대에 의해 포위되자(왕하 24:18-25:3) 사신을 보내 예레미야를 찾는다.

(2) 누구를 사신으로 보냈나?
말기야의 아들 **바스훌**과 제사장 마아세야의 아들 **스바냐** - 물론 여기 바스훌은 예레미야를 때리고 감금했던 임멜의 아들 바스훌이 아니다.

(3) 시드기야 왕이 사신들을 통해 부탁한 내용은?

- 바벨론의 느부갓네살 왕이 우리를 치니
- 너는 ── 청컨대 여호와께 간구하라(דְּרָשׁ־נָא)
  /우리를 위하여

히스기야 왕의 경우처럼, 기적이 일어나기를 기대한다(왕하 19:14이하)

- "…행여 주님께서 예전에 많은 기적을 베푸신 것처럼, 우리에게도 기적을 베풀어 주시면, 느부갓네살이 우리에게서 물러갈 것입니다."(새번역)

(4) 이에 대한 하나님의 응답은? "예레미야가 그들에게 대답하되 너희는 시드기야에게 이같이 말하라"(3절).

선지자가 중보 기도를 하면 하나님은 무조건 들어주실까? 물론 아니다. 하나님은 자기 백성을 위해서(*for*) 싸우시는 분이지만 그것은 어디까지나 율법에의 순종이 있을 때의 이야기이다. 지금은 오히려 자기 백성에게 대적하신다. 그 대적하심이 이방인의 손에 넘기시는 일이다. 따라서 하나님께서 친히 자기 백성을 대항하여(*against*) 치실 것이다

- 보라 너희가 싸우는 데 쓰는 너희 손의 무기를 다 회수하여
  그것들을 이 성 가운데 모아들이리라
- 내가 친히(אֲנִי) 너희를 칠 것이다(נִלְחַמְתִּי) - 니팔 동사 완료형
  <그것도 진노(아프, אַף)와 분노(헤마, חֵמָה)와 대노(케제프, קֶצֶף)로>

• 내가 또 사람이나 짐승이나 이 성에 있는 것을 다 치리니
그들이 큰 **전염병에 죽으리라**(6절).

(5) 여기서도 살아남은 자들은? (유다의 왕 시드기야와 그의 신하들과 백성과 및 이 성읍에서 전염병과 칼과 기근에서 남은 자들은?) (7절)

그 후에 (Then afterwards, וְאַחֲרֵי־כֵן)
내가 ~손에 넘기겠다(אֶתֵּן) - 나탄(נָתַן)의 칼, 미완료

누구의 손에? (바벨론의 느부갓네살 왕의 손과 그들의 원수의 손과 그들의 생명을 찾는 자들의 손에)

21:7 그가 —— 칼날로 그들을 치되(나카, נָכָה)
측은히 여기지(후스, חוּס) 아니하며(לֹא)
긍휼히 여기지(하말, חָמַל) 아니하며(לֹא)
불쌍히 여기지(라함, רָחַם) 아니하리라(לֹא)

• 진노의 철저함을 보라. 하나님은 계속 반역을 해온 자기 백성의 죄를 적당히 넘어가지 않으신다. 혹 긍휼을 베푸신다 해도 그것은 철저한 징계 이후가 될 것이다. 하나님의 징계는 전염병, 칼과 기근으로 나타났다. 그래도 측은히 여기지도 불쌍히 여기지도 말라는 것이다.

2. 예레미야는 그의 백성에게 오히려 바벨론에게 항복하라고 권한다. 그는 계속해서 이를 권고했고, 그래서 배반자라고 불렸다.

21:8 여호와께서 **말씀하시기를** [보라!] 너는 이 백성에게 전하라
내가 생명의 길과 // 사망의 길을 너희 앞에 두었노라
• 이 성읍에 사는 자는 —— 칼과 기근과 전염병에 죽으려니와
• 항복하는 자는 —— 살 것이나 그의 목숨은 전리품 같이 되리라
/너희를 에워싼 갈대아인에게 나가서

10 여호와의 말씀이니라
내가 나의 얼굴을 이 성읍으로 향함은 —— 복을 내리기 위함이 아니요
화를 내리기 위함이라
• 이 성읍이 — 바벨론 왕의 손에 넘김이 될 것이요(תִּנָּתֵן) - It will be given
• 그는 —— 그것을 불사르리라

• 이런 것은 이미 모세 율법 속에서 경고되어진 말씀들이다(신 30:15, 19). 생명의 길로 갈 것이냐, 사망의 길로 갈 것이냐 선택은 백성들의 몫이었다. 물론 선택의 책임과 결과도 자신들의 것이다.

• 지금 유다는 사망의 길을 선택한 결과로 이 지경에 온 것이다. 하나님은 율법을 그대로 집행하시는 것뿐이다. 백성의 죄가 긍휼을 바라기에는 역부족이다. 심판은 진행될 것이다.

(1) 예레미야는 유다의 구원을 간구하는 것이 아니라 오히려 바벨론에게 항복하라고 권하고 있다. 항복하는 자는 죽지 않을 것이다. 적어도 목숨만은 건질 것이라는 것이다. 그의 목숨을 노획물처럼 얻게 될 것이다(9절).

• 지금 예레미야는 매국노처럼 보인다. 그러나 물론 매국노는 아니다. 유다가 망할 때 그는 바벨론으로 가지 않고 남았다(렘 40:1-6). **항복하라는 말은 차라리 하나님의 심판을 받으라는 말이다.**

시드기야가 예레미야에게 도움 요청 - 그는 4번이나 예레미야의 도움을 요청한다.

• 개인적으로
(렘 37:17-21, 38:14-28)

• 사신을 보내서
(21:1-2, 37:3-10)
cf. 29:24-32

유다 왕실에도 이렇게 전해라(21:11-14)

▶ 유다가 망하는 이유 중의 하나가 왕과 왕실의 부패였다. 특히 여호야김은 신랄한 비판의 대상이 된다. 가장 중요한 시기에 계속해서 악으로 일관했기 때문이다. 왕은 재판에서 공의롭게 판결해야 한다. 그러나 이들은 그렇지 못했다(렘 5:28과 22:15-16을 읽어보자). 22장에서 여호아하스, 여호야김, 여호야긴에 대한 평가가 이어진다.

21:11 유다 왕의 집에 대한 여호와의 말을 **들으라**

12 여호와께서 이와 같이(כֹּה) **말씀하시니라**

/다윗의 집이여(בֵּית דָּוִד)

너는 ─┬ 아침마다 정의롭게 판결하여
　　　 └ 압박자의 손에서 건지라
　　　　　/탈취 당한 자를

//그리하지 아니하면, 너희의 악행 때문에

내 분노가 ─ 불 같이 일어나서 사르리니

능히 끌 자가 없으리라

• 다윗 왕조는 왕조가 존속하는 것 자체가 하나님이 함께 하신다는 증거라고 맹신했다. 북왕조 이스라엘과는 다르다는 착각 속에 있었다. 그러나 그것은 정의로운 사회가 계속될 때의 이야기다. 만일 악행이 지속된다면 그것은 곧 파멸이라고 선언하신다. 하나님의 분노는 어디까지?

(1) 유다는 지금까지도 아직 잠에서 깨어나지 못하고 있다. 이들은 북이스라엘이 멸망할 때, 예루살렘과 다윗 왕조가 앗수르의 공격 앞에서도 살아난 사건을 기억한다. 이들은 (여호와가 자신들과 함께 하시기 때문에) 어떤 상황에서라도 나라를 보호하시고 전쟁에서 승리케 하실 것이라는 그릇된 믿음이 널리 퍼져 있었다. 주전 701년 산헤립의 공격 앞에서도 유다는 살아났다. 또한 예루살렘에 성전이 존속하는 한 망하지 않을 것이라는 맹신이 깔려 있었다. 그러나, 지금 바벨론의 포위 앞에서 예레미야의 메시지는 이런 생각에 쐐기를 박는다.

13 여호와의 **말씀이니라**

/골짜기[1]와 평원 바위의 주민아(=골짜기 위의 보좌 위에 앉은 너 왕이여)

/보라(Behold)

/너희가 말하기를

/누가 내려와서 우리를 치리요

/누가 우리의 거처에 들어오리요 하거니와

/나는 ── 네 대적이라(I am ***against*** you)

(2) 이 환난의 날에 여호와는 더이상 유다의 왕과 백성들 편이 아니다. 아니, 오히려 대적이 되어 이렇게 선포하신다.

14 [그러나, But] 내가 너희 행위대로[2] 너희를 벌할 것이요(I ***will*** punish you)

내가 또 수풀에 불을 놓아 그 모든 주위를 사르리라

여호와의 말씀이니라

1) 예루살렘은 '환상 골짜기'라고 불렸다(사 22장). 예루살렘을 심판하시기 위해 경고한 예언이다. 이스라엘은 구원자이신 하나님을 의지하지 않고 그들의 성벽과 병거를 의지하려 했다(사 22:8-11).

2) 너희 행위대로 מַעַלְלֵיכֶם / 남성복수 연계형

마알랄(מַעֲלָל) - 주로 악한 행위에 대하여

다윗의 왕위에 앉은 유다 왕이여 들으라(22:1–9)

하나님은 다윗에게 영원한 왕조를 약속하셨고, 다윗계의 왕을 자신의 '아들'로 받아들이셨다. 그의 왕조에게 세계적인 통치를 포함하는 유업을 보증하셨다(시 2:7-9, 72:8-11, 89:25). 다윗 언약은 하나님의 긍휼에 근거해서 맺어진 언약이다. 물론 그렇다고 이 다윗 언약에서 순종을 필요없다고 말하는 것은 아니다. 다윗의 가계(家系)는 하나님의 주권에 대한 계속적인 순종이 있는 상태에서만 영구히 확립될 것이었다(시 89:30-32). 그런데, 북이스라엘은 이미 역사에서 사라졌고, 유다는 바벨론 포위 앞에서 왕국의 존폐가 걸려 있다. 어떻게 된 것인가?

- 요시야 - 친앗수르
- 여호아하스 - 친앗수르
- 여호야김 - 친애굽
- 여호야긴 - 반앗수르
- 시드기야 - 친앗수르
  - 반앗수르

1. 솔로몬 사후, 다윗 왕조는 분열을 초래했고, 그 중 북이스라엘은 이미 단명(短命)하여 역사에서 사라졌다(주전 722년).

(1) 그리고 134년이 지난 후(주전 588년 10월), 유다의 운명은 바람 앞에 촛불 같다. 바벨론 왕 느부갓네살의 군대가 예루살렘 성을 포위한 것이다. 당황한 것은 왕만이 아니다. 백성들은 또 어찌할 것인가? 이대로 다윗 왕조는 파멸할 것인가?

(2) 여기 본문에서는 어떤 특정한 왕을 가리키고 있지 않다. "여호와께서 이와 같이 말씀하시되 너는 유다 왕의 집에 내려가서 거기에서 이 말을 선언하여(라)"

22:2 [너는] **이르기를**

/다윗의 왕위에 앉은 유다 왕이여

① 너와 네 ② 신하와 이 문들로 들어오는 네 ③ 백성은 여호와의 말씀을 들을지니라

- 너희가 정의와 공의를 행하여
- 탈취 당한 자를 압박하는 자의 손에서 건지고
- 이방인과 고아와 과부를 압제하거나 학대하지 말며
- 이 곳에서 무죄한 피를 흘리지 말라

- 말씀을 들어야 할 대상은?
  왕과 신하와 백성 - 모든 사람이 듣고 지켜야 할 의무가 있다.
- 이들이 지켜야 할 내용이 무엇인가?
  (옆에 있잖아!)
- 내용이 어려워 이해 못할 말 있는가?
  (없어요.) 그럼 잘 지켜!
- 그리하면~. - 그러면 뭐요? 4절을 봐.

22:4 너희가 [만일, אִם] 참으로 (이 말을) 준행하면(תַּעֲשׂוּ[2] עָשׂוֹ[1])

will indeed perform this thing

다윗의 왕위에 앉을 ① 왕들과 ② 신하들과 ③ 백성이
병거와 말을 타고 이 집 문으로 들어오게 되리라

1) עָשָׂה의 칼 절대형

2) עָשָׂה의 칼 미완료
이 명령을 '철저히 실행한다면'

22:5 그러나(But, וְ) [만일, אִם] 너희가 이 말을 듣지(청종하지) 아니하면
וְאִם if you לֹא not תִשְׁמְעוּ[1]
내가 나를 두고 맹세하노니 (내가 스스로 맹세하지만)

이 집(왕궁)이 황폐하리라 (호르바, חָרְבָּה - 본래 의미는 가뭄)
여호와의 말씀이니라(נְאֻם־יְהוָה)[2]

2. 이렇게 하나님의 말씀에 순종하면, 다윗 왕국의 보좌에 왕이 계속 앉게 될 것이지만 순종하지 않는다면 성전도 파괴될 것이다.

22:6 여호와께서 유다 왕의 집에 대하여 이와 같이 말씀하시니라
(내가 유다 왕실을 두고 하는 말이다)
네가 — 내게 **길르앗 같고** 레바논의 **머리이나**[3]
내가 — 반드시 너로 광야와 주민이 없는 성읍을 **만들 것이라**

7 내가 — 너를 파멸할 자를 **준비하리니**
그들이—각기 손에 무기를 **가지고**
—네 아름다운 백향목을 **찍어** 불에 **던지리라**

8 여러 민족들이 — 이 성읍으로 **지나가며**
서로— 말하기를 (...하겠고)
/여호와가 — 어찌 됨인고
/이 큰 성읍에 이같이 행함은

9 그들이 대답하기는 (대답하리라)
//이는(이유: because, עַל אֲשֶׁר)
그들이—자기 하나님 **여호와의 언약을 버리고**[4]
—다른 신들에게 절하고
—그를 섬긴 까닭이라

(1) 다윗의 나라가 지속되려면, 그것은 22:3에서 언급한 대로 "정의와 공의를 실천하는 일"이 선행되어야 한다. 즉, 억울하게 착취당하는 자를 건져주고 이방인과 고아와 과부를 압제하거나 학대하지 말며, 이 곳에서 무죄한 사람의 피를 흘리지 않아야 한다.

(2) 그러나 이런 명령은 왕과 지도자들에게서부터 오히려 반대 현상으로 나타났다. 거꾸로 한 것이다. 하나님의 언약을 어겼다는 말이다. 왕들을 살펴보자.

1) 샤마(שָׁמַע) - 경청하다, 주의를 기울이다. / 순종하다(명령과 같은 단어들과 함께 쓰일 경우)

2) '네움'(נְאֻם)은 그 메시지의 기원과 권위에 있어서 하나님을 선언하시는 관용적 표현으로써만 사용된다. "내가 분명히 말하는데, 잘 들어라"라는 의미이다.

3) 길르앗은 요단 동편에, 레바논은 갈릴리 북부에 있는 숲으로 모두 수목이 울창한 곳이다. 레바논의 머리와 같다는 것은 왕궁의 아름다움을 표현한 말이다. 그러나 순종이 따르지 않는다면 이곳을 아무도 살지 않는 사막으로 만드시겠다는 것이다.

4) 하나님은 왕정제도를 통해서 자신의 백성을 통치하신다. 왕은 하나님의 대리 통치자의 입장에 선다. 따라서 왕들은 자신의 뜻대로 나라를 통치하는 것이 아니라 하나님의 의도하신 바대로 나라를 이끌어가야 한다. 물론 세세한 통치 방법을 알려주셨다. 무엇보다 정의와 공의를 실천해야 했다. 그러나 이들은 그 여호와의 언약을 버렸다는 것이다.

☑ 살룸(여호아하스) (렘 22:10-12)

'살룸'으로도 불림

⑰ 여호아하스
the son of Josiah
왕하 23:31-33 / 대하 36:1-4
609(3개월간)- 애굽 포로

악한 왕

1. 여호아하스('살룸'으로도 불림) 왕이 어떤 길을 걸었을까? 그가 어떤 상황에서 왕위에 올랐는지 살펴보자.

(1) 므깃도에서 애굽의 북진(北進)을 막으려던 요시야 왕, 그는 애굽의 느고 2세에 의해 죽임을 당한다(609 B.C.).[1] 그래서 유다의 지방 귀족들은 둘째 아들인 여호아하스(Jehoahaz)를 왕으로 삼는다(23세). 보수주의 유다 집단에서는 이 후계자가 요시야의 정책을 계속하여 주기를 바랐을 것이다. 그러나 3개월뿐이었다. 왜냐하면 요시야 왕을 죽인 바로 느고(Pharaoh Necho)가 여호아하스를 제거하고 그의 형인 엘리아김(Eliakim)을 왕으로 삼았기 때문이다. 그리고 그의 이름을 여호야김으로 고쳤다.

(2) 쓰러져가는 앗수르를 돕기 위해 출정했던 애굽의 느고는 어떻게 되었을까? 앗수르는 이미 그 생명력을 다하고 있었다. 그러나 마지막 반전을 시도했다. 하란을 마지막 보루로 안간힘을 쓰고 있었다. 그런 앗수르를 돕고, 바벨론의 세력이 부활하는 것을 막으려고 애굽 왕 느고는 하란으로 출정했지만, 요시야 때문에 실기(失期)했는지 그의 지원은 성공을 거두지 못한다. 결국 하란은 바벨론 왕 나보폴라살과 그의 아들 느부갓네살에 의해 점령된다(609, 605 B.C.).

(3) 그러나 바벨론은 아직 서쪽 지역에 손을 쓰지 못한다. 애굽 왕 느고는 여호아하스(='살룸'으로 알려져 있음)가 마음에 들지 않았을 것이다. 아마 충성스럽지 못하다고 생각했던 것 같다. 게다가 유다가 반역을 일으킬지도 모른다고 생각한 느고는 여호아하스를 애굽으로 끌고가 죽게 만든다. 그리고, 그의 형 여호야김을 왕위에 세운다. 당연히 그는 애굽의 꼭두각시일 수밖에 없었다.

1) 앗수르는 신흥 바벨론에게 치명타를 맞고 비틀거린다. 애굽의 바로 느고는 마지막 항전을 벌이고 있는 앗수르를 돕기 위해 갈그미스로 출동한다. 그런데 요시야는 이를 저지하기 위해 므깃도로 변장하고 출동했다가 전사한다. 요시야의 죽음으로 유다는 공황 상태에 빠졌다.

<이하 설명은 동교재, 열왕기하 262면에서 가져옴>

2. 이때 예레미야 선지자의 메시지를 들어보자.

22:10 너희는 ── **울지 말며**(אַל־תִּבְכּוּ[2])
  /죽은 자(=요시야 왕)를 위하여
 ─ 그를 위하여 **애통하지 말고**(אַל־תָּנֻדוּ[3])
 ─ **슬피 울라**(בְּכוּ[4] בָכוֹ[5])
  /잡혀간 자(=애굽으로 끌려간 여호아하스)를 위하여

//(for, כִּי) 그는 다시 돌아와서 그 고국을 보지 못할 것임이니라

2) 바카(בָּכָה) - 비탄하다, 소리지르다, 통곡하다, 애통하다 / 칼 미완료.

3) 누드(נוּד) - 슬픔을 보이다, 동정하다, 배회하다 / 칼 미완료

4) 바카(בָּכָה)의 명령형
5) 바카(בָּכָה)의 절대형

(1) 예레미야가 부름받은 것은 요시야 제13년이다(렘 1:2). 그러나 예레미야는 요시야의 개혁을 거의 언급하지 않는다. 그가 요시야의 개혁을 지지하였던 것은 분명하다. 초기 단계는 더욱 그러했다. 그러나 그 결과에 대해서는 만족할 수 없었던 것 같다. 요시야의 개혁은 외부적인 것만을 너무 지나치게 다루었고, 사람들의 마음은 건드리지 않고 그냥 내버려 두었기 때문이다(렘 5:1-5 참조). 더욱이 예레미야는 요시야의 비극적인 죽음에 대해 사실상 침묵하고 있다.[1)] 역대기 기자는 요시야의 죽음을 어떻게 기록하고 있는가? (대하 35:24, 25*)

(2) 렘 22:10에서 살핀 것처럼 "너희는 죽은 자를 위하여 울지 말라"고 했다. 여기서 죽은 자는 요시야 왕을 가리킨다. 오히려 잡혀간 자를 위하여 슬피 울라고 했다. 잡혀간 자는 물론 애굽으로 끌려간 여호아하스를 가리킨다.

11 //(for, כִּי) -10절의 이유 계속
나 여호와가 ─ 말하노라
/살룸(=여호아하스)에 대하여
/유다 왕 요시야의 아들 곧 그의 아버지 요시야를
이어 왕이 되었다가 이 곳에서 나간
/그가 ─ 이 곳으로 다시 돌아오지 못하고

12 /[그가] ┬ 거기서 죽으리니
/잡혀간 곳에서((=애굽에서)
└ 이 땅을 다시 보지 못하리라

3. 결국 유다는 애굽의 속국이 되어 버렸다. 유다는 애굽에 은 100달란트(약 3.43톤)와 금 한 달란트를 벌금으로 물었다. 여호야김 때에도 조공을 바쳤다. 물론 여호야김은 백성에게 무거운 짐을 지게 했다. 그는 백성에게 많은 은(銀)과 금(金)을 늑봉(징수)했다(왕하 23:35).

(1) 여호아하스는 애굽의 포로로 끌려가 거기서 죽었다(왕하 23:34, 바로 느고가 요시야의 아들 엘리아김을 그의 아버지 요시야를 대신하여 왕으로 삼고 그의 이름을 고쳐 여호야김이라 하고 여호아하스는 애굽으로 잡아갔더니 그가 거기서 죽으니라). 그의 죽음은 예레미야가 예언한 그대로였다(렘 22:11). 여호아하스 역시 하나님 보시기에 악한 일을 행했기 때문이었다(왕하 23:32*). 애굽은 여호아하스를 끌고가 결국은 죽게 만들고 그의 형인 엘리아김을 왕으로 앉혔다.

1) 윌리엄 S. 라솔, 구약개관

• 대하 35:24 "그 부하들이 그를 병거에서 내리게 하고 그의 버금 병거에 태워 예루살렘에 이른 후에 그가 죽으니 그의 조상들의 묘실에 장사되니라 온 **유다와 예루살렘 사람들이 요시야를 슬퍼하고**
25 예레미야는 그를 위하여 애가를 지었으며 모든 노래하는 남자들과 여자들은 **요시야를 슬피 노래하니** 이스라엘에 규례가 되어 오늘까지 이르렀으며 그 가사는 애가 중에 기록되었더라"

• 렘 23:31 "여호아하스가 왕이 될 때에 나이가 이십삼 세라 예루살렘에서 석 달간 다스리니라 그의 어머니의 이름은 하무달이라 립나 예레미야의 딸이더라
32 여호아하스가 그의 조상들의 모든 행위대로 여호와 보시기에 악을 행하였더니
33 바로 느고가 그를 하맛 땅 립나에 가두어 예루살렘에서 왕이 되지 못하게 하고 또 그 나라로 은 백 달란트와 금 한 달란트를 벌금으로 내게 하고"

☑ 여호야김(렘 22:13-19)

엘리아김 ➡ 여호야김으로 개명

⑱ 여호야김

the son of Josiah

왕하 23:34-24:7 / 대하 36:4-8

609-597(11년간)

악한 왕

1. 요시야 왕에게는 네 아들이 있었다(요하난[1]), ① 엘리아김, ② 여호아하스(=살룸), ③ 시드기야). 앞에서 언급한 대로 여호아하스는 애굽으로 끌려갔고, 애굽의 느고는 요시야의 첫째 아들 엘리아김(=그의 재위명은 여호야김)을 애굽의 꼭두각시 왕으로 앉힌다(25세). (역대하 3:15 참조.)

(1) 엘리아김(=여호야김으로 改名)은 11년 동안 유다를 통치했다. 애굽은 유다를 속국으로 삼고 조공을 받았다. 여호야김(Jehoiakim)은 바로의 명령을 이루기 위해 백성 각자에게 힘대로 액수를 정하고 은과 금을 늑봉(징수)했다(왕하 23:35). 후일에 에스겔 선지는 여호아하스와 여호야김을 가리켜 "사람을 움키는 사자 새끼"라고 했다(겔 19:1-4).

(2) 여호야김은 아마 자기가 형이면서도 동생 여호아하스(=살룸)가 왕이 된 것을 불만으로 여겨 애굽 왕 바로 **느고**에게 모략적인 충동질을 했을 것이다. 그런 와중에서도 여호야김은 왕궁을 더 크게 짓기 위해 백성들에게 고역을 시켜 많은 피를 흘리게 했다(왕하 24:4; 렘 22:13-19). 백성들은 가난에 허덕이는데, 백향목으로 새로운 왕궁을 지었다.

> 악한 짓을 통해 왕궁을 짓고 / 속임수로 다락방을 올리며 /
> 자기 이웃에게 일을 시키고도 그 품삯을 주지 않는 사람은 저주를 받을 것이다.
> 그는 '내가 살 왕궁을 크게 짓고 다락방들도 넓게 만들어야지' 하며
> 왕궁을 크게 짓고…벽에는 백향목을 입히고 / 붉은색을 칠한다. /
> 네 집에 백향목이 많다고 해서 /
> 네가 위대한 왕이 되겠느냐? /
> 네 아버지는 / 먹고 마시는 것으로 만족했다…(렘 22:13-15, 쉬운성경).

22:16 그는(=요시야) ── 변호하고(딘, דִּין) - 재판, 소송
/가난한 자와 궁핍한 자를
└ 형통하였나니(טוֹב)
이것이 ──── 나를 앎이 아니냐(הֲלוֹא־הִיא הַדַּעַת[2] אֹתִי)
여호와의 말씀이니라(네움, נְאֻם)[3]

1) 역대상 3:15 "요시야의 아들들은 맏아들 요하난과 둘째 여호야김과 셋째 시드기야와 넷째 살룸이요"

첫째는 요하난이라고 했는데, 아마도 요시야 등극 이전에 죽었을 것이다.

2) 관사 + 다아트(דַּעַת)

3) 신탁 - 메시지의 근원이 바로 하나님이심을 선언하는 관용적 표현이다.

(3) 백성들은 엄청난 고난 속에 있는데도 자신의 안위와 왕실을 위한 재원을 마련키 위해 백성들로부터 엄청난 세금을 거둬들였다는 것이다. 게다가 왕궁 복합 건물 확장 공사 때문에 엄청난 노동력이 동원되었다. 백향목으로 건물의 창문을 내는 증축 공사를 벌였다. "네가 백향목을 많이 사용하여 왕이 될 수 있겠느냐 네 아버지가 먹거나 마시지 아니하였으며 정의와 공의를 행하지 아니하였느냐 그 때에 그가 형통하였었느니라"(렘 22:15).

18절
무리가 그를 위하여
슬프다 내 형제여,
슬프다 내 자매여 하며
통곡하지 아니할 것이며
그를 위하여
슬프다 주여 슬프다
그 영광이여 하며 통곡하지도 아니할 것이라.

22:17 그러나(But, כִּי)
네 두 눈과 마음은
탐욕(베차, בֶּצַע, 폭력에 의한 취득)과 무죄한 피를 흘림과
압박(오셰크, עֹשֶׁק, 강탈)과
포악(메루차, מְרוּצָה, 압제, 억압)을 행하려 할 뿐이니라

(4) 그러므로(לָכֵן) 여호와께서 여호야김에게 대하여 이와 같이 말씀하신다.
여호야김이 죽어도 아무도 슬퍼하지 않을 것이다(18절). "그가 끌려 예루살렘 문 밖에 던져지고 나귀 같이 매장함을 당하리라"(19절).

(5) 예레미야 선지자의 경고나 **하박국 선지자의 탄식**도(합 1:3-4) 여호야김 통치 시대를 배경으로 한 것이다.

하박국 선지자

• 하박국이 활동했던 때는 앗수르의 세력이 점차 약해져 가고 신흥 바벨론의 세력이 두각을 나타내는 시기였다. 요시야왕이 전사한 후(주전 609) 그 뒤를 이은 여호아하스, 여호야김, 여호야긴, 시드기야는 신흥 바벨론의 세력에 시달리다가 마침내 예루살렘의 함락을 맞는다.

2. 여호야김은 많은 의인의 피를 흘렸다.

(1) 특히 선지자 **우리야**를 죽였다(렘 26:20-23). 예레미야도 죽이려 했으나 예레미야는 하나님의 보호하심으로 살았다(렘 26:24, 36:26). 특히 예레미야가 받은 계시의 두루마리를 불태웠다(렘 36:23).

▶ **우리야** : 예레미야와 같은 시대의 선지자로서 예레미야와 같이 바벨론에게 복종하라고 예언했던 기랏여아림 사람이다(렘 26:20). 여호야김이 그를 죽이려 하자 그는 애굽으로 도망했다. 그러나 애굽은 유다와 동맹관계에 있었기 때문에 우리야는 다시 체포되어 유다로 압송당했고 결국 처형당했다. 이렇게 선지자들은 끊임없는 위험 속에서도 예언활동을 계속했다.

(2) 여호야김은 11년간 왕위에 있으면서 죄악된 일을 많이 저질렀으며(왕하 24:3, 4) 그의 정책도 애굽을 섬기다 또 바벨론을 섬기는 등 불안정했다. 그러다가 비참한 죽음을 맞게 된다(렘 22:18-19). 렘 36:30에서 다시 그의 죽음이 언급된다. "그러므로 여호와께서 유다의 왕 여호야김에 대하여 이와 같이 말씀하시니라

그에게 **다윗의 왕위에 앉을 자가 없게 될 것이요** 그의 시체는 버림을 당하여 낮에는 더위, 밤에는 추위를 당하리라."고 했다. 그는 25세에 왕위에 올라 11년간을 통치하고 36세에 죽었다(왕하 23:36). 그후 여호야김의 아들 고니야(여호야긴)가 왕위에 올랐으나 3개월을 통치하고 바벨론에 끌려가 그곳에서 죽었다(왕하 24:8). 여호야긴은 항복하여 그 도성을 넘겨주는 일을 한고로 계산되지 않았다.

(4) 갈그미스 전투(주전 605년)에서 애굽은 바벨론에게 패했다. 이후 서쪽 지역은 바벨론의 세력 안에 들어오게 되었다. "애굽 왕이 다시는 그 나라에서 나오지 못하였으니 이는 바벨론 왕이 애굽 강에서부터 유브라데 강까지 애굽 왕에게 속한 땅을 다 점령하였음이더라"(왕하 24:7).

- 주전 601년, 느부갓네살은 잠재적으로 남아 있는 애굽의 느고를 치기 위해 애굽의 국경까지 진격했다. 그러나 양편이 많은 사상자를 내고 성공하지 못한다. 이런 상황에서 여호야김은 애굽을 섬기다가(602/1, 애굽에 조공을 바침) 바벨론을 섬기는 등 갈팡질팡할 수밖에 없었다(3년 동안 바벨론에 조공을 바침).

- 그러나 이를 기회로 여호야김은 느부갓네살을 배반한다(왕하 24:1). 이 소식을 들은 느부갓네살은 갈대아 부대와 그 예하에 있던 모압, 암몬의 부대들을 급파하여 여호야김을 쳤다(왕하 24:2, 렘 35:11). 끝내는 바벨론이 예루살렘에 주둔하게 되었다(598 B.C.).

- 바벨론의 느부갓네살은 유다를 공격해 여호야김을 쇠사슬로 묶어 바벨론으로 끌고 갔다. 그러나 여호야김은 성 공격이 시작될 때 죽었을 가능성이 짙다(렘 22:18-19, 36:30).

- 왕하 24:1 여호야김 시대에 바벨론의 왕 느부갓네살이 올라오매 여호야김이 삼 년간 섬기다가 돌아서 그를 배반하였더니
- 2 여호와께서 그의 종 선지자들을 통하여 하신 말씀과 같이 갈대아의 부대와 아람의 부대와 모압의 부대와 암몬 자손의 부대를 여호야김에게로 보내 유다를 쳐 멸하려 하시니
- 3 이 일이 유다에 임함은 곧 여호와의 말씀대로 그들을 자기 앞에서 물리치고자 하심이니 이는 므낫세의 지은 모든 죄 때문이며
- 4 또 그가 무죄한 자의 피를 흘려 그의 피가 예루살렘에 가득하게 하였음이라 여호와께서 사하시기를 즐겨하지 아니하시니라

예루살렘에 대한 탄식(22:20-23)

(1) 유다가 멸망한 근본 원인이 오직 왕에게만 있는가? 왕을 보좌하던 신하들, 바른 메시지를 전해야만 하는 선지자들, 제사장들, 고위직 참모들은 무죄하단 말인가?

22:20 너는 ┬ 레바논[1])에 올라 외치며(צְעָקִי)-칼 명령법 (날카로운 소리를 질러라)
├ 바산[2])에서 네 소리를 높이며
└ 아바림[3])에서 외치라

//이는(for)

너를 사랑하는 자가(=동맹국이) 다 멸망하였음이라(=하였기 때문에)

1) 오늘날 레바논 산과 일치한다. 구약에서 '레바논'은 약속의 땅으로 위엄, 능력, 장엄과 같은 문학적 상징으로서 매우 중요하다.

2) 바산 - 요단 동편의 한 지역으로 비옥한 곳이다.

3) 출애굽 후 이스라엘이 진 친곳(민 33:47-48). 이곳의 최고봉이 느보 산이다.

(2) 이들의 범죄는 최근에 벌어진 일이 아니다. 이들은 여호와의 음성 듣기를 거절했다. 그것이 습관이 되었다는 것이다.

1) 피엘 동사 완료형 / 아주 분명하게 말했다.

22:21 내가 ── 네게 **말하였으나** (דִּבַּרְתִּי)[1] - 언제?
/네가 평안할 때에
(그러나, But) 네 **말**(이) **하였나니**
/나는 듣지 아니하리라(לֹא אֶשְׁמָע זֶה)
내 목소리를 청종하지 아니함이 ─ 네 **습관이라**
/네가 어려서부터

22 네 목자들(=지도자들)은 ── 다 바람에 **삼켜질 것이요**
너를 사랑하는 자들은 ── 사로잡혀 **가리니**
네가 ──반드시 수치와 욕을 당하리라
/그 때에
//(Because of) 네 모든 악 때문에

23 레바논에 살면서 백향목에 깃들이는 자여
고통이 ─── 네게 임할 때에
/여인이 해산하는 고통 같은
너의(=네가) ── 가련함이 얼마나 심하랴

습관(데레크, דֶּרֶךְ) - 길, 도로, 여행, 태도, 습관, 행위, 인간이 걸어온 길, 일상의 생활 방식 /

좋은 습관은 인생을 성공의 길로 이끈다. // 그러나 여호와의 음성 듣기를 거절하는 악한 습관은 결국 파멸로 이끈다. 그 좋은 습관을 어떻게 지킬 수 있을까?

예루살렘에서 사는 자들을 말한다. 그들은 레바논으로부터 값비싼 백향목을 수입해 집을 짓는 경우가 많았다.

(3) 왕만 아니라 지도자들도 유다의 패망에 원인을 제공한다. 네 목자들(지도자들)도 '자신들의 모든 악 때문에'(Because of all your wickedness, מִכֹּל רָעָתֵךְ) 반드시 수치와 멸시를 당할 것이다. 레바논에서 가져온 백향목 나무로 예루살렘성전을 장식하고 스스로 높은 체 하는 자들이 앞으로 당하는 비참함이 얼마나 클 것인가!

(4) 예레미야는 여호야김에게 바벨론을 섬겨야 한다고 권면했다. 물론 듣지 않는다. 끝내는 바벨론이 예루살렘에 주둔하게 되었다. 598 B.C.년의 일이다. 느부갓네살은 여호야김을 붙잡아 쇠사슬로 묶어 바벨론으로 끌고 갔다. 그러나 그는 예루살렘에 되돌아와서 죽은 것 같다(대하 36:5-8*, 렘 22:19, 36:30).

• 대하 36:5 "여호야김이 왕위에 오를 때에 나이가 **이십오 세**라 예루살렘에서 **십일 년 동안 다스리며** 그의 하나님 여호와 보시기에 **악을 행하였더라** [6]바벨론 왕 느부갓네살이 올라와서 그를 치고 그를 **쇠사슬로 결박하여 바벨론으로 잡아가고** [7]느부갓네살이 또 여호와의 전 기구들을 바벨론으로 가져다가 바벨론에 있는 자기 신당에 두었더라 [8]여호야김의 남은 사적과 그가 행한 모든 가증한 일들과 그에게 발견된 악행이 이스라엘과 유다 열왕기에 기록되니라 그의 아들 **여호야긴이 대신하여 왕이 되니라**."

여호야긴이 왕위에 올랐으나...(렘 22:24-30)

악한 왕

⑲ 여호야긴
the son of Jehoiakim
왕하 24:8-17 / 대하 36:9-10
597 B.C.(3개월 10일간) - 바벨론 포로

1. 여호야김이 죽고 뒤를 이어 그의 아들 여호야긴이 18세의 나이로 왕위에 올랐으나(왕하 24:6) 그 역시도 여호와 보시기에 악했다.

(1) 여호야긴이 즉위한 지 3개월 뒤 느부갓네살이 다시 예루살렘을 점령했다(왕하 24:10-17). 그리고 느부갓네살은 여호야긴을 비롯하여 황후, 왕자, 신복 등 나라의 유력한 자들을 많이 끌고 갔다. 그 중에는 용사 7천과 기술자 1천 명이 포함되었다(왕하 24:15). 나라가 완전 폐허화되었다. 에스겔도 이때 끌려간 포로 출신이다. 바벨론은 솔로몬 성전에 있던 기구들을 빼앗아갔다(대하 36:6-7). 여호야긴은 후에 바벨론 왕궁에서 비교적 후한 대접을 받게 된다(왕하 25:27-30).

나의 오른손의 인장반지라 할지라도

22:24 여호와의 **말씀이니라** (= 내가 분명히 말한다)
/나의 삶으로 맹세하노니(As I live, חַי־אָנִי)
유다 왕 여호야김의 아들 고니야[1]가
나의 오른손의 인장반지라 할지라도(even though, אִם־יִהְיֶה)
/내가 ······ **빼어(אֶתְּקֶנְךָּ)**[2]

25 /[내가] ······ **줄 것이라(נְתַתִּיךָ)**[3]
/바벨론의 왕 느부갓네살의 손과 갈대아인의 손에
/네 생명을 찾는 자의 손과 네가 두려워하는 자의 손

1) 렘 24:1; 대상 3:16 '여고냐', 왕하 24:6, 8 '여호야긴'으로 되어 있다.

2) נָתַק의 칼 미완료 - 대명사어미 -2인칭 남성 단수 / 빼내다, 뿌리째 뽑다, 근절하다

3) נָתַן의 칼 완료 / 주다, 두다, 허락하다.

(2) 오른손의 '인장반지'(호탐, חוֹתָם, 도장, 인장반지)(=오른손에 낀 옥새 가락지)

'오른손의 인장'이라는 말은 특별히 어떤 사람에게 귀중한 것을 나타내는 비유적 표현이다.[4] 하나님은 고니야를 매우 중요한 인장반지로 비유하지만, 그 중요성에도 불구하고, 그것을 빼어 바벨론 왕에게 주겠다는 말씀이다.

4) 호탐(인장, 도장) - 문서를 인준하기 위해 점토나 밀랍에 인을 찍었던 돌에 조각해서 만든 도장을 말한다.

유다와 다말 사건(창 38:18 참조) - 도장이 유다가 다말과 동침했다는 증거가 되었다.

(3) 학개서 2:23에서, 하나님은 **스룹바벨을 인장으로 삼겠다**고 말씀하신다. 어떤 내용인지 잠깐 살펴보자.

- 스룹바벨은 비록 이스라엘의 총독으로 귀환했으나, 그는 다윗계의 정통을 잇는 여호야긴 왕의 장남 스알디엘의 아들이었기 때문이다. 물론 스룹바벨과 세스바살의 관계, 세낫살(대상 3:18)과 동일인일 것이라는 여러 분명치

• 마 1:12 "바벨론으로 사로 잡혀 간 후에 여고냐는 스알디엘을 낳고 **스알디엘은 스룹바벨을 낳고**."

않은 논쟁이 있지만 대체적으로 스룹바벨은 여호야긴의 아들 스알디엘의 아들로 인정되고 있다(스 3:2, 5:2; 느 12:1; 학 1:1, 2:2; 마 1:12*).

• 유대인의 귀환은 처음에는 세스바살의 인도 하에, 그리고 두 번째는 스룹바벨의 인도로 귀환했던 것으로 보인다(참조, 느 7, 12장). 주전 520년에 성전 공사가 재개될 때까지 스룹바벨은 총독이었다. 특히 학개와 스가랴 선지자는 그에게 메시야적 영광을 부여하고 있음을 본다. 학개서 2:23을 보자.

> 2:23 만군의 여호와가 말하노라
> 스알디엘의 아들 내 종 스룹바벨아
> 여호와가 말하노라
> 그 날에 '내가 너를 세우고'(אֶקָּחֲךָ- '라카흐'(לָקַח)의 칼 동사 미완료)
> 너를 인장(호탐, חוֹתָם)으로 삼으리니
> //이는(이유, כִּי)
> 내가 너를(בְּךָ) 택하였음이니라[1)]
> 만군의 여호와의 말이니라 하니라

1) 스가랴 선지 역시 스룹바벨을 여호와의 종('순', 쩨마흐, צֶמַח ; 슥 3:8)이라고 했다. 하나님께서 이 세상의 열방을 뒤엎으신 후에 스룹바벨은 왕의 '인장(반지)'과 같이 될 것이라고 했다. 여호야긴의 저주 기사가 여기에서는 정반대로 언급되었다.

2. 바벨론으로 끌려가는 심판은 바로 하나님이 제시한 거룩한 언약을 범했기 때문에 일어난 일이었다(스 5:12, 9:7, 13; 느 9:27).

(1) 다윗 왕가의 마지막 생존자였던 여호야긴, 그는 주전 598년 18살의 나이로 바벨론 포로로 끌려가 주전 562년까지 살았다. 남유다는 주전 605년, 597년, 586년에 걸쳐 무너져 내렸다. 성전이 마침내 불타버렸다. 그 이유를 무엇이라고 했는가? 열왕기하 23:26-27을 보라.

• 왕하 23:26 "그러나 여호와께서 유다를 향하여 내리신 그 크게 타오르는 진노를 돌이키지 아니하셨으니 이는(for) **므낫세가 여호와를 격노하게 한** 그 모든 격노 때문이라."고 했다.

(2) 다시 본문 26절을 보자.
"내가 너와 너를 낳은 어머니를 너희가 나지 아니한 다른 지방으로 쫓아내리니 너희가 거기에서 죽으리라." 여호야긴을 비롯하여 황후까지 유력한 자들이 끌려갔다. "그들이 그들의 마음에 돌아오기를 사모하는 땅에 돌아오지 못하리라"(27절).

(3) 28-30절은 시문(詩文)으로 표현되었다.

22:28 이 사람 고니야는 **천하고 깨진 그릇이냐**
좋아하지 아니하는 **그릇이냐**
그와 그의 자손이 **어찌하여 쫓겨나서**
알지 못하는 땅에 **들어갔는고**

29 땅이여, 땅이여, 땅이여, 여호와의 말을 **들을지니라**
30 여호와께서 이와 같이 **말씀하시니라** (하시니라)
/너희는 **기록하라**
/① 이 사람이 자식이 없겠고
/② 그의 평생 동안 형통하지 못할 자라
//이는(for)
그의 자손 중 형통하여 다윗의 왕위에 앉아
유다를 다스릴 사람이 다시는 없을 것임이라(=것이기에)

예레미야의 예언과 같이 여호야긴은 바벨론 포로로 끌려가게 된다. 천하고 깨진 그릇처럼 되었다. 물론 여호야긴은 자식이 있었다. 여기서 자식이 없다는 말은 그의 후손들 중에 누구도 보좌에 남기지 못할 것임을 말한 것이다.

(4) 여호야긴은 투옥된지 37년이 지나 감옥에서 풀려난다.

- 렘 52:31 "**유다 왕 여호야긴이 사로잡혀** 간 지 삼십칠 년 곧 바벨론의 에윌므로닥 왕의 즉위 원년 열두째 달 스물다섯째 날 그가 유다의 여호야긴 왕의 머리를 들어 주었고 감옥에서 풀어 주었더라."

- 왕하 25:27 "유다의 왕 **여호야긴**이 사로잡혀 간 지 **삼십칠 년**
곧 바벨론의 왕 **에윌므로닥이 즉위한 원년 십이월 그 달 이십칠일에**
유다의 왕 여호야긴을 옥에서 내놓아 그 머리를 들게 하고
28그에게 좋게 말하고
그의 지위를 바벨론에 그와 함께 있는 모든 왕의 지위보다 높이고
29그 **죄수의 의복을 벗게 하고**
그의 일평생에 항상 왕의 앞에서 양식을 먹게 하였고
30그가 쓸 것은 날마다 왕에게서 받는 양이 있어서
종신토록 끊이지 아니하였더라."

❸ 에윌므로닥(562-560)

- 바벨론 정세 불안정 / 느부갓네살의 아들 에윌므로닥(헬라어 : Amel-Marduk, 왕하 25:27)이 왕위에 오른다.
- 여호야긴을 감옥에서 내어놓아 그 지위를 높였다(왕하 25:27-30).
- 에윌므로닥은 궁중 반역을 당하여 피살되고, 그의 처남인 네르갈사레셀이 왕위에 오른다(렘 39:3 참조).

(5) 자기 백성을 버리지 않으시겠다는 하나님의 약속은 여호야긴의 후손인 스룹바벨의 인도 하에 귀환하게 됨으로써 성취된다.

악한 지도자들에게 징계와 심판(렘 23:1-8)

앞에서는(21-22장) 유다 멸망의 원인이 어디에 있었는가를 보여주었다. 유다의 왕정에게 그 책임이 있었음을 분명하게 밝히고, 이로 인해 심판은 필연적임을 설명했다. 23장 1-8절에서도 3가지 예언이 언급된다. (1) 목자들은 자신에게 주어진 임무를 수행하지 못했기에 하나님은 자신의 백성을 위해 새 지도자를 세우실 것이다(23:1-4). (2) 시드기야는 왕위를 누리기에는 너무 미천하기 때문에 언젠가 자격이 있는 사람으로 대체될 것이다(23:5-6). (3) 이스라엘 백성은 자기들의 땅에서 살게 될 것이다(23:7-8). 그리고 23:9-10에서는 거짓 선지자들을 비난한다.

1. "내 목장의 양 떼를 멸하며 흩어지게 하는 목자에게 화 있으리라"(23:1)

23:2 너희가	내 양 떼를 **흩으며**(הֲפִצֹתֶם)[1) - 푸쯔(פוּץ)의 히필 완료 그것을 **몰아내고 돌보지 아니하였도다**	
보라!		하나님은 다윗에게 만일 이들이 죄를 지으면 징계하실 것이라고 분명하게 말씀하셨다(삼하 7:14).
내가	너희에게 **보응하리라**(파카드, פָּקַד)[2) /너희의 악행 때문에	

- 삼하 7:14 "나는 그에게 아버지가 되고 그는 내게 아들이 되리니 **그가 만일 죄를 범하면** 내가 사람의 매와 인생의 채찍으로 징계하려니와."

1) 히필형 - 흩어버리다, 분산시키다. (신 4:27, 28:64, 사 24:1)

2) 시찰, 방문하다, 여기서는 벌하다(punish)라는 뜻이다.

(1) 하나님은 자신의 백성을 흩어지게 한 목자들(지도자들)에게 말씀하신다. 목자들은 선지자들과 제사장들이 포함된다(호 4:4, 6; 암 7:12-17; 사 24:2, 28:7). "내 목장의 양 떼를 멸하며 흩어지게 하는 목자에게 화 있으리라." 22:22에서 언급된 내용이다. 왜 목자를 세우셨는가? 그것은 하나님의 양떼(쩨온, צֹאן)를 기르시기 위해서이다. 그러나 이들 지도자들은 양 떼를 몰아내고 돌보지 않았다.

(2) 하나님께서는 비록 하나님의 양 떼를 이 나라 저 나라로 흩어지게 하셨지만, 그들을 다시 살던 목장으로 데려오시겠다고 약속하신다(3절).

그리고 그들을 돌보아 줄 참 목자를 세우실 것이다. 그들이 다시는 두려워하거나 놀라거나 잃어 버리지 아니하리라고 약속하신다(4절).

(3) 시드기야는 왕위를 누리기에는 너무 미천하기 때문에 언젠가 자격이 있는 사람으로 대체될 것이라고 했는데, 그 약속은 어떻게 지켜질 것인가?

23:5 여호와의 **말씀이니라**

보라!
때가 ········· **이르리니**
내가 ——— 다윗에게 한 의로운 가지(쩨마흐, צֶמַח)를 **일으킬 것이라**
그가 ——┬ 왕이 **되어** 지혜롭게 **다스리며**
　　　　└ 세상에서 정의와 공의를 행할 것이며

6 유다는 ········· 구원을 받겠고
　　　　　/그의 날에
이스라엘은 —— 평안히 살 것이며
그의 이름은 —— 여호와 우리의 공의라 일컬음을 받으리라

예레미야서에서 '메시야 구절'이라고 여겨지는 다섯 구절들이 있다.

- 렘 3:14-17
- **렘 23:1-8**
- 렘 30:8-9
- 렘 31:31-40
- 렘 33:14-26

2. "다윗에게 한 의로운 가지를 일으킬 것이라"는 개념은 이사야 11장에서 시작된다. (설명은 동교재, 이사야에서)

이사야 11:1을 보자.

이새(이솨이, יִשַׁי)[1]의 줄기에서 한 싹(호테르, חֹטֶר)[2]이 **나며**
그 뿌리에서 한 가지(네쩨르, נֵצֶר)가 **나서 결실할 것이요**(יִפְרֶה)[3]

(1) 이사야 선지자는 앗수르는 울창한 수풀 같고(사 10:33, 34), 유다는 쓰러진 나무와 같다(사 11:1)고 했다. 그러나, "한 싹" "한 가지"가 나서 결실할 것이라고 했다. 이사야는 사 9:1-7에서 메시야를 주제로 다루고 11장에서 다시 메시야를 주제로 돌아온다. 이사야는 이상적인 다윗계의 왕이 정의와 평화를 보증하면서 통치할 한 날을 그리고 있다. 이 왕은 이새의 뿌리 또는 그루터기에서 자라는 싹이나 가지로 묘사한다. 그 왕은 지식과 여호와를 경외하는 영, 지혜와 총명의 영(루아흐)이라고 했다.

(2) 잘려진 그 그루터기(밑둥)로부터 새로 나온 한 싹과 가지가 무성한 한 그루 나무로 성장하게 될 것이다. 그래서 열매를 맺히게 될 것이다. 그러니까 싹, 또는 가지가 새로운 왕조에서 솟아나는 것이 아니라 오래된 줄기, 또는 뿌리에서 솟아난다는 것이다. 그 뿌리들과 그루터기는 죽지 않았다. 토양은 여전히 비옥하고 여호와께서 심으신 나무는 버리지 않으실 것이다. 여호와의 언약은 계속될 것이고, 아브라함과 다윗의 후손들이 완전히 끊어지지는 않을 것이라는 것이다. 사 9:6에서 언급된 한 '아기'는 겉으로 보기에는 죽은 것 같은 그루터기로부터 자라는 싹이 난 가지로서 올 것이다.

1) 다른 예언자들은 이상적인 왕을 다윗으로 칭하거나 그를 다시 올 다윗으로 묘사한다. (렘 30:9; 겔 34:23-24, 37:24-25; 호 3:5; 미 5:2)

• 이새 - 미천한 자였다(삼상 16:1; 삼하 7:8). 미천한 데서 한 싹이 나왔다(그 연약성을 보여줌).

2) 사 4:2에서 나오는 (여호와의) '싹'이라는 단어는 체마흐(צמח)라는 단어를 썼다. '호테르'는 '가지, 잔 가지, 막대기, 회초리'라는 뜻이 있다. / rod, shoot

3) 파라(פרה)의 칼 동사 미완료. / 열매를 맺다, 갈라지다.

3. 같은 내용이 스가랴 3장 8절에 다시 등장한다. (설명은 동교재, 스가랴에서)

> 3:8 대제사장 여호수아야 너와 네 앞에 앉은 네 동료들은
> 내 말을 들을 것이니라(שְׁמַע־נָא)
> 이들은 예표의 사람들(אַנְשֵׁי מוֹפֵת)이라
> //(이유, for, behold, כִּי־הִנְנִי)[1]
> 내가 — 나게 하리라(מֵבִיא - 히필 동사 분사형)
> /내 종 싹(순, 荀)을(אֶת־עַבְדִּי צֶמַח)

1) 여기서 '키 힌니'(כִּי־הִנְנִי)라는 말은 상반절과 연결하여 그 이유를 설명하는 말이다. '헨'(보라, 주목하라, הֵן)이라는 감탄사에 인칭대명사가 오면(1인칭 보통 단수) 반드시 일어날 임박한 사건을 말한다.

(1) "**내가…나게 하리라**"(מֵבִיא) - '보'(בּוֹא - 들어가다, 오다, 가다)의 히필(사역 능동) 동사 분사형으로 만군의 여호와의 주권적인 능력이 강조되어 있다. "**I will** bring forth my servant the BRANCH." - KJV. 여호와께서는 '나의 종'(아브디, עַבְדִּי), 즉 그 가지(순, 싹, 쩨마흐, צֶמַח)[2]를 나게 하실 것이다. 여기서 '내가'는 '만군의 여호와'를 가리킨다. 하나님께서 가지(branch)라고 불리는 한 종(從)을 일으키셔서 그 땅의 죄악을 제거할 것이요(9절), 공동체의 번영을 회복시키실 것이다.

2) 70인경은 이 단어를 아나톨레('Ανατολή)로 번역했다. '아나톨레'는 '별이 뜸', 하늘의 장소인 '해뜨는 곳'(동쪽)을 말한다. 눅 1:78에서는 '돋는 해'라고 했다. 말 4:2에서는 '의로운 해'라는 말이 나오는데, 이는 그리스도를 예언한 말씀이다. 이 말은 예레미야 예언에서 의로운 싹(렘 23:5, 33:15)과 서로 연결되는 것을 본다. '순'이라는 히브리어 '쩨마흐'가 수리아역에서는 '돋는 해'로 번역되었다.

(2) 그렇다면 여기서 '가지'(싹)는 누구를 가리킬까? 메시야를 가리키는 다음의 칭호를 살펴보자. 예레미야의 예언을 살펴보면 그가 곧 장차 오실 다윗 계통의 왕임을 알 수 있다.

- 렘 23:5 "여호와의 말씀이니라 보라
  때가 이르리니
  내가 다윗에게 한 의로운 가지(쩨마흐, צֶמַח)**를 일으킬 것이라**
  그가 왕이 되어 지혜롭게 다스리며
  세상에서 정의와 공의를 행할 것이며

(3) 위의 구절에서 볼 수 있는대로 그는 장차 올 이상적인 다윗계 왕을 가리킨다. 그러나 스가랴는 또한 '가지'(싹)라는 단어, 즉 이사야(사 4:2, 61:11)와 예레미야가 사용했던(렘 23:5, 33:15) 단어를 사용함으로써 다윗 왕가를 언급하고 있음을 본다. 학개 선지자는 이 약속이 다윗의 후손이요 공동체의 총독으로서 성전 재건의 도구가 될 스룹바벨이라는 인물과 연결시키고 있다(슥 4:6, 9*; 학 2:20-23).

- 슥 4:6 "그가 내게 대답하여 이르되 여호와께서 스룹바벨에게 하신 말씀이

이러하니라 만군의 여호와께서 말씀하시되 이는 힘으로 되지 아니하며 능력으로 되지 아니하고 오직 나의 영으로 되느니라…

9 **스룹바벨의 손이 이 성전의 기초를 놓았은즉 그의 손이 또한 그 일을 마치리라 하셨나니** 만군의 여호와께서 나를 너희에게 보내신 줄을 네가 알리라 하셨느니라…"

• 사 4:2 "그 날에 여호와의 싹(쩨마흐, צֶמַח)이 아름답고 영화로울 것이요 그 땅의 소산은 이스라엘의 피난한 자를 위하여 영화롭고 아름다울 것이며."

• 사 61:11 "땅이 싹(쩨마흐, צֶמַח)을 내며 동산이 거기 뿌린 것을 움돋게 함 같이 주 여호와께서 공의와 찬송을 모든 나라 앞에 솟아나게 하시리라."

4. 이사야 11:1과 53:2에서는 어떻게 언급되고 있는가?

• 사 11:1 "이새의 줄기(게자, גֶּזַע)에서 한 싹(호테르, חֹטֶר)이 나며 그 뿌리(쉐레쉬, שֹׁרֶשׁ)에서 한 가지(네쩨르, נֵצֶר)가 나서 결실할 것이요."

• 사 53:2 "그는 주 앞에서 자라나기를 연한 순(요네크, יוֹנֵק) 같고 마른 땅에서 나온 뿌리(쉐레쉬, שֹׁרֶשׁ) 같아서 고운 모양도 없고 풍채도 없은즉 우리가 보기에 흠모할 만한 아름다운 것이 없도다."

(1) 이렇게 학개와 스가랴가 언급한 종과 가지(싹)라는 말은 다윗과 그의 원형, 즉 메시야를 가리킨다. 스가랴는 오실 그리스도를 가리켜 '싹(순)이라고 이름하는 사람' 이라고 했다(슥 6:12). 이 모든 용어들은 심히 나약하고 연한 것들이다('고운 모양이 없고 흠모할만한 것도 없다' 이사야 53:1-5을 읽어보자). 그 시작은 매우 미약하나 그 순이 자라서 가지(사 11:1, 네쩨르, נֵצֶר)가 되고, 마침내 다윗의 왕위에 앉아 영원한 왕국을 다스리는 왕이 되실 것이다(사 11:2-6).

(2) 여기 '나의 종'(슥 3:8)이란 말은 그리스도를 가리키는 칭호로 이사야에서 언급되어 있다(사 42:1-7, 49:1-9, 50:5-10, 52:13-53:12, '4대 종의 노래').

▶ 다시 본문으로 돌아가자. (렘 23:7)

▶ 회복 이후 신앙고백도 이렇게 달라질 것이다.

23:7 그러므로 여호와의 **말씀이니라**
보라 날이 이르리니, 그들이 다시는
(**이스라엘 자손을 애굽 땅에서 인도하여 내신**) 여호와의 사심으로 맹세하지 아니하고
8 이스라엘 집 자손을 북쪽 땅,
(**그 모든 쫓겨났던 나라에서 인도하여 내신**) 여호와의 사심으로
맹세할 것이며 그들이 자기 땅에 살리라 하시니라

선지자들에 대한 말씀이라(렘 23:9–40)

23:13-15 예루살렘 선지자들의 죄악
16-22 참선지자와 거짓 선지자
23-24 하나님의 세 가지 질문
25-32 거짓 선지자들의 꿈 해석
33-40 거짓 선지자들에 대한 심판

1. 예레미야는 제사장과 선지자들 때문에 이 땅이 오염되었다고 탄식한다. 이로 인해 심판이 올 것이다.

23:9 선지자들에 대한 말씀이라
내 마음이 —— 상하며(נִשְׁבַּר) - 니팔 완료 - 부서지거나 깨어지다라는 의미
내 모든 뼈가 — 떨리며(רָחֲפוּ) - 칼, 완료 - 풀어지거나 기운을 잃다.
내가 —— 취한 사람 같으며
포도주에 잡힌 사람 같으니
//이는(Because of, מִ)
여호와와 그 거룩한 말씀 때문이라

(1) 예레미야는 지금 마음이 부서지고 있다. 그의 뼈마디가 떨려 기운을 잃어가고 있다. 간담이 서늘해지며 뼈가 풀리어 있는 상태를 말한다. 그는 포도주에 취한 사람처럼 되었다. 이는 여호와의 거룩하신 말씀 때문이라고 했다.

23:10 //(이유, כִּי) - 9절의 이유를 말한다. 왜 마음이 상하며, 뼈가 떨리는가?
이 땅에 간음하는 자가 가득하도다(=때문에)
땅이 ———— 슬퍼하며
광야의 초장들이 — 마르나니
//저주로 말미암아
그들의 행위가 **악하고** 힘쓰는 것이 **정직하지 못함이로다**[1)]

간음하는 자들(מְנָאֲפִים) - 피엘, 분사 - 실제적 간음, 비유적으로 우상 숭배

1) 거짓 선지자들과 제사장들의 타락 때문에 이 땅이 저주를 받는다. 그들 중 일부가 음란한 삶을 살고 있다는 것이다. 23:10 읽어보자.

2) 하네프, חָנֵף (신성을) 더럽히다, 신성을 모독하다, 불경하다. / 칼 완료

(2) 일부의 선지자들이 음행을 저지르는 악을 행할 뿐만 아니라 제사장도 하나님의 성전 안에서 악을 행한다고 고발한다(11절). "여호와의 말씀이니라 선지자와 제사장이 다 사악한지라(חָנֵפוּ)[2)] 내가 내 집에서도 그들의 악을 발견하였노라." '하네프'라는 단어는 '신성모독을 당하다, 오염되다'라는 의미로 그들의 악한 행위가 심지어 여호와의 집에서도 있었다는 것이다. 하나님은 이런 거짓 선지자들을 믿지 말라고 하신다. 왜냐하면, 이들은 여호와께로부터 받은 메시지를 전하지 않고 자기 마음대로 환상을 말하기 때문이다(16절). 하나님은 이런 거짓 예언자들을 치실 것이다(렘 23:30). 거짓 꿈을 예언하는 자들도, 또 거짓말과 헛된 가르침으로 백성을 현혹하는 자도 그리하실 것이다(32절). 선지자도, 제사장도 하나님의 심판에서 자유롭지 못하다(23:12*).

• 렘23:12 "그러므로 그들의 길이 그들에게 어두운 가운데 미끄러운 곳과 같이 되고 그들이 밀어냄을 당하여 그 길에 엎드러질 것이라 **그들을 벌하는 해에 내가 그들에게 재앙을 내리리라** 여호와의 말씀이니라."

2. 하나님은 유다의 선지자들과 사마리아의 선지자들을 비교하신다. 북 이스라엘은 거짓 선지자들 때문에 망했다. 그렇다면, 남 유다는?

23:13 내가 ―― 사마리아 선지자들 가운데 우매함을 **보았나니**
그들은 ┬ 바알을 **의지하고 예언하여**
└ 내 백성 이스라엘을 **그릇되게 하였고**

(1) 북 이스라엘이 역사에서 사라진 주요 이유는 무엇인가?
종교적 부패 : 이들은 가나안의 타락한 문화를 쉽게 받아들였다. 마음껏 마시고 떠들어대는 이방 풍속이 자연스럽게 백성들의 생활 속에 스며들었다. 이들은 이미 소돔과 고모라의 백성과 크게 다르지 않게 되었다. 백성들은 음란과 포도주에 절어 있었다(호 4:10-13). 물론 바알 숭배는 여호와의 종교와 함께 백성들에게 거부감을 느끼지 않게 되었다.

(2) 이들은 하나님이 부르면 부를수록 더욱 바알에게로 향했다(호 2:17, 11:2). 난잡한 외국 풍속이 백성들의 삶 속에 자리매김하고 있었다. 종교적 매춘은 이미 만연되어 있었다(암 2:7, 8). 단과 벧엘에서 여호와의 종교 행사가 진행되고 있었으나 이미 혼합주의로 빠진지 오래되었다. 이들은 바알과 여호와를 크게 구분하지 못하고 있었다. 그래서 여호와의 종교에 아주 익숙해져 있으면서도(각종 제사와 희생과 십일조를 드리면서도, 호 8:11, 13, 9:4, 10:1; 암 5:22 참조), 앗수르의 종교적 관습에 깊이 빠져 있었다(암 5:16).

(3) 이스라엘 백성의 타락에는 지도자들이 한몫했다. 제사장들은 어떠했을까? 이들도 백성들과 함께 타락하기는 마찬가지였다(호 4:4-9, 5:1, 6:9). 이방 족속이 섬기는 제사에 참여했다. 마음껏 애욕(愛慾)에 빠진 사람들이 여호와의 종교 행사장에도 참여했다. 그렇다고 이들이 여호와의 종교를 아주 떠났다고 생각한 것은 아니다. 적어도 외형적인 면에서는 하나님의 백성으로서의 삶을 살아가는 것처럼 보였기 때문이다.

그러나 이들은 이미 하나님의 백성의 정체성을 잃어버렸다. 하나님은 이들을 향해 아주 하나님을 떠났다고 말씀하시기 때문이다. 여호와에 대한 얄팍한 헌신은 오히려 민족과 사회 전체에 위협을 가져왔을 뿐이었다.

(동교재, 아모스 서론에서)

북 이스라엘의 멸망

정치적 부분은 어떠했을까? 앞에서 여러 차례 언급했듯이 계속되는 정정(政情) 불안으로 백성들은 전전긍긍했다(호 7:6, 7). 여로보암 2세 이후 6명의 왕이 등장했으나 4번의 혁명이 있었다. 자기 수명에 죽은 왕은 므나헴뿐이었다.

게다가 베가(주전740-732)는 아람 왕 르신과 정치적 동맹을 맺었다. 이들 두 나라는 주변국들과 함께 연합하여 앗수르를 견제하고자 했다. 이들은 남 유다 아하스에게 함께 동맹할 것을 요구했다. 이를 거절하자 이들은 유다를 공격했고, 급해진 유다 왕 아하스는 앗수르 왕에게 살려달라고 청원했다. 물론 앗수르는 출병해서 아람을 공격하여 그 주민을 사로잡아 옮기고 다메섹을 초토화시켜버렸다. 그리고 호세아를 북이스라엘의 왕으로 삼았다. 물론 곧 앗수르의 군대가 이스라엘 지역 내에 주둔하게 되었다(왕하 15:29).

3. 북 이스라엘이 망하고 1세기가 넘었는데도 남 유다는 같은 죄를 범하고 있다.

1) 샤아루라(שַׁעֲרוּרָה) - 소름이 끼치도록 싫은 것을 가리킨다.

23:14 내가 —— '가증한 일'[1]을 **보았나니**
/예루살렘 선지자들 가운데도
/그들은 ┬ 간음을 행하며
└ 거짓을 말하며
[그들이] — 악을 행하는 자의 손을 **강하게 하여**
//(so that) 사람으로 그 악에서 돌이킴이 없게 하였은즉
그들은 —— 다 내 앞에서 소돔과 다름이 없고
그 주민은 — 고모라와 다름이 없느니라

2) 소돔과 고모라는 방종한 죄에 대한 하나님의 심판을 보여주는 영구한 본보기이다(창 17-19장; 벧후 2:6; 유 1:7). 이사야 1:9에서도 언급되었다. 예수님도 그의 재림시에 세상이 소돔과 고모라의 날과 같이 될 것이라고 하셨다(눅 10:12).

예루살렘의 선지자들 중에서 '가증한 일'(an horrible thing), 즉 소름 끼치도록 싫어하는 일을 행하는 자들이 있다. 거짓 선지자들의 거짓 형태와 예언(바알 숭배)과 실제적 간음을 행했다는 것이다. 이들은 소돔과 고모라와 같이 되었다.[2]

4. 이사야 1:9를 읽어보자. 그 당시에도 여전히 죄가 넘쳐 흘렀다. (동교재, 이사야 1장에서)

3) יְהוָה צְבָאוֹת
야웨 체바오트 - '전능하신 야웨'라는 호칭은 자기 군대를 이끌고 전쟁터로 나아가시는 강한 전사(戰士, Warrior)의 모습으로 표현된다(사 1:9, 24, 2:12). 이런 강한 전사가 지금 자기 백성을 향하여 대적하신다. 백성들이 계속 죄악에서 벗어나지 못하고 있기 때문이다.

1:9 [만일, 루레, לוּלֵי]
만군의 여호와께서[3] [생존자를] 남겨 두지 아니하셨더면(הוֹתִיר)[4]
/우리를 위하여(לָנוּ)
/조금(메아트, מְעָט)
우리가 ———— 소돔 **같고** 고모라 **같았으리로다**(דָּמִינוּ)[5]

4) 야타르(יָתַר)의 히필(사역 능동) 완료형 동사 / 남기다, 보존케 하다.

5) 다마(דָּמָה) - 칼 동사 완료 - 비교하다, 함축적으로 닮다, 비유를 사용하다.

(1) 이스라엘의 죄가 얼마나 심각했던지, 하나님께서 심판 중에도 긍휼하심이 없었다면, 아무도 살아남지 못했을 것이라고 말씀하신다. 타락이 관원들뿐만 아니라 백성들에게도 보편화 되었기 때문이다. 마치 소돔의 관원들과 고모라의 백성 같다는 것이다(계 11:8 참조 - 영적으로 소돔). 이스라엘의 죄가 소돔과 고모라의 죄와 비교되고 있다. 물론 소돔과 고모라는 죄의 대명사로 불린다. 당연히 멸망의 대상이 된다(창 19:21, 25:29; 신 29:23; 사 13:19; 렘 49:18, 50:40; 암 4:11).

(2) 동시대의 사역자 아모스도 이와 동일한 메시지를 선포했다. 하나님은 북 이스라엘을 향해 (아모스 선지자를 통해) 다음과 같이 포문(砲門)을 여셨다.

암 4:11, 내가 너희 중의 성읍 무너뜨리기를 **하나님인 내가 소돔과 고모라를 무너뜨림 같이 하였으므로** 너희가 불붙는 가운데서 빼낸 나무 조각 같이 되었으나 ***너희가 내게로 돌아오지 아니하였느니라*** 여호와의 말씀이니라.

(3) 다시 본문 15절을 보자. 이들의 사악함이 너무 중하여 그들을 심판하실 것이다.

23:15 그러므로(Therefore, לָכֵן)
만군의 여호와께서 선지자에 대하여 이와 같이 **말씀하시니라**
보라! (Behold, הִנְנִי)
내가 ── 그들에게 쑥(라아나, לַעֲנָה)[1]을 **먹이며**
└ 독한 물을 **마시게 하리니**
//이는(for)
사악[2]이 ── 예루살렘 선지자들로부터 나와서
└ 온 땅에 퍼짐이라 하시니라

1) 쓴 쑥 - 여기서는 여호와의 징벌을 가리킨다(렘 9:15; 애 3:15, 19).

2) 하누파(חֲנֻפָּה) - 불경(스러움). 구약성경에서 여기 단 한 번 나온다.

(거짓) 선지자들의 말을 듣지 말라(23:16-24)

1. 참 선지자와 거짓 선지자의 차이점이 무엇일까? 참 선지자와 거짓 선지자가 늘 상존해 왔다. 이 두 사이를 분별해내는 것은 아주 중요하다. 나라의 운명이 이들의 예언에 달려 있기 때문이다.

23:13-15 예루살렘 선지자들의 죄악
16-22 참선지자와 거짓 선지자
23-24 하나님의 세 가지 질문
25-32 거짓 선지자들의 꿈 해석
33-40 거짓 선지자들에 대한 심판

(1) 참 선지자 : 선지자의 말은 자신의 것이 아니다. 하나님으로부터 직접 받은 계시를 전한다. "입(하나님)에서 입(선지자)으로" 말씀하신 것이다. 선지자의 입은 단지 그의 도구로 사용될 뿐이다.

(2) 거짓 선지자 : 악한 목적에 그 기원이 있다. 사람들을 잘못 인도하여 하나님이 만드신 세상을 황폐하게 만들려는 자들이다. 사탄의 의도는 자기 백성을 구원하고자 하는 하나님의 목적을 반대하는 것이다.

- 거짓 선지자의 존재는 하나님에게는 "사악한" 것이며, 거짓 예언은 하나님을 '마귀의 활동'으로 만드는 최고로 불경스러운 것이다.

- 이스라엘의 거짓 선지자 - "악을 선하다, 선을 악하다"(사 5:20)라고 했다.

אַל־תִּשְׁמְעוּ
Do not listen

23:16 만군의 여호와께서 이와 같이 **말씀하시되**
/[너희는] — 너희에게 예언하는 선지자들의 말을 **듣지 말라**
/그들은 ———— 너희에게 **헛된 것**[1]을 가르치나니
/그들이(=은) —— 자기 마음으로 말미암은 것이요
/말한 묵시는(=를, 는)
여호와의 입에서 나온 것이 아니니라

1) 헛된 것(하발, הָבַל) / 히필 동사 분사형 / 히필 형에서는 '헛되이(허무하게) 되게 하다'를 의미한다. 거짓 선지자들의 입에서 나온 말이 허무한 것이 되게 하는 것은 곧 그들의 말이 헛된 소망으로 채우는 것이다. 그러므로 그들의 말을 듣지 말아야 한다.

2. 참 선지자와 거짓 선지자의 동기 유발은 전혀 다르다.

(1) 참 선지자 : 하나님으로부터 보냄을 받았다. 가서 하나님의 말씀을 전하도록 강한 압박을 받았다. 사도 바울의 경우를 보라(고전 9:16). 예레미야는 하나님의 말씀이 그의 입술에 불붙는 것과 같았다고 했다. 그래서 나가서 전해야만 했다(렘 5:14).[2] 선지자의 책임을 보라(겔 26:2-3 참조).

2) "내가 너희 입에 있는 나의 말을 불이 되게 하고, 이 백성은 장작이 되게 하겠다. 불이 장작을 모두 태울 것이다."(표준새번역)

(2) 거짓 선지자 : 사람에 의해 세움을 받았다. 자칭 하나님의 대변인의 역할을 한다. 첫째는 개인적인 유익을 위해서이며, 둘째는, 사람에게 인정받기 위해서이다. "그들이 말한 묵시는 자기 마음으로 말미암은 것이요(They speak a vision of their own imagination) 여호와의 입(מִפִּי יְהוָה, Not from the mouth of the LORD)에서 나온 것이 아니니라."

3. 미가는 거짓 예언자에 대해 어떻게 말하고 있는가 살펴보자(미 3:5).[3]

3) 동교재, 미가서에서 가져와 설명.

미 3:5 이런 선지자에 대하여 여호와께서 **이르시되**
/내 백성을 유혹하는(타아, תָּעָה)[4] 선지자들은
/이에(with their teeth) 물 것이 있으면(먹을 것을 주면) 평강을 외치나
/그 입에 무엇을 채워 주지 아니하는 자에게는
전쟁을 **준비하는도다**(카다쉬, קָדַשׁ)

4) (정도, 목적에서) 잘못 행하다, 제 길에서 벗어나다, 방황하다.

(1) 원문의 첫 말에 '코'(כֹּה)가 나온다. '이와 같이, 그러므로' 즉 다음에 나오는 말을 강조한다. '유혹하다'(타아, תָּעָה)라는 말이 관사, 히필 분사, 남성 복수형으로 쓰였다(הַמַּתְעִים). 히필형은 '방황하게 하다'라는 뜻이다. 도덕적으로 신앙적으로 잘못된 길을 가게 한다는 말이다(사 3:12; 암 2:4; 렘 50:6). 백성들로 하여금 그릇 인도하는, 곁길로 가게 하는 자들을 말한다. 렘 50:6 "내 백성은 잃어 버린 양 떼로다 그 목자들이 그들을 '**곁길로 가게 하여**'(타아,

תְּעָה) 산으로 돌이키게 하였으므로 그들이 산에서 언덕으로 돌아다니며 쉴 곳을 잊었도다."

(2) 이런 선지자들의 특징은 입에 먹을 것을 넉넉히 채워주어야 한다는 것이다. '물 것이 있으면'에서 '물다'라는 말 '나샤크'(נָשַׁךְ)는 주로 뱀이 무는 것에 사용되었다(암 5:19, 9:3; 잠 23:32; 렘 8:17). 거짓 선지자들의 특징은 자신들에게 돈과 이권에 관계해서만 사역한다는 점이다. 그래야만이 평강을 선포한다. 그렇지 않은 자에게는 하나님의 거룩한 이름을 빙자하여 전쟁을, 즉 무서운 저주를 선포한다고 했다. 이렇게 거짓 선지자의 동기는 바로 양식을 얻기 위해서이다.

3. 참 선지자는 범죄한 유다를 향해 여호와의 심판을 선포하며 회개할 것을 요구하지만 거짓 선지자들은 평강의 복음만을 전한다.

23:17 항상 그들이 나를 멸시하는 자에게 **이르기를**
/**너희가 평안하리라** 여호와의 말씀이니라 하며
또 자기 마음이 완악한 대로 행하는 모든 사람에게 **이르기를**
/**재앙이 너희에게 임하지 아니하리라** 하였느니라

(1) 거짓 예언자들의 궁극적인 동기는 무엇인가? 그들은 백성들을 잘못 인도하여 재앙을 가져오게 한다. 그 목적은 무엇인가? (겔 13:19*) **자신들의 영달만을 위해, 자신들의 유익만을 위해** 사역한다. 그런데 백성들은 오히려 이런 선지자들을 선호했다. 자신들이 원하는 것을 말해 주는 선지자를 좋아했다.

• 겔 13:19 "너희가 두어 움큼 보리와 두어 조각 떡을 위하여 나를 내 백성 가운데에서 욕되게 하여 거짓말을 곧이 듣는 내 백성에게 너희가 거짓말을 지어내어 죽지 아니할 영혼을 죽이고 살지 못할 영혼을 살리는도다."

(2) 미가 선지자의 설명을 더 들어보자. 미가는 당시에 만연된 상황을 다음과 같이 표현했다(미 2:11을 보자).[1)]

2:11 만일(If, לוּ)[2)]
사람이 허망하게(רוּחַ) 행하며
거짓말(셰케르, שֶׁקֶר)로 이르기를
/내가 포도주와 독주(셰카르, שֵׁכָר)에 대하여 네게 예언하리라
그 사람이 이 백성의 선지자가 되리로다

(3) 자기 마음에서 나오는 대로 예언하는 우매한 선지자가, 즉 그 생활 방식이 허풍과 거짓(셰케르)에 불과한 자가 **거짓말을 가지고 그들에게 나오면** 백성들은

1) 동교재, 미가서에서 설명을 가져옴.

2) 영어성경에서 If(루, לוּ)로 번역된 이 단어는 '~면 좋으련만, 내가...바라다'라는 뜻이다. 이 단어는 인간의 욕망이나 동의의 세 가지, 즉 소망, 간청, 그리고 동의의 진술을 표시한다. 이 단어는 또한 두 유형의 가능법절을 표시한다(가정과 조건절).

미가서 2:11
사람이 허망하게(רוּחַ) 행하며

'허망하게'라는 말은 '루아흐'(רוּחַ)로서 '숨(breath), 바람(wind), 영(spirit)'을 의미한다. NASB는 'after wind'로 '바람같이 헛되이 행하는 자'로 해석했다. 바람은 헛되고 가치 없는 것을 상징하기 때문이다(욥기 15:2-헛된 지식; 사 41:29) - 우상은 바람이요(전 4:16, 6:9). 그러나 이를 KJV처럼 '거짓 영'으로 번역하기도 했다(walking in the spirit). 에스겔서 13:3을 보라. "본 것이 없이 '자기 심령(רוּחַ)을 따라'(follow their own spirit) 예언하는 어리석은 선지자"를 언급하고 있다.

그런 우매한 자를 선지자로 택할 것이라는 말이다. 그렇다면 그런 우매한 선지자가 하는 말이 무엇일까? "내가 너희에게 포도주와 독주의 즐거움에 대해 예언하겠다."(쉬운성경)

(4) 개인적인 유익과 백성에게 인정받고자 하는 동기에 의해 선지자가 된 자는 그의 사역도 자신의 유익을 위해 일할 것이고, 또한 백성이 좋아하는 말만 전할 것이다. 물론 이 말씀은 오늘날 말씀 사역자들에게도 동일한 적용이 된다.

4. 참 선지자와 거짓 선지자의 차이점 중 중요한 것은 무엇인가? 거짓 선지자들은 하나님의 계획을 알 수 없다는 것이다.

23:18 누가 ┬ 여호와의 회의(בְּסוֹד יְהוָה)에 **참여하여** (מִי עָמַד)
└ 그(의) 말을 **알아들었으며**
누가 ── **귀를 기울여** 그 말을 **들었느냐**

19 보라
여호와의 노여움이 ─ **일어나**
/폭풍과 회오리바람처럼
[그것이] ─ 악인의 머리를 **칠 것이라**

• 누가 어전회의에 참여했는가? 거짓 선지자는 자신이 만들어낸 메시지이다.

• 거짓 선지자들을 향한 여호와의 분노를 폭풍과 회오리바람으로 표현했다.

(1) 여호와의 회의(בְּסוֹד יְהוָה) - 여기 '비밀'이란 단어 '쏘드'(סוֹד)는 '의논, 협의' 즉 '서로 의논하는 것'(counsel) 또는 '계획'을 의미한다. 특히 본문은 '은밀한 의논'을 의미한다(잠 11:13, 20:19, 25:29). "누가 여호와의 회의(סוֹד)에 참여하여 그 말을 알아들었으며 누가 귀를 기울여 그(=내) 말을 들었느냐." 여기에 나오는 '회의'가 '비밀'이란 단어와 같은 말이다.

(2) 지금 예레미야가 전하는 메시지는 거짓 예언자들의 메시지와는 그 차원이 다르다. 예레미야가 전하는 메시지의 출처는 그 근원이 여호와의 회의에서 나온 것이라는 말이다. 그는 이렇게 반문한다. "누가 여호와의 회의에 들어가서 친히 뵈옵고 그의 말씀을 귀기울여 들었느냐?"는 것이다.

(3) 이 부분에 대한 자세한 이해는 아모스의 메시지에 분명하게 언급되었다(암 3:3-8을 자세하게 읽어보자. 아래 내용은 동교재, 아모스에서 설명을 가져온 것이다).

"[만일, אִם] 성읍에서 나팔(쇼파르)이 울린다면
백성이 어찌 두려워하지 아니하겠는가"(암 3:6상)

(4) 나팔은 언제 부는가? 성회(聖會)로 모일 때처럼 종교적인 목적에 나팔을 불지만(사 27:13; 욜 2:1, 2:15; 시 47:6; 대하 15:14), 여기서는 전쟁을 알리거나(욥 39:24, 25), 침략을 경고하기 위해 부는 나팔이다(암 3:6; 호 5:8 참조). 어느 성읍에서 경고의 나팔이 울려퍼지면 백성들은 두려워하게 된다.

(5) 한 구절 더 읽어보자(암 3:7).

"여호와의 행하심이 없는데 (=성읍의 재앙은 여호와께서 행하신 것이라는 의미이다)
[만일, אִם] 재앙이 어찌 성읍에 임하겠느냐" (6절하)[1)]

//왜냐하면(כִּי) (7절)
주 여호와께서는 자기의 비밀(=계획)을
그 종 선지자들에게 보이지 아니하시고는
결코 행하심이 없으시리라(=없으시기 때문이다)

(6) 그 이유를 설명하고 있다. 왜냐하면, 주 여호와께서 일을 하실 때에는 반드시 그 종인 선지자(예언자)들에게 미리 알려주시기 때문이다. 따라서 아모스는 자신이 선언하는 심판은 자신의 울분이나 감정으로 하는 것이 아니요 자신은 어디까지나 하나님의 대언자라는 점을 강조한다. **하나님의 심판 선언과 형벌 결정은 갑작스럽게 이루어지는 것이 아니다.**[2)]

(7) 아모스가 선포한 심판 선언은 천상회의를 거쳐 하나님으로부터 오는 것이기에 반드시 실현된다. 하나님께서 한 번 명령을 발하시면 반드시 성취되어 돌아온다. 결코 헛되이 돌아오지 않는다는 말이다.

하나님께 있어서 '말씀'과 '사건'(행위)은 동일하기 때문이다. 여기 렘 23:18도 같은 내용이다. 예레미야가 전하는 메시지가 권위가 있는 것은 그 메시지의 출처가 여호와께로부터 왔기 때문이다.

1) '만일(If - NASB) 재앙이 성읍에 임한다면, 그것은 여호와께서 그렇게 만드신 것이 아니겠는가?'라는 의미이다. 이는 하나님께서 선악 간에 모든 것을 통치하신다는 뜻이다(사 45:7).

2) 여기 '비밀'이란 단어 '쏘드'(סוֹד)는 '의논, 협의' 즉 '서로 의논하는 것' (counsel) 또는 '계획'을 의미한다. 특히 본문은 '은밀한 의논'을 의미한다(잠 11:13, 20:19, 25:29). 렘 23:18을 읽어보라. "누가 여호와의 회의(סוֹד)에 참여하여 그 말을 알아들었으며 누가 귀를 기울여 그(=내) 말을 들었느냐."

5. 다시 본문으로, 20절을 보자.

23:20 여호와의 진노가 — **그치지 아니하나니**
/내 마음의 뜻하는 바를 행하여 이루기까지는
너희가 — 완전히 **깨달으리라**
/끝날에 그것을

거짓 선지자의 메시지 때문에 나라가 망한다. 그들에 대한 여호와의 분노는 하나님의 뜻을 시행하고 이룰 때까지 그 분을 풀지 않으실 것이다.

선지자의 임명

이미 태곳적부터 계획을 세우신 하나님의 의도를 볼 때, 선지자의 임명이 개인의 자질이나 믿음과는 아무 상관이 없음을 알 수 있다. 선지자의 직무는 연구하고 배워서 직업처럼 얻게 되는 것이 아니다. 대신에 하나님의 주권적 부르심을 받은 자가 이 중대한 역할을 이루지 않고는 못 배길 사람이어야 한다. 따라서 부름 받은 선지자의 개인적인 정보(소명 이전의 개인적인 삶에 관한 정보)가 거의 주어지지 않는 것이 당연하다. 하나님의 선지자는 "목소리" 그 이상은 아무것도 아니었다(요 1:23).

(1) 하나님은 거짓 선지자들을 세우신 적이 없으시다. 그들에게 전혀 말씀을 주지 않았는데도 예언 활동을 계속한다.

23:21 내가 —— 이 선지자들은 보내지 아니하였어도
[그들이] — **달음질하며**
내가 ——그들에게 이르지 아니하였어도
[그들이] — **예언하였은즉**

22 만일(אִם)
그들이 ┬ 나의 회의에 참여하였더라면
└ 내 백성에게 내 말을 들려서
그들을(로)(이) — 돌이키게 하였으리라
/악한 길과 악한 행위에서

나는 그런 예언자들을 보낸 적이 없는데도 그들은 달려나가 자기 마음대로 말했다는 것이다. 만일 그들이 여호와의 회의(어전회의)에 참석했다면 여호와의 말을 백성에게 전하여 악한 길에서 돌아서게 했을 것이라는 것이다.

(1) **거짓 선지자의 인격과 사역** : 그는 거짓말쟁이며, 그의 메시지는 거짓이다. 그는 거짓과 함께 살고 거짓을 말한다(미 2:11; 렘 23:14, 26). 그는 거짓에 무감각하다. 따라서 백성들의 삶에 큰 해를 끼친다.

• 렘 23:25 "**내 이름으로 거짓을 예언하는 선지자들**의 말에 **내가 꿈을 꾸었다 꿈을 꾸었다고** 말하는 것을 내가 들었노라."

(2) 바로 앞에서 살펴본 것처럼, 거짓 선지자들은 "여호와의 회의에 참여하지 않았다"(렘 23:16, 22). 이들은 특별한 방법으로 하나님이 자신에게 임했다고 주장한다. "내가 꿈을 보았다. 꿈을 보았다"고 외친다(렘 23:25*). 그러나 실제로는 망상에 불과하다(렘 23:6, "거짓을 예언하는 선지자들이 언제까지 이 마음을 품겠느냐 그들은 그 마음의 간교한 것을 예언하느니라").

6. 참 선지자와 거짓 선지자를 구분하는 가장 기본적인 요소는 무엇인가?

(1) 죄에 대한 책망이 있느냐 하는 것이다. 거짓 선지자는 부드러운 말만 하며, 긍정적인 말들만 한다. (미가 선지자의 말을 들어보자. 미 3:8).[1] 거짓 선지자들은 미가와는 반대로 여호와의 이름을 빙자하여 자신들의 이익만을 추구했다.

1) 동교재, 미가서에서 설명을 가져옴.

미 3:8 오직 나는(아노키, אָנֹכִי) 여호와의 영으로 말미암아(אֶת־רוּחַ יְהוָה)
능력과 정의와 용기로 **충만해져서**(I am full)
야곱의 허물(페솨)과 이스라엘의 죄(하타트)를 그들에게 보이리라

(2) '오직'이라는 말 '우람'(אוּלָם)은 '그러나 정말로'란 의미로 앞절과는 정반대의 강한 뜻을 표현한 말이다. '나는'(아노키, אָנֹכִי) 1인칭 강조대명사로 전

체 문장을 강조한다.

(3) 거짓 선지자는 '자기의 심령을 따라'(their own spirit) 예언하지만(겔 13:3), 참 선지자는 '여호와의 영으로'(אֶת־רוּחַ יְהוָה, by the spirit of the LORD) 말미암아 말씀한다. 여호와의 영으로 능력(코아흐, כֹּחַ)과 정의(미쉬파트)와 용기(게브라, גְּבוּרָה-힘, 권력, 세력, 권능)로 채움을 받는다. 이러한 권능을 갖고 야곱의 백성의 허물과 이스라엘의 죄를 밝히겠다고 말한다. 미가는 여호와의 영으로 충만했기에 이 나라가 어떻게 진행될 것인가를 확실하게 말할 수 있었다.

• 겔 13:3 "주 여호와의 말씀에 본 것이 없이 자기 심령을 따라 예언하는 어리석은 선지자에게 화가 있을진저 4 이스라엘아 너의 선지자들은 황무지에 있는 여우 같으니라."

7. 하나님은 멀리 계신 하나님이 아니시다. "나는 가까운 데에 있는 하나님이요 먼 데에 있는 하나님은 아니냐?"(23절)

23:24 여호와의 **말씀이니라**
/누가 — 자신을 은밀한 곳에 숨길 수 있겠느냐
/사람이 내게 보이지 아니하려고
여호와가 **말하노라**
/나는 — 천지에 충만하지 아니하냐

• 사람이 제 아무리 숨는다 해도 하나님 눈에서 벗어날 수는 없다. 그런데도 하나님이 자신을 찾을 수 없는 것처럼 행동한다. 그래서 죄를 짓는데 용감하다. 그러나 하나님은 하늘과 땅 어디를 가나 땅에 충만하신 자의 눈을 피할 수 없다.

• 충만하다(말레, מָלֵא) -하나님의 편재를 나타내는 용어이다. 그는 우주적으로 임재하신다. 모든 땅을 영광으로 가득 채우신다(민 14:21).

(거짓) 선지자들의 꿈 해석을 비난하다(렘 23:25-32)

1. 하나님은 선지자들이 꾼 꿈을 무엇에 비유하시는가? (28절)

23:25 내가— **들었노라**
/내 이름으로 거짓을 예언하는 선지자들의 말에(말하는 것을)
/내가 꿈을 꾸었다(חָלַמְתִּי) 꿈을 꾸었다고

(1) 예언이나 꿈은 고대 이스라엘에서 하나님의 계시를 알리는 방법 중 하나였다(창 28:12, 37:5-6, 40:5, 8; 왕상 3장; 단 2, 4, 7장). 그러나 문제는 거짓 선지자들이 꿈 해석을 제멋대로 한다는 것이다. 사람들은 표적이나 기사를 보면 모든 것이 하나님의 뜻이라고 생각하기 쉬웠다. 때로는 거짓 선지자의 예언도 맞을 수 있기에 더욱 조심할 것을 말씀하신다(신 13:2).

(2) 이런 폐단을 없애기 위해 율법은 거짓 선지자에 대한 철저한 경계와 아울러

• 특히 어떤 자들을 주의하라고 하시는가? (신 13:1-2)

• 터무니없는 내용을 가지고 유혹하는 자들을 조심해야 한다. 이들의 주장이 진짜와 유사하여 잘 구별할 수 없기 때문에 더욱 조심해야 한다. 더욱이 우리 주위에서 기사와 이적에 치중하는 자를 주의해야 한다. 이런 자들의 삶은 대개 신앙생활이 건전치 못하다(고전 1:22 참조).

처단을 명하신다. 신 13:1-18에서는 거짓 선지자(종교 지도자)에 대해 경고하고 있다. 이런 자들은 어떻게 대해야 하는가? (신 13:5) 이런 거짓 선지자들은 물론 처형해야 한다. 왜 이렇게 엄하게 다루라고 하시는가? 이들을 처단하지 않으면 결국은 백성을 파멸로 인도할 것이 분명하기 때문이다. 이런 일에 대해서 사랑 운운해서는 안 된다.

23:26 거짓을 예언하는 선지자들이 언제까지 ── 이 마음을 품겠느냐
그들은 ─ 예언하느니라
/그 마음의 간교한 것(=속임, deceitfulness)을

(3) 자신들이 선지자임을 자처하면서, 그들은 그들이 서로 꿈 꾼 이야기를 주고 받는다. 이들의 조상들은 바알 때문에 하나님의 이름을 잊어버렸다. 그런 것처럼 하나님의 백성으로 하여금 하나님의 이름을 잊게 하려 한다(27절). 선지자가 예언했다고 해서 그것을 어떻게 믿겠는가? "꿈을 꾼 선지자는 꿈을 말할 것이요", 즉 꿈이나 꾸는 선지자들은 꿈 이야기나 하게 하라는 것이다. 그러나 "내(여호와의) 말을 받은 자는 성실함으로(에메트, אֱמֶת) 내 말을 말할 것이라 겨가 어찌 알곡(바르, בַּר)과 같겠느냐." 꿈 이야기나 하는 거짓 선지자들의 말을 겨(테벤, תֶּבֶן)에 비유했다. 다른 사람들도 꿈을 꾼다. 그러나 거짓 선지자들은 자신이 꾼 꿈을 마치 하나님께로부터 온 것인양 백성들에게 선포한다.

2. 이런 거짓 선지자들을 언제까지 보고만 계실 것인가?

(1) 하나님의 말을 받은 사람은 그 말씀을 진실하게(에메트, אֱמֶת, in truth)[1] 전해야 한다. 여기서 '에메트'는 그 자체 꿈으로가 아니라 실제적 역사(렘 23:29)를 나타내는 사실(a fact)을 가리킨다. 단 8:26*에서 이렇게 언급하고 있다. "이미 말한 바 주야에 대한 **환상(이상)은 '확실하니'(אֱמֶת)** 너는 그 환상을 간직하라 이는 여러 날 후의 일임이라." 나로부터(=하나님으로부터) 나오는 말이 어찌 거짓 선지자의 입에서 나오는 겨와 같은 말이겠느냐? "내(=여호와의) 말이 불 같지(כָּאֵשׁ) 아니하냐?(=맹렬하게 타는 불이다) 바위를 쳐서 부스러뜨리는 방망이 같지 아니하냐?(=바위를 부수는 망치다)"

1) 에메트는 그 계시가 실제로 일어날 것임을 확언하기 위해 사용되었다. 그래서 이 단어가 하나님께 적용될 때 특별히 그의 신실성을 강조한다.

• 단 8:26 And the vision of the evenings and mornings Which has been told **is true**

(2) 내(하나님의) 말을 도둑질하는 선지자들을 결코 그냥 내버려 두지 않겠다.

23:31 보라! (Behold, הִנְנִי)
내가 ── 선지자들을 치리라(I am *against* the prophets, עַל־הַנְּבִיאִם)
/그들이(선지자들이) 혀를 놀려 '여호와가 말씀하셨다' 하는

(3) 그러나 거짓 선지자들을 보라. 그들은 허황된 꿈들을 예언이라고 떠들어댄다. 이들은 ① 거짓 꿈을 예언하여 이르며 ② 거짓과 헛된 자만으로(=거짓말로 허풍을 떨며) 내 백성을 미혹하게 하는 자들이다. 이들을 결코 그냥 두지 않겠다고 선언하신다. 이들은 백성에게 백해무익한 자들이다.

내 말을 도둑질하는 선지자들을 내가 치리라(렘 23:33-40)

1. 이들 거짓 선지자들은 예레미야에게 다음과 같은 질문을 할 것이다. 그러면, 이렇게 대답해라. (33-39절)

(1) 이 백성이나 선지자나 제사장이 예레미야에게 하는 질문;

질문 - "예레미야야, 여호와의 엄중한 말씀이 무엇이냐?"

(만약 백성이나 선지자나 제사장이 이렇게 조롱조의 질문을 하면 아래와 같이 대답해라)

답 - (너희들이 지금 나에게 '하나님의 **엄중한 말씀**[1])이 무엇이냐 묻느냐?)'

여호와께서 이렇게 말씀하셨다 - "**내가 너희를 버리리라.**"

이들 거짓 선지자들은 여호와의 엄중한 심판의 선언들을 조롱하면서, 예루살렘 주민에 대해 그가 받은 새로운 '번거러운 말씀'(맛사, 무거운 짐)이 무엇이냐고 조롱조로 물어 온다면, "내가(여호와께서) 너희를 던져 버리겠다"라고 말하라는 것이다.

(2) 또 아래와 같이 말하는 선지자나 제사장이나 백성에게는;

"여호와의 엄중한(부담이 되는, 또는 경고의) 말씀이라."라고 하는 사람에게는

⇨ "**내가 그 사람과 그 집안을 벌하리라**"

(3) 또 너희는 이웃과 형제들에게도

"여호와께서 무엇이라 응답하셨으며

여호와께서 무엇이라 말씀하셨느냐"하고 물어야지(35절)

"**여호와의 말씀은 짐스럽다**"라고 하는 말은 입밖에도 내지 말아야 한다(36절). 만약에 그런 말을 하는 사람에게는 오히려 그 말이 자기에게 중벌이 될 것이라는 말이다. 왜냐하면, 이는 살아 계신 하나님, 만군의 여호와 우리 하나님의 말씀을 망령되이 사용하는 것이 되기 때문이다.

1) 엄중한 말씀(맛사, מַשָּׂא)
- 짐, 운반함, 공물,
- 발언(utterance)
- 신탁(神託, oracle)

여호와의 말씀의 경고
(מַשָּׂא דְּבַר־יְהוָה 맛사)

'맛사'라는 말은 '경고'라는 말로 번역되었다. 또 '(무거운) 짐'(burden)으로 번역하기도 했다(KJ, NASB). 그러나 '신탁(神託, oracle), 발언(utterance), 혹은 예언(prophesy)'이라는 뜻도 있다.

• 렘 23:34 "어떤 예언자나 제사장이나 백성 가운데 한 사람이 '이것이 여호와의 말씀이다.'라고 말한다면 그 사람은 거짓말을 한 것이다. 내가 그와 그의 온 집에 벌을 내리겠다."(쉬운성경)

렘 23:18 누가 여호와의 회의에 참여하여 그 말을 알아들었으며 누가 귀를 기울여 그 말을 들었느냐
19 보라 여호와의 노여움이 일어나 폭풍과 회오리바람처럼 악인의 머리를 칠 것이라

(4) 그러니까 앞으로는 선지자에게 물을 때에는 ① "여호와께서 네게 무엇이라 대답하셨으며" ② "여호와께서 무엇이라 말씀하셨느냐"라고 물어야 한다는 것이다.

2. 만약 그렇지 않고 명령을 어겨 계속 "여호와의 말씀은 짐스럽다"라는 말을 쓴다면?

거짓 선지자들 때문에 백성들은 갈팡질팡했다. 누가 진짜 선지자인지, 누가 하나님께로부터 메시지를 받았는지 구별하지 못했다. 백성들은 우선 달콤한 말씀에 유혹하기 마련이다. 예루살렘 성은 무너지지 않을 것이다. 너희의 포로생활은 길지 않을 것이라는 말에 더 관심을 기울였다.

23:39 [그러므로, לָכֵן]
보라!(behold, הִנְנִי)
내가 — 너희를 온전히 **잊어버리며**
내가 — **내버려**
/너희와
/이 성읍을
/너희 조상들에게 준
/내 앞에서

40[내가] — **당하게 하리라**
/영원한 치욕과 잊지 못할 영구한 수치를
/너희로

거짓 선지자들은 자신들의 말이 '여호와께로부터 온 말씀'이라고 주장했다. 하나님은 이런 자들에게 경고하신다. "너희를 영원한 웃음거리로 만들어 버리겠다. 너희는 영원토록 잊혀지지 않는 부끄러움을 당할 것이다."

Close-up 예레미야 당시 거짓 선지자들의 주장

1. 참 선지자는 거짓 선지자의 저항을 자주 받는다. 그들 간의 투쟁은 예레미야 시대에 극치를 이룬다. 이런 상황은 마치 사탄과 대결하시는 예수님의 이 땅에서의 사역과 비교할 수 있다. 예수님 시대에는 귀신들린 사람들이 다른 시대보다 훨씬 많았다. 그것은 사탄이 하나님의 아들을 대항하기 위해 최대한의 힘을 발휘하고 있다는 증거이다.

(1) 이와 같이 예레미야 시대에도 사탄은 거짓 선지자들을 많이 고용하였다. 그 현상은 구약의 어느 시대보다 두드러졌다. 예레미야는 바벨론에 의해 멸망당할 것이라고 선포했다. 그는 적에게 항복하도록 권하였고, 따라서 백성들은 그를 가장 악한 매국노라고 했다.

(2) 예레미야 당시 거짓 선지자들의 주장점

- 여호와를 인정하지 않았다. 따라서 재앙이 임하지 않을 것이라고 했다. 하나님은 이에 대해 어떻게 말씀하시는가? (렘 5:12-14)
- 선지자를 죽이려는 음모 : 예레미야는 순한 양처럼 끌려갔다. 하나님이 예레미야를 구출하셨다(렘 11:18-23).
- 거짓 선지자들은 "거짓 계시와 복술과 자기의 마음의 속임으로" 예언했다(14:13-16).
- 경쟁관계에 있는 제사장 바스훌이 선지자를 차꼬(목에 씌우는 나무 고랑)에 채웠다. 예레미야는 바스훌과 그의 가족이 바벨론으로 끌려가서 고향으로 돌아올 수 없을 것임을 예언했다(20:1-8).
- 거짓 선지자들은 사특하고 하나님의 성전에서 악을 전파한다. 그들은 어둠으로 쫓겨날 것이다(23:9-40).
- 예레미야는 예루살렘이 황폐 될 것을 선포했다. 그러나 백성들은 그를 죽이려고 공모한다(26:1-24).

(3) 예레미야는 유다와 주변 모든 나라들이 자기 땅에 살지 못하고 바벨론으로 끌려갈 것을 예언했다(렘 27:1-15). 이에 비해 하나냐는 그와 반대 예언을 했다. 이에 대한 결과는 어떠했는가? (렘 28:17, 28:1 참조)

2. 참 선지자는 백성이 듣기 싫은 것들을 말한다. 하나님으로부터 그 말을 전하도록 강요받기 때문이다. 그는 백성의 호감을 사는 일에 관심이 없다.

렘 5장

12 그들이 여호와를 인정하지 아니하며 말하기를
여호와께서는 계시지 아니하니
재앙이 우리에게 임하지 아니할 것이요
우리가 칼과 기근을 보지 아니할 것이며
13 **선지자들은 바람이라**
말씀이 그들의 속에 있지 아니한즉
그같이 그들이 당하리라 하느니라
14 그러므로
만군의 하나님 여호와께서
이와 같이 말씀하시니라
너희가 이 말을 하였은즉
볼지어다
내가 네 입에 있는 나의 말을 불이 되게 하고
이 백성을 나무가 되게 하여 불사르리라

"하나님은 그런 분이 아니시다. 우리가 재앙을 당하다니. 그럴 리가 없다"라고 거짓 선지자들은 예언했다. 그러나 하나님은 이렇게 말씀하신다. "나는 아무런 예언도 그들에게 주지 않았다." 결국 그들의 말은 모두 '헛된 바람'(יִהְיוּ לְרוּחַ)이었다(are as wind, 12절). 그렇기 때문에 하나님은 그들을 수목처럼 태워버리실 것이다(14절). - (본문 설명에서)

240

바벨론에게 종속해라(24:1–29:32)

24:9 "세상 모든 나라 가운데 흩어서 그들에게 환난을 당하게 할 것이며 또 그들에게 내가 쫓아 보낼 모든 곳에서 부끄러움을 당하게 하며 말 거리가 되게 하며 조롱과 저주를 받게 할 것이며 두려움이 되게 하고 10 내가 칼과 기근과 전염병을 그들 가운데 보내 그들이 내가 그들과 그들의 조상들에게 준 땅에서 멸절하기까지 이르게 하리라."

▶ 위의 구절과 같이 유다의 멸망은 필연적이다. 왜 왕조가 망하고 예루살렘의 함락은 일어나야만 했는가? 그렇다면, 하나님의 언약은 영원히 백지화 되는 것이 아닌가?! 유다의 멸망은 아브라함 선택의 종말을 의미하는가? 그러나, 하나님은 다시 유다로 돌아올 것이라고 약속하신다(24:7). 왜?

[예레미야 24장의 위치]

1. 렘 1-20장은 주로 "심판"의 메시지를 전하고 있다.

(1) 유다에게 성전과 시온은 신성불가침의 영역으로 생각되었다. 이들에게는 성전 파괴가 이해하기 힘든 사건이었다. 어떻게 성전이 있는 예루살렘이 망할 수 있겠는가! 유다에게는 그것이 이해할 수 없는 일이었다. 그러나 성전은 파괴될 것이고, 유다는 바벨론 포로가 될 것이라고 선언하고 있다. 왜 하나님은 그들을 포로로 끌려가게 내버려두셨나?

(2) 성전의 거룩성은 시 46, 48편, 이사야 전반부에 나타나 있다. 렘 7장, 26장에서 왕조 마지막 시기에 백성에게 대단한 호소력을 주었다. 그러나, 에스겔(8-11장)은 여호와가 성전에 계신다는 생각이 성전 몰락 이전에 이미 철회된 것임을 분명히 했다. 결국 성전 파괴는 여호와에 의하여 진행되었다는 것이다.

2. 렘 1-20장은 주로 "심판"을, 렘 25-52장은 주로 "희망"의 메시지를 전하고 있다고 한다면;

(1) **24장은** 예레미야서의 중간에 위치해서 1-24장과 25-52장의 **연결의 장**이라고도 볼 수 있다. 24장은 "하나님을 아는 새로운 마음을 가지라"는 예레미야서가 전하는 중심 메시지를 전하고 있다(최순진, 에클레시아, 10호).

3. 그렇다면 성전의 파괴는 아브라함 선택의 종말을 의미하는 것인가?

(1) 1-20장에서 예레미야가 전하는 심판의 예언이 실현된다면, 유다는 어떻게 될까? 이들은 포로가 될 것이고 결국은 하나님의 백성의 정체성을 잃게 된다. 언약파괴로 인한 심판, 그렇다면 유다는 완전한 종말을 맞을 것인가?

(2) 물론 아니다. 성전 파괴와 함께 잃어버린 것들은 이스라엘(유다)로 하여금 이스라엘이 되도록 만드는 것은 아니었다. 오히려 포로로 잡혀감으로써 덮고 있던 장식품들이 떨어져 나가고 참된 이스라엘이 어떤 것인지 들여다 볼 수 있게 될 것이다. B.C. 587의 사건들은 이스라엘의 신앙이 서 있는 근거에 대해 일반대중들의 재인식을 요구했을 것이다.

3. 렘 21-24장은 전환점의 역할을 한다고 말할 수 있다.

(1) 포로생활이 "이스라엘의 종말"을 의미하지 않고, 포로생활 이후에 하나님과 이스라엘 사이에 "새언약"(렘 30-33장)이 맺어지고 "이스라엘의 새로운 시작"을 예레미야 21-24장은 예고한다.

(2) 포로기 이후 이스라엘 공동체가 왕권이 상실된 상황에 잘 적응하였음을 본다. 이스라엘의 생존은 정치적 형태로서가 아니라, 과거와 마찬가지로 하나님의 활동에 의해 결정되는 것임을 깨달았다. 포로시대의 선지자, 특히 에스겔은 이 점을 강조했다.

(3) 이들은 이스라엘의 심판의 불가피함을 말하면서도 새로운 형태의 언약을 예견한다. 이스라엘이 비록 언약적 책임을 성취하지 못해 실패하지만 하나님은 한 위대한 사람을 일으켜 그 자신의 이름을 영화롭게 하실 것이다. 심판이 불가피 했지만 하나님은 그의 백성과 새언약을 세우실 것이다.

⑳ 시드기야 통치시 예언(597-586)

- 597년
  - 좋은 무화과 나무와 썩은 무화과 나무 비유(바벨론 사로잡혀갈 자들과 유다에서 심판 을 당할 자 비유) (렘 24:1-10)
  - 바벨론에 포로로 잡혀간 자들에게 바벨론에서 오랫 동안 체류할 준비를 하라고 격려하는 예레미야의 편지(29:1-29)
- 594년
  - 노예생활을 상징하는 뜻에서 멍에를 짊어진 예레미야 / 거짓 선지자 하나냐와의 대결(렘 27:1-28:16)
- 595-590년
  - 유다의 지도자들에 대한 고발 / 다윗의 의로운 가지에 대한 예언(렘 23:1-40)
- 589년
  - 예루살렘 멸망 예언(렘 34:1-22)
- 588년
  - 느부갓네살에게 항복하라고 시드기야에게 촉구(렘 21:1-10)

여호야긴이 바벨론으로 끌려간 직후, 598-597년에는 어떤 일들이? (24-29장 요약)

▶ 여호야김은 바벨론의 지배로부터 벗어나려고 몸무림쳤다. 바벨론의 느부갓네살이 애굽을 정복하는 데 실패하자(601년) 이에 용기를 얻어서였을까, 유다는 독립을 위한 투쟁을 한다. 그러나 역부족이었다. 화가 난 느부갓네살은 갈대아인, 수리아인, 모압인, 암몬인으로 구성된 부대를 유다에 파견한다(왕하 24:2). 그래서 여호야김은 3년 동안 느부갓네살의 종이 되었다.

▶ 여호야김이 죽고 뒤를 이어 그의 아들 여호야긴이 18세의 나이로 왕위에 올랐다(왕하 24:6). 그 역시도 여호와 보시기에 악했다. 여호야긴이 즉위한 지 3개월 뒤 느부갓네살이 다시 예루살렘을 점령했다(왕하 24:10-17).

▶ 느부갓네살은 여호야긴을 비롯하여 황후, 왕자, 신복 등 나라의 유력한 자들을 많이 끌고 갔다. 그 중에는 용사 7천과 기술자 1천 명이 포함되었다(왕하 24:15). 나라가 완전 폐허화되었다. 에스겔도 이때 끌려간 포로 출신이다. 바벨론은 솔로몬 성전에 있던 기구들을 빼앗아갔다(대하 36:6-7).

예레미야 24장

1. 여호야긴이 바벨론에 끌려간 직후(597년), 좋은 무화과나무와 나쁜 무화과나무 이미지를 통해 메시지를 전달한다.

(1) 두 바구니의 환상
- 매우 좋은 무화과 - 바벨론으로 끌려간 포로들
- 매우 나쁜 무화과(먹을 수 없는) - 새로운 왕 시드기야 치하에서 남아 있는 사람들

(2) 예레미야야, 네가 무엇을 보느냐? (4-7절)

그런데, 하나님은 좋은 무화과나무는 바벨론에 포로로 끌려간 유다의 포로들이라는 것이다. / 그 설명을 들은 끌려가지 않고 예루살렘에 남은 사람들은 당황한다. 왜냐하면 남아 있는 자신들이 '가마 속의 고기'에 비유해 포로로 끌려간 사람보다 너 낫다는 생각을 하고 있었기 때문이었다(겔 11:3이하를 참조).

(3) 남아 있는 백성들은 바벨론에 붙잡혀간 사람들은 하나님께 심판을 받은 죄인이라고 생각했다. 그래서 우월감을 갖고 있었다. 그러나 하나님은 이런 잘못된 생각을 깨뜨리신다. 하나님은 포로민들을 잘 돌보아 주실 것이고 이 땅으로 다시 돌아오게 하실 것이다(6절). 물론 백성 자신들에게 좋은 면이 있는 것이 아니고 하나님이 그런 은혜를 베푸셨기 때문이다. 구속의 주도권이 여호와께 있음을 보여준다.

2. 비록 불순종으로 포로로 끌려 가게 되지만 다시 회복을 약속하신다. 이런 정화(淨化)의 과정을 거친 후, 새로운 소망을 갖게 하신다. 그래야 다시 관계 회복을 이룰 수 있기 때문이다. **새로운 마음, 새로운 언약 관계로 나아가게 하시려는 것이 하나님의 목적이다**(렘 31:33, 32:39; 겔 11:19, 36:26 참조).

(1) 그렇다면 나쁜 무화과나무는 어떤 부류들을 가리키는

가? 시드기야 왕, 고관들, 그리고 포로로 끌려가지 않고 예루살렘에 남아 있는 자들 - 하나님은 이런 사람들에게 무엇이라고 말씀하시는가? (9절)

(2) 이들의 부정적인 평가는 에스겔 33:23-29에서 자세하게 언급되는데, 유다 땅에 남아 있었던 사람들에 의해 저질러진 죄악들이 상세하게 기록되어 있다. 애굽으로 도망친 제3의 집단은 42-45장에 언급된다.

(3) 이 땅의 모든 나라들로 하여금 유다 백성을 비웃고 조롱하며 손가락질 당하게 하시겠다고 말씀하신다. 전쟁과 굶주림과 전염병을 보내어 모두 죽임을 당할 때까지 칠 것이다. 결국 이들은 바벨론의 침공을 받아 성전은 불타고 나라가 망하게 된다. 이들은 계속해서 선지자의 경고에 변화를 나타내지 않았기 때문이다.

예레미야 25장

▶ 예레미야서는 연대기순으로 기록한 것이 아니다. 그래서 조금 복잡하다. 25장은 70년 동안의 포로생활을 예언한다. 이 예언은 주전 605년 갈그미스 전투 후 바벨론의 통치가 시작할 때의 예언이다.

- 유다의 패망 원인이 어디에 있는가? (유다의 범죄 - 1-7절, 왕하 17:7-23)
- 유다에 대한 심판(70년 포로생활 예언, 8-11절)
  1차 포로(주전 605년 - 1차 귀환 537년)
  요시야 왕 13년에 예레미야가 부름을 받고 갈그미스 전투(605년)까지 23년간 경고했으나 왕과 백성은 회개치 않았다. - 다니엘이 끌려감(1차 포로시)
- 바벨론에 대한 심판(12-14절) - 바벨론은 하나님의 백성을 괴롭힌 이유로 합당한 처벌을 받을 것이다.
- 다니엘은 이 예레미야서를 읽다가 605년에 끌려온지 70년이 경과한 것을 깨닫고 이스라엘을 위하여 기도하기 시작한다(단 9:1이하).
- 유다와 그 이웃 나라들에 임할 진노(15-29절)

예레미야 26장

▶ 26-29장은 산문 형식으로 이루어졌다. 이 부분은 23:9-40에서 언급된 참 선지자와 거짓 선지자의 대립이 26-29장에서 되풀이 된다.

(1) 26:1-24 / 또다른 성전 설교를 하다가 거의 목숨을 잃을뻔 함(예루살렘 성전이 실로처럼 폐허가 될 것이라는 예언 때문에) - 그러나 몇몇 장로들의 변호와 사반의 아들 아히감의 도움으로 살아났다(26:1-19, 24).

(2) 역사를 회상함(미가와 우리야, 26:17-24)
미가서 3:12을 인용한 장로들의 변호 때문에 예레미야가 살아났지만, 예레미야와 똑같은 말씀을 전한 우리야는 죽이려고 했다. 여호야김과 그의 모든 군대 장교들은 그를 죽이려 했고, 우리야는 애굽으로 피신했다. 그러나 여호야김은 애굽에 있는 우리야를 유다로 끌어와 처형했다(26:20-23).

예레미야 27장

▶ **예레미야는 멍에의 상징을 보면서 바벨론에 종속하라고 설교한다(27:1-28:17).**

- 27:1-7 시드기야 4년(주전 593년)에 각국 사신들의 모임이 예루살렘에서 있었는데(아마도 시드기야의 요청으로 바벨론에 대항하기 위한 대책을 논의하기 위해 모였을 것이다 - 에돔 왕, 암몬 왕, 두로 왕, 시돈 왕), 그들이 보는 앞에서 목에 멍에를 메고 다시(바벨론 왕을 섬기는) 상징적 행동을 하였다(27:1-22). - 모든 왕들이 바벨론을 섬기게 될 것이다.
- 28:1-11 이에 거짓 선지자 하나냐가 예레미야의 목에서 멍에를 빼앗아 꺾으면서 2년 안에 포로들과 성전 기구들이 되돌아온다고 예언하였다.
- 27:8-11 바벨론의 통치를 거부하는 민족이나 나라는 전쟁과 굶주림과 무서운 병으로 심판하여 멸망시키겠다. 그러나 스스로 바벨론의 왕의 지배를 받는 민족은 끌려가지 않고 자신의 땅에서 살게 될 것이다. 이런 예언을 무시하는, 즉 바벨론의 노예가 되지 않을 것이라고 예언하는 거짓 선지자들에게 경고가 주어진다(9-10절).
- 27:12-15 시드기야에게도 바벨론에게 항복하라는 메시지를 전하였다. 그것이 사는 길이다.

- 27:16-22 바벨론에게 빼앗긴 여호와의 성전 기구가 속히(빠르면 2년 내에) 돌아오게 될 것이라는 예언은 거짓이라고 경고한다(세 번이나 경고, 10, 14, 16절). 597년에 성전 기구들을 바벨론으로 옮겨갔다. 물론 바벨론의 통치는 영원하지 않다. 회복은 반드시 있을 것이지만 그것이 당장 이루어지지 않을 것이다.

예레미야 28장(거짓 선지자 하나냐와의 대립)

▶ 28-29장에서는 거짓 선지자들의 이름이 거명된다. 하나냐, 스마야.

- 28:1-4 / 594년 8월 거짓 선지자가 대항한다. 하나냐는 나무로 만든 멍에를 꺾어버렸다(10-11절). 이 말을 듣자 예레미야는 그 자리에서 떠나버렸다(11절). 하나냐는 자신도 하나님께로부터 부름을 받았다고 주장한다. 자신의 예언이 예레미야의 예언보다 더 강하다고 주장한다. 예레미야는 70년의 포로 기간을 말했으나 하나냐는 두 해가 가기 전에 유다의 모든 포로들이 돌아올 것이라고 예언했다(11절).

- 594년 - 시드기야는 조공을 바치러 바벨론으로 갔다(51:59).

- 하나님은 네가 나무 멍에를 꺾었으나 그 대신 쇠 멍에를 주시겠다고 선언하신다(13절). 모든 나라의 목에 쇠 멍에를 씌울 것이다. 바벨론의 종이 되게 할 것이다. 들짐승조차도 그에게 순종하게 될 것이다(14절). 하나냐는 하나님의 이름으로 거짓을 예언했다. 따라서 하나냐는 올해에 죽을 것이라고 선언하신다. 이 예언은 그대로 실현되었다. 하나냐는 그 해 칠월에 죽었다(17절).

예레미야 29장

▶ 이 편지는 바벨론에게 포로로 끌려간 자들에게 주어진 편지임을 밝힌다. 예레미야는 포로민들에게 그곳에 오래 정착하여 살라고 말한다.

- 29:1-9 포로생활이 장기화 될 것이다(5-7절). 편지의 내용은 5-28절에 언급되었다. 그러니 거짓 선지자들의 예언에 주의할 것을 언급한다(8-9절).

- 29:10-14 포로 귀환에 대한 희망을 제시한다. 70년이 차면 하나님께서 포로를 귀환시키실 것이다(10-14절). 하나님의 계획에 동참하라는 것이다.

- 29:15-19 거짓 선지자들을 믿는 예루살렘에 남아 있는 자들에게 경고가 주어진다. 그들에게 칼과 기근과 전염병을 보낼 것이다. 이들은 거짓 예언자들의 말을 경청했다. 하나님께서 보낸 선지자의 말을 듣지 않았다. 결국 이들은 심판을 피할 수 없게 될 것이고 열방 중에서 비웃음거리가 되게 하실 것이다(18절). 썩어서 먹을 수 없는 나쁜 무화과처럼 만드실 것이다(17절하).

- 29:20-23 바벨론의 거짓 선지자들인 아합과 시드기야에 대한 경고이다. 이들은 이웃의 아내들과 간음을 행하였고, 하나님께서 명하시지 않은 예언을 했기에 처절한 죽임을 당했다.

- 29:24-32 거짓 선지자인 스마야에 대한 예언이다. 스마야는 예루살렘의 제사장인 스바냐에게 편지를 보내 예레미야를 제거하라는 편지를 보낸다. 제사장 스바냐는 그 편지를 예레미야 선지자가 듣는 데서 읽어주었다. 이때에 여호와의 말씀이 예레미야에게 임한다. 스마야의 죄목은 하나님께서 보내지 않았는데도 백성들에게 거짓을 예언했다는 것이다. 그에 대한 처벌은 스마야와 그의 자손을 벌하시겠다는 내용이다.

▶ 바벨론의 융성을 허락하신 분이 바로 하나님이시다. 죄악으로 치닫는 유다를 징계하기 위해 바벨론을 강대국으로 만드셨다. 북 이스라엘이 역사에서 완전히 사라졌듯이 남 유다도 동일한 위험에 처해 있다.

▶ 이런 유다를 벌하기 전에 예레미야를 투입해 수없는 경고를 했지만, 이들은 여호와께로 돌아서지 않는다. 특히 거짓 선지자들의 예언으로 백성들은 혼란에 빠졌다. 어떤 선지자의 말을 믿을 것인가?

▶ 백성들이 거짓 선지자의 말에 현혹된 이유는 무엇일까? 이들 거짓 선지자는 결코 바벨론 포로는 일어나지 않을 것이라고 예언했다. 왜냐하면 예루살렘에 성전이 있기 때문이라는 것이다. 성전은 하나님이 임재하는 곳이다. 그래서 북 이스라엘은 망했지만 남 유다는 건재할 수 있었다는 것이다.

좋은 무화과나무, 나쁜 무화과나무(24:1-10)

요시야의 아들(대상 3:14-15)

1) 요하난(일찍 죽음)

⑱ 2) 여호야김(여고니야, 고니야)

└── ⑲ 여호야긴

⑳ 3) 시드기야

⑰ 4) 여호아하스(=살룸)

여호야김이 죽고 뒤를 이어 그의 아들 ⑲ 여호야긴(Jehoiakin)이 18세의 나이로 왕위에 올랐다(왕하 24:6). 그러나 그 역시도 여호와 보시기에 악한 일을 했다고 평가되었다. 그가 즉위한 지 3개월 뒤 바벨론 왕 느부갓네살이 다시 예루살렘을 포위하여 점령한다(왕하 24:10-17). 느부갓네살은 여호야긴을 비롯하여 황후, 왕자, 신복 등 나라의 유력한 자들을 많이 끌고 갔다. 그 중에는 용사 7천과 기술자 1천 명이 포함되었다(왕하 24:15). 바벨론은 ⑲ 여호야긴을 잡아가고 대신 그의 숙부요 요시야의 아들인 ⑳ 시드기야(맛다니야)를 왕으로 세웠다. 597년의 일이다.

1. 여호야긴이 바벨론에 끌려간 직후(597년), 하나님은 예레미야에게 환상을 보여주신다. 어떤 의미의 메시지인가?

24:1 여호와께서 — 내게 **보이셨는데**
/여호와의 성전 앞에 놓인 무화과 두 광주리를

(1) 언제? 바벨론의 느부갓네살 왕이 유다 왕 여호야김의 아들 **여고냐**와 유다 **고관들**과 **목공들**과 **철공들**을 예루살렘에서 ⇨ 바벨론으로 옮긴 후에

(2) 예레미야는 두 광주리를 보았다. 한 광주리에는 (각각 좋은 처음 익은 듯한) **극히 좋은 무화과**가 있었고 한 광주리에는 (나빠서 먹을 수 없는) **극히 나쁜 무화과**가 있었다. 하나님은 무화과 이미지를 통해 메시지를 전달하신다.

2. 하나님은 두 바구니의 환상의 의미를 설명해 주신다.

좋은 무화과는 바벨론에 포로로 끌려간 유다의 포로들을 가리킨다.

(1) 예레미야야, 네가 무엇을 보느냐? (4-7절)

24:3 내가 — **대답하되**
/무화과이온데
/그 좋은 무화과는 —— 극히 **좋고**
/그 나쁜 것은 ——— 아주 **나빠서**
/[그것들은] ——— **먹을 수 없게 나쁘니이다**

(2) 결국, 우려했던 바가 현실이 되었다. 예루살렘은 지금 바벨론 느부갓네살의 군대에 포위되었고, 여호야긴을 비롯하여 황후, 왕자, 신복 등 나라의 유력한 자

닙불 근처 그발 강가의 포로들의 마을

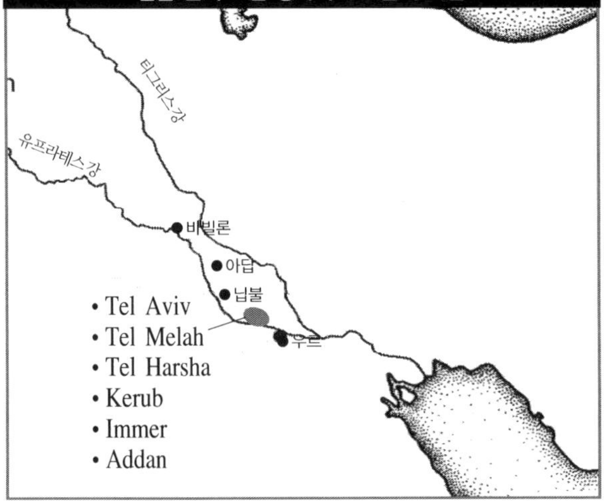

옆의 도시들을 살펴보면 텔(tel)이라는 말이 붙은 지명을 볼 수 있다. '텔'이란 '흙무더기'(또는 성의 폐허)를 가리킨다. 에스겔은 그발강(the river of Chebal)가 텔아빕에 살았다. 이렇게 포로민들은 폐허가 된 성읍이나 농사를 지을 필요가 있는 곳에 정착된 것 같다. 이곳에서 발견된 상업 문서를 보면, 문서의 8% 정도가 유다인의 이름이 나오는 것을 볼 수 있는데, 유다인들은 다양한 상업 활동에 참여했던 것으로 보인다. 이들은 재산은 물론 심지어 노예까지 소유할 수 있었고 부자가 된 사람도 많았다는 것을 볼 수 있다. (렘 29:5; 스 1:6, 2:68-69 참조)

들이 많이 끌려 갔다. 그리고 하나님은 예레미야에게 메시지를 주셨다. 그런데, 하나님은 좋은 무화과는 바벨론에 포로로 끌려간 유다의 포로들이라는 것이다.

24:5 이스라엘의 하나님 여호와께서 이와 같이 **말씀하시니라**
/내가 —잘 돌볼 것이라(אַכִּיר) -히필 미완료, I will regard
/유다 포로를
/이 곳에서 옮겨 갈대아인의 땅에 이르게 한
/이 '좋은 무화과 같이'(כַּתְּאֵנִים הַטֹּבוֹת)

(3) 하나님은 바벨론 포로로 끌려간 사람들을 잘 돌보시겠다는 것이다.

6 내가 그들을 돌아보아(=지켜 보면서) 좋게 하여(=잘 되게 하여)
다시 이 땅으로 인도하여 세우고
헐지 아니하며 심고 뽑지 아니하겠고

7 내가 여호와인 줄 아는 마음을 그들에게 주어서
그들이 전심으로 '내게 돌아오게 하리니'(יָשֻׁבוּ אֵלַי)
<그들은 내 백성이 되겠고 나는 그들의 하나님이 되리라>

이런 일을 하는 것이 나 여호와인줄 알게 하겠다.

언약 공식을 재천명함으로써 새로운 희망을 갖게 하실 것이다.

• 겔 3:15 "이에 내가 델아빕에 이르러 그 사로잡힌 백성 곧 **그발 강가에** 거주하는 자들에게 나아가 그 중에서 두려워 떨며 칠 일을 지내니라."

• 스 2:59 "**델멜라**와 **델하르사**와 **그룹**과 **앗단**과 **임멜**에서 올라온 자가 있으나 그들의 조상의 가문과 선조가 이스라엘에 속하였는지 밝힐 수 없었더라."
• 스 8:17도 참조

3. 포로로 끌려간 사람들이 좋은 무화과라면, 남아 있는 백성은 무엇이란 말인가?

포로로 잡혀간 여호야긴의 내용이 기록되어 있는 토판이다. 포로로 끌려간지 제 37년(561/60 B.C.)에 바벨론 왕 에윌므로닥이 여호야긴을 옥에서 풀어주고 그의 지위를 높여주었다고 했다(왕하 25:27-30). ⬆

애굽 땅에 사는 자들

예레미야는 백성들에게 애굽으로 도망가지 말라고 설득했다. 물론 예레미야의 말을 듣지 않았고, 오히려 비난했다. 많은 유다인들이 애굽 피난길에 올랐다. 느부갓네살의 복수를 두려워 애굽으로 가기로 결정한 것이다. 예레미야 52:30에 언급한 3차 포로(582 B.C.)는 이때의 일을 보복한 포로인지도 모른다.

렘 52:30 "느부갓네살의 제이십삼년에 사령관 느부사라단이 사로잡아 간 유다 사람이 칠백사십오 명이니 그 총수가 사천육백 명이더라." / 43:5-6을 보라. 이 피난민 중에는 예레미야도 있었다. 애굽으로 도망친 제3의 집단은 42-45장에 언급된다.

(1) 당황한 것은 예루살렘에 남은 사람들이었다. 왜냐하면 자신들이 포로로 끌려간 사람보다 너 낫다는 생각을 하고 있었기 때문이었다(겔 11:3 이하를 참조). 이들은 바벨론에 붙잡혀간 사람들이 하나님께 심판을 받은 죄인이라고 생각했다. 그래서 우월감을 갖고 있었다. 그러나 그것은 인간의 관점에서 본 생각이었다. 하나님은 포로민들을 잘 돌보아 주실 것이고 이 땅으로 다시 돌아오게 하실 것이라고 약속하신다(6절).

(2) 왜, 하나님의 백성이 포로로 끌려가야만 하는가? 그것은 하나님의 언약으로 선택받은 그 민족은 그들의 임무에 실패했기 때문이다. 이들은 다른 민족들보다 더욱 부패했다는데 심각한 문제점이 있다. 결국 아브라함이 살던 옛 땅으로 유배되었다. 그들의 조상 아브라함이 갈대아 우르를 떠난 이후 1,400년 동안 하나님의 혜택을 너무나도 많이 누려왔지만 하나님의 심판으로 인해 다시 갈대아 땅으로 강제로 돌아가야만 했다.

(3) 언제까지 그곳에 있어야만 하는가? 비록 불순종으로 포로로 끌려 가게 되었지만 하나님은 다시 회복을 약속하신다. 이들은 더 이상 거룩하신 여호와 하나님과 관계를 유지할 수 없었다. 너무 부패했기 때문이다. 이들이 다시 깨끗해지지 않으면, 그들은 더 이상 하나님의 백성이 아니다. 따라서 정화(淨化)의 과정을 거친 후, 새로운 소망을 갖게 하신다. 그래야 다시 관계 회복을 이룰 수 있기 때문이다. 새로운 마음, 새로운 언약 관계로 나아가게 하시려는 것이 하나님의 목적이다(렘 31:33, 32:39; 겔 11:19, 36:26 참조).

(4) 그렇다면 나쁜 무화과는 어떤 부류들을 가리키는가?

24:8 여호와께서 이와 같이 **말씀하시니라**
/내가 — **버리되** - 누구를 버리시는가? 무엇처럼
/(나빠서 먹을 수 없는) 이 나쁜 무화과 같이
/유다의 왕 **시드기야**와
그 **고관들**과 예루살렘의 남은 자로서
이 땅에 남아 있는 자와 **애굽 땅에 사는 자들을**

(5) 시드기야 왕, 고관들, 그리고 포로로 끌려가지 않고 예루살렘에 남아 있는 자들 - 하나님은 이런 사람들에게 무엇이라고 말씀하시는가? (9절)

환난을 당하게 하시는 분은 누구인가? 아들에게 멸망을 가져온 분이 바로 여호와이시다.

24:9 [내가] — 환난을 **당하게 할 것이며**
/세상 모든 나라 가운데 흩어서
/그들에게

(6) "또 그들에게 내가 쫓아 보낼 모든 곳에서 부끄러움을 당하게 하며
말 거리가 되게 하며 (치욕, 恥辱을 당하게 하며)
조롱과 저주를 받게 할 것이며
두려움이 되게 하고
내가 칼과 기근과 전염병을 그들 가운데 보내
그들이 내가 그들과 그들의 조상들에게 준 땅에서 멸절하기까지
이르게 하리라 하시니라"(9-10절).

• 전쟁과 굶주림과 전염병으로 죽임을 당할 때까지 치실 것이다. 597년 시드기야가 통치하면서 11년의 기회가 있었으나 돌아서지 않는다. 이들은 계속해서 선지자의 경고에 변화를 나타내지 않았다. 그러나 느부갓네살 군대가 시드기야 9년 10월 10일(588 B.C.)에 유다를 공격해 와서 예루살렘을 포위한다. 이런 기회를 틈타 에돔은 다시 유다를 공격한다(오바댜 1:10-14; 애 4:21-22). 결국 2년 후에(586 B.C. 시드기야 11년 4월 9일) 예루살렘은 함락된다. 바벨론의 보복은 너무 가혹했다.

(7) 시드기야는 반바벨론 파와 친애굽 파의 압력으로 바벨론을 배반하게 된다(왕하 24:20). 거짓 선지자들은 반드시 하나님이 예루살렘을 지키실 것이고, 바벨론 포로들은 돌아올 것이며, 느부갓네살의 멍에는 두 해가 가기 전에 하나님께서 꺾어버리실 것이라고 했다(렘 28:1-12을 보라). 그는 이 말에 힘을 얻고 느부갓네살을 배반한다. 느부갓네살은 시드기야가 보는 앞에서 그의 아들들을 죽이고, 그의 두 눈을 뽑고 결박하여 바벨론으로 끌고가서 죽는 날까지 옥에 가두었다(렘 52:9-11, 왕하 25:6, 7).

(8) 이들의 부정적인 평가는 에스겔 33:23-29에서 자세하게 언급되는데, 유다 땅에 남아 있었던 사람들에 의해 저질러진 죄악들을 보라.

• 겔 33: 25 "그러므로 너는 그들에게 이르기를 주 여호와께서 이같이 말씀하시되 너희가 고기를 피째 먹으며 너**희 우상들에게 눈을 들며 피를 흘리니** 그 땅이 너희의 기업이 될까보냐 26너희가 칼을 믿어 가증한 일을 행하며 **각기 이웃의 아내를 더럽히니** 그 땅이 너희의 기업이 될까보냐 하고"

• 겔 33: 27 "너는 그들에게 이르기를 주 여호와께서 이같이 말씀하시되 내가 나의 삶을 두고 맹세하노니 황무지에 있는 자는 **칼에 엎드러뜨리고** 들에 있는 자는 들**짐승에게 넘겨 먹히게 하고** 산성과 굴에 있는 자는 **전염병에 죽게 하리라."**

248

칠십 년 동안 바벨론의 왕을 섬기리라(25:1-14)

25장
- 유다의 패망 원인(1-7절)
- 유다에 대한 심판(70년 포로생활 예언, 8-11절)
  - 바벨론에 대한 심판(12-14절)
- 유다와 그 이웃 나라들에 임할 진노(15-29절)

25장은 70년 동안의 포로생활을 예언한다. 이 예언은 주전 605년 갈그미스 전투 후 바벨론의 통치가 시작할 때의 예언이다. 옆의 도표에서 볼 수 있듯이 "여호야김 넷째 해 곧 바벨론의 왕 느부갓네살 원년(605년)에 유다의 모든 백성에 관한 말씀이 예레미야에게" 임했다. 1-7절은 유다의 패망 원인이 어디에 있는가를 설명하고 있다. 그것은 유다의 범죄함 때문이다(왕하 17:7-23). 따라서 유다에 대한 심판이 언급된다. 70년 포로생활을 예언하고 있다(8-11절). "내 종 바벨론의 왕 느부갓네살을 불러다가" 심판하시겠다는 것이다.

1. 느부갓네살 원년(元年), 역사상 어떤 일이 벌어졌는가? 갈그미스 전투란 어떤 전쟁을 말하는가?

▶앗수르가 망하고(612 B.C) 앗수르의 잔류민들은 앗수르의 서북부 도성인 하란으로 모여서 두 번에 걸쳐 탈환전을 시도한다. 첫 번은 609년에 있었고(이때 애굽의 북진을 막았던 요시야 왕이 전사한다), 두 번째 605년(갈그미스 전투)에 있었다.

갈그미스 전투

바벨론과 메대 연합군에 의해 앗수르의 수도 니느웨가 점령되자(612년), 앗수르는 수도를 하란으로 옮겼다. 그러나 하란도 점령당했다(610년). 그러나 앗수르의 잔존병들은 무너져내린 앗수르를 회복시키기 위해 하란 탈환 작전에 들어갔다. 이때 애굽의 바로 느고는 쓰러져가는 앗수르를 돕기 위해 북진한다. 이를 가로막고 나선 유다 왕 요시야는 느고를 저지하다 전사한다(609년). 느고는 그 여세를 몰아 유프라테스 강까지 진격했으나 신바벨론의 왕자 느부갓네살 2세에 의해 패했다.

바벨론의 나보폴라살 왕은 병이 들었고, 그의 아들 느부갓네살이 왕위에 올랐다(605-562년 통치). 그는 갈그미스(Carchemish, 수리아 북부, 현재 지에라불스)에서 앗수르의 동맹군인 애굽의 느고를 또다시 격퇴시켰다(605년). 애굽의 원군과 합세한 앗수르의 마지막 왕 아슈르우발릿 2세의 군대도 섬멸했다. 이 전투로 인해 앗수르는 역사에서 사라진다. 따라서 여호야김도 3년 동안 그를 섬겼다(왕하 24:1).

25장은 느부갓네살 2세, 그의 통치 원년(주전 605년)에 주어진 내용이다. 유다는 70년 동안의 포로생활을 하게 된다는 것이다. 예레미야는 요시야 13년, 즉 627년에 부름을 받았다. 그는 23년 동안 꾸준히 악행에서 돌아오라고 경고했다(렘 25:3).

갈그미스 전투(605 B.C.)

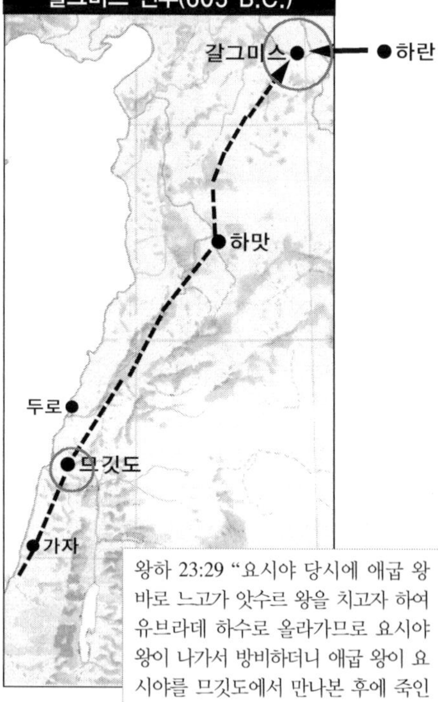

왕하 23:29 "요시야 당시에 애굽 왕 바로 느고가 앗수르 왕을 치고자 하여 유브라데 하수로 올라가므로 요시야 왕이 나가서 방비하더니 애굽 왕이 요시야를 므깃도에서 만나본 후에 죽인지라."

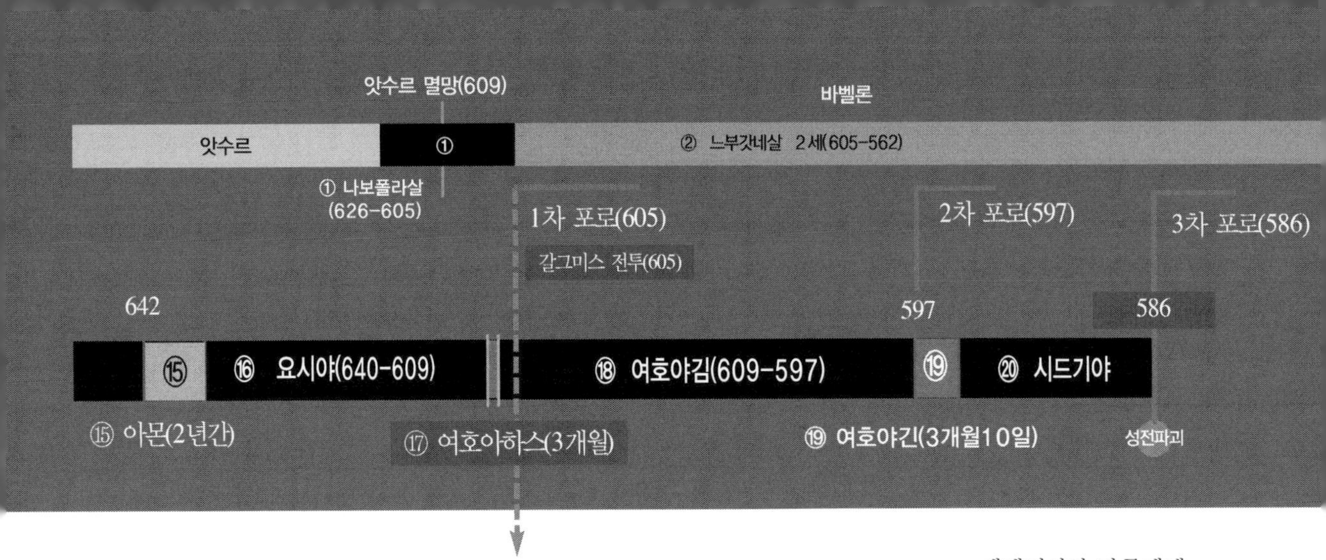

25:1 유다의 왕 요시야의 아들 *여호야김 넷째 해* 곧 바벨론의 왕 느부갓네살 원년에
유다의 모든 백성에 관한 말씀이 예레미야에게 임하니라

예레미야가 바룩에게 예언의 내용을 받아쓰게 한 해이다(렘 36:1).

25:3 유다의 왕 아몬의 아들 요시야 왕 열셋째 해부터(주전 626년)
오늘까지 이십삼 년 동안 (요시야 왕 19년과 여호야김 4년을 합친 햇수)
여호와의 말씀이 — 내게 **임하기로**
내가 — 너희에게 꾸준히(אַשְׁכֵּים)[1] **일렀으나**(אֲדַבֵּר)
너희가 —**순종하지 아니하였느니라**

1) 솨캄(שָׁכַם) - 일찍 일어나다 / 히필 동사 절대형
again and again
rising early - KJV

(1) 하나님의 부름을 받고 지금까지 23년 동안 꾸준히(again and again, 열심히, 계속하여), 즉 새벽부터 부지런히(rising early) 전했다는 것이다. 하나님은 "그의 모든 종 선지자를 너희에게 끊임없이 보내셨으나 백성들은 순종하지 아니하였으며 귀를 기울여 듣지도 아니하였다"(4절).

(2) 무엇이라고 전하셨는가?

25:5 그가 **이르시기를**
/너희는 — 버리고 돌아오라(שׁוּבוּ־נָא[2])
/각자의 악한 길(evil way)과 악행(the evil deeds)을
그리하면 — 그 땅에 살리라(and dwell, וּשְׁבוּ[3])
/나 여호와가 너희와 너희 조상들에게
영원부터 영원까지 준

25:6 /너희는 — 다른 신을 따라다니며(=좇지 말라)
//섬기거나 경배하지(=하려고)

2) 나(נָא) - '제발, 자'라고 번역될 수 있다. 대개는 명령문이나 미래형에 또는 감탄사에 부가된다. '바라건대, 제발' - '제발, 돌아오라'

3) 접속사 + 명령형
명령문 다음에 또 명령문이 나올 때, 후자의 명령문은 결과로 사용될 수도 있다. (그리하면.. 살리라)

/[너희는] — 나의 노여움을 일으키지 말라(וְלֹא־[1]תַכְעִיסוּ אוֹתִי)
/너희 손으로 만든 것으로써
그리하면 내가 너희를 해하지 아니하리라 하였으나

(1) 하나님은 자기 백성이 악한 길과 악행에서 돌아서기를 간절히 원하셨다. '제발 ~좀 돌아오너라'(שׁוּבוּ־[2]נָא). 그리하면, 이곳에서 영원히 살게 될 것이다. 또 다른 신을 섬기거나 경배하지 말아라. 특히 우상 숭배를 하여 하나님의 노여움을 일으키지 말라고 간청하셨다. '노여움을 일으키다'라는 '카아스'가 히필(사역 능동형) 동사로 쓰일 때에는 '성가시게 하거나 성나게 하다'를 의미한다. 다른 신을 경배함으로 여호와를 자극하여 분노케 하는 것을 묘사한다(렘 7:18-19, 11:17; 25:6-7, 32:29, 32, 44:3, 8).[2]

1) 카아스(כַּעַס) - 화내다, 분개하다, 격노하다, 화가 나고 격노토록 자극하다 / 히필 동사 미완료 /

2) 다른 신을 예배함으로 여호와를 자극하여 분노케 하는 것을 묘사한다(삿 2:12; 왕상14:9, 14:15, 16:33, 22:54; 왕하 17:11, 23:19; 대하 28:25; 느4:5; 렘7:18-19,11:17, 32:29, 32:32, 44:3; 겔8:17, 16:26; 사 65:3; 호 12:14; 신32:16; 단31:29;왕상16:7).

악으로 하나님을 '자극하여 성나게 하는 것'을 묘사한다(신 4:25, 9:18, 31:29; 왕상 16:7; 왕하 17:17, 21:6, 대하 33:6; 왕하 21:15; 렘 32:30, 왕상 15:30, 21:22; 왕하 32:26).

(2) 물론 분노하시는 것이 하나님의 영속적인 속성은 아니다. 하나님은 어느 때 분노하시는가? 그 백성들이 불신실할 때(악행과 우상 숭배) 하나님은 화나고 진노하신다. 하나님께서는 거룩하시고 자비하시기 때문에, 언약의 사랑 안에서 오직 자신을 그의 백성과 함께하신다. 하나님께서는 불경한 자들 및 사악한 자들과 함께 하시지 않는다. 언약의 백성들이 자신에게 불신실할 경우에 거룩하심과 투기의 사랑으로 인하여(출 34:14) 그들에 대하여 분노하시고 진노하신다.

(3) 예레미야 선지자가 부름을 받고 지금까지 23년 동안 회개를 외쳤지만 돌아서지 않았다. "너희가 내 말을 순종하지 아니하고 너희 손으로 만든 것으로써 나의 노여움을 일으켜(카아스) 스스로 해하였느니라(재앙을 당하고 말았다)"(7절)

2. 그러므로(לָכֵן), "너희가 내 말을 듣지 아니하였기 때문에"(8절), 어떤 결과를 맞을 것인가?

25:9 보라! (הִנְנִי)
내가 — **불러다가**(שֹׁלֵחַ וְלָקַחְתִּי, I will send and take)
/북쪽 모든 종족과 '내 종'(עַבְדִּי)[3] 바벨론의 왕 느부갓네살을
[내가] — **쳐서**
/이 땅과 그 주민과 사방 모든 나라를
진멸하여(הַחֲרַמְתִּים)[4]
되게 하며
/그들을 놀램과 비웃음 거리가
땅으로 영원한 **폐허**(לְחָרְבוֹת)[5]**가 되게 할 것이라**

3) 바벨론의 왕 느부갓네살을 '나의 종'이라고 언급했다.

4) 하람(חָרַם) - 철저히 파괴하다 / 히필 동사 완료

5) 호르바(חָרְבָּה) - 황폐한 채로 놓아둔 곳, 황무지, 황폐 / 복수 연계형

하박국 선지자의 이야기도 들어보자(합 1:1–11)

1. 우상 숭배로 인한 불순종의 결과는 너무 비참하다. 동시대의 사역자 하박국 선지자도 유다가 처한 현실을 개탄하면서 하나님께 항의(?)했다.

(1) "북쪽 모든 종족과 내 종 바벨론의 왕 느부갓네살을 불러다가 이 땅과 그 주민과 사방 모든 나라를 쳐서 진멸하시겠다"는 폭탄과 같은 선언, 하박국도 동일한 내용을 전달받는다. 하박국 1장 5-11절은 하박국의 질문에 대한 하나님의 답변이다. 하박국은 하나님께 자기로 하여금 '불의'를 보게 하셨다고 불평했다(합 1:3). 하나님은 하박국에게 무엇이라고 응답하시는가? 그것은 유다의 죄악을 벌하기 위해 한 가지 일을 행할 것인데, 그것이 바로 갈대아 사람을 일으키시겠다는 것이다.[1)]

(2) 하박국 선지자의 탄식 중 첫 질문은 무엇인가? (합 1:2-4) (동교재, 하박국에서)

1:2 여호와여 내가 **부르짖어도** 주께서 **듣지 아니하시니**
어느 때까지리이까(עַד־אָנָה)
내가 강포(하마쓰, חָמָס)로 말미암아 **외쳐도**(자아크, זָעַק)
주께서 **구원하지 아니하시나이다**

(3) "어느 때까지리이까"(How long, עַד־אָנָה). 그는 '언제까지 들어 주지 않으십니까' 라고 울부짖는다. 우리는 여호와께 부르짖을 수는 있으나 응답을 받지 못할 때가 있다(욥 19:7, 30:20; 시 18:41). 선지자가 하나님께 이렇게 간절히 울부짖은 것은 백성들의 '강포'(하마스, חָמָס)[2)] 때문이었다. 강포 때문에 하나님께 외쳐도 듣지 않으셨다고 했다. '외치다'(자아크, זָעַק)라는 말은 도움이 필요해서 부르짖거나 큰 소리로 부르는 것을 의미한다.

(4) 왜 하나님은 이런 간구에도 불구하고 침묵하시는가?

1:3 어찌하여 내게 죄악(간악, 아웬, אָוֶן)[3)]을 **'보게 하시며'**(라아, רָאָה)
패역(아말, עָמָל)[4)]을 **'눈으로 보게 하시나이까'**(나바트, נָבַט)
겁탈(쇼드, שֹׁד)[5)]과 강포(하마스)가 내 앞에 **있고**
변론(리브, רִיב)과 분쟁(마돈, מָדוֹן)이 **일어났나이다**

(5) 하박국 선지자는 이 시대에 하나님의 공동체에 정의는 사라졌고 '죄악(=간

1) 하박국 선지자가 활동하던 때가, 갈대아 사람(카시딤, כַּשְׂדִּים)이 일어난 시기라면(합 1:6), 신바벨론 제국이 앗수르로부터 독립하던 주전 626년 이후로 볼 수 있을 것 같다. 그렇다면 그의 활동 시기는 남유다의 요시야 왕의 통치 말년 쯤이었을 것이다.

2) 강포'란 단어는 거의 언제나 죄에 가득 찬 폭력과 관련하여 사용되었다. 권력 있는 자의 야만적이요, 무법적인 학대를 의미한다(미 6:12; 습 1:9; 겔 7:11). 이 단어는 종종 극도의 악함을 나타내는 이름으로 나온다. 이것이 홍수의 원인이 되었다(창 6:11).

3) 간악(iniquity) - 부정, 불법, 사악함, 공허, 악, 해악 등의 의미이다.

4) 패역 - 수고, 노동, 고생, 해악, 재해.

5) 폭력, 황폐, 대파괴, 멸망.

악), 패역, 겁탈, 강포, 변론, 분쟁(=변론보다 강한 투쟁)'이 사회를 어지럽히고 있다고 탄식한다. "어찌하여… '보게 하시며'… '눈으로 보게' (목도하게) 하시나이까?" '나바트'(נָבַט)는 '주목해서 보다' (regard)라는 뜻이다.

2. 유다는 이미 사회가 마비되었다. 하나님의 정의가 시행되지 못하고 있기 때문이다. "율법이 해이했다"는 말은 무슨 뜻인가?

1:4 이러므로(עַל־כֵּן) - 2절과의 연결이다. 즉 주께서 구원하지 아니하셨기 때문에
율법이 '**해이하고**'(푸그, פוּג)[1]
정의(공의, 미쉬파트, מִשְׁפָּט)가 전혀 **시행되지 못하오니**
//이는(for, כִּי)
악인이 의인을 에워쌌으므로
//결과(עַל־כֵּן) : 정의(=공의)가 굽게 행하여짐이니이다

1) 푸그 - '마비되다, 무감각해지다(grow numb)'

(1) "이러므로"(Therefore)는 2절과 연결된다. 즉 주께서 구원치 않으셨기에 율법이 해이해졌다고 말한다. '해이하다'(푸그)라는 말은 '감각이 없다. 마비되다, 무력하다, 효력이 중단되다'라는 의미로 NIV는 '율법이 마비되었다'(the law is paralyzed)라고 번역했고, NASB는 '율법이 무시되었다'(the law is ignored)라고 번역했다.

(2) 유다의 불의가 얼마나 심각했는지는 예레미야의 탄식에서 볼 수 있었다(렘 9:3-6, 12:1-4, 15:10, 20:7-8, 22:3, 13-17). 하박국은 당시 공동체 내에 정의(공의, 미쉬파트)가 전혀(아주, 네차흐, נֶצַח)[2] 시행되지 못하고 있다고 탄식한다. 하나님은 언약 공동체 내에 정의가 실현되기를 위해 율법을 주셨다. 여기서 율법은 '미쉬파트'라는 말로 그 의미가 다양하게 쓰였다. 그 범위는 법적인 판결에서부터 범 사회의 고정된 틀에까지 이른다. 그런데 이런 율법이 무시당함으로써 무기력한 것이 되고 말았다. 율법이 마비되었다고 했다. 즉 정의가 왜곡되어 전혀 시행치 못하게 되었다는 것이다.

2) '네차흐'는 '영속, 힘, 승리, 탁월'이라는 의미가 있다.

(3) 정의(공의)가 실행되지 못했던 이유는 무엇인가?

그것은 악인이 의인을 협박하거나 바르게 살고자 하는 의도를 꺾어버렸기 때문이다. 물론 하박국 당시에도 올바르게 살아가려는 의인들이 있었다. 그러나 이들이 사회를 개혁하지 못했다. 동시대에 사역했던 예레미야는 당시 사회가 얼마 패역했는가를 다음과 같이 언급하고 있다(렘 5:1-9을 보라).

3. 하박국은 이런 상황에서도 끊임없이 기도했음을 본다(1:2). 하나님의 답변이 합 1:5-11에 기록되어 있다.

1:5 여호와께서 **이르시되**
너희는 여러 나라를 보고(רְאוּ-칼 동사 명령법, "보라", Behold!, Look!)[1)]
또 보고(הַבִּיטוּ- '나바트' (נָבַט) 히필 동사 명령법, Observe!)
놀라고(הִתַּמְּהוּ-히트파엘 동사 명령법)[2)] 또 놀랄지어다(תְּמָהוּ-칼 동사 명령법)
//이유(for, כִּי)
너희의 생전에 내가 한 가지 일을 행할 것이라(=것이기 때문에)
//(비록) 누가 너희에게 말할지라도
너희가 믿지 아니하리라

(1) 5-11절은 하박국의 질문에 대한 하나님의 답변이다. 하박국은 하나님께 자기로 하여금 '불의'를 보게 하셨다고 불평했다(1:3). 하나님은 하박국에게 무엇이라고 응답하시는가? 그것은 **유다의 죄악을 벌하기 위해 한 가지 일을 행할 것인데, 그것이 바로 갈대아 사람을 일으키시겠다는 것이다.**

(2) 지쳐 있는 하박국에게 하나님은 새로운 일을 보여주신다고 약속하신다. '듣기는 들어도 깨닫지 못할 일' 이란 무엇인가?

1:6 보라(For, lo, כִּי־הִנְנִי)
[내가] 갈대아 사람을 '**일으켰나니**' (מֵקִים-쿰, קוּם의 히필 분사형)
/내가 사납고 성급한 백성
곧 땅이 넓은 곳으로 다니며
자기의 소유가 아닌 거처들을 점령하는

(1) 갈대아인, 왜 이들을 일으키시는가? 계속되는 구절에서 볼 수 있듯이 갈대아를 일으켜 전쟁 도구로 사용하실 것이기 때문이다.[3)]

(2) 바벨론은 사납고 성급한 백성이라고 했다. 바벨론은 이미 서론에서 살펴본 바와 같이 앗수르를 무너뜨리고(주전 609년), 그의 부친 나보폴라살(626-605년)에 이어 느부갓네살 2세가 왕위에 올랐다(주전 605년에). 그는 43년 동안 통치했다(605-562년). 사실상 바벨론은 느부갓네살 2세의 나라였다. 바벨론은 그가 죽은 후 20년도 안 되어서 페르시아에게 망했다.

하박국 1:1-11의 설명 여기까지

1) 하나님은 하박국에게 갑자기 열국(여러 나라들)을 보라고 명령하신다(라아, רָאָה). 이 동사의 칼동사는 '주목하다', '바라보다'(look at), '보다'(see)라는 뜻으로 쓰인다. '나바트'(נָבַט)도 히필형에서 '보다, 유심히 바라보다'라는 뜻으로 쓰인다. 두 단어(라아, 나바트)는 종종 대구적으로 나타난다(시 10:14, 22:17).

2) "또 놀라고(타마, תָּמַהּ의 히트파엘 동사) 놀랄지어다(타마, תָּמַהּ의 칼 동사)" - 같은 어근의 동사가 연이어 올 때는 '크게 놀라라!'는 강조의 뜻이 된다.

3) 유다는 이 때가 여호야김의 통치 시대였을 것이다. 그는 11년간 통치했다(609-597년). 그렇다면 바벨론의 세력이 매우 강력해져 이미 정복전을 펼치고 있었을 것이다. 그들은 매우 사납고(마르, מַר) 성급하다(서두르다, 재촉하다)고 했다. 바벨론은 온 땅을 휘젓고 다니며 남의 땅을 정복하기 시작했을 것이다.

'내 종' 바벨론의 왕 느부갓네살(25:9)

1. 유다를 징계하기 위한 하나님의 계획은 사납고 성급한 백성 갈대아 사람을 일으키시겠다는 것이었다(합 1:6). 그런데 놀라운 것은 바벨론 느부갓네살을 **'나의 종'**('עַבְדִּי')이라고 언급하고 있다는 점이다(렘 25:9, 27:6).[1]

(1) 이는 바벨론의 왕이 유다의 심판을 위해 사용되는 하나님의 도구가 된다는 점이다. 이는 여호와 하나님에 의해 지명되었다. 여호와께서 내 종 바벨론의 왕 느부갓네살을 보내어(I *will* send, שֹׁלֵחַ) 불러다가(and take, וְלָקַחְתִּי) 이 땅과 주민을 함께 치게 하며, 그 주위의 모든 민족을 치게 하겠다는 것이다.

(2) 누구까지 그에게 복종해야 하는가? (27:6 "이제 내가 이 모든 땅을 내 종 바벨론의 왕 느부갓네살의 손에 주고 또 **들짐승들을** 그에게 주어서 섬기게 하였나니")

(3) 언제까지 섬겨야 하는가? (27:6 "모든 나라가 **그와 그의 아들과 손자를 그 땅의 기한이 이르기까**지 섬기리라 또한 많은 나라들과 큰 왕들이 그 자신을 섬기리라.")

2. 느부갓네살은 여호와의 심판의 대리자가 될 것이다(25:9-11).

25:11 이 모든 땅이 ┬ **폐허가 되어(לְחָרְבָּה)**[2]- shall be a desolation
　　　　　　　　　└ **놀랄 일이 될 것이며(לְשַׁמָּה)**[3]- and a horror
　　　이 민족들은 ── **섬기리라**
　　　　　　　　　　/**칠십 년 동안** 바벨론의 왕을

(1) **무자비한 정복자가 목자의 역할을 한다.** 이는 유다인들에게 받아들이기 힘든 내용이었으리라. 70인역은 느부갓네살이 여호와의 종이라는 사실을 삭제한다.[4] 그러나 고레스가 여호와의 백성을 위해 부름을 받을 때, 고레스를 가리켜 "나의 기름 받은 고레스"라고 했다(사 45:1). 물론 하나님을 경배하는 왕이란 뜻이 아니다. 하나님의 특수 사명을 감당하도록 택정되었고, 나의 택한 이스라엘을 바벨론의 손에서 석방하는 일을 하기 위해 지명하여 불렀다는 말이다(사 45:3, 4). 이런 일을 통하여 온 세상은 여호와 외에 다른 신(神)이 없는 것을 알게 하시는 것이다(5, 7절).

(2) 하나님의 예언이 성취되기 위한 도구 고레스에 대해 어떻게 언급하시는가? (동교재, 이사야 45장에서)

1) 이 용어(에베드, עֶבֶד)는 모세에게(민 12:7-8), 또 다윗에게(삼하 7:5; 왕상 11:13, 32) 적용되었다.

2) 호르바(חָרְבָּה) - 황폐한 곳 / 전치사 + 일반 명사

3) 솨마(שַׁמָּה) - 함축적으로 '경악' / 전치사 + 일반 명사

4) καὶ ἔσται πᾶσα ἡ γῆ εἰς ἀφανισμόν καὶ δουλεύσουσιν ἐν τοῖς ἔθνεσιν ἑβδομήκοντα ἔτη

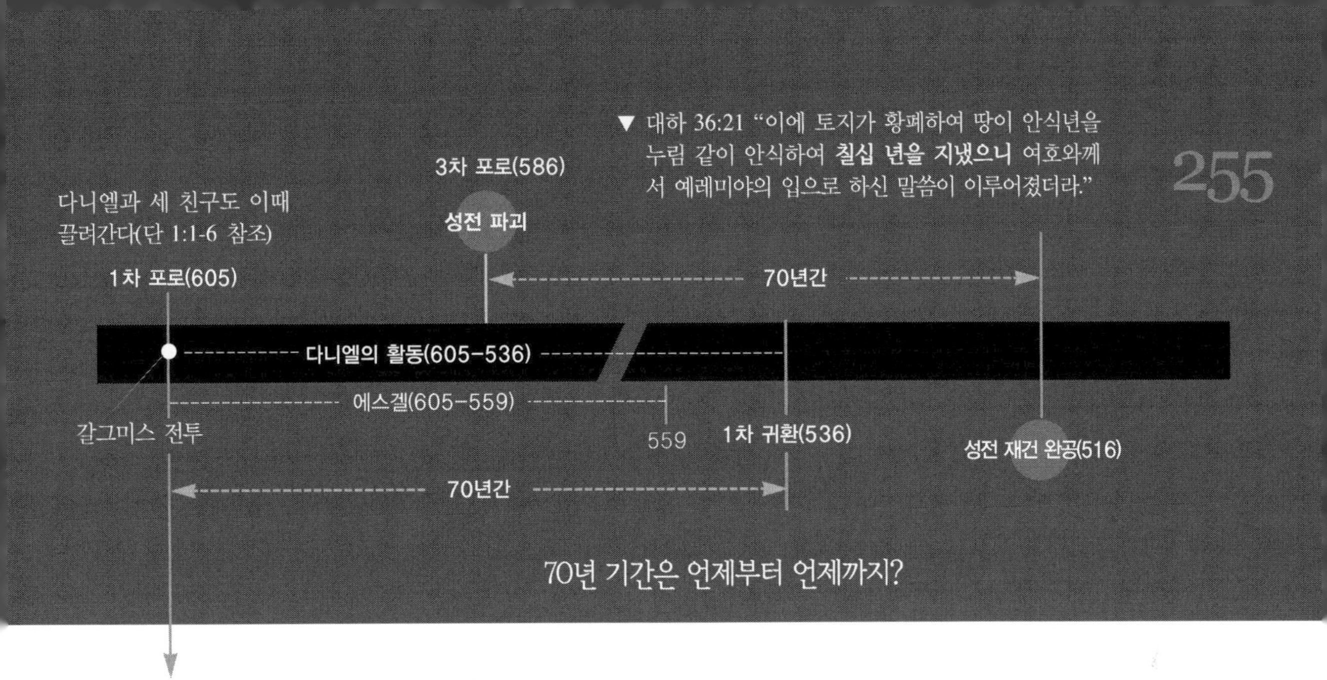

▶ **1차 포로**(605년)

갈그미스(Carchemish) 전투 : 바벨론이 강대국으로 등장한 지 불과 얼마 후에 갈그미스 전투에서 애굽을 크게 패배시켰다(주전 605). 바벨론은 애굽 국경까지 밀고 올라갔고, 유다를 포함하여 시리아를 자신의 손에 두게 된다(왕하 24:7). 이때 느부갓네살은 유다의 젊은이들을 바벨론으로 데려가 그곳에서 일하게 했다(왕하 24:1-5). 다니엘과 세 친구도 이때 끌려갔다(단 1:1-6 참조).

사 45:1 여호와께서 이같이 **말씀하시되(כֹּה־אָמַר יְהוָה)** - 누구에게? - 고레스에게
그의[1] 기름 부음을 받은(לִמְשִׁיחוֹ)[2] 고레스에게
- 고레스에게 무엇이라고 말씀하셨나? 다음과 같이 :

"내가 그의 오른손을 붙들고
그 앞에 열국을 항복하게 하며
내가 왕들의 허리를 풀어 (제왕들을 무장해제시키리라)
그 앞에 문들을 열고 성문들이 닫히지 못하게 하리라"

1) 칠십인역에서는 '나의'(μου)라고 번역했다. (τῷ χριστῷ μου Κύρῳ)

2) 마쉬아흐(מָשִׁיחַ) - 기름부음을 받은 자(메시야) / 전치사(לְ) + 형용사 남성 단수 연계형 - 3인칭 남성 단수 (to his anointed)

(3) 본문에서 고레스를 가리켜 '기름 부음을 받은 자'(anointed one, 마쉬아흐, מָשִׁיחַ) 라고 했다. 이 단어는 메시야, 이스라엘의 왕(삼상 2:10; 삼하 22:51; 시 2:2, 18:50), 이스라엘의 제사장에게(레 4, 6장) 사용되었다.

3. 70년의 징계의 기간이 끝나면, 하나님은 하나님의 회복을 약속하신다.

25:12 여호와의 **말씀이니라**
칠십 년이 끝나면
내가 바벨론의 왕과 그의 나라와 갈대아인의 땅을
그 죄악으로 말미암아 **벌하여** 영원히 **폐허가 되게 하되**

- 바벨론에 대한 심판(12-14절) - 바벨론은 하나님의 백성을 괴롭힌 이유로 합당한 처벌을 받을 것이다.
- 다니엘은 이 예레미야서를 읽다가 605년에 끌려온지 70년이 경과한 것을 깨닫고 이스라엘을 위하여 기도하기 시작한다(단 9:1이하).

▶ 하박국은 하나님의 응답이 신속히 이루어지길 원했다. 하나님께서 바벨론을 즉시 징벌하시고, 악인과 압제자를 멸망시키기를 원했다. 그러나 하나님은 기다리라고 말씀하신다. 더디더라도 그 종말은 반드시 임할 것이기 때문이다(합 2:3).

25:13 내가 —**임하게 하리라**(And I will bring upon, וְהֵבֵאתִי) - 히필 동사 완료
/그 땅을 향하여 선언한 바
곧 예레미야가 모든 민족을 향하여 예언하고
이 책에 기록한 나의 모든 말을
/그 땅에

14 //그리하여(for, כִּי) - 참으로, 이번에는
여러 민족과 큰 왕들이 그들로 자기들을 섬기게 할 것이나
나는 —— **갚으리라**(שִׁלַּמְתִּי) - שָׁלַם의 피엘 동사 완료 (반드시 보응하겠다)
/그들의 행위와 (כְּפָעֳלָם) פֹּעַל(포알) - 일한 삯, 행하거나 일한 것
그들의 손이 행한 대로

바벨론이 이웃 나라에 엄청난 악행을 저지른다. 하나님은 제멋대로 행하는 민족들을 벌주기 위해 바벨론을 들어쓰셨으나, 바벨론이 너무 교만했다. 그래서 하나님은 바벨론 사람들이 행한대로 반드시 그대로 갚을 것이라(שִׁלַּמְתִּי - 피엘 동사 완료형)고 선언하신다. 바벨론에게 내리는 징벌과 저주는 하박국 2:5-20에서 자세히 언급된다. 그곳을 참고해 보기로 하자. 하박국 역시 여호야김 시대에 활동한 선지자이다.

유다와 그 이웃 나라들에 임할 진노(렘 25:15-29)

• 렘 25:15 "이스라엘의 하나님 여호와께서 이같이 내게 이르시되 너는 내 손에서 이 진노의 술잔을 받아가지고 내가 너를 보내는 바 그 모든 나라로 하여금 마시게 하라

16 그들이 마시고 비틀거리며 미친 듯이 행동하리니 이는 내가 그들 중에 칼을 보냈기 때문이니라 하시기로

17 내가 여호와의 손에서 그 잔을 받아서 여호와께서 나를 보내신 바 그 모든 나라로 마시게 하되"

(1) 하나님은 유다뿐만 아니라 주변 나라들도 심판하실 것이다. "너는 내 손에서 이 진노의 술잔을 받아가지고 내가 너를 보내는 바 그 모든 나라로 하여금 마시게 하라."(15절) '진노의 잔을(אֶת־כּוֹס הַיַּיִן הַחֵמָה) 마시라'는 말은 특별히 악을 행한 나라들에게 심판하시겠다는 표현이다. 그들은 자신들이 택한 어리석음을 한 방울도 남김없이 다 마셔버렸다(사 51:17). 그리하여 취하여 비틀거렸다(사 51:22; 렘 15:16 "그들이 마시고 비틀거리며 미친 듯이 행동하리니 이는 내가 그들 중에 칼을 보냈기 때문이니라 하시기로").

(2) "내가 여호와의 손에서 그 잔을 받아서 여호와께서 나를 보내신 바 그 모든 나라로 마시게 하되"(17절) - 여러 나라들에게 하나님의 심판이 있을 것이라는 표현이다. 누구보다 먼저 예루살렘과 그 왕들과 그 고관들이, 즉 하나님의 백성들이 먼저 심판을 받을 것이다(18절 "**예루살렘과 유다 성읍들과 그 왕들과 그 고관들로 마시게 하였더니** 그들이 멸망과 놀램과 비웃음과 저주를 당함이 오늘과 같으니라.")

(3) 심판을 받을 나라들이 애굽에서 시작하여 바벨론까지 나열된다(25:19-26을 읽어 보자).

25:29 //보라(For behold, כִּי הִנֵּה)
내가 내 이름으로 일컬음을 받는 성에서부터
재앙 내리기를 시작하였은즉(=기 때문에)

• 재앙은 어디로부터 시작되는가?
(예루살렘) - 교회로부터

너희가 —— 어찌 능히 형벌을 면할 수 있느냐?
[너희는] —— 면하지 못하리니

• 온 세상이 전쟁에 휘말려 들어가게 되는 데 너희라고 그 벌을 면하겠느냐? (공동)

//이는(for, כִּי)
내가 칼을 불러 세상의 모든 주민을 칠 것임이라

(4) 이방에 대한 심판 예언은 46-51장에 자세히 언급된다. 예레미야는 유다뿐만 아니라 열방을 향해서도 하나님의 뜻을 전한다. 특히 유다의 멸망을 기뻐하던 자들에게 심판이 임할 것이다. 특히, 에돔. 에돔은 유다의 형제 국가임에도 불구하고 유다의 멸망을 너무 기뻐했다. 그래서 하나님은 오바댜 선지자를 통해 에돔의 멸망을 선언하신다.

• 이렇게 에돔은 자신의 교만함으로 인해 하나님의 징계를 받을 것이다. 자신들이 지금 누리고 있는 안녕과 부가 자신들의 능력의 결과라고 생각했다. 천혜의 요새지를 수도로 정하고, 게다가 이웃 나라와 굳건한 동맹을 맺고, 또 지혜자들의 정략을 믿고 여호와를 대적했다. 기회 있을 때마다 유다를 공격했고, 유다의 멸망을 기뻐했다. "누가 능히 우리를 이 땅에 끌어내리겠느냐?"(3절)고 할 정도로 오만 방자함이 극에 달했다. 그러나 하나님은 에돔을 열국 중에 가장 작은 자가 될 것이라고 선언하신다.

(5) 왜 하나님은 에돔에게 심판을 내리려고 하시는가? 오바댜 1:2을 보자. 하나님은 에돔을 열방 가운데서 아주 미약하게 만드셨다는 것이다. 왜냐하면 너무 교만했기 때문이다. 에돔이 이렇게 망할 것은 예레미야나 에스겔도 예언하고 있다(렘 49:7-22; 겔 25:12-14).[1]

렘 25:30 그러므로(Therefore, וְ)
너는 그들에게 이 모든 말로 예언하여 이르기를
여호와께서 높은 데서 포효하시고
그의 거룩한 처소에서 소리를 내시며
그의 초장을 향하여 크게 부르시고
세상 모든 주민에 대하여 포도 밟는 자 같이 흥겹게 노래하시리라
31 요란한 소리가 땅 끝까지 이름은
여호와께서 뭇 민족과 다투시며
모든 육체를 심판하시며 악인을 칼에 내어 주셨음이라
32 만군의 여호와께서 이와 같이 말씀하시니라
보라 재앙이 나서 나라에서 나라에 미칠 것이며
큰 바람이 땅 끝에서 일어날 것이라

Close-up 왜 열방이 하나님의 심판의 대상이 되는가?

이사야 13-27장은 열방에 관한 심판 예언이 언급된 장이다. **이사야 선지자의 사역 이후 1세기가 더 지난 시점에서 예레미야에 의해 또다시 열방의 심판이 언급된다.** 렘 46-51장에서 더 자세한 심판이 선언된다. 아래 내용은 동교재, 이사야서 166-167면의 것을 그대로 가져온 것이다. 간단하게 훑어보자.

열방 심판(사 13:1-23:18)

▶ 사 13-23장에서는 한때 유다를 핍박했던 이방 나라의 멸망을 경고하면서 여호와 하나님께서 우주적인 주권자이심을 보여준다.

▶ 하나님은 자기 백성의 구원자이실 뿐만 아니라 온 세상 모든 나라를 심판하시는 분이심을 나타내 보인다. 사 24-27장은 이사야 중에서 '작은 묵시록'이라고 부른다. 여기에서 심판과 구원 안에 나타난 하나님의 주권이 강조되고 있다. 각 나라 심판은 온 세상의 심판을 의미한다.

▶ 열방의 주인은 누구인가? 물론 여호와 하나님이시다. 이사야 13:1-35:10에서 언급하는 핵심 내용이 열방의 주인은 하나님이시라는 것을 증거한다. 13-23장에서는 한때 유다를 핍박했던 이방 나라의 멸망을 경고하면서 여호와 하나님께서 우주적인 주권자이심을 보여준다.

1. **모든 전쟁은 우연히 오는 것이 아니라 하나님의 섭리로 오는 것이다.** 그러므로 하나님의 백성만이 늘 징계를 받는다는 생각이 없어질 것이다. 이제 원수의 나라가 징계를 받는 것은 하나님의 백성이 위로를 받는 것이기도 하다.

2. **선지자들은 왜 주변에 있는 세상나라들에 심판을 선언하는가?** 또한 하나님이 이방 나라들을 심판하는 기준은 무엇인가?

(1) 교만, 우상 숭배, 강포 때문이다.

- 두로 - "나는 신이다"(겔 28:2) - 이에 대한 이사야의 심판 선언(사 23:9)
- 바벨론 - "나뿐이라, 나 외에 다른 이가 없도다" - 이사야의 선언(사 47:8)
- 바벨론의 교만의 극치를 보라(사 14:13-14) - 느부갓네살의 교만 - 들짐승처럼 낮아질 것이다(단 4:29-30, 33)
- 벨사살은 하나님을 모욕했다. - 손가락이 벽에 글을 써서 그의 날이 끝날 것을 예고했고, 바로 그 날밤 그는 죽임을 당했다(단 5:22-23, 30).

(2) 하나님의 백성들을 학대하기 때문이다.

- 어느 나라든지 언약의 백성을 저주하면 저주를 받을 것이다(창 12:3, 27:29). 여기서 언약 백성이란 누구를 가리키는가? 표면적 유대인이 아니다. 참 "하나님의 이스라엘"은 온 세상에 흩어진 유대인들과 이방인 중에서 믿는 사람들이다.

- 하나님의 백성이 범죄했을 때, 자기 백성을 바벨론에 넘기기까지 하셨다. 그러나 이방나라는 하나님의 백성을 무자비하게 취급했다(사 47:6). 하나님은 바벨론에게 진노하시는데, 그 이유가 이스라엘의 뼈들을 꺾었기 때문이라고 말한다(렘 15:17-18). 하나님은 그들이 행한 모든 악함대로 바벨론과 갈대아 사람들에게 갚으리라고 말한다(렘 51:24).

[열방이 지은 죄]

- 아모스 - 에돔의 멸망을 선포한다. 그 형제국가를 긍휼히 여기지 않았기 때문이다(암 1:3, 13). 가사와 두로는 모든 사로잡은 자들을 팔았기 때문에 정죄받았다(암 1:, 6, 9)
- 오바댜 - 에돔 심판을 선언했다. 에돔이 심판 받아야 하는 이유는 무엇보다 포학(暴虐)함 때문이라고 말한다(10절). 그들의 형제국인 유다에 너무 잔인했다는 것이다(10절). 또한 약탈을 일삼았고(11, 13절), 형제의 멸망을 기뻐했다(12절). 더욱이 피난민들을 적국에게 넘기는 극악한 행위를 저질렀다(14절).

(3) 포학(하마스, חָמָס)은 '폭력, 난폭, 부당한 행위, 불법, 악' 등을 가리킨다. 이는 단순한 악을 가리키는 것이 아니라 종종 극도의 악함을 나타낼 때 사용되었다. 이 악함이 홍수의 원인이 되었다(창 6:11, "그 때에 온 땅이 하나님 앞에 부패하여 포악함이 땅에 가득한지라.", 창 6:13 참조).

- 나훔 - 니느웨의 멸망 선포
- 에스겔 - 암몬의 멸망 선포 / 이스라엘이 환란을 당할 때 멸시한 죄 때문이었다(겔 25:6-7). 에돔에 대해서도 멸망을 선포했다(겔 25:12). 블레셋도 심판의 대상이었다(겔 25:15).
- 요엘 - 이방나라들이 이스라엘에게 악을 행함으로 심판을 받는 가장 극적인 그림은 요엘서의 예언에서 발견된다. 세상 모든 나라가 "여호사밧 골짜기"에 모일 것이다(욜 3:2). 이는 여호사밧 시대에 적군들이 침입해 오는 사건을 암시한다(대하 20:1-30).

3. 요엘서 3장에서는 열방이 지은 죄를 자세히 언급하고 있다.

(1) 백성들이 구원 받는 날이 바로 이스라엘을 압제하던 대적들을 심판하시는 날이다.

(2) 하나님이 이스라엘의 대적들을 직접 심문하신다.

(3) 여호사밧 골짜기(욜 3:2) : 어떤 특정한 장소를 가리키기보다는 최후 심판의 상징적 장소의 의미로 쓰인 것 같다. 욜 3:2 "내가 만국을 모아 데리고 여호사밧 골짜기에 내려가서 내 백성 곧 내 기업인 이스라엘을 위하여 거기에서 그들을 심문하리니 이는 그들이 이스라엘을 나라들에 흩어버리고 나의 땅을 나누었음이며."

(4) 만국(열방)이 범인 몇 가지 죄를 고발하고 있다.

- 이스라엘을 흩어 버리고
- 여호와의 땅을 나누어가졌다.
- 제비 뽑아 여호와의 백성을 끌고 가서
  소년을 기생과 바꾸며 / 소녀를 술과 바꾸었다.
- 진기한 보물을 가져갔고
- 유다 자손과 예루살렘 자손들을 헬라 족속에게 팔았다.

4. 이렇게 이스라엘 자녀들을 만국에 흩어지게 한 나라들을 심판하시겠다고 선언하신다. 이제는 반대로 이스라엘을 괴롭힌 대적들의 자녀들이 종으로 팔릴 것이다.

예레미야의 성전 설교(26:1-24)

▶ 26-29장은 산문 형식으로 이루어졌다.

이 부분은 23:9-40에서 언급된 참 선지자와 거짓 선지자의 대립이 26-29장에서 되풀이 된다.

26장은 요시야의 아들 여호야김이 다스리기 시작한 때에, 그러니까 아직은 유다가 바벨론에 종속되기 전의 일이다. 그의 통치 원년, 그러니까 주전 609년 9월에서 608년 4월 이전에 주어진 말씀이다. 여호와의 성전 뜰에 서서 말씀을 전하던 예레미야는 거의 목숨을 잃을뻔 했다. "너희가 내 말에 순종하지 않으면, 이 성전을 실로에 있던 성막처럼 무너뜨리겠다." 물론 백성들은 예레미야를 붙잡고 "너를 죽이겠다"고 날뛴다. "네가 어찌 감히 여호와의 이름으로 그런 예언을 할 수 있느냐"는 것이었다. 그러나 예레미야는 자신이 전하는 말은 여호와로부터 보냄을 받아서 전하는 것임을 분명히 했다. 우리야는 죽었지만 예레미야는 사반의 아들 아히감에 의해 보호를 받는다.

1. 하나님은 예레미야에게 성전 뜰에 서서 (유다 백성들에게) 여호와께서 명한 모든 말을 하나도 빠짐없이 전하라고 명령하신다. 어떤 내용인가?

26:2 여호와께서 이와 같이 **말씀하시니라**

/너는 — 여호와의 성전 뜰에 **서서**

└ **전하되**

/유다 모든 성읍에서

여호와의 성전에 와서 예배하는 자에게

/내가 네게 명령하여 이르게 한 모든 말을

/[너는] — 한 마디도 **감하지 말라**(אַל־תִּגְרַע דָּבָר)

• 여호와의 성전으로 올라가 여호와의 성전 새 대문의 입구(9절) - 렘 36:10 참조.

• 어디에서? 성전 뜰에서
• 누구에게? - 성전에 예배하러 오는 자에게
• 무엇을 - 전하라고 한 모든 말을 하나도 빠짐없이 전하라

(1) 여호야김 통치 원년, 주전 609년, 그렇다면 예루살렘이 바벨론에 함락되어(주전 586년) 성전이 불타기 약 23년 전이다. 아직은 유다 백성이 여호와께로 회항(回航)할 시간적 여유가 있다. 하나님은 혹시 하는 마음으로 이들에게 희망을 걸어보신다.

그들이 듣고 혹시(울라이, אוּלַי) - 만일~아니라면, 아마
각각 그 악한 길에서 돌아오리라(and everyone *will turn* from~ וְיָשֻׁבוּ)
그리하면(וְ, that...may)
내가 — **돌이키리라**(נִחַמְתִּי)
/그들의 악행으로 말미암아 그들에게 재앙을 내리려 하던 뜻을

(2) 여기 '돌이키다'라는 말 '나함'(נָחַם)은 대부분의 경우 인간의 후회를 가리키지

않는다.[1] 그러나 하나님은 죄에서 자유하신다. 그러나 성경은 때때로 하나님께서 후회하신다는 표현을 쓴다(창 6:6-7; 출 32:14; 삿 2:18; 삼상 15:11 등). 이는 하나님께서 사람을 긍휼히 여기시거나 사람에 대한 태도를 변화시킨다는 것을 말해준다. 하나님께서 내리기로 작정하셨던 심판이나 재앙을 내리시기를 후회하셨다고 말한다(대상 21:15; 렘 18:8, 26:3; 암 7:3; 욘 3:10). 물론 이는 신인동형론적 표현이다. 인간의 제한되고 세상적이고 유한한 관점에서 볼 때 하나님의 뜻이 변화한 것처럼 보일 뿐이다.

1) 인간의 후회나 회개는 죄로부터 하나님께로, 돌이키다란 의미에서 '슈브'(שׁוּב)라는 동사를 쓴다.

(2) 하나님은 예레미야에게 그들에게 전해야 구체적인 내용을 언급하신다.

26:4 너는 그들에게 이와 같이 **이르라** 여호와의 말씀에
/너희가 ┬ 나를 **순종하지 아니하며**
└ 내가 너희 앞에 둔 내 율법을 **행하지 아니하며**
5 /내가 ┬ 너희에게 나의 종 선지자들을 꾸준히 보내
└ 그들의 말을 순종하라고 하였으나
/너희는 — **순종하지 아니하였느니라**
6 /내가 ┬ 이 성전을(אֶת־הַבַּיִת) 실로 같이(כְּשִׁלֹה) 되게 하고
└ 저줏거리(케라라, קְלָלָה)가 되게 하리라
/이 성을 /세계 모든 민족의

- 하나님의 말씀에 순종해라.
- 아직도 유다에게는 희망이 있다. 지금이라도 여호와께 돌아오면, 멸망은 면할 수 있다. 선택은 유다 백성에게 있다.
- 하나님은 계속해서 자신의 종을 백성에게 보내셨다. 그러나 이들은 순종하지 않았다.
- 만약 순종하지 않는다면 예루살렘 성전은 **실로처럼** 될 것이다.

▶ 쉴로 : 안식하는 (곳), 평온한 (곳)

(1) 벧엘의 북쪽과 레바논의 남쪽에 위치하되, 벧엘을 세겜과 연결시키는 대로의 서쪽, 에브라임 지역 아래 있었다(삿 21:19).

- 가나안 첫 번째 정복 이후 성막은 길갈(Gilgal)에서 실로로 옮겨졌었다(수 18:1). 이곳에서 마지막 일곱 지파가 각각의 배당을 받았다(수 18:8-10).
- 성막은 사사시대 전 기간을 통해 실로에 있었다. 이 기간은 엘리와 사무엘 시대를 포함한다.

(2) 한나가 자식을 위해서 기도한 곳이 실로였고(삼상 1:3), 이곳으로 사무엘을 데리고 와 엘리 앞에 섬기도록 하였다(삼상 1:24).

(3) **법궤는 블레셋 사람과의 전쟁 중에 실로에서 빼앗겼다가 다시 돌아오지 않았다.** 시 78:60은 하나님의 심판을 받는 실로의 타락을 말하고, 예레미야는 그러한 타락을 하나님의 심판에 대한 설명으로 인용한다(렘 7:12, 14, 26:6, 9).

실로같이(like Shiloh)

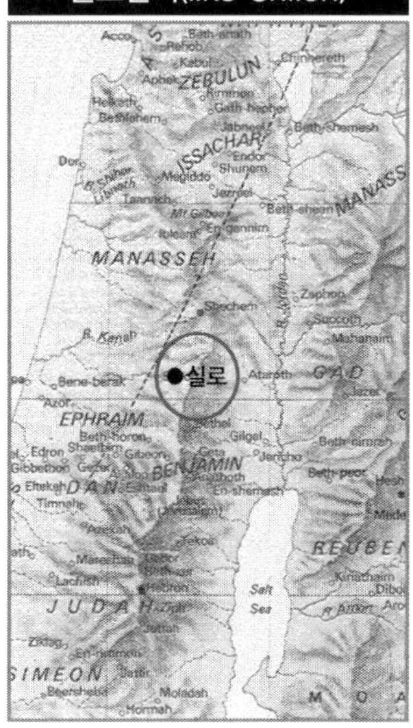

2. 성전 뜰에서 하나님의 말씀을 선포하는 예레미야, 제사장들과 선지자들과 모든 백성이 그 말씀을 듣는다(8절). 그러나 반응은 전혀 반대로 나타났다.

26:8 예레미야가 여호와께서 명령하신 말씀을 모든 백성에게 전하기를 마치매
제사장들과 선지자들과 모든 백성이 그를 **붙잡고** 이르되(=이르기를)
네가 ── 반드시 **죽어야 하리라**(You must die!, מוֹת תָּמוּת)[1]

1) מוֹת(무트) - 칼 절대형 תָּמוּת (무트 מוֹת)의 칼 미완료

반드시 죽고 말 것이다 / 너를 죽이고 말겠다.

(1) 제사장들을 포함한 그 모든 백성이 예레미야를 향하여 모여들었다. 그리고 이렇게 항의한다(9절).

"어찌하여(맛두아, מַדּוּעַ) - 무슨 이유로?
네가 ─ 예언하여(נִבֵּיתָ =예언하느냐?)
/여호와의 이름을 의지하고(in the name of the LORD, בְשֵׁם־יְהוָה)

네가 어찌 감히 하나님의 이름으로 그런 예언을 하느냐?

(2) 예레미야가 선포한 내용은 무엇인가? 그것은 이 성전이 실로 같이 될 것이라(will be like Shiloh)는 것이다. 실로는 어떤 곳인가? 성막은 사사시대 전 기간을 통해 실로에 있었다. 당시 실로는 이스라엘의 종교 중심지였다(수 18:1-22:9).[2] 이 기간은 엘리와 사무엘 시대를 포함한다. 한나가 자식을 위해서 기도한 곳도 실로였다(삼상 1:3). 언약궤는 에벤에셀에서 블레셋에게 빼앗길 때까지 실로에 있었다(삼상 4:3-4). 실로는 매년 여호와의 절기 때마다 중요한 순례지가 되었다(삿 21:19; 삼상 1:3, 2:14). 언약궤는 블레셋에게 빼앗기고 다시는 실로로 돌아오지 않았다. 실로의 제사장 엘리와 그 아들들이 죽었을 때 종교적 중심지로서의 역할은 완전히 끝났다(삼상 4:12-22).

2) 예루살렘 북쪽으로 약 30 km 떨어진 곳에 있다. 벧엘 북편, 세겜으로 올라가는 큰 길 동편(사 21:19).

(3) "그 모든 백성이 여호와의 성전에서 예레미야를 향하여 모여들었다"고 했다. 그들은 화가 단단히 났다. "아니, 네가 어찌 감히 이 성전이 실로의 성막처럼 무너질 것이라고 했느냐?"는 것이었다. 이 사건은 곧 유다의 고관들(방백들, 지도자들)에게까지 들렸다. 그들은 즉시 왕궁에서 나와 성전으로 몰려들었다. 그리고 여호와의 성전 새 대문 문간에 자리잡고 앉았다(10절). "제사장들과 선지자들이" 고관들과 모든 백성에게 이렇게 말한다.

26:11 이 사람은 '죽는 것이 **합당하니**' (מָוֶת[3]־מִשְׁפַּט[4])
//이유(for, כִּי)
너희 귀로 들음 같이 이 성에 관하여 예언하였음이라(=기 때문에)

3) 마베트 - 죽음
4) 미쉬파트 - 심판, 재판, 공의
should be sentenced to death 죽음에 처해야 마땅합니다.

(4) 분위기가 험악해졌다. 이들은 한결같이 예레미야가 죽어야 된다는 것이었다. 왜냐하면 예레미야가 감히 이 성전이 무너질 것이고, 예루살렘에 대해서 좋지 않은 예언을 했다는 이유에서였다. 여러분들도 모두 듣지 않았느냐는 것이다. 즉시 예레미야의 변호가 시작된다.

26:12 예레미야가 모든 고관과 백성에게 **말하여** 이르되(=이르기를)
여호와께서 — 나를 **보내사**
//(목적: לְ, to)
예언하게 하셨느니라(לְהִנָּבֵא)[1] The LORD sent *me to prophesy*
/너희가 들은 바 모든 말로 이 성전과 이 성을 향하여

(5) 예레미야는 지금 **자신이 전한 말이 하나님께로부터 온 것임**을 분명히 했다. 그런즉 결단하라는 것이다.

26:13 그런즉(Now therefore, וְעַתָּה)
너희는 ┬ 너희 길과 행위를 **고치고(הֵיטִיבוּ)**
└ **청종하라(שִׁמְעוּ)** - 칼 동사 명령법
/너희 하나님 여호와의 목소리를
//그리하면(וְ)
여호와께서 —뜻을 돌이키시리라(יִנָּחֵם)[2] - 니팔 미완료
/너희에게 선언하신 재앙에 대하여

(6) 예레미야는 분명하게 하나님의 뜻을 전한다. 하나님은 지금이라도 돌아서서 생활 태도를 바꾼다면 유다에게 내리시려던 재앙을 거두시겠다는 것이다. "이제 내 생명은 여러분 손 안에 있으니 마음대로 하시오"(14절). 예레미야는 지금 아주 담대하다. 그는 자신이 살아남기 보다는 도성과 백성에게 관심이 있다. 하나님은 자신을 백성에게 보내셨음을 강조하고, 그가 전하는 말이 바로 여호와께서 전하시는 말씀임을 강조했다. "나를 살리든 죽이든 마음대로 하시오. 그러나 이것 하나만은 분명히 하시오." "너희가 나를 죽이면 반드시 무죄한 피를 너희 몸과 이 성과 이 성 주민에게 돌리는 것이니라 이는(for) 여호와께서 진실로 나를 보내사 이 모든 말을 너희 귀에 말하게 하셨음이라"(15절).

(7) 담대하게 전하는 예레미야를 보자 고관들과 모든 백성에게 동요가 일어났다. 예레미야를 죽여서는 안 된다는 것이었다. 그러자 장로들 가운데 몇 사람도 동조했다. "이 사람에게는 사형 선고를 받을 만한 죄가 없습니다." "왜요?"

1) הִנָּבֵא- 나바(נָבָא) - 예언하다 / 니팔 동사 연계형

2) 나함(נָחַם) - 이 단어는 인간 쪽에서의 후회가 아니라 하나님 편에서의 후회를 언급한다. 물론 이는 하나님의 주관적인 목적에 따라 사람에 대한 태도를 변화시킨다는 것을 의미한다.

26:16　고관들과 모든 백성이 제사장들과 선지자들에게 이르되 이 사람이 우리 하나님 여호와의 이름으로 우리에게 말하였으니 죽일 만한 이유가 없느니라

Close-up　미가 선지자가 유다를 책망한 이유와 내용

미 3:10　시온을 피(담, דָּם)로, 예루살렘을 죄악으로 건축하는도다

미가는 예루살렘 성읍이 피와 죄악으로 건설되었음을 알고 있다. 당연히 지도자들은 궁전을 화려하게 건축하느라고 백성들의 노동력을 착취했을 것이다. 시온은 예루살렘과 동의어이다. 여기서 '피'는 다른 사람의 노동력을 착취하여 남을 억울하게 한 행동을 말하는 상징적 표현이다(사 1:15, 59:3; 잠 1:11).

1. 미가의 불만은 예루살렘 성읍 안에 있는 세 부류의 지도자들에게 쏠린다.

3:11　그들의 우두머리들은 뇌물을 위하여 **재판하며**
그들의 제사장은 삯을 위하여 **교훈하며**
그들의 선지자는 돈을 위하여 **점을 치면서도**
여호와를 **의뢰하**여 이르기를(...하는도다)
/여호와께서 우리 중에 **계시지 아니하냐**
재앙이 우리에게 **임하지 아니하리라**

백성의 지도자급에 속하는 우두머리(두령), 제사장, 선지자 모두가 한결같이 돈을 받고서 자신들의 직무를 행했다는 것이다. 우두머리(치리자)가 하는 일은 정의를 행하는 일이다. 선악을 분별하여 재판해야 한다(3:1).

2. 예루살렘은 결국 돌무더기로 변할 것이다.

3:12　이러므로(Therefore, לָכֵן)
너희로 말미암아(for your sake)
시온은 **갈아엎은 밭이 되고**
예루살렘은 **무더기가 되고**
성전의 산은
수풀의 **높은 곳이 되리라** 하시더라

히스기야 시대에 모레셋 사람 미가가 유다 멸망을 외친 내용이다.

바로 이런 사실 때문에(11절) 예루살렘은 이방인의 손에 의해 함락될 것이다. "너희로 말미암아" 앞 절에서 언급된 세 부류의 지도자들의 부패로 말미암아 예루살렘은 돌무더기로 변하여 성전이 있는 언덕은 수풀로 뒤덮일 것이다. 나라가 망할 것이라는 말이다.

어쨌든 이들은 도덕적이요 영적인 지도력을 발휘해야 한다. 이들은 세속적인 직업을 갖고 있지 않았다. 따라서 이들이 삯을 받는 것은 당연한 일이었다. 그러나 이들은 타락하여 돈을 위하여 점을 치는 자들이 되었다. 문제는 이런 일들이 습관화 되었다는 것이다. 결국 국가 전체가 하나님 앞에 범죄하게 되었다. 이런 일을 자행하면서도 이들은 오히려(알, עַל - 강한 '반대'를 나타낸다) "여호와께서 우리 중에 계시니 우리에게 전혀 재앙이 닥치지 아니할 것"이라고 큰소리쳤다.

과거에 일어난 사건을 예로 들어 (26:17-19)

1. 장로들 중 몇 사람이 일어나 거기 모인 모든 백성에 과거에 일어난 사건을 예로 들어 예레미야를 해쳐서는 안 된다고 도전한다. 어떤 사건인가?

(1) 유다의 왕 히스기야 시대에 **모레셋 사람 미가의 이야기를 들어 증언한다**. 옆의 도표를 보라. 미가는 어느 시대에 어떤 역할을 한 선지자인가? 우선 그의 프로필을 잠깐 살펴보자. 아래의 설명은 동교재, [오바댜-요나-**미가서**]에서 가져온 것이다.

(2) 미가는 유다의 왕들 "요담(주전 739-731년)[1]과 아하스(731-715년)[2]와 히스기야(715-686년) 시대", 그러니까 주전 8세기 후반기에 약 30여 년 간 예언 활동을 했다(주전 733-701년). 그렇다면 미가 선지자는 북 이스라엘의 부패와 멸망 과정을 지켜보았을 것이다.

(3) 그의 고향이 '모레셋'이라는 것 밖에는 그에 대한 소개가 없다. '모레셋'은 예루살렘에서 서남쪽으로 약 32km 떨어진 곳이다(가드모레셋, 미 1:14). 이로 보아 그는 아마도 비천한 가문의 출신이었을 것이다. 남 유다 출신이면서 북쪽에서 예언 활동을 했던 아모스 선지자의 고향 '드고아'가 모레셋에서 가까운 거리에 있다(약 28km).

2. 미가는 히스기야 시대에 유다 백성에게 무엇이라고 외쳤나?

> 26:18 유다의 왕 히스기야 시대에 모레셋 사람 **미가**가
> 유다의 모든 백성에게 예언하여 **이르되**
> 만군의 여호와께서 이와 같이 **말씀하셨느니라**
> /시온은 ———— 밭 같이 경작지가 될 것이며
> 예루살렘은 ——— 돌 무더기가 되며
> 이 성전의 산은 — 산당의 숲과 같이 되리라 하였으나

(1) 옆면의 내용을 보라. 미가가 전한 내용이다. 그러니까, 1세기 전에 미가가 히스기야 시대에 부패상을 보고 예언한 유다 패망에 대한 예언이다. 그는 먼저 야곱의 우두머리(두령)들을 언급한다. 미가는 정권 지도자들에게 제발 정의를 실천하라고 촉구하고 있다. 정의를 실천하는 것은 선을 행하고 악을 미워하

1) 요담은 749년부터 부왕 웃시야와 공동통치. 단독 통치 기간은 739년부터 731년까지 8년간이다.

2) 아하스는 북 이스라엘의 베가가 왕으로 있은지 17년째 되던해, 즉 20세에 왕위에 올랐다.

▶ '미가'는 미카야(מִיכָיָה)의 축약형이며 '누가 여호와와 같겠느냐?'라는 의미이다. 그는 이사야 선지자와 동시대의 인물이다 (주전 739-681년, 사 1:1 참조). 따라서 미가가 선포한 메시지의 내용은 이사야가 선포했던 내용과 유사한 부분이 많다. 특별히 미가서 4:1-5과 이사야 2:2-4은 거의 같은 내용이다.

▶ 비록 미가가 예레미야보다 한 세기 전에 예루살렘 파멸을 예언했지만, 예언의 성취가 지연되었지만 결국은 미가의 예언이 성취되었음을 보여준다.

▶ 히스기야는 단독으로는 29년을 통치했다(715-686년, 대하 29:1; 왕하 18:2). 729년 왕위에 오를 때(이스라엘의 마지막 왕인 호세아 재위 3년째 되던 해) 그는 25살이었다. 그렇다면 그는 54세를 살았다.

▶ 그는 첫 13년 동안 아버지 아하스와 공동 통치를 했는데(그렇다면, 이때 히스기야의 나이는 11살이었을 것이다) 어린 나이였던 히스기야는 아버지의 배교적인 정책을 통해 부정적인 면을 많이 보아왔을 것이다.

▶ 히스기야가 왕위에 올랐을 때(25세), 그는 과거에 벌어졌던 부패를 반면교사로 삼아 종교개혁을 단행했을 것이다. 그는 하나님 보시기에 정직히 행한 자라고 했다(왕하 18:5).

는 것이다. 그러나 통치자들은 이와 반대로 하고 있었다. 그들은 "산 채로 내 백성의 가죽을 벗기고 뼈에서 그 살을 뜯어 냈다"(미 3:2)고 했다. 선지자들도 예외는 아니었다. 이들은 자신들에게 금전적 이익이 있으면 평화를 선포하지만 그렇지 않으면 저주를 선포하는 자들이었다. 이들은 백성들로 하여금 곁길로 가게 했다. 제사장들도 마찬가지였다. 제사장들은 삯을 위하여 교훈했다. 이처럼 나라가 총체적 부패로 나아가고 있었다. 그러면서도 이들은 여호와가 우리 중에 계시니 재앙은 일어나지 않을 것이라고 했다. 하나님은 마침내 예루살렘의 멸망을 선포하신다. 시온은 갈아엎은 밭이 되고 예루살렘은 돌무더기가 될 것이다. 남 유다의 운명은 어떻게 될까?

(2) 이런 공격적인 예언에 대해 **유다의 왕 히스기야 왕**은 어떻게 반응했을까? 미가를 죽였을까? "유다의 왕 히스기야와 모든 유다가 그를 죽였느냐?" 아니라는 것이다. 오히려 "히스기야가 여호와를 두려워하여 여호와께 간구하매 여호와께서 그들에게 선언한 재앙에 대하여 뜻을 돌이키지 아니하셨느냐"

3. 이렇게 미가 선지자의 대정부에 대한 강력한 책망은 히스기야로 하여금 정신을 차리게 하는 기폭제가 되었다. 물론 동시대의 사역자 이사야의 활동도 있었다. 조금 더 그의 개혁 정책을 살펴보자.

(1) 히스기야는 무엇보다 우상을 없애고, 무너진 성전 중심의 예배를 회복시키는 등 모세의 율법에 충실했다는 점에서 선한 왕이었다는 평가를 받는다. 히스기야는 성전 문을 다시 열고, 성전을 청결케 했다(대하 29:3, 30:1-27). 그는 철저하게 성전 수리 작업을 수행했다. 히스기야는 제사장들과 레위인들을 불러다가 하나님 앞에서 직무에 충실하도록 했다. 이 청결 작업은 16일 동안 계속되었다. 그동안 선왕들이 하지 못했던 산당을 제거했을 뿐 아니라(왕하 15:4, 35, 14:4, 12:3), 철저한 종교개혁을 단행했다. 그의 부친 아하스는 친앗수르 정책을 쓰면서 그들의 종교제도를 그대로 답습했었다.

(2) 히스기야는 재위 첫해에 전국적으로(단에서 브엘세바까지) 사신을 보내 유월절을 지키도록 했다. 그는 여호와의 종교를 회복하면서 선조들이 세웠던 이방 제의의 요소들을 파괴했다. 그는 산당과 제단을 제거했을 뿐 아니라 그동안 성전에 보관했던 모세가 만든 놋뱀마저 파괴했다(왕하 18:3-4).

왕하 18:3 히스기야가 그 조상 다윗의 모든 행위와 같이 여호와 보시기에 '정직히'(יָשָׁר) 행하여

18:4 여러 산당을 제하며 주상을 깨뜨리며 아세라 목상을 찍으며 모세가 만들었던 놋뱀을 이스라엘 자손이 이때까지 향하여 분향하므로 그것을 부수고 느후스단이라 일컬었더라

히스기야의 개혁 (역대하 31장에 기록됨)

히스기야의 업적에 대해서는 이사야 36-39장, 역대하 29-32장에 잘 언급되어 있다. 그 내용은 동 교재, 왕하 271면을 참고해 보자.

(3) 이런 선한 행동 때문에 하나님은 그를 형통케 하셨다(대하 31:20-21). 이렇게 히스기야는 그가 행하는 모든 일(무릇 - 하나님의 전에 수종드는 일에나 율법에나 계명을 지키는 일 등 <모든 일, every work>)에 선과 정직과 진실함으로 최선을 다하였다는 것이다. 당연히 하나님이 그를 형통케(הִצְלִיחַ) 하셨다고 했다(대하 31:20 참조).

▶ 여기까지 히스기야의 행적을 살펴보고 다시 본문으로 돌아가자.

26:19하 우리가 이같이 하면(=만약, 우리가 예레미야를 해치는 무서운 일을 행한다면) 우리의 생명을 스스로 심히 해롭게 하는 것이니라

(우리 스스로 무서운 재앙을 불러들이는 것입니다)

(4) 위에서 살펴본 대로 미가의 심판 예언은 히스기야의 개혁으로 이루어지지 않았다. 히스기야가 미가의 강력한 메시지에 반응하며, 오히려 두려워하여 여호와께로 돌아섰기 때문이다. 같은 상황에서, 같은 메시지를 들었는데, 1세기 전 히스기야는 미가 선지자의 예언에 순응했다. 물론 미가를 죽이지 않았다. 예루살렘도 기적적으로 구원을 받았다(사 36-37장, 왕하 18-19장).

◀ 미가 선지자도 이사야 선지자와 동일한 메시지를 선포했다(미 3:12). 미가의 사역연대는 733-701년까지였다. 701년은 산헤립이 예루살렘 성을 공격한 해이다.

왕하 18장

- 히스기야는 반앗수르 정책을 폈다.
- 사르곤 왕의 아들 '산헤립'이 왕이 되었을 때 애굽의 후원을 얻어 두로 및 아스글론과 에글론과 더불어 반앗수르 동맹을 맺었다. 그는 힘겨운 조공을 더 이상 바치지 않았다.
- 마침내 앗수르의 산헤립이 예루살렘을 공격해서 항복을 요구했다(대하 32:1, 9 / B.C. 701년).
- 히스기야는 성을 파괴하지 않는 조건으로 엄청난 양의 공물을 바칠 것을 약속했다(왕하 18:13-16). 앗수르는 히스기야에게 은 300달란트와 금 30달란트 가량을 요구했다. 결국 히스기야는 성전과 왕궁 보물 창고에 있는 모든 은을 산헤립에게 주었다.

왕하 19:1-7

- 이사야에게 기도 요청, 히스기야의 기도(19:8-19)
- 산헤립의 두 번째(?) 공격 :
- 산헤립의 신하 랍사게가 왕의 친서(8-13절)를 가지고 와 히스기야에게 와서 빨리 항복할 것을 요구했다. 히스기야는 이사야에게 이 난국을 해결하기 위해 특별기도를 부탁했다(19:1-7).
- 히스기야의 기도 내용(19:14-19)
- 이때 이사야의 예언이 있었다(사 37:6이하). 이사야는 히스기야에게 앗수르는 반드시 물러갈 것이라고 예언하여 용기를 주었다(왕하 19:20-28, 32-33; 사 37:32-36).

왕하 19:20-37 : 앗수르가 물러감

- 앗수르의 멸망 예언(20-28절) / 히스기야는 이 예언의 징조를 요구했다(29-34절).
- **이사야의 예언대로(20-34절) 앗수르 군대는 18만 5천 명이 죽고 물러갔다(35-37절).**

기럇여아림 스마야의 아들 우리야(26:20-24)

1) 유다 지파에 속했다가 베냐민 지파에 분배된 성읍이다(스 2:25). 법궤가 기럇여아림에 들어간 날부터 20년 동안 있었다(삼상 7:2). 다윗이 이곳에서 법궤를 예루살렘으로 옮겨왔다(대상 13:5). 훗날 바벨론 포로지에서 스룹바벨과 함께 귀환한 기록이 있다(스 2:25, 느 7:29).

26:20 **또** 여호와의 이름으로 예언한 사람이 **있었는데**
곧 기럇여아림 스마야의 아들 **우리야라**
그가 — **예언하매**
/예레미야의 모든 말과 같이
/이 성과 이 땅에 경고하여

(1) 우리야는 어떤 선지자인가? 그는 기럇여아림[1] 사람이라고 했다. 우리야도 예레미야와 동일한 말로 경고했다. 그런데 이번에는 반응이 너무 강하게 나타났다. "여호야김 왕과 그의 모든 용사와 모든 고관이 그의 말을 듣고서 왕이 그를 죽이려" 했다(21절). 우리야는 그 말을 듣고 애굽으로 도망했다. "**여호야김 왕이 사람을 애굽으로 보내되** 곧 악볼의 아들 엘라단과 몇 사람을 함께 애굽으로 보냈다(22절). 그들이 우리야를 애굽에서 연행하여 여호야김 왕에게로 그를 데려오매 **왕이 칼로 그를 죽이고** 그의 시체를 평민의 묘지(=공동묘지)에 던지게 하니라"(23절).

2) 아히감의 아들 그달리야는 바벨론의 통치 아래에서 행정을 책임지는 유다 총독으로 임명되었다. 물론 이때 시드기야는 폐위되어 바벨론으로 유배되었다(렘 39:34, 40:7, 5-16). 그달리야는 이스마엘에게 죽임을 당한다(렘 41:1-18).

(2) **우리야는 죽었지만 예레미야는 사반의 아들 아히감이 보호하여 주었기에 백성의 손에 죽지 않게 되었다.** 아히감은 어떤 인물인가? 그는 서기관 사반의 아들이며(왕하 22:12; 대하 34:20), 그달리야의 아버지이다(왕하 25:22). 그는 요시야 왕 때 왕의 관원이었으며, 율법책에 관한 내용을 묻기 위해 선지자 훌다에게 보냄 받은 사람들 가운데 하나였다(왕하 22:12-14).[2] 아히감은 바벨론의 손에 넘어간 유다의 총독으로 임명될만큼 정치적으로 막강한 인물이었다. 그가 예레미야의 안전을 위해 앞장 선 것은 그가 얼마나 예레미야를 중요하게 여겼나를 볼 수 있다. 물론 정치적으로 아주 민감한 일이기도 했다. 예레미야의 말대로 바벨론에게 순순히 복종한다면, 계속 바벨론에 예속되는 일이요, 조공 역시 계속 바쳐야 하는 일이었다. 애굽을 등에 업은 반바벨론파의 주장과 바벨론에 예속해야 한다는 갑론을박의 정치적 혼란도 있었을 것이다.

(3) 우리는 갈등하는 백성들의 모습을 볼 수 있다. **이들은 예루살렘 파멸이라는 사실을 애써 외면하려 했다.** 강력한 예레미야의 메시지에 왕과 고관들과 백성은 설마 그런 일이 *실제 일어날 것인가 하는* **불안감과** *그렇게 되지 않기를 간절히 바라는 마음이* **교차되어** 혼란했을 것이다. 이런 불안함은 예레미야를 살리고 우리야는 죽이는 결과를 가져왔다. 어떻게 할 것인가? 유다의 마지막을 지켜 내야만 하는 시드기야의 정치적 딜렘마, 예루살렘은 파괴될 것이라는 예언, 결코 그런 일은 일어나지 않을 것이라는 확신에 찬 거짓 예언자들....

렘 26:22
여호야김 왕이 사람을
애굽으로 보내되
곧 악볼의 아들 엘라단과
몇 사람을 함께
애굽으로 보냈더니

23
그들이 우리야를
애굽에서 연행하여
여호야김 왕에게로
그를 데려오매
왕이 칼로 그를 죽이고
그의 시체를
평민의 묘지에
던지게 하니라

Think

여기 한 선지자가 바른 말을 전했다고 칼로 쳐죽임을 당해
보통 사람들의 무덤 안에 내던져지고 있다.
그것도 백성을 여호와께로 바로 인도해야 할 왕의 손에 의해서 말이다.
우리야 선지자, 그는 우리에게 크게 부각되지 않은 인물이다.
무명의 선지자, 그는 예레미야와 동일한 메시지를 전한다.
우리야의 말을 듣고 있던 왕과 그의 모든 군대 장교들과 유다의 모든 신하들이
우리야를 죽이려고 달려들었다.
우리야는 그 소식을 듣고 애굽으로 도망쳤다.
그러나 왕은 애굽으로 체포조를 급파했고, 체포조는 우리야를 붙잡아 왕의 손에 넘겼다.
"우리야를 칼로 쳐죽여라(히필 동사)." 왕의 명령이었다.
왜, 그는 예레미야처럼 정면 도전하지 않고 애굽으로 도망쳤을까?
그가 애굽으로 도망친 사실을 성경은 비판하지 않는다. 이 또한 잘못된 일도 아니다.
우리는, 우리야처럼 바른 소리를 낼 용기도 없지 아니한가!

멍에의 상징, 바벨론에 종속해라(27:1–22)

시드기야 4년(주전 593년)에 각국 사신들이 예루살렘으로 모여들고 있다(1-7절). 여기 모인 나라들은 공동의 적을 가지고 있다. 이들 나라의 영토는 느부갓네살에게 빼앗긴 상태였다. 느부갓네살은 국내 문제로 철수했던 것 같다. 이에 시드기야의 요청으로 주변 나라들의 사신들이 (바벨론을 대항하기 위한) 대책을 논의하기 예루살렘에 모였을 것이다. 이때 예레미야는 사신들이 보는 앞에서 목에 멍에를 메고 다시 (바벨론 왕을 섬기는) 상징적 행동을 하였다(27:1-22).

1. 언제 주어진 말씀인가?

(1) 본문에서는 "유다의 왕 요시야의 아들 여호야김이 다스리기 시작할 때에 여호와께서 말씀으로 예레미야에게 임하시니라"라고 되어 있다.[1] 그러나 27-28장의 내용은 시드기야 통치 시대에 관한 이야기이다(27:3, 12, 28:1). 이들 사신들의 모임이 언제 있었는지는 정확한 시기는 언급되어 있지만, 시드기야가 즉위하고 (597년) 얼마 지나지 않은, 즉 느부갓네살이 수리아 원정을 지휘했던 594-593년에 있었을 것이다.[2] 그 후 예루살렘이 포위된 것은 주전 588-587년이었다.

1) 70인역은 이 부분의 기록이 없다. (25:14-32:14까지 없음). 아마, 1절은 후대의 편집 과정에서 추가된 것처럼 보인다.

2) 이 모임에서 어떤 결의를 했는지, 이들은 바벨론의 공격 앞에서 성공하지 못했던 것 같다.

(2) 바벨론의 느부갓네살은 유다를 공격해 여호야긴을 쇠사슬로 묶어 바벨론으로 끌고 갔다. 대신 그의 숙부요 요시야의 아들인 시드기야(맛다니야)를 대신 왕으로 세웠다(597년). 바벨론의 꼭두각시로 세웠다면, 바벨론에 순종하며 살아야 하는데, 시드기야는 반바벨론 파와 친애굽 파의 압력으로 바벨론을 배반하게 된다(왕하 24:20). 더욱이 **거짓 선지자들이 나타나** *반드시* **하나님이 예루살렘을 지키실 것이고**, 바벨론 포로들은 곧 돌아올 것이며, 느부갓네살의 멍에는 두 해가 가기 전에 하나님께서 꺾어버리실 것이라고 했다(렘 28:1-12). **그는 이 말에 힘을 얻고 느부갓네살을 배반한다.** 지금 예루살렘에서는 시드기야의 주도로 주변 나라들의 사신들이 바벨론을 대항하기 위한 대책을 논의하고 있다.

(3) 어느 나라 사신들이 모였나? (27:3)
에돔, 모압, 암몬, 두로, 시돈의 왕의 사신들

2. 이 자리에서 예레미야는 상징적인 설교를 한다.

줄과 멍에는 포로의 모습을 생생하게 보여준다. "너는 줄과 막대기로 멍에를 만들어 네 목에 걸어라."

27:2 여호와께서 이와 같이 내게 **말씀하시되**
/너는 줄과 멍에를 만들어 네 목에 **걸고**

멍에는 바벨론의 지배를 말한다. 바벨론의 통치를 거부하는 민족이나 나라는 전쟁과 굶주림과 무서운 병으로 심판하여 멸망시키겠다는 예언이었다(27:8-11). 예루살렘에 온 사신들을 시켜 그들의 왕에게 메시지를 전하라는 것이다.

3. 예레미야가 이들 사신들에게 전한 메시지의 내용은 무엇인가? (5-11절)

(1) "나는(여호와는) 내 큰 능력과 나의 쳐든 팔로 땅과 지상에 있는 사람과 짐승들을 만들고 내가 보기에 옳은 사람에게 그것을 주었노라"(5절). 즉 하나님께서 만물의 창조주시라는 것이다. 하나님은 "땅과 지상에 있는 사람과 짐승들을 만들고" 그것을 자신이 원하는 사람들에게 줄 수 있는 권세를 가지셨다.

"내 종"(my servant,עַבְדִּי) - 느부갓네살은 한시적으로 여호와의 도구로 쓰이는 하나님의 종으로 불린다.

(2) "이제 내가 이 모든 땅을 **'내 종' 바벨론의 왕 느부갓네살**의 손에 주고 또 들짐승들을 그에게 주어서 섬기게 하였나니"(6절) - 그런데 하나님께서 이 모든 땅과 짐승들을 느부갓네살의 손에 맡기기를 기뻐하셨다는 것이다.

(3) 그러면 언제까지 그의 손에 맡기실 것인가?

27:7 모든 나라가 — **섬기리라**
/그와 그의 아들과 손자를
/그 땅의 기한이 이르기까지[1)]
또한 많은 나라들과 큰 왕들이 — 그 자신을 **섬기리라**

1) **기한이 이를 때까지** - 한시적이다. 바벨론의 나라가 영원하지 않을 것이다. 지금 느부갓네살은 한시적으로 하나님의 종으로 불리고 있을 뿐이다(렘 26:6).

▶ 따라서 "바벨론의 왕 느부갓네살을 섬기지 아니하면"

내가 — 그 민족을 **벌하리라**
/칼과 기근과 전염병으로
/그들이 멸망하기까지

(4) 만약, "너희 선지자나 복술가나 꿈꾸는 자나 술사나 요술자가 이르기를 <너희가 바벨론의 왕을 섬기게 되지 아니하리라> 하여도 너희는 듣지 말라." 느부갓네살 왕을 들어 세상을 징벌하시려는 하나님의 결정은 아주 확고한 것이다. 그래서 거짓 선지자들의 예언을 믿지 말라는 것이다. 정면으로 바벨론에 반역하는 것은 오히려 불필요한 살육과 고통만을 가져올 것이다. 오히려 바벨론에게

하나님께서는 왜 바벨론에게 복종하라고 하시는가?

순순히 굴복하는 것이 엄청난 재앙에서 피할 수 있는 유일한 길이라는 것이다. 이런 예언을 무시하는, 즉 바벨론의 노예가 되지 않을 것이라고 예언하는 거짓 선지자들에게 경고가 주어진다(9-10절). 거짓 선지자의 예언을 믿는다는 것은 곧 파멸을 의미한다.

• 28:1-11 이에 거짓 선지자 하나냐가 예레미야의 목에서 멍에를 빼앗아 꺾으면서 2년 안에 포로들과 성전 기구들이 되돌아온다고 예언하였다.

▶ 반대로 "바벨론의 왕 느부갓네살을 섬기면"

27:11 그러나
그 목으로 바벨론의 왕의 멍에를 메고 그를 섬기는 나라는
내가 —— 그들을 그 땅에 **머물러**
/[그가] ┬ 밭을 **갈며**
└ 거기서 **살게 하리라**
여호와의 말씀이니라 하시니라

시드기야에게도 항복하라는 메시지를...(12-15절)

1. 시드기야에게는 어떤 메시지를 전하였는가?

27:12 내가 이 모든 말씀대로 유다의 왕 시드기야에게 **전하여** 이르되
왕과 백성은 ┬ 바벨론 왕의 멍에를 목에 **메고**(הָבִיאוּ) - **בּוֹא**의 히필 명령법
└ 그와 그의 백성을 **섬기소서**(עִבְדוּ) - **עָבַד**의 칼 명령법
//그리하면 사시리라(וִחְיוּ) - 칼 명령법(결과로 볼 수 있다)

(1) 멍에(yoke, 올, עֹל)라는 말은 대부분 비유적으로 사용되었다. 왕정의 압제적인 정치(왕상 12장, 대하 10장), 속박과 노예상태(레 26:13 - 애굽; 사 14:25 - 앗수르 ; 렘 27:8, 11, 12 - 바벨론)를 말한다. 죄의 지배(애 1:4), 하나님의 자비로운 통치를 가리킬 때도 있다(렘 2:20, 5:5). '*바벨론 왕의 멍에를 멘다*'는 것은 **그의 지배를 받는다는 것**을 의미한다. 바벨론의 통치를 받고 그의 백성을 섬기라는 말이다. 그렇게해서 살아남으라는 것이다.

고대의 컵들

(2) "그런데 어찌하여 이 예언의 말씀을 어겨 칼과 기근과 전염병에 죽으려 하나이까?"(13절) "그러므로 당신들은 <바벨론의 왕을 섬기게 되지 아니하리라> 하는 선지자의 말을 듣는 것입니까? 그들의 예언은 거짓입니다"(14절). 이들 거짓 선지자들은 하나님이 보낸 자들이 아니다. 이들은 다 멸망할 것이다(15절).

2. 이렇게 예레미야는 계속해서 다른 선지자의 말을 듣지 말라고 강력하게 종용한다. 거짓 선지자들이 주장하는 예언은 예레미야의 예언과 정반대였다.

거짓 선지자의 예언	예레미야의 예언
• 렘 27:9 - 우리는 바벨론의 왕의 노예가 되지 않는다.	• 27:9 - 거짓 선지자나 점쟁이나 꿈의 뜻을 풀어 주는 사람이나 무당이나 마술사의 말을 믿지 마라
• 27:14 - 우리들은 바벨론의 왕을 섬기게 되지 아니하리라	• 27:12 왕과 백성은 바벨론 왕의 멍에를 목에 메고 그와 그의 백성을 섬기소서 그리하면 사시리라 • 27:14 - '바벨론의 왕을 섬기게 되지 아니하리라'하는 선지자의 말을 듣지 말라. 그들은 거짓을 예언한 것이다.
• 27:15 하나님께서 우리를 보냈다.	• 27:15 내가 그들을 보내지 아니하였거늘 그들이 내 이름으로 거짓을 예언하니 내가 너희를 몰아내리니 너희와 너희에게 예언하는 선지자들이 멸망하리라
• 27:16 - 여호와의 성전의 기구를 이제 바벨론에서 속히 돌려오리라	• 27:16 <여호와의 성전의 기구를 이제 바벨론에서 속히 돌려오리라>고 너희에게 예언하는 선지자들의 말을 듣지 말라 이는 그들이 거짓을 예언함이니라 하셨나니
	• 27:17 **너희는 그들의 말을 듣지 말고 바벨론의 왕을 섬기라 그리하면 살리라** 어찌하여 이 성을 황무지가 되게 하려느냐
• 27:18 우리는 선지자이고 여호와의 말씀을 가지고 있다.	• 27:18 만일 그들이 선지자이고 여호와의 말씀을 가지고 있다면 그들이 **여호와의 성전에와 유다의 왕의 궁전에와 예루살렘에 남아 있는 기구**를 바벨론으로 옮겨가지 못하도록 만군의 여호와께 구하여야 할 것이니라
27:20 이것은 바벨론의 왕 느부갓네살이 유다의 왕 여호야김의 아들 여고니야와 유다와 예루살렘 모든 귀인을 예루살렘에서 바벨론으로 사로잡아 옮길 때에 가져가지 아니하였던 것이라 27:19 기둥들과 큰 대야와 받침들과 이 성에 남아 있는 기구	• 27:22 그것들이(21절 - **여호와의 성전과 유다의 왕의 궁전과 예루살렘에 남아 있는 그 기구**) 바벨론으로 옮겨지고 내가 이것을 돌보는 날까지 거기에 있을 것이니라 그 후에 내가 그것을 올려 와 이 곳에 그것들을 되돌려 두리라

"너희는 거짓 선지자들의 말을 듣지 말고 바벨론의 왕을 섬기라 그리하면 살리라"- 이는 차라리 하나님의 징계를 받으라는 말이다. 그러나 백성들은 예루살렘에 성전이 있는 동안 패망은 없다고 생각했다. 거짓 선지자들이 그렇게 예언했기 때문이다.

예레미야와 거짓 선지자 하나냐(28:1-17)

거짓 선지자 하나냐와의 대립

28장도 27장에 이어 거짓 선지자와 참 선지자 간의 갈등을 다룬다. 거짓 선지자들의 대표자라 할 수 있는 인물은 누구일까? 28-29장에서는 거짓 선지자들의 이름이 거명된다. 하나냐, 아합, 스마야. "유다 왕 시드기야가 다스리기 시작한 지 사 년 다섯째 달, 기브온 앗술의 아들 선지자 하나냐가 여호와의 성전에서 제사장들과 모든 백성이 보는 앞에서" 예레미야에게 대항한다.

1. 선지자와 선지자가 대립했다. 한 사람은 하나냐, 또 한 사람은 예레미야이다. 왕과 고관들과 백성은 어떤 선지자의 말이 진짜인지 혼란해 했을 것이다.

하나냐

- 하나냐는 기브온 출신이다. 기브온은 예루살렘에서 북서쪽으로 9.7km 떨어진 곳이다. 물론 하나냐도 예레미야와 같이 베냐민 지파 사람이다.

(1) 언제 이 일이 있었는가? (그 해는 27:16-22과 같은 해를 말한다. 594년)

그 해 곧 유다 왕 시드기야가 다스리기 시작한 지 사 년 다섯째 달.
이때가 주전 594년이다. 이 해에 시드기야는 조공을 바치러 바벨론으로 갔다(렘 51:59, 유다의 **시드기야 왕 제사년에** 마세야의 손자 네리야의 아들 **스라야**가 그 **왕과 함께 바벨론으로 갈 때에** 선지자 예레미야가 그에게 말씀을 명령하니 스라야는 병참감이더라). 조금 더 읽어보자.

> 렘 51:60 예레미야가 바벨론에 닥칠 모든 재난 곧 바벨론에 대하여 기록한 이 모든 말씀을 한 책에 기록하고 61스라야에게 말하기를 너는 바벨론에 이르거든 삼가 이 모든 말씀을 읽고 62말하기를;
>
> 여호와여 주께서 이 곳에 대하여 말씀하시기를
>
> 이 땅을 멸하여 사람이나 짐승이 거기에 살지 못하게 하고
> 영원한 폐허가 되리라 하셨나이다 하라 하니라
>
> 63너는 이 책 읽기를 다한 후에 책에 돌을 매어 유브라데 강 속에 던지며
> 64말하기를;
>
> 바벨론이 나의 재난 때문에 이같이 몰락하여 다시 일어서지 못하리니
> 그들이 피폐하리라
>
> 하라 하니라 예레미야의 말이 이에 끝나니라

(2) 위의 말씀에서 볼 수 있듯이 제사장, 백성, 선지자 모두 바벨론의 멍에를 버리고 자유롭게 되려고 애를 쓰고 있었다. 그런데, 하나냐는 모두에게 소망이 담긴 메시지를 예언했다. 그가 예언한 내용은 어떤 것인가?

2. **하나냐가 여호와의 성전에서 제사장들과 모든 백성이 보는 앞에서 예레미야에게 이렇게 말한다.**

28:2 만군의 여호와 이스라엘의 하나님이 이같이 일러 **말씀하시기를**
/내가 —— 바벨론의 왕의 멍에를 **꺾었느니라**
3 /내가 —— 다시 이 곳으로 **되돌려 오리라**
/여호와의 성전 모든 기구를
/바벨론의 왕 느부갓네살이
이 곳에서 빼앗아 바벨론으로 옮겨 간
/이 년 안에
4 /내가 —— 다시 이 곳으로 **돌아오게 하리니**
/유다의 왕 여호야김의 아들 여고니야와
바벨론으로 간 유다 모든 포로를
//이는(for, כִּי)
내가 — 바벨론의 왕의 멍에를 꺾을 것임이라(=이기 때문에)
여호와의 말씀이니라 하시니라

예레미야와 상반된 주장

하나냐는 자신의 예언이 하나님께로부터 온 것이라고 주장했다.

- 바벨론 왕이 빼앗아 간 성전의 모든 기구들을 2년 안에 다시 가져오겠다.
- 바벨론으로 끌려간 여고니야(요호야긴)를 포함한 모든 포로들도 다시 돌아오게 하겠다.

여호와께서 이렇게 말씀하셨다는 것이다.

(1) 이미 27장에서 살펴본 것처럼 예레미야는 나무로 만들어진 멍에를 메는 행위 예언을 통해 유다는 바벨론에게 (하나님이 허락하신 기간까지) 종속되어야 해야 함을 예언했다. 바벨론에게 반항하는 것은 하나님의 의도에 반항하는 행동이며, 따라서 크게 형벌을 받을 것이라고 예언했다. 그런데, 하나냐가 이와 상반되는 예언을 같은 장소에서 하고 있다.

(2) 이 말을 들은 예레미야는 어이가 없었을 것이다. 어쨌든 그는 "아멘"이라고 대답한다(5절). "아멘, 여호와는 이같이 하옵소서 여호와께서 네가 예언한 말대로 이루사 여호와의 성전 기구와 모든 포로를 바벨론에서 이 곳으로 되돌려 오시기를 원하노라"(6절). 즉 **그는 하나냐의 예언대로 된다면 얼마나 좋겠느냐는 것이었다.**

(3) 그러나 예레미야는 그 예언이 하나님께로부터 온 것이 아님을 분명히 전한다.

28:7 그러나(Yet, אַךְ־)
너는 — **잘 들으라**(שְׁמַע־נָא)
/내가 네 귀와 모든 백성의 귀에 이르는 이 말을

(4) 예레미야는 두 가지 사실을 들어 자신과 하나냐의 예언 중 누구의 예언이 하나님께로부터 온 참 예언인가를 인정받을 수 있을 것이라고 했다.

예를 들어;
아모스(2:4)
호세아(4:6)
이사야(3:13-15)

첫째, 앞선 선지자의 메시지와 일치하는가? (8절)
둘째, 이 예언이 이루어질 것인가?(9절)의 문제였다.

28:8 나와 너 이전의 선지자들이 예로부터 **예언하였느니라**
/많은 땅들과 큰 나라들에 대하여
/전쟁과 재앙과 전염병을

① 아모스를 예로 들어보자. (암 2:4-5, 유다의 죄와 그 심판)

○ "여호와께서 이와 같이 말씀하시되"(2:4a)

● 죄의 목록[1)]
"이는 그들이 여호와의 율법을 멸시하며 그 율례를 지키지 아니하고 그의 조상들이 따라가던 거짓 것(우상)에 미혹되었음이라"

▶ 심판 선고(2:5)
유다에 불을 보내어 예루살렘의 궁궐들을 사르리라

② 호세아 선지자의 예를 들어보자. (호 4:6)
이스라엘 백성들이 망하는 것은 결국 무엇 때문인가? 왜 하나님은 제사장들을 벌하시는가?

호 4:6 내 백성이 지식이 없으므로 **망하는도다**
네가 지식을 버렸으니
나도 너를 **버려(=리라)** 내 제사장이 되지 못하게 할 것이요
네가 네 하나님의 율법을 잊었으니
나도 네 자녀들을 **잊어버리리라**

● 북 이스라엘 백성이 망하는 가장 기본적인 이유를 무엇이라고 했는가? 그는 지금 이스라엘의 영적이고 도덕적인 문제들이 하나님을 아는 지식의 결핍에 있다는 점을 지적하고 있다. 이스라엘 백성이 하나님에 대해서 정보가 부족했던가? 아니다. 이스라엘이 해야 할 일은 '아는 것에 대해서' 전적으로 반응을 나타내는 것이었다. 지금 이스라엘은 하나님과의 교제를 깨뜨렸다. 왜? 그것은 이스라엘의 죄 때문이다.

1) 유다의 죄는 무엇인가? 이들은 율법을 멸시하고 율례를 지키지 않았다는 것이다. 그리고 우상을 따랐다는 것이었다. 물론 유다 백성이 여호와를 완전히 버리고 우상을 숭배하지는 않았다. 그러나 그들은 여호와도 섬기고 우상도 따르는 혼합주의로 빠졌다. 본문은 이를 여호와를 버렸다고 표현하고 있다.

③ 이사야 선지자의 예를 들어보자. (사 3:13-15)
남유다가 이러한 심판을 불러들인 그들의 죄, 국가적 심판을 받게 된 원인은 무엇인가? (3:8-15)

사 3:8 // 이유(For, כִּי)
예루살렘이 멸망하였고 유다가 엎드러졌음은
그들의 언어와 행위가 '여호와를 거역하여'
그의 영광의 눈을 '범하였음이라' (=때문이다)

(5) 이렇게 예레미야는 앞선 선지자들(아모스, 호세아, 이사야 등)과 연관시키면서 백성이 언약을 어겼을 때, 언약 파기에 대한 저주로 이들도 재난(전쟁, 재앙, 전염병)을 선포했다는 것이다. 예레미야는 하나냐를 행해 언약 파기에 대한 하나님의 징계를 너무 가볍게 예언하고 있다는 점을 지적한다.

3. 한 가지 더, 무엇보다 선지자가 예언한 것은 그대로 성취되어야 한다는 것이다.

28:9 평화를 예언하는 선지자는 — **인정 받게 되리라**
/그 예언자의 말이 응한 후에야[1]
/그가 진실로 여호와께서 보내신 선지자로

(1) 거짓 선지자는 왜 죽임을 당해야 하는가? (신 18:20-22을 보자)

백성들은 선지자와 거짓 선지자를 구별할 수 있어야 한다.[2] 만약 거짓 선지자의 선포를 참 선지자의 말로 알고 순종한다면 엄청난 혼란이 있을 것은 당연한 일이다. 그래서 그가 참 선지자인가 아닌가를 구별하는 방법을 말씀하신다.

(2) 첫째는, 그가 예언한 하나님의 말씀과 그 결과가 일치해야 한다는 것이다. 둘째는, 그가 예언한 말이 성취 되어야 한다는 것이다. 만약 이와 어긋난다면 그의 어떤 예언이나 보복을 두려워해서는 안 된다. 그 자세한 구별법은 신명기 13:1-18에서 자세히 언급되었다.

4. 자, 이렇게 예레미야가 강력하게 나오자 하나냐는 신경질적인 반응을 나타낸다.

28:10 선지자 하나냐가 — 멍에를 **빼앗아 꺾고**
/선지자 예레미야의 목에서

1) when the word of the prophet shall come to pass
선지자의 말이 그대로 이루어지는 것을 통하여 그가 참 선지자인지 아닌지 알 수 있다.

2) 신 18:20 "만일 어떤 선지자가 내가 전하라고 명령하지 아니한 말을 제 마음대로 내 이름으로 전하든지 다른 신들의 이름으로 말하면 그 선지자는 죽임을 당하리라 하셨느니라." / 여호와의 허락없이 예언하거나 다른 신들의 이름으로 말하는 선지자는 반드시 죽이라고 명령하셨다.

그렇다면 어떤 선지자가 거짓 선지자인지 알 수 있었을까? 만약 다른 신을 섬기는 자라면 이는 바로 알 수 있을 것이다. 거짓 선지자 역시 이적과 기사를 베풀 수는 있다. 이런 선지자는 바로 처형을 명했다(신 13:1-5). 또 거짓 선지자의 예언은 그 결과를 보면 알 수 있을 것이다.

(1) 하나냐는 나무로 만든 멍에를 꺾었다(10-11절). 하나냐는 자신도 하나님께로부터 부름을 받았다고 주장한다. 자신의 예언이 예레미야의 예언보다 더 강하다고 주장한다. 예레미야는 70년의 포로 기간을 말했으나 하나냐는 두 해가 가기 전에 유다의 모든 포로들이 돌아올 것이라고 예언했다(11절).

하나냐 선지자의 이 확신에 찬 예언은 그러지 않아도 혼란했던 왕과 지도자들에게 얼마나 큰 힘이 되었을 것인가? 두 해가 차기 전에(2년 안에) 모든 문제가 해결될 것이라는 것이다. 백성은 쉽게 하나냐의 말속으로 빨려들어간다. 그것이 기다리는 답이었기 때문이다.

28:11 하나냐가 **말하여** 이르되(=이르기를)
/모든 백성 앞에서
/여호와께서 이와 같이 **말씀하시니라**(...하셨느니라 하매)
/내가 이와 같이 **꺾어 버리리라**
/이 년 안에
/모든 민족의 목에서
/바벨론의 왕 느부갓네살의 멍에를
선지자 예레미야가 ── 자기의 길을 **가니라**

(2) 하나냐가 예레미야의 목에 있는 멍에를 꺾어버리자 예레미야는 그 자리에서 떠나버렸다(11절). 이런 행동들을 왕과 고관들과 백성이 보고 있다. 백성은 혼란에 빠졌다. 누가 더 인기를 끌었을까? 당연히 하나냐가 대중적인 환영을 받았다. 이 모든 과정을 지켜보고 계셨을 하나님, 이런 일이 있은 지 얼마 지나지 않아 하나님은 다시 예레미야에게 말씀하신다.

"너는 하나냐에게 가서 야훼의 말이라고 하고 이렇게 일러라. '너는 나무 멍에를 부수었지만, 나는 그 대신 쇠 멍에를 만들겠다.'(공동번역)

28:13 너는 **가서** 하나냐에게 **말하여** 이르기를
/여호와의 말씀에
/네가 ┬ 나무 멍에들을 **꺾었으나**
└ 그 대신 쇠 멍에들을 **만들었느니라**[1]) - 칼 완료 2인칭 남성 단수

2) וְעָשִׂיתָ **but you have made** instead of them yokes of iron

עָשָׂה의 칼동사 완료 2인칭 남성 단수

(3) 네가 나무 멍에들을 꺾었으나 // 그 대신에 (네가) 쇠 멍에들을 만들었다. ("You have broken the yokes of wood, but **you** have made *instead of them* yokes of iron.") 하나냐가 징계의 상징인 나무 멍에를 꺾어 버렸다고 해서 하나님의 작정이 바뀐 것은 아니다. 하나님은 유다에 대한 심판 작정이 변치 않으셨음을 분명히 하셨다.

28:14 내가 쇠 멍에로 이 모든 나라의 목에 **메워**
바벨론의 왕 느부갓네살을 **섬기게 하였으니**
그들이 그를 **섬기리라**
내가 들짐승도 그에게 **주었느니라** 하라

28:15 선지자 예레미야가 선지자 하나냐에게 **이르되**
/하나냐여
/[너는] —— **들으라**
여호와께서 — 너를 **보내지 아니하셨거늘**
네가 ——— 이 백성에게 거짓을 **믿게 하는도다**

16 그러므로(לָכֵן)
여호와께서 이와 같이 **말씀하시되**
/내가 —— 너를 지면에서 제하리니
/네가 —— 금년에 죽으리라 하였더니
//(because. כִּי)
네가 여호와께 패역한 말을 하였음이라(=기 때문에)

17 선지자 하나냐가 그 해 일곱째 달에 **죽었더라**

• 모든 나라의 목에 쇠 멍에를 씌울 것이다. 바벨론의 종이 되게 할 것이다. 들짐승조차도 그에게 순종하게 될 것이다(14절).

• 하나냐는 하나님의 이름으로 거짓을 예언했다. 따라서 하나냐는 올해에 죽을 것이라고 선언하신다. 이 예언은 그대로 실현되었다. 하나냐는 그 해 칠월에 죽었다(17절).

Think

바벨론 포로에게 보낸 편지(29:1–32)

- **29:1-9 포로생활이 장기화 될 것이다(5-7절).**
- 29:10-14 포로 귀환에 대한 희망을 제시한다. 70년이 차면 하나님께서 포로를 귀환시키실 것이다(10-14절).
- 29:15-19 **거짓 선지자들을 믿는 예루살렘에 남아 있는 자들에게 경고가 주어진다.** 그들에게 칼과 기근과 전염병을 보낼 것이다. 이들은 거짓 예언자들의 말을 경청했다.
- 29:20-23 바벨론의 거짓 선지자들인 아합과 시드기야에 대한 경고이다.
- 29:24-32 거짓 선지자인 스마야에 대한 예언이다. 스마야는 예루살렘의 제사장인 스바냐에게 편지를 보내 예레미야를 제거하라는 편지를 보낸다

26-28장에서는 참된 예언과 거짓 예언의 문제를 언급했다. 29장에서는 바벨론에게 포로로 끌려간 자들에게 주어진 편지임을 밝힌다. 몇 통의 편지를 보냈을까? 1-15절은 예레미야가 포로들에게 보낸 편지의 내용이다. 바벨론 제1차 포로는 갈그미스 전투 때이다(주전 605년). 이때 느부갓네살은 유다의 젊은이들을 바벨론으로 데려가 그곳에서 일하게 했다(왕하 24:1-5). 다니엘과 세 친구도 이때 끌려갔다(단 1:1-6 참조). 제2차 포로는 주전 597년에 있었다. 이때 분봉왕으로 있던 여호야긴이 반란을 일으킨다(왕하 24:8-12). 왕뿐만 아니라 에스겔도 이때 끌려가게 된다(겔 1:1). 군사들 1만 명을 포함하여 많은 기술자가 끌려갔다(왕하 24:14).

1. 언제 보낸 편지인가?

(1) 연대가 밝혀져 있지 않지만 주전 598~597년 이후 바벨론에 끌려간 포로들에 관한 예레미야의 편지이다. 포로로 끌려간지 아마 4년 후인 594년에 쓰여진 것 같다.

- 누가? - 선지자 예레미야가
- 어디에서? - 예루살렘에서
- 무엇을? - 편지를 (보낸 것이다.)
- 누구에게? - 느부갓네살이 예루살렘에서 바벨론으로 끌고 간 장로들을 비롯하여 제사장들과 선지자들과 모든 백성에게

(2) "그 때는 여고니야(=여호야긴) 왕과 왕후(왕하 24:8, 느후스다)와 궁중 내시들과 유다와 예루살렘의 고관들과 기능공과 토공들이 예루살렘에서 떠난 후였다."

- 누가 사신들을 보냈는가? - 유다의 왕 시드기야가
- 어디로? - 바벨론으로 (바벨론의 왕 느부갓네살에게로)
- 사신들은 누구? - 사반의 아들 엘라사와 힐기야의 아들 그마랴

2. 이 사신들 편에 편지를 보냈는데, 편지의 내용은 5-28절에 언급되었다.

29:5 너희는 집을 **짓고** 거기에 **살며** 텃밭을 **만들고** 그 열매를 **먹으라**

29:6 [너희는] 아내를 **맞이하여** 자녀를 **낳으며**
너희 아들이 아내를 **맞이하며**

너희 딸이 남편을 **맞아** 그들로 자녀를 낳게 하여
너희가 거기에서 **번성하고 줄어들지 아니하게 하라**

7 너희는 ─ 내가 사로잡혀 가게 한 그 성읍의 평안을 **구하고**
└ 그를 위하여 여호와께 **기도하라**

//이는(for) 그 성읍이 평안함으로 너희도 평안할 것임이라(=것이기에)

포로민들은 거짓 선지자의 예언을 믿고 싶어 했을 것이다. 그들은 포로기간이 길지 않을 것이고 곧 돌아가리라 생각했다. 그러나 예레미야는 일찍 귀환할 것이라는 소망을 없애라고 말한다.

(1) 예레미야는 포로민들에게 그곳에 오래 정착하여 살라고 말한다. 결국 포로생활이 장기화 될 것이라는 말이다(5-7절). "너희는 집을 짓고 거기에 살며 텃밭을 만들고 그 열매를 먹으라"는 말을 볼 때, 어느 정도 자유가 주어졌던 것 같다. 또 사로잡혀 가 사는 그 나라가 잘 되도록, 그 성읍이 번영하도록 하나님께 기도하라고 명령한다.

(2) 혹 "너희 중에 있는 선지자들에게와 점쟁이에게 미혹되지 말며 너희가 꾼 꿈도 곧이 듣고 믿지 말아라"(8절). 왜냐하면 그들은 하나님의 이름으로 거짓을 예언하기 때문이다. 결국 하나님의 계획에 동참하라는 것이다. 그래서 "내 이름으로 내게 와서 기도하면 내가 너희의 기도를 들어주겠다. 너희가 온전한 마음으로 나를 찾고, 찾으면 나를 만날 것이다"(12-13절).

3. 얼마나 오랜 세월을 보내야 할까? (29:10-14)

비록 포로로 끌려왔지만 영원히 멸망 받지 않을 것이다. 따라서 귀환에 대한 희망을 제시한다. 70년이 차면 하나님께서 포로를 귀환시키실 것이다(10-14절).

29:10 여호와께서 이와 같이 **말씀하시니라**
/바벨론에서 칠십 년이 차면(참고: 렘 25:11, 12)
/내가 너희를 **돌보고** 나의 선한 말을 너희에게 **성취하여**
//(to) 너희를 이 곳으로 돌아오게 하리라

• 단 9:2 "곧 그 통치 원년에 나 **다니엘이 책을 통해** 여호와께서 말씀으로 선지자 예레미야에게 알려 주신 그 연수를 깨달았나니 곧 **예루살렘의 황폐함이 칠십 년만에 그치리라** 하신 것이니라
3내가 금식하며 베옷을 입고 재를 덮어쓰고 주 하나님께 기도하며 간구하기를 결심하고

(1) 이렇게 하나님은 포로 중에서라도 희망을 잃지 않기를 바라신다. "여호와의 말씀이니라 너희를 향한 나의 생각을 내가 아나니 평안이요 재앙이 아니니라 너희에게 미래와 희망을 주는 것이니라."(11절). "너희가 내게 부르짖으며 내게 와서 기도하면 내가 너희들의 기도를 들을 것이요"(12절) "너희가 온 마음으로 나를 구하면 나를 찾을 것이요 나를 만나리라."

비록 포로의 기간이 확정되어 있고 단시일에 귀환이 이루어지지 않지만 무의미한 세월이 되지 않기를 권고한다. 하나님께서 이들을 아주 버린 것이 아닐진대, 끝없이 그와 교제하며 간구해야 할 것이다.

(2) 물론 이들 중 누가 다시 고국에 돌아갈 수 있는 희망을 품을 수 있었을까? 70

년이라면, 그들의 자녀만 희망을 가질 수 있었을 것이다. 에스겔서 11:15이하에 보면, 포로 초기에 이들은 조기 회복을 위한 염원이 있었음을 보여준다.

1) 슈브(שׁוּב) -히필 동사

and I ***will bring you back*** to the place from where I sent you into exile.

29:14 이것은 여호와의 **말씀이니라**
/나는 — 너희들을 만날 것이며
너희를 포로된 중에서 다시 돌아오게 하되 (and I ***will restore***, וְשַׁבְתִּי)
내가 쫓아 보내었던 나라들과 모든 곳에서 모아
/[내가] — 사로잡혀 떠났던 그 곳으로 '돌아오게 하리라'(וַהֲשִׁבֹתִי)[1)]
이것은 여호와의 말씀이니라(declares the LORD, נְאֻם־יְהוָה)

거짓 선지자들을 믿는 예루살렘에 남아 있는 자들에게 경고(29:15-23)

1. 누구에게 주어진 말씀인가?

29:15 너희가 말하기를 (=너희가 이렇게 말한다마는)
여호와께서 —선지자를 **일으키셨느니라**
/우리를 위하여 바벨론에서

포로민들에게는 아직도 유다에 남아 있는 친족들이 있었고, 또 포로지에서 적응이 쉽지 않았을 것이기에 걱정이 많았을 것이다. 아직도 왕과 예루살렘에 남아 있는 자들은 거짓 선지자의 말을 믿었고, 모든 일들은 곧 해결될 것이라는 희망을 가졌을 것이다. 이들에게 재난이 있을 것임을 예언한다. 왜냐하면 이들은 참 선지자의 말을 경청하지 않았기 때문이다.

(1) 그러나 하나님께서는 어떻게 말씀하시는가?

- 누구에게 말씀하시는가? (16절) -
  다윗의 왕좌에 앉은 **왕**(=시드기야를 말함)과 이 성에 사는 모든 **백성에게**
  (곧 너희와 함께 포로 되어 가지 아니한 너희 형제에게)

- 이들에게 어떤 일이 벌어질 것인가?
  그들에게 칼과 기근과 전염병을 보낼 것이다. 결국 이들은 심판을 피할 수 없게 될 것이고 열방 중에서 학대를 당하고 비웃음거리가 되게 하실 것이다(18절). 썩어서 먹을 수 없는 나쁜 무화과처럼 만드실 것이다(17절하).

(2) 왜 이런 형벌을 주시는가?
"너희들이 내 말을 듣지 않았기 때문이니라
내가 내 종 선지자들을 너희들에게 꾸준히 보냈으나
너희는 그들의 말을 듣지 않았느니라"(하였기 때문이다)

2. 바벨론의 거짓 선지자들인 아합과 시드기야에 대한 경고를 보라(29:20-23).

(1) 예레미야는 포로민들에게 메시지를 전한다. "그런즉 내가 예루살렘에서 바벨론으로 보낸 너희 모든 포로여 여호와의 말씀을 들을지니라"(20절).

- 특히 누구에게 말씀하시는가? (21절) 이들도 모두 거짓 선지자이다.
  골라야의 아들 아합과
  마아세야의 아들 시드기야에게

- 무엇이라고 말씀하시는가?
  그들은 내 이름으로 너희에게 거짓을 예언한 자라
  보라 내가 그들을 바벨론의 왕 느부갓네살의 손에 넘기리니
  그가 너희 눈 앞에서 그들을 죽일 것이라

- 신 18:20 "만일 어떤 선지자가 내가 전하라고 명령하지 아니한 말을 제 마음대로 내 이름으로 전하든지 다른 신들의 이름으로 말하면 **그 선지자는 죽임을 당하리라** 하셨느니라."

(2) 이들이 저지른 구체적인 죄악은 무엇인가?

- 이스라엘 중에서 어리석게 행하여 그 이웃의 아내와 간음하며
  내가 그들에게 명령하지 아니한 거짓을 내 이름으로 말함이라

거짓 선지자, 스마야에 대한 예언(29:24-32)

(1) 스마야는 (예루살렘의 제사장인 스바냐에게) 예레미야를 제거하라는 편지를 보낸다. 제사장 스바냐는 그 편지를 예레미야 선지자가 듣는 데서 읽어주었다. 이때에 여호와의 말씀이 예레미야에게 임한다. 어떤 내용인가? 스마야의 죄목은 하나님께서 보내지 않았는데도 백성들에게 거짓을 예언했다는 것이다. 그에 대한 처벌은 스마야와 그의 자손을 벌하시겠다는 내용이다.

- 누구에게 말씀하시는가? - 느헬람 사람 스마야에게[1)]

1) 여호야김과 함께 제2차 포로 때 바벨론에 끌려간 사람이다.

(2) 스마야는 ① 예루살렘에 있는 모든 백성과 ② 제사장 마아세야의 아들 스바냐와 ③ 모든 제사장에게 다음과 같은 편지를 보낸다.

[스마야가 예레미야를 고소하며 스바냐(예루살렘의 제사장) **제사장에게 보낸 편지에 쓴 내용]**

- "하나님이 스바냐 제사장님을 여호야다를 대신해서 제사장으로 삼으신

29:21 만군의 여호와 이스라엘의 하나님께서 골라야의 아들 아합과 마아세야의 아들 시드기야에 대하여 이와 같이 말씀하시니라 그들은 내 이름으로 너희에게 거짓을 예언한 자라 보라 내가 그들을 바벨론의 왕 느부갓네살의 손에 넘기리니 그가 너희 눈 앞에서 그들을 죽일 것이라
22 바벨론에 있는 유다의 모든 포로가 그들을 저줏거리로 삼아서 이르기를 여호와께서 너를 바벨론 왕이 불살라 죽인 시드기야와 아합 같게 하시기를 원하노라 하리니

이유가 무엇입니까? 예레미야와 같은 미친 자들을 잡아다 쇠 고랑을 채우게 하려고 세우신 것이 아닙니까?(26절). 그런데 어찌하여 예레미야가 선지자 행세를 하는 것을 책망하지 아니합니까?"(27절) "예레미야가 바벨론에 있는 우리에게 편지하기를 <오래 지내야 하리니 너희는 집을 짓고 살며 밭을 일구고 그 열매를 먹으라>고 했단 말입니다."

• 렘 29:32 "그러므로 여호와께서 이와 같이 말씀하시니라 보라 내가 느헬람 사람 스마야와 그의 자손을 벌하리니 그가 나 여호와께 패역한 말을 하였기 때문에 이 백성 중에 살아 남을 그의 자손이 하나도 없을 것이라 내가 내 백성에게 행하려 하는 복된 일을 그가 보지 못하리라 하셨느니라 이것은 여호와의 말씀이니라."

(3) 그런데 제사장 스바냐는 스마야가 보내온 글을 선지자 예레미야에게 읽어서 들려 주었다(29절). 이때 "여호와의 말씀이 예레미야에게 임하였다"(30절).

29:31 너는 모든 포로에게 **전언하여** 이르기를
여호와께서 느헬람 사람 스마야를 두고 이같이 **말씀하셨느니라**
/내가 —— 그를 보내지 아니하였거늘
스마야가 ┬ 너희에게 예언하고
└ 너희에게 거짓을 믿게 하였도다

Close-up 디아스포라의 생활

1. 유다 나라가 공중 분해되었다.

(1) 유다의 패망, 그리고 이어진 바벨론 유수(幽囚). 북 이스라엘의 패망 후(주전 722년), 남쪽 유다는 수없는 선지자들의 외침에도 불구하고 귀를 기울이지 않았다. 예루살렘에 성전이 있는 동안은 나라가 안전할 것이라는 생각은 예루살렘 성의 함락과 함께 깨어져버렸다.

(2) 바벨론 포로로 끌려간 백성들은 성전이 불타버리고 나라가 완전히 망한 그 이유를 잘 이해할 수 없었다. 그발 강에 모여든 포로민들은 자신의 슬픔을 노래했다(시편 137편). 이들은 메소포타미아 남쪽 지방에 정착했다. 에스겔 선지자는 이들이 바벨론 동남쪽 닙풀(Nippur) 근처 '그발 강'가(by the river of Chebar) 텔아빕(Tel-abib)에 살았다고 증언한다(겔 3:15). (주전 593년 7월에 에스겔은 환상을 본다.)

(3) 세월이 조금 지난 후에 이들은 어느 정도 자유스러운 환경에서 살아갈 수 있었지만 포로 초기에는 어려움에 처해 있었을 것이다. 포로민들은 일반적으로 집단수용소라기보다는 자유스러운 토분(土墳, 흙을 쌓아서 임시로 간단히 만든 무덤 같은 곳)에서 살았던 것 같다. 포로 초기에는 일부가 느부갓네살의 많은 건축 계획에 노동력으로 동원되기도 했다.

2. 이런 백성들에게 소망이 전혀 없는 것일까?

(1) 물론 아니다. 지금은 징계 기간이다. 비록 예루살렘 성전과 같은 예배 처소는 없지만 새로운 공동체가 실제로 출현하기 시작했다. 바벨론의 포로민 정책은 앗수르와는 달랐다. 유다인 포로들은 비교적 안락한 생활을 했다는 증거들이 있다. 바벨론은 포로민들에게 유화(宥和) 및 개방정책을 채택했기 때문이다.

(2) 바벨론 포로 이전에도 유다인들은 애굽 및 중동 전역에 흩어져 살게 되었다. 이들에 대한 자세한 정보는 없지만 디아스포라(=diaspora, 흩어진 유대인)는 예루살렘이 파괴되기 이전부터 시작되었다. 앗수르의 디글랏빌레셀이 이미 주전 733-732년에 갈릴리와 트랜스요르단 사람들을 사로잡아갔다(왕하 15:29). 사르곤 명문(銘文)은 북 이스라엘이 망한 후 27,290명을 끌고 가서 메대에 있는 앗수르 속주(屬州)들에 이주시켰다고 기록하고 있다(ANET, 284-25, 왕하 17:6, 18, 18:11; 대상 5:26 참조). 또 주전 701년에는 산헤립이 히스기야의 성읍에서 200,150명을 사로잡아갔다고 한다(ANET, 288). 그리고 니느웨의 산헤립 궁전 부조(浮彫)에는 라기스에서 유다인들이 사로잡혀 오는 모습이 묘사되어 있다.

3. 성경 이외의 자료들로는 바벨론과 애굽의 문헌들을 통해 어느 정도 유다인들의 생활과 지위를 알 수가 있다.

(1) 바벨론 문헌에는 포로로 잡혀간 여호야긴을 바벨론 왕 에윌므로닥이 풀어주어 왕으로 왕궁에 거하게 했다는 기록이 있다(토판 그림 참조).

(2) 엘레판틴 파피루스에 대해서는 앞에서 언급된 바 있다. 애굽의 아스완 댐 맞은편 엘레판틴에서 발견된 법률 및 서간 문헌들이 문서보관소에서 발견되었다. 이것들은 페르샤 시대(495-399 B.C.)의 것이긴 하지만 이들 공동체가 이미 앗수르 시대부터 존재했음을 보여주고 있다.

4. 바벨론으로 끌려간 포로들은 비교적 자유로운 생활을 누렸음을 여러 문헌들을 통해 알 수 있다.

(1) 2차 포로로 끌려간 사람들에게(597 B.C.) 예레미야가 권면하는 글 속에서 포로 생활의 면모를 엿볼 수 있다. 예레미야 29:5-7을 보라.

(2) 다니엘은 왕실 환경에서, 그리고 에스겔은 강뚝의 난민 캠프에서 살았다. 이미 포로로 끌려간 사람들은 예레미야의 말처럼 어느 정도 안정된 생활에 정착했다(렘 29:4-7).

동교재(백투더바이블), 에스라-느헤미야 서론에서 가져옴

286 회복의 약속(30:1-33:26)

이 부분은 이스라엘의 미래에 대한 소망을 담았기에 '위로의 책'(Book of Comfort)이라고 도 불린다. 그는 새 언약을 선포한다(렘 31:31). 새 언약이란 무엇이며, 무엇을 말하고 있는가? 렘 30-33장이 말하는 핵심적인 내용은 포로생활이 끝난 후 유다와 이스라엘의 운명과 회복에 대한 관심이다.

새 언약(31:31)

1. 주전 587-586년, 예루살렘은 느부갓네살 2세가 이끄는 바벨론 군대에 의해서 함락된다. 성벽은 무너지고, 도시는 불타버린다.

(1) 이사야, 미가, 예레미야의 예언은 현실이 되었다. 마침내 포로생활이 시작된 것이다. 유대인의 신앙을 받쳐주고 있던 외형적 틀 - 성전, 법궤, 제사장, 제사 제도 - 은 모두 깨어져버렸다. 성전 파괴와 함께 왕을 비롯한 귀족, 고위급 관료들이 바벨론으로 끌려갔다. 나라가 분해되어 버렸다.

(2) 이런 일련의 사태는 이스라엘의 정체성을 흔들어버리기에 충분했다. 백성 모두가 당황했다. 예레미야가 사역하던 시대의 상황은 참으로 암담했다. 유다가 바벨론의 무력에 굴복, 모든 희망이 사라져 버렸다. 하나님은 언약을 어긴 백성들을 내버려두셨다고 말씀하신다(렘 2:1-3:5).

2. 예레미야는 이렇게 불안한 사람들에게 희망을 가져다 줄 예언을 환상으로 보고 있다(렘 31:31-14). 상당수가 바벨론 포로로 끌려가고 다윗 왕조는 무너지지만 다시 회복시키실 것이라는 내용이다.

(1) 왜 왕조가 망하고, 예루살렘의 함락은 어찌하여 일어나야 했는가? 하나님의 언약(아브라함, 다윗 언약)은 영원히 백지화된 것이 아닌가? 그러나 예레미야는 아직도 그 약속은 유효하며, 하나님은 여전히 이스라엘을 사랑하신다는 확신을 전한다. 그래서 이 부분(30-33장)을 '위로의 책'(Book of Comfort)이라고 부른다.

(2) 그는 새 언약을 선포한다(렘 31:31). 바벨론 포로에서 이들은 다시 돌아올 것이다. 왜? 단순히 무너진 성전을 재건하려고? 그 근본 목적은 "다윗에게 의로운 가지가 나게" 하기 위해서이다(렘 31:15). '가지'라고 부르는 자손, 곧 메시야가 언급되고 있다.

3. 새 언약이란 무엇이며, 무엇을 말하고 있는가? 자세한 것은 본문 설명에서 다루기로 하고 여기서는 개괄적인 것만 훑어보기로 하자.

(1) 렘 30-33장이 말하는 핵심적인 내용은 포로생활이 끝난 후 유다와 이스라엘의 운명과 회복에 대한 관심이다. 30-31장은 거의 대부분 흩어진 이스라엘과 유다 백성의 귀환을 다루고 있다.

(2) "보라 날이 이르리니"(Behold, days are coming) **내가 이스라엘 집과 유다 집에 새 언약을 맺으리라.** '내가~세우리라'(כָּרַתִּי, 칼 동사 완료) 1인칭으로 시작되는 여호와의 메시지는 새 언약이 이스라엘과 여호와 간의 협상에 의해서 이루어지는 것이 아니라 일방적으로 수여될 것임을 선언한다.

(3) 그런데 이 언약은 '새로운 언약'(בְּרִית חֲדָשָׁה, new covenant)이라고 표현한다. '새로운'(חֲדָשָׁה - 여성 단수)이라는 단어는 '새로운'(new), '신선한'(fresh)

이라는 뜻으로 시간적인 뉘앙스뿐만 아니라 질적인 뉘앙스 모두를 반영한다. 즉 이 새 언약은 과거의 언약과 연속성을 지니고 있는 반면, 이 언약은 시내산 언약과 다윗 언약의 질적인 변화와 발전 그리고 구원 역사 속에 드러날 새 시대의 변화와 발전을 보여줄 것이다.

4. 시내산 언약과 새 언약, 그 질적(質的)인 차이

(1) 렘 31:32 "이 언약은 내가 그들의 조상들의 손을 잡고 애굽 땅에서 인도하여 내던 날에 맺은 것과 같지 아니할 것은" / 새 언약은 시내산 언약과 같지 않다는 것이다. 즉 질적인 차이가 있다는 것이다. 시내산 언약은 이스라엘 백성들로 말미암아 반복해서 깨뜨려졌다. 요시야 왕은 개혁을 위해 몸부림쳤지만, 결국은 실패하고 말았다. 이는 시내산 언약의 불완전함을 드러내는 증거가 된다.

"32하 - 내가 그들의 남편이 되었어도 그들이 내 언약을 **깨뜨렸음이라** 여호와의 말씀이니라."

(2) 그러나, 새 언약은 결코 깨뜨려지지 아니할 것이다. 그렇다면, 시내산 언약 자체가 문제가 있었단 말인가? 물론 아니다. 이와 같은 실패는 언약 자체에 문제가 있는 것이 아니다. 오히려 백성으로 말미암은 실패임을 명백하게 밝히고 있다.

(3) 이스라엘과 유다는 이제 완전히 사라질 것인가? 물론 아니다. 비록 이스라엘이 하나님을 노엽게 했지만, 언약에 신실하신 하나님은 이스라엘을 다시 회복시키실 것임을 선언하신다(렘 30:7). 이스라엘은 다시 한 번 다윗과 같은 한 왕의 공의로운 통치 아래서 자유롭고 번영을 누리며, 영예로운 나라가 될 것임을 확실히 하신다(렘 33:19-26).

5. 회복은 반드시 있을 것이지만…

(1) 이런 회복이 있으려면 백성에게 꼭 필요한 의무사항이 있어야 한다. 그것은 전적으로 하나님을 신뢰하여야 한다는 것과 다시 한 번 자신들의 죄를 돌아보아야 한다는 점이다(사 56, 57장). 따라서 죄의 고백이 따라야 한다(사 59:9-15, 63:15-64:12).

(2) 이스라엘은 어떤 민족인가? 하나님께서는 아브라함 언약의 성취로 그의 후손들에게 가나안 땅을 얻게 하셨다. 그리고 이들을 불러 제사장 나라로 만드셨다(출 19장). 그러나, 이스라엘은 계속적인 반역, 고질적인 패역으로 인하여 언약의 의무들을 이행할 수 없었다. 따라서 신명기 28장의 말씀대로 이들에게 저주가 임할 수밖에 없었다. 그 저주가 "바벨론 포로"로 나타났다.

(3) 다윗 왕조의 붕괴, 그것은 아브라함 선택의 종말을 의미하는가? 북왕조 이스라엘은 이미 앗수르에 의해 역사에서 사라져 버렸다(주전 722년). 한 세기가 좀 지나서 남 유다 역시 바벨론에 의해 나라가 공중분해 되었다. 하나님 나라를 더 이상 존속시킬 수 없게 되었다. 그러므로 아브라함 - 모세 - 다윗 언약의 내

용을 담고 있는 외형적 틀은 완전히 깨어져 버린 결과를 가져왔다.

6. 그러므로 새로운 그릇이 필요했다. (깨어지지 않는) 새 언약의 약속이 주어진다.

(1) 새 언약의 골자는 다윗 왕조는 붕괴되지만 참 다윗 왕이 나타나 자기 백성을 영원히 다스리게 될 것이라는 것이다. 그렇다면, 새 언약(new covenant)은 이전 언약과 어떻게 다른가? '새 언약'이란 표현은 구약성경에서 여기뿐이다. 그러나 다음의 표현들은 새 언약과 동등하다고 할 수 있다. 그 개념은 훨씬 광범위하다.

- 영원한 언약(사 24:5, 55:3, 61:8; 렘 32:40, 50:5)
- 새 마음, 새 영(렘 32:39; 겔 11:19, 18:31, 36:26)
- 평화의 언약(사 54:10; 겔 34:25, 37:26)
- '그 날에'라는 말 속에 있는 "언약, 나의 언약"(사 42:6, 49:8, 59:21; 호 2:18-20)

(2) 시내산 언약은 이스라엘 백성들로 말미암아 반복해서 깨뜨려졌다. 이제는 깨어지지 않는 언약, 즉 '새로운'(חֲדָשָׁה) 언약이 필요하다.

시간적으로도, 질적으로도 새로운 언약, 언약의 파기를 방지하기 위해 하나님은 그의 법을 새 이스라엘의 **마음속에** 두실 것이다(렘 31:33 "그러나 그 날 후에 내가 이스라엘 집과 맺을 언약은 이러하니 곧 내가 **나의 법을 그들의 속에 두며 그들의 마음에 기록하여** 나는 그들의 하나님이 되고 그들은 내 백성이 될 것이라 여호와의 말씀이니라.")

(3) 위의 33절의 내용과 같이 새로운 언약도 시내산 언약의 범주 안에 있음을 본다. 시내산 언약과 유사한 법을 소개하면서, 즉 시내산 언약으로부터 유추할 수 있는 법을 소개하면서 끝맺고 있다("나는 그들의 하나님이 되고 그들은 내 백성이 될 것이라 여호와의 말씀이니라). 이 새로운 언약을 통해 여호와의 법이 인간의 마음속에 있게 될 것이다.

(4) 새 언약은 시내산 언약 아래 이루어진 실재보다 더 진전된 개념이라 할지라도 이 언약은 시내산 언약에 나타나는 이상적인 상태와 완전히 구별될 수는 없다. 그러니까 새 언약은 시내산 언약의 이상을 포기하지 않으면서도 오래된 진리와 질적으로 다른, 이전의 언약에 드러냈던 것과는 근본적으로 다른 순종의 차원을 그리고 있다. 따라서 시내산 언약이 지니고 있는 문제는 분명히 인간의 유약(柔弱)함으로 말미암은 것이다. 옛 언약과는 다른 새 언약이 체결될 것이며, 그 때에 사람들은 자발적으로 하나님께 순종할 마음을 갖게 될 것이다(31-34절).

(5) 앞에서 살핀대로 예레미야는 (히브리서 기자도 마찬가지로, 히 8:8-12, 10:16-17) 시내산 언약을 비판하지 않는다. 문제는 백성들에게 있음을 지적한다(렘 31:32).

(6) 그런 의미에서 '새로운'(new)라는 말은 '갱신된' 또는 복구된 언약을 의미한다. 그러므로 새 언약은 새로이 갱신되고 확대된 옛 아브라함-다윗 언약이라고 할 수 있다(W. 카아저, 구약성경신학).

(7) 그러면서도 새 언약의 새로운 면모를 볼 수 있다.

- 하나님에 관한 보편적 지식(렘 31:34)
- 자연의 세계적인 평화와 군사 무기의 부재(사 2:4; 호 2:18; 겔 34:25, 37:26)
- 세계적인 물질 번영(사 61:8; 호 2:22; 렘 32:41, 겔 26-27)
- 이스라엘 가운데 지성소의 연속(겔 37:26, 28)
- 하나님의 성령을 세계적으로 소유(욜 2:32이하)

7. 이제 이스라엘의 회복은 확실할 것이다.

(1) 예레미야는 이렇게 불안한 사람들에게 희망을 가져다 줄 예언을 환상으로 보고 있다(렘 31:31-14). 상당수가 바벨론 포로로 끌려가고 다윗 왕조는 무너지지만 다시 회복시키실 것이라는 내용이다. 여호와께서는 이제 절대로 이스라엘을 저버리지 아니하실 것이다(렘 31:35-37). 이스라엘을 향한 하나님의 지속

적인 임재와 신실하심이 우주가 흔들리지 않고 견고한 것처럼 견고할 것이다.

(2) 왜 왕조가 망하고, 예루살렘의 함락은 어찌하여 일어나야 하는가? 하나님의 언약은 영원히 백지화된 것이 아닌가?! 그러나 예레미야는 아직도 그 약속은 유효하며, 하나님은 여전히 이스라엘을 사랑하신다는 확신을 전한다. 그는 새 언약을 선포한다(렘 31:31). 바벨론 포로에서 이들은 다시 돌아올 것이다.

신약시대

1. 새 언약은 옛 언약과 뗄래야 뗄 수 없는 관계에 있다. 새 언약은 지금 새로운 것이면서 동시에 과거와 연속성을 갖는다.

(1) 그 약속들이 과연 우리에게 주신 약속들인가? 그 약속들이 이 시대에 성취되고 있는가?

"이 잔은 내 피로 세우는 새 언약이니 곧 너희를 위하여 붓는 것이라"(눅 22:20). (예레미야의 새 언약에 관한 예언을 인용하면서) "또한 성령이 우리에게 증언하시되, 주께서 이르시되 그날 후로는 그들과 세울 언약이 이것이라 하시고 내 법을 그들의 마음에 두고,…그들의 죄와 그들의 불법을 내가 다시 기억하지 아니하리라"(히 10:15-17). "너희는 주께 받은 바 기름 부음이 너희 안에 거하나니 아무도 너희를 가르칠 필요가 없고, 오직 그의 기름 부음이 모든 것을 너희에게 가르치며"(요일 2:27).

(2) 이 구절들은 우리가 새 언약의 약속에 참여하고 있다고 선언하는 구절들이다. 신약의 각기 다른 세 저자들이 새 언약의 핵심적인 면들을 현 시대에 적용하고 있다. 우리가 주의 만찬에 참여할 때마다 우리가 새 언약의 중요한 복 가운데 하나에 참여하고 있는 것이다. 사도 요한은 즉각적인 영적 통찰을 주는 하나님의 성령의 기름 부으심은 지금 우리가 경험하는 것이라고 이해했다.

2. 새 언약은 마음을 새롭게 할 것이다. 하나님께서는 그분의 백성들이 언약의 복을 경험하게 될 것이라는 사실의 보증으로 내적인 사람이 다음과 같이 변화될 것을 약속하셨다.

"**새 영을 너희 속에 두고 새 마음을 너희에게 주되** 너희 육신에서 굳은 마음을 제거하고 부드러운 마음을 줄 것이며 또 내 영을 너희 속에 두어 너희로 내 율례를 행하게 하리니 너희가 내 규례를 지켜 행할지라"(겔 36:26-27).

(1) 이 동일한 약속은 새 언약에 관한 예레미야의 예언을 뒷받침해주고 있다. 새 마음을 주신다는 것과 하나님의 영을 소유하게 된다는 것은 주님께서 이 새 언약의 시대에 지금 성취하고 계시는 영광스러운 약속이다.

(2) 충만한 사죄가 새 언약과 더불어 임한다. 이러한 용서는 새 언약의 기초이다(렘 31:34). 모든 죄가 용서함을 받기 때문에 언약의 복을 경험할 수 있다.

(3) 예수 그리스도께서는 다양한 기원을 가진 이스라엘의 믿는 자들을 하나로 만드실 뿐만 아니라 이방인들 가운데서 믿는 자들을 그들과 연합시키기도 하신다.

(4) 사도 바울은 이와 동일한 새 언약의 복을 직접 언급했다. 바울은 이것을 전에는 감추어졌으나 이제는 계시된 비밀이라고 묘사한다(엡 3:2-5).

그 비밀이란 이방인들이 복음으로 말미암아 이스라엘과 함께 상속자가 되고, 한 몸에 속한 지체들이요 그리스도 예수의 약속 안에 함께 참여한 자가 되었다는 사실이다(엡 3:6). 함께 참여자가 된 이방인들은 유대의 믿는 자들과 더불어 정확히 동일한 약속을 상속받는다.

<여기까지 살펴보고, 본문으로 들어가자>

심판을 통한 회복(30:1–24, 31:1)

렘 31장

- 1-3절 - 두루마리에 적어라 (회복의 약속)
- 4-9절 - "내가 멍에를 깨뜨리라"
- 10-11절 - "내가 너와 항상 함께 있고, 너를 구원하리라"
- 12-17절 - 이스라엘을 위한 치료 - "내가 너를 건강하게 회복시키리라."
- 17b-22절 - 궁극적인 약속 - "내가 그들에게 명예를 주리라"
- 23-24, 31:1절 - 심판의 위협적인 말씀 - 백성들을 다 벌하시기까지 여호와의 분노가 그치지 않는다.

"여호와께로부터 말씀이 예레미야에게 임하여 이르시니라"(30:1). 하나님은 예레미야에게 "내가 네게 한 모든 말을 책에 기록하라"고 명령하신다. 예레미야는 이를 말로 전하고, 훗날 그것들이 제자들에 의해 모아지고 기록된다(렘 36:4을 보라). "날이 오리니" 즉 때가 되면, 하나님이 포로된 그들을 돌아오게 하시겠다고 약속하신다. "내가 그들을 그 조상들에게 준 땅으로 돌아오게 할 것이니 그들이 그 땅을 차지하리라"(3절). 30장은 백성이 그 땅을 다시 차지하게 될 것이라는 땅에 대한 약속이고, 하나님과의 관계회복은 31장에서 주어진다.

1. 하나님은 이스라엘과 유다의 회복을 약속하신다. 언제? 누가?

(1) "내가 네게 일러 준 '모든 말'(the words, כָּל־הַדְּבָרִים)을 책에 기록하라."(2절)

30:3 여호와의 **말씀이니라**

/(for, כִּי)

보라(behold, הִנֵּה)

내가 (내 백성, 이스라엘과 유다의 포로를) 돌아가게 할 날이 오리니

/내가 — 그들을 돌아오게 할 것이니(הֲשִׁבֹתִים) - 히필 동사 완료

/그 조상들에게 준 땅으로

/그들이 — 그 땅을 차지하리라(וִירֵשׁוּהָ) - 칼 동사 완료

보라, 정녕 그 날이 오고야만다. 포로들이 돌아올 그 날이 오니까~ days are coming (칼 분사)

회복은 하나님께서 원하시는 방법, 원하시는 때에 진행된다. 하나님은 돌아오게 하실 것이다.

(2) "날이 오리니"(days are coming, יָמִים בָּאִים) - 앞으로 70년(렘 25:12)이 지나서 포로된 백성을 다시 돌아오게 하실 것이라고 약속하셨다(27:22, "예루살렘에 남아 있는 모든 물건도 바벨론으로 실려갈 것이다. 내가 다시 찾아올 때까지 그 곳에 있게 될 것이다"). 즉 반드시 내 백성, 이스라엘과 유다의 포로를 돌아오게 할 날이 온다는 것이다. 왜냐하면 하나님께서 역사를 주관하시기 때문이다. 그때에는 오래 전에(주전 722년) 사라진 북 이스라엘 백성도 함께 돌아오게 될 것이다(4절).

2. "여호와께서 이스라엘과 유다에 대하여 하신 말씀"이 무엇인가 들어보라(4절)

(1) "내가 너와 함께 있어 너를 구원할 것이라"(11절). 하나님은 이스라엘을 구원해 주실 것이라는 희망을 선포하신다. 그러나 그 희망은 고난을 통과한 후이다.

여기서 '우리는' 누구인지 확실치 않다.

놀라서 울부짖는 소리뿐이다, 온통 공포뿐 평안한 곳은 없다. - 전쟁의 공포

30:5 여호와께서 이와 같이 **말씀하시되**
/우리가 —— 무서워 떠는 자의 소리를 들으니
/<그것이> — 두려움이요 평안함이 아니로다

(2) 이스라엘에 들려오는 음성은 온통 두려움과 공포뿐이다. 전쟁의 참화뿐이다. "너희는 자식을 해산하는 남자가 있는가 물어보라"(6절). 물론 해산하는 남자는 없다. 여기서 남자는 아마도 이스라엘 군인들을 가리킬 것이다. 이들은 전쟁의 참화로 "해산하는 여자 같이 손을 자기 허리에 대고 모든 얼굴이 겁에 질려 새파래졌느냐?"고 반문한다.

3. "슬프다 그 날이여" 그 날은 여호와의 날이요, 심판의 날이다. 여호와의 날이 이스라엘에게 왜 슬픔의 날이 될 것인가? 아모스 선지자의 동일한 음성을 들어보자.[1)]

1) 동교재, 아모스 5장에서 설명을 가져옴

(1) 이스라엘 백성은 '여호와의 날'을 간절히 사모하고 있었다. 왜냐하면 여호와께서 주변의 나라들을 모두 물리치고 영화로운 날이 오게 하실 것이라고 믿었기 때문이다. 이런 환상을 가진 백성들에게 아모스는 폭탄적인 선언을 한다.

암 5:18 "**화 있을진저**(הוֹי) - (호이 - 슬프다, 오! 화로다)
여호와의 날(יוֹם יְהוָה)을 사모하는 자여
너희가 **어찌하여** 여호와의 날을 **사모하느냐**
그 날은 **어둠이요 빛이 아니라**"

'여호와의 날'의 이중성(단 12:1 참조)

(2) '여호와의 날'은 이중성을 띠고 있다. 즉 '여호와의 날'은 구원(회복)의 날이기도 하지만 다른 한편에서는 심판(징벌)의 날이기도 하다는 말이다(동교재, 요엘서 2장 참조). 물론 이스라엘은 그 날이 구원의 날이라고 믿었다. 그러나 아모스 선지자의 외침을 보라.

(3) "너희가 어찌하여(לָמָּה־זֶּה) '여호와의 날'[2)]을 기다리느냐?"
'마'(מָה - 무엇? 어떤?)에다 전치사 레(לְ)가 오면 '왜, 어째서?'라는 의미가 있다. 제(זֶה)는 남성 지시대명사로 לָמָּה를 강조한다. 즉 '어찌하여'(For what purpose)란 말이 크게 강조되어 있다. 어찌하여, 즉 무엇 때문에 '그 날'(2:16, 3:14 참조)을 간절히 기다리고(wait longingly) 있느냐는 것이다. 그 날을 여호와께서 원수를 짓밟으며, 이스라엘을 구원하는 날로 여기고 있었기 때문이다.

2) '여호와의 날'은 다른 말로 표현되기도 했다. '그 날'(암 2:16, 3:14, 8:3, 9-10, 13-14, 9:11-12), '흉한 날'(불길한 날, 6:3), 비탄의 날(8:3) 등.

(4) 그러나 아모스의 외침은 무엇인가?

"그 날은 어둠(호셰크, חֹשֶׁךְ)이요 빛이 아니라." '여호와의 날'은 적군에게는 암흑과 멸망의 날이지만, 이스라엘에게는 승리와 구원의 날이라고 믿어왔던 그들에게 아모스는 그런 환상에서 깨어나라고 말한다. 아모스는 이방 나라들보다 결코 도덕적으로 낫지 않은 백성들에게 오히려 그 날이 공포의 날이요 흑암의 날이라고 경고하고 있다.

▶ **요엘서에서는**
'여호와의 날'이란 말이 다섯 번이나 등장한다(1:15, 2:1, 11, 31, 3:14). '여호와의 날'은 이중성을 띠고있다. 1:1-2:17에서는 하나님의 심판의 날로 유다에 대한 심판을 언급하고 있다. 그 심판날에 당할 환란의 무서움을 표현하고 있다. 그 날은 어둡고 캄캄한 날이라고 했다. 그 날은 1장에서 언급된 마치 메뚜기 떼로 인한 재앙과 같은 날이다(출 10:14, 15 참조). 그 날은 암흑 같은 구름이 덮인 날과 같을것이다. 아모스 선지자도 "그 날이 어둠이요 빛이 아니라" 고 했다(암 5:18).

(5) 다시, 본문 7절을 보자.

30:7 슬프다 그 날이여(Alas! for that day is great)
그와 같이 엄청난 날이 없으리라
그 날은 야곱의 환난의 때가 됨이로다(마는)

그 날은 이스라엘에게 심판의 날이 되겠지만~

↳ 그러나(But)
그가 환난에서 구하여 냄을 얻으리로다(he will be saved from it.)

(6) 하나님은 백성의 언약 파기로 인해 징계하셨지만, 그 징계가 끝난 후에는 구원하실 것이라고 선언하신다. 결국 징계는 백성의 정화(淨化)를 위한 필수 과정이었음을 보여준다.

4. "네 포박을 끊으리니 다시는 이방인을 섬기지 않으리라"(8절)

30:8 만군의 **여호와의 말씀이라**
/내가 ── 그 멍에를 **꺾어 버리며**(אֶשְׁבֹּר)[1] - שָׁבַר의 칼 미완료
/네 목에서
/그 날에(הָיָה בַּיּוֹם הַהוּא) - 문두에 나와 있다/포로생활 후에.
└ 네 포박을 **끊으리니**(אֲנַתֵּק)- נָתַק의 피엘 미완료
/[너희는] ── 다시는 이방인을 **섬기지 않으리라**

1) 이 단어는 하나님께서 자기 백성을 이방 백성에게 속박된 상태에서 해방시킬 것이라는 의미로 쓰였다.

(1) 70년의 징계의 기간이 끝난 후, 하나님은 그들에게 씌여진 멍에를 부수어버리실 것이다. 포로의 기간은 고통스러운 시간이다. 그러나 큰 재난과 공포는 그 끝이 있을 것이다. 하나님께서 그 환난에서 구하여 내실 것이기 때문이다(7절).

(2) 이제 상황은 역전된다. "앞으로는 다른 나라 백성이 내 백성을 노예로 만들지 못할 것이다."(8절하 - 쉬운성경)

30:9 그들은(=너희는) ┬ **섬기며**
/그들의 하나님 여호와를
└ **(섬기리라)**
/다윗을
/내가 그들을 위하여 세울 그들의 왕

그들의 왕 다윗은 누구를 가리킬까? 너희 왕 다윗은 메시야를 가리킨다. 탈굼 역(아람어역 성경)에서는 '너희 왕 다윗의 아들 메시야'라고 번역했다.

(3) 그 날에는 백성들이 예전에 이방을 섬기는 것과는 다르게 여호와를 섬기며, '그들의 왕 다윗'(=메시야를 가리킴)을 섬기게 될 것이다.

30:10 여호와의 **말씀이니라**
그러므로 너는 **두려워하지 말라(וְאַתָּה אַל־תִּירָא)**
나의 종 야곱아
이스라엘아 — **놀라지 말라(וְאַל־תֵּחַת)**
//(For behold, כִּי הִנְנִי)
내가 ┬ 너를 먼 곳으로부터 구원하고(מוֹשִׁיעֲךָ)[1]
└ (구원하리니)(=구원하였기 때문에)
/네 자손을 잡혀가 있는 땅에서
야곱이 —— **돌아와서** 태평과 안락을 **누릴 것이며**
[아무도] —— (너를) 두렵게 할 자가 없으리라

하나님의 위로의 말이 전해진다. "너는 두려워하지 말라." 이사야서에서도 많이 언급되었다(사 43:1, 5). 사 43장에서는 여호와의 변함없는 사랑을 언급하고 있다.

1) 야솨(יָשַׁע) - 히필 분사 / 구원하다, 구출하다

30:11 이는 여호와의 말씀이라(=이는 내 말이다. 그래서 어김이 없다)
내가 너와 함께 있어(For I am with you, כִּי־אִתְּךָ אֲנִי)
너를 구원할 것이라(to save you, לְהוֹשִׁיעֶךָ)[2]

2) לְ + הוֹשִׁיעַ, 야솨(יָשַׁע)의 히필 동사 연계형
너를 구원하기 위해, 내가 너와 함께 할 것이기에 두려워 할 필요가 없다는 것이다.

(4) 하나님은 열방으로 이스라엘(유다)을 흩어버리셨다. 때가 되면 이스라엘을 흩었던 그 모든 나라들을 완전히 멸망시키실 것이다. 그렇지만 너, 이스라엘만은 멸망시키지 아니하실 것이라고 약속하신다. 그렇다고 해서 그대로 넘어가는 일은 없을 것이다. 즉 그렇다고 해서 이스라엘이 죄 없다고 하지 않으신다. 그래서 법대로 징계하시겠다는 것이다. "그러나 내가 법에 따라(לַמִּשְׁפָּט) 너를 징계할 것이요(וְיִסַּרְתִּיךָ)[3] 결코 무죄한 자로만 여기지는 아니하리라"(11절).

3) 야싸르(יָסַר) - 징계하다, 징책하다 / 피엘 동사 완료 - 대명사어미 2인칭 남성 단수
But I will chasten you justly.

(5) 11절의 위로의 말씀은 렘 46:28에서 다시 언급된다. "내 종 야곱 백성아, 너는 두려워하지 마라. 나 여호와의 말이다. 내가 너와 함께 하겠다." 야곱 백성을 열방에 흩어버린 민족, 즉 이스라엘을 포로로 잡아갔던 나라는 하나님에 의해

멸망당할 것이다. 이제 하나님의 백성은 자신들의 언약 파기로 인해 포로로 끌려갈 것이지만(하나님의 공의), 그렇다고 해서 이스라엘(유다)의 멸절을 의미하는 것은 아니라는 말씀이다(하나님의 신실하심, 사랑).

네가 어찌하여 상처를 입었다고 울부짖느냐? (30:12-17)

1. 이스라엘은 치료불능의 상태가 되었다. 이들은 이제 스스로 일어날 수 있는 힘이 없다.

30:12 여호와께서 이와 같이 **말씀하시니라**
네 상처는 고칠 수 없고(Your wound is incurable)
네 부상은 중하도다(And your injury is serious)
13 네 송사를 처리할 재판관이 없고
네 상처에는 약도 없고 처방도 없도다

인간의 그 어떤 방법으로는 치료 불가능 / 하나님의 개입으로만 가능하다.

(1) 하나님의 백성이 처한 상태를 육체적으로 고통 당하는 것으로 묘사하고 있다. 이스라엘(유다)은 치료할 수 없는 상처를 입었다는 것이다. 부상도 심하여서 고칠 수 없다. '상처'(쉐베르, שֶׁבֶר)라는 말은 선지서에서 남북 왕국에 임박한 붕괴 상황에 자주 적용되었다(사 30:13, 14; 렘 50:22- 파멸).[1] 지금 하나님의 백성은 상처가 중하여(렘 10:19; 겔 14:17; 렘 30:12), 심지어 치료할 수 없을 정도가 되었다(렘 15:18; 미 1:9).

1) '부상'(막카, מַכָּה)은 일반적으로 죄 때문에 원수의 타격을 받아 처하게 된 하나님의 백성의 상태를 묘사한다.

(2) 왜, 이 지경까지 왔는가? "이는 네 악행이 많고 네 죄가 많기 때문"이라고 말씀하신다. 결국 하나님께 매를 맞아서 생긴 상처였다. 이 상처에는 약도 없고, 또한 처방도 없다. 따라서 치료는 불가능하다. 오직 여호와 하나님만이 유일한 해결자이시다.

30:14 너를 사랑하던 자가 다 너를 **잊고** [그들이] **찾지 아니하니**
//이는 (이유, for) - 왜 찾지 아니했을까?
① 나는 네 원수가 당할 고난을 네가 받게 하며
② 잔인한 징계를 내렸도다(=내렸기 때문에)
//이는 네 악행(=허물)이 많고 네 죄가 많기 때문에(=이다)

"너를 사랑하던 자"는 누구를 가리킬까?" 렘 22:20을 읽어보자. "유다야 레바논으로 올라가 슬피 울어라 바산에서 소리를 높이고 아바림에서 통곡하여라 네 친구들이 다 멸망했다."

→ 하나님께서 자기 백성을 치셨다. 그래서 고난을 받게 하셨다. 원수가 받을 고난을 자기 백성이 당하게 하셨다. 왜? 이들의 악행이 많고 죄가 많기 때문이다.

2. 결국 이들에게 상처를 안겨준 이는 하나님이시라는 것을 깨달아야 한다. 그래야 이들은 오직 하나님만이 치료자이심을 믿게 될 것이다.

"좀 맞았다고 웬 엄살이냐?" (공동번역)

30:15 너는 —— 어찌하여 **부르짖느냐**(Why do you cry out?)
/네 상처 때문에(over your injury)
네 고통이 - **심하도다**(אָנוּשׁ) - 그 아픔은 쉽게 가시지 않는다.
내가 —— 이 일을 너에게 **행하였느니라**
//(이유, עַל) 네 악행이 많고 네 죄가 허다하므로

누가 이런 상처를 주었는가? 내가 (여호와께서) 준 것이다. 왜요? - 네 죄악이 크고 허물이 많아서 그렇다.

(1) 이스라엘의 상처는 결국 여호와의 자기 백성에 대한 징벌 때문에 온 것이다. "너희 죄가 너무 많고 허물이 많아서' 이런 벌을 내린 것이다. 이러한 사실을 잘 알지 못하고 열방은 하나님의 백성에게 함부로 대했다. 따라서 "너를 먹는 모든 자는 잡아먹힐 것이다." 또 "네 모든 대적은 포로로 사로잡혀 가게 될 것이다." "너에게서 탈취해 간 자는 탈취를 당할 것이며 너에게서 노략질한 모든 자는 노략물이 되리라"(16절)고 선포하신다.

30:17 여호와의 말씀이니라
그들이 쫓겨난 자라 하매 시온을 찾는 자가 없은즉

(2) 시온은 상처가 너무 깊고, 이 상처를 치료할 그 누구도 없을 정도가 되었다. 그래서 사람들이 시온을 향해 '쫓겨난 (여)자'(you an outcast, נִדָּחָה)요, '찾아오는 사람이 아무도 없는 여인'(It is Zion; no one cares for her)이라고 부른다.

(3) 비록 시온이 '버려진 여자'라고 불림을 받는다 할지라도 "내가 너의 상처로부터 새 살이 돋아나게 하여 너를 고쳐 주리라"(17절). "나 여호와의 말이라."

야곱 백성의 장막을 회복시키리라(30:18-22)

1. 이스라엘은 다시 회복될 것이다. 예루살렘 성의 회복, 그 성은 중건될 것이다. 폐허가 된 야곱의 장막터가 회복되고, 새로운 통치자도 나올 것이다.

(1) 하나님께서 야곱 장막의 포로들을 돌아오게 할 것이고
그들에게 사랑을 베풀 것이라
그 폐허가 된 언덕 위에 성읍이 건축될 것이고
궁궐도 다시 제 자리에 세우실 것이다(18절).

(2) 백성은 감사의 노래를 부를 것이고 그들에게서 웃음소리가 날 것이다. 하나님께서 그들을 번성하게 하실 것이기에 그 수가 줄어들지 아니하겠고 그들은 비천하여지지 아니할 것이다(19절). "그의 자손은 예전과 같겠고 그 회중은 내 앞에 굳게 설 것이며 그를 압박하는 모든 사람은 내가 다 벌하리라"(20절).

30:21 그 영도자(앗디르, אַדִּיר)[1]는 그들 중에서 나올 것이요
그 통치자(מֹשְׁלוֹ)[2]도 그들 중에서 나오리라
내가 그를 가까이 오게 하리니
그가 내게 가까이 오리라
참으로 담대한 마음으로 내게 가까이 올 자가 누구냐
여호와의 말씀이니라

아무도 목숨 걸고 내 앞에 나올 수 없지만 이들은 내 앞에 나올 것이다.

1) 큰, 위대한, 위엄 있는 장엄한 / 여기서는 '용사'(삿 5:13), 또는 '통치자'(렘 30:21), 즉 고귀한 자(대하 23:20), 당당하거나 위엄 있는 자, 지도자들을 의미한다.

2) 마샬(מֹשֵׁל), 지배하다, 통치하다. / 칼 동사 분사형

2. 이렇게 미래의 지도자는 여호와 앞에 나오게 될 것이다.

아무나 하나님 앞에 감히 목숨을 걸고 나올 수 없지만 이들은 여호와 주도하심으로 백성을 통치하게 될 것이다. 그는 회복된 공동체를 이끌어나갈 메시아적 왕이다. 드디어 언약 갱신을 통하여 하나님과 그 백성들 간에 관계가 회복될 것이다. "너희는 내 백성이 되겠고 나는 너희들의 하나님이 되리라"(21절).

악인은 끝까지 심판하신다(30:23-24)

(1) 악인은 끝까지 하나님의 진노의 대상이다. 이 구절은 렘 23:19-20의 반복이다.

(2) 렘 23:19은 거짓 선지자들을 향하여 진노를 발하실 때 선포하신 말씀이고, 본문에서는 악인에게 부어질 진노를 예언하였다.

30:23 보라 여호와의 노여움이 일어나
폭풍과 회오리바람처럼
악인의 머리 위에서 회오리칠 것이라(יָחוּל) - 칼, 미완료

여호와의 진노는 그의 마음의 뜻한 바를 행하여 이루기까지는
돌이키지 아니하나니
너희가 끝날에(마지막 날에야) 그것을 깨달으리라(24절).

새 이스라엘, 새 언약, 새 예루살렘(31:1-40)

예레미야서에서 가장 주요한 메시지로 알려진 것은 새 언약과 관련된 예언이다. 유다가 포로로 끌려가는 것은 확실한가? 확실하다. 심판은 불가피하다. 그렇다면, 자기 땅에서 쫓겨난 이들에게 소망은 전혀 없는 것인가? 31장은 이스라엘의 궁극적 회복을 예언한다. 그런데 그 희망의 메시지가 다른 어떤 희망의 메시지보다 인상적이고 가장 강력한 호소력을 담고 있다. "여호와의 말씀이니라 그 때에 내가 이스라엘 모든 종족의 하나님이 되고 그들은 내 백성이 되리라"(1절). 31장은 하나님과 백성 간의 관계를 회복하는 것으로 시작한다.

1. 지금 유다는 멸망 직전이다. 이대로 하나님의 백성은 역사에서 영원히 사라질 것인가?

(1) 하나님의 백성, 북 이스라엘은 주전 722년 앗수르에 의해 멸망했고, 남 유다 역시 주전 586년에 바벨론 포로로 끌려간다. 나라의 몰락을 열왕기 기자는 어떻게 설명하고 있을까? 왕하 17:13*을 읽어 보자.

(2) 열왕기 기자는 모세 언약을 근거로 이들 백성의 몰락을 설명하고 있다. 이들은 "모세와 같은" 선지자의 말을 듣기를 거절했다. 결국 멸망과 포로라는 비극은 왕과 지도자들과 백성들의 잘못이라는 것이다. 이제 언약 파기로 인한 저주가 이들에게 임한 것이다.

• 왕하 17:13 "여호와께서 각 선지자와 각 선견자를 통하여 이스라엘과 유다에게 지정하여 이르시기를 너희는 돌이켜 너희 악한 길에서 떠나 나의 명령과 율례를 지키되 내가 너희 조상들에게 명령하고 또 **내 종 선지자들을 통하여 너희에게 전한 모든 율법대로 행하라 하셨으나 14 그들이 듣지 아니하고 그들의 목을 곧게 하기를** 그들의 하나님 여호와를 믿지 아니하던 그들 조상들의 목 같이 하여"

2. 다윗 언약과 모세 언약과의 관계를 잠깐 살펴보자.

(1) 이스라엘의 진정한 통치자는 누구인가? 다윗 왕국, 이 왕국은 어떤 인간 왕 자신의 왕국이 아니다. 그러면 인간 왕은 누구(무엇)인가? 이 왕국에서 인간은 하나님의 사역자에 불과하다. 따라서 이 왕은 하나님이 원하시는 방법대로 백성을 다스려야 한다. 또한 하나님이 세우셨기에 이 왕권에 대적하는 자는 하나님을 대적하는 행위가 된다. 물론 이에 대한 형벌이 뒤따른다.

(2) 그러기에 이 왕은 하나님의 영광을 드러내는 일에 최선을 다해야 한다. 자신의 사역자가 하나님의 왕권과 영예를 손상시킬 때에는 하나님은 그를 폐위시킨다. 물론 그 반대의 경우에는 그 왕권을 영영히 세우신다는 사실을 강하게 나타내

고 있다.

(3) 하나님께서 이스라엘 내에 신정적(神政的) 왕을 그 통치의 수단으로 삼으셨을 뿐이다. 하나님은 결코 자기 백성 이스라엘의 통치권을 포기하지 않으신다. 이스라엘은 그의 백성이요 여호와는 이스라엘의 왕이시다. 왕은 단지 하나님 아래서 대리 통치자로서의 역할을 하게 된다. 따라서 왕이 교만해질 이유가 전혀 없다. 그런데 우리가 이미 잘 알고 있는 것처럼 인간 왕들은 하나님께 가야 할 영광을 가로채곤 했다. 물론 하나님은 이런 일을 아주 못마땅해 하셨다.

(4) 이렇게 인간 왕들의 욕심 때문에 왕국의 방향이 자꾸만 삐뚤어지곤 했다. 따라서 하나님은 선지자들을 세우신다. 하나님의 바른 뜻을 전달하고 죄악을 책망하시기 위함이었다. 유다의 멸망을 지켜보면서 예레미야는 최선을 다해 하나님의 뜻을 전하고 백성의 여호와께로 회항(回航)을 외쳤지만, 남 유다마저 침몰하고 있다.

(5) 북 이스라엘이 어떻게 역사에서 사라졌는가? 북 이스라엘의 마지막 선지자 호세아도 지금 적들의 공격이 임박했는데 **그 이유가 하나님의 언약을 어겼기 때문**이라고 말한다.[1)]

- 호 8:1 나팔을 네 입에 댈지어다
  원수가 독수리처럼 여호와의 집에 덮치리니
  //이는(because, יַעַן) - 원수(대적)가 덮치는 이유
  그들이 '내 언약'(בְּרִיתִי)을 어기며(어겼으며)
  '내 율법'(תּוֹרָתִי)을 범함이로다(범했다, 완료형)

(6) 이사야 선지자도 이렇게 말했다.

- 사 1:2 "하늘이여 들으라 땅이여 귀를 기울이라 여호와께서 말씀하시기를 내가 자식을 양육하였거늘 그들이 나를 거역하였도다."

(7) 예레미야 선지자는 이런 문제에 대해서 무엇이라고 했을까? 예레미야는 백성에게 곧 임하게 될 심판은 냉혹한 것이 아니라 백성의 거짓된 삶의 결과라고 말한다.[2)]

3. 왜 하나님의 성전(聖殿)이 파괴되어야 하는가?

1) '왜 고통을 받아야 하는가?'라는 질문에 고통은 죄나 실패로 인해 당연히 받아야 할 처벌이라는 것이다. 현재의 고통은 이스라엘의 잘못이요, 자유의 남용이요, 언약의 불이행으로 온 것이다.

2) 렘 4:17-18 "그들이 밭을 지키는 자 같이 예루살렘을 에워싸나니 이는 *그가 나를 거역했기 때문이니라* 여호와의 말씀이니라 [18]네 길과 행위가 이 일들을 부르게 하였나니 **이는 네가 악함이라** 그 고통이 네 마음에까지 미치느니라"

(1) 유대인들은 성전과 시온을 신성불가침의 영역으로 생각했다. 이들에게는 성전 파괴가 이해하기 힘든 사건이었다. 어떻게 성전이 있는 예루살렘이 망할 수 있겠는가! 유대인들에게는 그것이 이해할 수 없는 일이었다.

(2) 예레미야 선지자는 이스라엘을 향한 하나님의 심판의 철저함을 보여주고 있다(렘 1:10). 그는 이스라엘이 멸망을 받아야 할 이유를 분명하게 언급하고 있다.[1] 요시야와 같은 왕의 선행에도 불구하고, 유다를 심판하기로 작정하신 하나님의 뜻은 무엇일까? 하나님은 심판을 철회하지 않으신 이유를 므낫세의 행위가 여호와를 격노하기 했기 때문이라고 말씀하신다.[2] 이렇게 택하신 언약 백성이라해도 그들이 죄와 죄악을 묵과하지 않으신다. 이러한 심판은 하나님의 공의와 보조를 같이 하면서 하나님의 사랑에 조금도 어긋나지 않는다. 자, 본문으로 들어가 보자.

1) "내 백성이 두 가지 악을 행하였나니 곧 ① 생수의 근원되는 야웨를 버린 것과 ② 물을 담을 수 없는 웅덩이를 팠기 때문이었다"(렘 2:13).

2) 하나님은 "내가 이스라엘을 물리친 것같이 유다도 내 앞에서 물리치며 내가 택한 이 성 예루살렘과 내 이름을 거기에 두리라 한 이 성전을 버리리라"(왕하 23:27)고 하셨다. 이 심판은 유다를 약속의 땅에서 몰아내시는 것이었다(신 4:25-28).

4. 미래에 펼쳐질 구체적인 구원 계획(31:1-6)

31:1 여호와의 **말씀이니라**
/내가 —— 이스라엘 모든 종족의 **하나님이 되고**
/그 때에(At that time, At the same time - KJV) — 언제? - 렘 30:24 참조
/그들은 — 백성이 되리라
/내(=나에게)

(1) 30:3을 보자. "내가 내 백성 이스라엘과 유다의 포로를 돌아가게 할 날이 오리니" 즉 반드시 내 백성, 이스라엘과 유다의 포로를 돌아오게 할 날이 온다는 것이다. '그 때에'(At that time) 하나님은 이스라엘 모든 지파의 하나님이 되고 그들은 여호와의 백성이 될 것이라는 약속이다. 이스라엘은 하나님의 특별한 목적을 이루기 위해 만국 중에서 선택받은 하나님의 '언약 백성'(covenant people)이었다(출 19:1-6). "나는 너희의 하나님이요 너희는 나의 백성이다"라는 문구로 표현되는 언약공식(covenant formula)은 이스라엘에게 독특한 정체성을 보여준다(암 3:2).[3]

3) 그들은 하나님과 맺은 언약의 테두리 안에서 살도록 부르심을 받았다. 그들의 삶과 행위를 통하여 이 세상 민족들은 의와 구원, 복과 평화, 길과 진리, 빛과 생명에 대해서 배우고 열망하고픈 마음이 불같이 일어나도록 그렇게 부르심을 받은 것이다.

31:2 여호와께서 이같이 **말씀하시니라**
/칼에서 벗어난 백성이 광야에서 은혜를 **입었나니**(=입을 것이다)
/(언제?) (곧 내가 이스라엘로 안식을 얻게 하러 갈 때에)

전쟁에서 죽지 않고 살아남은 백성은 은혜를 받을 것이라
(언제? - 하나님께서 이스라엘을 편히 쉬게 하실 때에)

1) מֵרָחוֹק
전치사 + 라호크 רָחוֹק
from afar
멀리 떨어진 곳(거리) 또는 시간을 말한다.

2) אֶבְנֵךְ / 칼 동사 미완
바나(בָּנָה) - '세우다, 건축하다.' '바나'는 가옥을 건축하는 것뿐만 아니라 가문을 세우는 것을 말한다. '자손을 반성케 하다'라는 뜻으로도 쓰인다.

3) נִבְנֵית
בָּנָה의 니팔 완료

이스라엘에게

31:3 옛적에[1] 여호와께서 나에게 나타나사
내가 영원한 사랑으로 너를 사랑하기에 인자함으로 너를 이끌었다

(2) 옛날에 하나님께서 이스라엘 백성에게 나타나셔서 "영원한 사랑으로 사랑하였다"고 말씀하신다. 그런데 이제 다시 하나님과 관계를 회복시키시겠다는 것이다. "처녀 이스라엘아 내가 다시(עוֹד) 너를 세우리니[2](Again I will build you, and you shall be rebuilt, O virgin of Israel!)" 하나님은 자기 백성의 범죄로 인해 예루살렘을 잠시 동안 헐어버렸으나, 그래서 징벌하셨지만 구원을 가져오시는 그의 목적이 영원히 망쳐질 수는 없다.

(2) 4절 - "네가 세움을 입을 것이요"(נִבְנֵית)[3] 하나님의 파괴적인 심판 행위 뒤에 다시 은총으로 "다시 세워지는" 것을 말한다. "네가 다시(עוֹד) 소고를 들고 즐거워하는 자들과 함께 춤추며 나오리라"(4절하). "네가 다시(עוֹד) 사마리아 산들에 포도나무들을 심되 심는 자가 그 열매를 따기 시작하리라"(5절). "에브라임 산 위에서 파수꾼이 외치는 날이 있을 것이라 이르기를 너희는 일어나라 우리가 시온에 올라가서 우리 하나님 여호와께로 나아가자"(6절) 할 날이 올 것이라는 말이다.

5. 보아라! 내가 이스라엘을 북쪽 땅에서 데려오겠다(7-14절).

7-9절
1) 구원 역사를 찬양하고 기뻐하라(7절).
2) 유다의 남은 자들을 데려오실 것이다(8절). 대재앙에서 살아남은자 (렘 8:3 참조).
3) 하나님은 가엽게 여기는 마음으로 그들을 데려오실 것이다(9절).

- 너희는 여러 민족의 앞에 서서 야곱을 위하여 기뻐 외치라
너희는 전파하며 찬양하며 말하라
'여호와여 주의 백성 이스라엘의 남은 자를 구원하소서' 하라(7절)

- 보라 나는 그들을 북쪽 땅에서 인도하며 땅 끝에서부터 모으리라
그들 중에는 맹인과 다리 저는 사람과
잉태한 여인과 해산하는 여인이 함께 있으며
큰 무리를 이루어 이 곳으로 돌아오리라(8절)

이스라엘은 722년에 망했다. 이들은 아주 먼 곳으로 끌려갔다.

- 그들이 울며 돌아오리니 나의 인도함을 받고 간구할 때에
내가 그들을 넘어지지 아니하고 물 있는 계곡의 곧은 길로 가게 하리라
나는 이스라엘의 아버지요 에브라임은 나의 장자니라(9절)

누가 이스라엘을 흩으셨나? 그분이 흩어진 양떼를 모으실 것이다.

- 이방들이여 너희는 여호와의 말씀을 듣고 먼 섬에 전파하여 이르기를
이스라엘을 흩으신 자가 그를 모으시고
목자가 그 양 떼에게 행함 같이 그를 지키시리로다(10절)

31:5 네가 다시 사마리아 산들에 포도나무들을 심되 심는 자가 그 열매를 따기 시작하리라 6 에브라임 산 위에서 파수꾼이 외치는 날이 있을 것이라 이르기를 너희는 일어나라 우리가 시온에 올라가서 우리 하나님 여호와께로 나아가자 하리라

그들보다 강한 백성에게서 그들을 구할 것이다.

• 여호와께서 야곱을 구원하시되
그들보다 강한 자의 손에서 속량하셨으니(11절)

무엇을 보고 기뻐할 것인가?

• 그들이 와서 시온의 높은 곳에서 찬송하며
여호와의 복 곧 곡식과 새 포도주와 기름과 어린 양의 떼와 소의 떼를 얻고
크게 기뻐하리라
그 심령은 물 댄 동산 같겠고
다시는(עוֹד) 근심(다아브, דָּאַב)[1]이 없으리로다(12절).

진정한 회복은 어떤 것인가?

• 그 때에 처녀는 춤추며 즐거워하겠고 청년과 노인은 함께 즐거워하리니
내가 그들의 슬픔을 돌려서 즐겁게 하며
그들을 위로하여 그들의 근심으로부터 기쁨을 얻게 할 것임이라(13절)

• 내가 기름으로 제사장들의 마음을 흡족하게 하며
내 복으로 내 백성을 만족하게 하리라 여호와의 말씀이니라(14절).

여호와께서
포로생활에서
돌이키실 것이다.
너희는
기쁨과 환희 속에서
노래하며
돌아올 것이다

1) 슬픔으로 수척해진 사람에 대해(렘 31:12)
슬픔으로 수척해진 영혼에 대하여(렘 31:25)

▲ 이렇게 하나님은 이스라엘의 회복을 언급하신다. 그 회복은 총괄적이다. 거기에는 물질적인 축복도 포함된다. **이스라엘을 포로로 흩으신 분이 하나님이시기에 이스라엘의 회복 역시 하나님의 주도하에 의하여 이루어진다.** 이스라엘 스스로 회복할 수 있는 능력이 전혀 없기 때문이다.

라마에서 슬퍼하며 통곡하는 소리(31:15–22)

이스라엘의 회복은 확실할 것이다 (15–22절).

1. 기쁨의 절정(7–14절) 뒤에 다시 포로생활의 고통을 묘사하고 있다. 라헬이 그 자식 때문에 울고 있다. 라헬은 누구이며, 왜 울고 있는가?

31:15 여호와께서 이와 같이 **말씀하시니라**
/소리가 ——— **들리니**
/라마에서
/슬퍼하며 통곡하는
/라헬이 ——— **애곡하는 것이라**
/그 자식 때문에
/[그녀가] ——— **거절하는도다**
/위로 받기를
//(for, כִּי)
그[녀]가 ——— 자식이 없어져서

- 라마는 어떤 곳인가?
- 라헬은 누구인가, 왜 울고 있는가?
- 라헬의 아픔은 창 35:18에 나오는 베냐민의 출생 과정에서 잘 묘사되고 있다.

- 여기서 라헬은 모든 이스라엘의 어미들로 대변된다.
- 그런데 그 라헬이 왜 울고 있는가? 자식 때문이다. 그녀에게 그 어떤 위로도 필요가 없다. 자식이 없어졌기 때문이다.
- 지금 이 부분의 배경은 바벨론 포로 생활을 중심으로 이루어지고 있다.

(1) 지금 라마에서 슬퍼하며 통곡하는 소리가 들리는데, 라마는 어떤 곳인가? 왜 그곳에서 라헬이 통곡하는가? "라마"(רָמָה)는 무엇을 의미하는가? 라마는 특정한 장소의 이름인가, 아니면 일반명사인 "높음"[1]을 뜻하는가? 70인경과 신약의 본문(마태복음)은 "라마"를 고유명사로 취급하고 있다.

> 라마는 베냐민 지파의 영토 내에 있는 성읍으로, 기브온과 브에롯 사이에 그 지명이 언급되어 있다(수 18:25).[2] 이곳은 예레미야가 예루살렘에서 결박되어 바벨론으로 이송되어 가던 중 느부갓네살의 시위 대장이 예레미야를 풀어 놓아준 곳이다(렘 40:1). 라헬의 묘가 라마 근처에 있다고 알려져 있다(렘 31:15; 삼상 10:2; 마 2:18과 비교). 벧엘에 이르는 도로변에 위치해 있다는 것을 알 수 있으며, 지금의 엘람과 동일하다.

(2) 라헬은 누구인가?

라헬은 요셉과 베냐민의 어미였고 에브라임과 므낫세의 조모였다. 본문에서 라헬은 모든 이스라엘의 어미를 대표하고 있다.[3] 라헬은 위로 받기를 거절했는데, 그 이유가 무엇인가? 이는 "자식이 없기 때문이다." 이스라엘은 지금 바벨론으로 끌려간다. 나라가 없어진 것이다. 이런 아픔을 "자식이 없으므로"라고 묘사하고 있다.

1) 대체로 유대인 학자들은 "라마"가 지명을 가리킬 때는 정관사가 붙지만 15절에서는 정관사가 없기 때문에 "라마"를 고유명사가 아닌, 보통명사로 취급한다.

2) 사마리아 왕 바아사는 유대 왕 아사에 대항하여 라마를 요새화 하고자 하였다. 그러나 이 시도는 좌절되었으며, 바아사가 라마를 건축하던 재료들을 아사가 모아서 운반하여 베냐민의 게바와 미스바를 건축하였다(왕상 15:17; 대하 16:5).

3) 에브라임은 북 이스라엘 지파들 중 가장 대표적인 지파였기 때문에, 어떤 이들은 라헬을 북 이스라엘과 연결시키려고 한다.

신약에서 인용

Close-up

마 2:18 "라마에서 슬퍼하며 크게 통곡하는 소리가 들리니"

1. 헤롯은 자기의 왕위를 찬탈하려는 자나, 그런 기미가 보인다면 가차없이 제거했다. 그는 어떤 명령을 내렸는가? 그리고 이 사건은 누구의 어떤 예언의 성취라고 말하고 있는가?

• 마 2:16 이에 헤롯이 박사들에게 속은 줄 알고 심히 노하여 사람을 보내어 베들레헴과 그 모든 지경 안에 있는 사내아이를 박사들에게 자세히 알아본 그 때를 기준하여 (　　　)부터 그 아래로 다 (　　　)

(1) 이는 오래 전에 선지자(예레미야)를 통해 하신 말씀이 이루어진 것이라고 말한다(17절). 예레미야 선지자는, 이스라엘의 어머니인 라헬이 바벨론으로 사로잡혀 가는 유대인들을, 그녀의 자식들을 위해 우는 것으로 묘사했다. 그리고 마태는 이 사실을 베들레헴의 유아(幼兒)들의 살육으로 라헬이 다시 한 번 통곡하는 것으로 묘사하고 있다. 즉, 베들레헴의 영아를 잃은 여인들의 슬픔은, 곧 라헬의 슬픔이었다고 말한다. 그러니까 이 라헬의 슬픔을 헤롯 왕의 유아 살해와 연결시킨다(마 2:18).

▶**라헬 :** 자식 갖기를 그렇게 기대했던 라헬이었다(창 30:1). 그녀의 아들은 요셉과 베냐민이었다. 그러나 이들 자손(북방 왕국에 속했던 에브라임과 므낫세, 남방 왕국에 속해 있던 베냐민)이 지금 어떤 처지에 있는가? 이스라엘은 앗수르에게 멸망당했고, 유다도 이제 바벨론으로 끌려갈 것이다. 예레미야는 라헬이 두 왕국의 경계선, 라마에서 그녀가 그렇게 아끼고 사랑했던 모든 자녀를 빼앗기고 혼자만 남아 통곡하는 것으로 이스라엘의 포로와 귀환과 그 회복을 예언, 묘사했다(렘 31장). 예레미야 31:16, 17에서는 이런 라헬을 위로하고 있다. 라헬의 묘가 베들레헴 근처에 있는데, 그녀는 종종 백성의 어머니로 간주되었다.

▶**라마 :** 예루살렘 북방 5마일 지점으로서 외국의 정복자들이 패배한 무리들을 먼 곳으로 이송하기 위해 집결시킨 장소였다. 따라서 라마는 두 왕국을 대표한다고 할 수 있다.

▶**유아들의 살육 :** 초기 교회에서는 이 유아들의 죽음을 첫 순교자들로 간주했다. 그래서 "거룩한 무죄자들의 축제"(the Feast of the Holy Innocents)가 생겨났다. 그러나 순교란 그리스도인으로서 확신하는 바 신념을 위해서 고난이나 죽임을 당한 자들을 순교자로 볼 때 이들에게 순교자라는 명칭을 적용하기가 곤란하다. 어떤 자들은 수천 명의 유아들을 죽였다고 주장했다. 심지어 계 14:1에 있는 144,000으로 주장하는 일도 있었다. 베들레헴은 작은 성읍이다. 그렇다면, 전체 수효가 15-20명 정도를 넘을 수는 없었을 것이다.

2. 그렇다면, 베들레헴의 여인들은 마냥 슬퍼해야만 할까? 아니다. 기뻐해야 할 이유가 있다. 어떤 이유?

(1) 렘 31장은 위로로 가득 차 있다. 그 위로는 이스라엘 + 유다에게 동시에 남은 자들이 돌아온다는 말씀이 있었기 때문이다(렘 31:27, 31). 하나님의 지극한 사랑이 이스라엘 백성을 다시 불러모으실 것이다(렘31:10). 따라서 라헬은 눈물을 그쳐야 한다(렘 31:16, 31:20).

(2) 주께서 새로운 언약을 맺으신다(렘 31:31). 다시는 그들의 죄악을 기억하지 아니하실 것을 말씀하신다(34절). 남은 자들이 반드시 돌아온다. 왜? 그 근본 목적은? 성전 건축일까? (31:38) 아니다!! 그것은 "한 의로운 가지"가 나게 하기 위해서라고 말한다(렘 33:14, 15).

(3) 베들레헴은 지금 다시 한 번 라헬의 통곡 소리가 들린다. 왜? 지금 유아들의 살육 소리가 들리기 때문이다. 그러나, 그 당시 예레미아에게 하나님은 다윗에게 "의로운 가지"가 나게 하기 위해 주의 백성 남은 자를 다시 모으시겠다고 약속하신 것처럼, 베들레헴에 탄생하신 왕은 다시 돌아오셔서 위로의 말씀을 전해 주실 것이다. 한 의로운 가지가 지금 애굽에 피신 중에 있지만 이제 그가 다시 와서 위로하실 것이다. 곧 수고하고 무거운 짐 진 자들을 부르실 것이다(마 11:28). (*)

(3) 라헬은 에브라임과 므낫세의 할머니였다. 이 두 지파는 북쪽에서 가장 넓은 지역을 차지했다. 그래서 10지파를 요약할 때 '에브라임'이라고 불렀다. 지금 라헬이 (그 땅에) 자식이 없다는 것은 10지파로서 721년 앗수르로 끌려갔다는 것을 말한다.

2. 하나님은 라헬의 통곡을 들으셨고, 그 라헬을 위로하신다. 포로로 끌려간 이스라엘을 다시 본토로 돌아오게 하시겠다는 것이다.

31:16 여호와께서 이와 같이 **말씀하시니라**
/[너는] — 네 울음 소리와 네 눈물을 멈추어라
//(for, כִּי) 네 일에 삯을 받을 것인즉(=것이기에) — 네가 한 일에 대하여 보상이 있을 것이라.
/그들이 — 그의 대적의 땅에서 **돌아오리라(שָׁבוּ)**

(1) 하나님은 라헬을 향해 슬픔의 눈물을 그만 거두라고 위로하신다. 그 이유는 "네 일(페울라, פְּעֻלָּה)[1]에 삯(사카르, שָׂכָר)을 받을 것"이기 때문이라고 했다. '페울라'는 '일, 삯, 보수, 보응'을 가리킨다. '사카르'는 '삯, 임금, 상급' 등을 말한다. "너의 장래에 소망(희망)이 있을 것이라 너의 자녀가 자기들의 지경으로 돌아오리라 여호와의 말씀이니라"(17절, 렘 29:10-14 참조).

(2) 하나님은 "에브라임이 '스스로 탄식함'(grieving, bemoaning himself, מִתְנוֹדֵד)[2]을 '분명히(=정녕히) 들으셨다'(שָׁמַעְתִּי[3] שָׁמוֹעַ[4])"고 했다(18절상). 에브라임은 북 이스라엘을 가리킨다. 에브라임이 무엇이라고 탄식했을까?

31:18b 주께서 — 나를 **징벌하시매(יִסַּרְתַּנִי)**[5]
내가 — **징벌을 받았나이다**
/멍에에 익숙하지 못한 송아지 같은
나를 — 이끌어 돌이키소서
//그리하시면(결과, וְ)
내가 — 돌아오겠나이다
//(for, כִּי) 주는 — 나의 하나님 여호와이시니(=기 때문에)

(3) '징벌하다'(아싸르, יָסַר)라는 말은 피엘형(강조 능동)에서는 '훈계, 교훈하다, 징벌하다'라는 뜻으로 쓰인다. 하나님의 징계는 백성들의 개혁을 요구한다(레 26:23). 그들은 "멍에에 익숙하지 못한 송아지 같은' 징벌을 받았다고 고백한

1) 장세훈, 프로 에클레시아(통권 10호), 108. "산모의 고통을 연상시켜 주며, 산모의 고통으로 출생하는 자식들 혹은 후손들을 암시해 준다. 그러므로 본문은 라헬이 산고의 고통으로 자식을 얻었듯이, 이제 라헬은 잃어버린 자식들을 다시 얻음으로써 그녀의 고통이 보상을 받게 될 것임을 시사해준다. 그러므로 여기서 사용된 '갚음'이라는 단어 '샤카르' (שָׂכָר)는 자식을 얻음을 암시해 주며, 시 127:3의 표현과 유사하다("자식은 여호와의 주신 기업이요 태의 열매는 그의 상급(שָׂכָר)이로다.")

2) 누드(נוּד)의 히트파엘 분사, 남성 단수

3) 솨마(שָׁמַע)의 칼 동사, 완료 1인칭

4) 솨마(שָׁמַע)의 칼, 절대형

5) 야싸르(יָסַר)의 피엘 동사 완료 2인칭 - 대명사 1인칭 단수

다. 신명기 8:5을 읽어보자. "사람이 그 아들을 징계함 같이"라는 표현에서 우리는 언약적, 신학적 의의를 발견한다. 하나님은 이스라엘에게 언약 백성(출 4:22; 신 1:31)의 아버지로서 지칭됨을 볼 수 있다(신 32:6; 사 1:2). 따라서 아들을 다스리는 지상의 아버지의 징계에 대한 신학적 토대는 언약에 있다. 이렇게 언약 관계에 있기에 자녀들을 응징하고, 바로 잡고, 교육시키고, 부양하는 것이다. 하나님은 징계(징벌), 곧 경고와 바로잡는다는 관점에서, 그의 백성을 다루신다. 따라서 포로생활은 이런 관점에서 이해되어야 한다(호 7:12, 10:10).

• 신 8:5 "너는 사람이 **그 아들을 징계함 같이** 네 하나님 여호와께서 너를 징계하시는 줄 마음에 생각하고"

(3) 에브라임은 그러한 징계를 인식하고 하나님의 회복을 위해 간구한다. "나를 '이끌어 돌이키소서'(הֲשִׁבֵנִי)[1] 그리하시면 내가 돌아오겠나이다(וְאָשׁוּבָה).[2]" 예레미야애가 5:21-22을 읽어보자.

1) 슈브(שׁוּב)의 히필 동사 명령형

2) 슈브(שׁוּב)의 칼 동사 미완료 1인칭 단수, 연장형. (연장, ה ָ - 주어의 강력한 의지가 담겨 있다)

3. 라헬의 자녀들(에브라임)은 지난 날 그들의 어리석은 행위를 뉘우친다.

31:19 내가 ─┬─ 돌이킨 후에
　　　　　　└─ 뉘우쳤고
　　　 내가 ─┬─ 교훈을 받은 후에
　　　　　　├─ 내 볼기를 쳤사오니
　　　　　　└─ 부끄럽고 욕됨이니이다 하도다
　　　 //이는(Because, כִּי)
　　　 [내가] ― 어렸을 때(=젊었을 때, נְעוּרָי)의 치욕을 지므로

"나는 주님을 떠나 헤맸지만 이제는 뉘우치고 있습니다."(쉬운성경)

"젊은 시절의 허물 때문에 저는 수치와 수모를 겪어야 했습니다."(새번역)

(1) "내 볼기(허리, 넓적다리)를 쳤다"는 말은 '매질하여 벌하다"는 말이다(겔 21:12). '볼기'(야레크, יָרֵךְ)는 '넓적다리, 측면'을 말한다. '넓적다리'는 인간의 기초와 생의 원천을 말한다(창 46:26; 삿 8:30). '넓적다리'를 세게 때리는 것은 강한 회개의 표시였다(겔 21:12; 렘 31:19).[3] "내 잘못을 깨달은 후에는 가슴을 치며 슬퍼했습니다"(쉬운성경).

3) 천사가 브니엘에서 야곱과 씨름할 때 야곱의 허벅지 다리(환도뼈)를 세게 쳤다(창 32:31, 35).

(2) '어렸을 때'라는 말, '나우르'(נְעוּר)는 '젊음, 청년기, 어린 시절'을 가리킨다. '나우르'는 인생이 젊고 미숙하지만 원기왕성하고 교육을 받을 수 있는 시기라는 의미에 강조점을 둔다. 젊었을 때의 허물 때문에 수치와 수모를 겪어야 했다는 것이다(렘 3:20-25, 29-32을 읽어보자).

(3) "에브라임은 나의 사랑하는 아들 기뻐하는 자식이 아니냐"
에브라임은 젊었을 때의 허물 때문에 책망을 받았지만, 그는 '하나님이 가장

창자(메에, מֵעָה) - 내부 기관, 내장, 배, 창자를 말한다. 감정의 자리를 나타내는 비유적이고 은유적인 의(義)를 나타낸다. (내 **마음이** 측은하니 -개역)

사랑하는 자식이 아니냐?'는 것이다. "내가 그를 책망하여 말할 때마다 깊이 생각하노라"(20절). 책망을 하면서도 한 번도 그를 잊은 일이 없었다는 것이다. 반역적이고 방탕한 아들에 대한 아버지의 사랑과 권념(拳念)이 묻어난다.

31:20c 그러므로(Therefore, עַל־כֵּן)
내 창자가 ── 들끓으니
/그를 위하여
내가 ──── 반드시 그를 **불쌍히 여기리라**

아버지의 자식에 대한 애끓는 감정이 드러나 있다.

4. 에브라임은 하나님을 버렸었지만, 이제는 참회하면서 다시 가정으로 돌아오는 젊은 여인으로 묘사된다(21절).

31:21 처녀 이스라엘아
[너는] ─┬ 너의 이정표를 **세우며**
├ 너의 푯말을 **만들고**
└ 마음에 **두라**
/큰 길 곧 네가 전에 가던 길을
[너는] ─┬ **돌아오라**
└ 네 성읍들로 **돌아오라**

포로로 끌려가면서도 길목마다 이정표를 세우고 푯말을 만들어 세워라. 왜? 그 길로 다시 돌아올 것이기 때문이다.

(1) 처녀 이스라엘은 반역한(faithless, שׁוֹבֵבָה) 딸이었다(22절). '패역한 딸'이라는 표현은 아직 귀환에 마음을 정하지 못하는 포로민들의 믿음 없음(faithless)을 보여준다. 이스라엘은 여호와를 버리고 우상 숭배를 했던 바람난 딸이었다. "네가 어느 때까지 방황하겠느냐?" 이제 여호와께서 이 땅에 새 일(a new thing)을 창조하셨다고 말씀하신다. 새 일이란?

31:22 패역한 딸아 ── 네가 어느 때까지 방황하겠느냐?
여호와가 ──── 새(하다쇠, חֲדָשָׁה) 일을 세상에 창조하였나니
여자가 ──── (곧) 남자를 둘러 싸리라(גָּבֶר[3] תְּסוֹבֵב[2] נְקֵבָה[1])

1) 네케바 - 여성, 암컷 / 여성 단수

2) 싸바브(סָבַב)의 피엘 동사 미완료 3인칭 여성 단수 / 주위를 돌다, 둘러싸다

3) 게베르 - 힘센 사람, 용사 / 남성 단수.

(2) '여자가 남자를 둘러 싼다'는 말은 무슨 뜻인가? 이 구절은 예레미야서 전체에서 가장 논쟁이 심한 구절 중 하나이다. 학자들도 한 마디로 정확한 결론을 내리지 못하고 있다.

(3) 자, 앞의 구절들에서 이스라엘은 어떻게 묘사되었나 살펴보자.[4]

4) 그로닝겐, 구약의 메시야 사상(서울 : CLC). 826이하에서 요약 정리.

① 처녀 - 도덕적으로 깨끗한 젊은 여성이었다. 그녀(=이스라엘)는 자녀를 많이 낳는 어머니가 될 수 있는 잠재력, 즉 모든 이스라엘을 위한 미래의 가능성이 있었다.

② 그러나 이스라엘은 패역한 딸이 되었다. 불성실한 상태로서는 여호와께로 돌아갈 수 없다. 회개와 깨끗케 함이 절대적인 선결 조건이다.[1] 이스라엘이 과거의 역사에 불성실했기 때문에, 이들의 회개와, 그리고 하나님의 용서가 있은 후에야 다시 여호와께로 돌아갈 수 있다. 즉 이들이 정결케 된 후에야 언약 백성을 위한 삶의 새로운 국면이 시작된다. 그래서 21절의 "처녀 이스라엘"은 포로기 이후의 이스라엘 백성을 지칭하는 것으로 볼 수 있다.

(4) 그렇다면, "한 남자를 안는 한 여자"(개역)란 누구를 가리키는가? [2]

대체로, 사람들은 이 구절은 예레미야 시대에 아주 잘 알려진 격언이었다고 생각한다. 이 격언은 여호와께서 이스라엘과 유다를 위해 일으키실 가장 충격적인 사건을 가리킨다. 불성실하고 패역한 딸이 깨끗하고 도덕적인 처녀, 강한 자가 될 것이다. 이것이 "여호와가 세상에 창조하실 새로운 일(a new thing, 하다솨, חֲדָשָׁה)"이다.

그러나 이 일(=창녀를 처녀로 만드는 일)은 오직 여호와만이 가능하다. 여호와는 주권자이시기 때문에 단지 희망 찬 미래를 약속하실 수 있으실 뿐만 아니라 바벨론 포로의 재난 속에서도 희망찬 미래를 실제로 도래시킬 수 있으시다.

(5) 그러니까, 불성실했던 여인이 ⇨ 성적으로 순결하고 도덕적인 처녀가 되는 것, 이것이 여호와께서 도래시키실 '새로운'(하다솨, חֲדָשָׁה) 창조라는 것이다. '새로운'이라는 단어가 렘 31:31에서 다시 언급되고 있다. - 새(하다솨, חֲדָשָׁה) 언약(베리트, בְּרִית).

(6) "(곧) 여자가 남자를 둘러 싸리라"(개역 - 곧 여자가 남자를 안으리라)[3]는 격언의 의미는 전혀 기대하지 않았던 새로운 상황, 새로운 질서가 그들 앞에 펼쳐질 것이라는 것이다. 그러나 이전의 것과 똑같은 요소들이 새로운 것의 주요 구성 요소들이다(그로닝겐, 구약의 메시야 사상).

1) 불성실한 모습 - 호세아 1-3장 / 호 6:1-3 참조.

2) 초기 기독교 시대는 이 말씀을 동정녀 탄생의 예언이라고 생각했다. 물론 지금은 그런 견해를 지지하는 사람은 거의 없다. 칼빈은 "한 여인이 많은 여자들보다 우월하게 될 것이다. 또는 각 유대인들이 갈대아인보다 더 용감해 질 것이다"라고 주석했다. 이 견해도 잘 받여들여지지 않는다.

3) "그렇다면 이 여인과 남자의 정체는 무엇인가? ① 칼빈은 여인을 이스라엘로, 남자를 바벨론인들로 해석해서 이스라엘이 바벨론보다 더 강한 자들이 될 것이라는 의미로 이해한다. ② 할러데이는 남녀 성적 역할의 새로운 확립으로 해석한다. ③ 프레티임(Terence E. Fretheim)은 여자를 이스라엘, 남자를 하나님으로 해석해서 이스라엘과 하나님과의 관계 회복을 강조하거나 아니면 남자와 여자의 연합으로 인한 자식들의 새로운 출생을 의미한다고 주장한다. ④ 브레키(John M. Bracke)는 앤더슨(Bernhard W. Anderson)의 입장을 근거하여 **여자를 이스라엘, 남자를 자식으로 해석하여 이스라엘이 다시 자식을 얻게 될 것임을 의미한다고 주장한다.**

장세훈 교수는 각각의 해석들이 나름대로의 장점들을 지니고 있지만 ④의 주장이 가장 설득력이 있다고 생각한다. 라헬이 더 이상 자식이 없어 위로 받기를 거절했지만, 하나님은 이스라엘에게 잃어버린 자식들을 다시 허락해 주실 것이다. 그리하여 하나님은 그의 자녀 이스라엘과 함께 새로운 관계를 회복할 것이다. (장세훈, 아름다운 재회<렘 31:15-22>, 에클레시아, 통권10호, 101-114에서 정리)

사로잡힌 자를 돌아오게 할 때(31:23–26)

포로에서
귀환하여
새로운 삶을 누릴 것
이다(23–26절)

1. "내가 깨어 보니 내 잠이 달았더라"(26절) – 이 메시지는 예레미야가 잠을 자는 동안 직접 받은 것이다. 어떤 내용인가?

(1) 이는 "만군의 여호와 이스라엘의 하나님께서(יְהוָה צְבָאוֹת אֱלֹהֵי יִשְׂרָאֵל)" 직접 말씀하신 것이다.
이와 같이 말씀하시니라(כֹּה־אָמַר)

바벨론에 멸망당한 예루살렘이 (주전 587년) 다시 건축될 것이라는 예언이다. 예레미야는 예루살렘의 멸망에대한 예언도 받았지만 그 도성의 회복도 예언받고 있다.

> 31:23 내가 그 사로잡힌 자를 돌아오게 할 때에(상황절, when)
> 그들이 — 다시(Once again, עוֹד) 이 말을 **쓰리니**
> /유다 땅과 그 성읍들에서 (어디서)
> 곧 "의로운 처소여, 거룩한 산이여,
> 여호와께서 네게 복 주시기를 원하노라" 할 것이며

(2) 이스라엘의 하나님은 그의 이름을 거시고 유다가 다시 회복될 것임을 직접 말씀하신다. 그래서 유다 땅과 그 성읍에서 다시(Once again) '정의의 처소여, 거룩한 산'이라는 말을 하게 될 것이다. "유다와 그 모든 성읍의 농부와 양 떼를 인도하는 자가 거기에 함께"(24절) 살게 될 것이다. 즉 이스라엘과 유다가 회복될 것임을(렘 30:1-3) 거듭 강조하고 있다. 하나님은 "피곤한 심령을 상쾌하게 하며 모든 연약한 심령을 만족하게 하실 것이다"(25절).

**이스라엘의 패배와
포로생활과 징벌은
반드시 임할 것이다.
그러나
징벌 후에 구원 또한
확실하다.**

**물론, 위로받을 수 없는
슬픔이 있을 것이지만
미래에 찬송이 있을
것이라는
약속이 주어진다.**

2. 새로운 삶을 살아갈 것을 약속하신다(27–30절).

(1) 이제 회복된 이스라엘은 하나님의 생명으로 파종되어 새로운 세대의 사람들과 동물들을 헤아릴 수 없을 만큼 불어나게 하실 것이다.

> 31:27 여호와의 **말씀이니라**
> /보라
> /내가 — 뿌릴 날이 **이르리니**
> /사람의 씨와 짐승의 씨를
> /이스라엘 집과 유다 집에

(2) 예레미야가 처음 부름을 받았을 때에는 예루살렘은 뿌리째 뽑혀나갈 것이라는 예언을 받았었다(렘 1:10, "보라 내가 오늘 너를 여러 나라와 여러 왕국 위에 세워

네가 그것들을 뽑고 파괴하며 파멸하고 넘어뜨리며 건설하고 심게 하였느니라 하시니라."). 그러나 이스라엘은 다시 세워진다. 심판이 다 지나갔기 때문이다.

이스라엘은 다시 세워진다. 심판이 다 지나갔기 때문이다. 유다에게 새로운 삶이 주어진다.

(3) 이전에는 • 깨어서 그들을 뿌리 뽑으며
⇕ • 무너뜨리며 전복하며 멸망시키며 괴롭게 하던 것과 같이(렘 1:10)
이제는 • 내가(여호와께서) 깨어서 그들을 세우며 심으리라(렘 31:27)

3. 한 가지 더 속담을 들어 이스라엘의 회복의 확실성을 보여주신다.

31:29 그들이 **말하기를**
/그 때에
/다시는
/아버지가 —— 신 포도를 먹었으므로
/아들들의 이가 —시다 하지 아니하겠고
30 누구나 —— 죽으리라
/자기의 죄악으로 말미암아
그의 이가 —신 것 같이
/신 포도를 먹는 자마다

- 이 속담은 흔한 속담이었던 것 같다(애 5:7; 겔 18:2)
- 그 때가 오면, 사람들이 더 이상 '아버지가 신 포도를 먹었으므로 자녀의 이가 시게 되었다'(대중 속담)는 말을 하지 않게 될 것이다.
- 죽을 사람은 바로 죄를 지은 그 사람이다. 그러니까 오직 각 사람이 자기의 죄 때문에 죽을 것이다.

(1) 포로 상태에 있던 유다 백성들은 선조(先祖)가 지은 죄 때문에 자신들이 현재 고난과 죽임을 당한다고 생각하고 있었던 것 같다. 그러니까, 이들은 "우리가 아무리 애쓰고 분투하는 것이 무슨 소용이 있겠는가?"라고 생각했을 것이다. 왜냐하면 우리 조상들이 이미 죄를 지었고(연대책임), 현재 자신들이 그 죄값을 치르고 있다고 보았기 때문이다. 그래서 그들은 절망과 체념 속에서 살아가고 있었을 것이다.

연대 책임이 잘 나타난 곳은 여호수아 7장의 아간 사건이다. 아간의 죄로 인해 온 이스라엘이 고난을 당했다.

(2) 그러나 하나님은 그런 생각을 차단하신다. 아무도 다른 사람의 죄로 인해 고난받지 않을 것임을 분명히 하셨다. 따라서 현재의 삶을 체념할 것이 아니라 미래의 재건을 위해 노력해야 할 것을 원하신다. 29-30절의 속담과 같이 타인의 죄 때문에 현재 고통을 당하는 것이 아니라 죄에 대한 응보는 각자의 죄에 대하여 각자가 심판 받게 될 것임을 분명히 하셨다.

(3) 개인 책임에 대한 해설은 에스겔서 18:1-29을 읽어보자. 구체적인 설명까지 언급되어 있다.

새 언약(new covenant, בְּרִית חֲדָשָׁה)

구약성경 신학과 예레미야의 메시지의 핵심은 렘 31:31-34의 '새 언약'에 관한 교훈이라고 할 수 있다. 이스라엘 백성을 바벨론으로 추방해야 한다는 결정은 야웨의 회의(會議) (סוֹד יְהוָה)에서 내린 것이었다(렘 23:18). 이 회의에서 결정된 사항은 무엇인가? 그것은 언약 파기로 인한 유다에게 내릴 무서운 재앙이었다(렘 23:19-20, 30:23-24). 이를 목도한 예레미야는 이 메시지를 전하지 않을 수 없었다. 그러나 그 회의에서는 재앙과 심판 뒤에 일어날 '귀환'과 '회복'까지도 포함하고 있었다는 것이다(렘 29:1).[1] 렘 30-31장은 거의 대부분 흩어진 이스라엘과 유다 백성의 귀환을 다루고 있다.

1) 이 부분이 '새 언약'을 다루고 있는 31-34장에서 언급되고 있다. 즉 이스라엘이 약속의 땅으로 복귀할 것이라는 것이다(회복의 축복- 렘 30:3, 10, 31:27, 33:7). 하나님은 그들을 돌아오게 할 것이며 팔레스틴에서 안전하게 거할 것이다(렘 32:37).

1. 이스라엘 백성은 자신들의 죄악 때문에 거의 멸절에 가까운 무서운 심판을 당하고 있다. 만약 이들이 회복 이후에도 같은 일을 당한다면 어떻게 될 것인가?

31:31 여호와의 **말씀이니라**
보라!(הִנֵּה, Behold)
날이 **이르리니**(days are coming)
내가 — **맺으리라**(וְכָרַתִּי) I *will make* (a new covenant)
/이스라엘 집과 유다 집에
/새 언약(בְּרִית חֲדָשָׁה[1])을

언약의 주체는 누구인가?
(내가 = 여호와께서)

1) 하다쉬 - 새로운, 신선한 '새로운'이라는 히브리어는 '갱신'(renew), '수정'(repair), 또는 회복(restore)이라는 의미로 쓰인다. 따라서 여호와의 언약은 이전과 같지만 갱신될 것이다. 이 단어는 새로운 명칭(사 62:2), 새로운 노래(시 149:1), 새로운 언약(렘 31:31), 하나님의 자비(애 3:23), 마음과 정신(겔 35:26)처럼 비물질적인 것에도 사용되었다.

(1) 어떤 날이 도래할 것인가? '새 언약을 맺을 날' 그 날은 언제일까? 이 문구는 이때의 시기가 명확치 않음을 보여준다. 그런데 누구와 언약을 맺을 것인가? 이스라엘 집(אֶת־בֵּית יִשְׂרָאֵל)과 유다 집(אֶת־בֵּית יְהוּדָה)

여기서는 이스라엘의 집과 유다의 집으로 구별해서 언급하고 있다. 그러나 33절에서는 "이스라엘의 집"이라는 문구만 표현된다. 에스겔서 37:15-28을 읽어보자. 바벨론 포로기에 유다와 오랫동안 적대적이었던 두 형제를 하나로 접목시켜 줄 것이다. 다윗의 통일 왕국은 하나님의 백성이 다시 출현하게 될 것임을 보여준다(W.J. 덤브렐).

(2) 언약의 주체는 누구인가? '내가 ~ 세우리라'(כָּרַתִּי, 칼 동사 완료, 1인칭 단수) 새 언약이 이스라엘과 여호와 간의 협상에 의해서 이루어지는 것이 아니라 하나님에 의해서 일방적으로 수여될 것임을 선언하신다.

(3) 그렇다면 '언약'이란 무엇인가? 어떤 개념인가?
학자들은 언약의 개념을 다음과 같이 정의한다.

<언약은 하나님과 인간 사이에 관계 개념으로, 양자(兩者) 사이에 맺어진>
- E. J. Young = 은혜와 약속의 주권적인 사역
- M. G. Kline = 하나님 나라의 주권적인 사역

• O. P. Robertson = 주권적으로 사역된 삶과 죽음에 대한 피로 맺은 약정 등으로 정의한다.

2. 좀 더 자세한 '새 언약'에 대한 설명은 특강을 참조하기로 하고, 여기 본문 설명에서는 간단하게 언급하기로 하자. 우선, 새 언약이 왜 언급되고 있는가 그 배경부터 살펴보자.

(1) 옆에 있는 렘 33:20, 21, 25, 26을 자세히 읽어보자.

이 구절에서 ("낮에 대한 나의 언약과 밤에 대한 나의 언약")에 대해 말하는 주의 말씀을 볼 수 있다(25절) -- "주야의 약정(언약)"

• 하나님의 창조의 법 : 셋째 날의 창조의 법(주야의 언약) - 창 1:14을 보라.
• 노아와의 언약규정 : "씨뿌림과 거둠과 추위와 더위와 여름과 겨울과 밤과 낮이 쉬지 아니한다"(창 8:22)고 약속하신 것을 가리킨다. 예레미야 33장에서도 창세기 1장의 창조질서를 언급하고 있다. 이런 경우 "언약" 용어는 창조질서에도 적용될 것이다.

(2) "너희가 능히 낮에 대한 나의 언약과 밤에 대한 나의 언약을 깨뜨려 주야로 그 때를 잃게 할 수 있을진대"(렘 33:20) / 즉 "하나님은 낮과 밤과 더불어 언약을 맺어 언제나 낮과 밤이 정한 시간에 오게 하였다(창 8:22)." 그런데 만일 너희가 이 언약을 바꿀 수 있다면, 그렇다면 다윗과 세운 언약도, 레위인 제사장에게 세운 언약도 파할 수 있을 것이라는 것이다. 전자가 불가능하다면, 후자도 역시 불가능하다.

(3) 그래서 하나님께서 "그 포로된 자를 돌아오게 하고 그를 불쌍히 여기리라." 하신 말씀은 공허한 약속이 아니다. 31장 31절을 다시 보자. 포로생활과 종살이로부터의 구원과 이스라엘과 유다의 고향으로의 귀환과 정착을 약속하고 계신다.

렘 33:20, 21, 25, 26

33장
• 20 "여호와께서 이와 같이 말씀하시니라 너희가 능히 낮에 대한 나의 언약과 밤에 대한 나의 언약을 깨뜨려 주야로 그 때를 잃게 할 수 있을진대
• 21 내 종 **다윗에게 세운 나의 언약도 깨뜨려** 그에게 그의 자리에 앉아 다스릴 아들이 없게 할 수 있겠으며 내가 나를 섬기는 **레위인 제사장에게 세운 언약**도 파할 수 있으리라
• 25 여호와께서 이와 같이 말씀하시니라 내가 **주야와 맺은 언약**이 없다든지 천지의 법칙을 내가 정하지 아니하였다면
• 26 야곱과 내 종 다윗의 자손을 버리고 다시는 다윗의 자손 중에서 아브라함과 이삭과 야곱의 자손을 다스릴 자를 택하지 아니하리라 **내가 그 포로된 자를 돌아오게 하고 그를 불쌍히 여기리라.**"

3. 그렇다면, 새 언약과 시내산 언약은 어떤 차이가 있는가?

31:32 이 언약은 —— **같지 아니할 것은** (=다른 것이다)
/내가 그들의 조상들의 손을 잡고
애굽 땅에서 인도하여 내던 날에 맺은 것과

내가 —— 그들의 남편이 되었어도
그들이 —— 내 언약을 **깨뜨렸음이라**

시내산 언약을 가리킨다.

이 언약, 즉 새 언약은 시내산 언약과 질적인 차이가 있다. 시내산 언약은 반복해서 깨뜨려졌다. 시내산 언약 자체가 문제가 아니라 이스라엘 백성으로 말미암은 실패가 문제임을 분명히 하고 있다. 이 언약의 파기를 방지하기 위해 하나님은 새 언약을 이스라엘의 마음속에 두실 것이다.

그러면, 시내산 언약이란 무엇인가? 1)

1) 이 설명은 동교재(백투더바이블), 출애굽기 19장에서 가져왔음.

• 하나님은 모세를 어디로 부르시는가? (출 19:3)

• 이렇게 언약 백성이 되기 위한 조건은 무엇인가? 언약을 잘 지킨다는 것은 어떻게 살아야 된다는 말인가?

① '내 소유' - 이스라엘의 특권적 지위를 나타내기 위해 사용되었다. 신 7:6, 14:2, 26:18; 시 135:4; 말 3:17

출 19:4 너희가 — **보았느니라**
/내가 애굽 사람에게 어떻게 행하였음과
내가 — 어떻게 **독수리 날개**로 너희를 업어
내게로 인도하였음을
5 (이유, for, כִּי) 세계가 다 내게 속하였나니
[만일, אִם] 너희가 내 말을 잘 듣고 내 언약을 지키면
너희는 —— 내 소유①가 **되겠고**
/모든 민족 중에서
6 너희가 —— 제사장 나라②가 **되며**
/내게 대하여
거룩한 백성③이 **되리라**
너는 이 말을 이스라엘 자손에게 전할지니라

• 하나님은 이스라엘을 선택하여 사랑하셨다는 표현을 이렇게 하고 계신 것이다.

• 내 '소유'라는 말의 의미는 무엇인가?

• '제사장 나라'의 역할은 무엇인가? 하나님의 백성 이스라엘의 사명은 무엇인가?

• 이스라엘은 다른 민족들과 달리 '거룩한 백성'이 되어야 한다. 왜?

1. 여기서 '시내산 언약'에 대해서 자세히 설명할 수 없다. 동교재, 출애굽기 19-24장의 내용을 별도로 공부해 보라. 그 설명을 간추려보자.

(1) 하나님은 모세를 어디로 부르시는가? (출 19:3) 하나님은 모세와 언약을 맺으려 하신다. 여기 언약을 맺는데 누가 주도권을 갖고 있는가? (3절, "**여호와께서 산에서 그를 불러 말씀하시되** 너는 이같이 야곱의 집에 말하고 이스라엘 자손들에게 말하라.") 물론 이스라엘은 하나님과의 언약적 교제를 위한 필요조차 깨닫지 못하고 있다. 이스라엘을 선택하신 이는 누구인가? 하나님은 이스라엘을 선택하여 사랑하셨다는 표현을 어떻게 하고 계신가? (독수리 날개로 업어 인도하심)

• 시 135:3 "여호와를 찬송하라 여호와는 선하시며 그의 이름이 아름다우니 그의 이름을 찬양하라 [4]**여호와께서 자기를 위하여 야곱 곧 이스라엘을 자기의 특별한 소유로 택하셨음이로**다."

(2) 이렇게 언약 백성이 되기 위한 조건은 무엇인가? "[만일, אִם] **너희가 내 말을 잘 듣고 내 언약을 지키면**" - 이 말씀이 언약 백성이 되기 위한 전제 조건이 된다. 지금부터 여호와께서 명령하신 언약(기본 - 십계명, 그 십계명을 해설한 언약서, 출 20-23장의 내용)을 잘 지킨다면, 이들은 하나님의 소유가, 제사장 나라가, 거룩한 백성이 된다. 그래서 이들 백성과 하나님 간에 언약이 체결된다. 물론 백성들의 신앙고백 위에 맺어진다. 이제 이들은 언약 백성이 된다(출 24장 - 시내산 언약 비준식이 언급되어 있다). 언약을 잘 지킨다는 것은 어떻게 살아야 된다는 말인가? 시 135:3, 4을 읽어보자. 하나님을 찬양할 이유가 무엇인가?

2. 하나님은 하나님의 언약을 순종하면 어떤 특권을 주시겠다고 약속하셨나?

(1) 여기에 나타나는 '모세 언약'은 아브라함의 언약과는 동떨어진 새로운 언약인가? 그렇지 않다. 이 언약은 이미 존재하고 있는 '아브라함의 언약'의 연장이라고 할 수 있다. 왜냐하면 출 6:3을 읽어보자(and I appeared to **Abraham**, **Isaac**, and **Jacob**, as God Almighty. … NASB). 출애굽 사건을 누구와 연계시켜 말하고 있는가? 여기서 출애굽 사건을 족장들과 맺어진 언약이 성취되었음을 연계시켜 설명한다. 그렇다면 물론 출 19:5-6도 출애굽 사건을 배경으로 주어진 언약임을 알 수 있다(출 19:3, 야곱 족속에게, 이스라엘 자손에게). 여기 '내 언약'(My covenant, בְּרִיתִי)이란 어구는 창 6:18*과 창 9:9*이하에서 언약이란 말이 제시하였던 것과 동일한 의미이다. 이런 이유로 시내산 계시는 어떤 의미에서 이미 존재하고 있는 관계를 단지 보다 상세히 서술한 것임을 알 수 있다.

- 창 6:18 "그러나 너와는 내가 **내 언약**을 세우리니 너는 네 아들들과 네 아내와 네 며느리들과 함께 그 방주로 들어가고"
- 창 9:9-10 "내가 **내 언약**을 너희와 너희 후손과 10너희와 함께 한 모든 생물 곧 너희와 함께 한 새와 가축과 땅의 모든 생물에게 세우리니 방주에서 나온 모든 것 곧 땅의 모든 짐승에게니라."

3. 자, 그렇다면 이스라엘이 택함을 받은 목적은 무엇인가?

출 19:5 (세계)가 (다) 내게 (속하였나니)
כִּי־לִי כָּל־הָאָרֶץ for all the earth is Mine

(1) 이 구절에서 이스라엘이 택하심을 받은 목적이 무엇임을 알 수 있다. 이스라엘은 아브라함의 언약 속에 내포된(창 12:1-3을 보라) 보다 넓은 목적을 성취하기 위한 대리인이었다. 이들 이스라엘은 이 세상 민족들과는 따로 분리되어야 한다는 개념이 들어 있다. 쉽게 말하면, 이스라엘은 하나님의 이름을 전 세계에 선전해야 하는 광고국(廣告國)이었다. 신명기 7:6, 7*을 읽어보라. 물론 이들은 하나님의 이름을 영화롭게 하기는커녕 하나님의 이름을 땅에 떨어뜨리는 망나니 역할만 했지만 말이다.

- 신 7:6, 7 "너는 여호와 네 하나님의 성민이라 네 하나님 여호와께서 지상 만민 중에서 너를 자기 기업의 백성으로 택하셨나니 7여호와께서 너희를 기뻐하시고 너희를 택하심은 너희가 다른 민족보다 수효가 많기 때문이 아니니라 너희는 오히려 모든 민족 중에 가장 적으니라."

(2) 그러므로 출 19:4-5은 아브라함에게 언약하신 그 언약(창 12:1-3)의 재언급이나 다름없다고 할 수 있다. 이제 하나님은 이 모세 언약을 통해 율법을 주시고, 이 백성들을 한데 묶고 성화되도록 이끄실 것이다. 이 세상 많은 민족들 가운데서 이스라엘을 택하사 그의 백성을 삼고자 원하셨다. 그래서 노아의 후손 중에 셈족을 선택하시고, 그 셈족에서 마침내 아브라함을 불러내신다. 그리고 그의 후손 이삭과 야곱을 택해 그 약속을 이어가신다. 지금 이스라엘 백성을 애굽에서 구원해내신 것도 이들 조상들에게 한 약속 때문이었다. 따라서 이스라엘은 하나님의 자녀인 것이다("독수리 날개로" 업어 이곳까지 인도하셨다고 말한다. 이보다 더 위대한 사랑의 표현이 있을 수 있을까?).

(3) 이스라엘의 가치는 어디에 있을까? 그것은 이스라엘에게 마음을 쏟은 하나님의 사랑과 애정이 있었기 때문일 것이다. 이스라엘은 하나님의 '소유'라고 했다. 후에 신명기에서 이스라엘은 '기업의 소유'뿐 아니라 '거룩한(holy) 백성'으로 불리었다. 그러나 이 구절들은 항상 거룩한 '백성'[אַם(암) - 신 7:6, 14:2]이란 개념과 연결되어 사용했다.1)

(4) 제사장 나라(mamleket kohanim, כֹּהֲנִים2) מַמְלֶכֶת) : '맘라카' 는 통치 받고 있는 영역을 가리킨다고 보기보다는 왕권 그 자체가 가진 직무나 그 직무의 기능 또는 가치를 가리킬 때 사용된다(통치, 지배). 제사장직에 있는 자들에 의해 왕적인 직무가 시행된다는 의미이다. 물론 제사장(코헨, priest)은 거룩해야 한다. 제사장은 하나님을 가까이서 섬기는 직무를 가졌기에 축복의 매개자로서 거룩한 삶을 살아야 한다. 특권이 있지만 의무가 따른다는 말이다.

(5) '나라' 는 왕에 의해 통치되는 영역이다. 이스라엘은 제사장 나라가 되어야 한다. 이스라엘은 국가적으로도 제사장의 사명을 갖고 있다. 이스라엘은 세계 모든 백성들을 하나님께 인도할 책임이 있으며, 하나님에 대한 참지식을 가르쳐 주어야 한다. 이스라엘은 다른 나라에 대해 제사장이 되었다(사 61:6*을 보라). 제사장이 당시의 사회로부터 성별되어 사회를 위해 봉사했듯이, 이스라엘 또한 주변 세계로부터 성별됨으로써 세상에 대한 제사장적 사명을 감당해야 했다. 베드로는 우리를 향하여 이렇게 외친다(벧전 2:9*을 보라).

(6) 거룩한 백성(גּוֹי קָדוֹשׁ, Holy nation, 거룩한 민족). 이 말은 창 12:2에서 '고이' (גּוֹי, 백성)란 단어와 상관성이 있다고 볼 수 있다. '거룩한 백성'이라는 말은 다른 나라들로부터 분리되어 여호와를 위하여 구별된 삶을 살아야 한다는 관념이 들어 있다.

(7) 이스라엘은 분명한 존재로 상승했으며 어떤 특권을 부여받았다. 이스라엘이 하나의 제물로서, 즉 국가 체제상 세상에 사회적 모델이 되는 제물로 생각해 볼 수 있다. 따라서 이스라엘은 구별되어 거룩해야만 했다. 세상 다른 민족들과 같아서는 안 된다. 왜냐하면 여호와가 거룩하시기 때문이다. 이후 레위기에서 특히 요구하고 있는 것이 "여호와가 거룩하니 너희도 거룩하라"는 말이다(레 11:45, 20:26, 22:31-33).

(8) 인간의 궁극적인 축복은 무엇인가? 그것은 '하나님 통치 안에서의 삶'이다. **그 나라의 통치 범위는 '율법'이고, 그 율법에 대한 자발적인 '순종'으로 통치가**

1) 신 26:18에서는 '보배로운 백성'으로 번역했다. 이스라엘은 하나님 앞에서 거룩한 나라가 되어야 했다.

2) '코하님(제사장, כֹּהֲנִים)' 은 출 19:6에서 제도화된 의식적인 제사장직을 가리키고 있지 않다. 보다 넓은 의미로 사용된 것으로 보인다. 5절의 언약이란 말과 연결되어서 이스라엘에게 수여된 축복과 결부되어 쓰이고 있는 것으로 보인다. 이 어구는 '제사장적인 나라' 또는 '제사장의 왕권' 등과 같은 말로 번역할 수 있다.

- 사 61:6 "오직 **너희는 여호와의 제사장**이라 일컬음을 받을 것이라 사람들이 너희를 우리 하나님의 봉사자라 할 것이며 너희가 이방 나라들의 재물을 먹으며 그들의 영광을 얻어 자랑할 것이니라"

- 벧전 2:9 "그러나 너희는 택하신 족속이요 왕 같은 제사장들이요 거룩한 나라요 그의 소유가 된 백성이니 이는 너희를 어두운 데서 불러내어 그의 기이한 빛에 들어가게 하신 이의 아름다운 덕을 선포하게 하려 하심이라"

이루어진다. 자연에 대해서는 기계적이라고 할 수 있지만 인간에 대해서는 하나님의 명령에 대한 인간 편의 순종으로만 유지된다. 그래야 하나님과 그의 백성 사이에는 인격적인 관계가 흐른다.

➡ 이와 같이 만일 하나님이 명령하신 언약을 잘 지키기만 하면 위와 같은 축복을 주시겠다고 약속하신다(출 19:5-6). 이렇게 이스라엘이 맺게 되는 언약 관계는 순종이 필연적으로 요구되고 있다. 물론 백성들은 이런 하나님의 요구를 다 순종하겠다고 큰 소리친다(출 19:7, 8, 24:23, 7). 이렇게 이스라엘은 하나님과 특별한 관계에 있지만, 여기에는 **반드시 율법에의 순종이 요구된다. 그것이 바로 언약의 핵심 내용이 된다.**

4. 모세는 이 언약을 잘 순종했을 때의 축복과(출 19:4-6) 그렇지 못했을 때의 저주의 내용을 아주 자세하게 설명했을 것이다(신 27-28장 참조).

(1) 모세는 이 사실을 하나님께 회보하고, 이에 비준식을 갖게 된다(출 24장, 시내산 언약). 이렇게 해서 언약의 한 나라가 탄생한다. 그 언약의 핵심 내용이 십계명이다. **십계명**은 이스라엘 백성에게 향하신 관심의 친밀성을 고조하기 위한 10가지 말씀으로 일종의 원칙이다.[1] 또한 기초적이며 영원하다. 모든 백성들에게 직접적이며 개인적으로 주어졌다. 하나님의 백성을 통치하기 위한 헌법이요, 통치의 근본 사상의 요약이다.

1) 십계명, 이는 언약 공동체가 이 세상에서 질서를 유지하고 하나님을 경외하기 위해 필요한 일반적인 원칙이다. 따라서 거기에는 아무런 벌칙이 없다. "언약의 책"(출 20:23-23:33, 십계명과 율례)에서 실제로 구체화 되어 나타난다.

(2) 그리고 출 20:22-23:33에 언급된 내용이 언약 법전, 법령이다(출 20:22-23:33) : 사회, 경제, 농경상의 율법들로 '판결'(미쉬파트)[2]이라고 번역된다.

2) 율례(미쉬파트, מִשְׁפָּט) : 공도(창 18:19), 공의(창 18:25; 신 16:18) 율례(창 15:25; 출 21:1), 공평(출 23:6), 판결(출 28:15), 법도(레 18:4), 판단(신 16:19), 심판(신 32:41) 등등.

(3) 십계명의 서문에는 무엇을 강조하고 있나?
- 하나님은 조약 서문에서 이렇게 외치신다. : "나는 너의 하나님이다."(I am the LORD your God) 우리는 하나님의 주재권(主宰權), 즉 주인되심을 인정해야 한다.

제 1-4계명 : 하나님을 사랑하라
- [하나님에 대한 사람의 의무]

제 5-10계명 : 사람을 사랑하라
- 사람에 대한 사람의 의무

<여기까지 시내산 언약에 대한 간단한 설명이다. 다시 본문으로 돌아가자>

그렇다면, 이 '시내산 언약'은 잘 지켜졌을까?

1. 물론 그렇지 않다고 증언한다. 지금 유다는 그 시내산 언약의 파기로 인한 형벌을 받고 있다. 먼저, 왜 북 이스라엘이 멸망했는가부터 살펴보자.

(1) 심판이 언급되고 있지만, 이스라엘을 새롭게 회복시키기 위한 약속도 주어지고 있다. 먼저, 시내산 언약과 아브라함의 언약관계를 살펴보자. (아래의 내용은 동 교재, 호세아 서론에서 설명을 가져와 정리한 것임)

(2) 아브라함에게 주어진 약속들은 모세 언약이 세워지는 역사적인 동기를 제공해 준다. 즉, 시내산에서 언약 수립과 관련해서 모세가 세운 제단은 아브라함 언약과 불가분의 관계가 있다는 증거를 보여준다(출 24:4 참조). 아브라함과 언약을 맺으신 하나님은 모세와 다윗과도 언약을 맺으신다.[1)]

(3) 아브라함 언약은 다윗 언약과 연속성을 갖는다. 하나님께서 다윗과 맺은 언약은 아브라함의 약속에 담긴 것들과 아주 유사함을 볼 수 있다(동교재, 사무엘하 참조). 이렇게 사무엘하 7장에 나오는 약속의 재진술은 아브라함 이후로 오랫동안 '그의 약속에 근거하여' '계속해서' 역사하고 계셨음을 확증하고 있다.[2)]

2. '시내산 언약'이란 무엇인가?

십계명은 표면으로는 '계명'이요 '율법'이지만 그 내면으로 보면 '언약'이다. 구약에서는 '율법'이란 말과 '언약'이라는 말이 동의어이다(신 29:9, 31:24-26; 왕하 22:8, 23:3). 그러므로 십계명을 담은 언약궤를 '법궤'라고도 했다. 그러니까 십계명은 시내산 언약의 핵심을 요약한 것이다. 여기에 하나님의 뜻이 구체화되어 최종 요약으로 나타난 것이다.

3. 그렇다면, 언약의 목적은 무엇인가?

(1) 하나님께서는 어떤 언약에서든지 **자기 백성을 삼는 일**이 그 제일의 목적이다. 그래서 "하나님이 그들 가운데 거하신다"(임마누엘)는 말로 표현하고 있다. 출 25:8에서는 하나님이 "장막에 거하신다"고 했다.

(2) 물론 이 장막의 모양은 성전의 모양으로, 또 하나님 나라의 모형으로, 성육

1) 그렇다고 이제까지의 인연을 끊고 새것을 시작하는 것이 아니고 아브라함의 후손들이 받은 잇따른 각 언약은 하나님의 본래의 목적을 보다 높은 실현의 단계로 이끄신다(예를 들어 출 2:23-25은 아브라함에게 약속하신 언약의 성취라는 말이다).

2) 모세언약은 아브라함의 은혜로운 약속을 폐기하는 것인가? 어떤 사람들은 율법언약이 옴으로써 아브라함의 약속언약이 사라진 것이 아닌가 하고 생각한다. 그러나 아브라함의 언약(창 15:17,18)은 처음부터 폐하여지지 아니했다. 아브라함의 언약 이후 430년 뒤에 생긴 모세의 율법이 아브라함의 언약을 없이하지 못한다. 사도 바울은 그것은 덧붙여진 것이라고 했다(갈 3:17, 19).

화된 그리스도의 교회로, 성도의 최후의 영광으로 발전한다. 어떤 경우든지 **언약은 "나는 너희 하나님이 되고 너희는 나의 백성이 되리라"는 핵심과 직접 연관된다.** 신정(神政)의 핵심은 하나님이 그의 백성과 함께 거하신다는 원리이다. 에스겔서 37:26-28*을 읽어보라.

• 겔37:26 "내가 그들과 **화평의 언약**을 세워서 **영원한 언약이 되게 하**고 또 그들을 견고하고 번성하게 하며 내 성소를 그 가운데에 세워서 영원히 이르게 하리니 27 **내 처소가 그들 가운데에 있을 것이며 나는 그들의 하나님이 되고 그들은 내 백성이 되리라** 28 내 성소가 영원토록 그들 가운데 있으리니 내가 이스라엘을 거룩하게 하는 여호와인 줄을 열국이 알리라 하셨다 하라."

주전 8세기 선지자들의 메시지의 핵심은 무엇인가?

1. 우선, 호세아, 아모스, 미가가 전하는 메시지 핵심부터 살펴보자.[1]

(1) 이들의 핵심 메시지는 여호와 하나님과 그의 백성 이스라엘과의 언약적 관계였다. 이들 선지자들은 하나님의 백성이 시내산 언약(=모세 언약)을 범하였다고 고발한다. 따라서 심판은 필연적임을 말한다. 언약 파괴라는 근본적인 죄는 12선지서 전반에서 다루어지고 있으나 특별히 6개 선지서(호세아서~미가서)에서 주도적으로 취급된다. 즉 이들은 죄가 이스라엘을 망쳐 놓았음을 깨닫고 있다. 따라서 이들 선지자는 이스라엘에게 심판을 선언함으로써 경고한다.

(2) 그러나 이런 심판과 포로기를 지난 후에는 하나님께서 아브라함과 다윗에게 약속하신 자신의 영원한 언약에 근거해서 다시 회복될 때를 바라본다. 다가오는 심판은 백성들을 깨끗하게 할 것이며, 이스라엘 역사의 영광스러운 새 시대로 향하는 길을 준비하게 될 것이라는 것이다. 지금 살펴보고 있는 예레미야 선지자의 메시지도 동일하다.

2. 언약의 주권은 누구에게 있는가?

(1) 주전 8세기 소선지자들은 하나님과 이스라엘의 언약적 관계에 대해 잘 알고 있었다. 이들이 끊임없이 주장하는 것은 이 언약의 주도권이 여호와께 있다는 것이다.

(2) 여호와와 그의 백성과의 관계를 생생하게 보여준다.

- 언약적 관계 확인을 출애굽과 연관시킨다 - 호 12:9, 13:4; 출 20:2; 신 5:6
- 아모스 – 출애굽과 연결 - 암 2:10; 출 29:2; 레 11:45; 신 20:1; 수 24:17
- 종노릇 하는 데서 속량하셨음을 언급 - 미 6:4; 신 7:8, 13:5
- 애굽에서 행하신 기적 언급 - 미 7:15; 출 3:20
- 광야 여정 - 암 2:10; 신 8:2

1) 이하 설명을 동교재, 호세아 서론에서 가져옴.

(3) **호세아**는 여호와의 이스라엘에 대한 사랑을 무엇에 비유하고 있나?
아들에게 걸음을 가르치는 아버지의 사랑에 비유했다(호 11:1-3).[1] 하나님은 특별히 언약 백성을 사랑하신다(호 9:10, 10:1). 풍성한 소출을 허락하신다. 하나님은 자신을 소의 멍에를 벗기고 먹이를 주는 사람에 비유하셨다(호 11:4). "내가 사람의 줄 곧 사랑의 줄로 그들을 이끌었고 그들에게 대하여 그 목에서 멍에를 벗기는 자 같이 되었으며 그들 앞에 먹을 것을 두었노라."

1) 아버지와 아들 간의 사랑에 대한 강조 (출 4:22-23 / 특히 신명기 반영 - 신 1:31, 7:8, 23:5, 32:6)

3. 이런 하나님의 사랑에 대해 이스라엘의 반응은 어떠했나?

(1) 주전 8세기 선지자들은 이스라엘의 가장 큰 죄를 '**언약에 대한 위반**'으로 보았다(호 6:7, 8:1, 12, 7:13, 14).[1]

1) 배반

- 하나님의 은혜를 잊었다(먹고 배부름으로 마음이 교만 - 호 13:6).
- 반역, 다른 신을 섬김, 언약적 삶의 원리를 거절 (호 9:9-10)
- 부르면 부를수록 더 멀리 갔다(호 11:2).
- 하나님께서 세우신 지도자를 거절했다(암 2:12).
- 하나님의 축복을 가나안의 풍요와 폭풍의 신 바알에게 돌렸다(호 2:8).

(2) 미가와 아모스 역시 : 죄의 본질 - **언약의 위반**으로 보았다. (미가 6:1-8)
- 암 2:4 - 유다가 그의 율법을 멸시하며, 그의 율례를 지키지 않았다.
- 암 2:4, 6 - '페샤'를 죄로 번역했다.

4. 이스라엘의 언약적 위반(불순종)은 무엇에 비유되고 있나?

(1) 음란 (호 1:2, 2:2-13, 4:15, 5:4, 7, 6:10, 9:1)
- 음란한 아내를 취하라(호 1:2-3). - 왜?
  남편되신 하나님께서 이스라엘의 불충을 보여주시기 위해

- 호 6:4 "에브라임아 내가 네게 어떻게 하랴 유다야 내가 네게 어떻게 하랴 너희의 인애(仁愛)가 아침 구름이나 쉬 없어지는 이슬 같도다."

(2) 하나님은 이스라엘의 '사랑'(혹은 성실)을 무엇에 비유하고 있나?
(아침 구름, 이슬, 완강한 암소처럼 우상을 좇아다닌다. 호 4:16)

(3) 세 선지자 모두 - 이스라엘의 구체적인 죄를 지적했다. (언약의 위반의 증거를 제시했다) / **다른 연인**, 즉 **바알을 따라갔다**(호 2:2-13).
- 거짓 신을 섬기면서 제의적 음행(풍작 보장을 위해 - 호 4:10-19 / 암 5:26, 8:14)
- 이교적 애곡 및 우상 숭배(호 8:4-6, 10:1-2, 5-6, 8, 11:2, 13:1-2)
  미가 - **우상 숭배를 음란에 비유**, 미 1:6-7, 유다가 북 왕국의 전철을 밟았다고 책망 - 미 1:5, 5:12-14
- 호세아의 언약적 고소(호 4:2) - 십계명의 5가지 계명 위반 사항
  미가는 부모 멸시하는 죄를 포함시킨다(미 7:6).
- 사회적 부정(탐심이 가장 분명하게 드러난 것) : 정직하지 못한 경제적, 사법적 행위가 포함된다(호 12:6-7).

- 아모스는 북왕국에 대해, 미가는 남왕국에 대해 백성들의 핵심적 범법행위로 고소한다.
- 가난한 자를 사고 파는 행위(암 2:6, 8:6)
- 소유에 대한 착취(암 2:8; 미 2:1-2, 8).
- 거짓 저울(암 8:5; 미 6:10-11, 비교. 레 19:35-36; 신 25:13-15).
- 가난한 자에 대한 법적 정의를 부인하고 왜곡함(암 2:7, 5:7, 10, 6:12, 미 3:1-3).
- 가난한 자에 대한 착취와 사치스러운 생활(암 3:15, 4:1, 5:11, 6:4-6)

(4) 동족을 돌보지 않고 재산을 축적했다 - 여호와께서 그 땅의 주인이심을 부인하는 행위이다. 이는 언약적 원리와 이웃에 대한 책임을 부정하는 일이다.[1)] 이들은 열국의 모범이 되지 못했다. 죄악도 이방인의 수준을 넘었다.

(5) 하나님의 경고 ("~의 서너 가지 죄로 인하여") - 아모스 1:3-2:5
- 호세아의 강조점 – 북왕국을 향해 외쳤다. 그는 언약의 하나님에 대한 백성들의 우상 숭배적 불신앙에 초점을 맞춘다. 이를 간음에 비유했다.
- 아모스의 강조점 – 사회적 불의에 초점
- 미가서 – 남왕국 유다에 초점 (다윗 왕조와 예루살렘의 미래적 역할)

5. 이스라엘은 열국의 모범이었나? 물론 열국의 모범이 되지 못했다. 그들의 죄악은 오히려 이방인들의 수준을 넘었다.

(1) 여로보암 2세 때의 경제적 풍요에도 불구하고 하나님 보시기에 다른 나라들보다 더 많은 죄를 지었다고 했다. 아모스 1:3-2:5에서는 북왕국 주변 7개국의 죄상을 언급했는데, 이들 열방들의 죄목은 두 가지 이상의 구체적인 죄가 없었다. 그러나 북왕국 이스라엘은 어떠했나? 여기서 저자는 북 이스라엘의 죄를 더욱 길게 언급하고 있다. 북 이스라엘의 죄에 초점을 맞추어 강조하고 있다.

(2) 북 이스라엘은 정기적으로 벧엘이나 길갈 같은 곳에 모여 절기와 희생을 드리며 충성을 고백했다(호 4:15, 5:6, 8:2, 11; 암 4:4-5, 5:21-25 참조). 그러나 이들은 모두가 형식적이었다. 이들은 가나안 혼합주의에 물들어 있었다. 이스라엘과 하나님의 관계에서 제사는 하나님에 대한 진정한 사랑(호 6:6-7)과 이웃에 대한 사랑(호 12:6)이 뒷받침되지 않으면 아무런 의미가 없다(암 5:4; 미 6:6-8을 읽어보자). 제사나 기도를 포함하여 하나님을 향한 모든 종교적 행위와 헌신은 이러한 관계에 기초하지 않으면 무익하다. 이는 신약에서도 같은 개념이다(약 1:27; 마 23:23; 마 5:23-24 참조).

1) 땅은 하나님께 속한 것이다. 백성들은 다만 하나님의 종으로서 나그네요 우거하는 자일 뿐이다(레 25:23). 이 땅을 백성에게 주시고 그것의 풍성함을 누리게 하셨다. 땅을 각 지파에게 기업으로 주셨다. 그래서 땅을 사고 파는 것을 금했다(레 25:23-24). 이러한 순종은 사회에서 가난을 몰아낼 것이다(신 15:4-5).

물론 이 세상에서 가난한 자가 있게 될 것이라는 사실을 인정했다(신15:11). 그러나 이런 것은 자비와 긍휼로 충분히 해소할 수 있다고 말씀하신다(신 15:7-11) - 이런 언약적 원리를 고수하면 이스라엘은 열국 가운데 사회경제적 정의의 모델이 될 것이다.

1) 북 이스라엘의 자만은 무엇에 근거했나? 군사적 업적(암 6:13), 군사력(호 10:13), 강력한 요새(호 8:14; 암 6:8), 부(富, 호 12:8)를 의지했고 여호와를 믿지 않았다. 이는 남왕국도 마찬가지였다(미 5:10-11). 한 마디로 이스라엘은 하나님과의 언약적 관계를 파기하였다. 우상 숭배, 사회적 불의 만연, 형식적인 제사, 위선적 예배를 드렸다. 물론 선지자의 음성에 귀를 기울였을리 만무하다.

(3) 북 이스라엘은 여호와의 명령을 청종치 않았으며, 왕권을 둘러싼 음모와 폭력이 끊이지 않았다(호 7:3-7). 정책 결정을 하는데 여호와의 동의는 전혀 상관이 없었다(호 8:4). 이들은 여호와의 능력보다도 다른 나라들과의 동맹에 더욱 치중했다(호 5:13, 7:8-11, 8:9-10, 12:1).[1]

▲ 이것이 북 이스라엘의 멸망의 원인이다. 언약 파기로 인한 징벌이었다. 이스라엘은 공중분해 되었다. 역사에서 사라진 것이다. 더 살펴보자.

북 이스라엘이 가쁜 숨을 몰아쉬던 마지막 모습

1. 왜 하나님이 북 이스라엘을 공중분해시켜 버리셨을까?

(1) 약속의 땅, 가나안에서 이스라엘은 포도나무 가지처럼 퍼져나가면서 번성했다. 그러나 이스라엘은 그런 풍성함을 가져다준 여호와 하나님을 배반한다. 그리고 우상 숭배에서 헤어나오지 못하고 있다. 결국에는 멸망을 향해 내리막 길을 걸었다. 물론 이런 위기를 알 수 없는 백성들은 형편이 나아질수록 바알을 위한 제단을 쌓는 데만 열중했다. 호세아 선지자는 이스라엘을 무엇에 비유하고 있는가?

1) 포도나무는 비유 및 상징적으로 안정된 생활(왕상 4:25), 자식이 많은 아내(시 128:3), 번영(호 14:7)을 의미한다. 또한 포도나무는 상징적으로 이스라엘(시 80:8, 14; 렘 2:21; 호 10:1), 바벨론에 속국이 된 유다(겔 17:6, 8)에 대해서 사용하였다.

호 10:1 이스라엘은 열매 맺는 무성한 '**포도나무**'(게펜, גֶּפֶן)[1]**라**
그 열매가 많을수록 제단을 **많게 하며**
그 땅이 번영할수록 주상(맛체바, 돌기둥)을 **아름답게 하도다**

(2) 이렇게 여호와도 섬기고 우상도 섬기는 모습을 무엇에 비유하고 있나?

호 10:2 그들이 '두 마음을 **품었으니**' (חָלַק לִבָּם)
이제(עַתָּה)
벌을 받을 것이라(죄값을 치러야 한다)
하나님이 그 제단을 쳐서 깨뜨리시며 그 주상을 **허시리라**

(3) '품었으니'라고 번역된 말 '하라크'(חָלַק)는 '나누다, 공유하다, 약탈하다, 할당하다, 분배하다'라는 의미가 있다. 여기서는 마음이 '분할되다'라는 의미로 쓰인 것 같다(Their heart is divided. - KJV). 이들의 마음이 분할되었다는 것은 여호와 하나님과 바알 우상을 동시에 섬겼다는 말이다. 이는 한 여인이

두 남편을 섬기는 것과 같다.

(4) 예레미야 선지자도 이렇게 언급한다(렘 31:32). "내가 그들의 남편이 되었어도 그들이 내 언약을 **깨뜨렸음이라.**" 여기서 '내 언약'은 내가(=여호와께서) 이스라엘의 조상들의 손을 잡고 애굽 땅에서 인도하여 내던 날에 맺은 언약이다.

2. 호세아는 극도로 타락한 이스라엘을 어느 시대의 타락상에 비유하고 있나?

10:9 이스라엘아 네가 기브아 시대로부터 **범죄하더니**
지금까지 죄를 짓는구나
그러니 범죄한 자손들에 대한 전쟁이
어찌 기브아에서 **일어나지 않겠느냐**

기브아 주민의 잔악성, 그것은 나머지 온 이스라엘 백성을 전율케 한 사건이었다. 베냐민은 거의 전멸에 가까운 처벌을 받았다. 그러나 그 결과는 너무 참혹한 것이었다. 조금만 서로 간의 이성을 되찾았어도 이런 끔찍한 결과를 가져오지 않았을 것이다. / 사사기 20장의 이야기이다.

(1) 하나님은 언제까지나 그런 죄악에 침묵하지 않으신다. 하나님께서는 이들을 곧 심판하시겠다고 선언하신다.

10:10 내가 원하는 때에(בְּאַוָּתִי)[1] (When it is My desire - NASB)
그들을 **징계하리니**(אֶסֳּרֵם) - 칼, 미완료
(And, וְ) 그들이 두 가지 죄에 걸릴 때에
만민이 **모여서** 그들을 치리라

1) 아바(אַוָּה) - 바람, 열망, 소망 / 여성, 단수, 연계형, 대명사 어미 1인칭 단수.

(2) 이스라엘은 여호와 하나님께 어떤 존재였나? (호 11:1)

11:1 "이스라엘이 어렸을(나아르, נַעַר) 때에(כִּי) (언제?)
내가 (그를) 사랑하여 내 아들을 애굽에서 불러냈거늘"

지금 하나님께서는 이스라엘의 초기 역사를 회상하신다. 이스라엘은 하나님께 이유기(離乳期)의 어린 아기(나아르, נַעַר)였다. 물론 하나님의 특별한 사랑의 대상이었다. 하나님은 자기 "아들"을 애굽의 속박으로부터 불러내셨다. 하나님은 자기 "아들"을 불러내서 그와 더불어 언약을 맺으셨다. 자, 그렇다면 이스라엘이 택함을 받은 목적은 무엇인가? (출 19:5)[2]

2) 하나님은 율법을 주시고 이스라엘 백성들의 율법대로의 삶을 요구하고 계신다. 이스라엘의 행위에 따라 하나님께서 복과 징계를 내리실 것이다. 하나님은 이들 백성들(자녀들)을 통해 영광을 받으시고, 하나님의 나라를 전 세계에 전하는 제사장 나라의 역할을하도록하셨다(출19:5-6).

(3) 그러나 우리가 잘 아는 것처럼 이들은 하나님의 의도에 부합하지 못한 삶을 살아왔다. 호 11:2을 읽어보자.

11:2 선지자들(복수로 되어 있음)이 그들을 부를수록
그와 같이(As... so, כֵּן) the more, the more - NIV
그들은 점점 멀리하고(הָלְכוּ, 멀리했다, הלך의 칼, 완료)
바알들에게(바알들의 면전 앞으로) 제사하며(יְזַבֵּחוּ) - 자바흐(זבח) - 피엘, 미완료
아로새긴 우상 앞에서 분향하였느니라.[1)]

1) 이런 하나님의 특별한 사랑을 받은 이스라엘에게는 영광도 있었고, 거기에 따르는 책임도 있었다. 그러나 이들은 여호와께로부터 자꾸만 멀리 벗어나려 했다.

(4) 이스라엘은 그들 역사 속에서 하나님의 율법에 충성할 것을 늘 서약하곤 했다. 특히 사사시대에는 끝없이 타락하면서도 어려움이 오면 또다시 구원해 달라고 울어제쳤다. 그때마다 하나님은 이들을 구원해주셨다. 그러나 근본적으로 치유되지 않았다. 앞에서도 언급되었듯이 이스라엘은 기브아 때부터 망할 때까지 하나님 앞에 화답하는 삶을 살지 못했다.

(5) 하나님께서는 위기 때마다 그의 선지자들을 부지런히 보내셔서 이스라엘이 바른 길로 가기를 원하셨다. 그러나 그들은 좀처럼 여호와께로 돌아서지 아니했다. 특히 북 이스라엘은 우상 숭배의 국가가 되어버렸다.[2)]

2) 아합 시대에는 나라 전체가 바알의 나라가 될 뻔했다. 예후에 의해 바알 세력이 주춤한 듯 보였지만 이내 곤두박칠 쳤다. "선지자들이 그들을 부르면 부를수록 더욱더 멀리갔다"(완료형). 그리고 바알들에게 부지런히 제사했다. '제사했다'(יְזַבֵּחוּ)라는 말은 피엘 미완료형이다. 제사를 드리되 아주 열심히, 지금도 계속해서 드리고 있다는 말이다(호 12:7; 왕하 17:13; 슥 1:4).

3. 누구도 하나님의 심판을 막지 못한다(호 13:9-15). 이스라엘의 심판은 너무나도 확실하다. 그 이유를 한 마디로 압축한다.

13:9 "이스라엘아 네가 **패망하였나니**(שִׁחֶתְךָ)
//이는(כִּי) - 패망의 이유는 무엇인가?
'너를 도와 주는 나를 대적함이니라'

(1) 왜 패망하게 되는가?
"이는(כִּי)" - 그 이유를 말하고 있다. 네가(이스라엘이) '너를 도와주는 나(여호와 하나님)를 대적했기' 때문이라고 했다. 구원은 그들 자신들에게 있는 것이 아니라 오직 여호와께만 있다. 그러나 이스라엘은 그 구원자를 찾지 않는다.

(2) 왜 재앙이 임하게 하라고 하는가? 그 재앙의 원인은 이스라엘의 사망진단서에 분명하게 쓰여져 있다. 무엇이라고 쓰여 있는가? 이렇게 적혀 있다: "**죄악과 범죄와 배반 때문이다**"(13:1-2, 16). 그것도 분명하게.

"뉘우침(노함, נֹחַם)이 내 눈 앞에서 숨으리라"(호 13:14절하). 이 말은 "이번에는 내가 너희를 절대로 불쌍히 여기지 않겠다"는 말이다. 이미 선포된 심판에 대하여 '마음 약한' 모습을 보이지 않으실 것임을 밝히고 있다. 물론 이 과정에서 약간의 긍휼을 보이실 것이다.

(3) 긍휼이 베풀어진다 해도 그 심판은 여전히 가혹할 것이다. 얼마 안 있어 파멸을 초래할 것이라고 말씀하신다. 이 심판을 무엇에 비유하시는가? (호 13:15)

13:15 "그가 비록 형제 중에서 결실하나 동풍(카딤, קָדִים)이 **오리니** 곧 광야에서 일어나는 여호와의 바람이라 그의 근원이 **마르며** 그의 샘이 **마르고** 그 쌓아 둔 바 모든 보배의 그릇이 **약탈되리로다**"

그러면, 남 유다는?

1. 북 이스라엘은 죄악으로 인해 그 수명을 다해가고 있을 무렵, 남 유다는 어떠했을까?

(1) 물론 북 이스라엘과 견줄 만한 폭력의 사회는 아니지만, 선지자의 눈에는 근심이 서려 있다. 남쪽 유다만은 그래서는 안 되는데…. 유다는 지금 정함이 없다고 했다. 쉬임없이 배회하고 있다는 말이다. 하나님의 책망과 경고는 계속된다. 이번에는 남쪽 유다까지도 포함되었다.

11:12 "에브라임은 거짓으로 (**나를 에워쌌고**)
이스라엘 족속은 속임수(미르마, מִרְמָה)로 '**나를 에워쌌고**'
유다는 —— '**정함이 없도다**' (רָד)
/여전히(오드, עֹד)
/하나님과 거룩하고 신실한 자들(복수로 표현)에 대하여

(2) 에브라임의 특별한 죄는 '거짓(속임수)'(카하쉬, כַּחַשׁ)이라고 했는데, 물론 이 말은 단순한 거짓말 하는 정도를 말하는 것이 아니다. 이는 인간의 '계책'(11:6)에서 나오는 악의에 찬 거짓된 마음이요 행동을 가리킨다. 이스라엘이 보여주었던 악한 계획들(우상 숭배 포함)로 하나님을 에워쌌다.

2. 그렇다면 유다는 어떠했을까?

유다도 정도의 차이는 있지만 여전히(오드, עֹד) 마찬가지였다는 것이다. 이들은 여전히 '거룩하고 신실한 자들'(복수로 사용되었음)에 대하여 정함이 없다고 했다. 곧 하나님께 거역하고 있다. 남쪽 유다 역시 죄악이 범람하고 있었다. 왜냐하면 하나님께서 급히 이사야(주전 739-681)와 미가(주전 733-701) 선지자를 남쪽에 파견하셨기 때문이다.

이스라엘 사망진단서

이스라엘 사망진단서에
이렇게 적혀 있다.
(호세아 13장을 보라)

1 에브라임이 말을 하면 사람들이 떨었도다 그가 이스라엘 중에서 자기를 높이더니 바알로 말미암아 범죄하므로 망하였거늘

2 이제도 그들은 더욱 범죄하여 그 은으로 자기를 위하여 우상을 부어 만들되 자기의 정교함을 따라 우상을 만들었으며 그것은 다 은장색이 만든 것이거늘 그들은 그것에 대하여 말하기를 제사를 드리는 자는 송아지와 입을 맞출 것이라 하도다

3 이러므로 그들은 아침 구름 같으며 쉬 사라지는 이슬 같으며 타작 마당에서 광풍에 날리는 쭉정이 같으며 굴뚝에서 나가는 연기 같으리라

16 사마리아가 그들의 하나님을 배반하였으므로 형벌을 당하여 칼에 엎드러질 것이요 그 어린 아이는 부서뜨려지며 아이 밴 여인은 배가 갈라지리라

여기까지 북 이스라엘과 남 유다의의 멸망의 원인을 살펴보았다. 남 유다의 죄악상은 앞에서 이미 자세히 살펴보았다. (므낫세, 여호야김, 여호야긴, 시드기야의 죄악상)

324

시내산 언약과 새 언약, 그 질적(質的)인 차이

새 언약은
하나님의 축복을
선언한 이전의
모든 선언들을
능가한다.
그러므로
새 언약은 옛 언약보
다 더 포괄적이며
더욱 영적이며
더욱 영광스럽다
(31–34절)

1. 우리는 앞에서 시내산 언약 자체에 문제가 있지 않다는 것을 살펴보았다.

(1) 문제는 "내가(여호와께서) 그들의 남편이 되었어도 그들이 내 언약을 깨뜨렸음이라." 언약이 이스라엘 백성들로 말미암아 반복해서 깨뜨려졌다는 것이다.

31:33 그러나(כִּי)
언약은 —— **이러하니**
/내가 —이스라엘 집과 맺을
/그 날 후에
내가 —— 나의 법을 그들의 속에 **두며**
—— 그들의 마음에 **기록하여**
나는 —— 그들의 하나님이 **되고**
그들은 —— 내 백성이 **될 것이라**

- 이 새 언약은 옛 언약과 어떻게 다른가?
- 마음에 기록한다는 것은?
- 옛 언약은 마음과 어떤 관계가 있는가?

시내산 언약(모세 언약)이 잘못된 것이 아니라 이스라엘의 잘못 때문에 실패했다고 말한다. "내 언약 안에 머물러 있지 아니하므로" // 그러나 히 8:7 "첫 언약이 무흠하였더라면"이라는 말을 볼 때, 모세 언약은 잘못된 것이 아니라 사람들을 온전함에 이르게 하지 못했기 때문에 연약하고 효력이 없었다고 말한다(히 7:18-19). 특강에서 자세히 설명하기로 하자.

(1) 앞에서 살펴보았지만, 32절은 새 언약을 시내산에서 체결한 언약과 대조시켰다. 그러나 분명한 것은 예레미야가 시내산 언약을 비판하고 있지 않다는 것이다. 문제는 백성들에게 있었고, 그들이 하나님의 언약을 파기하였다고 증언한다. 히브리서 8:8-9에서는 어떻게 말하고 있을까?

8 "그들의 잘못을 지적하여 말씀하시되 주께서 이르시되
볼지어다 날이 이르리니
내가 이스라엘 집과 유다 집과 더불어
새 언약(διαθήκην καινήν)을 맺으리라
9 또 주께서 이르시기를 이 언약은
내가 그들의 열조의 손을 잡고 애굽 땅에서 인도하여 내던 날에
그들과 맺은 언약과 같지 아니하도다
그들은 내 언약 안에(ἐν τῇ διαθήκῃ μου) 머물러 있지 아니하므로
내가 그들을 돌보지 아니하였노라."

(2) "그들이 내 언약을 깨뜨렸음이라(הֵפֵרוּ - פָּרַר의 히필 동사 완료)"(32절) - '파라르'란 말은 계시된 진리를 어긴다는 개념을 갖고 있다. 이 단어는 도덕적 색채를 띠고 있다. 이 단어의 용례 중 상당수가 직접 목적어가 '언약'(베리트)이라는 사실에 입증된다. 물론 이 언약의 파기의 책임은 '인간'에게 있다.

(3) 이 동일한 단어는 아브라함 언약에서도 발견된다(창 17:14*). 우리가 보통 '은혜언약'이라고 불리는 다윗 언약도 단서가 붙는다. 대상 22:12-13, 28:7; 시 132:12을 찾아 읽어보자. "너의 하나님 여호와의 **율법을 잘 지킬 수 있게** 하시기를 바란다. 여호와께서 이스라엘을 위해 모세에게 주신 **규례와 율법을 잘 지켜라**. 잘 지키기만 하면 성공할 것이다"(쉬운성경). 그런데 하나님이 모세에게 주신 이 규례와 율법을 백성들이 반복해서 깨뜨렸다((הֵפֵרוּ)는 것이다.

• 창 17:14 "할례를 받지 아니한 남자 곧 그 포피를 베지 아니한 자는 백성 중에서 끊어지리니 그가 내 언약을 배반하였음이니라(הֵפַר - 히필 동사 완료)."

(4) 그러나 이제, 인류의 언약함 때문에, 하나님은 또다른 계획을 하고 계신다. 이 언약을 백성의 마음속에 두시기로 작정하신다. 언제 발효될 것인가? "그 날 후에" - 정해지지 않는 다가오는 날에, 그렇지만 포로생활부터의 귀환과 더불어 시작될 것으로 이해되어야 하는 그 때에 언약 체결이 이루어질 것이다. 미래에 정해지지 않는 날에 "내가 언약을 맺을 것이다"(וְכָרַתִּי[1] ... בְּרִית).

1) 접속사(וְ) + 카라트(כָּרַת)의 칼 동사 완료 1인칭 단수. 완료형이지만, 와우계속법으로 쓰인 완료형 동사는 미래로 번역해야 한다. (I ***will make*** **a new covenant** with the house of Israel, and with the house of Judah)

• 카라트(כָּרַת - <육체의 한 부분을> 자르다, 베어넘기다) - 히브리어에는 언약 체결과 관련되어 표현하는 동사가 두 가지가 있다. 첫째, '카라트'는 전혀 새로운 협정 체결이나 특별히 새로운 측면이 부가될 때 가장 많이 사용한다(예 창 15:18). 또 하나는 '쿰'(קוּם 세우다, 히필형으로 유지하다, 서게 하다)으로 계속성을 나타낼 때 자주 사용되었다(창 9:11, 17:7, 19; 출 6:4).

(5) 예레미야는 앞에서 여러 번 언약에 대해서 강조했다(렘 3:16, 11:1-13), 이스라엘이 출애굽 후(출 19-24장) 약속의 땅에 들어가기까지(수 4:1), 하나님은 자신의 백성에게 율법을 신실하게 지킬 것을 강조하셨다는 것이다. 그러나 백성은 이를 반복해서 어겼다. 그러나 하나님은 이 언약을 파기하지 않으셨다(신 4, 8, 11, 27, 28장 참조). 예레미야는 유다의 멸망을 선포하면서, 또 한편으로는 우리와 맺은 언약을 기억해 달라고, 그 언약을 깨지 말아달라고 간구한다(렘 14:21*).

• 렘 14:21 "주의 이름을 위하여 우리를 미워하지 마옵소서 주의 영광의 보좌를 욕되게 마옵소서 주께서 **우리와 세우신 언약을 기억하시고 폐하지 마옵소서**."

(6) 열방은 '왜 예루살렘이 비참하게 무너졌느냐'고 질문한다(렘 22:8). 이에 대해 이렇게 대답한다. "**이는 그들이 자기 하나님 여호와의 언약을 버리고 다른 신들에게 절하고 그를 섬긴 까닭이라**"(렘 22:9). 이스라엘과 맺은 언약에서는 단순히 종교적인 면만 있는 것이 아니다. 그 언약에는 당연히 사회적인 면이 언급되어 있다(렘 34:8-22을 미리 읽어보자).

(7) 예레미야 50:5에서도 영원한 언약을 언급한다. "그들이 그 얼굴을 시온으로 향하여 그 길을 물으며 말하기를 너희는 오라 잊을 수 없는 **영원한 언약**(an everlasting covenant, בְּרִית עוֹלָם)으로 여호와와 연합하라 하리라." 이 언약은

순종하는 백성과 하나님과의 깨어지지 않을 결속을 가리킨다. 이 영원한 언약이 31:31-40의 '새 언약'이다.

2. 예레미야는 과거의 모든 언약을 더 이상 무가치한 것으로 여기지 않는다. 그러나 변화가 있을 것이다. 그래서 "새로운"(하다솨)이라는 용어가 붙는다.

(1) "새 언약은 하나님의 축복을 선언한 이전의 모든 선언들을 능가한다. 그러므로 새 언약은 옛 언약보다 더 포괄적이며 더욱 영적이며 더욱 영광스럽다. 너무나 월등하여 과거의 언약과 전적으로 다른 것처럼 보인다. 그러나 실상은 계시의 진보에 지나지 않는다. 새 언약은 아브라함, 모세, 다윗에게 제시된 옛 언약으로부터 시작하였으며, 그 모든 언약들을 영속시켰다."[1] 앞선 언약들이 예레미야의 선언들 속에서 그대로 유효하다는 말이다.

"내가 나의 법을 그들의 속에 **두며** 그들의 마음에 **기록하여**"
(I ***will put*** My law within them, and on their heart ***I will write*** it)
(אֶכְתֲּבֶנָּה *I will write it* וְעַל־לִבָּם בְּקִרְבָּם נָתַתִּי אֶת־תּוֹרָתִי *I will put*)

(2) 새 언약은 '그 언약'과 같지 않다(כַבְּרִית[2] לֹא)고 말한다(32절a). '그 언약'은 물론 시내산 언약을 말한다. 새 언약은 이전의 백성과 세운 언약들의 모든 약속의 성취이다. 모세 언약 밑에서 실현되지 못했던 하나님의 율법 순종은 새 언약의 규정 밑에서 완전한 성취를 보게될 것이라고 말한다(렘 31:33).[3]

(3) 나의 법을 '그들의 속에'(within them, בְּקִרְבָּם - 전치사 + 일반명사 - 연계형 / '케레브, קֶרֶב' - 내부, 중앙) / '케레브'는 인체 또는 동물의 신체 내부를 가리킨다. 인간 내부의 영(과 인간의 내적 존재를 구성하는 모든 것)은 하나님에 의해 창조되었다(슥 12:1). 시편 기자는 자기 속에 바른 영(정한 마음)을 창조해 달라고 기도한다(시 51:10). 하나님은 그렇게 해주시기를 약속하신다(겔 36:26). 더 나아가서는 자기 자신의 영을 인간 내부에 두심으로써 그렇게 행할 것을 약속하신다(겔 36:27).

(4) 그들의 마음에(on their heart, עַל־לִבָּם)[4] 기록하여(אֶכְתֲּבֶנָּה)[5]

이제 하나님께서는 자신의 율법 – 시내산 밑에서 주어진 동일한 율법들과 계명들 – 을 이스라엘의 '속'에, 다시 말해서 '인간의 마음'에 기록하시겠다는 것이다(33b). '마음'(לֵב)은 인간의 사고와 생각과 의지의 중심부이다. 이제 돌비(石

1) 월터 카이저, 구약성경신학(생명의 말씀사, 1982), 319.

2) 전치사 + 관사, 일반 명사(베리트)

3) 에스겔서에서는 이렇게 말하고 있다. 다윗은 이스라엘 위에 왕이 될 것이며 그 나라는 모세언약의 법에 따라 준행할 것이다(겔 37:24-25). 하나님께서 이스라엘(이스라엘 집과 유다 집)과 새롭게 언약을 체결할 것이다. 언젠가는 반드시 한 하나님 아래서 하나의 통일된 민족을 이루게 될 이스라엘의 출현을 약속하고 있다. 그리고 하나님은 그들과 '새로운 언약'(בְּרִית חֲדָשָׁה)을 체결하실 것이라고 선언하신다.

4) 마음(레브, לֵב) - 내부 인간, 정신, 의지

5) 카타브(כָּתַב) - 쓰다, 기록하다 / 칼 동사 미완료 / 대명사 어미 - 3인칭 여성 단수

碑)에 기록된 율법이 아니라 사람의 심비(心碑)에 기록하여 그 율법을 지울 수 없게 만들겠다는 약속이다. 사람들의 심비(心碑)에 새겨진 율법은 그들로 하여 하나님의 율법에 스스로 복종하도록 이끌 것이다. 이제 하나님의 율법에 대한 복종은 하나님이 공급하시는 내적인 힘과 동기에 의하여 이루어질 것이다. 하나님의 성령은 인간의 마음에서 역사하시게 된다(렘 31:33, 32:40, 겔 37:23). 비록 '영'이라는 말이 사용되지 않았지만 '마음에 새겨진 율법'이라는 표현 속에 함의(含意)되어 있다. 하나님의 영이 사람들의 심장을 움직여 하나님의 율법에 복종하도록 할 것이다.[1]

1) R. E. 클로멘츠, 현대성서주석, (한국장로교출판사, 2002), 289.

(5) "내가 나의 법을 그들의 속에 두며 그들의 마음에 기록하여"라는 개념은 신명기 6:4-6 에서 이미 언급된 것이다. "5너는 마음을 다하고 뜻을 다하고 힘을 다하여 네 하나님 여호와를 사랑하라 6오늘 내가 네게 명하는 **이 말씀을 너는 마음에 새기고**(וְהָיוּ הַדְּבָרִים...עַל־לְבָבֶךָ)" 이렇게 구약에서 '마음의 법'은 개인의 경건한 체험을 위해 필수적인 요소였다(시 51:10, 17, 73:1; 잠 22:11, 사 57:15). **그러므로 새 언약이 단지 하나님께서 율법을 마음에 두었다는 것만을 의미하지는 않음을 암시해 준다.**

3. 그러면 새 언약이 가지는 또 한 가지 특성은 무엇일까?

31:34 그들이 다시는(עוֹד)[2] 각기 이웃과 형제를 가리켜 **이르기를**
너는 ——— 여호와를 알라 하지 **아니하리니**
//이는(for)
작은 자로부터 큰 자까지 다 나를 알기 때문이라
//이는(for)
내가 그들의 악행을 사하고
다시는(עוֹד) 그 죄를 기억하지 아니하리라(=알 것이기 때문에)

언약 백성 안에 있는 신실한 남은 자가 불성실한 다수에게 하나님을 아는 법을 가르칠 필요가 없을 것이다. 모든 언약 당사자들이 다 하나님을 알 것이기 때문이다. (ESV 성경)

2) 다시는(오드) - No longer - NIV, no more - KJV / '더 이상'이라는 말이다.

(1) 그 날이 오면, '더 이상'(No longer, עוֹד) 각 사람이 자기 이웃이나 형제에게 여호와를 알도록 가르칠 필요가 없다는 것이다. 왜냐하면 모든 백성이 나를(=여호와를) 알게 되기 때문이다. "여호와를 알라 하지 아니하리니" - "야웨에 대한 지식"(knowledge of Yahweh)이 정확하게 무엇을 가리키는지에 대해서는 분명치 않다.

(2) 그렇다면 시내산 언약은 어떤 제도였었나? 시내산 언약은 제사장 직무와 예언이라는 제도적 매개체를 통하여 이스라엘에게 전달되었다. 이와 같은 매개체는

가르침과 권고를 통해 이 언약을 지키도록 강화시켰다. 그렇지만 새 언약 아래서는 '더 이상'(עוֹד) 이와 같은 제도적인 강화가 필요하지 않을 것이라는 것이다.[1] 이 언약은 여호와의 백성의 마음에 지워지지 않게 새겨질 것이다. 언약이 갱신되면서 안으로부터 전 인격을 수술하실 것이다. 이렇게 변화되고 새로워진 마음은 이전의 죄 많고 배반하는 상황으로 되돌아가지 않을 것이다.

1) W. J. 덤부렐, 언약신학과 종말론(기독교문서선교회), 128. / 민 11:29의 성취 / 예언과 제사장 직무는 인간의 죄성 때문에 주어진 것이다. ; 그로닝겐, 구약의 메시야 사상.

"작은 자로부터 큰 자까지 다 나를 알기 때문이라." - 이제 누구도 여호와와 그 언약의 뜻을 알지 못한다고 할 수 없다. 이 언약에는 하나님을 아는 이들만 포함될 것이다. 암컷 새가 자기의 짝과 그가 바라는 것과 그의 뜻을 알듯이 여호와께서도 알려지고, 사랑받고 존경받으실 것이다(그로닝겐).

(3) "내가 그들의 악행을 사하고(용서하고, 싸라흐, סָלַח) 다시는 그 죄를 기억하지 아니하리라." 예레미야가 예언한 새로운 질서 안에는 더 이상 특별한 그 무엇이 필요하지 않다. 죄사함은 제사 제도를 통해서 이루어졌는데, 이제 새 시대가 도래하면 고백해야 할 죄도 없을 것이고, 치러야 할 죄 값도 없을 것이다. 더 이상 죄가 기억되지 아니할 것이라고 했다.[2] 죄에 대한 완전한 용서가 주어진다(렘 31:54, 33:8, 50:20).

2) "다시는 기억하지 아니하리라" (לֹא אֶזְכָּר־עוֹד) 이 말은 하나님의 결심이 단지 형식상 잊어버릴 것임을 의미하지 않는다. 그것은 죄가 이스라엘 가운데 아주 관대하게 이루어질 것이고 죄에 대한 조치가 더 이상 필요치 않을 것임을 뜻한다.

(4) **그렇다면 그 날이 언제일까?** 이 구절은 그리스도인들이 겪고 있는 현재적 경험을 훨씬 뛰어넘어 그리스도의 십자가의 모든 효능이 성취될 그 날을 지시하고 있음을 보게 된다. 예레미야가 예언한 종말의 시대에는 변화된 사회, 하나님의 말씀과 성령이 자유로이 통치할 새 이스라엘을 보여주실 것이다. 렘 31:31-34은 율법에 속한 삶과 성령에 속한 삶과 대조시키지 않는다. 이 구절은 인류가 경험하게 될 죄 사함의 온전한 성취를 말해 주고 있을 뿐이다. 예레미야가 예언한 이 새 시대는 새 예루살렘이 도래하고 하나님께서 그의 백성 가운데 거하게 될 때 이루어질 새 창조의 시대를 말하고 있다(계 3:12, 21:2-4*).

• 계 3:12 "이기는 자는 내 하나님 성전에 기둥이 되게 하리니 그가 결코 다시 나가지 아니하리라 내가 하나님의 이름과 하나님의 성 곧 하늘에서 내 하나님께로부터 내려오는 새 예루살렘의 이름과 나의 새 이름을 그이 위에 기록하리라."

• 계 21:2-4, "또 내가 보매 거룩한 성 새 예루살렘이 하나님께로부터 하늘에서 내려오니 그 준비한 것이 신부가 남편을 위하여 단장한 것 같더라 3 내가 들으니 보좌에서 큰 음성이 나서 이르되 보라 하나님의 장막이 사람들과 함께 있으매 하나님이 그들과 함께 계시리니 그들은 하나님의 백성이 되고 하나님은 친히 그들과 함께 계셔서 4 모든 눈물을 그 눈에서 닦아 주시니 다시는 사망이 없고 애통하는 것이나 곡하는 것이나 아픈 것이 다시 있지 아니하리니 처음 것들이 다 지나갔음이러라."

(5) 그렇다면 이 영광스러운 미래가 포로기 직후에 이루질 것인가? 그렇게 되지

않는다면 이는 예언자의 속임수인가? 포로기 후, 약속의 땅에 대한 희망과 성취, 즉 회복된 에덴 동산은 ① 새 출애굽이 이루어지고(사 40장 이후), ② 이스라엘의 메시야 곧 예수님의 죽음을 통해 새 언약이 이루어질 것이기 때문에, 단지 이스라엘에게 연기된 것뿐이다. 새롭게 표현될 죄 사함과 이로 인해 이루어질 새 시대는 최종적인 하나님 나라의 모습을 고대하게 될 것이다.[1)]

1) W. J. 덤부렐, 언약신학과 종말론, 기독교문서선교회, 129.

(6) 예레미야의 새 언약 본문은 신약에서 히브리서 저자에 의해 인용되고 있다(히 8:8-13; 9:15-22). 히브리서는 새 언약의 중보자인 예수 그리스도에 의해 시작되었고 그분에 의해 최종적인 완성을 보게 될 것이라고 가르친다. 이 부분은 특강을 참조하기로 하자.

4. 이렇게 예레미야는 시내산 언약의 핵심인 율법을 비난하지 않는다. 문제는 그 율법을 지키지 못한 백성이라는 것이다.

(1) 근본적으로 인간은 하나님의 언약을 지킬 수 없다. 그러기에 새 언약은 율법을 마음속에 기록하실 것이라는 것이다. 변화된 것은 율법이 아니라 율법이 기록될 인간의 마음이 변하게 된다.

• 따라서 '옛 언약'과 '새 언약'이라는 용어를 각각 구약과 신약으로 동일시하는 것은 잘못된 견해이다. 또한 구약성경은 옛 언약에 속한 유대인들의 책이고, 신약성경은 새 언약에 속한 기독교인들의 책이라는 견해도 잘못된 것이다. 이런 견해는 구약은 율법이고 신약은 은혜의 복음을 담고 있는 책이라는 잘못된 이원론에 빠지게 된다.

(2) 선지서에서 주된 이미지의 패턴이 바로 이스라엘의 백성이 불성실 했다는 것과 그 언약의 의무를 수행하는 데 실패했다는 것이다. 이사야 24:5*은 어떻게 기록하고 있는가 보라. 이스라엘은 여러 가지 모양으로 율법을 파하였다고 증언한다(렘 11:10, 22:9, 34:18; 겔 17:15-19; 말 2:8,10; 암 1:9). 이렇게 이스라엘은 불충실했으나 이에 대한 하나님은 언약에 신실하셨다. 하나님은 그의 백성과 "영원한 언약"을 세우실 것을 약속하셨다(사 55:3, 61:8; 렘 32:40, 50:5; 겔 16:20, 37:26). 특히 호세아 1-3장에서 하나님의 신실하심을 가장 강하게 언급하고 있다.

• 사 24:5 "땅이 또한 그 주민 아래서 더럽게 되었으니 이는 **그들이 율법을 범하며 율례를 어기며 영원한 언약을 깨뜨렸음이라.**"

(3) 이스라엘 백성의 언약 파기는 결국 파멸로 나타났다. 북 이스라엘은 나라가 송두리째 없어졌고, 남 유다도 그 멸망을 눈앞에 두고 있다. 그렇다고 하나님은 자신의 백성을 멸절시킬 수 없으시다. 그의 언약적 사랑 때문이다. 하나님은 이제 '새'(하다쉬)[2)] 언약을 약속하고 계신 것이다(렘 31:31). 신약에서 언급된 '언약'이라는 말의 3분의 2는 히브리서에서 나온다. 신약의 언약을 '새'(히 8:8, 13, 12:24, 9:15), 그리고 '더 나은'(히 7:22, 8:6)으로 언급하고 있다. 히브리서에서는 새 언약은 인간 제사장과 제물 대신에 그리스도에 의해 보증되고 중재되었다. 마지막이요, 영구적이요, 단 한 번의 언약이기에 더 좋은 것이었다.

2) 70인경은 렘 38:31
새 언약
new(하다쉬, חָדָשׁ)를 카이노스(καινος)로 번역했다(διαθήκην καινήν).
여기서 새롭다는 의미 '네오스'보다는 '카이노스'를 써 질적으로 새롭다는 의미를 표현했다.

영원히 다시는 뽑거나 전복하지 못할 것이다(31:35–40)

언약은 이스라엘에 의해 파기되었다. 그러나 이제 새언약을 파기하는 것은 불가능하다.

1. 이렇게 새 언약은 영원성을 지닌다. 더 이상 새로운 언약을 필요로 하지 않는다.

(1) 아브라함의 언약(창 17:7), 모세 언약(출 40:11; 레 16:34), 다윗 언약(삼하 7:13, 16)도 영원한 것으로 특징지어졌으나, 새 언약의 영원한 성격은 종말론적인 차원을 나타내고 있다. 여호와의 전능하심을 확신할진대, 이스라엘과 맺으신 이 새 언약도 확실히 설 것이다.

31:35 여호와께서 이와 같이 **말씀하셨느니라**
/그는 해를 낮의 빛으로 주셨고
달과 별들을 밤의 빛으로 정하였고(규정하였고, חֻקֹּת)[1]
/바다를 뒤흔들어 그 파도로 소리치게 하나니
그의 이름은 만군의 **여호와니라**

1) 후카(חֻקָּה)의 여성 복수명사, 연계형 / 법령, 포고령, 법규

(2) 여기에서는 "언약" 용어를 사용하지 않았다. 대신에 "법규"(statute) 또는 "규정"이라는 동등한 표현을 쓰고 있다. 언약과 법규는 대등한 표현으로 사용되었다(왕상 11:11; 왕하 17:15; 시 50:16, 105:10). 자연계의 정해진 법칙(36절, 규정, 호크, חֹק)이 "폐할진대(사라진다면) 이스라엘 자손도 내 앞에서 끊어져 영원히 나라가 되지 못하리라"(36절) "위에 있는 하늘을 측량할 수 있으며, 밑에 있는 땅의 기초를 탐지할 수 있다면 내가 이스라엘 자손이 행한 모든 일로 말미암아 그들을 다 버리리라 여호와의 말씀이니라." 하나님은 자연계에도 정해진 법칙을 주셔서 그 질서를 유지하신다. 이 정해진 법도가 깨어지는 일은 없다.

이스라엘은 다시 포로에서 돌아오게 될 것이고, 반드시 회복될 것이다. 영원히 다시는 뽑거나 전복하지 못할 것이다. (31–34절)

2. 하나님께서 이스라엘과 맺으실 새 언약(31–34절)이 끊어지는 일은 자연 질서가 깨어지는 일만큼이나 불가능하다는 것이다.

이스라엘은 다시 포로에서 돌아오게 될 것이고, 반드시 회복될 것이다. "보라, 날이 이르리니 이 성은 하나넬 망대로부터 모퉁이에 이르기까지 여호와를 위하여 건축될 것이라"(38절). "시체와 재의 모든 골짜기와 기드론 시내에 이르는 모든 고지 곧 동쪽 마문의 모퉁이에 이르기까지 여호와의 거룩한 곳이니라 영원히 **다시는 뽑거나 전복하지 못할 것이니라**"(40절). 해가 낮을 다스리고, 달이 밤을 다스림이 그치지 않는 것처럼 이스라엘도 하나님의 백성으로서 그침이 없을 것이다. 계속되는 새 언약에 대한 특강을 살펴보자.

바벨론 군대는 예루살렘을 에워싸고(32:1-5)

예루살렘 함락 5분전

유다의 시드기야 왕 열째 해 곧 느부갓네살 열여덟째 해에 여호와의 말씀이 예레미야에게 임하니라

"유다의 시드기야 왕 열째 해 곧 느부갓네살 열여덟째 해에 여호와의 말씀이 예레미야에게 임했다."(1절). 그렇다면 주전 588-587년이다. "그 때에 바벨론 군대는 예루살렘을 에워싸고 선지자 예레미야는 유다의 왕의 궁중에 있는 시위대 뜰에 갇혔다"(2절). 왜 갇혔을까? 3-5절에서 그 이유를 설명하고 있다.

1. 시드기야는 예레미야를 왕궁의 경호대(시위대) 뜰에 연금상태로 가두었다. 그 이유가 무엇인가? (3-5절)

▶ 32장의 사건을 설명하기 위해서는 숨막히게 돌아가는 유다와 앗수르와 애굽 간의 긴장 관계를 살펴보아야 한다. 후에 시드기야 전반에 대한 자세한 설명이 있겠으나 여기서 간단하게라도 다뤄보자. (아래 내용은 동교재, 열왕기하, 278에서 가져와 정리한 것이다.)

유다의 마지막 왕 시드기야, 그가 처했던 역사적 배경

(1) 시드기야 왕은 누가 세웠을까? 물론 바벨론 느부갓네살 2세가 세웠다. 몇 살에 왕이 되었을까? "시드기야가 왕위에 오를 때에 **나이가 이십일 세라** 예루살렘에서 십일 년 동안 다스리며"(대하 36:11). 시드기야는 여호야긴 왕이 바벨론으로 사로잡혀간 후에 바벨론에 의해 세워진 꼭두각시 왕이었다. 그는 요시야 왕의 아들이요, 여호야긴의 숙부였다. 그러니까, 시드기야 왕 열째 해라고 했으니까(렘 32:1), 예루살렘 성이 바벨론 군에 포위되어 마지막 가쁜 숨을 몰아쉬는 때이다.

(2) 시드기야에 대한 역대기 기자의 평가를 보라.[1)]

(3) 바벨론은 시드기야를 왕에 앉히면서 무엇을 요구했을까? 그들이 시드기야에게 요구한 것은 다음과 같은 것이었다.

① 바벨론 군주에게 충성을 바쳐라(대하 36:13; 겔 17:12-20).
② 반란을 꾀하지 말라. 그리고 애굽인들에게 호의를 보이지 말라(요세푸스).

(4) 예루살렘 함락 직전, 그리고 여호야긴의 포로, 백성들은 방향 감각을 잃었다. 이에 대한 거짓 선지자들의 예언을 보라. 백성들은 하나님의 도성 예루살렘의

1) 대하 36:12-14 "그의 하나님 여호와 보시기에 악을 행하고 선지자 예레미야가 여호와의 말씀으로 일러도 그 앞에서 겸손하지 아니하였으며 13 또한 느부갓네살 왕이 그를 그의 하나님을 가리켜 맹세하게 하였으나 그가 왕을 배반하고 목을 곧게 하며 마음을 완악하게 하여 이스라엘 하나님 여호와께로 돌아오지 아니하였고 14 모든 제사장들의 우두머리들과 백성도 크게 범죄하여 이방 모든 가증한 일을 따라서 여호와께서 예루살렘에 거룩하게 두신 그의 전을 더럽게 하였으며"

함락을 현실로 받아들이지 못했다. **예루살렘의 함락은 우발적인 사고일 뿐이라고 생각했다.** 거짓 선지자들은 이 악몽이 속히 끝나고 끌려갔던 왕과 포로들이 곧 돌아오리라고 선포했다.

(5) 계속해서 애굽에게 희망을 걸 것이냐, 아니면 바벨론에게 완전히 복종할 것이냐를 놓고 백성들도 분열되었다. 예레미야는 바벨론을 섬길 것을 강력하게 권고했다. 많은 사람들은 여호야긴을 진정한 왕으로 여기고(시드기야는 바벨론에 의해 앉혀진 왕이었기에), 곧 바벨론에서 풀려날 것으로 기대했다(왕하 25:27 참조). 이런 와중에 시드기야는 바른 판단을 내릴 수 없었다. 노련한 외교관들은 이미 바벨론 포로로 끌려가서 자문할 사람이 없었기 때문이다.

2. 그런데, 바벨론의 꼭두각시 시드기야가 느부갓네살에게 반기를 들었다.

(1) 앞에서 언급한 대로 반바벨론파들은 시드기야로 하여금 바벨론을 배반하라고 압력을 넣기 시작했다. 이 내용이 렘 27장의 내용이다.[1)]

(2) 예레미야는 만약, 느부갓네살을 섬기지 않으면 하나님의 심판이 있을 것이며, 나라는 초토화 될 것이라고 강력하게 바벨론에 충성할 것을 선포했다. 그러나 백성들은 이미 반바벨론 정서가 많은 종교 지도자들, 특히 일부 선지자들의 말을 믿고 있었다(렘 27:9, 14, 16). 거짓 선지자들은 무엇이라고 외쳤을까? 이들은 하나님이 바벨론의 멍에를 깨뜨리시겠고, 2년 안에 포로들이 예루살렘으로 돌아올 것이라고 예언했다(렘 28:2-4).

3. 이런 상황에서 또 유다 사람들을 설레게 하는 사건이 애굽과 바벨론에서 일어났는데 어떤 사건일까?

(1) 애굽에서는 느고 2세를 대신하여 프사메티쿠스 2세가 왕이 되었고(595-589 B.C.), 바벨론에서는 작은 반란들이 일어났다. 시드기야 4년째 일이었다. 그러나 아직 시드기야는 반바벨론파의 손을 들어주지 않는다. 오히려 시드기야는 바벨론에 사신을 보내(직접 갔을지도 모름), 유다의 충성을 표현했다. 여기까지는 잘했는데… 그러나 5년 후, **시드기야**는 결국 반바벨론파에 가담하여 **바벨론에 대해 반기를 들었다.**

1) 느부갓네살이 원정을 끝내고 신속하게 귀국하자(597년), 주위의 여섯 나라들이 예루살렘에서 비밀회동을 갖는다. 에돔, 모압, 암몬, 두로, 시돈 등의 대표자들이 모여서, 바벨론에 반기를 들 것을 결정한다. 시드기야의 주도로 이루어졌는지는 확실하지 않다. 상황이 심각하게 돌아가자 예레미야는 이 비밀회담에 강력한 제동을 걸었다. 예레미야는 회담장 앞에서 멍에를 메고 가죽끈을 몸에 동인 채 격렬하게 시위를 벌였다(렘 27:2). 무엇이라고 이들에게 선포했을까?

예레미야 27장을 다시 읽어볼래요? '싫다고?'

시드기야의 바벨론에 대한 반란, 애굽의 팔레스타인에 대한 주도권 회복을 위한 투쟁

(2) 이번에는 애굽에게(제26왕조, B.C. 664-525) 원조를 청했다. 애굽의 프사메티쿠스 2세는 누비아(=에디오피아)를 침공하여 승리를 거둔다. 이 왕은 이번 승전을 최대한 활용하여 바벨론 침공에 대한 실패를 만회하려 했다. 그래서 주전 591년 프사메티쿠스 2세(B.C. 595-589)는 팔레스타인으로 승전여행을 계속했다.

(3) 따라서 시드기야는 애굽이 군사적으로 유다를 구원해 줄 수 있으리라고 생각했을 것이다. 더욱이 느부갓네살은 자국 내의 골치 아픈 일로(동부 지역 반란을 진압하는 일) 서부 지역에 대해 신경을 쓰지 못하고 있었다. 물론 유다 지도층도 같은 견해를 가지고 있었을 것이다(겔 17:15이하 참조).

(4) 이어 애굽에서는 프사메티쿠스 2세의 아들 호브라(Hophra, 589-570)가 왕이 되었는데, 이 왕은 더 호전적이었다. 이 왕을 믿고 시드기야는 **지금까지 바쳐왔던 연례적인 조공을 중지함으로써 바벨론에게 반기를 들었다**(왕하 24:20하). 그 대신 시드기야는 애굽의 원조를 의존하려 했다.

- 왕하 24:20 여호와께서 예루살렘과 유다를 진노하심이 그들을 그 앞에서 쫓아내실 때까지 이르렀더라 **시드기야가 바벨론 왕을 배반하니라**
- 왕하 25:1 시드기야 제구년 열째 달 십일에 바벨론의 왕 느부갓네살이 그의 모든 군대를 거느리고 예루살렘을 치러 올라와서 그 성에 대하여 진을 치고 주위에 토성을 쌓으매 [2]그 성이 시드기야 왕 제십일년까지 포위되었더라 [3]그 해 넷째 달 구일에 성 중에 기근이 심하여 그 땅 백성의 양식이 떨어졌더라."

4. 바벨론의 느부갓네살은 너무 화가 났다. 그는 재침공을 감행했다(588 B.C.).

(1) 결국, 바벨론은 다시 칼을 빼어들었다. 588년, 느부갓네살은 또다시 서쪽으로 진군하여 예루살렘을 포위한다.[1)] 물론 애굽의 도움으로(렘 37:1-10, 새 바로인 호프라가 군대를 파견했다) 잠시 숨을 돌렸지만 바벨론의 군대는 다시 성을 포위한다. 렘 37:5을 읽어보자. 애굽의 제26왕조, 다섯 번째 왕 호브라(589-570 B.C)가 애굽을 떠나 유다 쪽으로 행진해 오고 있다는 기사이다.

(2) 애굽의 도움으로(렘 37:3이하의 이야기를 미리 읽어보라), 즉 애굽의 호브라의 군대가 유다를 향해 북진하자, 예루살렘을 에워쌌던 바벨론 군대가 철수하게 된다. "바로의 군대가 애굽에서 나오매 예루살렘을 에워쌌던 갈대아인이 그 소문을 듣고 예루살렘에서 떠났더라"(렘 37:5). <이후 이야기는 37장에서 하자. >

- 겔 17:11 "여호와의 말씀이 또 내게 임하여 이르시되
- 12 너는 반역하는 족속에게 묻기를 너희가 이 비유를 깨닫지 못하겠느냐 하고 그들에게 말하기를 바벨론 왕이 예루살렘에 이르러 왕과 고관을 사로잡아 바벨론 자기에게로 끌어 가고
- 13 그 왕족 중에서 하나를 택하여 언약을 세우고 그에게 맹세하게 하고 또 그 땅의 능한 자들을 옮겨 갔나니
- 14 이는 나라를 낮추어 스스로 서지 못하고 그 언약을 지켜야 능히 서게 하려 하였음이거늘
- 15 **그가 사절을 애굽에 보내 말과 군대를 구함으로 바벨론 왕을 배반하였으니 형통하겠느냐** 이런 일을 행한 자가 피하겠느냐 언약을 배반하고야 피하겠느냐
- 16 주 여호와의 말씀이니라 내가 나의 삶을 두고 맹세하노니 **바벨론 왕이 그를 왕으로 세웠거늘 그가 맹세를 저버리고 언약을 배반하였은즉 그 왕이 거주하는 곳 바벨론에서 왕과** 함께 있다가 죽을 것이라."

1) 주변 국가들 중에는 암몬과 두로만이 바벨론에 도전했다. 후에 느부갓네살은 13년 동안이나 두로를 포위한다(겔 26-28장, 29:17-20). 물론 두로를 점령했으나 아주 힘든 전쟁을 치러야 했다.

▶ 여기까지 오늘 본문의 배경을 살펴보고 다시 본문으로 돌아가보자(렘 32:3).

예레미야는 이렇게 대답한다: 예레미야 37:7-8이 그의 대답이었다. "[7]이스라엘의 하나님 여호와께서 이와 같이 말씀하시니라 너희를 보내어 내게 구하게 한 유다의 왕에게 아뢰라 너희를 도우려고 나왔던 바로의 군대는 자기 땅 애굽으로 돌아가겠고 [8] **갈대아인이 다시 와서 이 성을 쳐서 빼앗아 불사르리라.**"

• 렘 32:3-5 이는 그가 예언하기를 여호와의 말씀에
보라 내가 이 성을 바벨론 왕의 손에 넘기리니
그가 차지할 것이며
유다 왕 시드기야는 갈대아인의 손에서 벗어나지 못하고
반드시 바벨론 왕의 손에 넘겨진 바 되리니
입이 입을 대하여 말하고 눈이 서로 볼 것이며 (얼굴을 맞대고 직접 이야기 하겠다)
그가 **시드기야를 바벨론으로 끌어 가리니**
시드기야는 내가 돌볼 때까지 거기에 있으리라

여호와께서 이와 같이 말씀하시니라
너희가 갈대아인과 싸울지라도 승리하지 못하리라 하셨다 하였더니
유다 왕 시드기야가 이르되
네가 어찌하여 이같이 예언하였느냐 하고 그를 **가두었음이었더라**

아나돗에 있는 밭을 사라(32:6-15)

1. 위에서 살펴본 대로 포위가 잠시 해제되었을 때, 백성들은 한 가닥 희망을 걸었을 것이다.

(1) 백성들은 거짓 선지자들의 말을 더 믿고 싶어했을 것이다. 포위가 잠시 해제되었을 때, 백성들은 예루살렘의 함락은 우발적인 사고일 뿐이라고 생각했을 것이다. 예루살렘 주민들에게는 바벨론의 (잠정적인) 철수가 엄청난 희망과 안도의 한숨을 내쉬는 계기가 되었다. 애굽의 군대가 바벨론을 치기 위해 올라온다는 소식, 바벨론이 이 소식을 듣고 철수했다는 사실은 이제 모든 시련이 끝났다는 증표로 생각했을 것이다.

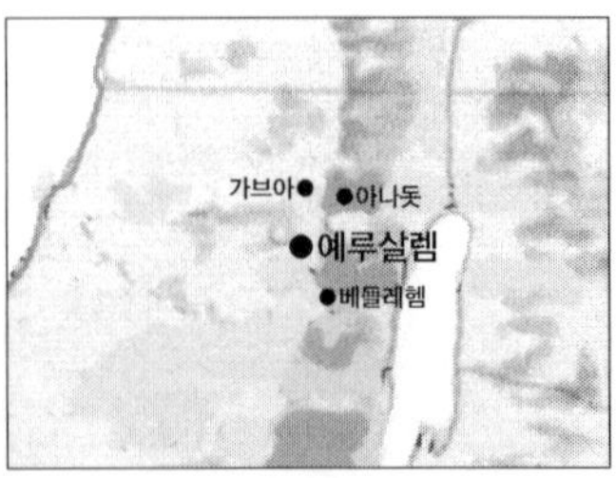

(2) 그러나 예레미야는 분명하게 하나님의 메시지를 전한다. "너희를 도우려고 나왔던 바로의 군대는 자기 땅 애굽으로 돌아가겠고 **갈대아인이 다시 와서** 이 성을 쳐서 빼앗아 불사르리라"(렘 34장; 37:7-8). "바벨론에 항복하면 왕과 그 가족이 무사할 것이요, 성읍도 불타지 않을 것"이라고 했다(렘 38:17-19).

2. 하나님은 예레미야에게 아나돗에 있는 땅을 값을 주고 사라고 하셨다. 왜 그

32:9 내 숙부의 아들 하나멜의 아나돗에 있는 밭을 사는데 은 십칠 세겔을 달아 주되 10 증서를 써서 봉인하고 증인을 세우고 은을 저울에 달아 주고 11 법과 규례대로 봉인하고 봉인하지 아니한 매매 증서를 내가 가지고

7 네 숙부 살룸의 아들 하나멜이 네게 와서 말하기를
너는 아나돗에 있는 내 밭을 사라 이 기업을 무를 권리가 네게 있느니라
하리라 하시더니
8 여호와의 말씀과 같이 나의 숙부의 아들 **하나멜**이
시위대 뜰 안 나에게 와서 이르되
청하노니 너는 베냐민 땅 **아나돗에 있는 나의 밭을 사라**
기업의 상속권이 네게 있고 무를 권리가 네게 있으니
너를 위하여 사라 하는지라
내가 이것이 여호와의 말씀인 줄 알았으므로
9-11 (   )
12 나의 숙부의 아들 **하나멜과**
매매 **증서에 인 친 증인 앞과** 시위대 뜰에 앉아 있는 **유다 모든 사람 앞에서**
그 매매 증서를 마세야의 손자 네리야의 아들 **바룩에게** 부치며
13 그들의 앞에서 바룩에게 명령하여 이르되
14 만군의 여호와 이스라엘의 하나님께서 이와 같이 말씀하시기를
너는 이 증서 곧 봉인하고 봉인하지 않은 매매 증서를 가지고
토기에 담아 오랫동안 보존하게 하라
15 만군의 여호와 이스라엘의 하나님께서 이와 같이 말씀하시니라
사람이 이 땅에서 집과 밭과 포도원을 **다시 사게 되리라** 하셨다 하니라

런 명령을 내리셨을까?

(1) 아나돗에 사는 사촌 하나멜(예레미야의 숙부 살룸의 아들)의 방문도 바벨론의 포위망이 잠시 해제 되었을 때였을 것이다. 하나멜은 예레미야의 근족(近族) 선산(레 25:25-31 참조)의 일부였던 밭의 매매를 성사시키려 왕의 뜰에 있는 예레미야를 찾아왔다. 그 밭을 살 수 있는 권리는 우선 그 소유자의 가장 가까운 친족에게 있었다.

(2) **이 상징적인 행위의 요점은** 하나님의 백성이 흩어져 멸절되는 것이 아니라, 심판을 받은 이후, 다시 예루살렘 땅으로 돌아오게 되리라는 것이다. "사람이 이 땅에서 집과 밭과 포도원을 **다시 사게 되리라** 하셨다 하니라"(32:15). 이는 절망에 빠져 있는 백성들에게 매우 희망적인 (상징적) 메시지였다. 지금, 예루살렘은 바벨론의 포위가 일시적으로 해제되었다.[1)]

(3) 그러나 이 희망적인 메시지가 심판이 지나갔다는 환상을 가져다 주면 안 된다. 이들은 먼 미래에 다시 돌아오게 될 것은 확실하지만, 지금 일시적인 포위의 해제가 그 때를 가리키는 것이 결코 아님을 전달해야 한다.

1) 일시적인 해제로 이들은 엄청나게 기뻐했다(34장). 백성들은 잘못된 희망을 갖게 되었을지도 모른다. 이제 모든 것이 해결되었다는 안도감을 갖고 있을지도 모른다. 예레미야가 그렇게 외쳤던 예루살렘의 멸망과 바벨론 포로라는 엄청난 재난이 사라진 것이라고 속단했을지도 모른다.

예레미야는 이렇게 기도한다(32:16–25)

1. **예레미야는 거래 문서를 네리야의 아들 바룩[2)]에게 넘겨주고 이렇게 기도한다.**
32:17~24를 자세히 읽어보자. 어렵지 않은 내용이다.

32:25 주 여호와여 주께서 내게 은으로 밭을 사며
증인을 세우라 **하셨으나**
이 성은 갈대아인의 손에 **넘기신 바 되었나이다**

(1) "주 여호와여, 주께서 바벨론의 군대가 곧 이 성을 점령하게 될 것이라고 말씀하셨습니다. 그런데 땅을 구입하라니요?" 그러자 하나님은 예레미야에게 다시금 예루살렘의 멸망은 필연적임을 말씀하신다. 하나님은 예레미야의 질문을 받고 자세히 말씀하신다. 하나님은 이런 희망의 메시지가 전파된다 하더라도 예루살렘과 유다에 내려질 화와 재난을 피할 수 있다는 희망이 아니라는 점을 강조하신다. **재난은 반드시 통과해야 하지만, 유다의 멸절이 아니라 다시 이곳으로 돌아오게 될 것이라는 희망의 메시지였다.**

2) 예레미야의 충실한 친구이자 서기이자 그의 시종이다. 나중에 예레미야가 애굽에 잡혀갔을 때에도 같이 갔다. 예레미야는 옥에 갇혀 있을 때, 받은 계시를 바룩에게 기록하라고 했다.

(2) 예레미야가 하나님께 의아해 하고 있는 것은 유다가 바벨론에 패할 것이 분명하며, 포로로 끌려갈 것이 분명한데 하필 지금 이 시기에 꼭 땅을 사라고 하시는 것을 이해할 수 없었다. 어쨌든 예레미야는 그 이유를 확실하게 듣는다.

다시 심판의 필연성을 말씀하신다(32:26-35)

1. "그 때에 여호와의 말씀이 예레미야에게 임하여 이르시되"(26절)

32:27 보라
나는 —— **여호와요** 모든 육체의 **하나님이라**
[어떤 것도]— 내게 **할 수 없는 일이 있겠느냐**

(1) 하나님은 예레미야에게 창조주요, 능치 못할 일이 없는 전능자이심을 다시 각인시켜 주신다. 하나님은 예레미야의 고백과 같이(32:17), 하나님이 이루실 수 없는 것은 아무것도 없음을 주지시켜 주시면서, 예루살렘 성이 바벨론의 군대와 느부갓네살의 손에 넘겨주실 것임을 재 확인시켜 주신다(28절).

(2) 바벨론 군대가
- 이 성읍에 불을 놓아 성과 집
  곧 그 지붕에서 ① 바알에게 분향하며 ② 다른 신들에게 전제를 드려 나를 격노하게 한 집들을 사를 것이다(29절).
- 그 이유는?(29절) - 이들은 예로부터 악을 행하였을 뿐이라
  이스라엘 자손은 그의 손으로 만든 것을 가지고 나를 격노하게 했기 때문이다.
- 언제부터? - 이 성이 건설된 날부터 오늘까지(31절) - 나의 노여움과 분을 일으켰다.
- 누가? (32절) - 이스라엘 자손과 유다 자손
  (왕들과 그의 고관들과 그의 제사장들과 그의 선지자들과 유다 사람들과 예루살렘 주민들이 다 그러하였다)

(3) 구체적인 죄(33절) - ① 등을 내게로 돌리고 얼굴을 내게로 향하지 아니하며
② 그들을 가르치되 끊임없이 가르쳤는데도 그들이 교훈을 듣지 아니하며 받지 아니하고
③ 내 이름으로 일컫는 집에 자기들의 가증한 물건들을 세워서 그 집을 더럽

게 하며(34절)
④ 힌놈의 아들의 골짜기에 바알의 산당을 건축하였으며
⑤ 자기들의 아들들과 딸들을 몰렉 앞으로 지나가게 하였느니라(35절)

(4) 물론 이런 가증한 일을 행하여 유다로 범죄하게 한 것은 내가(하나님께서) 명령한 것도 아니요 생각해 본적도 없다.

▲ **그러므로 심판은 피할 수 없는 일이다. 반드시 예루살렘 성을 바벨론의 군대와 느부갓네살의 손에 넘겨버릴 것이다(28절).**

그렇다면 영원히 버리실 것인가? (36–44절)

1. 그러나 자기 백성을 영원히 버리지는 아니하실 것임을 다시 확약하신다. 심판이 진행되는 중에서라도 여전히 은혜와 긍휼은 결코 철회되지 않을 것이다.

32:37 보라
내가 — 그들을 **모아들여** (렘 23:7-8, 29:10-14, 31:1-9을 보라.)
/모든 지방에서
/노여움과 분함과 큰 분노로 그들을 쫓아 보내었던
[내가] — 이 곳으로 **돌아오게 하여**
— 안전히 **살게 할 것이라**

(1) 비록 포로생활의 아픔과 고통이 있겠지만, 그것은 어디까지나 언약 파기로 인한 형벌이며, 그래서 피할 수 없는 과정이지만, 그렇다고 영원히 버려두지는 아니하실 것이다.

(2) 그래서 다시 언약 공식이 확인된다. “그들은 내 백성이 되겠고 나는 그들의 하나님이 될 것이며”(38절, 렘 24:7, 30:22, 31:33 참조).

1) 영원한 언약 - 사55:3, 61:8; 겔 16:60, 37:26 참조)

32:40 내가 —그들에게 **세우고**
/영원한 언약을
/그들을 떠나지 아니하리라 하는
/(לְ, to) 그들에게 복을 주기 위하여
[내가] — 나를 경외함을 그들의 마음에 두어
//<그들이>— 나를 떠나지 않게 하고

(3) 이사야에서 약속하신 영원한 언약(새 언약)

55:3 너희는 ┬ 귀를 **기울이고**
└ 내게로 **나아와 들으라**

//(that...may, וּ)
너희의 영혼이 —— 살(리라)(=려고) (that you may live)

그리하면(결과: וְ)
내가 —— 영원한 언약(בְּרִית עוֹלָם)을 **맺으리니**(אֶכְרְתָה)[1]
/너희를 위하여
곧 다윗에게 허락한 확실한 은혜이니라[2]

1) 칼 동사 미완료 연장형 / 언약을 맺다.

2) חַסְדֵי דָוִד הַנֶּאֱמָנִים

아만(אָמַן) -니팔, 분사형 남성 복수 - "다윗에게 베푼 나의 확실한 은혜이다."

2. 하나님은 예레미야를 통해 유다가 곧 황폐해질 것을 예언케 하셨지만 반드시 회복될 것이라고 약속하신다.

(1) 예루살렘과 주변 도시들은 다시 상업행위가 재개된다.

32:44 베냐민 땅과 예루살렘 사방과 유다 성읍들과 산지의 성읍들과
저지대의 성읍들과 네겝의 성읍들에 있는 밭을
은으로 **사고** 증서를 **기록하여 봉인하고** 증인을 **세우리니**

//이는(for, כִּי)
내가 그들의 포로를 돌아오게 함이니라 여호와의 말씀이니라

(2) 내가 이 백성에게 큰 재앙을 내렸으나 이제는 재앙을 내린 만큼 내가 약속한 모든 좋은 것을 내리겠다(42절).

렘 32-45장

여호야김
36:1-8 (주전 605)
45장 (주전 605)
36:9-32 (주전 604)
35장 (주전 598)

시드기야
32-34장 (주전 588/87)
37-39장 (주전 588-586)

그달리야
40-44장 (주전 586-582)

Think

• 유다에게 내려진 심판 선언, 그것은 백성을 겁주기 위한 지나가는 말이 아니다. 유다에게 내려진 심판은 확정적인 것이다. 하나님은 심판 받을 수밖에 없는 이유를 분명하게 언급하신다. 포로에는 상상을 초월한 아픔과 고통이 수반된다. 당연히 백성들은 예레미야의 심판 선언이 거짓 예언이기를 바란다. 왕도, 백성도, 지도자들도.

• 그래서 백성들은 거짓 선지자의 말에 더 귀를 기울인다. 예루살렘에 성전이 있는데, 그런 일은 결코 일어나지 않을 것이라는 말에 위안을 받는다. 물론 나라는 멸절되지 않는다. 그렇다고 심판 선언은 철회되지 않는다. 지금 유다는 폭풍 전야다. 그래서 모든 상황이 더욱 두렵게만 느껴진다. 우리도 심판보다는 축복에 아주 익숙해져 있지 않은가?

예루살렘의 회복(33:1–13)

예레미야는 이스라엘의 미래의 소망의 메시지를 남겼다(그래서 30-33장을 '위로의 책'이라고 부른다). 때가 되면, 하나님이 포로된 그들을 돌아오게 하리라고 약속하신다. 30장에서는 백성이 그 땅을 다시 차지하게 될 것이라는 땅에 대한 약속이고, 하나님과의 관계회복은 31장은 주어진다. 32장에서는 이스라엘을 다시 약속의 땅으로 데려오실 하나님에 대해 언급한다. 33장에서는 파멸과 심판의 메시지보다 하나님의 무조건적인 용서를 통한 회복을 언급한다. 33:1-13에서는 예루살렘 재건에, 14-26절에서는 지도자들이 다시 통치를 시작한다는 것에 초점을 맞춘다. 의의 왕과 레위 제사장의 계열의 회복을 말하고 있다.

1. 예레미야가 아직 시위대 뜰에 갇혀 있을 때에 여호와의 말씀이 그에게 두 번째로 임하였다(33:1).

(1) 예레미야의 상황은 아직 변하지 않았다. 그는 아직도 시위대 뜰에 갇혀 있다(1-2절). 그때에 하나님은 두 번째로 나타나셨다. 하나님을 어떻게 소개하고 있는가?

33:2 하는 이가 ———— 이와 같이 **이르시도다**
/일을 행하시는 여호와,
/그것을 만들며 성취하시는 여호와,
그의 이름을 여호와라

일을 계획하시고, 일을 이루시고 성취하시는 하나님이 이렇게 말씀하셨다. 어떻게? - 3절

3 너는 —— 내게 부르짖으라(קְרָא אֵלַי)
//(목적: וְ, to)
내가 네게 응답하겠고(and I will answer you, וְאֶעֱנְךָ)
네가 알지 못하는 크고 '은밀한 일'[1]을 네게(לְךָ)[2] 보이리라

1) בְּצֻרוֹת - 바차르(בָּצַר)의 칼 수동분사 여성 복수. 비밀, 신비, 도달하기 어려운 것들 / 하나님이 이제 계시하실 일을 가리킨다.

2) 네게 (2인칭 남성 단수) - 단수형으로 특별히 예레미야를 가리킨다. 그러나 이 위대한 약속은 모든 백성에게도 보여주시는 것이다.

(2) **내게 부르짖으라 -** 하나님은 말씀으로 응답하시기도 하고(사 14:32), 불로도(대상 21:26), 천둥으로도(출 19:19) 응답하신다. 이렇게 기도에 응답하시는 것은 간구에 호의를 보이는 것과 같다. 그러한 간구의 기초는 하나님의 의, 자비, 진실하심이다(시 69:13). 구원에는 영적인 구원이나(시 20:6, 38:15), 육체적인 구원(시 22:22, 60:5)을 모두 포함한다. 하나님께서 (모세나 선지자를 통하여) 사람에게 임재하실 때 그는 응답과 적절한 순종을 기대하신다. 이것을 거부하는 것은 죄를 범하는 것이다(렘 7:13; 사 65:12).

(3) 예루살렘은 바벨론 군대에 의하여 포위되었다. 바벨론 군대는 성을 공격하기 위해 흙 언덕(סֹלְלוֹת)[1]을 쌓았다. 이 군대의 공격을 막으려고 성읍의 가옥과 유다 왕궁을 헐었다. 그래서 바벨론 군대의 참호(흉벽, 포위자들의 공성퇴)와 칼을 대항하여 싸우려 했지만 소용이 없었다. 오히려 예루살렘은 죽은 사람들의 시체로 가득 채우실 것이다. 그 이유가 무엇인가?

1) 흙을 쌓아올린 것, 토루, 토성(삼하 20:15; 왕하 19:32; 렘 6:6; 렘 32:24.

> 33:5 내가 ── 그들을(사람을) 죽이고
> /나의 노여움과 분함으로 (=분노와 진노로)
> └ 그들의 시체로 이 성을 채우게 하였나니[2]
>
> [내가] ─ (이는) 나의 얼굴을 가리어
> 이 성을 돌아보지 아니하였음이라[3]
> /그들의 모든 악행으로 말미암아

2) מָלֵא - לְמַלְּאָם의 피엘 동사 연계형 / 채우다, 가득차다 - 피엘형은 말의 성취를 강조한다.

3) 가리어... 돌아보지 아니하였다 הִסְתַּרְתִּי

싸타르(סָתַר)의 히필 동사 완료 1인칭 보통 단수 / 숨기다, 감추다.

(4) 하나님은 "그들(백성)의 모든 악행으로 말미암아"(이 백성이 온갖 못할 짓을 하였기 때문에 -공동) 이 성을 외면하셨다. 결국 예루살렘의 파멸은 하나님께서 예언한 것이 성취된 것이다. 설마 하던 기우(杞憂)는 실제가 되었다. 그러나 이 어려운 시기에, 전쟁의 참화와 시체더미 뒤에 소망을 보여주신다.

2. "그러나 보라 내가 이 성읍을 치료하며 고쳐 낫게" 하실 것이라고 약속하신다. 무너진 가옥과 궁궐, 그 뒤에는 새롭게 단장한 그림이 겹쳐진다.

> 33:6 (그러나) 보라(הִנְנִי)
> 내가 ┬ 이 성읍을 **치료하며** 고쳐 **낫게 하고**
> └ 평안과 진실이 풍성함을 그들에게 **나타낼 것이며**

(1) 지금은 도성에 시체로 가득 찼다. 그러나 이 도시는 다시 평화와 번영을 누리게 될 것이라고 약속하신다. "내가 유다의 포로와 이스라엘의 포로를 돌아오게 하여 그들을 처음과 같이 세울 것이며"(7절)

→ **처음과 같이 세울 것이며**
(렘 30:3, 18을 다시 읽어보자)

(2) "내가 그들을 내게 범한 그 모든 죄악에서 정하게 하며 그들이 내게 범하며 행한 모든 죄악을 사할 것이라"(8절). "이제 용서해 주겠다."

→ 죄악의 목록을 읽어보자.
렘 7:17-26, 25:3-7, 32:30-35을 꼭 읽어보자. → 그런데 그렇게 용서해 주시려는 목적은 무엇일까? 9절을 자세히 읽어보자.

3. 폐허가 된 예루살렘 거리에서 즐거워하는 소리, 기뻐하는 소리, 신랑의 소리, 신부의 소리가 들린다. 예루살렘이 회복되었다는 말이다.

(1) 물론 이런 기쁨의 소리는 도시가 멸망하고, 그 치료의 기간이 끝났을 때의 일이다. 이사야 선지자는 복역의 때가 끝나고 이스라엘이 다시 고국으로 돌아올 때를 이렇게 예언한다. 언약의 중보자로서 인간 왕이 아니라 하나님 자신이 자기 백성의 왕으로 임하실 것이라는 것이다. 이사야는 미래의 포로민들에게 회복의 메시지를 이렇게 선포하고 있다(사 40:1).

> 40:1 너희의 하나님이 **이르시되**
> /너희는 ── 위로하라(Comfort,נַחֲמוּ) - 피엘 동사 명령형
> └ 위로하라(נַחֲמוּ) - 피엘 동사 명령형
> /내 백성을(עַמִּי)

(2) 한 절 더보자. (사 40:2)

1) 노역(차바, צָבָא) - 여기서는 전쟁을 의미한다.

누구에게? - אֵלֶיהָ
3인칭 여성 단수 - (예루살렘에게) 외치라

2) 라짜(רָצָה)의 니팔 완료 / 호의를 보이다, 받아들이다.

> 40:2 너희는 예루살렘의 마음에 닿도록 **말하며**
> 그것에게 **외치라** (...할지니라)
> /그 노역[1])의 때가 끝났고
> /그 죄악이 사함을 받았느니라(כִּי נִרְצָה[2]) עֲוֹנָהּ)
> /벌을 배나 받았느니라
> /그의 모든 죄로 말미암아
> 여호와의 손에서(מִיַּד יְהוָה)
>
> 아온(עָוֹן) - 죄, 사악, 불법 /복수 연계형

(3) ① 예루살렘이 죄의 대가를 충분히 받았다. 그리고 ② 노역의 때가 지나갔다는 것이다. 그래서 내 백성(암미, עַמִּי)을 위로하라는 것이다. 그것도 "예루살렘의 마음에 닿도록(정다히, kindly, לֵב - 마음) 말하며 그에게 외치라"는 것이다. 물론 이들의 구원이 어떤 행운이나 요행에 의해 이루어진 것이 아니다. 이 구원의 주도권이 하나님에게 있다. 하나님과 이스라엘 사이에 관계가 다시 회복되었다는 말이다. 죄의 장애물이 어디까지나 하나님의 용서에 의해 깨끗이 제거되었기 때문이다. (동교재, 이사야서에서)

(4) 이렇게 예루살렘 성에 "여호와의 성전에 감사제를 드리는 자들의 소리가 다시 들리는" 것은 죄의 대가를 치른 이후의 일이다(렘 32:43을 보라).

4. 패망 전과 회복 후의 모습을 어떻게 표현하고 있는가? (렘 33:10-13)

패망 전	회복 후
10-11절 • 황폐하여 사람도 없고 짐승도 없다 하던 여기 곧 황폐하여 사람도 없고 주민도 없고 짐승도 없던 유다 성읍들과 예루살렘 거리에서	• 즐거워하는 소리, 기뻐하는 소리, 신랑의 소리, 신부의 소리와 및 만군의 여호와께 감사하라, 여호와는 선하시니 그 인자하심이 영원하다 하는 소리와 여호와의 성전에 감사제를 드리는 자들의 소리가 **다시**(오드, עֹד) 들리리니
12 • 황폐하여 사람도 없고 짐승도 없던 이 곳과 그 모든 성읍에	• **다시**(오드, עֹד) 목자가 살 곳이 있으리니 그의 양 떼를 눕게 할 것이라
13 • 산지 성읍들과 평지(스펠라) 성읍들과 네겝의 성읍들과 베냐민 땅과 예루살렘 사면과 유다 성읍들에서	• 양 떼가 **다시**(오드, עֹד) 계수하는 자의 손 아래로 지나리라

이는(for, כִּי)
내가
이 땅의 포로를
돌려보내어
지난 날처럼(כְּבָרִאשֹׁנָה)
(as they were at first)
되게 할 것임이라
(=할 것이기 때문이다)

여호와의 말씀이니라

지도자들이 다시 통치를 시작할 것이다(33:14-19)

이 부분이 70인역에서는 빠져 있다. 그래서 학자들은 이 부분은 후대에 첨가된 내용이라고 주장한다.

1. "보라 내가 이스라엘 집과 유다 집에 대하여 일러 준 선한 말을 성취할 날이 이르리라" (14절)

33:15 그 날 그 때에(In those days and at that time, בַּיָּמִים הָהֵם וּבָעֵת הַהִיא)
내가 —— **나게 하리니**
/다윗에게서(לְדָוִד) —— 사 4:2, 슥 3:8, 6:12
/한 공의로운 가지(צֶמַח צְדָקָה)가
그가 —— 이 땅에 정의와 공의를 **실행할 것이라**

다윗에게서 한 공의로운 가지가 나게 하리니

(1) 다윗에게서 한 공의로운 가지가 날 것이라는 예언은 이사야 4:2이하에서 언급되었다. 그렇다면 여기서 '가지'(싹)는 누구를 가리킬까?[1] 메시야를 가리키는 다음의 칭호를 살펴보자. 예레미야의 예언을 살펴보면 그가 곧 장차 오실 다윗 계통의 왕임을 알 수 있다. 그러나 스가랴는 또한 '가지'(싹)라는 단어,

1) 아래는 동교재, 이사야서의 내용을 가져왔다.

즉 이사야(사 4:2*, 61:11)와 예레미야가 사용했던(렘 23:5, 33:15) 단어를 사용함으로써 다윗 왕가를 언급하고 있음을 본다.

이사야의 예언(사 4:2), 스가랴의 예언(슥 3:8)

1. 이사야에서는 심판이 지나간 후 "여호와의 싹"이 아름답고 영화로울 것이라고 약속하신다(사 4:2-6).

4:2 그 날에(on that day, בַּיּוֹם הַהוּא)[1]
여호와의 싹(צֶמַח)이 **아름답고 영화로울 것이요**
그 땅의 소산은 **영화롭고 아름다울 것이며**
/이스라엘의 피난한 자를 위하여

1) '그 날'은 언제를 가리킬까? 물론 그 날은 심판이 있은 후에야 이루어질 것이다(1:26-27). 사 2:2-4과 사 4:2-6은 정결하게 된 시온이 정의의 중심지가 될 것이라고 예언한다.

여호와의 싹(צֶמַח יְהוָה) : 끊기운 나무 뿌리에서 **'싹'**(sprout, 쩨마흐, צֶמַח)이 돋아나오듯이 잘려진 다윗 나무 둥치에서 솟아나서 참된 통치자로 자기 백성을 정화시키실 것이다(3-4절). 후대의 예언자들에 의해 이 낱말이 메시야적 인물로 사용되었지만(렘 23:5, 33:15; 슥 3:8, 6:12), 여기서는 인간 통치자를 가리킨다.[2]

2) 은유적인 시각에서 후손을 가리킨다. 예레미야는 가지를 다윗과 관련시킨다. 스가랴는 야훼의 종으로 그리고 특정한 인간과 동일시한다. 사 4:2에서는 그런 암시가 전혀 없다. (로버트 치즈홀름, 예언서 개론, 크리스챤다이제스트, 24.)

2. 스가랴 3:8에서는 '싹'에 대해서 어떻게 언급하고 있나?

슥 3:8 대제사장 여호수아야
너와 네 앞에 앉은 네 동료들은
내 말을 들을 것이니라(שְׁמַע־נָא)
이들은 예표의 사람들(אַנְשֵׁי מוֹפֵת)이라
//(이유, for, behold, כִּי־הִנְנִי)
내가 나게 하리라(מֵבִיא - 히필 동사 분사형)
/내 종[3] **싹**(순, 筍)을(אֶת־עַבְדִּי צֶמַח)

3) 여기 '나의 종'(슥 3:8)이란 말은 그리스도를 가리키는 칭호로 이사야에서 언급되어 있다(사 42:1-7, 49:1-9, 50:5-10, 52:13-53:12, '4대 종의 노래').

(1) 여기서 '키 힌니'(כִּי־הִנְנִי)라는 말은 상반절과 연결하여 그 이유를 설명하는 말이다. '헨'(보라, 주목하라, הֵן)이라는 감탄사에 인칭대명사가 오면(1인칭 보통 단수) 반드시 일어날 임박한 사건을 말한다.

(2) "**내가…나게 하리라**"(מֵבִיא) - '보'(בּוֹא - 들어가다, 오다, 가다)의 히필(사역 능동)

동사 분사형으로 만군의 여호와의 주권적인 능력이 강조되어 있다. "I will bring forth my servant the BRANCH." - KJV. 여호와께서는 '나의 종'(아브디, עַבְדִּי), 즉 그 가지(순, 싹, 쩨마흐, צֶמַח)를 나게 하실 것이다.[1)]

(3) 스가랴는 '가지'(싹)라는 단어, 즉 이사야(사 4:2, 61:11)와 예레미야가 사용했던(렘 23:5, 33:15) 단어를 사용함으로써 다윗 왕가를 언급하고 있음을 본다. 학개 선지자는 이 약속이 다윗의 후손이요 공동체의 총독으로서 성전 재건의 도구가 될 스룹바벨이라는 인물과 연결시키고 있다(슥 4:6, 9*; 학 2:20-23).

(4) 이사야 11:1과 53:2에서는 어떻게 언급되고 있는가?

- 사 11:1 "이새의 줄기(게자, גֵּזַע)에서 한 싹(호테르, חֹטֶר)이 나며 그 뿌리(쉐레쉬, שֹׁרֶשׁ)에서 한 가지(네쩨르, נֵצֶר)가 나서 결실할 것이요."
- 사 53:2 "그는 주 앞에서 자라나기를 연한 순(요네크, יוֹנֵק) 같고 마른 땅에서 나온 뿌리(쉐레쉬, שֹׁרֶשׁ) 같아서 고운 모양도 없고 풍채도 없은즉 우리가 보기에 흠모할 만한 아름다운 것이 없도다."

(5) 이렇게 학개와 스가랴가 언급한 종과 가지(싹)라는 말은 다윗과 그의 원형, 즉 메시야를 가리킨다. 스가랴는 오실 그리스도를 가리켜 '싹(순)이라고 이름하는 사람' 이라고 했다(슥 6:12). 이 모든 용어들은 심히 나약하고 연한 것들이다('고운 모양이 없고 흠모할만한 것도 없다' 이사야 53:1-5을 읽어보자). 그 시작은 매우 미약하나 그 순이 자라서 가지(사 11:1, 네쩨르, נֵצֶר)가 되고, 마침내 다윗의 왕위에 앉아 영원한 왕국을 다스리는 왕이 되실 것이다(사 11:2-6).

1) 여기서 '내가'는 '만군의 여호와'를 가리킨다. 하나님께서 가지(branch)라고 불리는 한 종(從)을 일으키셔서 그 땅의 죄악을 제거할 것이요(9절), 공동체의 번영을 회복시키실 것이다.

- 슥 4:6 "그가 내게 대답하여 이르되 여호와께서 **스룹바벨**에게 하신 말씀이 이러하니라 만군의 여호와께서 말씀하시되 이는 힘으로 되지 아니하며 능력으로 되지 아니하고 오직 나의 영으로 되느니라
- 슥 4:9 "**스룹바벨의 손이 이 성전의 기초를 놓았은즉** 그의 손이 또한 그 일을 마치리라 하셨나니 만군의 여호와께서 나를 너희에게 보내신 줄을 네가 알리라 하셨느니라."

3. 이렇게 메시야적인 후손이 정의와 공의를 실행하실 것이다. 메시야가 행하는 핵심적인 역할을 보라(렘 23:5-6을 다시 한 번 읽어보자).

33:17 여호와께서 이와 같이 말씀하시니라
이스라엘 집의 왕위에 앉을 사람이 **다윗에게**
영원히 끊어지지 아니할 것이며

18 내 앞에서 번제를 드리며 소제를 사르며
다른 제사를 항상 드릴 **레위 사람 제사장들도**
끊어지지 아니하리라 하시니라

사무엘하 7:16의 성취이다. "16네 집과 네 나라가 내 앞에서 영원히 보전되고 네 왕위가 영원히 견고하리라." / 하나님은 다윗과의 언약을 존중히 여기실 것이다(삼하 7장). 다윗에게서 한 의로운 가지가 날 것이다(슥 3:8-9). 이 다윗 가문의 왕은 의와 공평과 정의로 다스리실 것이다(사 11:1-10). 신약의 저자들은 다가올 왕에 대한 예언들을 예수님을 통해 성취된 것으로 보았다(마 2:2, 눅 1:32, 요 1:49).

(3) 이스라엘의 회복은 레위와의 언약도 지켜진다는 것을 의미한다. "다른 제사를 항상 드릴 **레위 사람 제사장들도** 끊어지지 아니하리라." 앞으로 도래할 메시야는 왕인 동시에(삼하 7:16), 제사장일 것이기 때문이다(시 110:4 - 멜기세덱의 반차를 따른, 히 7장). 아론(민 8:19)과 비느하스와 더불어 맺은 **평화의 언약**(민 25:12-13*, 말 2:5)이 여기서 다시 언급되고 있다.

민 25:12-13 (평화의 언약)

"그러므로 말하라 내가 그에게 나의 평화의 언약(covenant of peace)을 주리니 13 그와 그 후손에게 **영원한 제사장 직분의 언약이라** 그가 그 하나님을 위하여 질투하여 이스라엘 자손을 속죄하였음이니라."

평화의 언약

(1) 가나안 진입을 앞두고 있는 이스라엘은 발람의 악한 꾀에 넘어가 그 유명한 바알브올 사건을 만들어낸다. 이로 인해 하나님의 진노는 극심했고, 이에 대한 형벌로 24,000명이 염병으로 죽는다. 또 하나님은 바알브올에게 제사한 사람은 전부 죽이라는 명령을 내리신다. 이때 아론의 손자인 비느하스가 일어나 이들을 처벌했다. 이로써 재앙이 그쳤다. 하나님은 이 일을 그에게 의로 정하셨고 그 대제사장직이 대대로 무궁하리라는 축복을 받는다(시 106:30-31 참조).

(2) 이렇게 비느하스는 '백성의 죄로 인해 타오르는 하나님의 분노로부터' 이스라엘을 구해냈다. 하나님은 이런 비느하스의 행동을 기쁘게 받으시고, 비느하스와 평화의 언약을 맺으신다(민 25:12-13).

(3) 말라기 2:5에서 다시 언급된다. "**레위와 세운 나의 언약은 생명과 평강의 언약이라** 내가 이것을 그에게 준 것은 그로 경외하게 하려 함이라 그가 나를 경외하고 내 이름을 두려워하였으며."

4. 여호와의 말씀이 다시 예레미야에게 임하셨다(19절). 다윗에게 세운 하나님의 언약이 깨뜨려질 수 없음을 설명하신다. 그렇다면 '언약'이란 무엇인가?

(1) 여기서 '언약' 개념 전반에 대해 설명할 수 없다. 언약(言約)은 '피로 맺은[1] 삶과 죽음의 약정(約定)이다'(팔마 로벗슨). 피로 맺은 약정(bond-in-blood) 또는 삶과 죽음의 약정이라는 구절은 하나님과 인간과의 결속의 궁극성을 표현한다.

"언약을 체결한다"는 말은 "언약을 자른다"('베리트는 '절단'을 의미한다')는 말이다. 예를 들어 언약이 이루어질 때 제의의식(ritual ceremony)에서 동물이 절단된다(창 15:10이하, -쪼갠 동물 사이로).

(2) "언약 수립"의 과정에서 동물 절단의 의미는?[2]

이는 '죽기까지의 서원'(pledge to death)을 상징한다. 언약자가 만약 서약을

1) "피의 약정"이란 말은 히 9:22의 말씀과도 조화를 이룬다.

2) 문명인들은 계약서에 도장을 찍거나 싸인을 한다. 그러나 원시인들은 언약을 체결하기 위해 짐승을 잘랐다.

위반할 때 자기에게 저주(창 15장)가 임한다.

(3) 렘 34:18을 읽어보자.
이스라엘의 불충성을 보고 "암소 사이로 지나간" 예식을 기억케 한다. "송아지를 둘로 쪼개어 놓고 그 사이로 지나감으로써 사람들과 내가 언약을 맺었으나 내 언약을 어긴 사람들은 그 송아지처럼 둘로 쪼개질 것이다"(쉬운성경).

(4) 따라서 렘 34:19-20에서 무엇이라고 말씀하시는가?[1] 결국 이스라엘(유다)은 언약을 파기했기에 심판을 받는 것이다.

1) 언약 위반자들은 칼에 죽게 하실 것이다. 하나님은 그들을 송아지처럼 만드실 것이다.

내 종 다윗에게 세운 나의 언약(33:20-26)

1. 다윗의 언약을 '영원한 언약'이라고 했다(삼하 7, 23장). 따라서 그와의 언약이 일시적인 심판으로 인해 파기될 수 없다. 그렇다면, 영원한 언약이란 무엇인가?

33:20 여호와께서 이와 같이 **말씀하시니라**
/너희가 — 능히 깨뜨려(깨뜨린다면, if)
/낮에 대한 나의 언약과 밤에 대한 나의 언약을
//(결과: so that....will)
주야로 그 때를 잃게 할 수 있을진대(=있도록)
21 /나의 언약도 ——— **깨뜨려**
/내 종 다윗에게 세운
아들이 ——— **없게 할 수 있겠으며**
/그에게 그의 자리에 앉아 다스릴
/내가 —— **파할 수 있으리라**
/나를 섬기는 레위인 제사장에게 세운 언약도

• 창 8:22 "땅이 있을 동안에는 심음과 거둠과 추위와 더위와 여름과 겨울과 낮과 밤이 쉬지 아니하리라." / 하나님은 완성의 때까지 다시는 땅을 저주하거나 생물을 멸하시지 않으시겠다고 약속하신다. 땅이 있을 동안에는 현재의 질서대로 이 땅을 보존하실 것이다. 하나님의 약속이기 때문이다. 만약 이 약속을 깨뜨리는 것이 가능하다면, 다윗과 맺은 언약도 가능하다는 것이다. 여기서 다윗 언약의 영원성을 볼 수 있다.

(1) "하늘의 만상(짜바, host of heaven)은 셀 수 없으며 바다의 모래는 측량할 수 없다." 그와 같이 "내가(여호와께서) 내(여호와의) 종 다윗의 자손과 나(여호와)를 섬기는 레위인을 번성하게" 하실 것이다(22절).

(2) 다윗과 맺은 언약(삼하 7:12-16)과 레위인들과 맺은 언약(민 25:12-13)은 바벨론에 포로로 끌려가는 심판을 받게 되겠지만 그 약속은 무효화 되지 않을 것이

다. 하나님께서 그렇게 약속하셨기 때문이다. 다윗 언약의 영원성에 대해서는 뒤에서 조금 더 설명해보자(Close-up란 참조). 이 약속이 어떻게 성취되었는가는 스가랴서에서 설명되어져야 한다.

2. 이 백성들은 이스라엘 역사에서 벌어진 두 나라의 운명을 어떻게 이해하고 있는가?

"예레미야야, 이 백성들이 하는 말을 들어보았느냐?" "무엇이라고 하는데요?"

- 백성들의 생각은 여호와께서 택하신 이스라엘과 유다 두 족속을 버리셨다고 보았다.
- 이 백성들은 하나님의 백성을 욕하고, 이스라엘은 더 이상 나라가 될 수 없다고 주장한다는 것이다.

33:24 네가 — **생각하지 아니하느냐**
/이 백성이 말하기를(to 부정사)
/여호와께서 — 버리셨다 한 것을
/두 가계를(=이스라엘과 유다 두 족속을)
/자기가 택하신 그들 중에
그들이 — 내 백성을 멸시하여
//(목적, מִ, 부정사)
자기들 앞에서 나라로 인정하지 아니하도다(=려고)

(1) 앞에서(20절) 이미 언급한 대로 하나님은 "낮에 대한 나의 언약과 밤에 대한 나의 언약[주야(晝夜)의 약정(約定)]을" 맺으셨다.

만약 이 언약을 맺지 않았거나
하늘과 땅의 법칙을 세워 주지 않았다면(25절),

야곱과 내 종 다윗의 자손도 내가 저버리고
다시는 다윗의 자손 중에서 아브라함과
이삭과 야곱의 자손을 다스라는 일도 없게 하겠다(25절).

따라서, 내가 나의 백성에게 자비를 베풀겠으며
내가 그 포로된 자를 돌아오게 하겠다(26절).

언약 사상과 하나님의 나라

왜, 신약성경에는 "언약"이란 용어가 많이 등장하지 않는가?

"날이 이르리니"(렘 31:31) – 누가? 언제? 어떻게?

31:31 여호와의 **말씀이니라**
보라!(הִנֵּה, Behold)
날이 **이르리니**(days are coming)
내가 — **맺으리라**(וְכָרַתִּי) I *will make* (a new covenant)
/이스라엘 집과 유다 집에
/새 언약(בְּרִית חֲדָשָׁה)을

- 하나님께서!
- 하나님께서 기뻐하시는 방법으로
- 하나님께서 기뻐하시는 때에
- 하나님께서 기뻐하시는 수단으로

성경의 핵심 사상은?

성경을 관통하고 있는 큰 핵심적인 사상은 무엇일까? 성경은 하나님의 감동으로 된 책이다. 따라서 성경 전체의 궁극적인 저자는 하나님이시다. 그렇다면 성경 전체를 흐르고 있는 어떤 큰 맥(줄기)이 있을 것이다. 그러나 성경의 강조점은 너무 뒤얽혀 있어 그 통일성을 발견하기가 쉽지 않다. 학자들은 그 특별한 주제를 다양하게 제시했다. 그 통일된 주제를 어떤 학자는 '언약' '하나님의 나라' '하나님의 주권' '약속' 또는 '예수 그리스도' 등으로 이야기한다.

성경에서 일관되게 주장하는 중심 주제는?

1. 아래의 구절을 주의깊게 읽어보자.

• 요 5:39 "너희가 성경에서 (영생)을 얻는 줄 생각하고 성경을 연구하거니와 이 성경이 곧 (내게) 대하여 증언하는 것이니라."

• 눅 24:44 "또 이르시되 내가 너희와 함께 있을 때에 너희에게 말한 바 곧 모세의 율법과 선지자의 글과 시편에 (나를 가리켜) 기록된 모든 것이 이루어져야 하리라 한 말이 이것이라 하시고"

(1) 위의 구절에서 볼 수 있는 것처럼, 성경의 중심 주제는 곧 **예수 그리스도**임을 알 수 있다. 구약성경에서는 예수님의 오심에 대해서 수없이 예언하고 있다. 이제 그 예언이 성취되었다고 신약은 증언하고 있다.

그의 이름은 "임마누엘"이라 하리라(마 1:23).

• 눅 1:54 "그 종 이스라엘을 도우사 긍휼히 여기시고 기억하시되 55 우리 조상에게 말씀하신 것과 같이 **아브라함과 그 자손에게** 영원히 하시리로다 하니라."

• 눅 1:68 "찬송하리로다 주 이스라엘의 하나님이여 그 백성을 돌보사 속량하시며 69 우리를 위하여 구원의 뿔을 그 종 **다윗의 집**에 일으키셨으니 70 이것은 주께서 예로부터 **거룩한 선지자의 입으로 말씀하신 바와 같이** 71 우리 원수에게서와 우리를 미워하는 모든 자의 손에서 구원하시는 일이라 72 우리 조상을 긍휼히 여기시며 **그 거룩한 언약을 기억하셨으니 73 곧 우리 조상 아브라함에게 하신 맹세라.**"

(2) 이제 주님은 여인의 후손으로서 사탄의 권세를 파쇄하기 위해 인간의 역사 속에 들어오셨다. 그것은 구약에서 계속 언급되어졌던 언약의 성취였다. **그리스도의 탄생, 그것은 이스라엘과 맺은 언약의 약속이 성취된 것임이 분명하다.** '언약 사상'과 '하나님 나라의 사상'이 얼마나 밀접하게 관계가 있는가를 보게 된다. 마리아의 찬양과 사가랴의 찬양을 들어보자(눅 1:54-55*과 눅 1:68-69을 읽어보자).

2. 그렇다면 왜, 신약성경에는 '언약'에 대해 많은 말을 하지 않는가?

(1) 신약성경에는 비록 "언약"이라는 말이 많이 등장하지 않지만 "분명히 언약적"인 표현들이 많이 기록되어 있다. (예 : 노아, 아담, 아브라함, 모세, 다윗, 기업, 약속, 율법, 유월절, 할례, 복, 저주, 아멘, 신실 등) 이런 말들은 일반적으로 언약적 개념들을 함축하고 있다.

(2) 구약성경이 신약성경의 수백 가지의 인용이나, 구원역사의 출처임을 생각한다면, 신약성경에 언약에 관하여 거의 말하지 않았다 하더라도 실상은 언약에 관한 자료들로 가득 차 있다. 그러므로 **신약성경의 메시지는 진정 "새 언약"**

의 메시지요, 그리스도는 모든 구원언약들의 성취이다. 성경은 직접적으로 언약이라는 말을 사용하지 않으면서도 언약적인 것을 다루고 있다. 성경은 언약 자손들의 사고를 담고 있는 언약 백성의 관한 기록이다.

(3) 예수님이 선포하신 복음의 전 구조는 언약 사상에 의해 결정된다. 예수님은 **최후의 만찬 때**, 그 앞에 놓여 있는 죽음을 언급하시면서 "이것은 죄 사함을 얻게 하려고 많은 사람을 위하여 흘리는 바 나의 피 곧 **언약의 피**니라"(마 26:28*)고 하셨다. **이 피는 곧 언약의 피이며,** 많은 사람들의 죄를 용서하기 위하여 흘려 새롭고 영원한 언약을 가능하게 한다.

• 마 26:28 "이것은 죄 사함을 얻게 하려고 많은 사람을 위하여 흘리는 바 나의 피 곧 **언약의 피니라**."

(4) **그는 새 언약의 중보자이시며,** 그 언약에 약속된 마음을 새롭게 하기 위한 자비의 중보자이시다. **그가 선포하신 전 구원이 언약 사상 안에 수렴되어 있음을 본다.** 이제, 오순절날이 이르고 그 언약의 문은 활짝 열려 모든 사람이 언약을 누리게 되었다. 이제, 이스라엘 민족은 많은 나라들 가운데 하나일 뿐이다. 모든 믿는 자들이 언약 공동체에 추가되었다.

3. 하나님 나라의 선포

(1) 성경은 결국, 예수 그리스도의 탄생과 고난과 죽음과 부활을 이야기하고 있다. 복음서들은 언약의 머리되신 그리스도에 집중하여 관심을 쏟고 있다. **오랫동안 대망해 왔던 메시야, 예수 그리스도의 탄생은 종말적인 의미에서 그 약속이 성취되고 있는, 구원의 날이 이미 시작되었음을 알리는 사건이었다.** 그리스도의 강림, 그의 생애, 죽으심, 부활, 그리고 성령의 선물은 무엇보다 구약성경의 약속의 성취요, 구속사의 완성의 시작이요, 종말론적인 사건이다.

(2) 더욱이 신약성경에서는 "하나님의 나라"가 강조되고 있다. 예수님은 그 사역의 시작을 어떤 말로 시작하셨는가? (마 4:17, 23; 9:35; 눅 9:11; 막 1:14, 15) 그의 사역의 목적은 "하나님 나라"의 선포였다(the preaching of the Kingdom of God). 그러므로, 그가 전파한 하나님의 말씀(눅 8:1*)은 그 나라의 말씀이라고 할 수 있다.

• 눅 8:1 "그 후에 예수께서 각 성과 마을에 두루 다니시며 **하나님의 나라를 선포하시며 그 복음을 전하실새** 열두 제자가 함께 하였고."

(3) 복음은 예수 그리스도께서 "하나님의 나라"를 선포하기 위해 오셨다고 설명하고 있다(제자들도 역시 - 눅 4:43; 8:1; 16:16). 따라서 **하나님의 나라의 도래(到來)가 선포되었다고 해서 그 언약이 폐기되는 것은 아니다.**

렘 31:31-34(새 언약)과 관련된 (구약의) 말씀

1) IVP 성경신학사전, 언약(2004), 870-873 참조 정리.

1. 렘 31:31-34에서는 '새 언약'이라는 정확한 언급이 있다. 그러나 다른 여러 부분에서도 장차 하나님과 그분의 백성 사이에 수립될 '영원한 언약'에 관해 언급하고 있음을 본다. 에스겔서와 이사야서를 잠깐 살펴보자(겔 34, 36-37장; 사 40-66장).[1] 새 언약에 대해서는 앞에서(290-293면) 이미 간단하게 살펴보았으니 조금만 더 정리해 보자.

(1) '새 언약'은 이스라엘 민족에게만 해당되는가? 아니다. 물론 모든 민족에게 해당되나, 에스겔과 이사야가 설명한 언약은 우선 민족적이다(렘 31:36-40, 33:6-16; 겔 36:24-38, 37:11-28). 그래서 다윗 계열의 왕과 함께 재건된 땅에서 재통합된 이스라엘로 귀환하는 것으로 언급하고 있다.

- 사 42:6 "나 여호와가 의로 너를 불렀은즉 내가 네 손을 잡아 너를 보호하며 **너를 세워 백성의 언약과 이방의 빛이 되게 하리니.**"

- 사 49:6 "그가 이르시되 네가 나의 종이 되어 야곱의 지파들을 일으키며 이스라엘 중에 보전된 자를 돌아오게 할 것은 매우 쉬운 일이라 내가 또 **너를 이방의 빛으로 삼아** 나의 구원을 베풀어서 땅 끝까지 이르게 하리라."

- 사 56:8 "이스라엘의 쫓겨난 자를 모으시는 주 여호와가 말하노니 내가 이미 **모은 백성 외에 또 모아 그에게 속하게 하리라** 하셨느니라."

(2) 새 언약의 범위는 민족적, 영토적 범위를 넘어선다. 이에 대해서는 예레미야, 에스겔 선지자도 언급하고 있으나 이사야서가 그 보편적 범위를 가장 분명하게 묘사한다. 이 언약은 땅 끝까지 확장될 것이며 궁극적으로는 모든 민족을 포함하게 될 것이다(사 42:6*, 49:6*, 56:4-8, 66:18-24*).

- 사 66:8 "내가 그들의 행위와 사상을 아노라 *때가 이르면 뭇 나라와 언어가 다른* 민족들을 모으리니 그들이 와서 나의 영광을 볼 것이며..."
- 렘 33:9 "이 성읍이 (세계 열방) 앞에서 나의 기쁜 이름이 될 것이며 찬송과 영광이 될 것이요 그들은 내가 이 백성에게 베푼 모든 복을 들을 것이요 내가 이 성읍에 베푼 모든 복과 모든 평안으로 말미암아 두려워하며 떨리라."
- 겔 36:36 "너희 (사방에 남은 이방 사람)이 나 여호와가 무너진 곳을 건축하며 황폐한 자리에 심은 줄을 알리라 나 여호와가 말하였으니 이루리라
- 겔 37:28 "내 성소가 영원토록 그들 가운데에 있으리니 내가 이스라엘을 거룩하게 하는 여호와인 줄을 (열국)이 알리라 하셨다 하라."

2. 새 언약은 옛 언약과 비해 어떤 차이점이 있는가?

(1) 새 언약은 옛 언약과 뗄래야 뗄 수 없는 관계에 있다. 새 언약은 지금 새로운 것이면서 동시에 과거와 연속성을 갖는다.

(2) 그렇다면 새 언약은 어떤 점에서 옛 언약들과 연속성을 갖는가?

- 새 언약은 하나님의 토라를 강조하고 있다(렘 31:33; 겔 36:27; 사 42:1-4, 51:48).
- 아브라함의 '씨'(제라, זֶרַע)를 강조하고 있다(렘 31:36; 겔 36:37; 사 63:16). 특히 왕으로 올 "씨"를 강조하고 있다(렘 33:15-26; 겔 37:24-25; 사 55:3).
- 새 언약의 공식 - "나는 그들의 하나님이 되고, 그들은 내 백성이 되리라"(렘 31:33; 겔 37:23, 27; 참고 - 사 54:5-10).

▲ 이와 같이 새 언약은 이전의 언약과 연속성이 있음을 본다. 앞에서 살핀대로 예레미야는 시내산 언약을 비판하지 않고 있음을 보았다. 문제를 일으킨 것은 백성들이었음을 지적한다(렘 31:31-32*). 이전의 언약과 연속성이 있다는 의미에서 '새 언약'의 '새로운'(new)이라는 말은 '갱신된' 또는 복구된 언약을 의미한다(W. 카이저, 구약성경신학).

새 언약의 독특한 면은?

1. 새 언약에서 강조되고 있는 독특한 면은 무엇인가? 새 언약에서는 과거와의 근본적인 불연속성이 있음을 분명하게 보여준다(렘 31:32). 새 언약은 옛 언약의 갱신보다는 새로운 차원을 예견한다.

(1) 하나님께서 새로운 일을 하신다고 묘사하고 있다(사 42:9; 43:19). 또한 새 영을 주실 날을 말한다(겔 11:19, 36:24-28).

(2) 그렇다면 율법의 위치를 어떻게 설명하고 있는가?

예레미야는 옛 언약의 핵심인 율법을 비난하지 않고 그 율법을 지키지 못한 백성들을 꾸짖고 있다. 근본적으로 인간은 하나님의 언약을 지킬 수 없기 때문에 새 언약은 율법을 마음속에 기록하실 것이라는 것이다. **변화된 것은 율법이 아니라 율법이 기록될 인간의 마음이 변하게 된다.**

2. 새 언약에서는 어떤 점이 강조되고 있는가?

(1) 하나님에 관한 보편적 지식(렘 31:34)

(2) 죄의 완전한 소거(렘 31:34*; 겔 36:29, 33*) - 죄의 용서

- 렘 31:31 "여호와의 말씀이니라 보라 날이 이르리니 내가 이스라엘 집과 유다 집에 새 언약을 맺으리라 32 이 언약은 내가 그들의 조상들의 손을 잡고 애굽 땅에서 인도하여 내던 날에 맺은 것과 같지 아니할 것은 내가 그들의 남편이 되었어도 그들이 내 언약을 깨뜨렸음이라 여호와의 말씀이니라."
- 겔 36:29 "내가 너희를 모든 더러운 데에서 구원하고 곡식이 풍성하게 하여 기근이 너희에게 닥치지 아니하게 할 것이며.... 33주 여호와께서 이 같이 말씀하셨느니라 **내가 너희를 모든 죄악에서 정결하게 하는 날에** 성읍들에 사람이 거주하게 하며 황폐한 것이 건축되게 할 것인즉"
- 렘 31:34 "그들이 다시는 각기 이웃과 형제를 가리켜 이르기를 너는 여호와를 알라 하지 아니하리니 이는 작은 자로부터 큰 자까지 다 나를 알기 때문이라 내가 그들의 악행을 사하고 다시는 그 죄를 기억하지 아니하리라 여호와의 말씀이니라."
- 겔 36:26-27 **새 영을 너희 속에 두고 새 마음을 너희에게 주되** 너희 육신에서 굳은 마음을 제하고 부드러운 마음을 줄 것이며 또 내 신을 너희 속에 두어 너희로 내 율례를 행하게 하리니 너희가 내 규례를 행할 지니라"

식후에 또한 그와 같이 잔을 가지시고 이르시되
이 잔은 내 피로 세운(ἐν τῷ ἐμῷ αἵματι) 새 언약(ἡ καινὴ διαθήκη)이니
이것을 행하여 마실 때마다 나를 기념하라 하셨으니(고전 11:25)

▲ 성만찬에 참여하여 하나님과 교제하는 자들은 새 언약의 축복을 현재 이미 경험하고 있는 것이다.

새언약의 성취를 경험하면서 마음속에 새겨진 하나님의 율법을 가지고 있다(고후 3:36-38).

충만한 사죄가 새 언약과 더불어 임한다. 이러한 용서는 새 언약에 기초한다(렘 31:34). 모든 죄가 용서함을 받기 때문에 언약의 복을 경험할 수 있다.

(3) 마음의 내적 변화(렘 31:33; 겔 36:26)

새 언약은 마음을 새롭게 할 것이다. 새 마음을 주신다는 것과 하나님의 영을 소유하게 된다는 것은 주님께서 이 새 언약의 시대에 성취하고 계시는 영광스러운 약속이다.

(4) 하나님과의 친밀한 관계(렘 31:34상; 겔 36:27 - 하나님의 성령을 세계적으로 소유, 욜 2:32이하)

(5) 자연의 세계적인 평화와 군사 무기의 부재(사 2:4; 호 2:18; 겔 34:25, 37:26)

(6) 세계적인 물질 번영(사 61:8; 호 2:22; 렘 32:41; 겔 26-27)

(7) 이스라엘 가운데 지성소의 연속(겔 37:26, 28 - 화평의 언약을 세워서...)

▲ 무엇보다 새 언약이 강조하고 있는 것은 새 언약의 확고불변성이다. 이전의 언약들과는 달리 새 언약은 파기될 수 없다는 것이다. 그러므로 새 언약은 하나님께서 족장들과 이스라엘과 다윗 왕조와 수립하셨던 언약들의 최고조의 성취이다. 새 언약 안에서 그 궁극적인 성취를 이룬다. 또한 영원한 것이다.

그리스도 안에 주어진 의와 성령의 통치

1. 새 언약은 이전의 백성과 세운 언약들의 모든 약속의 성취이다.

(1) 모세 언약 밑에서 실현되지 못했던 하나님의 율법 순종은 새 언약의 규정 밑에서 완전한 성취를 보게될 것이다(렘 31:33). 다윗은 이스라엘 위에 왕이 될 것이며, 그 나라는 모세 언약의 법에 따라 준행할 것이다(겔 37:24-25). 또한 하나님의 성령은 인간의 마음에서 역사하게 된다.

(2) 새 언약은 영원성을 지닌다. 더 이상 새로운 언약을 필요로 하지 않는다. 아브라함의 언약(창 17:7), 모세 언약(출 40:11, 레 16:34), 다윗 언약(삼하 7:13, 16)도 영원한 것으로 특징지어졌으나, 새 언약의 영원한 성격은 종말론적인 차원을 나타내고 있다.

언약에 대한 간단한 요약 정리는 동교재, 사무엘하 7장을 참고해 보세요.

2. 새 언약의 약속들이 과연 우리에게 주신 약속들인가?

(1) 신약의 증거에 따르면, 새 언약은 예수의 희생적인 죽음으로 성취되었다. 예수님은 자신의 죽음을 새 언약의 개시(開始)로 이해하셨다(고전 11:25; 눅 22:20).

> 이 잔은(τὸ ποτήριον) 내 피로 세우는(ἐν τῷ αἵματί μου)
> **새 언약**(*the* new testament, ἡ καινὴ διαθήκη)이니
> 곧 너희를 위하여 붓는 것이라(눅 22:20).
>
> 식후에 또한 그와 같이 잔을 가지시고 이르시되
> 이 잔은 내 피로 세운(ἐν τῷ ἐμῷ αἵματι) **새 언약**(ἡ καινὴ διαθήκη)이니
> 이것을 행하여 마실 때마다 나를 기념하라 하셨으니(고전 11:25)

(2) 복음서에서는(특히 마태복음) 예수님을 구약의 언약적 약속들의 정점(頂點)으로 이해한다.

3. 새 언약은 그리스도 안에 주어진 의와 성령의 통치이다(고전 3:16*).

(1) 이 새 언약은 십자가상의 피흘리심에 기초하며, 그 안에서 회중이 성만찬에 참여하게 된다(고전 11:25, "식후에 또한 그와 같이 잔을 가지시고 이르시되 이 잔은 내 피로 세운 새 언약이니 이것을 행하여 마실 때마다 나를 기념하라 하셨으니")

(2) 구약의 하나님의 백성들이 가지는 특권들이 영적 의미에서 교회로 전수되고

• 고전 3:16 "너희는 너희가 하나님의 성전인 것과 하나님의 성령이 너희 안에 계시는 것을 알지 못하느냐."

있다(고후 6:16이하). 이스라엘의 특권이었던 하나님께의 예배도(롬 9:4), 이제 영적 예배로써 드려진다(롬 12:1).

4. 신약에서 예수님을 어떻게 소개하고 있는가? 그 약속들이 이 시대에 어떻게 성취되고 있는가?[1]

(1) 예수님을 통해 아브라함에게 주어졌던 약속들이 궁극적으로 성취되었다.[2]

(2) 예수님이 모세오경에서 예시된 분이 바로 그 사람이며 그분 안에서 의무조항들이 성취되고 초월되었다.[3]

(3) 하나님의 백성의 목자가 되심[4]

(4) 다윗 왕조의 후손[5]

(5) 그분을 통해 모든 민족들에 구원이 임하게 될 남은 자, 곧 참 이스라엘이시다.[6]

(6) 그분 안에서 정결하게 하심과 용서와 같은 '새 언약'의 축복들을 체험하게 될 것이다.[7]

새 언약 안에서 '하나님의 백성'이란 개념

1. 새 언약이라는 용어 속에서도 하나님의 백성에 대한 정의가 드러난다. "아브라함의 자손"에 대한 정의가 여러 가지로 표현되어 있다. 유대인의 개념 수정과 더불어 하나님의 백성의 본질에 대한 정의를 말하고 있다(리델보스, 바울신학).

(1) 율법에 속한 자뿐 아니라 아브라함의 믿음에 속한 자들도 하나님의 백성이다(롬 4:16). 그리스도께 속한 자는 아브라함의 자손이요, 약속대로 유업을 이을 자(갈 3:29)이다.[8]

> 그러므로 상속자가 되는 그것이
> 은혜에 속하기 위하여 '믿음으로 되나니'(ἐκ πίστεως)
> 이는 그 약속을 그 모든 후손에게 굳게 하려 하심이라
> 율법에 속한 자에게뿐만 아니라
> 아브라함의 믿음에 속한 자에게도 그러하니(καὶ τῷ ἐκ πίστεως Ἀβραάμ)
> 아브라함은 우리 모든 사람의 조상이라(롬 4:16)

(2) 표면적 유대인이 유대인이 아니요... 할례는 의문에할지니라(롬 2:28, 29).

1) IVP 성경신학사전, 언약 (2004), 871-872.

2) 마 1:1, 17, 3:9, 8:11-12; 눅 1:55, 72-73; 요 8:31-59

3) 마 3:15, 15:17-48, 9:16-17, 11:28-30.

4) 마 2:6, 9:36, 15:29-39 - 참고 겔34:11-16; 요10:1-16)

5) 마 1:1, 3:17 - 참조 시 2:7; 마 4:15-16, 참조 사 9:12; 마 15:12, 16:16, 21:5, 22:41-45; 눅 1:69-70.

6) 마 2:15, 4:1-11, 5:13-16, 8:11, 12:18-21, 13:47, 21:42-44, 24:14, 25:31-34, 28:19; 눅 21:14, 32

7) 마 1:21, 8:1-4, 17, 9:1-8, 11:2-5.

8) 아브라함의 자손의 개념(갈 3:16) - "약속으로 난" 자녀를 의미한다.

(1) 아브라함의 참된 후손(The Seed)이 되게 하는 요인이 무엇인가를 설명하고 있다. 어떤 생물학적 후손이거나 인간의 행위가 아니라 바로 하나님의 생기 있는 능력에 의해서 태어난 자가 참된 후손이다.

유대주의에서도 이스라엘에 대한 개념 수정이 엿보인다. 바울에게 있어서는 그리스도에 대한 믿음과 그의 은총의 선물을 중요시 하고 있다. 아브라함의 자연적 후손은 더 이상 하나님의 백성이 되는 것에 결정적인 요소가 되지 못한다는 것이다.

(3) 바울은 교회를 하나님의 백성이자 새로운 이스라엘로 보는 그의 영적 보편적 교회를 말하고 있다(고전 11:25; 고후 3:6이하 참조). 할례의 유무가 하나님의 백성이 되는 것에 영향을 끼치지 못한다(엡 2:11* 참조).

• 엡 2:11 "그러므로 생각하라 너희는 그 때에 육체로는 이방인이요 손으로 육체에 행한 할례를 받은 무리라 칭하는 자들로부터 할례를 받지 않은 무리라 칭함을 받는 자들이라."

2. 새 언약에 나타난 하나님의 백성들을 어떻게 부르고 있나 ?

• 하나님의 아들들이 되는 것 (롬 8:14이하; 엡 1:5)
• 약속대로 유업을 이을 자 (갈 3:29, 4:7)
• 아브라함에게 약속된 유업에 참여하는 것 (롬 8:17; 갈 4:13; 골 1:2)
• 하나님의 나라를 유업으로 받을 자 (고전 6:9,10, 15:50; 갈 5:21)
• 이런 이유로 교회는 하나님의 영광을 바라고 즐거워한다(롬 5:2, 8:21; 고후 3:7이하; 빌 3:19).

(1) 다시 말하면 하나님의 백성으로서 이스라엘의 매우 다채로운 명칭들은 이제 그리스도 안에서 나타난 구원이 새로운 배경 안에서 모두 기독교회에 적용된다. 그리스도에게로 돌아오기 전 이방인들의 비참함을 말해보라(엡 2:1, 12).

(2) 그러나 이제는 더 이상 "외인(外人)도 나그네도 아니다. 성도들과 동일한 시민이요, 하나님의 권속"이 되었다(엡 2:19). 이스라엘이 한때 하나님의 특별한 소유였듯이(출 19:5), 이제 유대인이든 이방인이든 그 모든 지체 가운데 교회는 하나님의 소유된 백성들이다(엡 1:4; 딛 2:14).

3. 아브라함의 자손과 하나님의 백성이라는 개념은 구원의 보편화와 더불어 하나님의 백성으로서의 교회의 보편화를 의미한다.

(1) 국가적, 사회적, 종족적 혹은 다른 인류학상의 선행조건들에 구애되지 아니한다(갈 3:28; 골 3:11).

(2) 엡 3:2이하를 보라. - 이방인들이 약속에 참여했다. 이것이 비밀이었다. 전에 멀리 있던 자들이었다(엡 2:12, 2:19). 그리고 이들은 하나님의 건물 안에 세우

심을 입고 성령 안에서 하나님의 거하실 처소가 되기 위하여 함께 지어져 가고 있다(엡 2:22).

(3) 이렇게 이방인에게 주어진 하나님의 은혜(엡 3:2)는 지나간 세대에는 알려지지 않았던 것이었다. 하나님의 의를 받는 데에는 차별이 없다고 말한다(롬 3:22, 10:12).[1] 하나님은 오직 한 분뿐이시며 이스라엘에게 자신을 계시하신 그 분 외에는 신은 없다는 것이다. 이 하나님은 바로 이방인들의 하나님도 되신다는 것이다.

(4) 이미 구약에서도 구원의 보편성에 대해 선지자들의 선포가 있었다고 말한다(롬 9:25, 26). 따라서 "그리스도께 속한" 자들은 아브라함의 자손이며, 약속의 유업을 받은 자들이다(갈 3:29). 그러면서도 이방인의 자만심을 경고하고 있다(롬 11:17이하).

4. 이 새로운 언약 속에는 하나님의 백성을 언급하고 있지만, 유기에 대한 사상도 언급되고 있다 – "화가 있으리로다"

(1) 고래로부터 이스라엘의 모든 사람들을 다 포괄하면서 적용되었던 개념들이 이제는 믿음으로 복음을 영접하고, 그리하여 하나님 나라를 상속하게 될 자들의 공동체를 지칭하는 배타적인 의미로 사용되었다. 12제자는 하나님의 새 백성을 대표하고 있음을 본다(마 19:28; 눅 22:30).

(2) 결혼 잔치 비유(마 22:2-10), 저녁 식사 비유(눅 14:16-24)에서도 하나님 나라를 상속하게 될 자들 속에 이방인까지도 포함됨을 알 수 있다. 처음에 초대받은 사람들(유대인)은 그 초청에 온갖 핑계를 대고 귀를 기울이지 아니했다. 그래도, 그 주인은 그 결혼 잔치를 그대로 진행한다. 세례요한, 이 돌들로도 아브라함의 자손이 되게 할 것이라고 했다(마 3:10).

(3) 눅 14:23 "사람을 강권하여 데려다가 내 집을(백성의 공동체) 채우라." 구원 계획은 이스라엘이 (잔치 참여를) 꺼려함에도 불구하고 수행되고야 만다는 사실을 가리킨다.

5. 마 26:28, 막 14:24, 눅 22:20을 자세히 읽어보자.

"이것은 죄사함을 얻게 하려고 많은 사람을 위하여 흘리는 바 나의 피, 곧 새

1) 이 복음은 모든 믿는 자들에게 구원을 주시는 하나님의 능력이니(롬 1:16). 하나님은 진실로 이방인의 하나님도 되신다(롬 3:29).

이러한 변화는 이미 구약 성경에 있음을 본다(렘 31장). 즉, 하나님의 백성에 가담하게 된다(=하나님의 언약 관계 내에 들어간다)는 것은 생득적으로 얻게 되는 외적인 결속에 의하여 이루어지는 것이 아니라, 이 모든 범주들은 단지 하나님께서 선택하신 그의 참되고, 신실한 백성들에게만 적용된다.

언약의 피니라"

(1) 예수님의 전 메시아적 활동을 언약의 관점에 조망하고 있음을 본다(렘 31:24). "저녁 먹은 후에 잔도 그와 같이 하여 이르시되 이 잔은 내 피로 세우는 새 언약이니 곧 너희를 위하여 붓는 것이라"(눅 22:20).

(2) 그는 새 언약의 중보이시다. 그 피는 새 언약의 피로서 많은 사람들의 죄를 용서하기 위하여 흘려 새롭고 영원한 언약을 가능하게 한다. "많은 사람을 위해 피를 흘리신다" / "모든"이라는 말이 아니라 렘 31장에 따라 ① 예수 안에서 ② 그로 말미암아 죄사함을 받고 새언약의 구원에 참여할 수 있게 된 자들을 의미한다. (복음을 받아들인 자)

신약 속에 아브라함의 언약[1)]

1. 바울은 이방인 그리스도인들에게, 그들이 어떻게 합법적인 아브라함의 자손일 수 있는가를 알려주려 했다(롬 4장, 창 15:6).

(1) 누가 아브라함의 후손이라고 말하는가? (롬 4:16)
유대인이든 이방인이든 상관없이 모든 믿는 자들의 '조상'이라고 말한다(롬 4:18). 그래서 갈 3:7에서 "믿음으로 말미암은 자들은 아브라함의 자손"(οἱ ἐκ πίστεως, οὗτοι υἱοί εἰσιν Ἀβραάμ.)이라고 했다.

(2) 그리스도는 다윗 계열의 왕이시다(마 1장). 예수님이 다윗 계통의 왕이시라는 것은 단순히 그분이 다윗 가문에 속하셨다는 것보다 더 큰 의미를 갖고 있다. 그리스도는 단순히 다윗을 계승한 왕이 아니라 '다윗 같은' 왕이시기 때문이다.[2)]

(3) 예수님이 오셔서 다스리실 왕국, 그 왕국은 이 세상에 속하지 않는 왕국이다(요 18:36). 그 왕국의 원리는 불신자들의 기준과는 다르다. 흥망성쇠하는 지상의 정치적 왕국이 아니다. 이스라엘 왕국과 다윗이나 솔로몬의 한정된 왕직(kingship)에서 존재하던 시간적 공간적 그리고 민족적 한계선이 그리스도 왕국 안에서 활짝 열린다. 예수님께서는 그 왕국을 '하나님의 나라(왕국)' 또는 '하늘 나라(왕국)'라고 불렀다.

1) 존 징컨트, 성경과 하나님의 언약, 여수룬, 109-121면.

2) 다윗은 어떤 왕이었나? 다윗은 그 마음이 '하나님의 마음을 닮은' 왕이었다(왕상 11:4, 15:3). 그러므로 그리스도는 다윗을 본받은 왕이 아니시다. 이와는 반대로 그리스도를 본받아서 다스린 왕이 바로 다윗이다.

◀ 이렇게 아브라함을 불러내어 그에게 주신 약속은 자손, 땅, 그리고 땅의 모든 민족의 축복으로 되어 있다. 이 약속의 각 요소는 앞으로 성경 역사와 예언의 깊은 의미를 가져다 준다. 이 언약들은 앞으로 발전되면서 그 강조점이 더욱 영적인 것으로 바뀌어간다. 이 3중 약속은 신약에 와서 어떻게 발전되어 갔을까?

신약에 들어와
① 축복은 복음(갈 3장)으로,
② 땅은 하늘 나라에 속한 나라로(히 11:13-16),
③ 그리고 그 왕국은 이 세상에 속한 것이 아니며(요 18:36-37)
그 씨는 그리스도에 속한 모든 이들을 포함하는(갈 3:28-29) 모습으로 발전하게 된다.

• 마 40 "그런즉 가라지를 거두어 불에 사르는 것 같이 세상 끝에도 그러하리라 41 인자가 그 천사들을 보내리니 그들이 그 나라에서 모든 넘어지게 하는 것과 또 불법을 행하는 자들을 거두어 내어 42풀무 불에 던져 넣으리니 거기서 울며 이를 갈게 되리라 43**그 때에 의인들은 자기 아버지 나라에서 해와 같이 빛나리라** 귀 있는 자는 들으라."

2. 예수님의 비유들 속에서 나타난 왕국의 성격

(1) 물론, 그 나라는 이 세상 나라와 공존하는 동안 그다지 다르게 보이지 않을 수도 있다(마 13:24-30, 47-50). 그렇지만 그 왕국의 시민들과 이 나라 백성들간에는 분명한 구분이 있게 될 것이다(마 13:40-43*).

(2) 왕국은 빠르게 성장한다(마 13:31, 32). 그리고 모든 사회에 퍼져 나가며(마 13:38) 그 왕국은 그 백성들에게 높은 수준의 도덕적 삶을 요구하신다.

(3) 그 나라는 신분에 따르는 권력의 개념이 없다. 우리는 있는 힘을 다해 이 왕국을 차지해야 하는 일이 인생의 가장 중요한 일이다(마 13:44-46, 22:2-14).

(4) '왕'의 개념에 시공간의 제약이 없는 것처럼 '왕국' 개념도 마찬가지다. 백성들 가운데 임하기 시작한 왕국, 예수님은 이 왕국에서 예배 장소의 제한을 없애 버렸다. 하나님의 신정정치(神政政治)의 장소가 이스라엘에서 우주적인 하나님의 왕국(또는 하늘)으로 옮겨졌기 때문이다. 사마리아 여인에게 하신 말씀(요 4장)에서도 새로운 왕국 개념이 잘 나타나 있다.

3. 그 나라는 어떻게 임하는가?

(1) 세례요한은 천국이 가까웠다고 선포했다(마 3:2, 4:17; 눅 10:9, 11).

(2) 하나님 나라가 너희에게 임하였느니라(눅 11:20; 마 12:28). 그 나라가 임한 장소를 말씀한 것이 아니라 그 사람들이 목격한 권능을 선포한 것이었다.[1)]

(3) 예수님의 왕국은 어느 특정한 지역을 가리키는 것이 아니다. 예루살렘이나 팔레스틴 전 지역이 왕국일 수 없다. 왕국과 동일시 될 수가 없다. 만일 동일시된다면 왕으로서의 예수님의 다스리심은 로마에는 미치지 못할 것이다.

(4) 하나님의 백성이 있는 곳이라면, 어디든지 존재한다. 그리스도 안에서 신자들은 하나님 나라의 백성이 된다. 하나님 나라는 하나님의 백성이

1) 눅 17:20-21 : 하나님의 나라는 너희 안에(가운데) 있느니라(ἡ βασιλεία τοῦ θεοῦ ἐντὸς ὑμῶν ἐστιν.)

존재해야지만 그들의 존재함을 <통해서> 표현될 수 있다.

(5) 아브라람은 그의 후손들에게 '땅'을 약속한다. 즉, 그의 후손들은 유업(기업)으로서 그 땅을 "소유한다"고 표현했다. 그러나 그의 왕국은 단순히 하나의 부동산이 아니다. 아브라함의 자손을 포괄적 의미로 사용한 것 같이 가나안 땅도 포괄적 의미로 생각해야 한다.[1)]

1) 롬 4:13 "아브라함이나 그 후손에게 <세상의 상속자>가 되리라고 하신 언약은 율법으로 말미암은 것이 아니요 오직 믿음의 의로 말미암은 것이니라": 아브라함의 믿음으로 말미암은 유업은 가나안 땅이 아니라 '세상'이라고 언급되었다. 포괄적인 의미인 헬라어 "코스모스"이다.

4. "기업"이란 무엇을 말하는가?

히 9:15

이로 말미암아
그는 새 언약의 중보자시니(διαθήκης καινῆς μεσίτης ἐστίν,)
이는 첫 언약 때에 범한 죄에서 속량하려고 죽으사
부르심을 입은 자로 하여금
영원한 기업(αἰωνίου κληρονομίας)의 약속을 얻게 하려 하심이라

• "영원한 기업" = 믿는 자들이 받는 기업은 곧 "구원"이라고 간추려 말한다. 천사들은 바로 이 구원 얻을 상속자들을 위하여 보내진 것이다(히 1:14).

• 기업(κληρονομία, 클레로노미아) - 상속권, 상속재산, 유산으로 받은 재산

(1) 새 언약에도 아브라함의 언약에 나오는 '기업'이라는 말이 들어 있다. '약속'이라는 말도 자주 등장한다. 여기서 이 기업은 '영원한' 것으로 묘사되어 있다. 그리스도의 대속적 제사로 말미암아 사람이 죄로부터 자유케됨으로써 누리는 복과 관련이 있는 것이다.

(2) 하나님의 나라에서 기업을 얻지 못하는 자는 누구인가? 부도덕하고 우상 숭배하는 백성이다(엡 5:5). 아직은 믿는 자들이 받을 기업의 충만한 경험을 얻지 못했으므로 하나님께서는 **'약속된 성령'으로 인을 치셨다**. 이 성령은 하나님의 소유인 믿는 자들이 구원을 얻을 때까지 그들의 기업의 보증이 되신다(엡 1:13-14).

5. 그 '기업'의 영광의 풍성이 무엇인가?

• 엡 1:18 "(여러분의) 마음의 눈을 밝혀 주셔서 하나님의 부르심에 속한 소망이 무엇이며 성도들에게 베푸시는 하나님의 영광스러운 상속이 얼마나 풍성한지를 여러분이 알게 되기를 바랍니다"(새번역)

1) 가나안 정복 이전 : 그 땅을 기업으로 소유하게 될 것을 내다보았다(창 28:3-4, 유업으로...).

(1) 기업(κληρονομία, 클레로노미아) : 믿는 자들에게 주어진 구원의 복들을 뜻한다. 따라서 믿는 자는 하나님의 기업, 또는 하나님의 소유로 간주된다.[1]

(2) 바울은 '기업'을 어떻게 언급하고 있나? (행 20:32) "지금 내가 여러분을 주와 및 그 은혜의 말씀에 부탁하노니 그 말씀이 여러분을 능히 든든히 세우사 **거룩하게 하심을 입은 모든 자 가운데 기업**(κληρονομίαν)**이 있게 하시리라."**

야고보 : 약 2:5 "내 사랑하는 형제들아 들을지어다 하나님이 세상에 대하여는 가난한 자를 택하사 믿음에 부요하게 하시고 또 자기를 사랑하는 자들에게**<약속하신 나라를 <유업)>으로 받게** 아니하셨느냐"

(3) 베드로는 어떻게 언급하고 있나? (벧전 1:3-4, 3:9)
"우리 주 예수 그리스도의 아버지 하나님을 찬송하리로다 그의 많으신 긍휼대로 **예수 그리스도를 죽은 자 가운데서 부활하게 하심으로 말미암아** 우리를 거듭나게 하사 산 소망이 있게 하시며 [4]**썩지 않고 더럽지 않고 쇠하지 아니하는 '유업'**(=기업, κληρονομίαν)을 잇게 하시나니 곧 너희를 위하여 하늘에 간직하신 것이라"(벧전 1:3, 4)

(4) 이렇게 '약속 = 기업 얻음 = 왕국'의 개념을 함께 연결짓고 있다.

그러므로:

- 신약성경은 아브라함은 모든 믿는 자들의 조상이라고 말한다. (아브라함의 후손 = 모든 믿는 자들)
- 아브라함의 복 = 아브라함의 자손인 예수 그리스도를 믿음으로 말미암아 "아브라함의 자녀"가 되는 것이 복이라고 말한다. 아브라함의 후손이 되는 것 = 아브라함 안에서 복을 받는 것이다.
- 아브라함에게 주어진 그 '땅'의 약속, 즉 가나안의 약속 = 하나님 나라(왕국)와 구원으로 묘사하고 있다.

- 구약에서 가나안을 소유하는 것을 '상속자', '기업을 얻다', '소유'라는 말로 썼다. 이것이 신약에서는 구원과 하나님 나라의 복을 언급하는 표현으로 썼다. 따라서 아브라함의 약속들은 신약의 그리스도인에게 적용되는 것이다.

히브리서에서 언급된 새 언약

1. 히브리서 기자는 예레미야 본문을 두 번이나 인용 언급한다(히 8:8-12, 10:16-17).[1)]

1) 히 7:22, 8:6-10:31, 12:18-24, 13:20 참조)

(1) 저자는 히브리서에서 어떤 점을 강조하고 있나? 언약에 포함된 약속들, 희생제사들, 중재자. 축복, 성속의 우월성을 강조하면서 옛 언약과 새 언약을 대조하고 있다. (IVP 성경신학사전, 언약, 873)

(2) 왜 새 언약이 필요하게 되었다고 말하는가?
옛 언약은 어떤 점에서 불충분했음을 드러내지만, 그렇다고 언약 자체에 문제가 있지 않다. 그것은 어디까지나 그것을 지키지 못한 사람들에게 있다는 것이다. 율법' 은 새 언약의 시대에도 계속해서 하나님의 언약 백성들을 위한 삶의 원리와 기준으로 남는다.

(3) 히브리서에서 강조하는 것은 악하고 선한 것을 대조하는 것이 아니라 선한 것과 그보다 더 선한 것을 대조하는 것이다. 새 언약이 신약 시대에 확실히 개시되었으나 그 궁극적인 종말론적인 실체는 "의가 있는 곳인 '새 하늘과 새 땅'(벧후 3:13)을 기다리고 있다."

2. 오늘날 새 언약의 참가자들은 육체의 부활과 온 우주의 회복 때 그 완성적 성취를 기다리고 있다. 오늘날 성만찬에 참여하여 하나님과 교제하는 자들은 새 언약의 축복을 현재 이미 경험하고 있는 것이다. 우리는 새 언약의 성취를 경험하면서 마음속에 새겨진 하나님의 율법을 가지고 있다. 우리는 새 언약의 공동체의 일원이다. 우리는 하나님의 의해 주어진 성령을 선물로 받아 하나님의 율법에 대해 기쁜 마음으로 순종적인 삶을 살아가야만 한다.

- H. 리델보스, 하나님 나라
- W.A.밴게메렌, 구원계시의 발전사(Ⅱ)
- 죤 징컨드, 성경과 하나님의 언약
- H. 리델보스, 바울신학
- H. 리델보스, 하나님의 나라(새언약)
- S.G.De. 그라프, 약속과 구원
- IVP 성경신학사전, 언약(2004), 870-873.

예루살렘 함락 전의 사건들(34-38장)

유다의 마지막 날들(34-38장), 예루살렘 함락(39장)

• **신명기 27장**은 신명기의 핵심장이라고 할 수 있다. 27장을 읽은 다음에 여호수아 8:30-35을 꼭 읽어보라. 신 27-30장은 언약문서의 결론부이다. 이 부분에는 이스라엘이 하나님의 언약 백성이 되었음을 선언하고 있다. 모세는 이스라엘로 하여금 하나님과의 언약을 갱신하라고 지시하고 있다(신 27:1-10 에발산에 제단을 세워라).

- 신 27:11-26
  에발산과 그리심산에서 언약 갱신
- 신 28:1-14
  순종하면 축복
- 신 28:15-68
  불순종하면 저주
- 신 28:25-41
  전쟁의 참화

1. 유다는 바벨론에 포로로 끌려갈 것이다. 그것은 확정적이라고 선언한다. 그것은 언약의 저주의 절정을 이루는 것이다.

(1) 신명기 27-28장을 읽어보자. 무엇을 말하고 있는가?

신 28장에서는 순종할 때와 불순종할 때 거기에 따라는 축복과 화가 기록되어 있다. 여기서 말하는 주 내용은 이제,

- 이 명령을 순종하면 축복을 받을 것이요,
- 불순종하면 저주를 받을 것이라는 것이다.

(2) 신 28:1-14 - **순종하면** : 말씀에 순종하면 나라 전체가 축복을 받게 될 것이다. 불순종하면 저주가 임할 것이다.

- 만약 순종한다면 상상을 초월한 만한 축복을 받을 것이다. 무엇보다 이스라엘을 세상의 모든 민족 위에 뛰어나게 하실 것이다(신 28:1). 그러나 이와 반대로 불순종으로 오는 저주 역시 그들의 삶의 모든 영역에 적지 않은 파장이 미칠 것임을 보여주고 있다. 물론 이스라엘은 이미 엄청난 축복을 받은 민족이다. 다만 이에 따르는 자발적인 순종이 필요하며, 그러나 순종하는 일이 결코 쉬운 일이 아님을 불순종의 목록을 통해 대비적으로 보여주고 있다.

- 순종하면 받게 될 축복 : 물질의 복, 자손의 번성, 농작물의 풍성한 소출, 우양이 잘되고, 떡반죽 그릇이 복을 받고, 나가도 들어와도 복을 받는다. 물론 전쟁에서도 승리하고(7-10절), 절대로 만민의 머리가 될지언정 꼬리가 되지 아니한다. 이스라엘이 강국이 될 것이다.

(3) 신 28:15-68 - **만일 순종하지 아니하면** :

이스라엘은 지금 저주의 절정에 와 있다. 예루살렘 성은 불타고 성전은 무너질 것이다.

- 그렇다면 위에 언급된 축복의 반대가 될 것이다. 악을 행하여 하나님을 잊은 자에게는 이로 인한 징벌을 내리실 것이다. 폐병, 열병, 상한, 학질, 한재, 풍재, 썩는 재앙 등, 그 외에 전쟁의 참화 등. 무엇보다 이방인의 침략을 당하게 될 것이고 **더욱 나아가서는 이방으로 흩어짐을 당할 것이다.**

(1) 시드기야에게 전한 말씀(34:1-7)
(2) 백성들에게 전한 말씀(34:8-12)
(3) 레갑 족속에 관한 말씀(35:1-19)
(4) 여호야김이 예레미야의 두루마리를 불태움(36:1-32)
(5) 예레미야가 투옥됨(37:1-38:28)

2. 열왕기하 17장, 북 이스라엘의 멸망 사건을 다루고 있다.

(1) 사마리아는 앗수르의 속주(屬州)가 되었고, 앗수르 총독이 그 지역을 통치하기 시작했다. 이미 영토가 많이 축소되어 있었다. 요단 동쪽 길르앗 지구와 북방지역 갈릴리가 모두 점령당하고 있었다(왕하 15:29). 이렇게 성은 함락되었고 백성은 앗수르의 포로로 끌려가게 되었다. 그리고 그곳에 많은 이방 사람들을 이민시켰다(왕하 17:24).

(2) 그렇다면, 북이스라엘은 왜 망했는가? 왕하 17:15-17에 그 이유를 설명하고 있다.[1)]

3. 우리가 살펴보려고 하는 예레미야 34-45장은 열왕기하 17장, 그리고 신명기 27-28장이 요구하는 요지들을 반영하고 있다.

(1) 이스라엘과 유다의 파멸은 갑자기 예고 없이 일어난 일인가? 물론 아니다. 하나님은 많은 선지자들을 보내 이들을 경고하셨다. 유다의 심판은 하나님의 인내와 자비로 연기되곤 했다.

(2) 이제 남 유다는 더 이상, 비켜갈 수 없는 마지막 벼랑끝에 서 있다. 렘 34:1-7에서 예레미야는 차라리 바벨론에게 항복하라고 경고한다. 예레미야는 매국노의 입장에 서 있는 것이 아니라, 차라리 하나님의 징계를 받으라는 것이다. 그렇다면 아주 처참한 비극적인 상황은 피할 것이라고 했다. 예레미야의 충고(경고)는 37:1-10, 16-21, 38:17-28에서 계속된다.

(3) 여호야김 통치 초기, 예레미야는 그의 친구이자, 서기 바룩을 통해 하나님으로부터 받은 계시를 왕과 백성에게 낭독한다. 그러나 왕은 하나님께로부터 받은 계시의 책을 불에 태우는 등, 그의 악행을 계속한다(36:16-19). 예레미야는 항복을 권유했다는 이유로 감옥에 갇힌다(37:11-15, 38:1-6).

(4) 이런 과정에서 예레미야는 혹독한 어려움을 겪는다(37:16-19). 마지막 왕 시드기야는 하나님으로부터 긍정적인 약속을 기대했지만(37:16-21, 38:17-28), 예루살렘 성의 파괴와 불탐, 그리고 자신의 처참한 파멸을 비켜가지는 못했다.

1) 왕하 17:15-17에 그 이유를 설명한다.

① **하나님의 언약 파기** : 이들은 "여호와 보시기에 악을 행하여 그를 격노하게 하였다"고 했다. 북이스라엘의 패망은 곧 땅 상실의 시작을 알려준다(왕하17:21-23). 이스라엘은 패망하여 앗수르로 끌려가는 심판을 받고 사라진다.

② **우상 숭배** : 그렇다고 이스라엘이 여호와를 섬기는 일을 전혀 하지 않았을까? 그렇지 않다. 오직 여호와하나님만을 전적으로 섬기지 못했다. 이들은 여호와도 섬기고 우상도 섬기는 혼합주의로 일관했다. 성경은 이를 배교(背敎)라고 지적하고 있다.

시드기야에게 전한 소식(34:1–7)

- **시드기야에게 전한 소식 (34:1-7)**
- 백성들에게 전한 말씀(34:8-22)
- 레갑 족속에게 전한 말씀 (35:1-19)
- 여호야김이 두루마리를 불태움(36:1-32)
- 예레미야가 투옥됨(37:1-38:28)

"바벨론의 느부갓네살 왕과 그의 모든 군대와 그의 통치하에 있는 땅의 모든 나라와 모든 백성이 예루살렘과 그 모든 성읍을 칠 때에" - 바벨론 제국의 광대함을 겔 26:7; 단 3:2-4을 읽어보라. 이런 나라가 지금 예루살렘을 포위 공격하고 있다. 여기서 살아남을 수 있을까? 예레미야는 시드기야에게 차라리 항복하라고 전한다. 왜?

"바벨론의 느부갓네살 왕과 그의 모든 군대와 그의 통치하에 있는 땅의 모든 나라와 모든 백성이 예루살렘과 그 모든 성읍을 칠 때에" 예레미야에게 임한 말씀이다. 시드기야, 전왕(前王)은 여호야긴이다. 여호야긴은 18세의 나이로 등극했으나 그 역시 여호와 보시기에 악한 일을 했다고 했다. 즉위한 지 3개월 뒤에 바벨론 왕 브부갓네살은 왕 뿐만 아니라 황후, 왕자, 신복 등 나라의 유력한 자들을 끌고갔다. 그리고 여호와긴의 숙부요, 요시야의 아들인 맛다니아(시드기야로 개명)를 왕으로 세웠다(21세에). 그가 어떤 왕인가는 앞에서 이미 언급했다.

1. 하나님은 예레미야에게 시드기야 왕에게 경고의 말씀을 전하라고 명령하신다.

34:2 이스라엘의 하나님 여호와께서 이와 같이 **말씀하시니라**
　/너는 —— **가서 아뢰어 이르기를**
　　　/유다의 시드기야 왕에게
　여호와의 말씀에(=말씀하시기를)
　/보라
　/내가 — 이 성을 바벨론 왕의 손에 **넘기리니**
　/그가 — 이 성을 **불사를 것이라**
3 　/네가 — 그의 손에서 **벗어나지 못하고**
　　//(for, כִּי)
　　반드시 —— 사로잡혀 그의 손에 넘겨져서
　　네 눈은 —— 바벨론 왕의 눈을 볼 것이며
　　그의 입은 – 네 입을 마주 대하여 말할 것이요
　　너는——— 바벨론으로 가리라(=갈 것이기 때문에)

주전 588년 10월 10일에 시드기야의 반역에 대한 징계로 바벨론의 예루살렘 성의 포위가 시작되었다. (시드기야 9년에)

586년(시드기야11년째 해에) 5월, 도성이 불타고 성전이 파괴되었다.

(1) 앞에서도 설명되었듯이 시드기야는 원래 바벨론이 세운 왕이었다. 그러나 반바벨론 파와 친애굽 파의 압력으로 바벨론을 배반하게 되었다(왕하 24:20). 거짓 선지자들은 반드시 하나님이 예루살렘을 지키실 것이고, 바벨론 포로들은 돌아올 것이며, 느부갓네살의 멍에는 두 해가 가기 전에 하나님께서 꺾어버리실 것이라고 했다(렘 28:1-12을 보라). 그는 이 말에 힘을 얻고 느부갓네살을 배반한다.

- 그러나 느부갓네살 군대가 시드기야 9년(588 B.C.)에 유다를 공격해 와서 예루살렘을 포위한다. 이런 기회를 틈 타 에돔은 다시 유다를 공격한다(옵 1:10-14,

애 4:21-22).

(2) 예레미야는 시드기야 왕 앞에 서 하나님의 말씀을 전한다.

여기 "칼에 죽지 아니하고"(4절)라는 말은 시드기야가 바벨론에게 항복하는 조건 하에서 주어진 말씀일 것이다. 평안히 죽을 것이라는 말씀은 예레미야의 조언을 따랐을 때의 일이다.

34:4 그러나(Yet, אַךְ) 유다의 시드기야 왕이여 여호와의 말씀을 **들으라**
여호와께서 네게 대하여 이와 같이 **말씀하시니라**
/네가 — 칼에 죽지 아니하고
5 /[네가] — 평안히 죽을 것이며
/사람이 — 네게 분향하며
/너보다 먼저 있은 네 조상들 곧 선왕들에게
분향하던 것 같이
애통하기를
/너를 위하여
/슬프다 주여 하리니
//이는(for) 내가 말하였음이라(=기 때문에)
/여호와의 말씀이니라 하시니라

네가 예레미야의 조언처럼 순종할 경우에만 평안히 죽을 것이라는 말이다.

• 시드기야는 어떻게 죽었을까?

• 결국 2년 후에 (586 B.C.) 예루살렘은 함락된다. 바벨론의 보복은 너무 가혹했다. 느부갓네살은 시드기야가 보는 앞에서 그의 아들들을 죽이고, 그의 두 눈을 뽑고 결박하여 바벨론으로 끌고가서 죽는 날까지 옥에 가두었다(렘 52:9-11; 왕하 25:6, 7).

(3) 결국, 예레미야의 예언대로 느부갓네살의 징벌군이 예루살렘을 포위했다. 물론 팔레스타인의 여러 동맹국들은 뒤로 물러서고 유다 혼자서 강력한 갈대아 군과 맞서도록 버림을 당하고 말았다.

(4) 자, 이번에는 바벨론 군대가 어떤 식으로 나왔을까? 시드기야는 바벨론이 왕으로 앉혀놓은 장본인이 아닌가. 그런데 배반을 하다니! 물론 바벨론의 보복은 사정이 없었다. 유다의 모든 성읍을 전차로 깔아뭉개듯 박살을 냈다. 그런 가운데도 최후까지 버티다 함락된 성읍이 라기스와 아세가였다(렘 34:7). 라기스에서 많은 유물이 발굴되었다.

(5) 예루살렘 공격은 애굽 군대가 쳐들어온다는 소문에 잠시 주춤했으나 곧 재개되었고, 결국은 그 최후를 맞았다. 포위는 2년간 계속되었고, 식량은 바닥을 드러냈다. 성벽은 금이 갔다. 급해진 시드기야, 그는 호위병들과 함께 여리고 방면 요단 쪽으로 달아났다(왕하 25:3이하).

이후의 내용은 렘 52장에서 상세히 기술된다.[1] 시드기야는 느부갓네살이 주둔해 있는 리블라까지 끌려갔다. 두 아들들은 시드기야의 눈앞에서 처형당했고, 자신은 눈이 뽑히고 쇠사슬에 묶인 채 바벨론으로 끌려간다(왕하 25:3-7; 렘 52:5-11의 설명을 들어보자).

1) 물론 시드기야는 예레미야의 조언을 듣지 않고 끝까지 바벨론에게 대항했다. 왕은 반바벨론파의 강한 압력을 받았을 것이다. 만약 예레미야의 조언을 들어서, 바벨론에게 항복했더라면 - 물론 이 항복은 차라리 하나님의 형벌을 받으라는 것이다. 매를 맞으라는 것이다.

따라서 그의 마지막은 정말 비참하게 끝난다. 그는 호위병과 함께 몰래 성을 탈출했다. 바벨론 군사가 뒤쫓았고, 시드기야는 여리고 근방에서 사로잡혔다. 두 눈도 뽑히고 아들들도 죽었다. 587 B.C. 여름의 일이었다. 한 달 뒤, 성전을 포함해서 성읍들이 불타고, 수많은 포로들이 바벨론으로 끌려갔다. 582년에 다시 더 많은 사람들이 끌려갔다. (그 숫자가 렘 52:28-30에 기록되어 있다)

최후까지 버티다 함락된 라기스와 아세가(34:7)

그 때에 바벨론의 왕의 군대가
예루살렘과 유다의 남은 모든 성읍들을 쳤으니
곧 **라기스**와 **아세가**라 유다의 **견고한 성읍 중에 이것들만 남았음이더라**(7절).

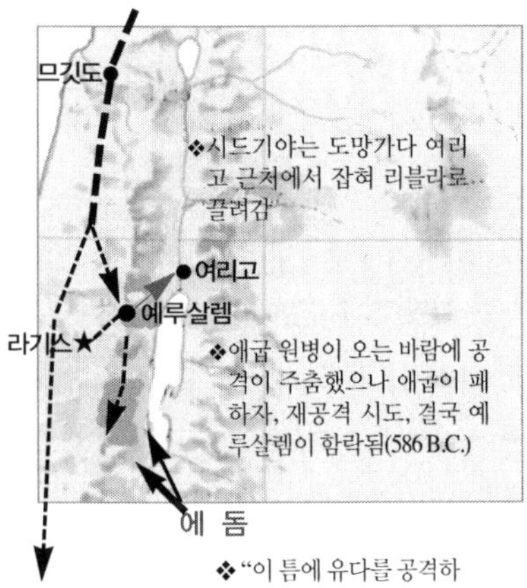

❖ "이 틈에 유다를 공격하자." - 우리는 에돔 군인들 (옵 1:10-14)

❖ 바벨론 군대는 애굽까지 밀고 내려왔다(이 때 애굽은 제26왕조). "애굽놈들 때려주자."

• 라기스(Lachish) : 예루살렘 남서쪽 45 km지점 주전 8세기경 앗수르의 산헤립이 수리아와 팔레스틴을 침공할 때, 파괴된 46개 성읍에 라기스도 포함되어 있다(왕하 18:13). 라기스는 여러 번 폐허가 되었으나 앗수르의 퇴각 후에 더욱 견고하게 축성되었다. 이 라기스는 유다가 바벨론에 멸망되기 전에(587 B.C.) 최후 항전을 벌였던 도시였다. 이곳에서 21개의 패각(貝殼)이 라기스 문에서 발견되었다. 이것들은 바벨론 침공시, 갈수록 약화되어 가는 군사적 상황을 생생하게 제공해준다. 이 증언에 의하면 유다 전역이 황폐화되었다고 증언한다. 관망대에 있는 한 관리가 (아세가의 봉화 신호를 더 이상 볼 수 없다는 것을) 라기스 장관에게 쓴 편지이다. 예레미야는 마지막까지 항전을 벌인 성읍이 라기스와 아세가라고 지적하고 있다(렘 34:6-7). 아세가는 라기스에서 북쪽으로 11마일, 예루살렘에서 18마일에 떨어져 있다.

Lachish Letter 4

여호와 앞에서 맺은 계약을 어기다(34:8-22)

1. 주전 588-587년 사이에 예루살렘은 바벨론에 포위되어 있었다. 그런데 바벨론 군대를 공격하기 위하여 애굽 군대들이 움직였다는 소식이 바벨론의 첩보망에 걸려들었다. 따라서 바벨론은 예루살렘의 포위망을 해제할 수밖에 없었다. 이 일은 유다 백성에게 희망과 동시에 혼란을 유발시키는 동기가 되었다.

(1) 우선 시드기야의 행동이었다. 시드기야 왕은 "예루살렘에 있는 모든 백성과 한 가지로 하나님 앞에서 언약을 맺고 자유를 선포한다"(8절). 어떤 언약인가?

34:9 그 계약은
사람마다 각기 히브리 남녀 노비를 놓아 **자유롭게 하고**
[아무도] 그의 동족 유다인을 종으로 **삼지 못하게 한 것이라**

(2) 시드기야는 히브리 종들을 다 풀어주기로 예루살렘에 살던 모든 백성들에게 언약을 맺었다(8절). 남자나 여자를 가리지 말고 히브리 종을 다 풀어주기로 언약을 맺었다. 아무도 같은 동쪽끼리 종을 삼지 못하게 한 것이다(9절).

(3) "이 계약에 가담한 고관들과 모든 백성이
각기 노비를 자유롭게 하고 다시는 종을 삼지 말라 함을 듣고
순복하여(동의하여) 놓았더니(모두 풀어주었다)"(10절) - 여기까지는 매우 잘한 일이다.

2. 그러나 그 뒤에 이들은 마음을 바꾸었다. 풀어주었던 남종들과 여종들을 다시 데려와 종으로 삼았다(11절).

(1) "그러므로 여호와의 말씀이 여호와께로부터 예레미야에게 임하였다"(12절).
하나님은 이렇게 **말씀하신다.**

내가 너희 선조를 애굽 땅 종의 집에서 인도하여 낼 때에 (언제? - 출애굽 시에)
그들과 언약을 맺으며 **이르기를**(13절)

14 /너희 형제 히브리 사람이 (스스로?) 네게 팔려 왔거든
너희는 칠 년 되는 해에 그를 놓아 줄 것이니라
그가 육 년 동안 너를 섬겼은즉
그를 놓아 자유롭게 할지니라 하였으나

[그들이] ── 너희 선조가 내게 **순종하지 아니하며**
└ **귀를 기울이지도 아니하였느니라**

신명기 15장
- 12 "네 동족 히브리 남자나 히브리 여자가 네게 팔렸다 하자 만일 **여섯 해 동안 너를 섬겼거든 일곱째 해에 너는 그를 놓아 자유롭게 할 것이요**
- 13그를 놓아 자유하게 할 때에는 빈 손으로 가게 하지 말고
- 18그가 여섯 해 동안에 품꾼의 삯의 배나 받을 만큼 너를 섬겼은즉 너는 그를 놓아 자유하게 하기를 어렵게 여기지 말라 그리하면 네 하나님 여호와께서 네 범사에 네게 복을 주시리라."

(2) 남녀 종들은 6년 동안 봉사하고, 제 7년째 해에는 풀어주게 되어 있었다(신 15:12-18, 출 21:1-11). 선조들이 이를 잘 지켰을까? 물론 그렇지 못했다는 것이다. 시드기야는 이 상황에서, 즉 바벨론의 포위망이 풀리자, 큰 결정을 내렸다. 부채로 인해 종이 된 히브리 남녀 종들을 풀어주라는 명령을 내린 것이다.

그러나
너희는 이제 돌이켜 내 눈 앞에 바른 일을 행하여
각기 이웃에게 자유를 선포하되 내 이름으로 일컬음을 받는 집에서
내 앞에서 계약을 맺었거늘(15절)

너희가 돌이켜 내 이름을 더럽히고
각기 놓아 그들의 마음대로 자유롭게 하였던 노비를 끌어다가
→ **다시 너희에게 복종시켜 너희의 노비로 삼았도다**(16절)

"최근에 와서 참 오랫만에 좋은 일을 했다고 생각했는데, 그래서 백성들과 언약까지 맺었는데..., **다시 그들을 데려다가 종으로 부려먹다니**, 너희가 나의 이름에 먹칠을 하였구나."

3. 그렇다면, 왜 갑자기 이런 행동을 했을까? 물론 이는 속이 보이는 망령된 행동이었다.

(1) 예루살렘이 바벨론의 느부갓네살의 포위망 속에 있었을 때, 종들을 소유했던 귀족들은 어떤 태도를 취했을까? 그런 상황에서 오히려 남녀 종들이 귀찮았을 것이다.[1] 포위 속에 갇혀 있는 예루살렘 주민은 공포로 떨어야 했고, 식량도 바닥을 보이고 있다. 바벨론 군인들은 예루살렘을 무너뜨리려 흙언덕을 만들고 있다. 결국 귀족들이 남녀 종들을 풀어준 것은 진정한 인도주의적 관심을 갖고 풀어준 것이 아니었다. 식량이 바닥을 드러냈는데, 종들까지 먹여살리고 보호한다는 것은 너무 벅찬 일이라고 생각했던 것이다.

(2) 그런데 바벨론의 포위망이 해제되었다. 아, 이제는 모든 고생이 끝났구나 하고 안도감을 가졌을 것이다. (거짓) 선지자들의 예언이 맞았구나! 예루살렘은 망하지 않는구나. 새로운 희망을 가졌을까? 이들 귀족들은 다시 옛날로 돌아갔다. 그들이 잠시 풀어주었던 종들(노예들)을 다시 불러들였다. 이는 하나님의 이름에 먹칠을 하는 행동이었다(16절, "너희가 뜻을 돌이켜, 나의 이름을 더럽히고[2]", Yet you turned and profaned My name).

(3) 이 사건에서 백성들의 사악함이 여실히 드러났다. 진정으로 회개하는 모습은 보이지 않는다. 당장 살려달라고 부르짖다가도 상황만 바뀌면 언제든지 하나님을 떠날 수 있다는 것이 확인되는 사건이었다. 그들은 하나님의 약속에는 전혀 개의치 않았다. 백성들은 이런 극단적인 상황에서 하나님의 징계를 감내(堪耐)해야만 했다. 그러나 조금의 노력도 하지 않았다. 다시 옛날로 돌아선 것이다. 그 짧은 시간에 말이다. 그들은 하나님과의 언약을 무의미한 말로, 공허한 말로 흘려보냈다. 하나님은 이제 이들의 관심에서 다시 사라졌다. 하나님의 도움은 이제 필요없다고 옛날로 다시 돌아가 버린 것이다. 구원 받을 수 있는 길을 백성들 스스로가 걷어차 버렸다. 하나님께서 그들을 지킬 능력이나 의향이 없어서가 아니라 그들 스스로가 멸망의 길을 자초한 것이다.

내가 그들에게 명령하여
이 성읍에 다시 오게 하리니(34:22)

1. "그러므로(לָכֵן) 여호와께서 이와 같이 말씀하시니라"(17절상).

그러므로(Therefore), 즉
너희가 나에게 **순종하지 아니하고**(לֹא־שְׁמַעְתֶּם אֵלַי)
각기 형제와 이웃에게 자유를 선포한 것을 **실행하지 아니하였은즉**

1) 왜 백성들이 귀족들의 종이 되었을까? 대체로 채무 관계 때문이다. 채무로 인해 자기 동족을 노예로 소유하는 것은 최장 기간이 7년이다. 6년 동안 일하고 7년 째 되는 해에 돌려보내야 한다 그러므로 종들을 영구적으로 소유하는 것은 신명기 율법의 위반이다(신 15:12-18, 출 21:1-11).

2) 더럽히고 - 훼손되었다. (and profaned וַתְּחַלְּלוּ) 할랄(חָלַל)의 피엘 동사 와우 계속 / 더럽히다, 모독하다.

'더럽히다'라는 말 '할랄'은 확립된 하나님의 율법에 반역하는 행위를 가리킨다(습 3:4). 언약이나(시 89:31), 하나님의 법령을 파괴하는 행위를 나타나는데 사용되었다. 하나님은 자신의 이름이 백성들에 의해 더럽혀지지 않기를 원하신다(겔 39:7). 안식일이나(출 31:14; 겔 20:13, 16, 21), 하나님의 이름이(레 18:21) 훼손되었다고 말한다.

"너희는 각기 형제와 이웃에게 자유를 선포하라는 명령을 지키지 않았다. 그렇다면 나도 너희를 풀어놓아 너희가 전쟁과 전염병과 기근으로 죽게 할 것이다"

내가 ── 너희를 대적하여(קָרָא) 카라(קָרָא) 칼 분사 // 선언하다. proclaiming
└ 칼과 전염병과 기근에게 자유(דְּרוֹר)를 주리라
여호와의 말씀이니라
내가 ── 너희를 세계 여러 나라 가운데에 흩어지게 할 것이며

너희는 형제와 이웃에게 자유를 선언하라는 나의 명령을 듣지 않았다. 그러므로 보아라. "나도 너희에게 자유를 선포한다." (여기서는 '너희를 대적하여'라고 번역했다. 그런데 이 자유는 칼과 전염병과 기근으로 죽는 자유이다.)

2. 하나님의 응답은 무섭기만 하다(34:17-21)

(1) "칼과 전염병과 기근에게 자유(דְּרוֹר)[1]를 주리라." 앞에서 본 것처럼 시드기야는 백성들과 언약하여 종(노예)들에게 '자유'를 선포했다. 그러나 바벨론의 포위망이 해제되었을 때, 사람들은 마음을 바꾸었다(11절). 이들의 위선 때문에 하나님은 이번에는 "칼과 전염병과 기근에게" '자유'를 주셨다는 것이다. 이는 백성을 세계 여러 나라 가운데 흩으셔서 칼과 전염병과 기근으로 죽게 하실 것이라는 것이다.

1) 데로르(자유, 해방) 이 단어는 매 50년마다의 희년에 히브리 노예의 해방과 소유권의 회복을 언급하는 전문적인 용어이다(레 25:10 참조).

(2) 하나님은 이제 이스라엘을 원수의 손에 넘겨서 죽게 하실 것이라고 선포하신다. 누구에게? "예루살렘에서 물러난 바벨론 왕의 군대에게" - 이제 이 성은 바벨론 군대에게 완전히 불타고, 거기에 사는 주민들도 없어질 것이다(22절*).

렘 34:22 "여호와의 말씀이니라 보라 내가 그들에게 명령하여 이 성읍에 다시 오게 하리니 그들이 이 성을 쳐서 빼앗아 불사를 것이라 **내가 유다의 성읍들을 주민이 없어 처참한 황무지가 되게 하리라.**"

(3) 이들 왕과 백성들이 하나님 앞에 언약을 세웠다는 것은 단순히 공허한 말 장난에 그친 것이 아니다. 이 언약을 체결한다는 것은 둘로 쪼개진 송아지처럼 목숨을 담보로 하는 예식이었다(창 15:7이하를 연상한다). 그러나 그들은 하나님의 언약을 어겼다.

2) 관사 + 칼 분사, 남성 복수. 아바르(עָבַר) - 지나가다, 사라지다, 소멸하다.

34:18 내 계약(My covenant, אֶת־בְּרִתִי)을 '어긴(=범한) 그들을'(הָעֹבְרִים)[2]

송아지를 둘로 쪼개고 그 두 조각 사이로 지나매
내 앞에 언약을 맺었으나
그 말을 실행하지 아니하여(아니한 사람들)

계약을 어긴 사람들은 누구인가?

↳ 곧 송아지 두 조각 사이로 지난 유다 고관들과
예루살렘 고관들과 내시들과 제사장들과 **이 땅 모든 백성들이다**

결국, 둘로 쪼갠 송아지의 운명과 같이 될 것이다. 언약을 어겼기 때문이다.

↳ 20 내가 그들의 원수의 손과 그들의 생명을 찾는 자의 손에 넘기리니 그들의 시체가 **공중의 새와 땅의 짐승의 먹이가 될 것이며**

레갑 족속을 통한 유다의 불신앙을 고발(35:1–19)

- 시드기야에게 전한 소식(34:1-7)
- 백성들에게 전한 말씀(34:8-22)
- **레갑 족속에게 전한 말씀(35:1-19)**
- 여호야김이 두루마리를 불태움(36:1-32)
- 예레미야가 투옥됨(37:1-38:28)

34장에 이어 35장에서도 예레미야는 레갑 족속을 통하여 유다가 얼마나 불신앙적이고 불경건했는가를 증언하고 있다. 예레미야는 레갑 족속을 백성이 배워야 할 대상으로 여겼다. 레갑 족속들은 그들이 조상으로부터 이어받은 생활 양식과 전승들을 초지일관 지켜낸 작은 공동체였다. 이들은 조상의 전통과 유전(遺傳)을 지키려는 충성심이 대단하였다. 이들에 비해 언약의 상속자들이라고 자처하는 이스라엘의 왕과 지도자들, 그리고 백성들은 얼마나 불신앙적인가!

1. 이 말씀은 언제 주어진 말씀인가? (35:1)

35:2 너는 ── 레갑 사람들의 집에 **가서** 그들에게 **말하고**
　　　　├ 그들을 여호와의 집 한 방으로 **데려다가**
　　　　└ 포도주를 **마시게 하라(הִשְׁקִיתָ)**[1]

1) 솨카(שָׁקָה)의 히필 동사 완료 / 마시다, 물을 주다, 물을 대다.

(1) 하나님의 명령을 받고 이들을 성전으로 초청하였다. 누가 왔을까?
"이에 내가 하바시냐의 손자요 예레미야의 아들인 **야아사냐**와 **그의 형제와 그의 모든 아들과 모든 레갑 사람들**을 **데리고**" 성전으로 왔다.

여호와의 집에 **이르러**
익다랴의 아들 하나님의 사람 하난의 아들들의 방에 (**들였는데**)

방은 고관들의 방 곁이요
문을 지키는 살룸의 아들 마아세야의 방 위더라

- 왕하 10:15 "예후가 거기에서 떠나가다가 자기를 맞이하러 오는 **레갑의 아들 여호나답을 만난지라** 그의 안부를 묻고 그에게 이르되 내 마음이 네 마음을 향하여 진실함과 같이 네 마음도 진실하냐 하니 여호나답이 대답하되 그러하니이다 이르되 그러면 나와 손을 잡자 하니 손을 잡으니 예후가 끌어 병거에 올리며."

(2) 이들 족속은 언제 예루살렘 성에 들어와 살게 되었는가? (11절)

35:11 바벨론의 느부갓네살 왕이 이 땅에 올라왔을 때에(언제?)
우리가 **말하기를**
/'갈대아인의 군대와 수리아인의 군대를 피하여
예루살렘으로 가자' 하고
우리가 ── 예루살렘에 **살았노라** (=살게 되었습니다)

물론 성내에 들어와서도 텐트를 치고 살았을 것이다.

2. 레갑 족속은 어떤 공동체였는가?

2) 예후의 혁명을 도와 바알종교 궤멸에 함께 했다.

(1) 레갑(רֵכָב)은 함맛의 후손이며, 여호나답의 아버지로서, 레갑 족속의 창시자이다(왕하 10:15*).[2] "레갑은 이스라엘 사람과 함께 팔레스틴에 온 겐 족속 중 하

▶ 요세푸스(Josephus)에 의하면, 예후와 여호나답은 친구였다고 한다. 어쨌든 여호나답은 아합 가문의 바알 숭배에 크게 염증을 내고 있었을 것이다. 레갑 자손들은 철저한 여호와 숭배자들이었기에 거사를 일으킨 예후의 혁명을 크게 환영했을 것이다.

나이다(대상 2:55). 왕국 분열 때 레갑은 그 백성의 배교와 도덕적 타락의 원인이 팔레스틴 문화 때문이라 하여 그의 아들들에게 명하여 옛 유목 생활의 순수성을 되찾게 하였다. 이 운동은 엘리야와 엘리사 시대에 발생하였던 종교부흥의 상황 속에서 일어났다."

왕하 10:23 "**예후가 레갑의 아들 여호나답과 더불어 바알의 신당에 들어가서 바알을 섬기는 자들에게 이르되** 너희는 살펴보아 바알을 섬기는 자들만 여기 있게 하고 여호와의 종은 하나도 여기 너희 중에 있지 못하게 하라 하고,"

26 바알의 신당 있는 성으로 가서 바알의 신당에서 목상들을 가져다가 불사르고

27 바알의 목상을 헐며 바알의 신당을 헐어서 변소를 만들었더니 오늘까지 이르니라

요나답(여호나답)이 후손들에게 명령한 내용

레갑의 아들 우리 선조 요나답이 우리에게 명령하여 **이르기를**
/ 너희와 너희 자손은 영원히 포도주를 마시지 말며
7 너희가 집도 짓지 말며
파종도 하지 말며
포도원을 소유하지도 말고
너희는 평생 동안 장막에 살아라
그리하면
너희가 머물러 사는 땅에서 **너희 생명이 길리라** 하였으므로

▲ 이들은 아합의 통치하에서의 사치와 방종에 거역하고 대항했다. 요나답은 그의 후손들에게 검소하게 살 것을 명령했다. 이들은 선조의 명령에 따라 일생 동안 장막에 거했다. 이들은 도시에서 정착하는 것을 타락한 삶으로 간주했다. 바알신은 정착신이요, 하나님은 광야/유목민의 신이라는 것이다. 그들은 250년 동안 신실하게 그들의 규칙을 준수하였으나, 607년에 느부갓네살이 유다를 침공하였을 때 그들의 장막이 철거되었다고 한다.

<바이블렉스>

3. 예레미야는 하나님의 명령을 받아 이런 레갑 사람들을 성전으로 초청했다.

35:5 내가 — 종지와 술잔을 **놓고**
/레갑 사람들의 후손들 앞에
/포도주가 가득한
마시라 **권하매** (I said to them, "Drink wine!")

6 그들이 — **이르되**
/우리는 포도주를 마시지 아니하겠노라

뭐라구요? 우리에게 술을 먹으라고요? 8-10절을 안 읽어 보셨나보네요. (읽어보자)

8 "우리가 레갑의 아들 우리 선조 요나답이 우리에게 명령한 모든 말을 순종하여 우리와 우리 아내와 자녀가 평생 동안 포도주를 마시지 아니하며
9 살 집도 짓지 아니하며 포도원이나 밭이나 종자도 가지지 아니하고
10 장막에 살면서 우리 선조 **요나답이 우리에게 명령한 대로 다 지켜 행하였노라.**"

예레미야 때에, 선지자는 레갑 족속을 배워야 할 대상으로 여겼다. 그는 그들을 여호와의 전에 데리고 와서 포도주를 제공하였다. 그러나 그들은 그들의 조상 레갑의 명을 지켜 이를 거절하였다. 예레미야는 여호와에 대한 이스라엘의 불충성을 책망할 때 그들의 충성심을 예로 들고 있다. 여호와께서는 그들의 충섬심 때문에, 그들에게 "내 앞에 설 사람이 영원히 끊어지지 아니하리라"(렘 35:19)고 약속하셨다.

374

여호야김이 두루마리를 불태움(36:1-32)

- 레갑 족속에게 전한 말씀(35:1-19)
- **여호야김이 두루마리를 불태움(36:1-32)**
  - 바룩이 고관 앞에서 두루마리를 낭독하다(11-19절)
  - 왕이 두루마리를 태우다(20-32)
- 예레미야가 투옥됨(37:1-38:28)

"유다의 요시야 왕의 아들 여호야김 제사년에 여호와께로부터 예레미야에게 말씀이 임하였다." 여호야김은 여호아하스(=살룸)가 애굽으로 끌려가고 애굽의 느고가 세워놓은 꼭두각시 왕이다. 그는 609년에 등극하여 11년간을 통치한다. 그의 악명 높은 통치는 이미 살펴보았다. 그의 통치 제4년이라면 주전 605년의 일이다. 그때 갈그미스 전투가 있었고, 제1차 포로가 시작되었다. 이때 하나님은 두루마리 책을 가져다가 "요시야의 날부터 오늘까지 이스라엘과 유다와 모든 나라에 대하여 내가(=하나님께서) 네게(예레미야에게) 일러 준 모든 말을 거기에 기록하라"고 명령하신다.

1. 하나님은 예레미야에게 어떤 명령을 내리셨는가? (2절)

36:2 너는 ── 두루마리 책을 **가져다가**
└ 거기에 **기록하라**
/(내가) 네게 일러 준 '모든 말을'(אֶת כָּל־הַדְּבָרִים)
/내가 네게 말하던 날 곧 요시야의 날부터 오늘까지
/이스라엘과 유다와 모든 나라에 대하여

(그러니까, 예레미야가 부름을 받던 627년부터 605년까지)

2. 이렇게 기록하라고 명령하신 목적은 무엇인가?

(1) 예레미야가 부름을 받았던 때가 요시야가 왕이 된 지 13년 째라고 했으니까(렘 1:2), 주전 627년이다. 그때로부터 오늘까지(여호야김 제4년, 주전 605년), 그렇다면 22년간의 기록이 된다. 그동안 하나님께서 예레미야에게 말씀하신 모든 말씀을 기록하라는 것이다. 그렇게 하시려는 목적은 무엇인가?

Perhaps(혹시, 울라이, אוּלַי) 라는 말이 번역에서 빠졌다. '아마도, 어쩌면, 가정하자면, 혹시. - 희망에 대한 가정이다.

36:3 (혹시) 유다 가문[1]이 ── 모든 재난을 **듣고**
/내가 그들에게 내리려 한
//(목적: לְמַעַן) 각기 악한 길에서 돌이키리니(=돌이키도록)
/(וְ, 그리하면) 내가 ── **용서하리라**
/그[들의] 악과 죄를

1) בֵּית יְהוּדָה (the house of Judah)

35:2 너는 레갑 사람들의 집에 가서 그들에게 말하고 그들을 여호와의 집 한 방으로 데려다가 포도주를 마시게 하라 하시니라.. 5 내가 레갑 사람들의 후손들 앞에 포도주가 가득한 종지와 술잔을 놓고 마시라 권하매...6 그들이 이르되 우리는 포도주를 마시지 아니하겠노라

(2) "혹시(울라이, אוּלַי), 누가 알겠느냐? 유다 백성에게 내리기로 한 재앙을 듣고 악한 길에서 돌아선다면, 생활태도를 고치기만 한다면, 나는 그들의 악한 죄를 용서해 줄 것"이라는 말이다.

3. 그래서 예레미야는 네리야(Neriah)의 아들 바룩(Baruch)[1]을 부른다.

36:4 이에(Then, וַ)
　예레미야가 —— **부르매**
　　　　/네리야의 아들 바룩을
　바룩이 ——— 두루마리 책에 **기록하니라**
　　　　/여호와께서 그에게 이르신 모든 말씀을
　　　　/예레미야가 '불러 주는 대로'(מִפִּי)[2]
　　　　(at the dictation of Jeremiah)

(1) 예레미야는 지금 감금되어 있으므로 여호와의 성전에 들어갈 수 없었다. 그래서 바룩을 부른다. 그리고 예레미야가 불러주는 대로 여호와가 말씀하신 내용을 기록했다(5절). "두루마리에 기록한 여호와의 말씀을 금식일에 여호와의 성전에 있는 백성의 귀에 낭독하고 유다 모든 성읍에서 온 자들의 귀에도 낭독하라"고 명한다.

1) 바룩은 예레미야의 충실한 친구이자, 서기(書記)이며, 그의 시종이다.

2) from the mouth of Jeremiah - KJV
מִן + פֶּה

렘 32-45장

여호야김
36:1-8 (주전 605)
45장 (주전 605)
36:9-32 (주전 604)
35장 (주전 598)

시드기야
32-34장 (주전 588/87)
37-39장 (주전 588-586)

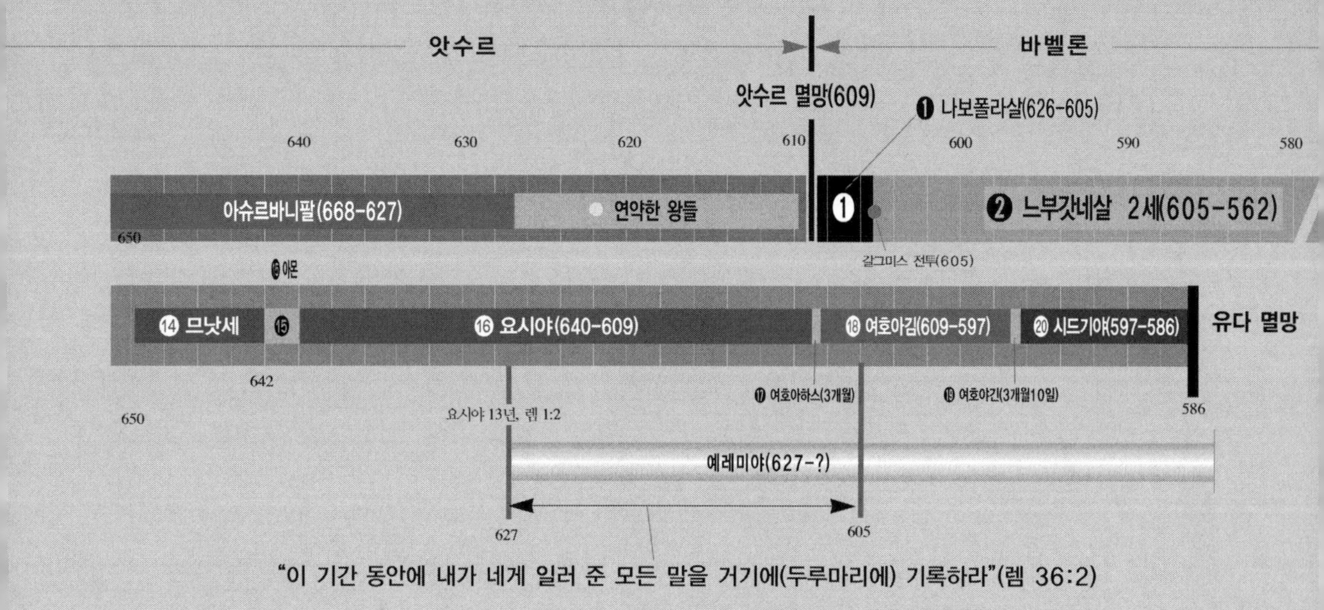

구전(口傳)예언이 어떻게 성문(成文)예언으로 전환되는지 보게 된다.

우리는 이 부분에서 성경을 만드는 일에 관하여, 즉 말로 전해진 여호와의 말씀이 어떻게 성문(成文)예언으로 전환되는지 그 과정을 볼 수 있다.

36:7 [그러면]

그들이 여호와 앞에 기도를 **드리며** 각기 악한 길을 **떠나리라** (=떠날듯 하나라)

//(이유, for)

노여움과 분이 크니라(=크기 때문이다)

/여호와께서 이 백성에 대하여 선포하신

(2) 그래서 바룩은 예레미야가 명한 대로 모든 사람 앞에서 그 두루마리를 읽었다. "네리야의 아들 바룩이 선지자 예레미야가 자기에게 명령한 대로 하여 여호와의 성전에서 책에 있는 여호와의 모든 말씀을 낭독하니라"(8절). 바룩은 예레미야의 명령대로 여러 사람 앞에서 세 번 낭독하게 된다.

1) 첫 번째 - 여호야김 5년 아홉째 달에 금식이 선포되었다(주전 604년) - 금식일에 예루살렘 성전 뜰에 모인 모든 백성들 앞에서 낭독했다. 그가 책을 읽은 방은 **사반**[1]의 아들의 아들이며 왕의 서기관인 **그마랴**의 방[2]이었다(8-10절).

사반의 손자, 즉 그마랴의 아들 미가야(Michaiah)가 그 설교를 다 들었다. 그는 **왕궁에 있는 서기관**(국무대신)**의 방**에 들어갔다. 누가 있었을까? 미가야가 거기에 모인 신하들에게 바룩이 백성을 향해 읽었던 책의 내용을 모두 전해 주었다(13절).

"모든 고관(사르, שַׂר, 우두머리, 방백) 곧 ① 서기관 **엘리사마**와 ② 스마야의 아들 **들라야**와 ③ 악볼의 아들 **엘라단**과 ④ 사반의 아들 **그마랴**

1) 사반 - 그마랴의 부친이다. 힐기야가 성전에서 발견한 율법책을 요시야 왕에게 전한 사람이 바로 그마랴의 부친 사반이다(왕하 22:3-14; 대하 34:8-20; 렘 36:10-12).

2) 그마랴 - 바룩이 그마랴의 방에서 두루마리를 읽었다(10절). 그 방은 성전 '여호와의 세 문' 입구의 윗뜰에 있었다.

그마랴는 시드기야 왕에게 두루마리를 불사르지 말기를 간구했으나 왕이 듣지 않았다.

와 ⑤ 하나냐의 아들 **시드기야**와 ⑥ 모든 고관이 거기에 앉아 있는지라"(12절).

2) 두 번째 - 미가야가 전한 말씀을 들은 사람들은 즉각적인 반응을 나타냈다. 어떤 반응? 모든 고관들이 여후디를 바룩에게 보내 바룩으로 하여금 직접 낭독케 했다.

36:14 이에(Then) 모든 고관(all the officials)이
여후디(Jehudi)[1]를 바룩에게 **보내** 이르되(=이르기를)
/너는 — 백성의 귀에 낭독한 두루마리를 손에 **가지고 오라**
네리야의 아들 바룩이 두루마리를 손에 **가지고** 그들에게로 **오니**

15 그들이 바룩에게 **이르되**
/[너는] —— **앉아서** 이를 우리 귀에 **낭독하라**
바룩이——— 그들의 귀에 **낭독하매**

4. 바룩이 고관들 앞에서 직접 그 두루마리 말씀을 낭독했다(15절). 두루마리에 적힌 말을 다 듣고 고관들은 놀란다. "이 모든 말씀을 왕에게 꼭 전해야겠소."

(1) 고관들은 바룩에게 이렇게 묻는다. "이 모든 말씀을 누구에게서 받아 적었소?" "예레미야가 불러 준 대로 적은 것이요?"(17절). "그렇소."(18절) / "그래요. 그러면 바룩 당신은 예레미야와 숨어 있으시오. 아무에게도 당신들이 숨어 있는 곳을 알려 주지 마시오"(19절).

(2) 고관(대신)들은 그 두루마리를 "서기관 엘리사마의 방에 두고 뜰에 들어가 왕께 나아가서 이 모든 말을 왕의 귀에 아뢰니"(20절). 대신들이 궁정으로 들어가서 왕이 듣는 데서 그 모든 사실을 낱낱이 보고했다(20절).

(3) 이 보고를 받은 여호야김의 모습과 그 반응이 상세히 묘사되어 있다. 왕은 당장 명령을 내린다. 그 두루마리를 가져오라는 것이다.

36:21 왕이 여후디를 **보내어**
두루마리를 가져오게 하매
여후디가 서기관 엘리사마의 방에서 **가져다가**
왕과 왕의 곁에 선 모든 고관의 귀에 **낭독하니**

1) 여후디 - 구시의 증손 셀레먀의 손자 느다냐의 아들)

요시야 왕과 여호야김 왕

요시야 왕은 성전 수리 중에 두루마리를 발견하였을 때, 율법책에 기록된 말씀을 듣고 그의 옷을 찢었다(왕하 22:11; 대하 34:19)

그러나 여호야김 왕은 하나님의 말씀을 업신여겨 칼로 베어 불에 불살라 버렸다(렘 36:22-23).

하나님의 말씀을 어떻게 대했느냐의 결과가 개인뿐만 아니라 나라의 운명까지도 결정짓는다.

렘 32-45장

여호야김
36:1-8 (주전 605)
45장 (주전 605)
36:9-32 (주전 604)
35장 (주전 598)

시드기야
32-34장 (주전 588/87)
37-39장 (주전 588-586)

그달리야
40-44장 (주전 586-582)

36:23
여후디가
서너 쪽을 낭독하면
왕이 면도칼로
그것을 연하여 베어
화로 불에 던져서
두루마리를 모두 태웠더라

24
왕과 그의 신하들이
이 모든 말을 듣고도
두려워하거나
자기들의 옷을
찢지 아니하였고

25
엘라단과 들라야와
그마랴가 왕께
두루마리를 불사르지
말도록 아뢰어도
왕이 듣지 아니하였으며...

〈그림에서〉
누가 여후디일까?

(4) 그 때는 아홉째 달이라(지금의 12월, 날씨가 추웠다.)
왕이 겨울 궁전에 앉았고 그 앞에는 불 피운 화로가 있더라(22절)

36:23 여후디가 서너 쪽을 낭독하면
왕이 —— 그것을 **연하여 베어**[1] 화로 불에 **던져서**
/면도칼로(타아르, with a scribe's knife)
[그가] — 두루마리를 모두(כָּל־הַמְּגִלָּה) 태웠더라

(5) 왕이 두루마리를 불태우는데도 대신들은 개의치 않았다. 하나님보다 왕이 더 무서웠기 때문이다. 이들에게 여호와 하나님은 없었다. 하나님의 말씀이 적힌 두루마리는 추운 왕궁을 덥히는 땔감일 뿐이었다. 이에 응징이 반드시 있을 것이다. 그는 무서운 죽음을 맞게 될 것이다(27-32절).

1) יִקְרָעֶהָ
카라(קָרַע) - 찢다, 찢어서 조각을 내다. / 칼 미완료 - 읽는 족족 칼로 베어 (화롯불에) 던졌다.

(6) 몇몇 경건한 신하들이 이를 말렸으나 여호야김에게는 이미 하나님은 없었다. 그는 서기관 바룩과 예레미야를 잡아오라고 체포령을 내린다. 누가 잡으러 갔을까? (26절) 그러나 여호와께서 그들을 숨기셨다.

예레미야가 말씀을 다시 쓰다(36:27-32)

1. 기록한 말씀을 불사른 후에 여호와의 말씀이 예레미야에게 다시 임했다.

36:28 너는 ── 다시(שׁוּב) 다른 두루마리를 **가지고**
└ 모든 말을 **기록하고(하라)**
/유다의 여호야김 왕이 불사른 첫 두루마리의

(1) 하나님은 (여호야김 왕의 체포령에 숨어 있던) 예레미야에게 말씀을 다시 기록하라고 하셨다. 바룩은 "여호야김 왕이 불사른 책의 모든 말을 예레미야가 전하는 대로 기록하고 그 외에도 그 같은 말을 많이 더 하였다"고 했다(32절).

36:29 "예레미야야, 너는 유다 여호야김에게 이렇게 전해라."

여호야김은 두루마리를 불사르면서 이렇게 말했다.

- 어찌하여 예레미야는 바벨론의 왕이 반드시 와서 이 땅을 멸망시킬 것이라고 적었느냐? 그리고
- 예레미야는 어찌하여 바벨론 왕이 사람과 짐승을 이 땅에서 없어지게 하리라 하는 말을 이 두루마리에 기록하였느냐?

36:30 그러므로(Therefore, לָכֵן)
여호와께서 - 이와 같이 **말씀하시니라**
/유다의 왕 여호야김에 대하여
/다윗의 왕위에 앉을 자가 — **없게 될 것이요**
/그에게
/그의 시체는 ── **버림을 당하여**
└ 낮에는 더위, 밤에는 추위를 **당하리라**

자신을 계승할 상속자가 없을 것이라는 말이다.

(2) 왕의 자손뿐만 아니라 신하들에게도 벌을 내리실 것이다. 예루살렘 주민과 유다 사람에게도 벌을 내리실 것이다. "그 모든 재난을 내리리라 선포하였으나 그들이 듣지 아니하였느니라"(=아니하였기 때문이다).

- 렘 22:18-19 "그러므로 여호와께서 유다의 왕 **요시야의 아들 여호야김에게 대하여** 이와 같이 말씀하시니라 무리가 그를 위하여 슬프다 내 형제여, 슬프다 내 자매여 하며 통곡하지 아니할 것이며 그를 위하여 슬프다 주여 슬프다 그 영광이여 하며 통곡하지도 아니할 것이라 19그가 끌려 **예루살렘 문 밖에 던져지고 나귀 같이 매장함을 당하리라.**"

여호야김은 어떻게 죽었을까?

그는 많은 죄를 지었다. 느부갓네살은 여호야김을 붙잡아 쇠사슬로 묶어 바벨론으로 끌고 갔다. 그러나 그는 예루살렘에 되돌아와서 죽은 것 같다(대하 36:5-8; 렘 22:19, 36:30). 예레미야는 그가 어떻게 죽을 지를 예언했다. 그의 비참한 최후를 보라(렘 22:18, 19).

380

바벨론 왕이 시드기야를 왕으로 세움(37:1-10)

- **예레미야가 투옥됨(37:1-38:28)**
- 예루살렘이 함락됨(39:1-10)
- 예레미야가 석방되다(39:11-14)
- 여호와께서 에벳멜렉에게 구원을 약속하시다(39:15-18).

여호야김이 죽고 뒤를 이어 그의 아들 여호야긴(Jehoiakin)이 18세의 나이로 왕위에 올랐다(왕하 24:6). 그의 통치가 즉위한 지 3개월 정도였지만 그 역시도 여호와 보시기에 악했다고 했다. 느부갓네살이 다시 예루살렘을 점령했다(왕하 24:10-17). 느부갓네살은 여호야긴을 비롯하여 유력한 자들을 많이 끌고 갔다. 용사 7천과 기술자 1천 명이 포함되었다(왕하 24:15). 이때 바벨론은 솔로몬 성전에 있던 기구들을 빼앗아갔다(대하 36:6-7). 그리고 느부갓네살은 그의 숙부 맛다니야를 왕위에 세우고(21세에) 그 이름을 시드기야(Zedekiah)로 고친다. 그러나 그는 왕이라기보다 섭정자였다고 보아야 한다.

1. 바벨론에 의해 앉혀진 시드기야는 어떤 정책을 펼쳐나갔을까?

(1) 이미 앞에서 살펴본 것처럼 그 역시도 여호와 보시기에 악한 일을 저질렀다. 그는 11년간을 통치했다. 시드기야는 느부갓네살이 앉혀놓은 왕이었지만 반바벨론 파와 친애굽 파의 압력으로 바벨론을 배반하게 된다(왕하 24:20).[1] 왕도, 백성들도 예레미야 선지자의 말을 경청하지 않았다. 아니 반대해 그를 옥에 가두기까지 했다.

1) 더욱이 거짓 선지자들이 나타나 반드시 하나님이 예루살렘을 지키실 것이고, 바벨론 포로들은 돌아올 것이며, 느부갓네살의 멍에는 두 해가 가기 전에 하나님께서 꺾어버리실 것이라고 했다(렘 28:1-12을 보라). 그는 이 말에 힘을 얻고 느부갓네살을 배반한다. 그러나 느부갓네살 군대가 시드기야 9년 10월 10일(588 B.C.)에 유다를 공격해 와서 예루살렘을 포위한다.

(2) 시드기야, 그는 21세에 왕위에 오른다(597년). 자신의 결정을 밀고 나갈 힘도 경험도 없는 나이였다. 조정에는 애굽을 등에 업은 반바벨론 파의 입김이 너무 거셌다. 우유부단한 시드기야는 대신들의 눈치를 보아야 했다. 그렇다고 바벨론의 세력을 무시할 수도 없었다. 어쨌든 "그와 그의 신하와 그의 땅 백성이 여호와께서 선지자 예레미야에게 하신 말씀을 듣지 아니하니라"(2절)고 했다.

(3) 그는 마침내 중대한 결단을 내린다. 그의 통치 9년에, 애굽의 바로(호브라)의 힘을 의지해 바벨론을 배반한다. 물론 느부갓네살 군대가 시드기야 9년 10월 10일(588 B.C.)에 유다를 공격해 와서 예루살렘을 포위한다(렘 37:5). 예레미야의 예언대로 일이 벌어진 것이다. 상황이 심각해졌다. 시드기야는 예레미야에게 사신을 보낸다. 도움을 청한 것이다. 이에 대한 자세한 상황은 이미 렘 21장에서 설명되었다. 그곳을 다시 읽어보자.

- 렘 37:3 "시드기야 왕이 셀레먀의 아들 여후갈과 **마아세야의 아들 제사장 스바냐**를 선지자 예레미야에게 보내 청하되 너는 우리를 위하여 우리 하나님 여호와께 기도하라 하였으니."

(4) 그의 통치 초기에도 비슷한 도움을 청한 적이 있다(렘 21:1-7). 누구를 사신으로 보냈나? 그때에도 제사장 마아세야의 아들 **스바냐**를 보냈는데, 이번에도 그를 다른 사람과 함께 보냈다(3절*). "그 때에 예레미야가 갇히지 아니하였으므

로 백성 가운데 출입하는 중이었더라"(4절).

2. 지금은 느부갓네살 군대가 예루살렘을 포위하고 있는 중이다. 이때 시드기야가 예레미야에게 문의하고자 하는 초점은 무엇인가?

(1) 애굽은 새로운 바로 '호브라'가 등장했다(주전 588년 여름이다. 제26왕조). 지금 유다는 친애굽으로 방향 전환을 했다. 따라서 호브라는 바벨론 군대에 포위된 예루살렘을 구원하기 위해 군대를 출정시켰다.[1] 이 소식은 예루살렘을 에워싼 바벨론 야전사령관의 귀에 들어갔다. 따라서 이들은 포위망을 해제할 수밖에 없었다(렘 34:2, 37:5). 지금 북진하고 있는 애굽과의 전투를 위해서였다.

1) "바로의 군대가 애굽에서 나오매 예루살렘을 에워쌌던 갈대아인이 그 소문을 듣고 예루살렘에서 떠났더라"(렘 37:5).

(2) 이 일은 유다에게 한숨을 돌리는 사건이었다. 이것으로 전쟁은 끝날 것인가? 희망과 불안이 교차되고 있다. 문제의 초점은 '유다에게 상황이 호전될 것인가?' 였다. 드디어 하나님께서 유다의 장래에 대해 말씀하셨다.

37:7 이스라엘의 하나님 여호와께서 이와 같이 **말씀하시니라**
/[너희는] —— 유다의 왕에게 **아뢰라**
/너희를 보내어 내게 구하게 한
/바로의 군대는 —— 자기 땅 애굽으로 **돌아가겠고**
/너희를 도우려고 나왔던
8 /갈대아인이 —— **다시 와서** 이 성을 **쳐서 빼앗아 불사르리라**
9 여호와께서 이와 같이 **말씀하시니라**
/너희는 스스로 속여 말하기를
/갈대아인이 —— 반드시 우리를 떠나리라 **하지 말라**
/그들이 —— 떠나지 아니하리라

이들은1세기 전 히스기야의 때의 일을 기억하고 있었을 것이다. 앗수르의 산헤립이 유다를 공격할 때, 히스기야는 산헤립의 메시지를 담은 두루마리를 하나님 앞에 펼쳐 놓고(왕하 19:14이하) 생사를 건 기도가 시작되었다. 물론 히스기야의 기도가 응답되었다(왕하 19:20). 유다를 공격하려던 산헤립의 계략은 하나님의 기적에 의하여 무산되었다. 18만 5천명이 다 시체가 되었다(왕하 19:35). - 지금 시드기야는 바벨론의 포위망 해제를 유다의 구원으로 받아들였을 것이다. 그러나 예레미야는 절대 그렇지 않을 것이라고 대답했다.

(3) 지금 시드기야는 바벨론의 포위망 해제를 유다의 구원으로 받아들였을 것이다. 그러나 예레미야는 절대 그렇지 않을 것이라고 대답했다. 유다를 도우러 출정하던 군대는 자기 땅으로 돌아갈 것이고, 갈대아 군대가 다시 와서(וְשָׁבוּ, will also return) 이 성을 빼앗아 불사를 것(and fight against this city)이라는 내용이었다. 예레미야가 더 강하게 언급하고 있지 않은가! "가령 너희가 너희를 치는 갈대아인의 온 군대를 쳐서 그 중에 부상자만 남긴다 할지라도 그들이 각기 장막에서 일어나 이 성을 불사르리라"(10절).

렘 32-45장

시드기야
32-34장 (주전 588/87)
37-39장 (주전 588-586)

그달리야
40-44장 (주전 586-582)

예레미야를 붙잡아 가두다(37:11–16)

1. 예루살렘을 에워싼 바벨론 군대가 바로의 군대를 두려워하여 포위망을 해제할 수밖에 없었다.

37:11 갈대아인의 군대가 바로의 군대를 **두려워하여** 예루살렘에서 **떠나매**

(1) 잠시 포위가 풀리자 "[12]예레미야가 베냐민 땅에서(예레미야의 고향, 렘 1:1-3) 백성 가운데 분깃을 받으려고[1)] 예루살렘을 떠나 그리로 가려 하여"

(2) 베냐민 문의 수문장이 예레미야를 체포하면서 물었다(13절).

네가 ——— 항복하려 하는도다(נֹפֵל) - נָפַל의 칼 동사 분사형
/갈대아인에게(אֶל־הַכַּשְׂדִּים)

(3) 수문장 이리야(Irijah)는 "당신은 우리를 배신하고 바벨론으로 항복하러 가는 것 아니오"라고 했다. 물론 예레미야는 "거짓이다(=어림도 없는 소리요) 나는 갈대아인에게 항복하려 가는 것이 아니오"라고 했지만, 이리야가 듣지 아니하고 예레미야를 잡아 고관들에게로 끌고 갔다(14절). "고관들이 노여워하여 예레미야를 때려서 서기관 요나단의 집에 가두었다"(15절). 그때에는 이 집을 감옥으로 사용했기 때문이다.

1) 문중의 땅을 유산으로 받으려고(공동번역) / 자신의 재산 일부를 상속 받기 위하여(쉬운성경)

잠시 포위가 풀리자 백성들은 성을 빠져나갈 수 있었다. 예레미야도 풀려나자기 고향 아나돗으로 가려했다. 그런데 베냐민 문의 수문장이 그를 체포했다. 예레미야가 바벨론 군대에게 항복하러 가려 했다는 것이었다 한마디로 변절자라는 것이었다.

이런 혼란을 틈 타 이미 많은 사람들이 적에게로 도망갔기 때문이다(렘 38:19, 52:15 참조)

2. 급한 것은 시드기야 왕이었다. 잠시 포위망이 풀렸지만, 언제 다시 바벨론 군대가 다시 쳐들어 올지 불안했다. 그래서 옥에 갇혀 있는 예레미야에게 사람을 보낸다.

(1) 혹시 이것으로 완전히 문제가 풀린 것이 아닌가?

"[16]예레미야가 뚜껑 씌운 웅덩이에 들어간 지 여러 날 만에, [17]시드기야 왕이 사람을 **보내어** 그를 **이끌어내고** 왕궁에서 그에게 비밀히 **물어 이르되**

여호와께로부터 받은 말씀이 — **있느냐**
예레미야가 — **대답하되**
/있나이다
[그가] — 또 **이르되**
/왕이 — 바벨론의 왕의 손에 **넘겨지리이다**

왕은 어떤 대답을 기대했을까? 그러나 예레미야를 통한 하나님의 통고는 아주 분명했다.

37: 17 시드기야 왕이 사람을 보내어 그를 이끌어내고 왕궁에서 그에게 비밀히 물어 이르되 "여호와께로부터 받은 말씀이 있느냐?"

(2) 시드기야 왕은 예레미야를 옥에서 불러내어 개인적으로 물었다. 왕은 좋은 소식이 있기를 간절히 바라고 있었으나 예레미야로부터 들은 이야기는 왕이 바벨론의 손에 넘겨질 것이라는 분명한 대답뿐이었다. 왕은 지금 32세요, 예레미야는 거의 60인 다 된 노인이다. 예레미야가 다시 시드기야 왕에게 "내가 왕에게나 왕의 신하에게나 이 백성에게 무슨 죄를 범하였기에 나를 옥에 가두었나이까?"라고 묻는다.

37:19 왕의 선지자들이 —— 이제 **어디 있나이까**
/바벨론의 왕이 와서
왕과 이 땅을 치지 아니하리라고 예언한

(3) 예레미야는 왕께 탄원한다. "나를 서기관 요나단의 집으로 돌려보내지 마옵소서 내가 거기에서 죽을까 두려워하나이다." 왕은 이 예레미야의 탄원을 받아들였다. "예레미야를 감옥 뜰에 두고 떡 만드는 자의 거리에서 매일 떡 한 개씩 그에게 주게 하매 성중에 떡이 떨어질 때까지 예레미야가 감옥 뜰에 머물게 했다"(21절). 이때부터 시드기야는 예레미야를 보호하게 된다(38:10 참조).

예레미야가 진흙 웅덩이에 갇히다(38:1-13)

- **예레미야가 투옥됨(37:1-38:28)**
- 예루살렘이 함락됨(39:1-10)
- 예레미야가 석방되다(39:11-14)
- 여호와께서 에벳멜렉에게 구원을 약속하시다(39:15-18).

왕의 요청에 의하여 서기관 요나단의 집에 갇혀 있던 예레미야는 시드기야 왕과 독대한다. 시드기야 왕은 예레미야로부터 좋은 소식을 기대했다. 그러나 돌아온 대답은 도우려 출정했던 애굽의 군대는 돌아갈 것이고, 잠시 포위망을 해제했던 바벨론 군대는 다시 돌아와 이 왕궁을 불사를 것이라는 것이었다. 이로 인해 조정은 발칵 뒤집혔다. 왕실은 바벨론의 후퇴로 한 가닥 희망을 가졌음에 틀림없다. 그러나 예루살렘의 파멸을 선포하는 예레미야는 일부 왕실 고위 관리들의 분노를 사게 된다(38:1-3).

1. 예레미야는 왕실 고위 관료로부터 어떤 압박을 받았나?

(1) 37장과 38장이 어떤 연계성이 있는지 확실치 않으나 예레미야는 왕의 시위대 뜰에 머물 수 있었다(37:18-20). 여기서 그는 사람들 앞에서 메시지를 선포할 수 있었음을 본다(참조 37:4).

이들은 아마도 친애굽파들이었을 것이다. 이들은 예레미야의 메시지를 듣고 왕에게 고소한다. 예레미야는 모반자라는 것이었다.

38:1 맛단의 아들 스바댜와
바스훌의 아들 그다랴와
셀레먀의 아들 유갈과
말기야의 아들 바스훌이 — **들은즉**
/예레미야가 모든 백성에게 이르는 말을

이르기를

▶ 예레미야의 메시지는 처음에 선포했던 동일한 내용이다. 렘 21:8-10 참조

2 /여호와께서 이와 같이 **말씀하시되**
① 이 성에 머무는 자는 칼과 기근과 전염병에 죽으리라
② 그러나 **갈대아인에게 항복하는 자는 살리니**
그는 노략물을 얻음 같이 자기의 목숨을 건지리라

3 /여호와께서 이와 같이 말씀하시니라
③ **이 성이 반드시 바벨론의 왕의 군대의 손에 넘어가리니**
그가 차지하리라 (하셨다 하는지라)

(2) 참 선지자의 메시지는 항상 인기가 없다. 물론 이런 소문이 신속하게 백성들에게 전달되었을 것이다. 백성들 역시 불안했다. 정말, 아직도 하나님의 진노가 우리에게 남아 있다는 말인가?! 특히 고위 관료들, 이들은 주로 친애굽파들이

었을 것이다. 이들은 아직도 애굽의 군대를 더 의지하는 자들이었다. 이들은 예레미야를 죽여야 한다고 소리쳤다. 이들이 예레미야를 고소하는 이유는 무엇인가?

38:4 이에 그 고관들이 왕께 **아뢰되**
/이 사람이(을) — 이 사람을 죽이소서(יוּמַת) - מוּת의 호팔 동사 미완 3남단
/청하건대(נָא) - 제발
//(이유: for, כִּי)
백성의 평안을 구하지 아니하고 재난을 구하오니
//그가 이같이 말하여
[그가] — 약하게 하나이다
/이 성에 남은 군사의 손과 모든 백성의 손을

"이 자가 하는 말을 듣고 성 안에서 남아서 싸우는 군인들과 모든 백성들의 사기를 떨어뜨리고 있기 때문입니다."

"그는 이 백성의 평안을 바라지 않고 예루살렘 백성이 망하기를 바라고 있습니다"(쉬운성경)

이 말을 전해 들은 시드기야는 어떤 반응을 보였을까? (5절)
"경(卿)들의 뜻대로 하시오."

그래서 신하들은 예레미야를 왕자 **말기야**의 웅덩이[1]에 그를 집어 넣었다(6절).

왜 이런 곳에다 던져 넣었을까?
"굶겨 죽이려고" (7-9절)

말기야는 바벨론 왕의 손에 죽었다(렘 39:6).

"바벨론의 왕이 립나에서 **시드기야의 눈 앞에서 그의 아들들을 죽였고** 왕이 또 유다의 모든 귀족을 죽였으며."

1) 이곳은 석회암층을 파 놓은 곳으로 좁은 입구가 있고, 내부는 조금 넓게 되어 있는 감옥이다. (물이 없고 진흙만 있는 곳)

2. 왕궁 내시 구스인 에벳멜렉, 그의 용감함이 죽을뻔한 예레미야를 살렸다.

(1) 왕궁 내시 구스인 에벳멜렉(עֶבֶד־מֶלֶךְ)[2]이 **들으니라**
/그들이 예레미야를 구덩이에 던져 넣었음을
그 때에 왕이 — 베냐민 문에 **앉았더니**

2) '왕의 시종'이라는 뜻

(2) 마침 왕이 베냐민 문에 앉아 있었다. 정무(政務)를 보았든지, 도시의 방어력을 점검하고 있었을 것이다.

에벳멜렉이 왕궁에서 나와 왕께 아뢰어 **이르되**
/내 주 왕이여 저 사람들이
선지자 예레미야에게 행한 모든 일은 악하니이다
/성 중에 떡이 떨어졌거늘(성 안에 더 이상 먹을 것이 없는데)

1) 이제 30세 정도의 우유부단한 왕이 왜 이런 결정을 내렸을까?

그들이 그를 구덩이에 던져 넣었으니
그가 거기에서 굶어 죽으리이다(=그가 그 속에서 굶어 죽을 것입니다)"

(3) 이런 보고를 받은 시드기야는 "구스 사람 에벳멜렉에게" 이렇게 명령한다.[1)]

하나님은 훗날 에벳멜렉을 크게 축복하셔서, 이런 행위에 대한 보상을 해주셨다 39:15-18을 읽어보자.

39:15 예레미야가 감옥 뜰에 갇혔을 때에 여호와의 말씀이 그에게 임하니라 이르시되
16 너는 가서 구스인 에벳멜렉에게 말하기를 만군의 여호와 이스라엘의 하나님의 말씀에 내가 이 성에 재난을 내리고 복을 내리지 아니하리라 한 나의 말이 그 날에 네 눈 앞에 이루리라
17 여호와의 말씀이니라 **내가 그 날에 너를 구원하리니 네가 그 두려워하는 사람들의 손에 넘겨지지 아니하리라**
18 **내가 반드시 너를 구원할 것인즉 네가 칼에 죽지 아니하고 네가 노략물 같이 네 목숨을 얻을 것이니** 이는 네가 나를 믿었음이라 여호와의 말씀이니라 하시더라

"너는 여기서 삼십 명을 데리고 가서
선지자 예레미야가 죽기 전에 그를 구덩이에서 끌어내라"(10절).

그래서 에벳멜렉은 삼십 명을 데리고 가서 선지자 예레미야를 구덩이에서 끌어낸다. 이들은 왕궁 곳간 밑 방에 들어가서 거기에서, 헝겊과 낡은 옷을 가져다가 그것을 밧줄에 묶어 웅덩이에 있는 예레미야에게 내려주었다. 이후 예레미야는 시위대(경호대) 뜰에 머물게 되었다.

시드기야가 예레미야에게 묻다(38:14-28)

1. 시드기야는 현상황에 불안하다. '정말, 바벨론은 완전히 철수한 것인가?' 시드기야는 은밀한 만남을 갖기 위해 예레미야를 소환한다.

38:14 왕이 예레미야에게 **이르되**
/내가 —— 네게 한 가지 일을 **물으리니**
[너는] —— 한 마디도 내게 **숨기지 말라**

(1) 예레미야는 혹시 왕이 자기를 죽이지 않을까 두려워한다. "왕이 결코 나를 죽이지 아니하시리이까?" "시드기야 왕이 여호와께서 살아 계심을 두고 맹세하노니 내가 너를 죽이지도 아니하겠으며" - 예레미야는 왕이 진심으로 말한 것임을 확인하자 두 가지 가능성을 제시한다.

① 첫 번째, 만일, 왕이 즉시 바벨론의 왕의 고관들에게 **항복한다면**
"네(왕의) 생명이 살겠고 이 성이 불사름을 당하지 아니하겠고
너와 네 가족이 살려니와"(17절)

② 두 번째, 네가 만일 나가서 바벨론의 왕의 고관들에게 **항복하지 아니하면**
"이 성이 갈대아인의 손에 넘어가리니
그들이 이 성을 불사를 것이며
너는 그들의 손을 벗어나지 못하리라 하셨나이다"

(2) 그러나, 정작 시드기야가 두려워하고 있는 점은 무엇인가? (19절)
시드기야 왕은 이미 갈대아인에게 항복한 유다인을 두려워하고 있었다. "염려하건대 갈대아인이 나를 그들의 손에 넘기면 그들이 나를 조롱할까 하노라." 예레미야는 바벨론 군대가 결코 그렇게 하지 않을 것이라고 보증한다(20절).

38:20b 원하옵나니(부디, נָא Please - שְׁמַע obey)
[왕은] — 여호와의 목소리에 순종하소서
/내가 왕에게 아뢴 바
//그리하면
왕이 복을 받아(=형통하시고) 생명을 보전하시리이다

예레미야는 왕에게 간절히 하나님의 뜻에 순종하기를 촉구했다. 그러나 왕은 모든 것이 불안하기만 하다.

2. 만약, 시드기야 왕이 예레미야의 예언을 듣지 않는다면 어떻게 될 것인가? (21-23절)

(1) "그러나 만일 항복하기를 거절하시면 여호와께서 내게 보이신 말씀대로 되리이다"(21절). 만약 여호와 하나님의 명령을 거절한다면 그와 예루살렘은 재앙을 만나게 될 것이다(22-23절).

- "유다 **왕궁에 남아 있는 모든 여자**가 바벨론 왕의 고관들에게로 끌려갈 것이요" - 그녀들은 끌려가면서 이렇게 울부짖을 것이다. "네 친구들이 너를 꾀어 이기고(=믿던 도끼에 발 찍혔다 -새번역) 네 발이 진흙에 빠짐을 보고 물러갔도다"(22절).
- "**네 아내들과 자녀**는 갈대아인에게로 끌려가겠고
너는 그들의 손에서 벗어나지 못하고 **바벨론 왕의 손에 잡히리라**
또 네가 이 성읍으로 불사름을 당하게 하리라 하셨나이다."

(2) 이런 말은 다 들은 시드기야는 어떤 반응을 보였을까? 그는 예레미야를 시위대 뜰로 돌려보내면서, 왕실 관리들에게 둘 사이의 대화를 아무에게도 발설하지 말도록 경고한다(24절). "그리하면 네가 죽지 아니하리라(=누설했다가는 살아남지 못하리라)."

(3) 예레미야는 왕의 경고한 바대로 왕실 고위 관료들에게 왕이 지시한대로 대답했고, 그들도 더이상 왕과의 대화 내용을 캐묻지 않았다(24-27절). "예레미야가 예루살렘이 함락되는 날까지 감옥 뜰에 갇혀 지냈다"고 했다(28절).

388

예루살렘 함락(39:1–18)

- 느부갓네살 19년 5월 10일에 (주전 586년)
  바벨론 왕의 어전 시위대 장관 느부사라단이 예루살렘에 이르러
- 여호와의 전과 왕궁을 불사르고
  예루살렘의 모든 집을 귀인의 집까지 불사르고(13절)
- 온 군대가 예루살렘 사면 성벽을 헐었으며(14절)

바벨론의 유다 공격은 시드기야가 느부갓네살 2세와 맺은 언약을 배반하자 일어났다. "시드기야 제구년 열째 달 십일에 바벨론의 왕 느부갓네살이 그의 모든 군대를 거느리고 예루살렘을 치러 올라와서 그 성에 대하여 진을 치고 주위에 토성을 쌓으매 그 성이 시드기야 왕 제십일년까지 포위되었더라"(왕하 25:1-2이하를 읽어보자). 예레미야가 줄기차게 예루살렘의 멸망을 외쳤는데, 실제로 그 일이 벌어지고 말았다.

공포의 예루살렘 거리

1. 예루살렘이 함락된 후 2주 동안, 예루살렘은 공포의 도시가 되었다. 느부갓네살 2세의 근위대장 느부사라단이 예루살렘을 짓이기고, 닥치는대로 약탈했기 때문이다(왕하 25:8-12).

39:1 유다의 시드기야 왕의 제구년 열째 달에
바벨론의 느부갓네살 왕과 그의 모든 군대가 **와서**
예루살렘을 **에워싸고 치더니**
2 시드기야의 제십일년 넷째 달 아홉째 날에
성이 함락되니라(성벽이 뚫렸다)

예루살렘 포위
시드기야 9년째
주전 588년, 10월

예루살렘 함락
시드기야 11년째
주전 586년,
4월 9일

주전 587년

2월 - 예레미야는 아직 잡히지 않음 - 자유롭게 다님(렘 37:4).
3 - 시드기야 왕은 귀족들의 노예들을 풀어주기로 예루살렘에 살던 모든 백성과 언약을 맺음(34:8).
4 - 이집트 파라오의 군대가 유다 쪽으로 온다는 소식에 바벨론의 포위망이 해제됨(37:5).
7 - 예레미야가 잡힘 - 서기관 요나단의 집 지하감옥에 여러 날 동안 갇혀 있었다(37:15, 16).
8 - 시드기야에게 호소하여 좀 더 나은 감옥으로 옮김(37:17-21).
10 - 예레미야는 감옥에서 밭을 샀다(32:6-15).
11 - 예레미야가 감옥에서 설교 - 이로 인해 우물에 갇혔다(38:6).
12 - 우물에서 시위대의 뜰로 옮겨졌다(38:28).

주전 586년

4. 도성이 4월 9일에 무너짐.
5. 도성이 불탔고 성전이 7일 째에 파괴되었다.

2. 예레미야의 예언이 성취되었다. 예루살렘은 함락되었고, 성전은 불탔다.

(1) 그 광경을 본문을 통해 살펴보자.

39:3 바벨론의 왕의(바벨론 왕이 보낸) 모든 고관이 나타나 중문(중앙 대문)에 앉으니
곧 네르갈사레셀과 (나중에 예레미야를 석방시켜 그달리야에게 맡긴 자, 39:13)
삼갈네부와 내시장 살스김이니
네르갈사레셀은 궁중 장관(=참모장)이며
바벨론의 왕의 나머지 고관들도 있더라

❖ 바벨론 작전사령부는 **리블라**에 있었다. 바벨론 군이 왕(=시드기야)을 잡아 가지고 하맛땅 립나(리블라)에 있는 바벨론 왕(=느부갓네살)에게로 끌고 가서 그를 심문했다.

(2) 예루살렘 성을 공격했던 바벨론 군대의 주요 참모들이 참석했다. 예레미야 52장에 당시 예루살렘 성의 상황을 자세히 언급했다. 미리 읽어보자.

- 느부갓네살 19년 5월 10일에
  바벨론 왕의 어전 사령관 **느부사라단**이 예루살렘에 이르러
- **여호와의** 성**전**과 **왕궁**을 **불사르고**
  예루살렘의 모든 집과 고관들의 집까지 불사르고(13절)
- 온 군대가 예루살렘 사면 **성벽을 헐었으며**(14절)
- 느부사라단이 백성 중 가난한 자와
  성중에 남아있는 백성과
  바벨론 왕에게 항복한 자와 무리의 남은 자를 사로잡아 갔다(15절)
- 가난한 백성은 남겨 두어
  포도원을 관리하는 자와 농부가 되게 하였다(16절).

렘 32-45장	
여호야김	
36:1-8	(주전 605)
45장	(주전 605)
36:9-32	(주전 604)
35장	(주전 598)
시드기야	
32-34장	(주전 588/87)
37-39장	**(주전 588-586)**
그달리야	
40-44장	(주전 586-582)

3. 전 국토가 초토화되었다.

(1) 그 때의 상황을 **예레미야의 기록**으로 확인해 보자(렘 52:9이하 / 대하 36:17-

597 B.C.의 침공 때, 느부갓네살은 비교적 관대한 편이었다. 그러나 또 다시 반역한 유다에 대한 처벌은 너무 공포스러웠다. '에이, 예레미야의 말을 들을 걸!'

❖ "애굽놈들 때려주자."

❖ "이 틈에 유다를 공격하자."
- 우리는 에돔 군인들(옵 1:10-14)

20도 읽어보자).

- 그들이 왕(=시드기야)을 잡아 가지고 하맛 땅 립나(리블라, Riblah)에 있는 바벨론 왕(=느부갓네살)에게로 끌고 가서 그를 심문(렘 52:9)

- 바벨론 왕이 **시드기야의 아들들을 그의 눈앞에서 죽이고**(10절)
- 또 립나에서 유다의 모든 고관을 죽였다(10절).

- **시드기야의 두 눈을 빼고** 사슬로 결박하여 바벨론으로 끌어다가 그가 죽는 날까지 옥에 가두었다(11절).

- 또 **여호와의 성전의 두 놋기둥과 받침들과**
  여호와의 전의 놋대야를 깨뜨려
  그 놋을 **바벨론으로** 가져갔다.

- 사령관(=느부사라단)이 대제사장 스라야와
  부제사장 스바냐와 성전 문지기 세 사람을 사로잡고(24절)

- 또 성중에서 사람들도 잡았다.
  곧 군사를 거느린 지휘관 한 사람과
  또 성중에서 만난 왕의 한 사람과 내시 일곱 명과
  군인을 감독하는 군지휘관의 서기관 하나와
  성 안에서 만난 바(=도성 안에 그대로 남아 있는)
  평민 60명

- **느부사라단이 그들을 잡아가지고 하맛 땅 립나에서 다 쳐죽였다**(27절).

(2) 이렇게 아름다운 땅은 폐허가 되었다. 유다의 중요한 성읍이 파괴되어 나라의 경제와 산업이 마비되었다. 바벨론의 군대에 의해 죽임을 당한 숫자는 인구의 상당한 부분을 차지했다.

2. 포로로 끌려간 유다인들은 얼마나 될까?

(1) 열왕기하와 예레미야에 기록된 것으로는 정확히 계산해 낼 수 없다. 우선 아래, 두 곳을 읽어보자.

- 열왕기하 24:18-25:21과
- 예레미야 52:1-30

두 눈이 뽑히고 쇠사슬로 묶인 채 바벨론으로 끌려가는 시드기야

• 왕하 24:19
시드기야가 여호야김의 모든 행위를 본받아 여호와 보시기에 악을 행한지라.

• 왕하 25:7
그들이 시드기야의 아들들을 그의 눈앞에서 죽이고 시드기야의 두 눈을 빼고 놋 사슬로 그를 결박하여 바벨론으로 끌고 갔더라

21세에 왕이 되었다. 그리고 11년을 통치했다. 지금 몇살일까?

성전 붕괴(렘 52:12-33)

8 바벨론 왕 느부갓네살의 열아홉째 해 오월 칠일에 바벨론 왕의 신복 시위대장 느부사라단이 예루살렘에 이르러
9 여호와의 성전과 왕궁을 불사르고 예루살렘의 모든 집을 귀인의 집까지 불살랐으며
10 시위대장에게 속한 갈대아 온 군대가 예루살렘 주위의 성벽을 헐었으며
11 성 중에 남아 있는 백성과 바벨론 왕에게 항복한 자들과 무리 중 남은 자는 시위대장 느부사라단이 모두 사로잡아 가고
12 시위대장이 그 땅의 비천한 자를 남겨 두어 포도원을 다스리는 자와 농부가 되게 하였더라

392

▶ 옆의 내용 중 대부분 일치하나 예레미야 52:28-30은 열왕기하 24:8-16과 25:8-27에 나오는 연대와 수치가 일치하지 않는다. 따라서 역대기하 36:17-21에서는 숫자를 말하기보다는 상당수의 유대인들이, 그것도 주요 인사들이 끌려갔다고 서술하고 있다.

	열왕기하	예레미야
제1차 포로 (606년 또는 605년) (갈그미스 전투)	• 온 예루살렘(백성, 방백, 용사 합해서 10,000명이 포로(왕하24:14) • 여호야긴, 왕의 모친, 왕후들, 내시, 권세 있는 자들(15절) • 용사 7,000명과 장인(匠人) 1,000명을 바벨론으로(16절) • 느부갓네살 8년	• 3,023명의 유다인(렘 52:28) • 느부갓네살 7년(렘 52:28)
제2차 포로 (597년)	• 성에 남은 나머지 사람들, 투항자들, 나머지 무리들(25:11) • 느부갓네살 19년(25:8)	• 예루살렘 사람(832명)(52:19) • 느부갓네살 18년(52:19)
제3차 포로 (586-성전파괴)	• 왕하 25:6-12	• 745명의 유다인들 (52:30) 3차 합계 4,600명 (렘 25:9-11) • 느부갓네살 23년(52:19)

제 4차 포로(581-느부갓네살의 시위대장 느부사라단이 마지막 유다인들을 사로잡아감)

(2) 역대하 36:17이하에서는 당시의 상황을 이렇게 기록하고 있다.

• 하나님이 갈대아 왕의 손에 그들을 다 넘기시매
그가 와서 그들의 성전에서 **칼로 청년들을 죽이며**
청년 남녀와 **노인과 병약한 사람을 긍휼히 여기지 아니하였으며**(17절)

• 또 하나님의 전의 대소 그릇들과
여호와의 전의 보물과 왕과 방백들의 보물을 다 바벨론으로 가져가고(18절)

• 또 **하나님의 전을 불사르며**
예루살렘 성벽을 헐며
그들의 **모든 궁실을 불사르며**
그들의 모든 귀한 그릇들을 부수고(19절)

• **칼에서 살아 남은 자를 그가 바벨론으로 사로잡아가매**
무리가 거기서 갈대아 왕과 그의 자손의 노예가 되어
바사국(페르시아)이 통치할 때까지 이르니라(20절)

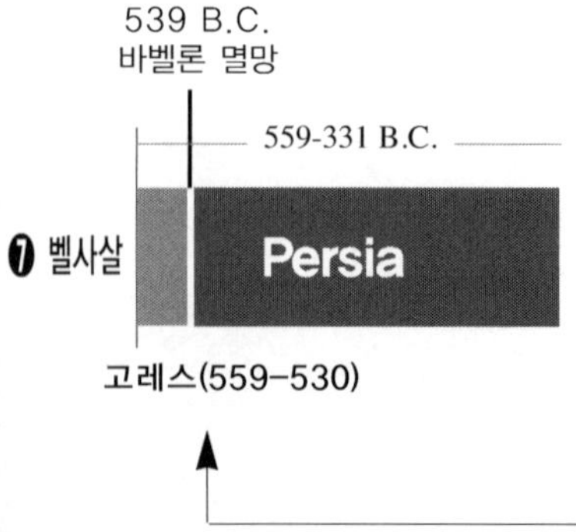

• 이에 토지가 황폐하여
땅이 안식년을 누림 같이 안식하여 칠십 년을 지냈으니
여호와께서 예레미야의 입으로 하신 말씀이 이루어졌더라(21절)

● 하나님은 이스라엘에게 가나안 땅과 함께 그 땅에서 살아가야 할 구체적인 방법도 함께 주셨다. 그 중에서도 **희년의 법은 꼭 지켜야 할 명령이었다**(레 25:23, 55; 신 31:10). 그래야 선민 이스라엘은 공의의 나라가 될 수 있었다. 그러나 이스라엘은 이를 지키지 않았다. 매번 이 언약을 어겼기 때문에 벌을 받아야 마땅했다.

• 레 26:34-35 "너희가 원수의 땅에 살 동안에 너희의 본토가 황무할 것이므로 땅이 안식을 누릴 것이라 그 때에 땅이 안식을 누리리니 35 **너희가 그 땅에 거주하는 동안 너희가 안식할 때에 땅은 쉬지 못하였으나 그 땅이 황무할 동안에는 쉬게 되리라.**"

(3) 위의 구절에서 볼 수 있는 대로 원수의 땅에서 살 동안에(레 26:34) 유다 본토의 땅이 안식을 누리게 되었다는 것이다. 백성들은 하나님의 명령대로 살지 못했다. 이 명령을 어길 때 어떤 형벌이 주어질 것인가? (레 26:34-35, 43; 대하 36:21을 읽어보자.) 이렇게, 이스라엘은 지금 바벨론 포로로 끌려가서 그 동안 지키지 못한 희년을 억지로(?) 지키고 있다는 것이다.

(4) 어쨌든 이런 와중에도 천민들은 유다의 자산과 부의 재분배 과정에서 유익을 얻기도 했다(겔 11:15* 참조). "사령관 느부사라단이 성중에 남아 있는 백성과 자기에게 항복한 자와 그 외의 남은 백성을 잡아 바벨론으로 옮겼으며 10 사령관 느부사라단이 아무 소유가 없는 빈민을 유다 땅에 남겨 두고 그 날에 포도원과 밭을 그들에게 주었더라"(렘 39:9-10).

• 겔 11:15 "인자야 예루살렘 주민이 네 형제 곧 네 형제와 친척과 온 이스라엘 족속을 향하여 이르기를 너희는 여호와에게서 멀리 떠나라 이 땅은 우리에게 주어 기업이 되게 하신 것이라 하였나니."

이 난리통에 예레미야는 어떻게 되었을까? (39:11-14)

1. 바벨론의 느부갓네살 왕은 사령관 느부사라단에게 특명을 내린다. 예레미야를 잘 대우하라는 것이다.

39:12 [너는] ─ 그를 **데려다가 선대하고 해하지 말며**
└ **행하라**
/그가 네게 말하는 대로

• 예레미야를 데려다가 잘 보살펴 주어라. 머리카락 하나 다쳐서는 안 된다. 무엇이든지 원하는 대로 해주어라. (공동번역)

그래서 사령관 느부사라단과 바벨론 왕의 모든 고관들이 사람을 보냈다. 예레미야는 바벨론 왕 느부갓네살의 특별한 관심의 대상이었는데, 이는 그에 대한 소식이 포로로 잡혀간 사람들이나 정탐꾼을 통해 알려졌을 것이기 때문이다. 그래서 그를 감옥에서 풀어주고 바벨론으로 가든지 남아 있든지 선택권을 주었다.

39:12 예레미야를 감옥 뜰에서 데리고
사반의 손자 아히감의 아들 **그다랴**(Gedaliah, גְּדַלְיָה)에게 넘겨서
그를 집으로 데려가게 하매 그가 백성 가운데에 사니라

유다는 바벨론의 한 개의 주(州)로

1. 유다는 더 이상 주권 국가가 아니었다. 바벨론의 일개 주(州)가 되었기 때문이다.[1]

1) 동교재, 열왕기하 286면에서 가져옴

(1) 성읍들은 파괴되었고, 쓸 만한 일꾼들은 바벨론으로 끌려갔고, 경제는 파탄나 버렸다. 남은 자들이란 가난한 농부들뿐이었다. '그 땅의 가난한 사람들'로서 땅의 경작을 위해 남겨두었다고 했다(왕하 25:12, 렘 52:16). 이들은 바벨론을 대항하여 소란을 피울 일이 없기 때문이다.

(2) 그리고 바벨론은 **귀족 출신의 그달리야(그다랴)를 이들의 총독으로 임명했다.** 그는 사반의 손자 아히감의 아들이었다. 그달리야의 아버지 아히감은 전에 예레미야의 목숨을 구해준 적이 있었다(렘 26:24). 할아버지는 요시야 왕 때의 국무대신으로 대개혁의 주도적 역할을 했다(왕하 22:3).

그달리야는 누구?

- 그는 사반의 손자이며 아히감의 아들이다.
- 그는 유대인이 바벨론으로 사로잡혀 간 후에 느부갓네살2세에 의해 유다 총독으로 임명되었으며(왕하 25:22-24), 예레미야를 돌보아주도록 위탁을 받았다(렘 39:14, 40:5-6).
- 그의 아버지 아히감도 예레미야를 보호하여 죽이지 못하게 하였다(렘 26:24). 이러한 사실에서 드러났듯이 그 가문의 정치적 중용이 그를 바벨론 사람의 마음에 들게 한 것 같다(렘 26:24).

2. 여러 정황으로 예루살렘에 머물 수 없었던 그달리야는 총독 관저를 미스바로 옮긴다.

그는 어떤 식으로라도 백성들의 마음을 안정시키려 했다. 그리고 국토를 정상적으로 회복시키려 애를 썼다. 그는 이렇게 백성들을 달랬다.

- 렘 40:9 "…너희는 갈대아 인 섬기기를 두려워하지 말고 이 땅에 거하여 바벨론 왕을 섬기라 그리하면 너희에게 유익하리라 10 **나는 미스바에 거하여 우리에게로 오는 갈대아 인을 섬기리니** 너희는 포도주와 여름 실과와 기름을 모아 그릇에 저축하고 너희의 얻은 성읍들에 거하라."

3. 그러나 그달리야의 이런 시도와는 달리 완강히 저항하는 무리들이 있었다. 누굴까? (왕하 25:3)

(1) 느다니야의 아들 이스마엘과 가레아의 아들 요하난과
느도바 사람 단후멧의 아들 스라야와 마아가 사람의 아들 야아사니야와
그를 따르는 사람이 모두 미스바로 가서
그달리야에게 나아가매(왕하 25:23)

성전 파괴

Zedekiah ---------------- **Gedaliah**

주전 586

- "나는 시드기야 내각에서 총리를 지냈어."
- "나는 왕족의 한 사람인 이스마엘과 그 공모자들에게 맞아 죽었어"

395

느부갓네살에 의해 세워진 총독: 그러나 2개월 시무 한 후에 죽임을 당한다. 누구한테?

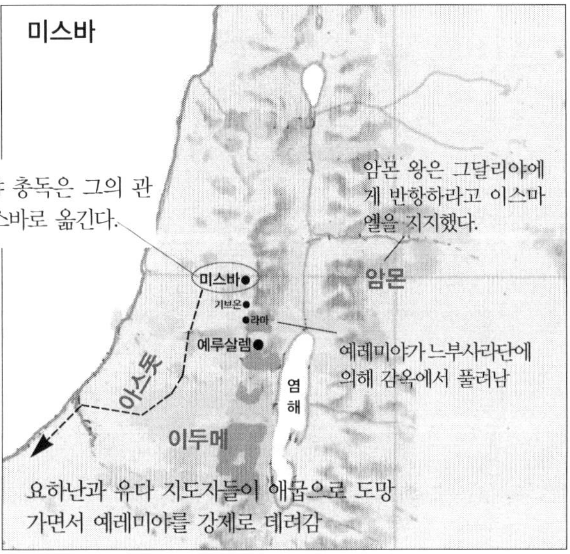

◀ 다양한 히브리 군인 및 귀족 집단이 그달리야가 2개월간 통치하는 동안 미스바 지역으로 다시 모여들었다. 그달리야는 요나단과 군대 장관들로부터 **이스마엘**의 음모를 통고받았으나 믿지 않고, 이스마엘을 살해하자는 요하난의 책략을 거부함으로써 정치적 음모를 피하였다(렘 40:13-16). 그와 많은 유대 지도자들과 바벨론 수비대 병사들은 **이스마엘에게** 모두 암살 당하였다. 요하난은 이스마엘을 죽이려고 추격하였으나 실패한다(렘40:13-41, 41:13-15). 그는 남은 유다 백성의 지도자가 되어 바벨론의 보복을 두려워한 나머지 예언자 예레미야로 하여금 그들과 같이 가도록 종용하여 애굽으로 도망쳤다.

(2) 그달리야는 이들에게 "갈대아 인을 섬기기를 두려워하지 말고 이 땅에 살며 바벨론 왕을 섬기라 그리하면 너희가 평안하리라"고 했다(왕하 25:24).

(3) **그달리야는 그의 보좌관 요하난으로부터 이스마엘을 주의하라는 경고를 받았으나** 이를 믿지 않았다. 칠월에, 그러니까 느부갓네살 왕 제19년 칠월에(예루살렘 성은 다섯 째 달 칠일에 함락되었는데) **이스마엘이 10명을 거느리고 와서 그달리야를 쳐서 죽이고** 또 그와 함께 미스바에 있는 유다 사람과 갈대아 사람을 죽였다(왕하 25:25). 그렇다면 총독으로 임명된지 2개월 시무한 후에 죽임을 당한 셈이다. 그달리야의 부하들이 이 살인자들(이스마엘과 부하)을 맹추격했으나 실패했다. 이들은 **암몬으로 도망했다. 나머지 사람들은 애굽으로 도망갔다.**

이스마엘은 누구?

- 새로운 총독 그달리야의 새 장교들 중에 유다 왕가의 일원인 이스마엘이 있었는데, 암몬의 왕 바알리스가 이스마엘을 선동하여 그달리야를 암살하게 했다. 이스마엘은 세겜, 실로, 사마리아에서 온 많은 순례자를 죽였다. 유다 군대의 지도자 요하난이 이스마엘을 추격하였으나 실패했다.

(4) 그달리야는 베냐민 지파에 속한 미스바에 총독의 관저(왕궁?)를 건설했다. 바벨론은 그를 총독으로 임명했지만 그달리야가 지도를 발휘하기에는 너무 황폐한 지역이었다. 그래서 바벨론 관리들은 백성의 짐을 덜어주려고 애썼고, 남아 있던 가난한 사람에게는 땅을 분배해 주기도 했다(39:10, 40:10-12). 때로 종교의식이 행해지기도 했다(렘 41:4, 5). 어쨌든 매우 힘든 시기였다(애가를 보라).

"여호와는 온 우주를 통치하시는 분임"을 보여준 선지자

에스겔이 바라본 예루살렘의 멸망

에스겔은 절망적인 상황 속에서 하나님께 소명을 받았다(겔 1-3장). 그는 백성에게 심판이 임하였음을 여러 가지 상징적인 행동을 통하여 보여준다(겔 4-7장).

왜 심판이 임하는가? 필연적인 심판은 바로 그들의 죄악 때문이다(겔 8-11장). 따라서 그들에게는 하나님의 심판의 메시지가 거듭해서 언급되어진다(겔 12-19장; 20-24장).

24장까지만 훑어보고 예루살렘에 대한 심판의 심각성을 생각해 보자.

❖ **바벨론 포로**(597년 여호야긴의 반란 사건으로 포로민과 함께 바벨론으로 끌려감) / 그는 제사장이기도 했다(겔 1:1-2) / 결혼했으며(24:16) / 환상(이상)을 볼 때 의식을 잃어버린 환상가였다. 환상을 설명하기 위해 상징적 행동을 취했다. / 포로로 끌려가 바빌론과 닙풀 사이에 있는 그발강(운하)가 텔아빕에 있는 난민촌에서 살았다(겔 3:15). 처음 소명을 받은 것은 593년(겔 1:2, 3), 마지막으로 말씀을 받은 때는 571년이다(겔 29:17). / 하나님은 에스겔에게 아내의 죽음에 대해 슬퍼하는 것을 금하셨다. 그의 아내의 죽음이 예루살렘의 멸망의 유비요, 예고였기 때문이다(겔 24:15-27). 그를 통해서 유다의 멸망 과정을 간단하게 살펴보기로 하자. 예레미야서를 공부할 때, 도움이 되기 때문이다.

- 인자[1])야 네 발로 일어서라 / 하나님은 에스겔을 부르신다. 소명을 주시기 위해서다. 이 때가 33살.

- 여호와의 영광의 형상의 모양 앞에 선 에스겔 / 그는 엎드린다. / 에스겔은 하나님의 영광을 보게 된다(1장). 에스겔이 소명을 받는다. 에스겔은 이방 나라의 선교사가 되는 것이 아니었다. 오히려 배반하고, 완악하며, 마음이 굳은 이스라엘의 아들들에게 전파하도록 부름을 받았다(겔 2:3-8). 에스겔은 히브리 난민에게 전하라는 메시지를 받는다(2:4, 7; 3:4, 11).

- "에스겔아, 이 두루마리를 먹어라"(겔 2:9-3:3). 하나님의 영이 그에게 임하였다. 파수꾼으로서 에스겔은 오직 여호와로부터만 지시를 받아야 한다. 그의 직무는 무엇일까? 그는 사랑하고, 위로하며 희망의 메시지만을 전하는 것이 아니라 이스라엘의 죄악을 폭로해야 하며(겔 1-11장), 하나님의 심판의 이유들을 선포해야 한다(12-24장). 물론 회복에 대한 말씀도 선포하게 된다(40-48장).

❖ **사로잡힌 네 민족에게 예언하라**(겔 3:11). 에스겔은 자신이 함께 살고 있는 난민촌 유다인들에게 예언하라고 부름을 받는다. 그는 예루살렘이 포위될 것과 예루살렘의 성의 고난(겔 4:9-17)을 어떻게 묘사할 것인가에 대해 분명한 지시를 받았다(겔 3:24-26).

- 예루살렘이 어떻게 포위될 것인가? (겔 4:1-6). 왕의 도성 예루살렘은 포위될 것이다. 따라서 기근이 발생할 것이다(겔 4:9-17).

- 예루살렘의 종말에 대해 선포하라(겔 5-6장). 기근에 이어 전투가 발생할 것이다(겔 5:1-17). 이를 상징적인 행동으로 보여주고 있다(머리카락과 수염을 깎는 상

1) 여호와는 에스겔을 '인자'(2:1, Son of man, בֶּן־אָדָם)로 부르신다. 이 서신에서 92회나 사용되었다. 이 칭호는 에스겔을 신적인 존재로부터 구별시킬 뿐만 아니라 에스겔이 권능의 하나님과 그의 영에 의존해야 함을 가리킨다.

예레미야, **에스겔**, 다니엘

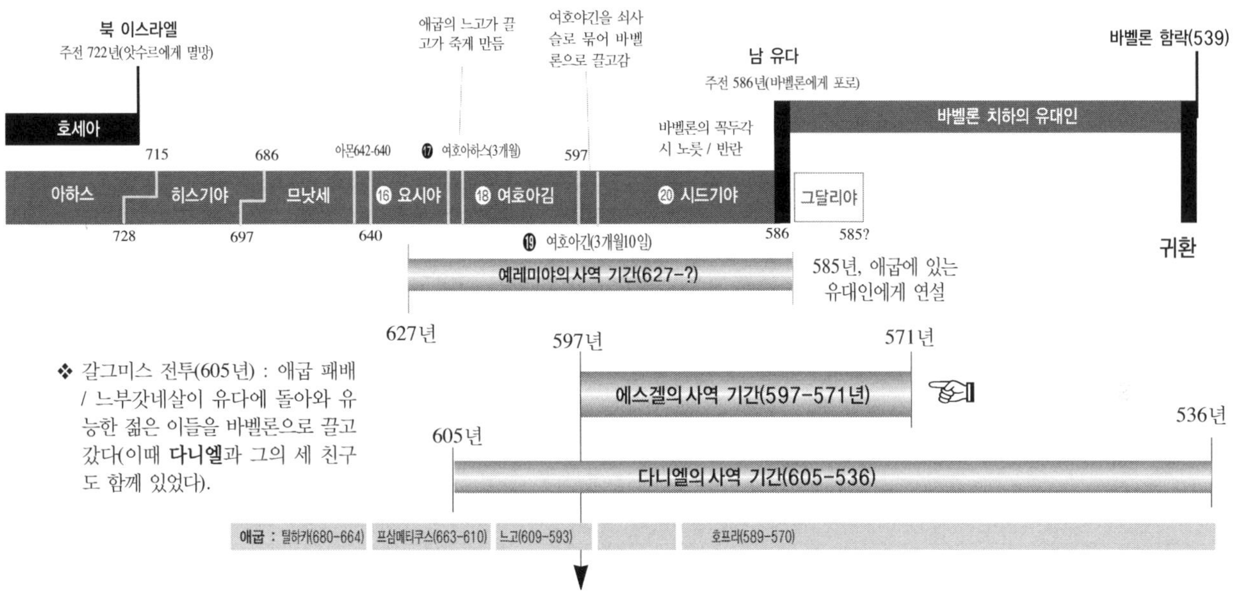

❖ 597년, 여호야긴이 반란을 일으켰다(왕하 24:8-12).
여호야긴과 함께 **에스겔**도 끌려갔다.

징 행위, 5:1-5). 이제 예루살렘 주변의 산지들은 시체로 가득차게 될 것이라고 예언한다. 거주하는 성읍마다 황무지로 변하고, 산당들도 황폐화 될 것이다. 너희가 섬기는 우상들도 산산조각날 것이다(겔 6:1-7).

- 결국 이스라엘에 종말이 올 것이다(겔 7장) : 백성들의 가증스런 행위로 말미암아 모든 악인들은 처참한 지경에 이를 것이다. 더 이상 견딜 수 없는 여호와께서는 이들을 떠나실 것이다(겔 7:22-26).

❖ "그 때에야 그들이 나를 여호와인 줄 알리라"(겔 6:10)
위의 구절은 74회나 등장한다. 이런 엄청난 일을 당하고 나서야 여호와의 존재에 대한 참 지식을 깨닫게 될 것이다.

❖ 백성이 왜 이런 상태까지 되었단 말인가? (겔 8장)
주전 592년경 에스겔은 환상을 통해 예루살렘으로 인도된다. 거기서 다시 에스겔은 하나님의 영광을 본다(겔 8:1-4). 여기서 하나님은 백성들의 한심한 작태를 보여주신다.

- 우상이 성전의 안뜰을 차지했다(겔 8:5). 거기서 70명의 장로들이 그들의 우상을 섬기고 있다. 제단 문 어귀와 성전 안에 있는 우상들을 보여주신다(8:5-13).

- 백성의 장로들은 하나님이 그들을 버리고 떠나셨기에 자신들을 살피시지 못한

- 겔 7:21 "타국인의 손에 넘겨 노략하게 하며 세상 악인에게 넘겨 그들이 약탈하여 더럽히게 하고 22내가 또 내 얼굴을 그들에게서 돌이키리니 그들이 내 은밀한 처소를 더럽히고 포악한 자도 거기 들어와서 더럽히리라 23너는 쇠사슬을 만들라 이는 피 흘리는 죄가 그 땅에 가득하고 포악이 그 성읍에 찼음이라 24내가 극히 악한 이방인들을 데려와서 그들이 그 집들을 점령하게 하고 강한 자의 교만을 그치게 하리니 그들의 성소가 더럽힘을 당하리라 25패망이 이르리니 그들이 평강을 구하여도 없을 것이라."

- 겔 6:8 "그러나 너희가 여러 나라에 흩어질 때에 내가 너희 중에서 칼을 피하여 이방인들 중에 살아 남은 자가 있게 할지라."

에스겔이 바라본 예루살렘의 멸망

다고 생각했다. (8:12 "또 내게 이르시되 인자야 이스라엘 족속의 장로들이 각각 그 우상의 방안 어두운 가운데에서 행하는 것을 네가 보았느냐 그들이 이르기를 여호와께서 우리를 보지 아니하시며 여호와께서 이 땅을 버리셨다 하느니라."

- 여자들은 성전 뜰에서 **바벨론 여신 담무스를 위해 애곡**하고 있다(겔 8:14-15). 그리고 24명의 지도자들이 성전을 뒤로하고 태양을 숭배하고 있다(8:16-17). 이런 엄청난 죄악들이 제사장 감독 하에서 성전에서 범해지고 있다.

담무즈는 우유와 곡물에 나타나는 수메르와 바벨론의 농경신이다. 담무스는 일차적으로 다산, 생식을 책임지는 여신, 이난나(Inanna, Ishtar)와 관계가 있다. 수많은 수메르 신화는 그것들의 성관계 또는 죽고 다시 사는 식물의 신 담무스에 초점을 맞춘다. 담무스는 구약성경에서 겔 8:14에 단 한 번 나온다: "여인들이 담무스를 위하여 애곡하는 것"은 에스겔이 예루살렘 성전에서 볼 수 있었던 여러 가증스런 일들 가운데 하나로 언급되어 있다. 메소포타미아 문학에서 담무스는 젊고 잘생기고 매력적이며 아무 책임도 지니고 있지 않은 존재로 묘사되었다. 따라서 담무스 제의는 적극적인 윤리적, 종교적 가치가 없는 여자들의 제의였다.

❖ 남은 자들만이 재난에서 살아남을 것이다(겔 9장).

- 이제 하나님은 우상 숭배자들을 처단할 집행인들을 호출하신다(겔 9:1-2). 왜 하나님은 그 은혜를 철회하시는 걸까? 백성들은 하나님이 그들의 행위를 감찰하신다는 것을 믿지 않은 채 죄악을 자행했기 때문이다(겔 9:9-11). 이 백성들은 민족들이 속박당할 때 그 민족의 신도 속박당한다는 다신론적 세계관을 받아들였다.

- 이제 하나님은 성전으로부터 나와 동문으로 향하신다(겔 10:18-19). 하나님은 장차 일어날 일을 바라보시며 그것을 떠나신다. 그렇다면 백성들의 가장 큰 잘못은 무엇인가? 그것은 이웃 족속의 우상 숭배에 빠져 모세 언약을 거절했다는 점이다(겔 11:11-12). 하나님은 이제 이들을 철저하게 심판하실 것이다.

❖ 그러나 이스라엘을 회복시켜 주실 것이다(겔 11:16-17)

- 하나님은 남은 자들이 약속의 땅을 물려받을 수 있도록 이방 가운데 쫓아버린 그들을 보호하실 것이다(겔 11:16-17). 그 남은 자들이 우상을 척결할 것이다(겔 11:18). 유다, 예루살렘, 그리고 성전과 아무런 관련이 없는 것으로 생각되는 남은 자들을 모으실 것이다. 그리고 이들을 이스라엘 땅으로 돌리실 것이다.

❖ "그리고 그들이 그곳으로 돌아갈 것이다"(겔 11:18-21)

- 겔 11:18-20의 말씀은 렘 31:31-34(새 언약)의 말씀과 조화를 이룬다. 어떻게 '참 이스라엘'이 그와 같은 일을 성취해 낼 수 있는가를 언급한다. 하나님은 이들에게 "하나님의 뜻에 순종하는 마음"을 주실 것이다. 이들에게 새로운 영을 부어주실 것이다. 이 일은 오직 여호와께서만 하실 수 있는 일이다.

- 이 부분은 귀환이 이루어질 상황과 그 백성이 기대하는 바에 대해서 말하고

있다(겔 11:18 "그들이 그리로 가서 그 가운데의 모든 미운 물건[1])과 모든 가증한 것을 제거하여 버릴지라.")

- 겔 11:19 "내가 그들에게 ① 한 마음을 주고 ② 그 속에 새 영(=새로워진 영)을 주며 ③ 그 몸에서 돌 같은 마음을 제거하고 ④ 부드러운 마음을 주어서"

  하나님은 인간의 내면을 바꾸기 위해 4가지 일을 행하실 것이다. 여기서 '영'은 한 사람의 영적 생활, 마음 자세, 바람들, 충동들을 가리킨다. 새로운 방향이 설정되고, 새로운 관계가 형성될 것이다. 여호와와 그의 백성이 완전한 생활, 사랑이 넘치는 교제로 들어갈 것이다. 그럼으로써 조화와 평화가 회복될 것이다.

- 변화된 자들로서 돌아와 순종하는 백성들이 될 것이다. 언약 조항들(율법과 규례들)이 기억되고 지켜질 것이다. 모세가 시내산에서 말하던(출 20:1-2; 신 29:1) 그 율법을 가리킨다. 하나님은 이전보다 더 많은 것을 요구하시는 것이 아니다. 이전과 똑같은 것을 요구하신다. "그들이 나의 백성이 되고, 나는 그들의 하나님이 될 것이다"(11:20하). 여호와(남편)와 그의 백성(신부) 사이에 혼인이 실현될 것이다(겔 20:5-6, 23:1-4 참조).

❖ 그리고 하나님은 예루살렘을 떠나셨다(11:23).

- 하나님의 영광이 성읍 동쪽 있는 산 꼭대기에 머무셨다. 주의 영이 에스겔을 높이 들어 올려 하나님의 영으로 환상 가운데, 바벨론의 포로 가운데로 데리고 오셨다.

❖ 포로가 될 것을 나타내는 상징 행위를 하다(12장).

- 에스겔은 포로를 암시하는 상징적 행동을 한다(12:7-20, 예레미야 21-24장과 비교). 백성들은 선지자들의 예언이 대부분 성취되지 않는다고 떠들어댄다(12:21-25). 그러나 하나님은 무엇이라고 말씀하시는가? (12:25, 28) 하나님은 다만 침묵하고 계실 뿐이다. 그러나 백성들은 현재 여호와가 아무것도 말씀하시지 않는다고 믿고 있다. 그러나 이들이 믿지 못하는 이유는 거짓 선지자들과 우상을 숭배하기 때문에 영적인 눈이 가려 있을 뿐이다.

- 문제는 거짓 선지자들이다. 어떤 선지자들은 미래의 지식을 얻기 위해 점술을 의지하기도 했다(13:17-23). "새 잡듯이 사람의 영혼을 사냥하는 데 사용하는 너희의 부적을 네 팔에서 떼어버리시겠다"고 말씀하신다(13:20). 장로들은 선지자에게도 묻고 우상 숭배에게도 묻기도 했다(혼합주의). 이들 역시 하나님 앞에 동일한 죄악을 범하기는 마찬가지였다(14:1-5).

1) '모든 미운 물건' - 음식, 해충, 더러운 것들과 같은 생활의 불결한 측면들을 가리킨다(레 7:21). '가증스러운 생물들(혐오스러운 희생제물들)이 영적 지도자들이 경외하는 성전 안에 있었다. 여호와는 성별된 삶과 제사를 원하신다.

- 겔 11:20 "내 율례를 따르며 내 규례를 지켜 행하게 하리니 그들은 내 백성이 되고 나는 그들의 하나님이 되리라."

- 겔 11:21 "그러나 미운 것과 가증한 것을 마음으로 따르는 자는 내가 그 행위대로 그 머리에 갚으리라 나 주 여호와의 말이니라."

만약, 여호와를 대적하는 모든 자들에게와 포로 생활 여러 세대들이 행했던 악한 길을 계속 따르는 자는 저주가 임할 것이다(21절).

에스겔이 바라본 예루살렘의 멸망

- 이런 우상 숭배를 심판하시는 방법은 자연의 재난과 군사적 재난을 통해서 해결하신다. 언약을 어긴 백성에게 이제는 여호와께서 대적이 되어 나타나신다는 말이다. 여기서 벗어나는 길은 오직 한 가지, 회개뿐이다(겔 14:6).

❖ **예루살렘은 타버린 포도나무다(겔 15장)**

- 하나님은 에스겔에게 이렇게 물으신다. "인자야, 포도나무로 무엇을 만들겠느냐?"(15:2) 하나님은 포도나무는 땔감밖에 달리 사용할 곳이 없다고 말씀하신다. 주님은 불에 타 버린 포도나뭇가지는 아무 곳에도 쓸 수 없으니 베어 땔감으로 불에 던져 넣듯이 예루살렘에 사는 백성들도 그렇게 하시겠다고 선언하신다. 혹시 그들이 불을 피하더라도 불이 그들을 쫓아가 태워버릴 것이라고 말씀하시면서 진노의 철저함을 전하신다.

- **너는 들판에 버려진 아기였었다(15장).**[1] 이렇게 에스겔 선지자는 이스라엘을 불타버린 포도나무(겔 15장)요, 간음한 배우자(겔 16장)로 비유하여 하나님의 심판의 필연성을 강조한다.

- 소돔이 타락했으나 유다의 타락은 더 심하다고 탄식하고 있다(겔 16:47-48). 유다는 북 이스라엘의 멸망을 직접 목격하지 않았는가? 그럼에도 불구하고 더욱 더 부패하다니!(겔 16:51-52). 하나님은 에스겔에게 심판 때에는 유다보다 소돔이 먼저 회복될 것이라고 말씀하신다. 그런 주제에 유다는 아람과 블레셋을 업신여기고 있지 아니한가!(겔 16:57-58) 이렇게 유다는 여호와의 '언약을 깨뜨렸으므로'(לְהָפֵר בְּרִית) 바벨론 유수는 필연적이라는 것이다.

❖ **그러나 내 언약을 기억할 것이다(겔 16:60-63).**

- 네가 한 맹세를 하찮게 여겨, 그 언약을 깼으니, 나 여호와도 네가 한 것과 똑같이 너에게 하겠다(겔 16:59). 그러나 하나님은 "너희와의 내 언약(=출 19-24장의 사건)을 기억할 것이라고 말씀하신다(겔 16:60). 자신의 언약을 기억하고, 갱신하며, 영원히 세우시겠다고 말씀하신다. 이 과정에서 이들의 죄악을 덮으심으로써 해결하신다.

❖ 이스라엘은 두 마리 큰 독수리가 취할 나뭇 가지와 같다(겔 17장).

- 에스겔은 동료 유다인들에게 분명한 메시지를 전하기 위해 그림 같은 알레고리(수수께끼, 우화)를 사용한다(겔 17장). 이 알레고리의 기본 의미는 다윗 왕가와 국제적 정세 속에서 그 왕가가 처한 상황을 다루고 있다. 17장의 비유를 자세히 읽어보자. 그 내용은 이렇다 :
- 다윗의 집 : 레바논에 심어진 한 그루 나무로 언급한다.
- 바벨론 왕(독수리 - 색깔이 화려하고 날개가 크고 깃이 길고 털이 숱한 큰 독수리)이 나무의 꼭대기 부분(여호야긴)을 바벨론에 옮겨가고 한 씨(=시드기야)를 가나안

1) 하나님은 이스라엘의 어렸을 적을 이렇게 표현했다.

"이스라엘은 길가에 버려진 아기였었다. 피투성이가 된 채로 버둥거리고 있는 것을 보고 하나님은 이를 데려다가 밭의 식물처럼 키웠더니 잘 자라서 이제는 아름다운 보석처럼 되었다. 점점 더 자라 성숙한 처녀가 되어 있었다. 그래서 너와 엄숙히 맹세하고 너와 언약을 맺어서 너는 내 것이 되었다. 아름다운 신부처럼 은과 금으로 치장하고 고운 모시옷과 비단옷과 수놓은 옷을 입히고, 왕비처럼 되었다."(쉬운 성경 참조)

"그런데 지금은 창녀가 되었구나. 세상에 너 같은 창녀가 어디 있겠느냐? 돈을 받기는커녕, 오히려 돈을 주어 가며 몸을 파는구나"(34절).

에 심었다. 이 나무는 잘 자라지 못하여 잠시 동안 바벨론을 의지하다가 후에 애굽(=새로 심기워진 두 번째 독수리, 7절)을 의지한다. 이런 비유에 대한 해석이 겔 17:11-21에 나온다.

❖ **얼마간 왕국을 폐할 것이나 다시 세우실 것이다(겔 17:22 -24).**

- 역사를 주관하시는 하나님이 얼마간 왕국을 폐하실 것이지만 다시 심으실 것이다(17:24). 여기 나오는 나무들(22-24절) 곧 온 민족들을 여호와의 행사를 알게 될 것이다(24절).

❖ 멸망의 원인은 각 개인의 죄 때문이다(겔 18-20장).

- 에스겔 당시의 백성들은 자신들은 멸망당할 일은 결코 행하지 않았다고 투덜거렸다. 이들은 부모들 때문에 지금 이런 고통을 당한다고 생각했다(렘 31:29-30 참조). 에스겔은 출애굽에도 불구하고 여호와를 섬기지 못한 이스라엘의 실패를 언급하면서 결국 이런 멸망당한 일은 각 개인의 죄에 기인함을 설명한다. 에스겔은 3대 자손의 영적 상태를 예를 들어 설명하면서, 하나님이 행하실 심판이 각 개인의 행위에 달려 있음을 증명한다(겔 19:5-24). 따라서 각 개인은 회개하여야 하며, 새 마음과 새 영을 받아들여야 할 것임을 말씀하신다(겔 18:30-31).

❖ **유다에 대한 하나님의 평가(21-24장).**

- 이제 유다는 바벨론의 군사력을 통해 주어질 하나님의 진노와 심판의 불을 체험하게 될 것이다(겔 21:13). 바벨론의 칼이 예루살렘을 멸망시킬 것이다(칼의 노래, 21:8-17). 유다는 분명히 포로가 될 것이다(겔 21:24). 시드기야의 통치는 끝났다. 그래서 예루살렘에서 다윗의 보좌가 제거될 것이다(겔 21:25). 그리고 유다 나라의 뿌리가 뽑힐 것이다. 시드기야는 왕으로서 자신이 한 거짓말과 악행에 대한 대가를 받아야 한다.

- 심판이 찾아오는 분명한 이유는 이들의 우상 숭배, 가난한 자들에 대한 압제 및 피흘림 때문이다(22:1-31). 이 피흘린 성읍에 대한 심판이 언급되어 있다(17-22절). **그 심판의 근거를 구체적으로 언급하고 있다(겔 22:23-31).** ① 부모를 업신여겼다. ② 나그네와 고아를 함부로 대했다. ③ 안식일을 거룩히 지키지 못했다. ④ 피를 흘리려고 이간을 붙이고 ⑤ 우상 숭배 ⑥ 여러 종류의 간음 ⑦ 피를 흘리려고 뇌물을 받고 ⑧ 토색하는 일 / 결국, 이들은 하나님을 잊어버린 것이다.

▶ 그래서 하나님은 친히 이들을 심판하실 것이다. 나라들의 목전에서 이스라엘은 수치를 당할 것이다(겔 22:16). 예루살렘은 "정결하지 못한 땅"이요 "비를 얻지 못한 땅"이다(24절).

이스라엘의 파멸은 너무 고통스러운 것이기에 에스겔은 애가(哀歌)를 부르지 않을 수 없다 (겔 19:1-14).

이스라엘이 얼마나 언약에 불충성했는가 보라 (20:1-4).

이들의 불미스러운 과거를 살펴보아라(20:5-32).

에스겔은 이스라엘과 유다의 반역과 그들에게 임할 확실한 심판을 강조한다(20:1-38).

물론 회복도 강조되고 있다 (22:39-44).

여기까지만 살펴보자. 더 자세한 내용은 에스겔서 공부할 때 하기로 하자.

402

예루살렘 함락 후에는 어떤 일들이? (40-44장)

그달랴(41장), 애굽으로 끌려가는 예레미야(43-44장)

1. 성전은 불타버렸고, 성은 무너져내렸다.

(1) 백성들의 완고함, 하나님은 비록 백성이 타락의 구렁텅이로 빠져들었지만, 이제나저제나 유다 백성의 회항(回航)을 기다리셨다. 그러나 예레미야의 간절한 메시지 선포에도 불구하고 백성들은 전혀 관심이 없었다. 더욱이 거짓 선지자들은 결코 예루살렘은 파괴되지 않을 것이라고 거짓 희망을 선포했다.

(2) 그러나 설마는 현실로 바뀌었다. 예루살렘은 포위되었고, 잠시 포위망이 해제되기도 했지만, 결국 유다는 공중분해 되었다(주전 586년). 나라가 망한 것이다. 예레미야 26:1-36:32의 주제는 '백성의 완고함'이다. 그러나 이 단락의 중심부에는 역설적으로 '위로의 책'(30:1-33:26)이 위치하고 있다. 위로의 책은 '새 언약'을 중심으로 기록되어 있다. 34-38장은 예루살렘 함락 전의 사건들을 다루고, 39장은 예루살렘 함락을 다루고 있다.

2. 예루살렘 함락 후에는 어떤 일이 벌어졌을까?

- 주전 586년 4월에 예루살렘 함락(39:2)
- 시드기야가 살해당함
- 남은 유다인들은 애굽으로 도망감 / 예레미야와 바룩도 끌려감
- 예레미야는 애굽에서도 계속 예언 활동을 함

[40장] 그달랴가 바벨론에 의해 총독으로 임명됨(40:1-16)

(1) 예루살렘 성이 함락된 후 예레미야는 다른 포로들과 함께 라마로 끌려간다(40:1-6).

(2) 예루살렘 멸망의 이유 - (40:2-3) - 여호와께 범죄하고 그의 목소리에 순종하지 않았으므로(40:3) / 결과 - 그래서 이곳에 재앙을 선포했다(40:2).

(3) 예레미야는 바벨론 군대에 의해 '시위대 뜰'에서 풀려났다. 예레미야에게 선택권이 주어졌다. 바벨론으로 초대받아 가든가, 유다에 남아 있든가(4절).

(4) 폐허가 된 유다를 통치하기 위해 바벨론 왕은 그달리야를 총독으로 세웠다(40:7-12).

(5) 바벨론으로 끌려가지 않은 사람들(흩어져 있던 정치가 및 군인들)이 그달랴에게 몰려들었다(40:8). / 이들에게 반기를 드는 인사들도 있었다(이스마엘) / 요하난은 이스마엘을 제거할 것을 시드기야에게 건의했으나(40:14-15), 시드기야는 이를 거절한다(16절).

(1) 그달리야가 바벨론에 의해 총독으로 임명됨(40:1-16)
(2) 그달리야가 살해당함(41:1-18)
(3) 요하난과 관리들 - 예레미야에게 여호와의 뜻을 물음(42:1-43:7)
(4) 애굽에 내려간 예레미야의 예언(43:8-44:30)

[41장] 그달리야가 살해당함(41:1-18)

(1) 그달리야가 살해 당함(41:1-3) (예루살렘 성 함락 후 3개월 후인 7월에)

(2) 이스마엘의 악행 - 대량 살육(예루살렘 성전 파괴에 대한 애도를 표시하기 위한 조문객 60명을 그달리야에게 초대하는 것으로 가장하여 죽임. 10명은 그에게 뇌물을 제의했기에 살려줌. / 이스마엘은 인질들을 데리고 미스바에서 암몬으로 달아났다. 이를 안 요하난 일행은 그를 추격했으나 실패했다.

(3) 바벨론 군인들의 보복을 두려워한 요하난과 그를 추종하는 백성들이 애굽행을 선택한다(41:16-18).

[42장] 요하난과 관리들

(1) 예레미야에게 여호와의 뜻을 물음(42:1-43:7) : '애굽으로 가야 하는가, 유다에 남아 있어야 하는가?' 하는 문제를 가지고 예레미야를 찾아와 기도를 요청했다(42:1-6). 이들은 하나님의 응답대로 행동하겠다고 약속한다(42:5-6).

(2) 예레미야를 통한 하나님의 응답은 유다의 남은 자들이 애굽으로 내려가지 않고 유다 땅에 머무는 것이었다(10-12절). 그렇게 할 때 바벨론의 위험으로부터 보호해 주시겠다는 것이었다.

(3) 만약, 이를 어기고 애굽으로 내려간다면 분명히 심판하실 것이다(42:13-18). 그러나 이들 일행은 결국 애굽행을 택했다. 물론 예레미야도 애굽으로 끌려왔다.

[43장] 애굽에 내려간 예레미야의 예언(43:8-44:30)

(1) 애굽의 다바네스로 도피한 사람들(43:1-7) : 이들에게 분명한 하나님의 뜻을 전달했지만 애굽에 피난한 사람들은 오히려 예레미야에게 거짓말을 한다고 대들었다(43:2).

(2) 다바네스에서 주신 메시지(43:8-13) : 상징적인 행동으로 하나님의 뜻을 전달했다(43:8-9). 몇 개의 큰 돌을 취하여 바로가 다바네스를 방문할 때, 왕궁의 입구에 진흙으로 감추라는 것이다. 이 예언의 내용은 "느부갓네살 왕이 와서 애굽 땅을 치고 죽일 자는 죽이고 사로잡을 자는 사로잡고 칼로 칠 자는 칼로 칠 것이다." "바벨론 왕은 무자비하게 이곳을 평정할 것"(11절)이라는 내용이다. 애굽인들이 믿는 신전들도 불태울 것이고(12절) 그리고 우상들도 가져갈 것이라는 예언이 주어졌다.

(3) 이렇게 죄를 회개하지 않고(44:1-14), 우상을 섬기는 백성들은(15-19절) 결국 파멸을 당할 것이다. 이들은 애굽에 내려와서까지 '하늘 황후'를 섬기겠다고 했다.

- 애굽으로 도피함으로써 느부갓네살의 진노를 피하려 했지만 애굽은 최후의 피난처가 되지 못한다. 왜냐하면, 느부갓네살은 애굽까지 침공해 올 것이기 때문이다.
- 애굽에 온 백성들은 여기까지 와서도 우상 숭배를 고집한다. 하늘 황후를 섬길 때는 잘 살았는데, 이를 중지한 후부터 어렵게 됐다는 것이다. 그래서 계속해서 하늘 황후를 섬기겠다는 것이다.
- 하늘의 여왕(황후)에 대한 그들의 집착은 결국 파멸을 가져오게 된다.
- 유다인의 보루라고 생각했던 애굽, 그 애굽의 바로 호브라는 그의 군대장관 아마시스에게 왕권을 탈취당함으로써 예레미야의 예언이 성취된다(주전 570년경).

예레미야가 풀려나다(40:1-6)

39:12에서는 "예레미야를 감옥 뜰에서 데리고 사반의 손자 아히감의 아들 그다랴에게 넘겨서 그를 집으로 데려가게 하매 그가 백성 가운데에 사니라."라고 기록되어 있다. 그런데 그가 어떻게 라마(예루살렘에서 북쪽으로 8km 떨어진 곳)의 감옥에 갇히게 되었는지에 대한 설명이 없다.

광풍이 지나가고 있다. 예루살렘 성이 무너져내렸고 성전은 불타버렸다. 예레미야의 예언은 성취되었고, 시드기야 왕은 두 눈을 뽑힌 채 바벨론으로 끌려갔다. 예레미야는 어떻게 되었을까? 바벨론 왕 느부갓네살의 명령에 따라 군사령관 느부사라단과 다른 관리들이 예레미야를 왕궁 뜰로부터 풀어주고 그달리야(그다랴)의 보호 아래 두었다고 했다(렘 39:11-18). 그후 어떤 과정을 거쳤는지 설명이 없다. 그러나 지금 예레미야는 바벨론으로 끌려가는 포로민들과 함께 매여 있다.

1. 바벨론의 군사령관 느부사라단은 라마에서 풀려난 예레미야를 부른다.

(1) 예레미야가 결박당하여 다른 포로민들과 함께 바벨론으로 끌려가다가 라마에서 사령관 느부사라단을 만나 석방되었다. 이후에 여호와께로부터 예레미야에게 말씀이 임했다(1절).

(2) 사령관은 예레미야를 불러다가 이렇게 말한다.

예루살렘의 멸망의 원인을 이교도 군사령관의 입을 통해 전달되었다는 것은 놀라운 일이다.

40:2 여호와께서 —— **선포하시더니**
　　/네 하나님　　/이 곳에 이 재난을
3 여호와께서 —— **행하셨으니**
　　/그가 말씀하신 대로
이 일이 —— 너희에게 **임한 것이니라**
　　//이는(이유, Because, כִּי)
너희가 ┬ 여호와께 범죄하고
　　　 └ 그의 목소리에 순종하지 아니하였으므로

군사령관 느부사라단은 예레미야에게 다가가 유다 파멸의 근본 이유가 무엇이었나를 말한 후에 예레미야를 풀어준다.

렘 32-45장

여호야김
36:1-8 (주전 605)
45장 (주전 605)
36:9-32 (주전 604)
35장 (주전 598)

시드기야
32-34장 (주전 588/87)
37-39장 (주전 588-586)

그달리야
40-44장 (주전 586-582)

(3) "당신의 하나님 여호와께서 이곳에 이런 재앙을 내리겠다고 말씀하셨는데(2절) 이제 그대로 하셨소." "그 이유는(Because, כִּי), 당신들이 여호와께 죄를 짓고 말씀에 순종하지 않았기 때문이오"(3절). - 예루살렘의 멸망의 이유가 이교도의 눈에도 확실함을 보여주고 있다. 자신들이 보기에도 이 일은 명백히 당신들이 범죄하고, 당신들의 신의 뜻에 순종하지 않았기 때문이라는 것이다. 백성들에게는 자신들의 파멸을 다른 것에서 찾을 수 없다.

2. 바벨론의 군사령관 느부사라단은 예레미야에게 두 가지 선택권을 준다.

(1) 예레미야가 원한다면 바벨론으로 갈 수 있도록 초대한다는 것이다. "보라 내가 오늘 네 손의 사슬을 **풀어** 너를 **풀어 주노니**"

① 만일 네가 나와 함께 바벨론으로 가는 것을 좋게 여기거든 가자 내가 너를 선대하리라(=잘 보살펴 드리리다)

② 만일 나와 함께 바벨론으로 가는 것을 좋지 않게 여기거든 그만 두라

만일, 예레미야가 군사령관을 따라 바벨론으로 갔다면, 부귀영화를 누릴 수 있었을지 모르지만 그는 진짜 매국노라는 낙인이 찍혔을 것이다. 그러나 그는 동족과 함께 남기로 결정한다. 그는 끝까지 백성들과 남은 고난을 함께 하기로 결정한다.

(2) "보라 온 땅이 네 앞에 있나니 네가 좋게 여기는 대로 옳게 여기는 곳으로 갈지니라 하니라." 이 말을 듣고도 돌아가지 않고 있으니까, 그는 다시 말한다. "그러면, 너는 **그다랴**[1] (총독)에게로 돌아가서 그와 함께 백성 가운데 살거나 네가 옳게 여기는 곳으로 가거나 하시오." 하고 그 사령관이 그에게 양식과 선물을 주어 보냈다(5절).

1) 그다랴 - 바벨론의 왕이 유다 성읍들을 맡도록 세운 사반의 손자 아히감의 아들

에돔의 악행을 보라(오바댜서)

▶ 예루살렘이 바벨론에게 포위되자 이런 기회를 틈 타 에돔은 다시 유다를 공격한다(오바댜 1:10-14의 내용이다, 애 4:21-22). 결국 2년 후에(586 B.C. 시드기야 11년 4월 9일) 예루살렘은 함락된다. (동교재, 오바댜서 참조)

(1) 바벨론 왕 느부갓네살이 예루살렘을 침공할 때(주전 587년, 왕하 25장), 에돔 사람들은 이들과 동맹하였으며, 대대로 내려 온 자기들의 대적이 멸망하게 되자 미칠 듯이 기뻐했다(옵 1:11-12; 시 137:7을 보라). 이때 에돔 족속들은 용병(傭兵)으로 고용되어 바벨론 군대에 앞장 서서 예루살렘을 공격했다고 한다. 이들은 바벨론인을 도와 네 거리에서 도망하는 유다인을 막았다. 이 과정에서 에돔인들이 매우 잔인하게 대했던 것 같다. 오바댜의 에돔에 대한 멸망 선포는 에돔인들의 그 잔인함 때문이었다. 형제국 유다에게는 역사적으로 계속 나쁜 감정을 갖고 있었으나 특히 예루살렘이 바벨론에게 약탈당하고 무참히 짓밟혔을 때 그들의 악행은 도를 넘어섰다.

(2) 물론 예루살렘의 멸망을 주변 나라들이 같이 기뻐했다. 여호와께서는 에돔뿐만 아니라 만국을 벌하실 날이 있을 것임을 선포하신다(옵 1:15-16). 이런 열방에 대한 심판의 메시지는 지금 고통 중에 있는 유다인들에게 적지 않은 위로와 격려가 되었을 것이다.

당시 또 다른 선지자들의 에돔에 대한 강도 높은 비판을 살펴보자.

- 시편 137:7 - 앞에서 설명
- 애가 4:21-22
- 외경 제1에스드라 4:45 - 에돔인들이 성전을 불태웠다고 비난하고 있다.
- 이사야 34장; 예레미야 49:7-22; 에스겔 35장; 말라기 1:2-4 등을 읽어보면 에돔과 이스라엘이 얼마나 적대 관계에 있었는가를 알 수 있다.
- 오바댜 1:11-14 (예루살렘 파괴시 그들이 행한 내용)

그다랴 총독의 통치와 이스마엘(40:7–16)

• 렘 40:7 "들에 있는 모든 지휘관과 그 부하들이 바벨론의 왕이 아히감의 아들 그다랴에게 그 땅을 맡기고 남녀와 유아와 바벨론으로 잡혀가지 아니한 빈민을 그에게 위임하였다 함을 듣고"

1. 나라가 공중분해 된 후, 유다 땅에는 혼란이 백성들을 질식하게 만들고 있었다. 유다는 누구의 손에 맡겨지게 되었나?

(1) 바벨론 왕은 유다의 백성들을 포로로 끌고가고, 그 남은 자들을 위하여 그다랴(Gedaliah)를 세워 총독으로 삼았다. 그다랴는 한때 예레미야를 숨겨주기도 했던 인물이다.

[이 부분의 내용은 열왕기하 25:22-26에 언급되었다.]

유다 땅에 머물러 있는 백성은
곧 바벨론 왕 느부갓네살이 남긴 자라
왕이 사반의 손자 아히감의 아들 **그다랴**가 관할하게 하였더라(왕하 25:22)

(2) 그다랴 총독은 그의 관저를 미스바로 옮겼다. 그다랴가 총독으로 있다는 소식을 듣고 바벨론이 유다를 공격할 때 모압, 암몬, 에돔으로 피난 갔던 강경파 인물들이 모여들었다(왕하 25:23).

렘 40:8 그들 곧 느다냐의 아들 **이스마엘**과 가레아의 두 아들 **요하난**과 요나단과 단후멧의 아들 스라야와 느도바 사람 에배의 아들들과 마아가 사람의 아들 여사냐와 그들의 사람들이 미스바로 가서 그다랴에게 이르니

2. 그다랴는 그를 따르는 군사들에게 바벨론을 섬길 것을 권면했다. 이 땅에 살면서 바벨론 왕을 섬기면 모든 일이 잘 될 것이라고 했다.[1)]

1) "그달리야가 그들과 그를 따르는 군사들에게 맹세하여 이르되 너희는 갈대아 인을 섬기기를 두려워하지 말고 이 땅에 살며 바벨론 왕을 섬기라 그리하면 너희가 평안하리라 하니라"(왕하 25:24)

(1) 그다랴는 이런 권면을 한다. "나는 미스바에 살면서 우리에게로 오는 갈대아 사람을 상대하는 책임을 질 테니 여러분들은 어느 성읍이든지 차지하고 포도주와 여름 과일과 기름을 모아 그릇에 저장하고 살아가시오"(10절). 그래서 많은 사람들이 미스바로 모여들었고 그해 포도주와 여름 과일 수확이 아주 많았다(12절).

(2) 그러나 이들 중에는 그다랴의 친바벨론적 태도에 불만을 가진 강경파들이 있었다. 그래서 (가레아의 아들) **요하난**과 (들에 있던) 모든 군 지휘관들이 미스바에 사는 그다랴를 찾아와 이스마엘을 제거하자고 건의했다.

40:14 그에게(그다랴에게) **이르되**
/암몬 자손의 왕 **바알리스**가 네(그달랴) 생명을 빼앗으려 하여
/(느다냐의 아들) **이스마엘**을 보낸 줄 네가 아느냐 하되

(3) 그러나 그다랴는 이들의 말을 믿지 아니했다(14절). 그러자 요하난은 자신이 이스마엘을 몰래 처단하겠으니 허락해 달라고 했다(15절). 만약 그가 총독님을 살해한다면 여기로 모여든 유다 사람이 다시 흩어지게 될 것이라고 했다. 그러나 그다랴는 요하난의 청을 거절했다. "이 일을 행하지 말 것이니라 네가 이스마엘에 대하여 한 말은 진정이 아니니라"(16절). 그다랴는 그의 수하로 몰려드는 모든 사람을 포용하려는 정책을 펴려고 했을 것이다.

이스마엘이 그다랴를 살해하다(41:1-18)

1. 그다랴 총독으로부터 조용히 바벨론을 섬기라는 권면을 듣고 이스마엘은 그를 매국자로 몰아붙이고 그다랴와 그를 따르는 자들을 숙청했다(렘 41:4-7).

• 렘 41:1 "일곱째 달에 왕의 종친 엘리사마의 손자요 느다냐의 아들로서 왕의 장관인 이스마엘이 열 사람과 함께 미스바로 가서 아히감의 아들 그다랴에게 이르러 미스바에서 **함께 떡을 먹다가**."

(1) 그러나 상황은 그다랴가 생각한 대로 돌아가지 않았다. 그해 칠월(주전 586년, 지금의 10-11월 즈음에) 이스마엘이 자신의 부하 "열 명을 거느리고 와서 그다랴를 쳐서 죽이고 또 그와 함께 미스바에 있는 유다 사람과 갈대아 사람과 군인까지도 죽이는" 일이 벌어졌다. 이스마엘은 '왕족 엘리사마의 손자 느다니야의 아들'이라고 했다. 아마도 그는 친바벨론 정책을 고수하는 그다랴를 죽이고 바벨론으로부터 독립하려는 생각을 가졌을 것이다. 더욱이 암몬 왕이 이를 부추기고 있는 것이 아닌가!

(2) 새 총독 그다랴가 죽었다는 사실을 아직은 백성들이 눈치 채지 못했다(41:4). 그런데 더 큰 문제가 생겼다. 이런 상황을 잘 모르는 조문객 80명이 북쪽으로부터 와서 여호와의 성전으로 나아가려 했다.

• 자기들의 수염을 깎고 옷을 찢고 몸에 상처를 내고
• 손에 소제물과 유향을 가지고
• 세겜과 실로와 사마리아로부터 와서

80여명의 조문객들이 이미 두 달 전에 불타버린(렘 52:12-13) 성전의 파괴를 슬퍼하면서 성전터에서 희생제사를 드리려 왔다. 이들은 아직 이스마엘이 어떤 짓을 저질렀는지 눈치 채지 못했다.

(3) 이스마엘은 그들을 영접하러 미스바에서 나왔다. 그는 계속 울면서 가다가 그

렘 41:6
느다냐의 아들 이스마엘이
그들을 영접하러 미스바에서 나와
울면서 가다가
그들을 만나
아히감의 아들
그다랴에게로 가자
하더라

7
그들이 성읍 중앙에
이를 때에 느다냐의 아들
이스마엘이 자기와 함께 있던
사람들과 더불어
그들을 죽여
구덩이 가운데에 던지니라

1) 구덩이 - 이스마엘이 그다랴에게 속한 사람들을 죽이고 그 시체를 던진 구덩이는 **아사 왕이 이스라엘의 바아사 왕을 두려워하여** 팠던 것이라

아사 왕 16년에 북이스라엘 왕 바아사가 유다를 공격한다. 이스라엘 왕 바아사는 유다를 치러 올라와서 라마를 건축하여 사람들을 유다 왕 아사에게로 왕래하지 못하게 하려 했다.(왕상15:9-24 / 대하 14-16장)

들을 만나자 함께 그다랴에게로 가자고 했다. 그들은 영문을 모른 채, 함께 슬퍼하는 자라고 생각했을 것이다. 조문객들은 이스마엘을 따라 성읍 중앙까지 왔다. 그때, 이스마엘은 폭도로 변했다. 이스마엘은 자기 부하들로 하여금 그들을 죽여 구덩이[1] 가운데에 던져버렸다. 80명의 조문객 중 70여명이 죽임을 당한 것이다. "이스마엘이 그가 쳐죽인 사람들의 시체를 거기에 채웠다"고 했다.

(4) 그 중의 열 사람은 재치(才致)를 발휘하였다. "이스마엘에게 이르기를 우리가 밀과 보리와 기름과 꿀을 밭에 감추었으니 우리를 죽이지 말라." 그래서 10명은 죽음을 면했다.

(5) 그리고 이스마엘은 남아 있는 사람들을 포로로 잡아서 암몬 자손에게로 가려고 했다. 남아 있는 사람들은 "왕의 딸들과 (모든 백성 곧 사령관 느부사라단이 아히감의 아들 그다랴에게 위임하였던 바) 미스바에 남아 있는 모든 백성"을 말한다.

2. 요하난과 그와 함께 있는 모든 군 지휘관이 이스마엘이 저지른 모든 악한 짓에 대한 소문을 들었다.

(1) 요하난 일행은 이스마엘을 추격한 끝에 기브온 큰 연못 근처에서 그를 따라 잡는다(12절). 끌려가던 백성이 요하난과 그와 함께 있던 모든 군 지휘관을 보고 기뻐했다. 이스마엘의 포로가 되어 끌려가던 사람들은 돌이켜 요하난에게로 달려왔다. 숫적으로 불리한 **이스마엘**은 부하 여덟 사람과 함께 요하난을 피하여 암몬 자손에게로 도망쳤다.

(2) 요하난은 암몬으로 끌려가는 포로민[1]을 기브온에서 빼앗아 가지고 돌아와서 애굽으로 가려고 떠나 베들레헴 근처에 있는 **게롯김함**에 머물렀다. 요하난은 난처하게 되었다. 틀림없이 바벨론 군대가 그다랴의 암살 사건에 대해 책임을 물을 것이기 때문이다(18절). 물론 이들은 바벨론의 보복이 두려워 애굽으로 도망갔다(렘 41:18). 이때 애굽으로 가는 것을 그렇게 금했던 예레미야도 그들에게 끌려 가게 된다(렘 44:1, 14, 20-23, 24:30). 42장에서 더 살펴보자.

1) 미스바에서 잡아간 모든 남은 백성 곧 군사와 여자와 유아와 내시

애굽으로 가는 것이 합당한가요? (42:1–22)

1. 요하난은 이스마엘의 손에서 구출한 모든 사람들을 이끌고 예레미야에게로 나아온다. 애굽으로 가려고 하는데 이 일이 합당한가를 묻기 위해서였다.

(1) 예레미야는 이스마엘이 미스바에서 사로잡은 자들 중에 섞여 있었던 것 같다(렘 40:6 참조). 이들은 여호와께서 이 상황에서 어떻게 지시하실 것인가를 알기 위해 모여들었다. 그래서 기도를 요청한 것이다(1-3절).

42:3 당신의 하나님 여호와께서 **보이시기를 원하나이다**
/우리가 마땅히 갈 길과 할 일을

(2) 예레미야는 이들의 청원을 듣고, 그렇게 하겠다고 약속한다(4-6절). 그들은 기도의 응답이 어떻게 나오든 그대로 순종하기로 했다.

2. 십일 후에 여호와의 말씀이 예레미야에게 임했다(7절). 어떻게 말씀하셨을까?

(1) 하나님의 응답은 애굽으로 가지 말라는 것이었다. 만약 이 땅에 머물면 하나님께서 그들을 심고 뽑아내지 않겠다고 말씀하셨다. 예레미야는 요하난과 그와

• 렘 42:5 "그들이 예레미야에게 이르되 우리가 당신의 하나님 여호와께서 당신을 보내사 우리에게 이르시는 모든 말씀대로 행하리이다 여호와께서는 우리 가운데에 진실하고 성실한 증인이 되시옵소서
6 우리가 당신을 우리 하나님 여호와께 보냄은 **그의 목소리가 우리에게 좋든지 좋지 않든지를 막론하고 순종하려 함이라** 우리가 우리 하나님 여호와의 목소리를 순종하면 우리에게 복이 있으리이다 하니라."

함께 있는 모든 군 지휘관과 백성의 낮은 자로부터 높은 자까지 다 불러 모으고 하나님의 뜻을 전달했다.

▶ **애굽으로 내려가지 말라.**

- 내가 너희에게 재앙을 내렸으나 이제는 그 일을 슬퍼하고 있다.
- 바벨론 왕도 두려워하지 말라. 내가 그들의 손에서 건져주겠다.
- 바벨론 왕도 너희를 돌려 보낼 것이다.

42:9 그가[여호와께서] 이렇게 **이르니라**

(1) 너희가 이 땅에 눌러 앉아 산다면(10절)
내가 ─ 너희를 **세우고 헐지 아니하며**
　　　└ 너희를 **심고 뽑지 아니하리니**

//이는(for)
내가 너희에게 내린 재난에 대하여 뜻을 돌이킴이라

11 여호와의 말씀이니라
/너희는 너희가 두려워하는 **바벨론의 왕을 겁내지 말라**
내가 너희와 함께 있어 너희를 구원하며
그의 손에서 너희를 건지리니 **두려워하지 말라**

12 **내가 너희를 불쌍히 여기리니**
그도(바벨론 왕도) 너희를 불쌍히 여겨
너희를 너희 본향으로 돌려보내리라

→ 만약, 이런 하나님의 뜻을 저버리고 애굽으로 내려간다면 어떻게 하실 것인가?

17 무릇 애굽으로 들어가서 거기에 머물러 살기로 고집하는 모든 사람은

칼과 기근과 전염병에 죽을 것인즉 내가 그들에게 내리는 재난을 벗어나서 남을 자 없으리라

18 …너희가 애굽에 이를 때에 **나의 분을 너희에게 부으리니 너희가 가증함과 놀램과 저주와 치욕 거리가 될 것이라 너희가 다시는 이 땅을 보지 못하리라 하시도다**

[만약 너희들이 여호와의 말씀을 복종하지 아니하고 말하기를]
우리는 이 땅에 살지 아니하리라 하며(13절)
애굽 땅으로 들어가 살리라(14절)
/우리는 전쟁도 보이지 아니하며
나팔 소리도 들리지 아니하며
양식의 궁핍도 당하지 아니하는

[**너희가 만일 애굽에 들어가서 거기에 살기로 고집하면**](15절)

- 너희가 두려워하는 칼이 애굽 땅으로 따라가서
너희에게 미칠 것이요
너희가 두려워하는 기근이 애굽으로 급히 따라가서
너희에게 임하리니 너희가 거기에서 죽을 것이라(16절)

3. 만약 애굽으로 내려간다면 그 땅에서 전쟁과 굶주림과 질병으로 죽을 것이라 고 경고하신다.

42:19 유다의 남은 자들아(שְׁאֵרִית יְהוּדָה[1])
여호와께서 너희를 두고 하신 말씀에 (...하셨고)
/너희는 — 애굽으로 **가지 말라**
너희는 — **분명히 알라**
/나도 오늘 너희에게 경고한 것을

1) 쉐에리트(שְׁאֵרִית) - 살아남은 자, 생존자들

(1) "너희가 가서 머물려고 하는 곳에서 칼과 기근과 전염병에 죽을 줄 분명히 알지니라"(22절). 만약 이들이 애굽으로 간다면 하나님은 반드시 심판하실 것이라고 분명하게 전달하셨다.

(2) 그러나 이들의 마음은 실제로는 애굽으로 가고 싶어했다. 다만 하나님께서 이 길을 승인해 주시기를 기대했을 뿐이다. 그들의 눈에는 애굽으로의 피난이 가장 현명한 선택으로 보였다. 환경이 그들을 파멸로 몰고 갈 것이 뻔하게 보였기 때문이다. 그러나 이들이 이 땅에 남아 있는 것이 분명한 하나님의 뜻이다. 하나님의 응답은 그들의 기대와는 달랐다. 바벨론에게 심판을 받는 것이 분명한 하나님의 뜻이다. 심판을 내리신 분이 하나님이실진대, 이들을 해방시킬 수 있는 분도 하나님이시기 때문이다. 물론 이들은 바벨론의 보복이 두려워 애굽으로 도망갔다. 이때 애굽으로 가는 것을 그렇게 금했던 예레미야도 그들에게 끌려 가게 된다.[2)]

2) 이들은 처음에 동편 델타의 다바네스(Tahpanhes)로 갔으나 점차 북동쪽의 델타 지역에 있는 믹돌(Tell el-Heir)과 멤피스에 정착했다. 예레미야 52:30에 언급한 3차 포로(582 B.C.)는 이때의 일을 말한 포로인지도 모른다.

• 예레미야는 애굽으로 내려가려는 유다 백성에게 강하게 경고한다. "너희는 분명히 알라. 만약 그곳으로 내려간다면 분명히 칼과 기근과 전염병에 죽을 것이라"고 했다. 그러나 요하난 일행은 애굽으로 도피한다면 현재의 모든 문제가 해결되리라고 굳게 믿고 있었다. 가만히 있다가는 바벨론 군대에게 죽을 것이 뻔하기 때문이다. 이들은 여호와의 명령에 순종하지 않고, 결국은 애굽행을 택한다. 물론 예레미야에게 애굽으로 가야 하는가, 아니면 남아 있어야 하는가 기도를 부탁했다. 하나님의 분명한 지시가 내려졌지만, 결국은 자신들의 계획을 관철한다. 기도 부탁은 하나의 요식행위였다.

• 우리의 삶 속에는 고난에 처하게 될 경우가 종종 있을 수 있다. 믿음이 하늘을 뚫을듯한 성도도 상황이 발생하면, 하나님의 뜻보다는 자신의 판단과 지식에 의존하게 된다. 따라서 문제 해결을 위해 갖은 수단을 동원한다. 엄청난 폭풍이 지나고 안정이 되면 하나님께 감사를 드리지만, 하나님이 원하시는 방법으로 살아간 것은 아니다.

애굽에서 예레미야의 사역(43:1–13)

요하난과 그를 따르는 예하 장군들은 하나님의 메시지에 귀를 기울이지 않았다. 이들은 바벨론의 보복이 두려워 이 땅을 떠나 보다 안전한 곳이라고 생각되는 애굽으로 가려고 작정하고 있었다. 다만 이 일을 여호와께서 허락해 주실 것을 기대했다. 그러나 하나님은 분명히 이 일을 거절하셨다. 만약 애굽으로 내려간다면 칼과 기근과 전염병으로 죽을 것임을 분명히 전달하셨다. 그러나 이들은 결국 여호와의 명령을 거스리고 애굽행을 택한다. 예레미야도, 바룩도 이들과 함께 애굽으로 가게 된다.

1) 제드(זֵד) - 거만한, 교만한, 주제넘은

1. 이들 중 일부는 예레미야를 비난했다. 그 이유가 무엇인가?

43:2 아사랴와 요하난과 '모든 오만한 자'(고집이 센 사람들)가[1)]
예레미야에게 **말하기를**
/네가 거짓을 말하는도다(מְדַבֵּר telling אַתָּה שֶׁקֶר a lie)

(1) 요하난을 포함한 고집 센 사람들은 "당신은 지금 거짓말을 하고 있소. 하나님께서 애굽에 가서 머무르게 해서는 안 된다는 말씀을 하셨을 리가 없소."라고 예레미야에게 대들었다(2절). 이들은 "바룩이 예레미야 당신을 부추겨서 우리를 대적하여 갈대아 사람의 손에 넘겨 죽이며 바벨론으로 붙잡아가게 하려 함이라"고 비난하고 나섰다.

2) 벽돌로 포장된 곳 - 포장된 지역은 왕이 왕궁에 들어가는 입구에서 발견된다.

(2) 이들 모든 사람들은 요하난의 편을 들고 나섰다. 요하난과 모든 군 지휘관과 백성이 유다 땅에 살라 하시는 여호와의 목소리를 순종하지 아니한다. 예레미야도, 물론 바룩도 함께 붙들려 갔다. 이들은 애굽 땅에 들어가 다바네스에 정착하게 된다. 물론 애굽에서도 예레미야는 계속 선지자의 사명을 다했다(렘 44:1, 14, 20-23).

2. 이곳 다바네스(Tahpanhes)에서 여호와의 말씀이 예레미야에게 임하였다(8절). 어떤 말씀인가?

"큰 돌을 몇개 가져다가 다바네스에 있는 바로의 궁 대문 앞에 포장된 광장을 파고 유다 사람이 보는 앞에서 그 돌을 묻어라."

43:9 너는 유다 사람의 눈 앞에서 네 손으로 큰 돌 여러 개를 **가져다가**
다바네스(겔 30:18과 같은 곳)에 있는 바로의 궁전 대문의
'벽돌로 쌓은 축대에'[2)]
진흙으로 **감추라**

Aswan 댐 근처에 위치한 엘레판틴

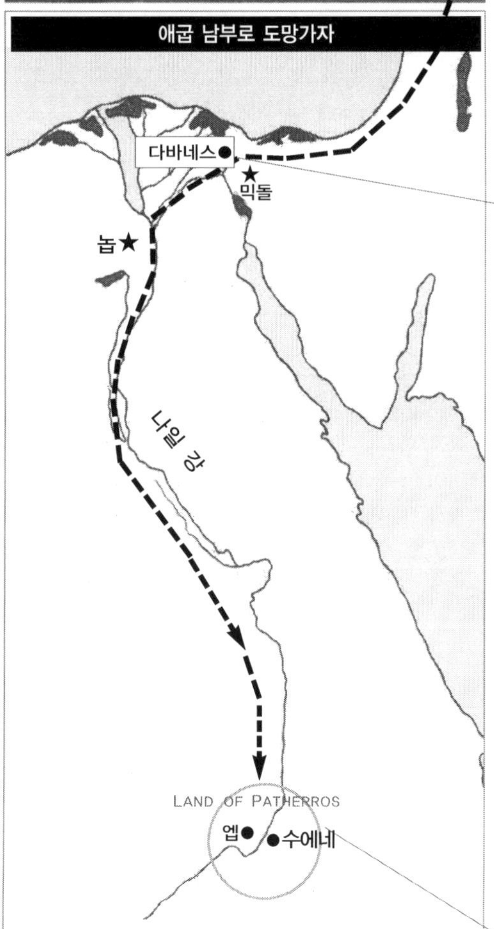

(1) **피난민 중에는 예레미야도 있었다.** 그는 요하난 일행에게 강제로 끌려왔다. 여기서 예레미야는 **렘 43:8-13과 같은 하나님의 예언을 선포한다.** 훗날 느부갓네살이 이곳까지 쳐들어와서 이곳을 초토화시킬 것이라는 것이다.

(2) 물론 이 예언은 성취된다. 느부갓네살 37년(567-566 B.C.)에 애굽 왕 Amasis를 제패했다는 기록이 있다(영국박물관 소장). 아마시스는 느부갓네살에게 패배한 호브라(Hophra)를 계승한 왕이다(572 B.C.). 이 왕이 반란을 일으키자 느부갓네살이 애굽으로 원정해 또다시 패배시켰다.

(3) 요하난과 함께 유다인들은 다바네스로 와서 정착한다. 여기서 하나님의 메시지가 선포되었다(43장). 이들 애굽 피난민들은 서서히 애굽 전역에 흩어졌다고 기록하고 있다(렘 44:1). 성경에는 없는 기록이지만 이들의 후손인지 확실치 않으나 애굽의 남방 나일강 상류 지역(=엘레판티네)에 정착했다는 증거가 발견되었다.

(4) 이들은 이곳에서 유다군 기지를 건설하였는데, 그 중 가장 유명한 곳은 남부 애굽(파드로스 땅)의 엡(Yeb: 엘레판티네)에 있었는데, 여기서 발견된 고문서를 통해 잘 알려졌다.

(5) 주전 5세기 후반에 엘레판틴(Yeb,엡)에 있던 한 군대 정착촌에 거주하던 그 유대인들을 예레미야서에 언급된 유대인들과 직접적으로 동일시 할 수는 없으나 유다인들이 애굽 전역에 흩어져 살게 되면서 다신교적으로 변질된 이스라엘 종교의 모습을 볼 수 있다.

❖시드기야를 죽인 일당들은 바벨론의 보복을 두려워하여 이곳까지 도망해 왔다(왕하 25:22-26; 렘 40-44장). 그러나 끝내는 느부갓네살이 이곳을 점령하여 많은 사람을 끌고 갔다.

❖ 엘레판티네 섬은 아스완의 정면에 나일강 속에 가로놓인 섬이다. 여기서 아람어의 파피루스가 발견되었다. 이 발굴로 유다인이 이곳에 거주하였다는 사실을 알게 되었다. '엘리판티네'는 그리스어이고 '엡'은 이집트어에서 전와된 것으로 둘 다 '코끼리'라는 뜻에서 유래되었다.

43:9
너는 유다 사람의 눈 앞에서
네 손으로
큰 돌 여러 개를 가져다가
다바네스에 있는
바로의 궁전 대문의
벽돌로 쌓은 축대에
진흙으로 감추라

10
그리고
너는 그들에게 말하기를
만군의 여호와 이스라엘의
하나님께서
이와 같이 말씀하시되
보라
내가 내 종 바벨론의
느부갓네살 왕을 불러오리니
그가 그의 왕좌를
내가 감추게 한 이 돌들
위에 놓고
또 그 화려한 큰 장막을
그 위에 치리라

(1) 예레미야는 요하난과 그 부하들에게 의하여 다바네스(겔 30:18, 드합느헤스, 애굽의 동북쪽에 있는 도시)에 끌려와 있다. 이때 하나님의 말씀이 그에게 임했다. 그에게 상징적 행동을 취하라고 말씀하신다. 몇 개의 큰 돌을 취하여 바로가 다바네스를 방문할 때, 왕궁의 입구에 진흙으로 감추라는 것이다.

(2) 그리고 유다 사람들에게 이렇게 말해라. "그리고 너는 그들에게 **말하기를**"

43:10 보라(Behold, הִנְנִי)
내가 — **불러오리니**
/내 종(עַבְדִּי) 바벨론의 느부갓네살 왕을
그가 — 이 돌들 위에 **놓고**
/그의 왕좌를 내가 감추게 한
또 **치리라**
/그 화려한 큰 장막을(=보좌, 옥좌를)
/그 위에 (감추어 놓은 돌 위에)

결국은, 바벨론의 침공이 있을 것이라는 예언이다. 종으로 칭함받은 느부갓네살이 애굽을 침공하여 파묻은 돌들 위에 자기의 보좌를 차릴 것이다. 감추게 한 돌들은 하나님을 떠나서 세상을 의지하는 완고한 유다를 가리킨다.

느부갓네살 왕을 '나의 종'이라고 불렀다. 하나님의 심판의 도구이기에 그렇게 부르신다(고레스 왕처럼).

(3) "그가(=느부갓네살 왕) 와서 애굽 땅을 치고 죽일 자는 죽이고 사로잡을 자는 사로잡고 칼로 칠 자는 칼로 칠 것이라." 바벨론 왕은 무자비하게 이곳을 평정할 것이다(11절). 애굽인들이 믿는 신전들도 불태울 것이다(12절). 그리고 우상들도 가져갈 것이다.

43:12 내가 ——— 애굽 신들의 신당들을 **불지르리라**
느부갓네살이 –그들을 **불사르며**
[그가] ——— 그들을 **사로잡을 것이요**
두르고
/애굽 땅을
/자기 몸에
/목자가 그의 몸에 옷을 두름 같이
평안히 그 곳을 **떠날 것이며**

'옷을 입음 같이' : 쉽게 옮겨지고 빼앗긴다는 뜻으로 쓰였다(상투적인 표현이다.). [표준새번역]은 "마치 목동이 자기 옷에서 벌레를 잡아내듯이 이집트 땅을 말끔히 털고, 아무런 저항도 받지 않고, 그 곳에서 평안히 떠날 것이다"라고 번역했다.

(4) "그가 또 애굽 땅 벧세메스[1]의 석상들을 깨뜨리고 애굽 신들의 신당들을 불사르리라"(13절).

1) 벧세메스(베트 쉐메쉬) - 태양의 집이라는 뜻. 카이로 근처에 있는 헬리오폴리스를 가리킨다. 석상(石像)들은 오벨리스크(방첨탑)를 말한다.

3. 이 예언은 물론 성취되었다. 느부갓네살은 그의 즉위 37년째 되던 해에 애굽을 침공한다(주전 568/7년에).

(1) 앞에서도 언급되었지만 느부갓네살 37년(567-566 B.C.)에 애굽 왕 Amasis를 제패했다는 기록이 있다(영국박물관 소장; *ANET*, 308). 아마시스(570-526 B.C.)는 느부갓네살에게 패배한 호브라(Hophra)를 계승한 왕이다(572 B.C.). 느부갓네살은 아마시스를 권좌에 그대로 두고 바벨론의 통치에 협력하도록 허락했다고 한다.

호브라 : 렘 44:30 - 호브라는 바로 느고의 손자(제26왕조 4대왕, 580-570 B.C.) - 아프리에스(Apries)로도 불린다. 유다 왕 시드기야에게 바벨론을 대항하라고 권했던 왕이었다.

시드기야는 호브라에게 사자를 보내어 말과 군대를 요청하여 바벨론을 배반한다(겔 17:15). 호브라의 군대가 북진함으로 예루살렘을 에워쌌던 바벨론 군대가 예루살렘 포위망을 풀었다(렘 37:5, 37:1). 에스겔서에서는 그를 큰 악어에 비유했다(겔 29:3).

(2) 호브라(=아프리에스)는 589-570년까지 통치했는데, 그는 두로, 구브로와의 해전에서 승리했다. 베니게가 그의 영향권에 들어가기도 했다. 이는 이 지역으로 하여금 바벨론에 도전하는 동기를 부여한다. 그러나 군사적인 반란이 일어났다. 군사령관(사위?) Ahmose(헬 - Amasis)는 병사들에 의하여 애굽의 왕으로 선포되었다. 호브라는 새로운 적 Ahmose와 싸웠으나 패배하여 억지로 아모세를 동위 왕으로 인정했다. 2년 후 두 통치자 사이에 큰 전투가 있었고 호브라(=아프리에스)는 죽는다. 그가 죽은 후 오래지 않아 Ahmose(헬 - Amasis)는 느부갓네살 군대에 의해 패한 것 같다(겔 29:17-20 참조).

(3) 어쨌든 하나님은 애굽으로 내려온 남은 자들을 징벌하실 것이라고 선언하신다. 애굽으로 내려온 피난민들은 서서히 애굽 전역에 흩어졌다고 기록하고 있다(렘 44:1). 결국, 애굽으로 내려가면 모든 것이 안전할 것이라는 희망은 사라져버렸다. 하나님의 말씀을 따르지 않는 백성에게, 예레미야를 통한 예언이 결코 허공에 뜬 메시지가 아니라는 것이 입증되었다.[2]

2) 유다에게는 심판은 반드시 통과해야 과정이었다. 불순물이 빠져야 하기 때문이다.

예루살렘 함락 후의 사건들
(40:1-45:5)

- 애굽에서 예레미야의 사역(43:1-13)
- 애굽에 내려간 예레미야의 예언들(43:8-44:30)

애굽에 내려온 남은 자들을 징벌할 것이다(44:1-14)

요하난을 포함한 유대인들은 바벨론 군대의 보복을 피할 수 있는 길은 오직 애굽으로의 피난이 최선이라고 생각했다. 그래서 이미 마음에 결정하고 난 후, 하나님께 그 진의를 물었다. 그러나 하나님은 이를 승낙치 않으셨다. 그대로 유대에 남아 있으라는 것이었다. 물론 이들은 순종하지 않고 애굽행을 택한다. 그래서 나일 강 삼각주 다바네스에 정착하게 된다. 그러나 하나님은 이들에게 바벨론 군대의 침략이 있을 것임을 상징적 행동을 통해 보여주셨다. 훗날 이 예언은 그대로 성취된다. 애굽으로 내려간 백성들은 점차로 다른 신에게 나아가 분향하게 되었다. 여호와에 대한 신앙이 변질되기 시작한다.

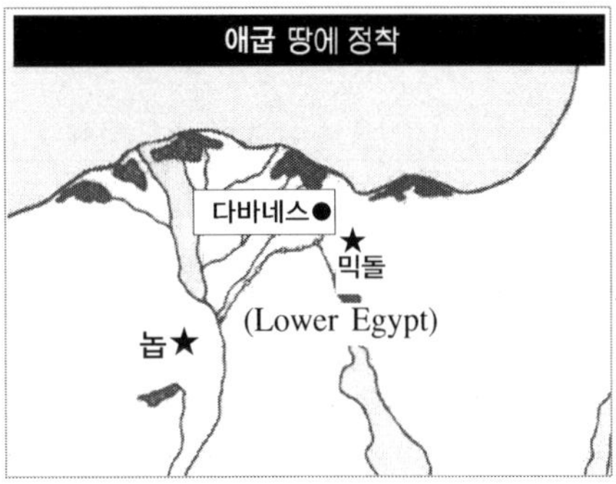

1. 애굽에 내려온 유대인들은 점차 여러 지역으로 흩어져 살게 된다.

44:1 애굽 땅에 사는 모든 유다 사람 곧
믹돌과 다바네스와 놉과 바드로스 지방에 사는 자에 대하여
예레미야에게 임하니라 **이르시되**

- 놉(Noph) - 멤피스(Memphis) - 카이로에서 12마일 남쪽 (고대 애굽의 수도) / 믹돌, 다바네스는 북애굽(Lower Egypt)

- 바드로스(Pathros) - 상부 애굽(Upper Egypt)에 있다. (에스겔서의 예언을 보라. 겔 29:12-14, 30:14)

1) 보(בּוֹא) - 가다, 오다, 가져오다, 생기게 하다 / 히필 동사 완료 1인칭 단수

44:2 만군의 여호와 이스라엘의 하나님께서 이와 같이 **말씀하시니라**
/너희가 — **보았느니라**
/모든 재난을
/나의(내가) — 내린 (재앙은 어디에?)
/예루살렘과 유다 모든 성읍에
/오늘 그것들이 **황무지가 되었고 사는 사람이 없나니**

누가 재앙을 내렸나?
"내가 내렸다"(הֵבֵאתִי)1)

(1) 유다 전역에 내려진 재앙, 누가 내린 것인가? 여호와 자신이 내리셨다고 말씀하신다. 그 이유가 무엇인가? (3절)

3 //이는(מִ, Because of)
[그들의] 악행으로(their wickedness) 말미암음이라
/그들이 <자기나 너희나 너희 조상들이 알지 못하는> 다른 신들에게 나아가 분향하여 섬겨서 '나의 노여움을 일으킨'(לְהַכְעִסֵנִי)[1)]

(2) 하나님께 순종하지 않는 사람은 악하다고 평가하신다. 악행을 계속할 경우 심판하신다. 특히 우상 숭배로 하나님을 진노케 할 경우 그러하다(렘 7:24; 왕하 17:11). "노여움을 일으킨"이라는 단어는 다른 신을 예배함으로 여호와를 자극하여 분노케 하는 것을 묘시한다(렘 7:18-19, 11:17, 32:29, 32:32, 44:3).[2)] 또한 악으로 하나님을 '자극하여 성나게 하는 것'을 묘사한다(렘 32:30; 왕상 15:30).[3)]

(3) 물론 화를 내시는 것은 하나님의 영속적인 속성이 아니다. 그러나 그 백성들은 불신실함으로 하나님을 화나게 하고 진노케 한다. 하나님께서는 불경한 자들 및 사악한 자들과 함께 하시지 않는다. 언약의 백성들이 자신에게 불신실할 경우에 거룩하심과 투기의 사랑으로 인하여(출 34:14) 그들에 대하여 분노하시고 진노하신다.[4)] 결국 악에 대해 분노하심은 깊이 상심하신 하나님의 사랑에 대한 표현이다. 하나님은 사랑으로 오래 참으신다.

44:4 내가 — 너희에게 **보내되**
/나의 모든 종 선지자들을
— 끊임없이 **보내어**
/이르기를 (...하였으나)
/너희는 — 행하지 말라
/내가 미워하는 이 **가증한** 일을

토에바 - 역겨운 일 / 제발 이렇게 역겨운 일은 하지 말라고 하셨으나

(4) 하나님은 이제 제발 이 역겨운(토에바, 가증한) 일을 그만 두라고 하셨다. 그러나 "그들이 듣지 아니하며 귀를 기울이지 아니하고 다른 신들에게 여전히 분향하여 그들의 악에서 돌이키지 아니하였다"(5절).

44:6 나의 분과 나의 노여움을(=가) — **쏟아서(지며)**
/**[그것이]** — **불살랐더니**
/유다 성읍들과 예루살렘 거리를
그것들이 — **폐허와 황무지가 되었느니라**
/오늘과 같이

유다 백성은 거듭되는 경고에도 불구하고 돌아서지 않았다. 여호와께서 보내신 선지자들의 예언을 무시했다. / 결국 이들에게 다가온 엄청난 환난은 하나님께서 자기 백성을 심판하신 결과였다. 물론 이들은 애굽에까지 피난해 왔으면서도 근본적인 변화를 나타내지 못했다.

1) 카이쓰(כַּעַס) 화내다, 분개하다, 격노하다, 격노토록 자극하다. / 전치사 + 히필 동사 연계형 - 1인칭 보통 단수 / 이 단어가 히필형(사역 능동)으로 쓰일 경우, '성가시게 하다, 자극하여 성나게 하다'를 의미한다.

2) 삿 2:12; 왕상 14:9, 14:15, 16:33, 22:54; 왕하 17:11, 23:19; 대하 28:25; 느 4:5; 렘 7:18-19, 11:17, 32:29, 32:32, 44:3; 겔 8:17, 16:26; 사 65:3; 호12:14; 왕상 16:7; 렘 25:6-7, 32:30, 44: 8; 시 78:58, 106:29.

3) 신 4:25, 9:18, 31:29; 왕상 16:7; 왕하17:17, 21:6, 21:15; 렘 32:30; 왕상 15:30, 21:22; 왕하 32:26.

4) 만약 약속된 땅에 안주한 후에 어떤 형태든 형상을 조각하여 만듦으로써 타락한다면 하나님께서 진노하신다. 그들을 그 땅에서 완전히 몰아내어 멸망시키실 것이라고 선언하신다(신 4:25).

2. 애굽에 내려온 포로민들 역시 이방신 숭배에서 떠나지 아니했다. 따라서 이들은 언약 공동체에서 끊어지게 될 것이다.

(1) 하나님은 이들에게 분(헤마, חֵמָה, 격한 불쾌감)과 노여움(아프, אַף, 분노)을 쏟으시면서(6절) 이와 같이 말씀하신다.

• **어찌하여(Why)**
남자와 여자와 어린아이와 젖먹이까지(모든 사람을 가리키는 통상적인 표현) 다 죽게 하여서 너희 가운데 살아 남은 사람이 아무도 없게 할 작정이냐?

44:7 너희가 — 어찌하여(לָמָּה) 남은 자가 없게 하려느냐
/큰 악을 행하여 자기 영혼을 해하며
//(목적 : לְ. so as to)
멸절하(여)(=려고)
/유다 가운데에서
/너희의 남자와 여자와 아이와 젖 먹는 자를

• **어찌하여(Why)**
너희가 벌을 자청하느냐?

1) 전치사 + 히필 동사 연계형 - 1인칭 단수 / 카아스 - 고통을 주다, 격노하다, 분개하다

8 어찌하여 나의 노여움을 일으켜(לְהַכְעִסֵנִי[1]) - 카아스(כַּעַס) / 고통을 주다
/너희가 너희 손이 만든 것으로
너희가 가서 머물러 사는 애굽 땅에서
다른 신들에게 분향함으로 끊어 버림을 당하여
세계 여러 나라 가운데에서 저주와 수치 거리가 되고자 하느냐

지금 유다 백성이 당하는 환난은 우상숭배를 고집하면서 선지자의 경고를 무시했기 때문에 온 것이다. 그래서 심판을 자초한 것이다. 그런데 애굽에 있는 포로민들 역시 이방신들을 계속 섬기고 있다는 것이다(렘 43:8-13). 이들은 자신들의 불행은 오히려 애굽신들을 바르게 섬기지 못했기에 오는 것으로 해석했다(렘 44:15-19).

9 너희가 — **잊었느냐**(הַשְׁכַחְתֶּם) - 관사 + שָׁכַח의 칼동사 완료 2인칭 남성 복수
/너희 조상들의 악행과
/유다 왕들의 악행과
/왕비들의 악행과
/너희의 악행과
/너희 아내들의 악행을
/[그들이] — 유다 땅과 예루살렘 거리에서 행한

사회 각 계층의 총체적 부패

"너희가 어찌하여 애굽 땅에 와서까지 이방 신을 만들어 놓고 분향하려느냐(8절). 너희들은 유다 땅에서 저지른 악행들을 벌써 다 잊었느냐?"(9절)

10 그들이 — 오늘까지 **겸손하지 아니하며**(לֹא דֻכְּאוּ) - דָּכָא의 푸알 동사 완료
두려워하지도 아니하고(לֹא יָרְאוּ) nor have they feared
나의 율법과 나의 법규(My statutes)를 지켜 행하지 아니하느니라
/내가 —— 너희와 너희 조상들 앞에 세운

(2) 렘 7:16-20을 다시 읽어보자. 예레미야가 맹렬히 비난했던 내용들을 다시 언급하고 있음을 본다. 하나님은 이들을 위해 기도하지도 말라고 하셨다(7:16). 오랜 세월이 지났는데도, 이들에게 큰 변화가 없었다.

3. 그러므로(לָכֵן), 하나님은 애굽에 있는 포로 공동체를 휩쓸어버리심으로 열방의 웃음거리로 만드실 것이다.

44:11 그러므로 - 앞에서 언급한 행위로 인하여
만군의 여호와 이스라엘의 하나님께서 이와 같이 **말씀하시니라**
/보라(Behold, הִנְנִי)
내가 얼굴을 너희에게로 향하여
/환난을 내리고(=환난으로)
//(לְ, to) 온 유다를 끊어 버릴 것이며(=버리려고)

환난(재앙)으로 내가 얼굴을 너희에게로 향하겠다. 즉 "내가 너희에게로 재앙을 내리기로 작정하였다" 왜? 유다인을 멸절시키려고

(1) 유다의 남은 사람들은 애굽에 머물러 살 생각을 하고 있으나 그러나 이들은 애굽에서 전쟁과 굶주림으로 다 죽을 것이다(12절). 하나님은 예루살렘을 심판했듯이 애굽 땅에 사람들도 칼과 기근과 전염병으로 벌하실 것이라고 하셨다(13절). 유다 백성 중에서 살아서 애굽으로 간 사람은 아무도 하나님의 심판을 피할 수 없다고 하셨다. 단지 소수의 피난민들만이 유다로 되돌아 갈 수 있을 것이다(14절).

(2) 바드로스에 사는 유다 사람들의 한 무리가 심각한 문제를 가지고 예레미야를 찾아왔다. 이들은 자기 아내들이 다른 신들에게 분향하고 있다는 사실을 알고 있는 사람들이었다. 백성들 중에는 애굽에 와서까지도 다른 신에게 제사를 드리는 여자들이 있었다. 이들은 예레미야의 경고를 듣지 않겠다고 했다.

44:16 우리가 —— **듣지 아니하고**
/네가 여호와의 이름으로 우리에게 하는 말을
17 [우리가] ——반드시 **실행하여**
/모든 말을
/우리 입에서 낸
우리가 본래 하던 것
곧 우리와 우리 선조와 우리 왕들과 우리 고관들이
유다 성읍들과 예루살렘 거리에서 하던 대로
하늘의 여왕에게 분향하고 그 앞에 전제를 드리리라
//그 때에는(예루살렘이 멸망하기 전에는)
우리가 먹을 것이 풍부하며 복을 받고 재난을 당하지 아니하였더니

'우리가 본래 하던 것' - 무엇?
'하늘의 여왕에게 분향하고 그 앞에 전제를 드리는 것'

예루살렘이 파괴되기 이전부터 여인들이 이미 이방신에게 분향하고 그 앞에 전제를 드렸다는 것이다. 이들 남편들은 이런 사실을 알고 있었다. 그런데 그때에는, 즉 이방 여신에게 제사를 드렸을 때에는 오히려 먹을 것이 풍부했었는데, 그것을 중단한 후부터 재앙이 찾아왔다는 것이다. 따라서 이 일을 계속하겠다는 것이다. 그것도 반드시(아싸, עָשָׂה) 실행하겠다는 것이다.

Close-up

하늘 황후(the queen of heaven, מְלֶכֶת הַשָּׁמַיִם)

▶ **에스겔을 통해서** 유다가 멸망하게 된 동기 중 하나가 우상 숭배였다는 것을 살펴보자.

(1) 하나님께서는 에스겔 선지자를 불러 유다 왕국과 예루살렘에 대한 심판을 말씀하신 후(겔 4-7장) 예루살렘 성전에 대한 심판을 선언하신다. 에스겔은 눈으로 환상을 보며 동시에 말씀을 들으면서 하나님의 심판이 예루살렘 성전에 집중되어 있음을 깨닫게 된다.

(2) 하나님은 에스겔에게 유다가 멸망할 수밖에 없는 상황을 보여주신다. 무엇보다 예루살렘 성전 안에서의 각종 우상숭배(8장), 그리고 무자비한 살육 행위(9장)를 보여주신다. 그리고 예루살렘은 불타고(10장) 여호와의 영광은 예루살렘 성전을 떠나신다(11장).

- 겔 7:21 "타국인의 손에 넘겨 노략하게 하며 세상 악인에게 넘겨 그들이 약탈하여 더럽히게 하고 22내가 또 내 얼굴을 그들에게서 돌이키리니 그들이 내 은밀한 처소를 더럽히고 포악한 자도 거기 들어와서 더럽히리라....24 내가 극히 악한 이방인들을 데려와서 그들이 그 집들을 점령하게 하고 강한 자의 교만을 그치게 하리니 그들의 성소가 더럽힘을 당하리라 25패망이 이르리니 그들이 평강을 구하여도 없을 것이라."

(3) 백성이 왜 이런 상태까지 되었는가? (겔 8장)

- 주전 592년경, 에스겔은 제사장의 신분으로서 환상을 통해 예루살렘으로 인도된다. 거기서 다시 에스겔은 하나님의 영광을 본다(8:1-4).

- 에스겔은 환상으로 사람의 모습을 보았는데 허리 아래쪽은 불과 같고 허리 위쪽은 불에 달군 쇠처럼 빛나는 모습이었다. 사람의 모습을 하고 있는 그분이 환상 속에서 에스겔을 공중으로 들어 올려 예루살렘으로 데려가셨다.

- 에스겔은 주님의 영에 이끌려 죄악의 소굴인 예루살렘 성전으로 가서 백성들의 죄악상을 그대로 보고 왜 하나님께서 유다를 심판하지 않으면 안 되는지 분명한 이유와 그 원인을 알게 된다.

(4) 우상이 성전의 안뜰을 차지했다(겔 8:5). 거기서 70명의 장로들이 그들의 우상을 섬기고 있었다. 제단 문 어귀와 성전 안에 있는 우상들을 보여주신다(8:5-13). 백성의 장로들은 하나님이 그들을 버리고 떠나셨기에 자신들을 살피시지 못한다고 생각한다(8:12).

(5) 여자들은 성전 뜰에서 바벨론 여신 **담무스**를 위해 애곡하고 있었다(8:14-15). 그리고 24명의 지도자들이 성전을 뒤로 하고 태양을 숭배하고 있다(8:16-17). 이런 엄청난 죄악들이 제사장 감독 하에서 성전에서 범해지고 있는 것을 본다.

(6) 에스겔은 예루살렘 성전에서 네 개의 우상의 모습을 본다.

성전에서 본 우상 숭배의 모습 (겔 8:5–18)

(1) 첫 번째 죄악의 환상(3-6절). 문 북쪽에 제단이 놓여 있고 문 입구에는 '질투의 우상'이 있었다. 수많은 사람들이 그 우상 앞에서 가증한 짓 곧 역겨운 짓들을 행하고 있었다.

(2) 두 번째 우상 숭배의 모습 - 장로들이 저지르는 가증한 짓(7-13절). 주님의 영은 에스겔을 성전 뜰 입구로 데려가셨다. 그곳에는 벽이 있었고 벽에는 구멍이 있었다. 그 벽면에는 온갖 종류의 기어다니는 것과 징그러운 짐승과 이스라엘 백성의 우상들이 그려져 있었다. 이들은 하나님을 떠나 애굽의 세속적인 힘과 우상을 그리워하고 있는 모습이다.

(3) 세 번째 우상 숭배(14-15절). 주님의 영은 에스겔

을 성전 북문 입구로 데려가셨다. **그곳에는 여자들이 앉아 있는데 모두 담무스 신을 위해 울고 있었다.** 왜 울고 있을까? 이 여인들은 신의 죽음을 슬퍼하고 있는 것이다. 즉 예루살렘의 기근을 하나님의 심판으로 보지 않고 바벨론의 식물의 신인 담무스가 죽었기 때문이라고 슬퍼하고 애곡하고 있는 것이다.

(4) 네 번째 우상 숭배 - 태양을 숭배(16-18절). 마지막으로 주님의 영에 이끌려 성전 안뜰로 갔다. 거기서는 25명 정도의 사람들이 성전 입구 곧 현관과 제단 사이에서 여호와의 성전을 등진 채 동쪽을 바라보며 태양을 향해 절하고 있었다.

▶ 이것이 멸망의 원인이었음을 에스겔에게 보여주셨다. 결국, 유다와 예루살렘 성전은 파괴되었다.

• **탐무스**는 수메르와 바벨론의 농경신이다. 담무스는 일차적으로 다산, 생식을 책임지는 여신, 이난나(Inanna, Ishtar)와 관계가 있다. 더 자세한 설명은 바벨론 종교의 기원을 연구해야 한다. 창 10:9-14에는 특이한 사냥꾼 니므롯이 나온다. 그는 함의 후손으로 하나님을 대적하며, 사람들로 하여금 하나님처럼 경배하게 했다. 고대문헌에 의하면, 그는 Shem에 의해 죽임을 당했다고 한다. 그 후 니므롯의 아내 세미라미스는 다른 남자와의 사이에서 사생아인 담무즈를 낳고 그로 하여금 아버지의 원수를 갚고, 바벨론 나라를 다시 세웠다는 것이다.

이들에게서 바알 신앙과 아스타롯 신앙이 시작되었다. 그녀는 아들 담무즈를 낳고 그 아들을 죽은 남편이 환생했다고 주장한다. 그 아들이 왕위를 회복하자 그 아들과 결혼한다. 그리하여, 아버지이자, 아들을 신격화하여 하늘의 신으로 남자 신, 태양신 바알(Baal)이라고 했다. 그리고 자신은 하늘의 어머니이며 하늘의 황후로 여자 신 달신(月神)으로 Asthar라고 하였다. 이 여인을 통하여, 니므롯이 담무즈로 태어났기 때문에 신을 낳은 어머니가 되고 신의 하늘의 황후가 된다. 이후 인류가 점점 지방으로 분포되어 각 나라의 언어를 따라 다른 이름으로 나타난다. 가나안에서는 '아스다롯' 에베소에서는 '아데미' 이집트에서는 '이시스' 등의 이름으로 나타난다. <인터넷에서>

우리는 '하늘의 황후(여왕)를 섬기겠소' (44:16-19)

1. 앞에서 살펴본대로, 자신들이 하늘의 여신에 대한 숭배를 중단한 후부터 재앙이 찾아왔다는 것이다.

1) 하달(חָדַל) - 멈추다, 중지하다, 억제하다 / 칼동사 완료형

44:18 [그런데, But, וְ]

우리가 하늘의 여왕에게 분향하고
그 앞에 전제 드리던 것을 '폐한 후부터는'(מִן־אָז חֲדַלְנוּ[1])
모든 것이 궁핍하고 칼과 기근에 멸망을 당하였느니라

언제부터 우리에게 궁핍이 찾아왔는지 아세요?

(1) 여인들의 하는 소리를 들어보라(19절). "여인들은 **이르되**"

우리가 하늘의 여왕에게 분향하고
그 앞에 전제를 드릴 때에
어찌 우리 남편의 허락이 없이
그의 형상과 같은 과자를 만들어 놓고 전제를 드렸느냐 하는지라

우리가 하늘의 여왕에게 분향할 때, 우리 남편들도 모르게 했겠습니까?

2. 이 모든 말을 듣고 예레미야는 어떻게 대답하였는가?

누가, 어디에서, 무엇을?

> 44:21 여호와께서 — 분향한 일을 **기억하셨고**
> /너희가 너희 선조와 너희 왕들과 고관들과
> 유다 땅 백성이 — 유다 성읍들과 예루살렘 거리에서
> [그것이] — 그의 마음에 **떠오른 것이 아닌가**

(1) "여호와께서 ① 누가(=여러분이, 너희 선조, 왕들, 고관, 백성이) ② 어디에서(=유다 성읍과 거리에서), ③ 무엇을 (=분향한 일을) 이미 다 알고 계시며 기억하고 계십니다"(21절).

(2) 그래서, 즉 "여호와께서 너희 악행과 가증한 행위를 더 참을 수 없으셨으므로" "너희 땅이 오늘과 같이 황폐하며 놀램과 저줏거리가 되게 하셨다"는 것이다(22절). 이는 분명히 여호와께 대한 범죄이기에 재난이 오늘과 같이 너희에게 일어났다는 것이다(23절).

3. 끝까지 자신들의 주장을 접지 않자, 하나님은 최후 통첩을 하신다. "그래, 어디 너희 마음대로 해 보라"(25절).

44:25 만군의 여호와 이스라엘의 하나님께서 이와 같이 **말씀하시되**

너희와 너희 아내들이 입으로 **말하고** (=너희는 안팎으로 손발이 맞아)
손으로 이루려 하여 **이르기를**
/우리가 서원한 대로 반드시 이행하여
하늘의 여왕에게 분향하고 전제를 드리리라 하였은즉

너희는 안팎으로 손발이 맞아 여신에게 희생 제물을 바치기로 서원했고, 또 서원한 것은 꼭 지키겠다고 하니, 그러면 어디 마음대로 해 보라.

너희 서원을 성취하며 너희 서원을 이행하라 하시느니라

(1) 그러므로(Therefore, לָכֵן),
즉 이들이 다시 새롭게 여신을 섬기기로 결심했으니, "애굽 온 땅에 사는 유다 사람들의 입에서 다시는 내 이름을 부르며 '주 여호와의 살아 계심을 두고 맹세하노라' 하는 자가 없으리라"(26절). 이들의 하늘의 여왕 숭배에 대한 집착은 엄청난 파멸을 몰고 올 것이다.

"보라 내가 깨어 있어 그들에게 **재난을 내리고 복을 내리지 아니하리니** 애굽 땅에 있는 유다 모든 사람이 **칼과 기근에 망하여 멸절되리라**"(27절).

(2) 반드시 파멸을 당할 것인즉 소수의 사람만이 애굽 땅에서 나와 유다 땅으로 돌아오게 될 것이다. 이들, 즉 "애굽 땅에 들어가서 거기에 머물러 사는 유다의 모든 남은 자들이" 이렇게 말할 것이다. "내 말과 그들의 말 가운데서 누구의 말이 진리인지 알리라"(28절).

4. 정말로, 애굽의 피난민들에게 파멸이 임할 것인가? 그에 대한 징조를 알려주실 것을 약속하신다. 어떤 징표인가? 이것으로 재난에 대한 예언이 확실함을 알라는 것이다.

44:30 보라
내가 — **넘겨 주리라**(נֹתֵן - 칼 동사 분사형) - 누구를?
/애굽의 바로 호브라 왕을 - 누구에게?
/그의 원수들[에게]
곧 그의 생명을 찾는 자들의 손에
/[내가]— 넘긴 것 같이 - 누구를 넘긴 것 같이?
/유다의 시드기야 왕을 - 누구에게?
/바벨론의 느부갓네살 왕의 손에
/그의 원수 곧 그의 생명을 찾는

- 하나님께서 애굽에 내려와서까지 이방신을 섬기려는 백성들에게 반드시 심판하실 것을 선언하신다. 이 심판의 확실성을 보여주시기 위해 한 가지 예증을 주신다.
- 그것은 애굽 왕 호브라를 바벨론의 느부갓네살 왕에게 넘기시리라는 것이다. 마치 시드기야를 바벨론의 느부갓네살 왕의 손에 넘긴 것처럼 말이다.

(1) "여호와께서 이와 같이 말씀하셨느니라." 이 예언은 단순히 예레미야에게 겁을 주려고 하는 말이 아니다. 하나님께서 우상 숭배로 빨려들어가려는 (*애굽에 거주하는*) 백성들에게 반드시 심판하실 것이라는 예증이다.

(2) 이 예언은 앞에서 잠깐 다루었듯이 주전 570년에 성취된다. 이 징조는 군대장관 아마시스가 호브라의 왕권을 탈취하는 사건이 벌어짐으로써 성취되었다. 호브라는 누구일까? 43장을 설명하면서 잠깐 언급했는데, 조금 더 설명을 해보자.

(3) 호브라는 바로 느고의 손자(제26왕조[1] 4대왕, 580-570 B.C.)로 아프리에스(Apries)로도 불린다. 호브라는 유다 왕 시드기야에게 바벨론에 대항하라고 권했던 왕이었다. 시드기야는 호브라가 도움을 줄 것이라고 믿고 바벨론을 배반한다(겔 17:15을 읽어보자).

- 겔 17:15 "그가(=시드기야) 사절을 애굽에(=애굽의 호브라 왕에게) 보내 말과 군대를 구함으로 바벨론 왕(=느부갓네살)을 배반하였으니 형통하겠느냐 이런

1) 이 왕조는 사이스(Sais)에서 일어났으므로 보통 사이스(Saite Dynasty) 왕조라고 부른다.

44:30 보라 내가 유다의 시드기야 왕을 그의 원수 곧 그의 생명을 찾는 바벨론의 느부갓네살 왕의 손에 넘긴 것 같이 애굽의 바로 호브라 왕을 그의 원수들 곧 그의 생명을 찾는 자들의 손에 넘겨 주리라 여호와께서 이와 같이 말씀하셨느니라

"나, 호브라야. 내가 유다를 도와주려 했던 왕이야." - 겔 17:17을 보라고..

일을 행한 자가 피하겠느냐 언약을 배반하고야 피하겠느냐 16 주 여호와의 말씀이니라 내가(=여호와께서) 나의 삶을 두고 맹세하노니 바벨론 왕(=느부갓네살)이 그를(=시드기야) 왕으로 세웠거늘 그가(=시드기야) 맹세를 저버리고 언약을 배반하였은즉 그 왕(=느부갓네살)이 거주하는 곳 바벨론에서 왕과 함께 있다가 죽을 것이라 17 대적(=바벨론 군대)이 토성을 쌓고 사다리를 세우고 많은 사람을 멸절하려 할 때에 **바로(=호브라)가 그 큰 군대와 많은 무리로도 그 전쟁에 그를 도와 주지 못하리라** 18 그가(=느부갓네살) 이미 손을 내밀어 언약하였거늘 맹세를 업신여겨 언약을 배반하고 이 모든 일을 행하였으니 피하지 못하리라."

(4) 호브라의 군대가 북진함으로 예루살렘을 에워쌌던 바벨론 군대가 예루살렘 포위망을 풀기도 했지만(렘 37:5) 그러나 바벨론 군대가 다시 예루살렘을 포위, 결국 예루살렘 성은 파괴되었다.

엘레판틴 파피루스

Close-up

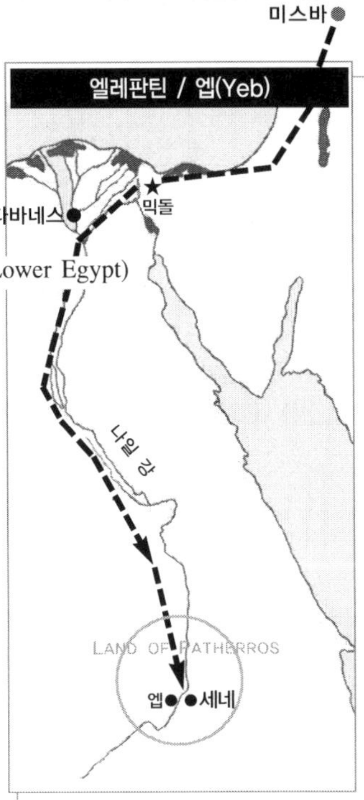

❖ 주전 586년경, 시드기야를 죽인 일당들은 바벨론의 보복을 두려워하여 다바네스,믹돌과 놉 등에 정착했다. 이때 예레미야도 함께 이곳에 오게 되었고, 그는 이곳에서 예언 활동을 지속했다(왕하25:22-26; 렘40-44장). 그러나 유다인들은 점차 애굽 전역으로 흩어졌고 멀리는 엘레판틴까지 도망갔다. 그러나 끝내는 느부갓네살이 이곳을 점령하여 많은 사람을 끌고 갔다.

• 그 뒤로 고레스에 의해 유대인 포로가 해방을 맞고(주전539년), 고국에 돌아와 성전을 재건했다.

• 고레스 대왕의 아들, 캄비세스 2세는 제국의 동부 지역을 복속시킨 다음에 부왕이 훈련한 군대를 이끌고 애굽 침공길에 올랐다(주전 526/5년). 이때 애굽 왕 Amasis 2세(570-526, 애굽의 제26왕조)는 사모스(Samos)의 전제군주와 동맹을 맺고, 헬라인 용병을 고용하여 위기를 모면하려 했으나 실패했다.

❖ 이렇게 캄비세스의 애굽 점령으로 이곳에 있던 유대인들에게도 희망이 생겼다. 애굽을 통치했던 페르시아(이때가 애굽의 27왕조였다. 주전 525-404년)는 남쪽 누비아로부터 국경을 보호하기 위해 유대인 용병을 배치했다. 그 대가로 그들은 자율적인 공동체를 형성하고 신전을 건설할 만큼 자유도 누릴 수 있었다. 엘레판틴은 원래 이런 용병들이 모여 살던 군사 지구였으나 주전 5세기경에는 아내와 자식들이 함께 모여 살았던 것으로 보인다.

• 그러나 애굽은 페르시아에 대항해 독립을 쟁취한다. 그래서 애굽 제28왕조(404-399), 제29왕조(399-380), 제30왕조(380-343)가 등장하게 된다. 그러다가 애굽 제31왕조는 다시 페르시아의 통치로 들어갔다(343-332년). 그러다가 곧 헬라 제국이 애굽을 통치하게 된다.

• 페르시아의 애굽 통치가 끝나게 되자(페르시아가 지배했던 애굽의 제27왕조가 막을 내리자), 페르시아 당국에 의해 정착된 엘레판틴 유대인 공동체도 더 이상 존재할 수 없게 되었다. 물론 성전도 파괴되었다. 예루살렘 외에 이방 지역에 최초로 건설된 야후(Yahu) 성전이 크눔 신전의 제사장들에 의해 파괴되었던 것이다(주전 410년). 그리고 2년 뒤에 유대인들은 예루살렘 총독에게 원조를 요청한다.

• 이런 구원 요청에 관한 편지들 가운데, 어떤 것은 성전에 대해 길게 언급되어 있다. 주전 407년 한 식민지 사람이 당시 유다를 다스리던 페르시아의 바고아스(Bagoas)에게 보낸 것이었다. 내용은 그 전에 성전이 파괴된 것에 대해 불평하는 내용의 편지를 보냈으나 답장이 없자 다시 보낸 편지로 보인다. 그래서 성전 재건을 허락해 달라고 요청하는 내용이다. 도움을 요청하는 내용 가운데 당시의 유일한 지도적 인물인 사마리아의 통치자 **산발랏**의 두 아들도 언급되어 있다.

• 이곳 유대인 공동체가 왜 야훼를 야후(Yahu)로 표기했는가에 대해 여러 의견이 있다. 당시 그곳은 참된 예배에다 이방적 요소가 혼합되었다고 보고 있다.

❖ 에스라 4장에 언급된 서신들은 주전 5세기경 아람 서신(즉 엘레판틴 서신)의 특징을 고스란히 보존하고 있다. 엘레판틴 문서에는 느헤미야의 숙적인 산발랏(Sanballat)의 아들들이 주전 5세기의 마지막 10년 동안 활약했다는 기록이 있다. 따라서 이 문서들은 당시의 제사장이 느헤미야와 동시대의 사람인 엘리아십의 손자 '요하난'이었다는 것을 보여준다(느3:1; 12:10f., 22 참조). 그렇다면 느헤미야의 활동 연대는 아닥사스다 1세 (롱기마누스) (주전 465-424년) 때일 수밖에 없다고 주장한다. 어떤 학자들은 느헤미야의 귀환이 아닥사스다 2세(므네몬)의 통치 기간(주전 404-358년) 중에 있었다고 주장하는데, 엘레판틴 파피루스의 서신이 보여주듯이 그럴 수 없다는 것이다.

❖ 이런 파피루스에 아람어로 쓰여진 최초의 법적 및 상업적 문헌이 담긴 2개의 용기가 1893년에 발견되었고, 그 뒤 1906-11년 및 1953년에 공개되었다.

from 동교재, 에스라-느헤미야, 240에서

바룩을 위한 약속(45:1–5)

39-45장은 예루살렘의 멸망에 대해서 언급하고 있다. 45장도 39장과 같이 "유다의 요시야 왕의 아들 여호야김 넷째 해에" 일어난 일을 기록하고 있다. 하나님은 예레미야의 서기관 바룩에게 특별한 개인적 메시지를 주셨다. 바룩 역시 예레미야와 함께 애굽으로 끌려갔다(렘 43:6). 이 장은 두루마리에 기록된 예언이 그대로 성취되었음을 보여주려는 데 있는 것 같다.

1. 예레미야와 함께 했던 바룩은 이런 상황이 벌어진 것에 조금은 힘들어 했던 것 같다. "그 때에 선지자 예레미야가 그에게 말하여 이르되"

45:2 바룩아
이스라엘의 하나님 여호와께서 ─ 네게 이같이 **말씀하셨느니라**

예레미야와 붙어 다니면서 예언 활동을 도왔던 바룩에게도 힘든 사건이 많았을 것이다. 그래서 그는 탄식한다.

그러지 않아도 힘든데, 하나님께서 자신의 고통에 슬픔을 더하셨다는 것이다. "나는 괴로움으로 지쳤다."

3 네가 ─ 일찍이 **말하기를**
/화로다(אוֹי־נָא) - Ah, woe is me!
//(이유: for, כִּי)
여호와께서 ── 더하셨으니
/나의 고통에 슬픔을
나는 ─┬─ 나의 탄식으로 피곤하여
└─ 평안을 찾지 못하도다

바룩은 언젠가 이런 말을 했다. "아, 나는 끝장이다. 가뜩이나 고생스러운데 야훼마저 나를 괴롭히시니"(공동)라고.

(1) 하나님은 바룩의 이러한 탄식을 들으셨다. 그래서 예레미야로 하여금 이런 말을 전하라고 하셨다.

45:4 너는 그에게 **이르라**
/여호와께서 이와 같이 **말씀하시기를**
/보라(Behold, הִנֵּה)
나는 ── 내가 세운 것을 헐기도 하며
[나는] ── 내가 심은 것을 뽑기도 하나니
온 땅에 그리하겠거늘(=유대 땅 어느 곳에서든지 그리하겠거늘)

(2) 예레미야의 신실한 조력자 바룩, 당연히 그에게도 고난이 넘친다. 선지자와 함께 고난을 당한다. 물론 힘들다. 그래서 그는 탄식한다. 그러나 하나님의 응답은 무엇일까? 하나님은 그에게 임박한 심판과 그 땅에 임할 재앙을 받아들이

라는 것이었다. 하나님은 자신이 세운 것을 헐기도 하고, 심은 것을 뽑기도 하신다. 하나님은 지금 자신이 세운 이스라엘을 헐어야 하는 아픔을 겪으셔야만 했다.

(3) 바룩은 이런 엄청난 고난과 역경을 기대하기 보다는 큰 개인적인 성공을 바랐던 것으로 보인다.

45:5a 네가 — 큰 일을 **찾느냐**
/너를 위하여
[너는] — 그것을 **찾지 말라**

바룩은 자신을 위한 놀라운 성공(기대치)을 바라지 말라는 경고를 받는다. 바룩은 예레미야와 함께 사역을 하면서 조력자로서 고통을 함께 받았다. 그러나 앞으로도 계속 어려움은 있을 것이라는 말씀이다. 이 말씀이 전해진 것은 여호야김 통치 제 4년째에 주어진 말씀이다. 이후 그는 계속 예레미야와 함께 고통을 받아왔고, 애굽까지 내려와야만 했다.

(4) 바룩이 예레미야와 함께 고난을 당하겠지만, 그러나 하나님은 그에게 그의 목숨이 보존될 것임을 보증하신다(5절).

45:5b 내가 — 모든 육체에 재난을 내리리라
그러나(but, ְו)
내가 — 너에게 네 생명을 노략물 주듯 하리라
I will give your life to you as booty
/네가 가는 모든 곳에서는

이제 모든 사람에게 재앙을 내릴 터이지만, 너만은 내가 보호하며, 네가 어디로 가든지 너의 목숨만은 건져 주겠다.

(5) 우상 숭배로 인해, 유다는 계속적인 심판을 맛보겠지만(44장),
바룩은 그러한 심판으로부터 보호를 받을 것이다.
즉 바룩은 진정한 남은 자들,
곧 신실한 남은 자들을 대표하는 자이기 때문이다.

2. 이제 예레미야게 임함 심판의 예언(기록된 하나님의 약속)은 모두가 그대로 이루어졌다는 것이다.

여기 45장이 첨부된 것은
그의 예언이 모두 성취되었음을
보여주기 위함일 것이다.

■

열방에 대한 예언들 (46–51장)

애굽, 블레셋, 모압, 암몬, 다메섹, 게달, 하솔, 엘람, 바벨론 멸망 예언

1. 예레미야서는 크게 3 부분으로 구분해 볼 수 있다. (1) 이스라엘에 대한 심판과 예루살렘의 멸망(1-45장), **(2) 이방 나라들에 대한 심판(46-51장)**, (3) 역사적 부록(52장)

(1) 렘 46-51장은 "이방 나라들에 대하여 선지자 예레미야에게 임한 여호와의 말씀이라"(46:1)로 시작한다. 1:5에서도 그를 "여러 나라의 선지자"(1:5)로 세웠다고 말하고 있다.[1] 여러 나라(열방)에 대한 예레미야의 메시지는 주로 심판에 관한 것이다. 그러면서도 하나님의 백성에게 하나님의 절대주권을 강조한다. 따라서 이방 나라와의 동맹을 의지하지 말라는 경고가 주어진다.

1) 렘 1:10 "보라 내가 오늘 너를 여러 나라와 여러 왕국 위에 세워 네가 그것들을 뽑고 파괴하며 파멸하고 넘어뜨리며 건설하고 심게 하였느니라 하시니라"

(2) 하나님의 심판은 어디부터 임할 것인가? 심판은 우주적이다.
심판은 먼저, 유다에게 임할 것이지만, 결국은 당시의 열강인 애굽과 바벨론에게 주어지겠고, 점차 주변국들로 확산될 것이다(렘 25:15-38). 9개의 심판 예언이 나열되어 있는데, 대체적으로 남서쪽으로부터 먼 동쪽으로 옮겨가는 양상을 보인다.

(3) 심판자의 모습 - 우는 사자와 같이 여호와께서 그들을 공격하실 것이다. 따라서 그들의 지도자들은 그의 진노와 권세 앞에 망할 것이다.

(4) 유다와 같이 열방 가운데 할례를 자랑으로 여기는 민족이 있다. 이 할례 행위가 하나님의 특별한 지위를 부여하고, 그래서 진노를 면하게 해 줄 것이라는 생각을 차단하신다. 육체의 할례만을 고집하고 삶의 변화가 없는 사람들은 하나님께서 반드시 벌하실 것이다(렘 9:25-26). "…모든 이방인들은 몸에 할례를 받지 않았고, 모든 이스라엘 백성은 마음에 할례를 받지 않았다"(26절)고 했다.

이방 나라들에 대한 심판 예언(46-51장)

(1) **애굽(46:2-28)에 대한 심판:** 여호와께서 이스라엘을 구원하시고 열방을 심판하실 것이다. 애굽은 예루살렘 함락 전이나(렘 2:18, 36*) 함락 후에도(42:14*) 유다가 의지했던 나라였다. 그러나 그러한 애굽에도 심판이 임할 것이다. 누구를 시용하실 것인가? 바벨론의 느부갓네살과 그 군대를 도구로 사용하시어 애굽의 권세와 영광을 꺾으실 것이다(렘 43:10, 44:30, 46:13, 26). 애굽의 신도 징벌을 받을 것이다(렘 46:25). 이런 애굽을 의지하는 유다 백성은 지극히 어리석은 일이다. 애굽의 멸망과(46:13-26) 대비하여 유다/이스라엘은 구원이 약속된다(46:27-28).

• 렘 2:36 "너는 네 멋대로 마구 마음을 바꾸는구나 앗시리아가 너를 부끄럽게 했듯이 이집트도 너를 부끄럽게 할 것이다."(쉬운)

• 렘 42:14 "또 '아닙니다. 우리는 이집트 땅에 가서 살겠습니다. 이집트로 가면 전쟁에 시달리지도 않고 전쟁의 나팔 소리를 듣지 않아도 되고 밥이 없어 굶주리는 일도 없을 것입니다'라고 말한다면 잘못될 것이요."(쉬운)

(1) 애굽에 대해 심판 예언(46장)
(2) 블레셋에 대한 심판 예언(47장)
(3) 모압에 대한 심판 예언(48장)
(4) 다른 나라들에 대한 예언(49장)
(5) 바벨론에 대한 심판 예언(50-51장)

- **갈그미스 전투(주전 605)** : 바로 느고는 바벨론 군대와 일전을 치르려고 자신의 군대를 북쪽으로 이동한다. 그러나 유프라테스 강변의 갈그미스에서 바벨론 군대에게 패한다. 애굽은 자신들이 승리할 것으로 믿었지만 여호와께서 무너지게 하실 것이다(46:7-11). 이후에도 애굽은 바벨론의 적수가 되지 못한다. 하나님은 애굽인들과 그들의 신 아몬 및 통치자들을 모두 바벨론 군대에 넘기실 것이라고 하셨다(46:24-26).

(2) **블레셋(47:1-7)** - 블레셋과 그의 동맹군들의 도시가 함락되고 멸망 받을 것이다(47:1). 공격의 정확한 날짜는 알려져 있지 않다(610-601년 사이에 공격이 있었던 것으로 알려져 있다). 블레셋뿐만 아니라 북쪽 해안가에 살고 있는 페니키아, 가사와 아스글론도 파멸될 것이다(47:4, 5).

(3) **모압(48:1-47)** - 느보와 기랴여아림에 임할 재앙을 선포하신다(48:1-2). 그 땅의 지도자들은 모압의 신 그모스와 함께 포로로 잡혀갈 것이다(7절). 모압은 비어 있는 포도주 항아리처럼 깨뜨려질 것이다(12절). 모압의 멸망 이유는 이스라엘이 멸망을 당할 때 그들이 여호와를 무시했기 때문이다(26-28절).

(4) **암몬(49:1-6)** - 자만심에 가득 찬 암몬 사람들도 그들의 국가 신인 밀곰과 함께 사로잡혀 갈 것이다(3절). 그러나 모압의 경우처럼 암몬도 여호와께서 회복을 약속하신다.

(5) **에돔(49:7-22)**은 전멸될 것이다. 오바댜서에서 완전한 멸망의 모습을 볼 수 있다.

(6) 다메섹(49:23-27)과 게달과 하솔(49:28-33) 및 엘람(49:34-39)에 관한 심판 예언은 바벨론에 대한 심판에 앞서 제시되었다. 다메섹은 북 이스라엘이 멸망하기 10년 전에 앗수르에 의해서 사라졌다(732년). 게달과 하솔은 시리아 사막의 아랍 족속들이다. 이들 민족도 그 지역들을 버리고 사방으로 흩어질 것이다(49:30-33). 엘람은 바벨론 동쪽에 위치한 나라이다. 이들에게도 재앙이 선포된다(34-38절).

(7) 바벨론(50:1-51:58)의 멸망은 가장 길게 언급되었다. 바벨론은 여러 나라들에 대한 하나님의 심판의 도구였다. 그러나 이들도 교만 때문에 멸망의 대상이 된다. 바벨론의 멸망은 예루살렘의 멸망이라는 관점에서 기록되었다. 이 예언은 유다의 대적들의 운명에 관한 짧은 시들을 모은 것이다. 여기에 유다의 회복과 위로의 말도 언급되었다. 바벨론의 죄악은 그가 여호와의 목전에서 시온에게 행한 잔학한 행위라고 언급하고 있다(51:5, 24).

왜 주변에 있는 세상나라들이 심판의 대상인가?

(1) 교만, 우상 숭배, 강포 때문이다.

- 두로 - "나는 신이다"(겔 28:2) - 이에 대한 이사야의 심판 선언(사 23:9)
- 바벨론 - "나뿐이라, 나 외에 다른 이가 없도다" - 이사야의 선언(사 47:8)
- 바벨론의 교만의 극치를 보라(사 14:13-14).

(2) 하나님의 백성들을 학대했기 때문이다.

왜, 세상나라들을 심판하시는가?

이웃 나라 멸망 예언

- 사 13-23장,
- 렘 46-51장,
- 암 1:3-2:16,
- 겔 25-31장

열방의 주인은 누구인가? 물론 여호와 하나님이시다. 이사야 13:1-35:10에서 언급하는 핵심 내용은 열방의 주인이 하나님이시라는 것이다. 이사야 13-23장에서는 한때 유다를 핍박했던 이방 나라의 멸망을 경고하면서 여호와 하나님께서 우주적인 주권자이심을 보여준다. 이사야, 예레미야 말고도 다른 성경에서도 이웃 나라의 멸망을 예언하고 있다(사 13-23장, 렘 46-51장, 암 1:3-2:16, 겔 25-31장). 동교재(백투더바이블), 이사야 13장의 내용을 가져와 설명해 보자. 여기서 조금 더 보충 조정했다.

1. 이스라엘/유다는 늘 전쟁에 대한 공포와 시달림 속에서 어려움을 겪었다. 그렇다면, 이들에게 전쟁은 우연한 일인가?

(1) 언약 백성에게 전쟁은 우연히 오는 것이 아니라 하나님의 섭리로 오는 것이라고 말한다. 그러므로 하나님의 백성만이 늘 징계를 받는다는 생각이 없어질 것이다. 이제 원수의 나라가 징계를 받는 것은 하나님의 백성이 위로를 받는 것이기도 하다.

(2) 선지자들은 왜 주변에 있는 세상나라들에 대해 심판을 선언하는가? 또한 하나님이 이방 나라들을 심판하는 기준은 무엇인가?

1) 교만, 우상 숭배, 강포 때문이다.[1)]

2) 하나님의 백성들을 학대하기 때문이다.

- 어느 나라든지 언약의 백성을 학대하면 저주를 받을 것이다(창 12:3, 27:29). 여기서 언약 백성이란 누구를 가리키는가? 표면적 유대인이 아니다. 참 "하나님의 이스라엘"은 온 세상에 흩어진 유대인들과 이방인 중에서 믿는 사람들이다.

- 백성이 범죄했을 때 하나님은 자기 백성을 바벨론에 넘기기까지 하셨다. 그러나 이방나라는 하나님의 백성을 무자비하게 취급했다(사 47:6). 하나님은 바벨론에게 진노하시는데 그 이유가 이스라엘의 뼈들을 꺾었기 때문이라고 말한다(렘 15:17-18). 하나님은 그들이 행한 모든 악함대로 바벨론과 갈대아 사람들에게 갚으라고 말씀하신다(렘 51:25).

1)
- 두로- "나는 신이다"(겔 28:2) - 이에 대한 이사야의 심판 선언(사 23:9)
- 바벨론 - "나뿐이라, 나 외에 다른 이가 없도다" - 이사야의 선언(사 47:8)
- 바벨론의 교만의 극치를 보라(사 14:13-14) - 느부갓네살의 교만 - 들짐승처럼 낮아질 것이다(단 4:29-30, 33)
- 벨사살은 하나님을 모욕했다. - 손가락이 벽에 글을 써서 그의 날이 끝날 것을 예고했고, 바로 그 날밤 그는 죽임을 당했다(단 5:22-23, 30)

[아모스가 예언한 주변 국가들의 심판 예언]

1. 열방 심판에 대한 아모스의 설명을 들어보라. 아래와 같은 이유 때문에 심판을 받게 된다. (동교재, 아모스, 141면이하)

(1) **다메섹(수리아, 암 1:3-5)** -이들은 전투시에 너무 잔악함과 포학[1]함을 드러냈다. 백성들을 마치 물건처럼 취급했다.

○ "여호와께서 이와 같이 말씀하시되"(암 1:3a)

● 죄의 목록 : 한 가지 죄만 언급

"이는 그들이 철 타작기로 타작하듯 길르앗을 압박하였음이라"

▶ 심판 선고(암 1:4-5)

① 하사엘의 집에 불을 보내리니 벤하닷의 궁궐들을 사르리라

② 다메섹의 빗장을 꺾으며

③ 아웬 골짜기에서 그 주민들을 끊으며

④ 벧에덴에서 규 잡은 자를 끊으리니 아람 백성이 사로잡혀 기르에 이르리라

(2) **블레셋(가사, 아스돗, 아스글론, 에그론, 암 1:6-8)** - 무방비였던 성읍을 점령하여 노예로 팔아버렸다.

○ "여호와께서 이와 같이 말씀하시되"(암 1:6a)

● 죄의 목록 : 가사의 죄

"모든 사로잡은 자를 끌어 에돔에 (팔아)넘겼음이라(=때문이다)"

▶ 심판 선고(1:7-8) "그러므로

① 가사 성에 불을 보낼 것이며(7절a)

그 궁궐들(요새들)을 불태워 사를 것이다(7절b)

② 아스돗에서 그 주민들과 왕을 끊을 것이며(8절a)

아스글론에서 규(홀, 왕권)를 잡은 자를 끊을 것이며(8절a)

③ 또 손을 돌이켜 에그론을 치리니(8절b)

블레셋의 남아 있는 자들이 멸망하리라"

(3) **두로(페니키아, 암 1:9-10)** - 동맹한 자들을 노예로 팔아버렸다.

○ "여호와께서 이와 같이 말씀하시되"(1:9a)

1) 포학(하마스, חָמָס)은 '폭력, 난폭, 부당한 행위, 불법, 악' 등을 가리킨다. 이는 단순한 악을 가리키는 것이 아니라 종종 극도의 악함을 나타낼 때 사용되었다. 이 악함이 홍수의 원인이 되었다(창 6:11, "그 때에 온 땅이 하나님 앞에 부패하여 포악함이 땅에 가득한지라.", 창 6:13 참조).

• 겔25:12 "주 여호와께서 이같이 말씀하셨느니라 **에돔이 유다 족속을 쳐서 원수를 갚았고 원수를 갚음으로 심히 범죄하였도다** 13 그러므로 주 여호와께서 이같이 말씀하셨느니라 **내가 내 손을 에돔 위에 펴서 사람과 짐승을 그 가운데에서 끊어 데만에서부터 황폐하게 하리니 드단까지 칼에 엎드러지리라** 14 내가 내 백성 이스라엘의 손으로 내 원수를 에돔에게 갚으리니 그들이 내 진노와 분노를 따라 에돔에 행한즉 내가 원수를 갚음인 줄을 에돔이 알리라 주 여호와의 말씀이니라."

● 죄의 목록 : 한 가지 죄만 언급

"이는 그들이 그 형제의 계약을 기억하지 아니하고 모든 사로잡은 자를 에돔에 넘겼음이라"

▶ 심판 선고(암 1:10)

① 내가 두로 성에 불을 보내리니 그 궁궐들을 사르리라

(4) **에돔(암 1:11-12)** - 다른 이를 향해 분노가 맹렬하며 계속해서 타올랐다.

○ "여호와께서 이와 같이 말씀하시되"(암 1:11a)

● 죄의 목록 : 한 가지 죄만 언급

"이는 그가 칼로 그의 형제를 쫓아가며 긍휼을 버리며 항상 맹렬히 화를 내며 분을 끝없이 품었음이라"

▶ 심판 선고(암 1:12)

① 내가 데만에 불을 보내리니 보스라의 궁궐들을 사르리라

(5) **암몬(암 1:13-15)** - 전투시 아이 밴 여인들의 배를 가르는 행위를 서슴지 않는 잔악함을 보였다.

○ "여호와께서 이와 같이 말씀하시되"(암 1:13a)

● 죄의 목록 : 한 가지 죄만 언급

"이는 그들이 자기 지경을 넓히고자 하여 길르앗의 아이 밴 여인의 배를 갈랐음이니라"

▶ 심판 선고(암 1:14-15)

① 랍바 성에 불을 놓아 그 궁궐들을 사르겠다.

② 그들의 왕은 그 지도자들과 함께 사로잡혀 갈 것이다.

(6) **모압(2:1-4)** - 복수심이 멈추지 않았다.

○ "여호와께서 이와 같이 말씀하시되"(2:1a)

● 죄의 목록 : 한 가지 죄만 언급

"이는 그가 에돔 왕의 뼈를 불살라 재를 만들었음이라"

▶ 심판 선고(2:2-3)

① 모압에 불을 보내겠다. 그 불이 그리욧 요새들을 사를 것이다.
모압 백성은 외침과 나팔 소리가 요란한 가운데 죽을 것이다.

② 모압 왕을 없애고 그의 신하들도 다 죽이겠다.

아모스가 지적하는 남 유다의 죄와 그 심판(암 2:1–5)

▶ 우리는 앞에서 이스라엘 주변 국가들의 심판을 살펴보았다. 이들 나라가 심판을 받게 된 원인은 이들이 인도주의에 어긋나는 죄악들을 저질렀다는 데에 있다. 그렇다면 유다와 이스라엘은 어떤 죄목 때문에 고발을 당하고 있는 것일까? (동교재, 아모스, 162면에서)

◀ 이방인의 죄와 하나님의 백성의 죄는 어떤 점에서 다른가? 이스라엘과 유다가 무엇 때문에 심판을 받게 되는가 살펴보자.

1. 유다의 죄와 그 심판(암 2:4–5)

○ "여호와께서 이와 같이 말씀하시되"(2:4a)

● 죄의 목록 :

"이는 그들이 여호와의 율법을 멸시하며 그 율례를 지키지 아니하고 그의 조상들이 따라가던 거짓 것(우상)에 미혹되었음이라"

▶ 심판 선고(2:5)

① 유다에 불을 보내어 예루살렘의 궁궐들을 사르리라

(1) 유다에게 내려진 죄의 목록은 무엇인가? (암 2:4)

2:4 "이는(because, עַל)

그들이 '여호와의 율법'(תּוֹרַת יְהוָה)을 '멸시하며'(מָאֳסָם)[1] - 칼 동사

그 율례(호크, חֹק)[2]를 지키지 아니하고

그의 조상들이 따라가던 **거짓 것**[3]에 미혹되었음이라"

(2) '멸시하다' - 백성들은 그들 가운데 계신 **여호와를 경멸했기 때문에**(despise, 민 11:20) 하나님으로부터 거절을 당할 수밖에 없다(호 4:6). '여호와의 율법'이란 무엇인가? 율법을 백성에게 주신 분이 누구인가? 물론 여호와 하나님이시다. 하나님은 이스라엘 백성을 애굽에서 강한 능력으로 구원하셔서 광야로 인도하셨다. 그리고 율법을 주셨다. 하나님은 거룩한 분이시다. 그러니 자기 백성 역시 거룩하게 살아야 한다고 말씀하신다. 그 거룩한 백성이(출 19:6*) 살아가야 할 법이 필요했는데, 그것이 율법이다.[4]

그런데 백성들이 이런 **율법의 의도를 왜곡하고 '그 하나님의 율법'을 멸시했다**는 것이다. 율법을 주신 하나님은 그의 백성에게 기계적 순종을 원치 아니하신다. 기쁜 마음으로 이 율법을 순종하기를 원하신다. 하나님은 자신과 그의 백성 사이에 인격적 관계가 흐르기를 원하신다.

1) 멸시하다(despise), 배척하다(reject), 차버리다.

2) 율례(호크) - 규정, 법령(규), 관습, 의무

3) 거짓말, 허위, 사기. 여기서는 '우상'이란 뜻으로 쓰였다.

4) 율례(호크) - '규정, 법령(법규), 관습, 의무' 등의 뜻으로 율법을 뜻하는 다른 단어들, 즉 '데바림'(말), 토라(율법), 미쉬파트(심판), 에두트(증거), 미츠와(계율) 등과 같은 단어들과 함께 연속적으로 나온다(출 15:25; 수 24:25; 스 7:10). 그러므로 '율례'라는 말은 "너희 열조의 규례"라는 어구(겔 20:18; 삼상30:25)에서처럼 '법령'이나 '관습'을 의미한다.

2. 이런 율법을 멸시할 뿐만 아니라 그 율례를 지키지 아니했다. 그렇다면 이방 나라들과 다른 점이 무엇이 있겠는가?

(1) 이렇게 이방 나라들은 도덕적인 면에서 하나님의 심판을 받았다. 이방 나라가 정죄 당하는 모습을 보고 환호했을 유다에게 아모스가 던진 메시지는 무엇인가? 유다 역시도 <하나님께서 시내산에서 자기 백성과 더불어 맺으신> 모세 언약을 **위반하였다**는 것이다.

(2) 어떤 위반 행위가 있었는가? 유다에 대해서는 그 구체적인 언급이 없다. 다만 "그의 조상들이 따라가던 '**거짓 것**'에 미혹되었음이라"고 했다.[1] 대부분의 학자들은 여기 '거짓 것들(err, their lies)'을 거짓 신들이나 우상들로 이해한다. 다음의 몇 군데 성경 구절에서 "따라가다"라는 표현이 우상 숭배를 가리키고 있음을 본다(신 6:14*, 8:19, 13:3, 28:14 등).

3. 하나님은 결국 유다에게 심판을 선고하신다(암 2:5).

"유다에 불을 보내리니 예루살렘의 궁궐들을 사르리라."

(1) 유다의 죄는 무엇인가? 이들은 율법을 멸시하고 율례를 지키지 않았다는 것이다. 그리고 우상을 따랐다는 것이었다. 물론 유다 백성이 여호와를 완전히 버리고 우상을 숭배하지는 않았다. 그러나 그들은 여호와도 섬기고 우상도 따르는 혼합주의로 빠졌다. 본문은 이를 여호와를 버렸다고 표현하고 있다.

(2) 첫 번째 심판의 언급부터 여기까지 일곱 번에 걸친 심판 선고는 "주께서 불을 보내실 것"이라는 어구로 표현되었다. 그러나 유다는 이방 나라들과 다르다. 하나님과의 특별한 언약 관계에 있으므로 이들은 심판도 다르고 그 강도(強度)도 다르게 받을 것이다. 하나님의 특별한 언약 관계에 있는 자기 백성들은 이방 나라들보다 더욱 엄격한 심판을 받을 것이다(롬 2:12). 이방인들은 인간의 양심의 법에 의하여 심판을 받는다(롬 2:14-15).[2]

(3) 유다 백성들은 예루살렘에 성전이 있는 한 멸망하지 않을 것이라는 망상에 빠져 있었다. 어쨌든 아모스 당시 유다는 아직은 북이스라엘보다 죄악의 강도가 약하다. 그러나 죄악이 점증하고 있다. 그들의 죄악 때문에 하나님은 이사야와 미가 선지자를 대기시키고 계신다. 이사야와 미가는 남쪽 유다를 향하여 포문을 여신다. 우리는 예레미야서를 공부하면서 이 예언이 바벨론 침략으로 성취되었음을 본다. 마침내 예루살렘과 궁궐은 불타버렸다.

1) '거짓 것'(카자브, כָּזָב)이란 '거짓말, 허위, 사기'라는 뜻이다. 문자적으로 읽으면 이렇다. "그의 조상들이 따라가던 (which, אֲשֶׁר) <거짓 것들>이 그들을 미혹하였다."

- 신 6:14 "너희는 다른 신들 곧 네 사면에 있는 백성의 신들을 따르지 말라 (לֹא תֵלְכוּן, shall not go after)."
- "미혹되었음이라"(יַּתְעוּם-히필 동사) - 이 말은 육신적이나 정신적이나 도덕적으로 방황하고 잘못 가는 것을 말한다. 여기서는 히필(사역 능동) 동사가 쓰였다. 그러니까 우상이 그들을 그처럼 잘못 되게 하였다는 비참성을 강조하고 있다. 특히 '거짓 것들'을 거짓 예언자들의 미혹하는 말들과 동일시하기도 한다.

2) 앞에서 언급된 이방 나라들이 심판 받은 내용도 사회적인 죄악들이었다(압박, 잔인, 불의, 부정, 시기와 질투 등).

아모스가 지적하는 북 이스라엘의 죄와 그 심판(암 2:6-16)

▶ 그렇다면 아모스가 지적하는 북 이스라엘의 죄는 어떤 것들인가?

(1) 의인(정직한 시민들)을 종으로 팔아넘겼다. (2) 가난한 자들을 헐값에 종으로 팔아넘겼다(암 2:6b) "신 한 켤레를 받고 가난한 자를 (팔며)" (3) 힘없는 자의 머리를 티끌 먼지 속에 발로 밟고 (4) 연약한 자의 길을 굽게 하며 (5) 부자(父子)가 한 여인에게 다녀서 - 2:7c "아버지와 아들이 한 젊은 여인에게 '다녀서' 내 거룩한 이름을 '더럽히며'" (6) 부요한 채권자들의 횡포 (7) 벌금으로 거둔 포도주를 마셔버렸다.

(2) 이렇게, 아모스는 다메섹을 시작으로 여러 주변의 이방 나라들의 죄와 유다의 죄를 지적했지만(암 1:4-2:5), 이는 이스라엘의 죄를 지적하며 심판할 메시지의 준비요 서론에 불과했다. 그렇다면 이스라엘의 죄는 무엇일까? 앞에서 이미 살펴본 것처럼, 불의, 부정, 잔인과 학대뿐만 아니라 하나님의 법과 율례도 멸시했다. 즉 이방과 유다가 범한 죄를 모두 범했다는 것이다(암 2:6-7). 특별히 상류층의 범죄행위는 용서할 수 없는 것들이었다. 사회적인 약자들의 존엄성을 보호해야 할 이들이 철저히 그 법을 무시했음을 고발하고 있다. 이제 하나님은 이들 역시 반드시 심판하실 것이라고 말씀하신다(암 2:14-16). 이스라엘은 정의를 실현해야 할 하나님의 언약 공동체였다. 그러나 모범 공동체이기는커녕 오히려 주변 나라들보다 도덕적인 면에서 더욱 악했다는 것이다.

여기까지 아모스가 언급한 이방의 심판과 이스라엘/유다의 죄와 심판을 살펴보았다.

그 외에도 선지자들이 이방 나라에 대한 심판을 선포한다.

(1) 오바댜 선지자는 에돔 심판을 선언했다. 에돔이 심판 받아야 하는 이유는 무엇보다 포학(暴虐)함 때문이라고 말한다(옵 1:10). 그들의 형제국인 유다에 너무 잔인했다는 것이다(10절). 또한 약탈을 일삼았고(11, 13절), 형제의 멸망을 기뻐했다(12절). 더욱이 피난민들을 적국에게 넘기는 극악한 행위를 저질렀다(14절). 나훔 선지자는 니느웨의 멸망을 선포했다.

(2) 에스겔 선지자는 암몬의 멸망을 선포했다. 이스라엘이 환란을 당할 때 멸시한 죄 때문이었다(겔 25:6-7). 에돔에 대해서도 멸망을 선포했다(겔 25:12). 블레셋도 심판의 대상이었다(겔 25:15).

(3) 요엘서에서도 만국 심판을 언급하고 있다(욜 3:1-15).

애굽을 향한 심판(46장)

"이방 나라들에 대하여 선지자 예레미야에게 임한 여호와의 말씀이라"(46:1). 하나님은 예레미야를 불러 유다 백성에게 경고를 전하신다. 언약 파기로 인한 멸망을 선포하라는 것이다. 유다 백성의 끊임없는 죄악 때문에 예루살렘의 멸망을 전하셨다. 그런데 언약 백성을 벌하기 위한 도구가 이방 나라였다. 예레미야의 예언은 유다에 국한되지 않는다. 그는 열방의 선지자로 부름을 받았기 때문이다. 그래서 유다 주변국들에 대한 심판이 예언되었다. 유다를 벌주기 위한 도구 바벨론이 유다의 주변국들을 벌할 것이다. 그렇다면, 바벨론 제국은 하나님의 온전한 도구인가? 바벨론이 그 악랄함으로 다른 나라를 멸망시켰기 때문에 그 바벨론도 멸망 당할 것이다.

1. 제일 먼저 호명된 징벌 대상국은 어디인가?

46:2 애굽에 관한 것이라[1)]
곧 유다의 요시야 왕의 아들 여호야김 넷째 해에
유브라데 강 가 갈그미스에서
바벨론의 느부갓네살 왕에게 패한
애굽의 왕 바로 느고의 군대에 대한 말씀이라

1) 애굽이 제일 먼저 언급되었다. 유다에게 애굽은 어떤 나라인가? 유다의 마지막 왕 시드기야는 바벨론이 세워놓은 바벨론의 꼭두각시였다. 그러나 시드기야는 바벨론을 배반하고 애굽 편에 선다. 애굽의 제26왕조 4대왕 호브라가 이 지역을 부추겼기 때문이다. 예루살렘 멸망을 전후하여 유다는 애굽을 절대적으로 의지했다.

(1) 렘 25장에서 자세히 언급된 갈그미스 전투에 대한 이야기이다. 옆의 도표를 참조해 보자. 여호야김 통치 넷째 해에(주전 605), 유브라데 강 가 갈그미스에서 애굽의 바로 '느고'는 쓰러져가는 앗수르를 돕고자 전투를 벌인다. 프삼티쿠스(Psamtiks 1, 663-610)의 뒤를 이은 아들 느고(Necho II, 610-595)는 그의 부친의 정책을 따랐다. 그는 앗수르의 마지막 왕, 아슈르우발릿 2세(612-609)의 간곡한 청원에 따라 그의 군대를 돕기 위해 북진한다(주전 609년, 봄?, 여름?). 이때 친바벨론 정책을 편 유다의 요시야 왕이 애굽의 북진을 가로막고 나섰다가 전사했다(므깃도 전투). 요시야 때문에 기회를 놓쳤을까, 애굽은 전투에 성공하지 못한다. 그렇다고 애굽이 크게 패한 것은 아닌 것 같다. 왜냐하면, 므깃도 전투 후 3개월이 지나 느고는 수리아 립나의 임시 본부에서 유다에게 공물을 부과하고 요시야의 아들인 (반애굽적인) 여호아하스를 제거하고 친애굽적인 그의 형제 여호야김으로 대체했기 때문이다(대하 35:20-24, 36:1-4).

(2) 그리고 오늘 성경 본문에 나오는 요시야 왕의 아들 여호야김 넷째 해에, 전투가 벌어졌다. 이때 바벨론의 나보폴라살은 너무 연로했기에 갈그미스 전투에

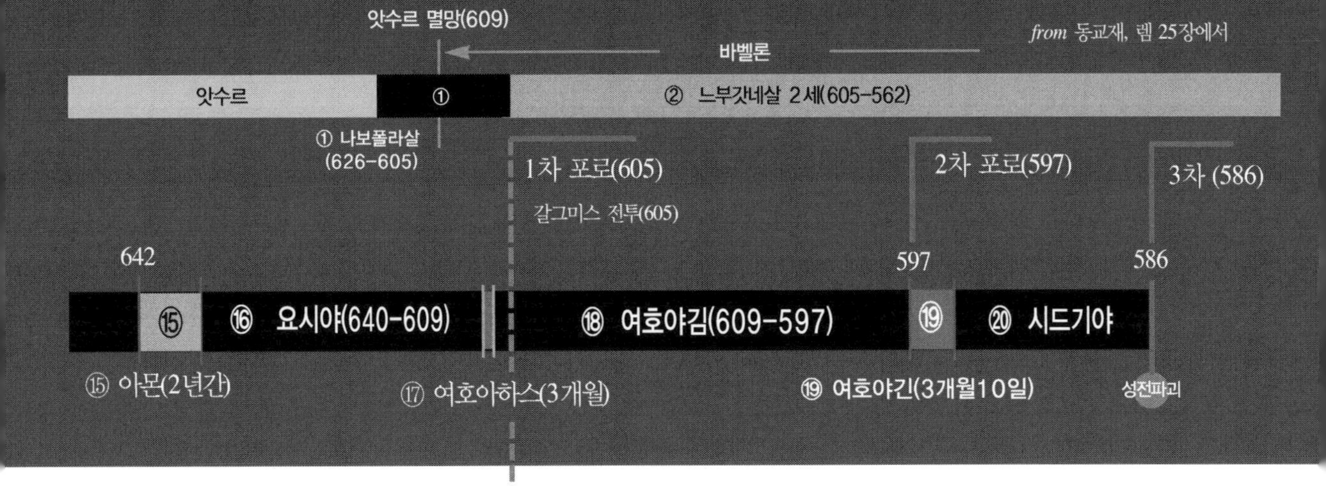

앗수르가 망하고(612 B.C) 앗수르의 잔류민들은 앗수르의 서북부 도성인 하란으로 모여서 두 번에 걸쳐 탈환전을 시도한다. 첫 번은 609년에 있었고(이 때 애굽의 북진을 막았던 요시야 왕이 전사한다), 두 번째 605년(갈그미스 전투)에 있었다. 앗수르는 마지막 숨을 몰아쉬고 있었다. ▼

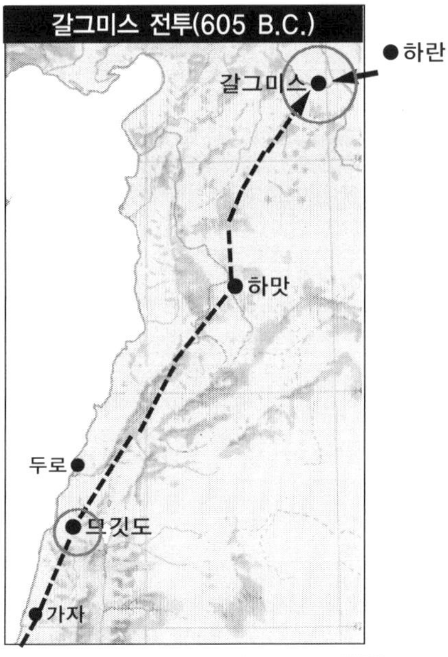

왕하 23:29 "요시야 당시에 애굽 왕 바로 느고가 앗수르 왕을 치고자 하여 유브라데 하수로 올라가므로 요시야 왕이 나가서 방비하더니 애굽 왕이 요시야를 므깃도에서 만나본 후에 죽인지라." / 요시야 왕은 주전 609년에 죽고, 뒤이어 여호하스 왕은 3개월 통치 후 애굽으로 끌려갔고, 여호야김이 등극했다. 그의 통치 4년째에 갈그미스 전투가 벌어진다. 그러나 이 전투에서 애굽은 패한다.

바벨론을 세운 나보폴라살은 누구인가?

(1) 아슈르바니팔(668-627) 때부터 앗수르 통치하에 있었던 바벨론의 반란은 꿈틀대고 있었다. 이 왕은 통합된 앗수르와 바벨론을 통치하였다.

(2) 신사르이스쿤(623-612)
앗수르에서 권력을 잡았고 남부에서도 '신숨리실'을 승계하려 했으나 갈대아인 ❶ **나보폴라살**에 의해서 저지당해 실패한다. 나보폴라살은 바벨론의 군대를 통솔하고 있던 앗수르의 장군인 신사르이스쿤에 의해 3년 일찍 시랜드(Sealand, 해변가 왕조, 습지가 많은 페르시아만 일대)의 관리로 임명받았다. 나보폴라살은 신사르이스쿤에 반기를 들고 이들과 접전해 승리를 거둔다. 그는 626년 11월 23일, 공식적으로 바벨론 왕으로 등극한다.

(3) **나보폴라살**은 메대 왕 키악세레스와 동맹을 맺는다(양가 사이에 결혼관계로). 그리고 612년 메대와 연합하여 니느웨를 점령한다.

(4) 급해진 앗수르의 마지막 왕은 그들의 정부를 하란으로 이주시킨다. 그러나 나보폴라살은 하란을 점령 1년간 통치했으며, 609년에는 하란을 재탈환하려고 시도했던 앗수르와 애굽 동맹군을 격퇴했다. 그러나 나보폴라살은 북쪽 국경지대를 잠재우기 위해 우라라트를 상대해야 했다. 유일하게 남은 앗수르의 요새 갈그미스는 나보폴라살의 아들이자 군대장관인 ❷ **느부갓네살**에 의해 점령된다. 이제 앗수르는 역사에서 사라졌다. 애굽은 옛날에는 앗수르가 적국이었으나, 신흥 바벨론의 융성을 달가워하지 않았다. 앗수르의 마지막 왕 아슈르우발릿 2세(612-609)의 간청으로 신흥 바벨론과 전투를 벌였으나 패했다.

앗수르 마지막 왕들

- 산헤립(705-681)
- 에살핫돈(681-669)
- 아슈르바니팔(668-627)
- 아슈르에텔일라니(627-623)
- 신숨리실(623)
- 신사르이스쿤(623-612)
- 아슈르우발릿 2세(612-609) - 앗수르의 마지막 왕이다.

이때 출전한 애굽의 왕이 제26왕조 제2대 왕 느고 2세이다(Necho II, 주전 610-595). 이때(갈그미스 전투) 하나님은 애굽을 조롱하는 메시지를 전달하신다. 애굽 군대는 전쟁을 충분히 준비한 것으로 보이지만 결국에는 두려움에 사로잡혀 퇴각하며 수치를 당할 것이라고 말씀하신다(렘 46:3-6).

바벨론은 느부갓네살의 나라라고 할만큼 그는 장기간 통치하면서(605-562) 막강한 통치력을 드러낸다. 그의 사후 바벨론은 크게 부흥하지 못하고 고레스에게 망한다.

그의 왕세자 **느부갓네살**을 보냈고, 그는 전투에서 크게 승리한다. 주전 605년, 연이은 전투에서 애굽은 두 번이나 패했다. 처음에는 갈그미스에서, 잠시 후에는 하란에서였다.

2. 갈그미스 전투 장면을 생생한 시문(詩文)으로 묘사하고 있다(3-12절).

전쟁을 준비하라는 명령이다. 완전 군장을 하고 싸울 준비를 하라는 것이다. / 이집트 장교들이 외친다 - 새번역

전쟁을 준비하라는 명령인데, 어떤 군대에게 전쟁을 준비하라는 것인지 분명하지가 않다.

46:3 너희는 작은 방패와 큰 방패를 **예비하고** 나가서 싸우라
4 너희 기병이여!
[너희는] ─┬ 말에 **안장을 지워 타며** 투구를 쓰고 **나서며**
└ 창을 **갈며** 갑옷을 **입으라**

그러나 적들은 두려움으로 황급히 달아난다.

46:5 내가 본즉 (...어찜이냐) (רָאִיתִי - 칼 동사 완료 1인칭 מַדּוּעַ - 마두아(왜? 어찌하여))
그들이 **놀라 물러가며**
그들의 용사는 **패하여** 황급히 **도망하며 뒤를 돌아보지 아니함은**
두려움이 그들의 사방에 (**있음이로다**)
여호와의 말씀이니라

6 발이 빠른 자도 **도망하지 못하며** 용사도 **피하지 못하고**
그들이 다 북쪽에서 유브라데 강 가에 **넘어지며 엎드러지는도다**

여기서 공격하는 군대는 누구이며, 패망하는 군대는 누구인가? 애굽이 전쟁을 준비하는 것인가? 아니면, 공격자는 바벨론(3,4 절), 후퇴하는 군대는 애굽인가? (5절).

(1) 위의 구절을 보면 애굽과 북방 군대 간의 전투를 그린 것 같지만, 그러나 이 전투는 일반적인 전투가 아니라 여호와 하나님께서 관여하시는 성전(聖戰)이다. 이 전투는 애굽과 북방 군대 간의 전투가 아니라 하나님과 애굽 간의 전투이다. 애굽의 적은 북방 군대가 아니라 이스라엘의 하나님이신 '주 만군의 여호와'이다.[1)]

1) 두란노 HOW주석, 예레미야2, 98.

(2) 애굽의 군대는 전쟁을 충분히 준비한 것으로 보이지만, 결국에는 두려움으로 퇴각할 것이며 수치를 당할 것이라는 조롱의 노래이다(3-6절).

누구냐고? 그것은 바로 애굽이다. 애굽은 나일 강물처럼 넘쳐흐르고 있다. 그들은 이렇게 외친다. "내가 넘쳐 흘러 땅을 덮어버리겠다. 그 도시와 거주민을 멸하겠다"라고 외친다.

46:7 강의 물이 출렁임 같고 **나일 강이 불어남 같은 자가 누구냐?**

8 애굽은 나일 강이 불어남 같고 강물이 출렁임 같도다
그가 — **이르되**
/내가 — 일어나 땅을 덮어 성읍들과 그 주민을 멸할 것이라

46:9 말들아 달려라 병거들아 정신 없이 달려라
용사여 나오라 방패 잡은 구스(=에디오피아) 사람과 붓(=리비아) 사람과
활을 당기는 루딤(=리디아인, 소아시아에 거주) 사람이여 나올지니라 하거니와

이들은 애굽인에게 고용된 용병(傭兵)들이었다.

(3) 위의 내용은 갈그미스 전투를 위한 출정을 독려하는 것 같다. 그래서 애굽은 마치 "나일 강이 불어남 같고 강물이 출렁임 같도다"라고 하면서 세상을 정복할 것이라고 자랑하지만, **그러나** "그 날은 주 만군의 여호와께서 그의 대적에게 원수 갚는 보복일(נְקָמָה[1] יוֹם)이라"고 하신다(11절). 이 날은 "칼이 배부르게 삼키며(=칼은 원수들을 모조리 무찌르시고) 그들의 피를 넘치도록 마시리니(=그들의 피로 흠뻑 젖을 것이다) 주 만군의 여호와께서 북쪽 유브라데 강 가에서 희생제물을 받으실 것임이로다."

1) 네카마 - 복수, 보복하다, 원수 갚음

(4) 요시아 왕은 므깃도 전투에서 전사했고(주전 609), 애굽은 유브라데 강 전투에서 승리하지 못한다. 이로써 유다는 새로운 국면을 맞는다. 적국 앗수르는 이제 역사에서 사라졌다(갈그미스 전투 후, 앗수르는 그 뿌리째 뽑혀버렸다). 그렇다면, 신흥 세력인 바벨론의 통치를 받을 것인가, 아니면 애굽과 보조를 같이 할 것인가? 조정에서는 친바벨론파와 친애굽파 간의 갈등으로 시끄러웠을 것이다. 이때 예레미야를 통한 메시지가 전달된 것이다. 예레미야는 애굽의 파멸을 예고하고 있다.

46:11 처녀 딸 애굽이여 길르앗으로 **올라가서** 유향을 **취하라**
네가 치료를 많이 **받아도** 효력이 없어 낫지 **못하리라**

12 네 수치가 나라들에 **들렸고** 네 부르짖음은 땅에 **가득하였나니**
//(for) 용사가 용사에게 걸려 넘어져
둘이 함께 엎드러졌음이라(=때문이다)

애굽은 이 당혹스런 패배를 극복하려고 애를 쓰지만, 그들의 수치는 열방 중에 널리 퍼질 것이다.

(5) 당시 애굽은 초강대국이었다. 그래서 그들은 국제 사회에서 아주 교만했다. 마지막 숨을 몰아쉬는 앗수르를 돕기 위하여 유프라테스 강 갈그미스로 출정했지만, 결과는 비참했다. 결국 앗수르는 영원히 멸망한다. 그 후 오리엔트는 잠시 동안 숨고르기에 들어간다. 그리고 신바벨론(=갈대아), 메대(메디아), 리디아, 이집트 등 4강으로 개편된다. 여기 신바벨론(바벨로니아)은 티크리스, 유프라테스 양하 하류의 바빌로니아와 중류의 앗시리아, 상류의 스파르투 외에 시리아, 팔레스타인 연해 지방을 포함하여 함무라비 왕이 과거에 실현했던 통일국가의 넓이에 필적하는 영토를 차지한다. 유다는 이 바벨론에 포로로 끌려가게 된다.

느부갓네살이 애굽을 치리라(46:13-24)

1. 렘 46:13-24은 바벨론의 애굽 침공에 대한 예언이다. 바벨론 왕 느부갓네살이 애굽을 침공할 것이다. 렘 43:11-13을 읽어보자.

(1) 바벨론의 이집트 침공은 주전 568-567년에 가서 이루어진다. 예루살렘 멸망 후, 요하난과 모든 군 지휘관과 백성이 여호와를 순종하지 아니하고 결국 애굽 행을 택한다(렘 43장). 이들은 애굽 땅에 들어가 다바네스(Tahpanhes)에 정착하게 된다.

46:13 바벨론의 **느부갓네살 왕이 와서 애굽 땅을 칠 일**에 대하여
선지자 예레미야에게 이르신 여호와의 말씀이라

(2) "너희는 애굽에 선포하며 **믹돌과 놉과 다바네스**에 선포하여 말하기를"(14절)

렘 44:1을 보라. "애굽 땅에 사는 모든 유다 사람 곧 믹돌과 다바네스와 놉과 바드로스 지방에 사는 자에 대하여" - 애굽에 피난 온 유다인들은 점차 애굽 전역에 퍼져 살게 되었다.

46:15 너희 장사들(mighty ones)[1]이 쓰러짐은 어찌함이냐
그들이 서지 못함은 여호와께서 그들을 몰아내신 까닭이니라

1) 70인경에는 "아피스(ὁ Ἆπις ὁ μόσχος)가 왜 도망가느냐"고 번역했다.

(3) 너희 장사들이(너희 신 아피스) 쓰러지는 이유는 여호와께서 그들을 밀쳐버리셨기 때문이다. 나라를 지켜야 할 군인들은 서로 말하기를 "일어나라 우리가 포악한 칼을 피하여 우리 민족에게로, 우리 고향으로 돌아가자 하도다"(16절). 그들은 "애굽의 바로 왕이 망하였도다 그가 기회를 놓쳤도다 애굽 왕 바로는 소리뿐이라(허풍쟁이에 자나지 않는다)"고 말한다.

2. 애굽을 조롱하신 하나님은 "산들 중의 다볼 같이, 해변의 갈멜 같은 이가 이 애굽 땅을 침공할 것"이라고 말씀하신다.

여기서 산의 표상(表象)은 탁월함을 표시하는 것으로서 느부갓네살 왕을 상징한다.

(1) 애굽에 사는 백성이여 짐을 꾸려 포로가 될 준비나 해라. 왜냐하면 "놉이 황무하며 불에 타서 주민이 없을 것이기" 때문이다. "애굽은 심히 아름다운 암송아지 같지만 북으로부터 쇠파리 떼에 시달리는 신세가 될 것이다"(20절).

(2) 애굽의 운명을 아름다운 암송아지가 쇠파리 떼에 시달리는 신세로 묘사한다.

쇠파리 떼는 바벨론 군대를 가리킨다. 또 애굽군에게 고용된 용병(傭兵)은 어떤가? "그 중의 고용꾼은 살진 수송아지 같아서(외양간의 송아지 꼴이다) 돌이켜 함께 도망하고 서지 못하였나니 재난의 날이 이르렀고 벌 받는 때가 왔음이라." 애굽인은 침략군들 앞에서 소리를 치며 도망가는 뱀처럼 달아날 것이다. 왜냐하면 적들의 군대가 벌목하는 자처럼 도끼를 가지고 애굽을 쳐들어 올 것이기 때문이다(22절). 적군의 수가 얼마나 많은지 "그들이 황충보다 많아서 셀 수 없을 것"이다(23절). 결국 딸 애굽의 백성이 수치를 당하여 북쪽 백성의 손에 붙임을 당할 것이다(24절).

3. 내가 테베의 신 아몬에게 벌을 내릴 것이다. 애굽은 그 신들과 왕들과 함께 벌을 당할 것이다(25절).

46:25 만군의 여호와 이스라엘의 하나님께서 **말씀하시니라**
보라
내가 — **벌할 것이라**
/노의 아몬(Amon of Thebes, אָמוֹן מִנֹּא)과
/바로와 애굽과 애굽 신들과 왕들
곧 바로와 및 그를 의지하는 자들을

에스겔의 애굽 정복 예언

느부갓네살이 애굽을 정복하리라

- 겔 29:17 스물일곱째 해 첫째 달 초하루에 여호와의 말씀이 내게 임하여 이르시되
- 18 인자야 바벨론의 느부갓네살 왕이 그의 군대로 두로를 치게 할 때에 크게 수고하여 모든 머리털이 무지러졌고 모든 어깨가 벗어졌으나 그와 군대가 그 수고한 대가를 두로에서 얻지 못하였느니라
- 19 그러므로 주 여호와께서 이같이 말씀하셨느니라 **내가 애굽 땅을 바벨론의 느부갓네살 왕에게 넘기리니** 그가 그 무리를 잡아가며 물건을 노략하며 빼앗아 갈 것이라 이것이 그 군대의 보상이 되리라

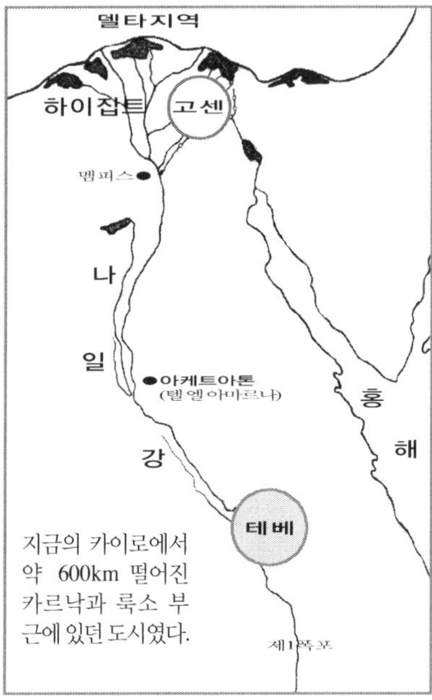

지금의 카이로에서 약 600km 떨어진 카르낙과 룩소 부근에 있던 도시였다.

네가 어찌 노아몬보다 낫겠느냐(나훔 3:8-11)

3:8 네가 **어찌 낫겠느냐**
/노아몬(No-amon, מִנֹּא אָמוֹן)보다
/그는 강들 사이에 있으므로
/물이 둘렸으니 바다가 성루가 되었고
/바다가 방어벽이 되었으며

(1) 나훔 선지자가 니느웨 성의 멸망을 언급하면서, 네가 즉 니느웨가 노아몬보다 어찌 (지정학적으로) 잘 위치하여 있겠느냐는 말이다. 니느웨 성 역시 군사적으로 방비를 잘 갖춘 도시지만 '어찌 노아몬과 비교가 되겠느냐?'는 것이다. 그렇다면 노아몬(=테베)은 어떤 난공불락의 도시였을까?

(2) 노아몬(נֹא אָמוֹן) - '노'(נֹא)는 '아몬 신(=아몬신은 태양신을 말한다)의 성(城)'을 의미한다(겔 30:14-16에서는 '노'나라로 언급됨). 애굽 제 18왕조의 수도였다. 그리스 명칭으로 '테베'(Thebes), 히브리 명칭으로 '노'이다.

(3) "노아몬(=테베)은 강들 사이에 있으므로"
테베는 강물에 둘러싸여 있어서 강이 곧 방벽이며, 강물이 곧 성벽이라고 했다. '강들 사이에'(בַּיְאֹרִים)라는 말은 '예오르'(יְאֹר)의 복수로서 '도랑, 운하 같은 수로, 또는 나일 강'을 가리킨다. 테베는 나일 강의 물 줄기가 도시를 두르게 했기에 천혜의 방어진지를 구축한 셈이었다. 그런 이런 천혜의 조건을 갖춘 도시도 파괴되었다.[1]

(4) 오늘 본문에서는 하나님께서 노의 아몬(Amon of Thebes, אָמוֹן מִנֹּא)을 벌하실 것이라고 했는데, 이는 노(=노아몬)의 아몬 신을 벌하시겠다는 것이다. 아몬은 애굽의 생산, 번식의 신이었다. 아몬은 후에 태양신으로 섬겨졌으며 테베의 주신(主神)이 되었다. 테베의 왕 아베스 1세(주전 1700년경)가 하부 애굽의 방백들을 점령한 후 아몬은 애굽의 국신(國神)이 되었다.[2]

(5) 그렇지만 애굽의 패배는 일시적이 될 것이다. "그럴지라도 그 후에는 그 땅이 이전 같이 사람 살 곳이 되리라 여호와의 말씀이니라"(26절b).

이스라엘을 구원하리라(46:27-28)

(1) 그러나 하나님은 자기 백성 이스라엘에게 위로의 말씀을 선포하신다. "내 종 야곱아 두려워하지 말라 이스라엘아 놀라지 말라 보라 내가 너를 먼 곳에서 구원하며 네 자손을 포로된 땅에서 구원하리니"(27절).

(2) 언젠가는 이스라엘을 다시 회복시키실 것이다. "야곱이 돌아와서 평안하며 걱정 없이 살게 될 것이라 그를 두렵게 할 자 없으리라." 하나님은 자기 백성을 훈련을 시키시는 것이다. 완전 멸절을 의미하는 것은 아니다.

"내 종 야곱아 내가 너와 함께 있나니 두려워하지 말라 내가 너를 흩었던 그 나라들은 다 멸할지라도 너는 사라지지 아니하리라 내가 너를 법도대로 징계할 것이요 결코 무죄한 자로 여기지 아니하리라 하시니라"(28절).

1) 애굽의 제25왕조(누비아 왕조)의 저항은 계속되었는데, 앗수르 군대가 철수하자, 남부로 도피했던 디르하가가 다시 반란을 일으켰다. 병들어 있었던 앗수르의 에살핫돈은 다시 한 번 애굽을 공격했으나 행군 도중 죽는다. 그러나 그의 아들이자 왕위 계승자인 아슈르바니팔(668-627)은 원정을 계속해서 마침내 승리를 이끌어냈다(667년경). 디르하가는 남부로 도망했다가 664년경에 죽는다. 반란에 가담했던 군주들은 니느웨로 끌려가 처형당했고, 사이스(Sais)의 군주 느고(Neco)는 그의 아들 프사메티쿠스와 함께 목숨을 건지고 복위되었다. 그러나 디르하가의 후계자 Tanutamum이 계속 소요를 일으키자 앗수르의 군대는 테베에 이르러 그 도시를 점령하고 파괴했다.

2) 그러나 주전 662년경 앗수르 아슈르바니팔의 테베 함락으로(나훔 3:8) 아몬은 지방신으로 전락되었다. 아몬은 애굽의 한 신으로, 또 그 신을 믿는 도시 아몬(=테베, 노아몬)도 하나님의 진노의 대상으로 언급되었다(렘 46:25). "내가 (그들의 생명을 노리는 자의 손) 곧 바벨론의 느부갓네살 왕의 손과 그 종들의 손에 넘길 것이다"(26절a).

블레셋을 향한 심판(47:1–7)

블레셋 사람 : 히브리어, 펠레쉐트에서 '팔레스타인'(Philistines)이라는 말에서 유래되었다. 블레셋 사람은 싸움을 좋아했다. 이스라엘은 초기 정착 과정에서 가나안 사람들을 추방하지 않고, 대신 그들의 문화를 많이 도입한 후, 가나안족들의 통치자가 되었다. 블레셋 사람들은 벌써 철병거를 가지고 있었다. 사사기 시대에는 그 철병거의 위용 앞에 이스라엘은 주눅이 들어버린다. 이 "블레셋 오대 도시 연합"(가사, 아스돗, 아스글론, 에글론, 가드)은 이스라엘에게 조직적인 위협을 가해온다. 이들은 사사 시대와 사무엘 때에 계속 이스라엘을 괴롭혔고, 다윗 때에 가서야 평정되었다.

1. 블레셋의 도시 중 가사가 제일 먼저 언급되었다.

47:1 바로가 가사를 치기 전에
블레셋 사람에 대하여
선지자 예레미야에게 임한 여호와의 말씀이라

47:2 여호와께서 이와 같이 **말씀하시되**
/보라!
/물이 ┬ 북쪽에서 **일어나** 물결치는 시내를 **이루어**
└ **휩쓸리니**
/그 땅과 그 중에 있는 모든 것과
/그 성읍과 거기에 사는 자들을
/사람들이 — **부르짖으며**
/그 땅 모든 주민이— **울부짖으리라**

바로가 가사를 친다는 말은 2절에 "북쪽에서 일어나"라는 말을 보면 바벨론의 공격을 가리키는 것으로 보인다. "바로가 가사를 공격하기 전에"라는 진술은 고대 역본에서는 발견되지 않는다. 2-7절의 내용은 북쪽으로부터의 위협을 말하고 있다.

(1) 애굽이 블레셋의 가사를 공격하기 얼마 전에 임한 하나님의 말씀이라고 했다. 그러나 2-7절에 보면, 북쪽으로부터의 위협으로 보아야 할 것 같다. 가사는 어떤 도시인가?[1)]

(2) 아모스 1:6-8에서 언급된 가사의 죄는 무엇인가? 아모스가 지적한 블레셋(5대 도시 중 하나인 '가사')의 죄는 "모든 사로잡은 자를 끌어 에돔에 (팔아)넘겼기 때문이라고 했다. 에돔에 팔아넘겼다는 말을 보아 당시 에돔에는 인신매매가 성행했던 것으로 보인다. 에돔은 당시 여러 나라의 무역 중심지였다(겔 27:16). 노예 무역에 대해서는 요엘서에도 기록되어 있다(욜 3:4-6). 어쨌든 이런 인신매매 과정에서 엄청나게 잔인한 행동들이 있었을 것이다.

1) 가사(앗자, עַזָּה- '강한 자'란 의미이다. 블레셋 5대 성읍 중 하나이다) : 이곳은 여호수아가 정복하여 유다 지파에게 준 곳이다(수 10:41, 15:47). 이곳에 다곤의 신당이 있었다(삿 16:23, 24). 블레셋은 5대 연합도시로 이루어졌는데, 그 중에 가사가 언급된 것은 이중에서 가장 큰 도성일 뿐만 아니라 교통의 중심지로 노예 매매 시장 같이 되어 있었기 때문일 것이다.

1) "아스돗에서 그 주민들과 아스글론에서 규(홀, 왕권)를 잡은 자를 끊고 또 손을 돌이켜 에그론을 치리니 블레셋의 남아 있는 자가 멸망하리라"(8절)

(3) 심판 선고가 내려졌다(암 1:7-8) "그러므로"(so, but, וְ)
"가사 성에 불을 보내리니(7절a) 그 궁궐들을 사르리라." 선지자들은 여러 세대에 걸쳐서 계속 '가사'에 대한 하나님의 심판을 선고했다. 왜냐하면 가사가 국제 노예 무역에 관여했으며, 주위의 성읍들과 정치적 연합도 꾀하였기 때문이다(습 2:4; 슥 9:5). 멸망 대상에 아스돗과 아스글론도 언급되었다(암 1:7-8[1]).

(4) 이 예언은 역사 속에서 어떻게 성취되었을까?
- 유다의 웃시야와 히스기야가 블레셋을 침공
- 앗수르의 디글랏빌레셀 3세(주전 745-727)가 아스글론과 가사를 자신의 수중에 넣고 이 지역을 앗수르의 한 지방으로 만들어버렸다.
- 주전 701년 산헤립이 아스글론 왕을 사로잡아간 후 에그론을 향한 원정에 성공한다.

본문에서는 블레셋에 대한 파괴 이유를 말하고 있지 아니하다. 심판만을 언급하고 있다.

2. 하나님은 블레셋을 폐허로 만드실 것이요, 북쪽 해안가에 살고 있는 두로와 시돈도 동맹국의 도움을 받지 못하게 하실 것이다.

(1) 침략군들의 전차가 다가오면 블레셋 군대는 공포에 사로잡힐 것이다(3절). 그 이유는 "블레셋 사람을 파멸시키시고 두로와 시돈에 남아 있는 바 '도와 줄 자'(=지원군)를 다 끊어 버리시는(=멸절시키는) 날이 올 것임이라(=기 때문이다)"(4절). "여호와께서 갑돌(=크레타) 섬에 살아 남아 있는 블레셋 사람도 파멸시키실 것이다."

(2) **가사**는 대머리가 되었고
아스글론과 그들에게 남아 있는 평지가 잠잠하게 되었나니
네가 네 몸 베기를 어느 때까지 하겠느냐(5절)

이렇게 블레셋에 대한 살육행위는 여호와의 주권 행위이다.

47:6 오호라
여호와의 칼이여
네가 언제까지 쉬지 않겠느냐
네 칼집에 들어가서 가만히 쉴지어다

7 여호와께서 이를 명령하셨은즉
어떻게 잠잠하며 쉬겠느냐
아스글론과 해변을 치려 하여 그가 정하셨느니라 하니라

칼은 칼 집에 들어가 있어야 하는데, 그렇지 못하다는 것이다. 여호와께서 이를 명하셨기에 쉴 수가 없다.

모압을 향한 심판(48:1-47)

모아브(מוֹאָב)는 '그의 아버지로부터'를 의미하며, '모압 Moab'을 가리킨다. 그들의 신은 그모스였다. 모압은 롯이 큰 딸에게서 낳은 아들(창 19:30-38), 롯의 아들의 후손이 형성한 백성, 롯의 아들의 후손들이 거주한 땅(영토)을 가리키는데 사용되었다. 모압은 이전의 주민들(에밈 Emim)이 불의하였기 때문에 하나님께서 그들을 쫓아내신 후에, 사해 동편에 정착했던 민족의 조상이 되었다(신 2:10-11).[1]

1) 동교재, 아모스 2장에서

1. 모압은 어떤 민족인가?

(1) 이들은 일찍부터 비옥한 농경지와 목초지를 갖고 있었고, 잘 조직된 왕국이었다. 모압은 발람을 고용하여 이스라엘을 저주하고자 하였으며(민 22-24장), 바알브올 사건으로 이스라엘을 범죄케도 했다(민 25장, 호 9:10). 사울 왕 때에 이스라엘을 괴롭혔다(삼상 14:47). 다윗이 모압을 완전히 제압했다(삼하 8:2; 대상 18:2, 11). 그러나 솔로몬이 죽은 후 독립했다. 그리고 오므리 왕 때 다시 이스라엘에게 점령당했다.

• 죽은 자에게 희생 제사를 드리는 것과 관련된 종교적인 매음 의식을 실행하였다(민 25:1 이하, 참조: 시 106:28). 선지자들은 모압에 대항하여 이런 메시지를 선포하였다(암 2:1-3; 사 15-16장; 렘 48장, 그리고 겔 25:8-11).

(2) 그러나 아합 왕이 죽은 후 다시 독립했다. 여호람 왕 때는 남북이 연합하여 모압을 물리쳤다. 엘리사가 죽은 후 모압은 예후의 아들 여호아하스 때에 유다를 침략했다. 여호야김 때도 침략했다(왕하 24:2). 유다가 바벨론에 망한 후에도 이 나라는 존속해서 유다의 피난민들이 그리로 도망했다(렘 40:11이하). 그러나 결국은 바벨론의 느부갓네살에게 망한다.

2. 모압의 파멸을 선고하고 있다. "모압에 관한 것이라."

(1) 여기에 언급된 장소는 어디를 가리키는가? 하나님은 이들 성읍에 임할 파멸을 알리신다.

- 느보(네보, נְבוֹ)[1] - 그가 유린(파멸) 당하였도다
- 기랴다임(키르야타임, קִרְיָתַיִם)[2] - 수치를 당하여 점령되었고
- 미스갑(미스카브, מִשְׂגָּב)- 수치를 당하여 파괴되었으니

(2) 모압이 당하는 수치와 탄식을 보라(3-4절).

1) 느보산 가까이에 있었다(민 32:3, 33:47). 르우벤 지파와 갓 지파가 목초지로 요구했었다(민 32:3). 모압 왕 메사가 그 성읍을 점령하여 모압 성읍이 되었다.

2) 요단 동쪽에 위치한 고대 성읍이다. 이 성읍은 르우벤 지파에 속해 있었다. 포로기 동안에 다시 모압이 차지했다(렘 48:1; 겔 25:9).

3) '안전한, 높은곳'이란 뜻이 있다. 그러나 이 도시도 파괴당했다.

- 모압의 영화가 사라졌구나
- 적은 헤스본에 들어와 모압 민족을 단숨에 뿌리뽑을 작전을 짜고 있구나
- '아예 나라를 없애버리자' 한다.
- 맛멘아 너도 적막하게 될 것이다. 칼이 너의 뒤를 좇는다.

48:2 모압의 찬송 소리가 없어졌도다
헤스본에서 무리가 그를 해하려고 악을 도모하고[1] 이르기를
/와서 그를 끊어서 나라를 이루지 못하게 하자 하는도다
맛멘이여 너도 '조용하게 되리니'(תִּדֹּמִּי)[2] 칼이 너를 뒤쫓아 가리라

1) 하슈브(חָשְׁבוּ) - 하솨브(חָשַׁב)의 칼 완료, 계획하다, 모해하다.

2) 티도미 - 다맘(דָּמַם)의 칼 미완료, 침묵하다, 조용하다.

(2) 헤스본과 하슈브 / 티도미와 마드멘(מַדְמֵן)의 발음이 비슷하다. 임박한 모압의 파멸을 언어 플레이로 묘사하고 있다. 인상적인 방법으로 모압의 패배와 탄식을 묘사한다(3절 "호로나임(모압의 한 성읍)에서 부르짖는 소리여 황폐(=대파괴)와 큰 파멸<(셰베르, שֶׁבֶר)>이로다." "모압이 멸망을 당했다(Moab is broken)하는 그 어린이들의 부르짖음이 들린다"(4절)

(3) 모압의 피난민들이 허둥대며 우는 모습을 보라(5-6절).

그들이 루힛(요단강 동편의 한 장소) 언덕으로 올라가면서 울고
호로나임 내리막 길에서 파멸의 고통스런 울부짖음을 듣는도다
도망하여 네 생명을 구원하여(=목숨이나 건져라, 목숨이 아깝거든 도망쳐라)
광야의 노간주나무(juniper, the heath) 같이 될지어다

그모스(케모쉬, כְּמוֹשׁ) - 모압 족속의 신(우상) (민 21:29; 렘 48:13, 46). 모압 왕은 전세가 불리하자 자신의 아들을 그모스신에게 번제로 드렸다(왕하 3:26-27). 왕상 11:7에서는 '몰록'으로 언급되었는데, 동일한 신으로 본다. 그모스 숭배는 고대 근동의 다른 우상들처럼 인신 희생 제사를 받아들였다.

(4) 그 땅의 지도자들은 어떻게 될 것인가? (7절)

네가 네 업적과 보물을 의뢰하므로(네 손으로 만든 우상과 보물을 의뢰하였으므로)
너도 정복을 당할 것이요
그모스는 그의 제사장들과 고관들과 함께 포로되어 갈 것이라

(5) 성읍 또한 파괴될 것이다(8-9절). "쳐들어오는 적군 앞에서 남아날 성이 없고, 골짜기도 고원도 폐허가 되리라"(8절, 공동). "모압에 날개를 주어 날아 피하게 하라 그 성읍들이 황폐하여 거기에 사는 자가 없으리로다"(9절). 여호와께서 모압의 파멸을 주도하시는데, 이를 방관만 하며 게으름을 피는 병사에게는 저주를 선포한다(10절).

(6) 이렇게 48:1-10에서는 모압의 교만을 지적하며 그 나라의 파멸을 예고한다. 블레셋을 비롯하여, 모압과 암몬, 그리고 에돔을 심판하실 것이다. 이들은 한결같이 교만하고, 자고하며, 유다가 하나님의 징계를 받을 때 그들을 조롱하고 약탈하는 악행을 저질렀다. 이제 이들 나라는 하나님의 심판의 도구라고 불리는 바벨론에 의해 침략을 당할 것이다. 이들은 처절한 패배를 맛보게 될 것이다.

모압이 황폐하였다(48:11–17)

모압은 다른 나라들과 비교해 상대적으로 비교적 안정된 나라였다. 그래서 포로로 끌려가본 적이 없었다. 마치 포도주가 숙성될 때까지 이 그릇에서 저 그릇으로 옮겨 담지 않아 밑술이 말갛게 떠 있어 향기가 변하지 않고 맛이 한결같은 술 같았다는 것이다. 그러나 이런 모압에게도 태풍이 불어올 것이다.

1. 모압을 무엇에 비유하고 있나?

48:11 모압은 젊은 시절부터 평안하고 포로도 되지 아니하였으므로
마치 술이 그 찌끼 위에 있고
이 그릇에서 저 그릇으로 옮기지 않음 같아서
그 맛이 남아 있고 냄새가 변하지 아니하였도다

(1) 그러나 이제 상황은 바뀔 것이다. "날이 이르리니 내가 술을 옮겨 담는 사람을 보낼 것이라 그들이 기울여서 그 그릇을 비게 하고 그 병들을 부수리니"(12절). 이제 술독을 비우고 포도주를 쏟아버릴 날이 올 것이다. 이제 모압은 포도주를 모두 비운 항아리처럼 깨뜨려버림을 당할 것이다.

(2) 모압은 자신들의 신 때문에 오히려 수치를 당하게 될 것이다.

48:13 이스라엘 집이 벧엘을 의뢰하므로 수치를 당한 것 같이

• 벧엘 • 단 - 여로보암은 이곳에다 산당을 짓고 예루살렘의 유일성과 견주기 위해 하나님의 임재를 상징한다는 의미로 금송아지를 두 제의 장소에 안치시킨다. 이는 중앙 성소 외에서 제사를 드린 행위로서 신명기 율법을 깨뜨리는 죄였다(신 12:5-7).

여로보암이 이스라엘의 왕으로 등극하고 제일 먼저 해야 했던 일은 무엇이었을까? 그것은 상처받은 백성들의 마음을 안정시켜 주는 일이었을 것이다. 따라서 여로보암은 우선 벧엘을 수도로 정하고 요단 동편 브니엘을 재건함으로써 유다 왕국의 영향력을 차단시키려 했다. 무엇보다 백성들에게 시급한 것은 예배드릴 장소였다. 절기가 되면 백성들은 예루살렘으로 가려할 것이다. 여로보암에게는 적지 않은 고민이었다. 여로보암은 급히 제의 장소를 물색했을 것이고 두 곳이 선택된다. 두 곳은 어떤 특징이 있는 곳인가?

(3) 훗날 앗수르 군대가 북 이스라엘을 공격할 때 이 우상을 가져가 버렸다(호 10:5-6을 읽어보자). - 동교재, 호세아 10장에서.

호 10:5 "사마리아 주민(=거민)이
벧아웬(=벧엘)의 송아지로 말미암아 **두려워할 것이라**
//왜냐하면(כִּי) - 두려워해야 할 이유를 강조하는 말이다.
'그 백성'(עַמּוֹ - 송아지를 섬기던 그 백성)이 **슬퍼하며**
그것을 기뻐하던 제사장들도 **슬퍼하리니**
//이는(כִּי) 그의(송아지의?) 영광이 떠나감이며"

(4) 벧아웬(=벧엘)은 어떤 곳인가? '벧아웬'은 '허영의 집'이라는 뜻이다. 벧엘 근처(벧엘 동쪽 아이 성 근처)로 알려져 있다. 벧엘은 '하나님의 집'이라는 뜻인데(창 28:17) 이제는 벧아웬, 즉 '우상, 허영, 사악함의 집'이 되었다. 이 벧

엘은 여로보암 1세가 송아지 우상을 세운 곳이기도 하다(왕상 12:28-33). 하나님의 거하시는 집(벧엘 - 하나님의 집이라는 의미)이 우상의 집(벧아웬)으로 되어 버렸다. 송아지를 섬기던 백성들은 곧 슬퍼하게(통곡하게, 한탄하게) 될 것이다. 벧아웬에 사는 주민들은 송아지 우상에게 온통 빠져 있지만, 이제 **앗수르 군대는 그곳을 폐허로 만들 것이다.** 우상을 섬기던 제사장들도 물론 슬퍼할 것이다. 왜냐하면 송아지의(사마리아의?) 영광이 떠나갔기 때문이다.[1)]

(5) 이와 같이 모압이 그모스(케모쉬, כְּמוֹשׁ)로 말미암아 수치를 당하리로다. 그모스는 모압 족속의 신(우상)이었다(민 21:29; 렘 48:13, 46). 이 신은 모압 백성을 구원할 능력이 없다(렘 10:1-25; 사 15:2, 16:12).

모압의 신은 '그모스'였다. 민수기 21:29을 읽어보자. 아모리 족속을 조롱하는 노래 가운데 그들의 신 그모스(Chemosh)가 언급되었다. 또 사사기 11:24에서는 입다가 암몬 왕에게 대답한 말 중에 "너희 신 그모스"라고 한 것을 보아 이는 분명히 몰렉(Molech)을 의미한 말이다. 모압 사람들은 몰렉을 그모스라고 불러 그들의 민족 신으로 숭배해 왔음을 알 수 있다. 몰렉(Molech) 또는 밀곰(Milcom)은 암몬인들이 섬긴 민족적인 신이었다(왕상 11:5, 33 참조). 몰렉신에게 제사드리는 과정에서 자녀들을 제물로 바쳐 죽이는 일이 있었다고 성경은 기록하고 있다(겔 16:20; 렘 7:31).[2)]

1) 물론 우상도 가져갈 것이다(6절). 그 송아지는 앗수르로 옮겨다가 예물로 야렙 왕(전쟁의 왕, 앗수르 왕을 가리킴)에게 선물로 바쳐질 것이다. 따라서 에브라임은 부끄러움을 당할 것이다. 우상을 의지하던 이스라엘은 자기들의 계책을 부끄러워할 것이다(6절).

2) "메사의 석비"에 의하면 메사 왕은 그모스의 직접적인 교훈을 따라 행동했으며 '자신의 장자로 희생 제사를 드리는 의식'에서 주도권을 잡았다. 모압의 초기 희생 제사에서는 황소나 어린 양을 제물로 드렸음을 본다(민 23:1, 14, 29).

2. 하나님은 모압의 전사들을 조롱하신다(14-16절).

48:14 너희가 어찌하여 **말하기를**
/우리는 용사요 능란한 전사라 하느냐
15 만군의 여호와라 일컫는 왕께서 이와 같이 **말하노라**
/모압이 **황폐하였도다** 그 성읍들은 **사라졌고**
그 선택 받은 장정들은 **내려가서** 죽임을 당하니
16 /모압의 재난이 **가까웠고** 그 고난이 속히 **닥치리로다**

(1) "그의 사면에 있는 모든 자여, 그의 이름을 아는 모든 자여" - 모압은 한 때 반(反)바벨론 파들의 모임에 참여했었다(렘 27:3 참조, "유다의 왕 시드기야를 보러 예루살렘에 온 사신들의 손에도 그것을 주어 **에돔**의 왕과 **모압**의 왕과 **암몬** 자손의 왕과 **두로**의 왕과 **시돈**의 왕에게 보내며"). 이런 동료 같은 나라들이 그를 위로하며 말하기를 "어찌하여 강한 막대기(왕권 상징), 아름다운 지팡이가 부러졌는고 할지니라." 어찌해서 '그 강력했던 권세가 무너졌고 그 권력과 영광이 사라졌는가'라는 말이다.

모압의 위치(지금의 요르단 지역)

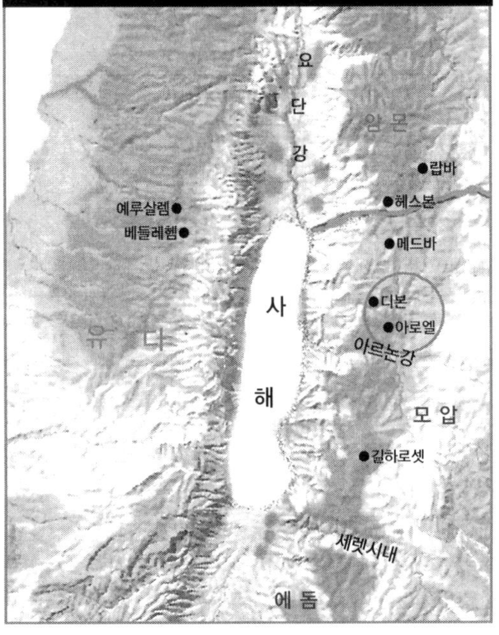

18 **디본**에 사는 딸아 네 영화에서 내려와 메마른 데 앉으라
모압을 파멸하는 자가 올라와서 너를 쳐서 네 요새를 깨
뜨렸음이로다
19 **아로엘**에 사는 여인이여 길 곁에 서서 지키며 도망하는
자와 피하는 자에게 무슨 일이 생겼는지 물을지어다
20 모압이 패하여 수치를 받나니 너희는 울면서 부르짖으며
아르논 가에서 이르기를 모압이 황폐하였다 할지어다

21 심판이 평지에 이르렀나니 곧 홀론과 야사와 메바앗과
22 디본과 느보와 벧디블라다임과
23 기랴다임과 벧가물과 벧므온과
24 그리욧과 보스라와 모압 땅 원근 모든 성읍에로다
25 모압의 뿔이 잘렸고 그 팔이 부러졌도다 여호와의 말씀
이니라

▲ 하나님의 심판이 모압의 주요 성읍을 휩쓸어갈 것이다.
모압의 뿔(힘의 상징들)이 잘렸나갈 것이다.

모압이 조롱 거리가 되리라(48:26–35)

1. 모압은 왜 심판을 받아야 하는가?

48:26 [너희는] — (모압으로) **취하게 할지어다**(Make him drunk, הַשְׁכִּירֻהוּ[1])

//이는(for, כִּי)

그가 여호와에 대하여 교만함이라(has become arrogant, הִגְדִּיל)

그가 그 토한 것에서 뒹굴므로 조롱 거리가 되리로다

(=모압은 사람들의 조롱거리가 될 것이다)

1) 솨카르(שָׁכַר)의 히필 명령법 - 대명사 어미 3인칭 남성 단수

(1) 모압 심판은 당연하다고 말한다. 왜냐하면(for), 모압이 여호와에 대하여 교만했기(he has become arrogant toward the LORD) 때문이라고 말한다(26절). 또한 "네가 이스라엘을 조롱하지(비웃음거리, 쎄호크, שְׂחוֹק) 아니하였느냐"(27절a)

"그가 도둑 가운데에서 발견되었느냐 네가 그를 말할 때마다 네 머리를 흔드는도다"(27절b). "너희는 마치 이스라엘이 도둑질하다가 붙잡힌 것처럼 말하고 머리를 흔들며 이스라엘을 조롱했다"(쉬운성경).

(2) 모압에 사는 사람들아 차라리 "너희는 성읍을 떠나 바위 사이에 살아라. 출입문 어귀 가장자리에 깃들이는 비둘기처럼 되어라."

2. 모압은 심히 교만했는데, 왜 그렇게 교만했을까?

(1) 철기 시대에 모압 주민은 변경(邊境)에 강력한 요새를 건축해 방어했다. 고원지대 와디 엘헤사로 내려가는 바로 그 지점에 요새 성읍을 건축해서 남부 모압으로 내려가는 왕의 대로를 차단했다. 이들 중요한 요새들은 난공불락의 산지 위에 위치해 있다. 고원의 꼭대기에 꼬불꼬불하게 누비면서 그 요새들이 둘러싸여 있다. 이 천혜의 방어 조건은 남부에도 마찬가지였다. 따라서 외부 세력이 모압을 침공하는 것은 너무 힘든 조건을 갖고 있었다. 모압 대부분의 중요한 중심지는 강력하게 요새화되었다.

(2) 이런 천혜의 방어 조건 때문에 모압은 외부 세력이 접근할 수 없었다. "우리가 모압의 교만을 들었나니"

겸손의 반대인 인간의 교만(pride)을 가리킨다(잠 16:18).

48:29 심한(מְאֹד) 교만(게에, גֵּאֶה) 곧
그의 자고(고바, גֹּבַהּ)와 오만(가온, גָּאוֹן)과 자랑과 그 마음의 거만이로다

(3) 이들의 교만함도, 또 그의 자랑도 하나님 앞에서는 허풍일 뿐이다. "그가 자랑하여도 아무 것도 성취하지 못하였도다"(30절). "그러므로(Therefore עַל־כֵּן) 내가 모압을 위하여 울며(모압 때문에 통곡하리라) 온 모압을 위하여 부르짖으리니 무리가 길헤레스 사람을 위하여 신음하리로다(=슬퍼하리로다)"(31절). 한 때 풍요를 자랑했던 과수원들도 텅비게 될 것이다(32절, "십마(요단 동편, 모압 지방의 성읍 / 포도 산지)의 포도나무여 너의 가지가 바다를 넘어 야셀(길르앗 근처에 위치한 성읍 - 풍성한 과일과 포도 산지로 유명) 바다까지 뻗었더니 너의 여름 과일과 포도 수확을 탈취하는 자가 나타났으니 내가 너를 위하여 울기를 야셀(모압의 중요 도시)이 우는 것보다 더하리로다."

술틀을 밟는 흥겨운 노래조차 사라졌구나!

48:33 기쁨과 환희가 옥토와 모압 땅에서 빼앗겼도다
내가 포도주 틀에 포도주가 끊어지게 하리니
외치며 밟는 자가 없을 것이라
그 외침은 즐거운 외침이 되지 못하리로다

34 헤스본에서 엘르알레를 지나 야하스까지와

"모압 땅의 기름진 들판에서 기쁨과 행복이 사라져 버렸다. 내가 포도주틀에 포도주가 흐르지 않도록 했다. 기뻐하며 포도를 밟는 사람이 아무도 없고 외치는 소리는 있으나 그것은 기뻐 외치는 소리가 아니다"(쉬운성경).

소알에서 호로나임을 지나 에글랏 셀리시야에 이르는 지역에 사는 사람들이 소리를 내어 부르짖음은 니므림의 물도 황폐하였음이로다

48:35 여호와의 말씀이라
/내가 ── **끊어버리리라**
/모압 산당에서 제사하며 그 신들에게 분향하는 자를

한때 하나님의 백성을 조롱하였으나 이제는(48:36-47)

1. 모압은 거짓 신들을 섬겼다. 이제 하나님께서 그들이 믿는 신들을 모두 제거하실 것이다. 그렇지만 하나님은 이들의 몰락을 슬퍼하신다.

48:36 그러므로
나의 마음이 모압을 위하여 피리 같이 소리 내며
나의 마음이 길헤레스 사람들을 위하여 피리 같이 소리 내나니
//이는(for) 그가 모은 재물이 없어졌음이라

왜 슬피 우는가? 그가 모은 재물이 없어졌기 때문이다.

(1) 모압 사람들의 절망스러운 소리가 울려퍼진다. 37-38절을 보라. "모압의 모든 지붕과 거리 각처에서 슬피 우는 소리가 들리니"(38절)

48:38 내가 ─ **깨뜨렸음이라(שָׁבַרְתִּי)** - 솨바르(שָׁבַר)의 칼 동사 완료 1인칭
/모압을
/마음에 들지 않는 그릇 같이(=아무도 가지려 하지 않는 항아리처럼)

(2) 모압이 산산조각 났으므로 그들이 통곡한다. "모압이 부끄러워서 등을 돌렸도다 그런즉 모압이 그 사방 모든 사람의 조롱 거리와 공포의 대상이 되리로다"(39절). 왜 공포로 인하여 떠는가? "보라 그가 독수리 같이 날아와서 모압 위에 그의 날개를 펴리라"(40절). 출산하는 여인이 산고를 참을 수 없는 것처럼 고통을 멈출 수 없을 것이다(41절). 모압은 여호와를 거슬렀기 때문에 하나님의 피할 수 없는 심판을 받을 것이다. "모압이 여호와를 거슬러 자만하였으므로 멸망하고 다시 나라를 이루지 못하리로다"(42절).

바벨론의 침략으로 모압은 성읍들이 모두 점령을 당할 것이다(41절).

(3) "모압 주민아 두려움과 함정과 올무가 네게 닥치나니(너를 기다리고 있다)"
하나님의 강렬한 심판의 불로 모압은 죽음과 파멸과 사로잡힘을 받을 것이다.

48:46 모압이여 네게 화가 있도다 그모스의 백성이 망하였도다 네 아들들은 사로잡혀 갔고 네 딸들은 포로가 되었도다

이는(for)

내가 모압이 징벌을 받을 해(The year of their punishment)가 임하게 할 것임이라

백성들이 강한 적군을 피해 헤스본으로 달아났다. 그러나 헤스본에서 불이 타오르기 시작하고, 시혼의 마을에서 불길이 터져 나오자 모압의 지도자를 태우고 교만한 백성의 정수리를 삼킨다. 그래서 그모스의 백성이 망했다.

(4) 도망하는 자들이 기진하여 헤스본 그늘 아래에 서니

이는 불이 헤스본에서 나며 불길이 시혼 가운데 나서

모압의 살쩍과 떠드는 자들의 정수리를 사름이로다(45절)

2. 그러나 마지막 때에 모압의 운명을 회복시키실 것이다.

48:47 그러나(Yet, וְ)

내가 —— **돌려보내리라(שַׁבְתִּי)**[1] (I *will* restore)

/마지막 날에 모압의 포로를

여호와의 말씀이니라

모압의 심판이 여기까지니라

1) 슈브(שׁוּב) - 칼 동사 완료형 / 미래로 번역한다.

암몬을 향한 심판(49:1–6)

롯의 작은 딸은 그녀의 아들에게 암몬이라는 이름을 지어주면서 근친상간으로 임신한 것을 설명한다: 즉 '내 아버지로 말미암은 아들'(창 19:30-38). 구약성경은 암몬의 어린 시절이나 그의 사촌 모압(그도 역시 근친상간에 의해 태어났다)의 어린 시절에 대하여 아무런 언급도 하지 않는다. 이스라엘 백성이 가나안을 정복할 때 암몬의 자손을 괴롭히거나 공격하도록 허락 받지 못했고 그렇게 하지도 않았으며 그들로부터 소유를 빼앗지도 않았다(신 2:19, 37; 삿 11:15). 이는 하나님께서 아브라함의 조카 롯에게 한 약속 때문이었다(민 21:24; 신 2:19). 그러나 암몬은 모압과 더불어 이스라엘에게 호의적이지 않았다. 모압과 함께 이스라엘을 저주했던 자들이다(신 23:4-6).[1)]

1) 이스라엘은 암몬을 그들의 친족으로 생각해야 했다. 이스라엘인은 암몬을 그들의 조상 아브라함과 특별한 관계가 있는 자로 존중해야 했다. 하나님은 암몬과 그의 후손에게 복된 소유로서 자신을 주셨다. 따라서 암몬의 종교적 특권과 이스라엘(과 모압)에 대한 책임은 부인될 수 없다. / 동교재, 아모스에서

1. 예레미야와 에스겔도 그들의 잔인함을 심판하여 예언했다(렘 49:1-5).

(1) 아모스 1:13-15에서는 암몬의 죄를 어떻게 언급하고 있는가? (아래 설명은 동교재, 아모스에서 가져왔다. 이 부분을 이해하면 왜 암몬이 심판을 받아야만 하는가를 볼 수 있다.)

"여호와께서 이와 같이 말씀하시되"(1:13a) :"이는 그들이 자기 지경을 넓히고자 하여 길르앗의 아이 밴 여인의 배를 갈랐음이니라" [2)]

'(배를) 가르다'라는 말 '바카'(בָּקַע)는 '쪼개다, 부수다, 분리하다, ~을 뚫다, 갈라지거나 터져 열리다, 부수다, 헤치고 나가다'를 의미한다. 이 단어는 전쟁이나 폭력과 연관되어 있다. 도시, 진영, 영토 안으로 들어오는 군대의 행동을 나타내기 위해 여러 차례 사용되었다(왕하 25:4; 대하 21:17; 겔 30:16). 이런 정복의 결과는 너무 참혹한 것이었다. 포로들과 어린 아이들이 자주 높은 곳에서 던져져서 바위 위에서 산산조각으로 부서졌다(왕하 8:12; 대하 25:12). 본문에서와 같이 아이 밴 여인의 배를 가르곤 했다(왕하 15:16; 암 1:13).

2) 심판 선고(1:14-15)

① 랍바 성에 불을 놓아 그 궁궐들을 사르겠다.
② 그들의 왕은 그 지도자들과 함께 사로잡혀 갈 것이다.

(2) 암몬의 경계는 남쪽으로는 모압이었고, 북쪽으로는 길르앗의 르우벤 지파와 국경을 같이 하고 있었다. 이들은 국경을 넓히기 위해 자주 길르앗을 공격했다. 암몬은 길르앗에 사는 이스라엘 지파들에게 자주 살육을 감행했다(삿 10:8). 길르앗이 자기들의 땅이라고 주장했다(삿 11:13).

(3) "암 1:13 - 자기 지경을 '넓히고자 하여'(הַרְחִיב -히필 동사)[3)]" - 히필(사역 능동)

3) 라하브(רָחַב) - 넓어지다, 넓게 하다/ 히필(사역) 동사 연계형

동사로 주어의 강한 의지가 담겨 있다. 지경을 넓히기 위하여 온갖 수단을 기울이는 강한 야심과 의지와 행동이 내포된 표현이다(that they might enlarge their border). "길르앗의 아이 밴 여인의 (배를 - 원문에는 이 말은 없음) 갈랐음이니라." 암몬 사람들의 잔인성이 잘 드러나 있다. 전투 중에 살상은 어쩔 수 없이 일어나는 일이다. 그러나 비인간적인 살육, 즉 어린이나 노약자, 여인들을 살육하는 일은 그 당시에도 흔치 않은 일이었다. 너무 비상식적이요 야만적인 행동이 아닐 수 없다. 물론, 성경 여러 곳에서 이와 비슷한 일이 있었음을 보여주고 있다(왕하 8:11-12, 15:16; 호 10:14, 13:16; 사 13:16; 나훔 3:10; 시 137:9 등).

2. 아모스에서 나타난 암몬에 대한 심판은 무엇인가? (심판 선고 - 암 1:14-15)

① 랍바 성을 불을 놓아 파괴하겠다.

② 왕도, 지도자들도 사로잡혀 갈 것이다.

1) 에스겔서 25:5-7을 읽어보라. "내가 **랍바**를 낙타의 우리로 만들며 암몬 족속의 땅을 양 떼가 눕는 곳으로 삼은즉 내가 주 여호와인 줄을 너희가 알리라 6주 여호와께서 이같이 말씀하셨느니라 네가 이스라엘 땅에 대하여 손뼉을 치며 발을 구르며 마음을 다하여 멸시하며 즐거워하였나니." "7그런즉 내가 손을 네 위에 펴서 너를 다른 민족에게 넘겨 주어 노략을 당하게 하며 너를 만민 중에서 끊어 버리며 너를 여러 나라 가운데에서 패망하게 하여 멸하리니 내가 주 여호와인 줄을 너희가 알리라 하셨다 하라."

'랍바'(רַבָּה) 성은 요단강 동쪽 얍복강 상류에 건설된 도성으로 암몬의 수도이다(암 1:14; 삼하 11:1). 오늘날의 '암만'이다. 이곳은 갓 지파의 경계에 있었다(수 13:25). 요압 장군이 이곳을 포위 공격했으며, 다윗이 정복했다(삼하 10:8-14; 대상 20:1; 삼하 12-27-29).

렘 49:2-3에 언급된 암몬의 파멸

1. "암몬 자손에 대한 말씀이라 여호와께서 이와 같이 말씀하시되"

> 49:1 이스라엘이 **자식이 없느냐** 상속자가 **없느냐**
> 말감(Malcam, מַלְכָּם)이 갓(가드, גָּד)을 점령하며
> 그[의] 백성이 **사는 것은 어찌됨이냐**
> /그 성읍들에

(1) "어찌하여 밀곰(몰렉 신) 신이 갓을 차지하고 몰렉의 백성이 갓의 성읍들에서 자리잡고 사느냐?" 암몬 사람들은 과거에 갓 지파에 속한 땅(가드)을 취한 적이 있다는 것이다. 앞에서 살펴보았듯이 "암몬 사람들은 자기 지경을 넓히고자 하여 길르앗의 아이 밴 여인의 배를 가르는" 잔인성을 드러내기도 했다(암 1:13). 그러니까, '어찌해서 암몬 사람들이 가드를 점령하여 그곳에 살고 있느냐?'라는 말이다. 그러나 이제는 하나님께서 친히 랍바(=암몬의 수도) 성

을 공격하실 것이다.

49:2 여호와의 말씀이니라
그러므로 보라 날이 **이르리니**
내가 전쟁 소리로 암몬 자손의 랍바에 **들리게 할 것이라**
랍바는 폐허더미 언덕이 **되겠고**
그 마을들은 불에 **탈 것이며**
그 때에 이스라엘은 자기를 점령하였던 자를 **점령하리라**
여호와의 말씀이니라

하나님께서 친히 랍바 성을 공격하실 것이다. 그리고 그곳을 폐허로 만드실 것이다. 마을들은 불에 탈 것이고 이스라엘은 빼앗겼던 땅을 다시 되찾을 것이다.

49:3 헤스본[1]아 슬피 울지어다 아이(=헤스본 근처에 있는 암몬 족속의 성읍)가
황폐하였도다
너희 랍바(=암몬의 수도)의 딸들아 부르짖을지어다
굵은 베를 감고 애통하며 울타리 가운데에서 허둥지둥할지어다
말감과 그 제사장들과 그 고관들이 다 사로잡혀 가리로다

49:4 패역한(=방종한) 딸아
어찌하여 골짜기 곧 네 흐르는 골짜기를 자랑하느냐
네가 어찌하여 재물을 의뢰하여 말하기를
/누가 내게 대적하여 오리요 하느냐

1) 헤스본은 목축에 적합한 곳이다. 모세가 아모리 왕을 쳐서 취했던 곳인데(신 4:46), 모세가 르우벤 지파에 주었다(민 32:33). 나중에 갓 지파에게 할당되었다가(수 13:24) 후에 레위인들에게 주어졌다(수 21:38-40).

(2) 공포에 사로잡힌 암몬 사람들이 두려움으로 떨 것이다. 그들은 목숨을 건지기 위해 도망할 것이다(5절). "그러나 그 후에 내가 암몬 자손의 포로를 돌아가게 하리라." 모압 족속의 경우와 같이 암몬 자손들도 다시 회복시켜 주실 것이라고 약속하신다(6절).

(3) **예언의 성취** - 랍바는 앗수르, 바벨론, 페르시아에 의하여 계속 지배를 당했다. 주전 6세기에는 바벨론의 느부갓네살 군대가 암몬을 정복했다. 이때 폐허가 되었으나 프톨레미 2세 때에(주전 285-246) 재건되어 '필라델피아'란 이름이 붙여졌다. 로마 시대에는 이 성이 데가볼리(열 개의 동맹 도시들) 가운데 한 성이 되었다. 그러나 안티고누스 3세의 공격을 받아 무너져 에스겔의 예언대로 되었다(겔 25:4).

• 겔 25:4 "그러므로 내가 너를 동방 사람에게 기업으로 넘겨 주리니 그들이 네 가운데에 진을 치며 네 가운데에 그 거처를 베풀며 네 열매를 먹으며 네 젖을 마실지라 5 내가 랍바를 낙타의 우리로 만들며 암몬 족속의 땅을 양떼가 눕는 곳으로 삼은즉 내가 주 여호와인 줄을 너희가 알리라 ↗

• 겔 25:6 주 여호와께서 이같이 말씀하셨느니라 네가 이스라엘 땅에 대하여 손뼉을 치며 발을 구르며 마음을 다하여 멸시하며 즐거워하였나니 7그런즉 내가 손을 네 위에 펴서 **너를 다른 민족에게 넘겨 주어 노략을 당하게 하며 너를 만민 중에서 끊어 버리며 너를 여러 나라 가운데에서 패망하게 하여 멸하리니** 내가 주 여호와인 줄을 너희가 알리라 하셨다 하라."

에돔을 향한 심판(49:7–22)

에돔은 유다의 동남쪽, 사해와 아카바만 사이에 있는 광야지대이다. 에돔은 에서의 별명이며, 에돔, 에돔인(족속), 에돔의 영토를 가리키는데 사용되었다. 그는 태어날 때부터 "붉었던" 것으로 묘사되어 있다(창 25:25). 그의 후손들은 그의 이름들 중에서 어떤 것(창 36:9, 에돔, 혹은 렘 49:8, 10에서)으로 지칭되었거나 혹은 그가 정착했던 산 세일로 지칭되었다(참조: 대하 20:22-23). 이스라엘이 에돔을 지나 언약의 땅으로 지나가고자 했을 때 이를 거절했다(민 20:14). 에돔인들은 이스라엘을 격퇴하기 위해 모이는 등 매우 '비형제적인' 방식으로 행동했다.[1] (아래의 설명은 동교재, 아모스 1장에서 가져옴.)

1) 선지자 발람이 발락의 부름을 받았을 때, 발람은 에돔이 장차 그들에게 정복되어 그들의 소유가 될 것을 언급하면서 "야곱의" 주권을 거듭 언급하였다(민 24:18). 이스라엘 역사는 반복되는 에돔 정복과 그들의 반란을 입증해준다. 에돔인들이 자기네의 형제가 바벨론인들에 의해 파괴되고 포로로 잡혀가는 것을 보고 기뻐했을 만큼 그들의 "야곱"에 대한 적의는 극심한 것이었다(시 137:7). 그들은 즐겨 싸움에 가담하여(암 1:6, 9, 11) 이스라엘에 폭력을 가했다. 그들은 멸시하는 심령으로 야곱의 땅을 빼앗아 자기 소유를 삼았다(겔 36:5).

1. 에돔은 어떤 나라인가?

(1) 사울 왕은 에돔과 싸웠다(삼상 14:47). 다윗도 에돔과 전투에서 승리했다(삼하 8:13, 14). 여호사밧 때에는 에돔에 왕이 없었고 섭정왕이 있었다(왕상 22:47). 그러나 그의 아들 여호람 때 독립했다(왕하 8:22). 그러나 15년 후에 아마샤 왕은 다시 에돔을 이겼다(왕하 14:8). 이들은 바벨론의 느부갓네살이 유다를 칠 때 기뻐하며 그들의 앞잡이 노릇을 했다(옵 1:11-14). 그 뒤로 독립을 한 것 같으나 마카비 시대에 에돔은 다시 강제로 유다에 예속되었다. 예수님 당시의 헤롯 왕은 바로 그 에돔 후손이다.

(2) 선지자들은 하나님의 질서를 재확인하였다. 에돔은 바벨론인들의 손에서 벌을 받고 이스라엘에 정복되었다(사 11:14; 렘 27:3-6). 에돔 사람의 죄는 옵 1:1-21에서 자세히 묘사되고 있다.

2. 아모스서에는 에돔에 대해 어떤 심판을 내리셨는가? (암 1:11–12)

암 1:11a 이는 그가 칼로 그의 형제를 쫓아가며 긍휼을 버리며[2]
항상 맹렬히 화를 내며 분을 끝없이 품었음이라.

▶ 심판 선고(1:12) :

데만 성에 불을 '보내겠다'(So I will send, וְשִׁלַּחְתִּי) - 피엘 동사 완료
그 불이 보스라의 요새들을 태울 것이다.

2) 긍휼을 '버리며'(שִׁחֵת- 피엘 동사 완료) - 여기서 피엘(강조 능동형) 동사를 씀으로써 동정심과 사랑을 말살해 버렸다는 뜻으로 표현하고 있다. 또한 "항상 (=계속해서) 맹렬히 화를 내며 분을 끝없이 품었다(호 5:10, 13:11 참조)"고 했다.

(1) 위에서 살펴본 것처럼 에돔은 이스라엘과 복잡하게 얽혀 있었다. 유다가 홍해를 이용하려면 에돔 땅을 거쳐야 했다. 그곳으로 홍해 아카바만에 이르는

무역로인 '왕의 도로'가 지나가기 때문이다. 그러나 에돔은 끝까지 이를 방해했다. 그래서 오바댜 선지자는 이들의 멸망을 예고했다(옵 1:10). "네가 네 형제 야곱에게 행한 포학으로 말미암아 부끄러움을 당하고 영원히 멸절되리라." 에스겔도 이들의 멸망을 선포했다(겔 25:12-15, 35:1-15, 36:5).

(2) 이렇게 에돔은 사사건건 "칼로 그의 형제 이스라엘과 유다를 쫓아가며" 끝없이 분을 품었다. 이는 칼을 갖고 쫓아가며 짐승을 사냥하듯이 했다는 표현이다. 에서와 야곱은 한 어머니 뱃속에서 태어났지만 태어날 때부터 운명적으로 경쟁자가 되어야 했다. 그 뒤로 이들 두 민족은 철천지 원수처럼 지내왔다. 에돔은 이스라엘에게 계속 패배를 당해 왔지만 기회 있을 때마다 이스라엘을 괴롭혔다.[1)]

1) 그들의 악한 행위를 시편 137편에서도 볼 수 있다.

• 시 137:7 "여호와여 예루살렘이 멸망하던 날을 기억하시고 에돔 자손을 치소서 그들의 말이 헐어 버리라 헐어 버리라 그 기초까지 헐어 버리라 하였나이다."

에돔은 자신의 죄로 심판을 받으리라

49:7 에돔에 대한 말씀이라
만군의 여호와께서 이와 같이 **말씀하시되**
/지혜가 ——— 다시는(더 이상) **없게 되었느냐**
/데만[2)]에
/책략이 ——— **끊어졌느냐**
/명철한 자에게
/그들의 지혜가 — **없어졌느냐**

2) '데만'은 에돔의 족장이다. 에서의 손자로 에서의 아내 아다의 소생인 엘리바스의 맏아들이다(창 36:11, 15; 대상 1:36). 데만은 보스라와 같이 전 에돔을 가리키는 명칭이다. 에돔을 시적(詩的)으로 가리킬 때 사용되었다(합 3:3).

1. 데만 사람은 지혜로 유명했다(옵 1:9).

(1) 욥의 친구 엘리바스는 데만 출신이었다(욥 2:11). '보스라' 역시 에돔과 대구적으로 자주 나타났다(사 34:6, 63:1; 렘 49:22). 이제는 에돔 사람들이 자랑으로 여기는 지혜가 그들을 버릴 것이다(7절). 드단[3)] 주민들에게도 도망가라고 외친다. 왜냐하면 하나님께서 에서의 후손들에게 재난을 닥치게 할 날이 되었기 때문이다(8절).

3) 아라비아 남쪽에 있는 장소

(2) 침략군은 에돔을 초토화 시킬 것이다. 포도서리를 하는 사람들도 약간의 열매는 남긴다. 또 밤에 도둑이 들어와도 자신들이 원하는 것만 가져간다(9절). 그러나 하나님께서 보낸 침략군들은 에돔(에돔의 자손들)을 철저하게 약탈할 것이

요, 감추어진 보물들도 다 빼앗아 갈 것이다. "그러나 내가 에서의 옷을 벗겨 그 숨은 곳이 드러나게 하였나니 그가 그 몸을 숨길 수 없을 것이라 그 자손과 형제와 이웃이 멸망하였은즉 그가 없어졌느니라"(10절).

2. 오바댜 선지자는 에돔이 어떻게 철저하게 망할 것인가를 보여주고 있다(옵 1:5을 보자. 앞의 9절과 같은 내용이다).

혹시 도둑이 네게 이르렀으며
강도가 밤중에 네게 이르렀을지라도
만족할 만큼 훔치면 그치지 아니하였겠느냐

혹시 포도를 따는 자가 네게 이르렀을지라도
그것을 얼마쯤 남기지 아니하였겠느냐
네가 어찌(אֵיךְ) 그리 망하였는고(נִדְמֵיתָה)[1)]

1) 다마(דָּמָה) 니팔(일반동사 수동형) 완료 - 그치다, 베어내다, 멸망하다, 파멸하다. 니팔형에서는 '멸망하다, 파멸하다, 황폐하게 하다' 라는 의미로 쓰였다.

(1) 밤에 도둑이나 강도가 들었다 해도 그들은 단지 그들이 원하는 만큼만 가지고 간다. 그러나 에돔을 공격할 원수는 그 정도가 아니라는 것이다. 또 일꾼들이 와서 포도를 딴다 하여도 얼마 정도는 남겨 둔다. 율법이 그렇게 명시하고 있기 때문이다(레 19:10; 신 24:21). 그러나 에돔에게는 남는 것이 하나도 없을 것이라는 말이다.

(2) 에돔은 자신들의 부를 자랑했다. 이들이 부강할 수 있었던 것은 지리적으로 안전지대에 살고 있었기 때문이다. 옛날부터 요단 동쪽을 차지하려고 열국들의 각축이 심했는데, 이는 이곳이 비옥할 뿐만 아니라 왕의 대로(King's High Way)를 누가 차지하느냐 하는 문제 때문이었다. 홍해에 이르는 이 대로는 남방 교역에 매우 중요했기 때문이다.[2)]

2) 당시 에돔은 홍해의 무역로를 독점하고 있으면서 각국 상인들의 물건을 집산시키는 중개업으로 돈을 모았다. 또한 보스라(Bozrah)와 같은 초장이 있었고 농경지대가 있어 양식이 풍족했다(미2:12; 사 63:1). 그들은 안전지대에 살면서 더욱이 부가 넘쳐났기에 교만이 차고 넘쳤다. 그러나 이런 부(富) 역시 철저하게 약탈 당할 것이라는 말이다. 도둑이나 강도를 당하는 것과 같은 약탈이 아니라 감추어진 보물을 포함한 그곳의 모든 재물들이 탈취 당하게 될 것이다.

오바댜 선지자의 말씀을 더 들어보자(옵 1:6). (동교재, 오바댜에서)

6 에서가 어찌(에크, אֵיךְ) 그리 수탈되었으며(하파스, חָפַשׂ) - 니팔(수동) 완료
그 감춘 보물이 어찌 그리 빼앗겼는고(바아, בָּעָה) - 니팔(수동) 완료

(3) 여기서 '에서'는 에서의 후손들 즉 에돔을 가리킨다. '수탈되다'(하파스, חָפַשׂ) 라는 말은 '샅샅이 뒤짐을 당하다, 철저하게 약탈당하다'(be ransacked)라는 뜻이다. '감춘 보물'(미츠푼, מִצְפֻּן)은 감춰진 보화를 말한다. 이 단어는 구약

성경 여기에서 단 한 번 나온다. '빼앗겼는고'(바아)라는 말은 감추어져 있거나 봉인된 것을 찾거나 탐문하는 것(searched out)을 묘사한다. 그들이 아무리 깊숙히 보물을 감추어 놓았다 해도 약탈자들에 의해 다 발견되어 탈취될 것이라는 말이다.

3. 에돔 사람 전부가 사라진다 해도 하나님은 재앙을 피하여 고아와 과부들에게는 자비를 베풀어 피난처를 제공하실 것이다(11절).

49:11 네 고아들을 버려도
내가 그들을 **살리리라** 네 과부들은 나를 **의지할 것이니라**

4. 에돔은 절대로 형벌을 면할 수 없다(12절).

49:12 여호와께서 이와 같이 **말씀하시니라**
보라
술잔을 마시는 습관이 없는 자도 반드시 마시겠거든
네가 ── 형벌을 온전히 면하겠느냐
└ 면하지 못하리니
너는 ── 반드시 마시리라(תִּשְׁתֶּה[2] שָׁתֹה[1])

심판을 받지 않아도 될 사람들도 고통의 잔을 마셔야 한다면, 하물며 너희 에돔 백성들이야 허물이 없다며 고통의 잔을 피할 수 있겠느냐? "너는 **반드시** 마실 것"이라는 말이다

(1) 심판의 잔을 마시지 않아도 될 사람도 꼼짝없이 이 잔을 마셨는데, 하물며 에돔이 벌을 받지 않는다는 생각은 있을 수 없다. 에돔은 절대로 형벌을 면할 수 없다는 말이다. "네가 형벌을 온전히 면하겠느냐(תִּנָּקֶה[3] נָקֹה[completely])"

49:13 여호와의 **말씀이니라** - 12절의 이유를 말한다.
/내가 나를 두고 맹세하노니(כִּי נִשְׁבַּעְתִּי[4]) - I have sworn by myself
/보스라가 놀램과 치욕 거리와 황폐함과 저줏거리가 될 것이요
그 모든 성읍이 영원히 황폐하리라 하시니라

(2) 보스라는 에돔에 있는 성읍이다. 보스라는 폐허가 되어 그 곳에서 일어난 일을 본 사람은 모두 놀랄 것이다. 그래서 사람들이 그 성을 보고 욕하며 조롱할 것이다. 보스라 주변의 마을도 영원히 폐허로 남을 것이다.

(3) 예레미야는 여러 나라로 사절(특사, 전령)을 파견하라는 여호와의 명령을 들었다. "너희는 모여와서 그를 치며 일어나서 싸우라"(14절). 에돔과 약조한 나라

1) 솨타(שָׁתָה)의 칼 절대형.

2) 솨타(שָׁתָה) - 칼 동사 미완료 / 마시다, 술 취하다.

3) 나카(נָקָה)의 니팔 미완료

4) 싸바(שָׁבַע)의 니팔 동사 완료 1인칭 단수 / 맹세하다, 간청하다, 저주하다.

들, 즉 동맹국들은 에돔이 강력하고 부를 누렸을 때에는 함께했지만 에돔이 어려움에 빠졌을 때에는 등을 돌릴 것이다. 에돔은 모압과 협력하여 유다 족속을 비난했다(겔 28:5). 또한 에돔은 모압, 암몬, 두로와 시돈까지도 서로 연합했었다(렘 27:3). 또한 에돔은 블레셋과도 함께 했음을 본다(시 60:8). 훗날 에돔은 나바티안의 침략을 받았으나 이웃 나라들은 다 에돔을 배척했을 것이다(옵 1:7을 보라).

5. 하나님은 에돔을 세계 만민 가운데 가장 하찮은 나라로 만드실 것이다.

49:15 보라!

내가 ── **작아지게 하였고**
/너를
/여러 나라 가운데에서
멸시를 받게 하였느니라
/사람들 가운데에서

그들은 천연 요새지에 살고 있으므로 절대적 안전을 자랑했다. 따라서 너무도 교만했다. 교만은 어디로부터 오는가?

(1) 에돔은 이제 수치를 당하게 될 것이다. 이들은 너무 교만했기 때문이다. 앞에서도 언급했듯이 에돔은 방어에 천혜적인 조건이 구비되어 있었다. 그래서 에돔을 "바위 틈에[1] 살며 산꼭대기를 점령한 자여"라고 했다. 그래서 "스스로 두려운 자인 줄로 여김과 네 마음의 교만이 너를 속였도다"(16절).

49:16 네가 독수리 같이 보금자리를 높은 데에 지었을지라도
내가 ── 너를 **끌어내리리라**
/그리로부터
이는 여호와의 말씀이니라

(2) 위의 내용은 오바댜 선지자가 선포한 내용과 거의 동일하다. 오바댜 선지자의 메시지를 살펴보자. 아래의 설명은 동교재, 오바댜서에서 가져온 것이다.

3 너의 마음의 교만(자돈, זָדוֹן)이 '너를 속였도다'(הִשִּׁיאֶךָ- 히필 완료형)[2]
바위 틈에 거주하며 높은 곳에 사는 자여
네가 마음에 이르기를
'누가 능히 나를 땅에 끌어내리겠느냐' 하니

(3) 교만(자돈, זָדוֹן) : '거만, 오만, 건방짐'을 의미한다. 오늘 본문(렘 49:16)에서

1) 마음(레브, לֵב)은 인간의 내적인 존재, 곧 그 자신을 대표한다. 마음은 그 자체로서 인간이 행하는 모든 것의 근원이다. 사람의 모든 생각, 욕망, 말, 행동 등은 그의 내부 깊은 곳에서부터 나온다. 그러나 이런 마음은 반항과 교만의 자리를 나타내기도 한다(창 8:21). 두로 왕도 그 마음이 교만했다고 했다(겔28:2). 에돔 사람들의 마음이 교만했다고 말하고 있다.

2) '너를 속였도다'(הִשִּׁיאֶךָ- 히필 완료형) - 에돔은 난공불락의 바위 산지에 거하고 있었기에 결코 무너지지 않을 것이라는 확신을 갖고 있었다. 이런 자신감이 스스로를 교만으로 이끌었다. 하나님은 이렇게 거드럭거리는 에돔을 끌어내려 열방 가운데서 수치를 당하게 하실 것이라고 선언하신다.

도 에돔인들의 마음의 '교만'을 언급하고 있다. 렘 50:31, 32에서도 바벨론을 향해 교만한 자라고 부르고 있다. "보아라, 교만한 바빌로니아야, 내가 너를 치겠다. 나 만군의 여호와의 말이다. 네가 심판 받을 날이 가까이 왔다"(렘 50:31, 쉬운성경).

6. 이들이 거한 곳은 어떤 자연적 환경을 갖고 있었나?

(1) 선지자는 에돔을 향해 이렇게 불렀다.

"바위 틈에 거주하며 높은 곳에 사는 자여"

이런 표현은 에돔인들이 거한 곳이 어느 누구도 공격할 수 없는 자연적인 요새지임을 보여준다. '바위 틈'(חַגְוֵי־סֶלַע) - '셀라'(סֶלַע)는 '바위, 절벽'을 의미한다.[1] 틈(하가우, חָגוּ)은 은신처를 가리킨다. '셀라'는 오바댜 당시의 에돔의 수도였다. 그러니까 에돔의 수도 '셀라'는 암석으로 된 절벽 위에 세워진 도성이었다는 말이다. 여기에는 수많은 동굴이 있어 전쟁 때에 이용할 수 있는 자연적인 요새지였다.[2] 이런 환경을 믿고 에돔은 그렇게 교만했다는 것이다.

원래 이 지역에는 '호리' 사람들이 살고 있었는데(창 14:6; 신 2:12), '호리'라는 말 자체가 '동굴에 사는 자'란 뜻이다.

(2) 그렇다면, 정말로 에돔은 이런 자연적 환경만 믿고 끝까지 존속할 수 있었을까? 물론 그렇지 못했다. 앞에서 이미 살펴본 바와 같이 에돔 족속은 신흥 족속인 나바티안에게 철저하게 파괴되었다.

4 네가 독수리처럼(כַּנֶּשֶׁר)[3] 높이 오르며
별 사이에 깃들일지라도
내가 거기에서 '너를 끌어내리리라'(אוֹרִידְךָ - 히필 미완료)
여호와의 말씀이니라(נְאֻם־יְהוָה)

(3) 에돔은 바위 산지에[4] 거했기에 어느 나라도 쉽게 접근하지 못했다. 이들은 마치 독수리가 높은 절벽 위에 둥지를 튼 것 같았다. 그러나 그 어떤 나라도 함락시킬 수 없는 천연적 요새를 갖고 있다 하더라도 하나님의 심판은 비켜갈 수 없다고 선언하신다.

1) 이 명사는 '바위'를 뜻하는 추르(צוּר)와는 대조적으로 근본적으로 바위의 갈라진 틈을 가리키며, 그리하여 바위나 절벽을 뜻하게 되었다. 그러나 상호 교환적으로 쓰이기도 했다.

2) 후일 '셀라'는 같은 뜻의 헬라어인 '페트라'(Petra)라고 불렸다. 물론 지금도 요르단의 관광지로서 유명하다.

3) 독수리는 세찬 날개로 높이 빨리 나는 맹금(猛禽)으로서 높은 나무 위라든가 낭떠러지 높은 곳에 보금자리를 짓는다(욥 39:27; 렘 49:16). 에돔이 이런 위치에 거했기에 아무도 쉽게 접근할 수 없었다는 것이다.

4) 에돔은 세일산으로 중심으로 유다의 동남쪽에 위치해 있다. '세일'산은 호리 족속이 거했던 곳이다(창 14:6, 26:20이하). 에돔이 그들을 내어쫓고 그곳에 거했다. 높은 곳은 해발 1,593m까지 되어 있다.

49:22 보라 원수가 독수리 같이 날아와서 그의 날개를 보스라 위에 펴는 그 날에 에돔 용사의 마음이 진통하는 여인 같이 되리라 하시니라

비록 독수리처럼(like the eagle, כַּנֶּשֶׁר) 높은 곳에 보금자리를 튼다 하여도, 아니 그보다 더 높은 인간의 손이 닿을 수 없는 별들 사이에 깃들인다 하여도 "내가(=여호와께서) 거기서 너를 끌어내리리라(אוֹרִידְךָ - 히필 미완료)[1]"라고 선언하신다. 히필(사역 능동) 동사를 씀으로써 하나님의 주권적 능력을 강조하고 있다. <여기까지 동교재, 오바댜서에서 설명을 가져온 내용>

1) 야라드(יָרַד - 내려오다, 내려가다)의 히필 미완료1인칭 보통 단수, 대명사어미 2인칭 남성 복수.

7. 다시 본문 17절을 보자.

(1) 이렇게 에돔은 참혹한 꼴을 당할 것이며, 그곳을 지나는 사람마다 그 모든 재앙을 보고 놀라며 비웃을 것이다(17절). "소돔과 고모라와 그 이웃 성읍들이 멸망한 것 같이 거기에 사는 사람이 없으며 그 가운데에 머물러 살 사람이 아무도 없게 될 것이다."(18절).

(2) 이제 하나님은 자신을 무엇에 비유하고 있는가? 19절을 보라.

- 하나님 - 요단 강가의 사자로 비유하신다.
- 에돔 사람들 - 무력한 양떼로 비유하신다.

- 사자가 요단 강가 깊은 숲에서 나타나듯이
- 나도 에돔을 갑자기 그 땅에서 몰아내고 / 내가 선택한 사람을 세우겠다.
- 이렇게 했다고 해서 누가 시비를 걸겠느냐? 나에게 맞설 수 있는 목자가 누구냐?

49:20 그런즉(Therefore, לָכֵן)

[너희는] — **들으라**(hear, שִׁמְעוּ) - 칼 명령법

/에돔에 대한 여호와의 의도와

데만 주민에 대하여 결심하신 여호와의 계획을

(1) 하나님께서 에돔을 파멸시키려는 계획에는 절대 변함이 없다. "양 떼의 어린 것들까지도 그들이 반드시 끌고 다니며 괴롭힐 것이다. 그들로 말미암아 목초지가 황무지로 변할 것이다"(20절). "에돔이 넘어지는 소리에 땅이 진동하며 그가 부르짖는 소리는 홍해에 들리리라"(21절).

(2) "보라 원수가 독수리 같이 날아와서
그의 날개를 보스라 위에 펼칠 것이니
그 날에는 에돔 용사의 마음이 진통하는 여인 같이 되리라"(22절).

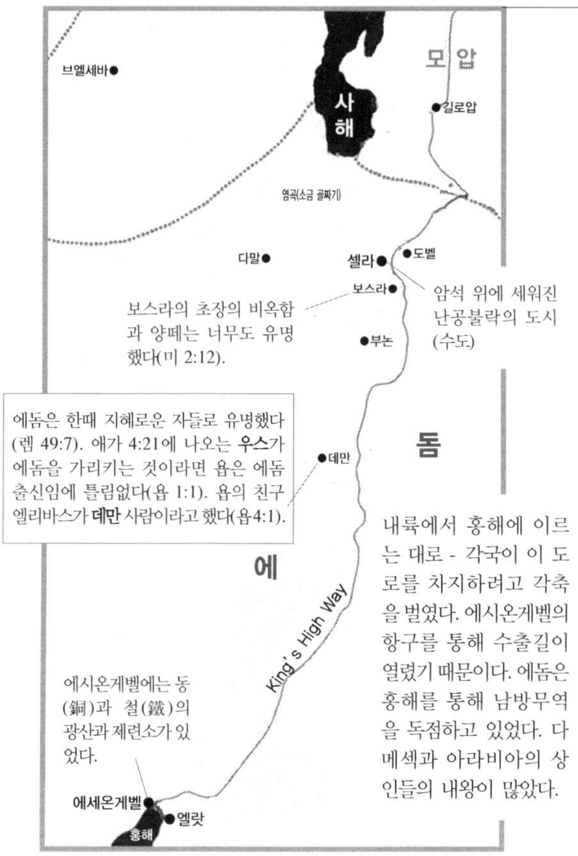

◀ 당시 또 다른 선지자들의 에돔에 대한 강도 높은 비난을 살펴보자. (동교재, 오바댜서 서론 참조)

- 시편 137:7
- 애가 4:21-22
- 외경 제1에스드라 4:45 - 에돔인들이 성전을 불태웠다고 비난하고 있다.
- 이사야 34장; 예레미야 49:7-22; 에스겔 35장; 말라기 1:2-4 등을 읽어보면 에돔과 이스라엘이 얼마나 적대 관계에 있었는가를 알 수 있다.

- 오바댜 1:11-14 (예루살렘 파괴시 그들이 행한 내용) 오바댜에서는 그 내용을 상세히 기록하고 있다. 즉,

  - 에돔은 유대인들과 친족 관계에 있으면서도 원수처럼 행동했고(11절),
  - 예루살렘의 멸망을 기뻐했고(12절),
  - 성문으로 들어가 노략질했다(13절).
  - 게다가 은신처를 찾는 피난민들을 원수에게 넘겨주었다(14절).

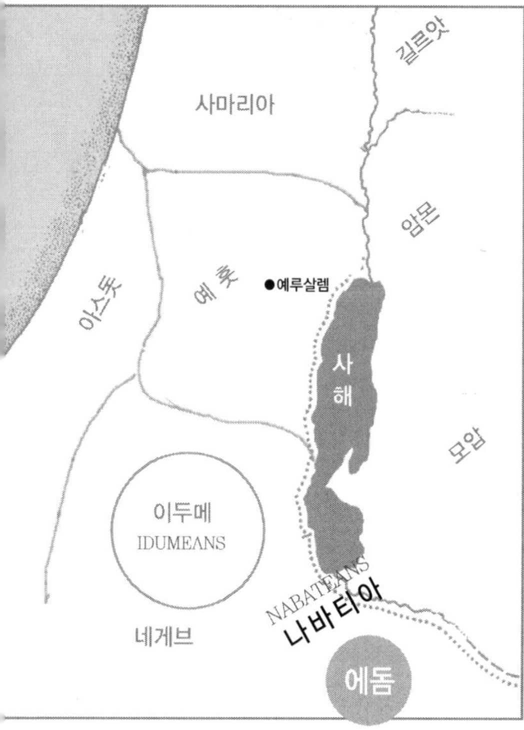

◀ 바벨론 포로 이후 유다지역이었던 이곳(네게브 지역)은 에돔 사람들이 들어와 살게 되었다. 북부 아라비아의 그달 지역에 사는 '나바다(Nabaitai)가 일어나 에돔 사람을 밀어냈기 때문이다.

그후 이곳은 '이두메'라고 불렸다. '이두메'란 '에돔'이란 말의 헬라어 명칭이다. 이 지역은 더 훗날 마카비 독립시대에 요한 힐카누스(주전 135-105년)에게 점령당했다. 그리고 더 훗날 이 에돔 족속에서 헤롯 왕이 태어난다.

로마인들이 팔레스틴을 점령했을 때, 에돔 사람들은 자연적으로 멸망당했다. 헤롯 대왕의 아버지 안티파터가 주전 63년에 이두메 지방의 총독이 되었다. 그래서 유대인들은 헤롯을 극렬하게 싫어했다.

▶ 오바댜 선지자는 에돔이 멸망 당하는 이유를 아주 자세하게 설명하고 있다 (옵 1:10-14).

(1) 에돔의 죄는 무엇보다 자기 형제국인 유다 백성을 다룬 방식 때문이다. 에돔이 심판 받아야 하는 이유는 무엇보다 포학함 때문이라고 말한다(옵 1:10). 즉 그들의 형제국인 유다에 너무 잔인했다는 것이다(10절). 또한 약탈을 일삼았고(11, 13절), 형제의 멸망을 기뻐했다(12절). 더욱이 피난민들을 적국에게 넘기는 극악한 행위를 저질렀다(14절). (다음 설명은 동교재, 「오바댜」에서 가져온 것임)

옵 1:10 네가 ─┬─ 부끄러움(부솨, בּוֹשָׁה -수치)을 당하고
　　　　　　　└─ 영원히 **멸절되리라(נִכְרַתָּ)** - 니팔(일반 수동) 동사 완료

//이유(מִן, Because of) - 문두에 나와 있다
네 형제 야곱에게 행한 포학(하마스, חָמָס)으로 말미암아

(2) "네 형제 야곱에게 행한 포학(violence)으로 말미암아" - 여기서 특별히 야곱을 언급한 것은 유다와 혈연적 관계임을 드러내고자 했기 때문일 것이다. 하나님은 유다에게 에돔을 '너의 형제'라고 언급하시면서 미워하지 말라고 하셨다(신 23:7). 그러나 에돔은 유다에게 가장 포학한 자가 되었다.[1] 이런 포학으로 말미암아 에돔은 수치를 당하고 영원히 멸절될 것이라고 선언하

1) 포학(하마스, חָמָס)은 '폭력, 난폭, 부당한 행위, 불법, 악' 등을 가리킨다. 이는 단순한 악을 가리키는 것이 아니라 종종 극도의 악함을 나타낼 때 사용되었다. 이 악함이 홍수의 원인이 되었다(창 6:11, "그 때에 온 땅이 하나님 앞에 부패하여 포악함이 땅에 가득한지라.", 창 6:13 참조).

신다.[1)]

(3) 예루살렘 멸망의 날(주전 586년), 곧 이방인들이 예루살렘 성문을 부수고 밀려 들어와 약탈하고자 '제비뽑던 그 날'(욜 3:3; 나훔 3:10 참조)에 에돔은 멀리서 바라보고만 있었다(옵 1:11). 그러니까 유다를 도와주기는커녕 그들과 한통속이었다는 것이다.

옵 1:12 네가 **형제의 날** 곧 그 재앙의 날에
방관할 것이 '아니며'(אַל)
유다 자손이 패망하는 날에 기뻐할 것이 '아니며'(אַל)
그 **고난의 날**에 네가 입을 크게 벌릴 것이 '아니며'(אַל)

(4) '형제의 날'은 곧 '재앙의 날'을 가리킨다(시 137:7). '방관하다'(라아, רָאָה)는 '보다, 바라보다, 조사하다'라는 말이다. 여기서는 '흥미를 갖고 보는 것', '기뻐하면서 보는 것'을 말한다(삿 16:27; 시 22:18). 에돔은 유다가 고난을 당하는 날에 고소한 마음을 갖고 바라만 보았다는 것이다. 또한 유다 자손이 패망하는 날에 기뻐했다. 그 고난의 날에 입을 '크게 벌렸다'는 것이다.

옵 1:14 네거리에 서서
그 도망하는 자를 막지 않을 것이며(אַל)
고난의 날에 그 남은 자를 원수에게 넘기지 않을 것이니라(אַל)

(5) 예루살렘 최후의 날, 그 날의 혼란함을 상상해 볼 수 있다. 유다의 많은 사람들이 사방으로 흩어져 도망하는 모습과 미처 도망가지 못하는 자들은 붙들려 끌려갔을 것이다. 에돔 사람들은 유다 백성들이 생포되어 끌려갈 때에 바벨론 군대에게 협력했다. 이렇게 에돔은 교만했으며, 예루살렘의 멸망을 기뻐했을 뿐만 아니라 인신매매까지 일삼는 파렴치한 행동을 서슴지 않았다. 예루살렘이 무너지던 날 에돔이 얼마나 기뻐했었는가를 시편 기자가 잘 설명하고 있다. 시 137:7을 다시 한 번 읽어보자.

- 시 137:7 "여호와여 예루살렘이 멸망하던 날을 기억하시고 에돔 자손을 치소서 '**그들의 말이 헐어 버리라 헐어 버리라 그 기초까지 헐어 버리라**' 하였나이다."

1) '멸절되다'(카라트, כָּרַת)라는 말은 '잘라(베어)내다'라는 의미이다. 또 '부끄러움(수욕)을 당하고'에서 '당하다(תְּכַסְּךָ)'는 카싸(כָּסָה-덮다, 숨기다, 감추다)의 피엘 동사 미완료이다. 그러니까 "부끄러움이 너를 덮으리라"라는 말이다. 피엘(강조형 능동) 동사를 씀으로써 그 뜻이 강조되어 있다. 동시에 계속적인 상태를 보여주고 있다(미완료). 계속 수욕(羞辱)을 당할 것임을 보여준다.

다메섹을 향한 심판(49:23–27)

1. 아모스서에서 언급한 다메섹의 죄가 무엇인가? (암 1:3–5)

암 1:3 "이는 그들이 철 타작기로 타작하듯 길르앗을 압박하였음이라."

(1) "서(살로쉬, three) 너(아르바, four) 가지 죄로 말미암아" - '서너 가지'라는 말은 꼭 세 가지 네 가지를 말하는 것이 아니라 오히려 세 번 네 번 거듭하는 죄를 말한다.

1:3 여호와께서 이와 같이 말씀하시되
다메섹의 세 가지 죄(들)로 말미암아
그리고 네 가지 '죄들 때문에'
내가 그 벌을(원문에는 없음) 돌이키지 아니하리니
//이는(이유, Because, עַל־)
그들이 철 타작기로 타작하듯 길르앗을 압박하였음이라

모압은 무엇 때문에 심판을 받는가? (암 2:1)

"그들이 에돔 왕의 뼈를 불살라 재를 만들었기 때문이다"라고 했다. 본문에서는 이들이 이스라엘을 공격한 것 때문에 심판을 받는 것은 아니라고 했다. 하나님은 무모한 살인을 금지하신다. 왜냐하면 이는 인간 안에 있는 하나님의 형상을 공격하는 일이기 때문이다(창 9:5-7).

결국 암 1-2장에서 비난의 대상이 되는 나라들은 **주변 나라를 상대로 하여 영토 전쟁을 벌이는 과정에서 악독한 짓을 저질렀기에 심판을 선고 받는 것이다.** 이런 넓은 의미에서 보면 원칙으로는 계명을 위반한 것으로 볼 수 있다.

(2) **북 이스라엘은 계속 다메섹(=아람) 밑에서 신음했었다.** 물론 지금 여로보암 2세 때에는 입장이 바뀌었다. 다메섹은 시리아의 고대의(창 14:15) 유명한 영화로운 도시로, 안틸리바누스의 동쪽 기슭에 있는 가장 아름답고 비옥한 평원에 위치하고 있다.

2. 다메섹이 하나님께 지은 구체적 죄는 무엇인가?

(1) 유다와 이스라엘은 왜 하나님께 심판을 선고 받는가? 그것은 이들이 하나님의 언약을 어겼기 때문이다. 그 이유가 분명하다. 그러나 다메섹을 포함한 이방 나라들은 하나님과 언약 관계를 맺은 적이 없다. 그렇다면 **다메섹이 심판 받는 이유**가 하나님의 백성 이스라엘을 공격했기 때문일까?

(2) 다메섹(수리아)은 북 이스라엘과는 인접 국가였기에 숙명적인 원수 관계가 지속되었다. 북이스라엘 역사상에 이들이 어떤 정복전을 펼쳤는가? 아람족(수리아의 또다른 이름)과 이스라엘의 적대 관계는 다윗 시대까지 거슬러 올라간다. 당시 아람(헬라어로 수리아 - 다메섹은 아람 나라의 수도였다. 사 7:8)은 여러 소국(小國)으로 나누어져 있었다. 사울 왕은 소바의 왕들과 싸워 승리한 적이 있었다(삼

상 14:47). 그 후 아람 소바는 다시 아람 세계의 주도권을 갖고 있었던 것 같다. 앗수르가 강력하게 부상하기 전까지 아람인들은 티그리스강 계곡에까지 세력을 뻗치고 있었다.[1)]

1) 후에 아람은 암몬 족속과 연합하여 다윗과 전쟁을 벌였으나 다윗은 이들과 싸움에서 승리했다. 이후 다윗은 다메섹에 수비대를 설치한다. 무엇보다 북쪽 수리아 지역에서(삼하 8:8; 대하 18:8에 언급된 곳) 구리를 공급받게 되었다.

(3) 아람(다메섹)이 얼마나 이스라엘을 잔혹하게 공격했는지는 엘리사가 하사엘에게 한 예언 속에 잘 나타나 있다.

"하사엘이 이르되 내 주여 어찌하여 우시나이까 하는지라 대답하되 네가 이스라엘 자손에게 행할 모든 악을 내가 앎이라 네가 그들의 성에 불을 지르며 장정을 칼로 죽이며 어린 아이를 메치며 아이 밴 부녀를 가르리라 하니"(왕하 8:12).

→ **그런데 이 일은 예후 왕 통치(주전 843-816) 말기에 그대로 현실로 드러났다.** "이 때에 여호와께서 이스라엘에서 땅을 잘라 내기 시작하시매 하사엘이 이스라엘의 모든 영토에서 공격하되 요단 동쪽 길르앗 온 땅 곧 갓 사람과 르우벤 사람과 므낫세 사람의 땅 아르논 골짜기에 있는 아로엘에서부터 길르앗과 바산까지 하였더라"(왕하 10:32-33). 하사엘은 이 과정에서 '철 타작기'로 타작하듯 길르앗을 압박하였던 것 같다.

3. 이렇게 다메섹은 북 이스라엘과 적대 관계에 있었으나 아모스 본문에서 하나님이 지적하시는 다메섹의 죄목은 "길르앗을 압박하였다"는 것이다.

(1) 다메섹의 심판 죄목 : "이는 그들이 '철 타작기'[2)]로 타작하듯 길르앗을 압박하였음이라." 아람 왕 하사엘은 요단 동쪽 이스라엘의 길르앗 지역을 자주 공격했다. 길르앗 지역은 여러 나라들이 서로 점령하려고 했다. 아람은 계속해서 남하 정책을 폈는데, 길르앗은 그 공격 대상이었다. 이곳은 곡창지대였을 뿐만 아니라, 홍해에 이르는 무역로를 확보할 수 있었기 때문이다. 따라서 이곳에 살고 있는 갓, 르우벤, 므낫세 지파 사람들은 많은 전쟁의 고통을 받을 수밖에 없었다.

2) '철 타작기'는 쇠꼬챙이가 박힌 타작 기구(implements of sharp iron)를 말한다.

(2) 아모스가 활동하던 당시의 이스라엘 왕은 여로보암 2세였는데, 그는 수리아 지역뿐만 아니라 길르앗 지역도 다시 회복했다. 그리고 아람은 세력이 약화되어(주전 773-750년 동안) 기를 펴지 못하다가 르신 왕이 등장하자 다시 활개를 친다. 그러다가 결국에는 북 이스라엘이 멸망하기 10년 전에(주전 732년) 앗수르에 의해 역사에서 사라진다. 이는 아모스 선지자의 예언(암 1:4-5)의 성취였다.

4. 이런 잔혹한 행위에 대해 하나님은 다음과 같은 심판을 선고하셨다.

(1) 심판은 구체적으로 예언되었다(심판 선고 - 암 1:4-5)

① "**하사엘의 집**에 불을 보내리니[1] **벤하닷의 궁궐**들을 사르리라 ② 다메섹의 빗장을 꺾으며 ③ 아웬 골짜기에서[2] 그 주민들을 끊으며 ④ 벧에덴에서 규(홀, 왕권) 잡은 자를 끊으리니 아람 백성이 사로잡혀 기르에 이르리라."

먼저, "하사엘의 집에 불을 보내 벤하닷의 궁궐들을 사르시겠다"는 것이다. 결국 이 표현들은 전쟁을 상징적으로 말한 것이다. 벤하닷의 궁궐과 하사엘의 집이 서로 평행 대구(對句)를 이루어 전체의 뜻을 강조한다. 그리고 다메섹의 빗장을 꺾으실(שָׁבַרְתִּי - 칼 동사, 완료) 것이다. 빗장은 성문을 튼튼하게 하고 잠그는 역할을 하는 보호막이다. 빗장이 꺾어졌다는 것은 성이 점령당하여 최후의 방어막이 무너졌다는 것을 의미한다.

(2) '벧에덴'은 '환락의 집'을 의미한다. 정확한 장소를 모르나 '기르'는 유프라테스 강 유역을 말하는 것 같다. 아모스 9:7에 의하면 이곳은 아람으로 이주하기 이전에 수리아인들의 조상들이 살던 곳으로 나타난다. 그 동안의 찬란했던 아람의 역사를 원점으로 돌려 놓으시겠다는 선언이다.

1) '보내리니'(שִׁלַּחְתִּי)라는 말은 '샬라흐'(שָׁלַח)의 피엘(강조 능동형) 동사이다. 단순히 보내는 것이 아니라 활을 쏘듯, 혹은 돌을 던지듯 보낸다는 말이다. '불'(에쉬, אֵשׁ)은 여기서 심판을 나타낸다. 적국의 왕궁을 불태우는 장면을 연상할 수 있다.

2) '아웬 골짜기'는 어디를 가리킬까? 확실히 알 수 없으나 아마도 실제적인 지명이 아니라 '다메섹'을 가리킬 것이라고 주장한다. '아웬'(אָוֶן)이라는 말은 '공허함, 우상, 사악함'을 의미한다(겔 30:17). 아마 레바논의 골짜기로 이곳에 페니키아의 신들을 숭배하기 위한 신전이 있었을 것이다.

<여기까지 아모스서에서 언급된 다메섹에 대한 심판이다>

다메섹에 대한 말씀이라(렘 49:23-27)

1. 본문을 살펴보자. "다메섹에 대한 말씀이라"(23절).

49:23 하맛[3]과 아르밧이 수치를 당하리니 이는 흉한 소문을 듣고 낙담함이니라 바닷가에서 비틀거리며 평안이 없도다	하맛과 아르밧에 불길한 소식이 들린다. 그들이 낙담하고 어쩔 줄 몰라 한다. 출렁이는 바다처럼 몰아치니 평안이 없구나.

49:27 내가 —— 불을 **지르리니**
/다메섹의 성벽에
벤하닷의 궁전이 **불타리라**

아모스에서도 심판은 구체적으로 언급되어 있는데, "**하사엘의 집**에 불을 보내리니 **벤하닷의 궁궐**들을 사르리라"고 했다. 다메섹은 주전 732년, 그러니까 북 이스라엘이 멸망(주전 722년) 10년 전에 앗수르의 한 지방으로 전락되었다.

3) 하맛 - 오론테스 계곡에 있는 수리아의 중요 도시

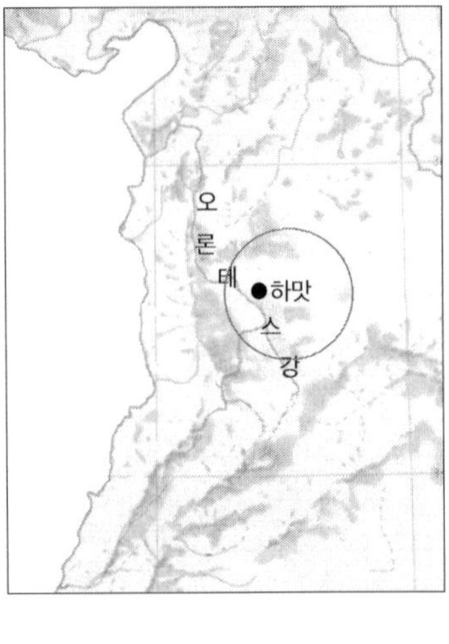

게달과 하솔이 받을 심판(49:28-33)

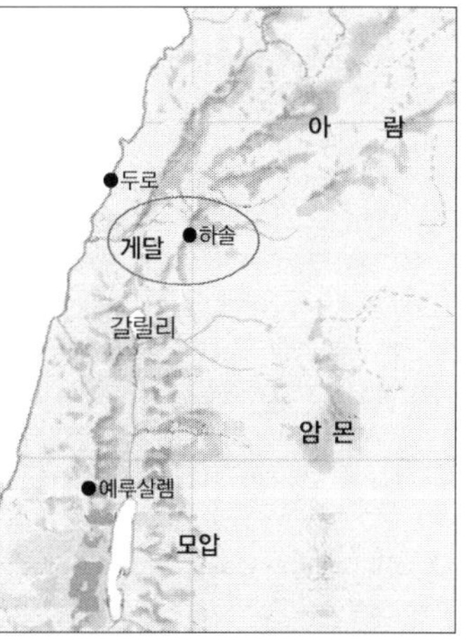

1. 게달과 하솔은 어떤 곳인가?

(1) 게달과 하솔 나라들에 대한 말씀이라
/바벨론의 느부갓네살 왕에게 공격을 받은

49:28 여호와께서 이와 같이 **말씀하시되**
/너희는 일어나 게달로 올라가서
동방 자손들을 황폐하게 하라

(2) 게달(Kedar)은 아브라함이 하갈로 말미암아 낳은 이스마엘의 둘째 아들이다(창 25:13; 대상 1:29). 주로 북부 아라비아 광야에 거하는 이스마엘 족속의 유목민을 가리킨다.[1] 게달은 양 목축에 종사했다(사 60:7). 도한 페니키아와 무역했다(겔 27:21).

(3) 이들은 어느 왕에게 멸망 당했나? (30절)

49:30 여호와의 **말씀이니라**
하솔 주민아 ┬ **도망하라**
└ 멀리 **가서** 깊은 곳에 **살라**
//이는(for)
바벨론의 느부갓네살 왕이 너를 칠 모략과
너를 칠 계책을 세웠음이라(=기 때문이다)

49:31 너는 ┬ **일어나**
└ 국민을 **치라**
/고요하고도 평안히 사는 백성
곧 성문이나 문빗장이 없이 홀로 사는

(4) 하솔 역시 사방으로 흩어짐을 당할 것이다(32-33절). 여기 언급된 하솔은 갈릴리 근처에 있는 도시는 아닐 것이다. 이들 백성은 유다인에게 친숙하지만 장막 거주족인 베두인 족속일 것이다. 이들 역시 노략질을 일삼았다. 느부갓네살은 주전 599-598년에 그들을 징벌하는 급습을 단행한다. 그러나 다른 사건일 수도 있다.

1) 시 120:5; 아 1:5; 사 21:16, 42:11, 60:7; 렘 49:28.

게달의 양떼(사 60:7; 렘 49:28), 게달의 방백과 상업(겔 27:21)에 대해 언급한다.

엘람을 향한 심판(49:34-39)

1. 언제 주어진 말씀인가?

49:34 유다 왕 시드기야가 즉위한 지 오래지 아니하여서(주전 597년경)
엘람에 대한 여호와의 말씀이 선지자 예레미야에게 임하여 **이르시되**

(1) 엘람은 유대와는 아주 멀리 떨어진 곳에 있는 나라이다. 유다와 직접적인 접촉이 없는 나라인데 왜 심판이 언급되었을까? 이 나라는 티그리스 계곡의 동쪽과 동북부의 자그로스(Jagros) 산맥에 있는 이란 고원의 남부 지역에 위치하였다. 엘람 사람은 몹시 거칠고 노략질이 심하며, 활을 잘 쏜다고 했다(렘 49:35-39). 성경에서 엘람 사람의 선조로서의 엘람은 앗수르, 아르박삿, 룻, 아람과 함께 셈의 아들로 언급되어 있다(창 10:22).[1]

49:35 만군의 여호와가 이같이 **말하노라**
/보라
/내가 — **꺾을 것이요**
/엘람의 힘의 으뜸가는 활을(엘람의 주력 무기인 활을)

(2) 하나님은 엘람을 사방에 흩어버리시겠다고 선언하신다(36절). 그래서 포로들이 여러 나라들로 끌려갈 것이다. "내가 엘람으로 그의 원수의 앞, 그의 생명을 노리는 자의 앞에서 놀라게 할 것이며 내가 재앙 곧 나의 진노를 그들 위에 내릴 것이며 내가 또 그 뒤로 칼을 보내어 그들을 멸망시키리라"(37절).

2. 그러나 하나님은 언젠가는 그들의 운명을 회복시키겠다고 약속하신다(39절).

여러나라들에게 내려질 심판의 특징

▶ 이렇게 여러 이웃 나라들에 대한 심판 선고가 이어졌다. 이들 나라들에 대한 심판 예언에는 몇 가지 특징들이 있다. 첫째, 그들의 잔인함과 우상 숭배, 그리고 교만했다는 점이다. 그래서 하나님께서 그들을 심판하실 것이다. 둘째, 그 나라들이 이스라엘을 대우한 것에 따라 하나님으로부터 그들도 대우(심판)를 받을 것이라는 점이다. 셋째, 그들도 궁극적으로는 이스라엘이 얻을 구속을 공유할 것이다. 이들을 심판하실 때, 바벨론이 도구로 쓰임을 받을 것이다. 그리고 쓰임을 받은 바벨론은 너무 교만하고 파괴적인 행위로 인하여 바벨론 자신도 심판을 받게 될 것이다. 바벨론에 대해서는 50-51장에서 언급된다.

1) 엘람인은 예루살렘을 공격한 것으로 나오며, 궁술가의 고장으로 기록되어 있다(사 22:6; 렘 49:35). 엘람은 이스라엘 사람이 포로로 잡혀간 유형지 중 하나였다(사 11:11). 예레미야는 엘람을 하나님의 진노의 쓴 잔을 마시게 될 방백들 중 하나(렘 25:25; 참조: 렘 49:34-39)로, 에스겔은 애가에서 그 무덤을 덮을 방백들 중 하나로 언급했다(겔 32:16, 32:24). 엘람인은 앗수르인들이 사마리아에 이주시킨 민족 가운데 하나로 언급되었다(스 4:9 이하). 고레스의 선조인 테이페스(B.C. 675-640년경)는 '안산의 왕'이라는 직함을 가지게 되었고, 고레스는(사 44:28, 45:1) 안산의 제 4대 왕으로 엘람 사람이었다. (바이블렉스)

예루살렘은
눈물로 밤을 지새우는 한 여인과 같았다

예레미야애가

LAMENTATIONS

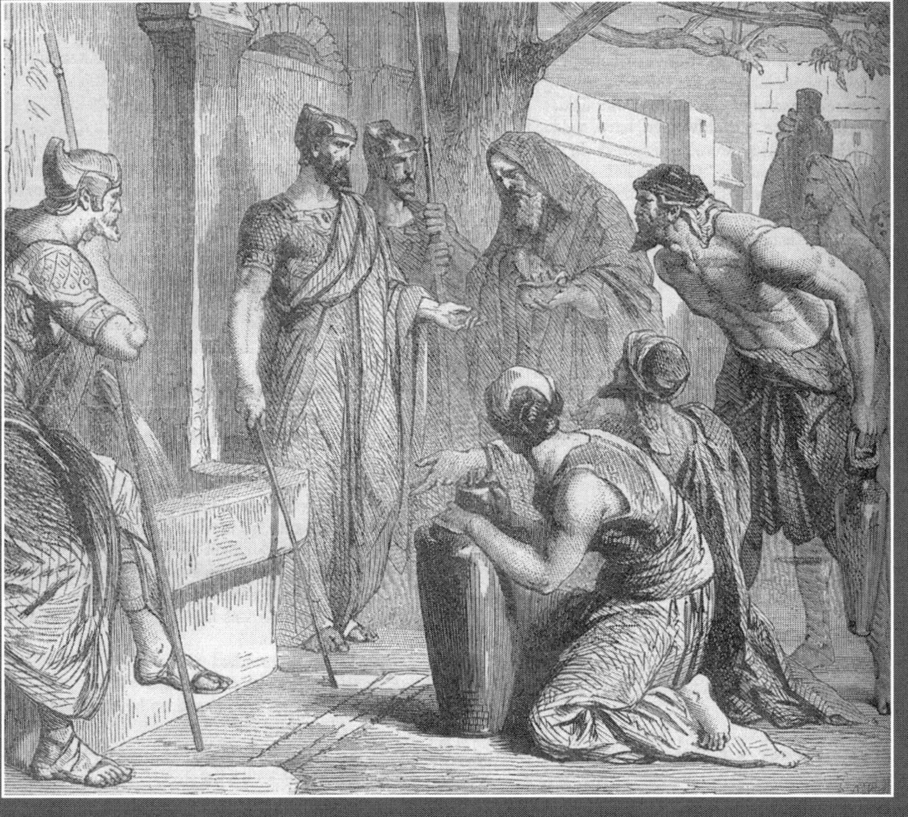

3:19　내 고초와 재난 곧 쑥과 담즙을 기억하소서
20　내 마음이 그것을 기억하고 내가 낙심이 되오나
21　이것을 내가 내 마음에 담아 두었더니 그것이 오히려 나의 소망이 되었사옴은
22　여호와의 인자와 긍휼이 무궁하시므로 우리가 진멸되지 아니함이니이다
23　이것들이 아침마다 새로우니 주의 성실하심이 크시도소이다

예레미야애가서 프로필

1. 누가 썼을까?

• 대하35:22 "요시야가 몸을 돌이켜 떠나기를 싫어하고 오히려 변장하고 그와 싸우고자 하여 하나님의 입에서 나온 느고의 말을 듣지 아니하고 므깃도 골짜기에 이르러 싸울 때에...24 그 부하들이 그를 병거에서 내리게 하고 그의 버금 병거에 태워 예루살렘에 이른 후에 **그가 죽으니** 그의 조상들의 묘실에 장사되니라 온 유다와 예루살렘 사람들이 요시야를 슬퍼하고 25 **예레미야는 그를 위하여 애가를 지었으며** ..."

(1) 예레미야애가서의 저자는 누구인지 알 수 없으나 전통적으로 예레미야를 저자로 인정한다. 몇 가지 이유를 들고 있다. (1) 예레미야는 요시야를 위하여 애가를 지었다는 것이다(대하 35:25*). (2) 예레미야는 예루살렘의 멸망의 생생한 증인이라는 점(렘 9:1, 내 머리가 물이었으면, 내 눈이 눈물의 샘이었으면, 죽임을 당한 내 백성을 위해 밤낮으로 울 수 있을 텐데" - 쉬운성경) (3) 고대헬라어 역본(70인역)에 잘 반영되어 있다. 70인역은 예레미야를 저자로 인정하는 표제를 포함하고 있다. (4) 70인역에서는 애가는 예레미야서와 외경 바룩서 다음에 나온다. 저자가 예레미야일 가능성이 높으나 그렇지 않더라도 예레미야와 동시대 사람임에는 틀림없다.

(2) 그러나 히브리 성경은 예레미야 저작권을 뒷받침하지 않는다. 애가는 정경의 세 번째 부분인 성문서에 포함되어 있기 때문이다. 여기에서 애가는 룻기, 아가서, 전도서, 에스더 등과 더불어 "두루마리들"이라는 표제 하에 한 덩어리로 분류되어 있다. 맛소라 텍스트는 연대보다 저자에 초점을 두기 때문이다.

다섯 두루마리는 히브리인들의 5대 축제일에 낭독된다.

- 아가서 - 유월절
- 룻기 - 오순절
- **예레미야애가 - 금식절(성전 파괴의 슬픔을 기억하는 날)**
- 전도서 - 장막절
- 에스더서 - 부림절(에스더 때 민족적 위기에서 살아남은 자신들의 역사를 기억하고 더불어 계속되는 위험 속에서 구원을 소망하며 지킨다.)

(3) 히브리 원문에는 본서의 제목이 없다. 본서의 제목은 첫 단어인 '슬프다'(에카, אֵיכָה)란 말에서 유래되었다. 바벨론 탈무드에서 이 책을 '애가'(키노트, קִינוֹת)라고 불렀다. 이것이 70인 역 성경에서 헬라어 '트레노이(θρῆνοι)'로 번역되었고, 라틴어 성경에서 라멘타티오네스(Lamentationes)로 옮겨졌다. 히브리 성경에서 이 책의 제목은 첫 단어 "어찌하여"(에카, אֵיכָה)이다.

"이 책에서 주로 사용된 비탄시(키나)의 형식은 한 행이 3단어+2단어 운율을 밟는 것이다. 예를 들면 "내 눈이/눈물에/상하며+내 창자가/끊어지며"(2:11) "나의 살과/가죽을/쇠하게 하시며+나의 뼈들을/꺾으셨고"(3:4)와 같은 운율이다. 이것은 마치 노랫말이 중간에 잘려나간 것 같은 느낌을 주므로 사람이 제 수명을 다하지 못한 채 죽은 것을 표현하는 방식이다. 주로 1, 2, 4장의 노래가 전형적인 키나 형식을 따르고 있다. 이 책의 제목을 바벨론 탈무드에서 키노트(קִינוֹת)로 부른 이유도 이처럼 키나(קִינָה)가 많이 발견되는 까닭이다."[1]

(4) 키나(애가, קִינָה)는 읊조린 시를 의미한다. 애가는 장례식이 진행되는 동안이나 임박한 죽음이나 멸망과 관련하여 불렀다(겔 2:10). 애가는 장례식 행사에서도 가장 중요한 순서를 이루고 있다. 아주 간단한 애가의 형태는 날카로운 반복적인 외침으로 이루어져 있다(미 1:8, 왕상 13:30). 이 의식은 가까운 친척이나(창 32:2), 가까운 친구, 참석한 모든 사람(삼상 28:3), 또는 종종 전문 남녀 애곡자들(대하 35:25; 암 5:16) - 특히 여자들(렘 9:16이하)에 의해 집행되었다(구약원어 신학사전, 요단출판사).

(5) 이 책은 예루살렘의 함락과 성전 패망을 슬퍼하는 다섯 개의 노래로 되어 있으며, 각각의 노래는 히브리 시가에서 잘 사용하지 않는 답관체(acrostic, 각 행 첫글자를 모아 말이 되는 시) 방식으로, 히브리어 철자의 순서(א, ב, ג) 혹은 개수를 따르고 있다. 그러니까 제3장을 제외하고 각 장이 22절로 되어 있는데, 첫 글자가 히브리어 알파벳 순서를 따라 시작하고 있다. 3장도 66절이 각각 3구절씩 첫 글자가 알파벳 순으로 되어 있다.[2]

예: אֵיכָה יָשְׁבָה בָדָד... Lam. 1:1
בָּכוֹ תִבְכֶּה בַּלַּיְלָה... Lam. 1:2
גָּלְתָה יְהוּדָה מֵעֹנִי... Lam. 1:3

5장은 조금 불규칙한데, 학자들은 주전 550년경 추가 된 것으로 본다. 어쨌든 이 책의 저자는 예루살렘 함락을 친히 목격한 사람임에 틀림없다. 유다의 멸망과 함께 무너져버린 유대민족의 신앙과 정체성을 회복하기 위해 여호와 하나님께 소망을 두고 있다. 어떤 사람들은 여러 사람이 여러 해에 걸쳐 썼다는 주장을 하고 있으나 이 책이 예레미야서와 공통성과 이 책의 저자가 목격자라는 점을 간과하는 주장이다.

2. 예레미야애가의 주제(主題)는?

이 책의 핵심 본문은 3:19-24이다. 이 구절에서 절망과 희망이 잘 나타나고 있다. 저자는 특히 3장에서(개인적인 탄식과 기도) 하나님의 긍휼과 신실하심에 대

1) 김인철, 왕국시대의 예언자들, 그리심, 313.

2) 히브리어 철자법을 이용한 노래는 시편 9, 10, 25, 34, 37, 111, 112, 119,145, 나훔 1:2-8, 잠 31:10-31이다. 히브리어 철자법을 이용한 답관체 애가 형식이 동원된 이유로서 낭송과 암기에 편하고, 애가의 주제를 일관되게 서술할 수 있으며, 무한한 슬픔을 절제된 표현으로 묘사하기에 용이하다고 말한다. (김인철, 왕국시대의 예언자들, 그리심, 312.)

한 믿음이 하나님과의 관계 회복에 이르는 열쇠라고 단언한다. 저자는 자신이 느끼는 고난과 고독, 슬픈 감정 등을 숨김없이 정직하게 기술한다. 저자는 친히 고난을 겪었고, 그 과정에서 하나님의 신실하심을 경험한다. 그러므로 이 책에서 말하는 최종적인 핵심어는 절망이 아니라 소망이다.

3. 예레미야애가는 왜 기록되었을까? (목적과 배경)

(1) 주전 586년 바벨론에 의해 예루살렘은 그 최후를 맞는다. 예레미야서를 공부하면서 살펴본 바와 같이 예루살렘은 초토화되었다. 유다의 많은 사람들이 죽거나 포로로 끌려갔다. 백성 중 일부는 애굽으로 도망갔다. 예레미야와 바룩은 이들에 의해 애굽으로 끌려갔다. 나라가 공중분해 되면서 남은 것은 오로지 절망과 고난과 죽음뿐이었다. 이는 말로 다할 수 없는 비극이다. 어떻게 선민(選民)에게 이런 일이 일어날 수 있단 말인가?

(2) 성전이 있는 동안 비극은 절대 일어나지 않을 것이라는 확신은 이제 물거품이 되어버렸다. 어떻게 이 모든 일이 일어날 수 있는가? 하나님의 사랑은 도대체 어디 있단 말인가? 애가(哀歌)의 저자는 나라의 멸망을 애통해 하며 이러한 비극의 원인이 바로 죄 때문이었음을 고백한다. 특히 우상 숭배와 하나님께서 그들과 맺으셨던 언약에 대한 그들의 불충성, 즉 율법을 어겼다는 것이다. 이것이 끔찍한 심판의 원인이 되었다. 그래서 저자는 하나님의 자비와 회복을 위해 부르짖는다.[1)]

1) 저자는 자주 하나님께 부르짖는다(1:9, 11, 22; 2:20; 3:56, 64, 66; 5:1, 21).

(3) 그렇다면 유다의 멸망은 아브라함 선택의 종말을 의미하는가?

물론 아니다. 하나님께서는 하나님의 백성이 다시 회복이 있을 것임을 선포하셨다. 회복이 반드시 있을 것이나, 그것은 어디까지나 심판을 통해 불순물을 제거한 후의 일이다.

따라서 이들에게 닥친 환난과 고통은 유다의 멸절을 의미하는 것은 아니다. 그것은 하나님의 백성을 돌이키려는 정화의 목적을 가진 심판이었다. 하나님은 심판 후에도 여전히 유다를 사랑하고 긍휼히 여기며 신실하게 대하신다. 하나님의 인자와 성실하심은 여전히 끝이 없다는 것이다(애 3:20-23*).

• 애 3:20 "내 마음이 그것을 기억하고 내가 낙심이 되오나 [21]이것을 내가 내 마음에 담아 두었더니 그것이 오히려 나의 소망이 되었사옴은 [22]여호와의 인자와 긍휼이 무궁하시므로 우리가 진멸되지 아니함이니이다 [23]이것들이 아침마다 새로우니 주의 성실하심이 크시도다소이다."

예레미야애가의 신학

▶ 아래 내용은 Roy B. Zuk 외, 구약성경신학, 김의원-유근상 역(크리스챤출판사, 2005), 534-539을 중심으로 요약 정리한 것임.

1. 심판자로서의 하나님

(1) 바벨론은 하나님의 진노의 도구에 지나지 않았다(애 1:14-15). 바벨론은 열국들을 때려부수는 하나님의 방망이(Hammer)로 비유되었다

- 렘 50:23, "**온 세계를 부수던 쇠망치** 같은 바빌로니아가 지금은 깨어지고 부서졌다. 바빌로니아가 세계 모든 나라들 가운데서 가장 비참하게 되었다." - 쉬운성경)
- 렘 51:20 "여호와께서 이르시되 너는 나의 철퇴 곧 무기라 나는 **네가 나라들을 분쇄하며 네가 국가들을 멸하며** 21네가 말과 기마병을 분쇄하며 네가 병거와 병거대를 부수며 22네가 남자와 여자를 분쇄하며 네가 노년과 유년을 분쇄하며 네가 청년과 처녀를 분쇄하며 23네가 목자와 그 양 떼를 분쇄하며 네가 농부와 그 멍엣소를 분쇄하며 네가 도백과 태수들을 분쇄하도록 하리로다."

- 결국 하나님은 열국들과 세계 만민들을 주관하시는 분이심을 깨닫는다.
- 그러나 망치 자체도 심각한 타격을 받아야 한다. 바벨론의 몰락은 렘 50-51장에 생생하게 묘사되어 있다. 바벨론의 세력은 많은 나라들을 전쟁으로 파멸시켰었다.

(2) 여호와 자신이 재앙을 선포하셨다(애 1:17, 2:17, 3:37-38*).

(3) 재앙을 보내신 분도 하나님이셨다(애 1:5, 12-15, 2:1-8, 3:1-3*, 43-45, 4:11).

- 애 3:1 "여호와의 분노의 매로 말미암아 고난 당한 자는 나로다 2나를 이끌어 어둠 안에서 걸어가게 하시고 빛 안에서 걸어가지 못하게 하셨으며 3 종일토록 손을 들어 자주자주 나를 치시는도다."

(4) 심판은 예고 없이 갑자기 임한 것인가? 아니다. 이미 오래 전에 선언되었다(애 2:17*). (레 26장과 신 28장에서 이미 경고하고 있다.) 결국 선지자의 기본 메시지는 모세 시대의 말씀과 달라진 것이 없다 - 순종은 평안과 번성, 불순종은 기뭄과 침략과 패배와 포로라는 신적 저주를 가져온다.

(5) 저자는 하나님을 심판자로 묘사한다. 여호와의 진노하심과(애 1:12, 2:6) 그것이 가져오는 파괴적 결과를 강조한다.

- 애 1:14 내 죄악의 멍에를 그의 손으로 묶고 얽어 내 목에 올리사 내 힘을 피곤하게 하셨음이여 내가 감당할 수 없는 자의 손에 주께서 나를 넘기셨도다.
- 애 1:15 주께서 내 영토 안 나의 모든 용사들을 없는 것 같이 여기시고 성회를 모아 내 청년들을 부수심이여 처녀 딸 유다를 내 주께서 술틀에 밟으셨도다.
- 애 3:37 "주의 명령이 아니면 누가 이것을 능히 말하여 이루게 할 수 있으랴 38화와 복이 지존자의 입으로부터 나오지 아니하느냐."
- 애 2:17 "**여호와께서 이미 정하신 일을 행하시고 옛날에 명령하신 말씀을 다 이루셨음이여** 긍휼히 여기지 아니하시고 무너뜨리사 원수가 너로 말미암아 즐거워하게 하며 네 대적자들의 뿔로 높이 들리게 하셨도다."

• 애 1:11 "예루살렘의 모든 백성이 먹을 곳을 찾아 탄식하고 목숨을 잇기 위해 소중한 것을 팔아 먹을 것을 산다. "여호와여 이 비참한 모습을 살펴 주십시오"

• 애 2:20 "여호와여 살펴 주십시오. 주께서 전에도 다른 사람에게 이같이 행하신 적이 있으십니까? 여자들이 어린 자식을 잡아먹고 있습니다. 제사장과 예언자들이 주님의 성소에서 죽임을 당하고 있습니다."

(6) 저자는 여호와의 심판을 어떻게 묘사하고 있나?

- 불에 삼킴(애 1:13, 2:3)
- 사냥꾼의 그물에 걸림(애 1:13)
- 술틀에 밟으심(애 1:15)
- 화살에 맞음(애 2:4, 3:12-13)
- 질병에 의한 고통(애 3:4)
- 흑암에 갇힘(애 3:2, 6-8)
- 맹수에 찢김(애 3:10-11)
- 흙에 묻힘(애 3:16)

2. 심판의 결과는?

- 예루살렘은 한때 특별한 지위를 누렸으나 이제는 패배의 수치를 당하고 있다(애 2:15). 대적들은 이 성의 몰락을 조롱하고 모욕한다(애 1:7, 2:15-16).
- 한때 공주와 같았던 성읍은 이제 종과 같이 되었다(1:1).
- 과부와 같아서(1:1) 아무도 위로할 자가 없다(1:16-17).
- 자식들은 한 때 정금과 같이 여김을 받았으나 이제는 질항아리 취급을 받는다(4:1-2).
- 많은 사람들이 칼에 죽거나(2:21, 4:9), 포로로 잡혀갔다(1:3, 5, 8).
- 여자들은 능욕을 당하고(5:11) 지도자들은 공개적인 수치를 당하였다(5:12).
- 소년들은 고된 노동을 감당해야 했다(5:13).
- 살아남은 아이들은 굶주림으로 서서히 죽어갔다(1:11*, 19, 2:11-12, 19, 4:9, 5:9). 심지어 자식을 잡아먹는 사람도 있었다(2:20*).
- 하나님은 더 이상 그들의 기도를 들어주지 않으신다(3:44).
- 종교적 절기 중단(1:4, 2:6)
- 이방 군대에 의해 성전이 짓밟혔고(1:10, 2:7), 제사장과 선지자들도 살해 당하였다(2:20). 선지자들을 통한 묵시도 중단되었다(2:9). 예레미야는 여기서 제외된다.
- 백성의 지도자들도 수치를 당하였으며(4:7-8, 5:12) 포로로 잡혀갔다(2:9). 다윗 계열의 포로로 잡혀갔다(4:20 / 시드기야를 말함 - 예루살렘이 함락된 후 도망가다 잡혀 자식들의 처형을 목도하고, 두 눈이 뽑힌 채 바벨론으로 이송되어 감옥에서 지냈다).

• 애 3:34-36 "이 땅의 모든 갇힌 사람이 주의 발 아래 밟히지나 않을까, 지극히 높으신 분 앞에서 억눌림을 당하는 사람이 있지 않을까? 재판을 받는 사람이 억울한 판결을 받지 않을까를 염려하신다."

• 애 4:13 "그러나 그런 일이 일어나고 말았으니 예언자들이 죄를 짓고 제사장들이 악한 일을 했기 때문이다. 그들은 성 안에서 의로운 사람들을 죽였다."

3. 왜 심판을 받게 되었는가? (이유)

(1) 저자는 유다에 대한 심판을 마땅한 것으로 보았다. 예루살렘의 많은 죄(애 1:5, 22) - 이 성읍을 '불결한 자(니다, נִידָה)'로 표현했다(1:8-9).

(2) 유다의 죄는 여호와에 대한 반역이라고 표현했다(1:18, 20, 3:42). 하나님은 의로우시고(1:18), 공의로우시기 때문에(3:34-36) 그의 심판에 대한 불평은 부적절하다(3:39).

(3) 몇 가지 구체적인 죄

- 유다 사회에 만연했던 불의(3:34-36*)
- 이방 나라를 의지한 잘못(4:13*)
- 선지자와 제사장들의 죄(4:13)

- 거짓 선지자들의 어리석은 묵시(2:14) - 시온의 불가침성(예루살렘은 하나님이 거처하시는 곳이기에 절대로 망하지 않는다고 생각했다.) 예루살렘의 불가침성은 시온의 노래에 언급되었다(시 46, 48, 76편을 읽어보자). 이것이 거짓 선지자들에 의해 왜곡되었다. 그들은 이 사상을 무조건적인 약속으로 받아들였고, 거기에 따르는 도덕적-윤리적 요구사항은 무시했다.

- 애 3:33 "주께서 인생으로 고생하게 하시며 근심하게 하심은 본심이 아니시로다 34 세상에 있는 모든 갇힌 자들을 발로 밟는 것과 35 지존자의 얼굴 앞에서 사람의 재판을 굽게 하는 것과 36사람의 송사를 억울하게 하는 것은 다 주께서 기쁘게 보시는 것이 아니로다."

- 애 4:13 "그의 선지자들의 죄들과 제사장들의 죄악들 때문이니 그들이 성읍 안에서 의인들의 피를 흘렸도다."

4. 회복에 대한 소망

(1) 이런 비극적인 상황에도 불구하고 미래적 소망은 포기 되지 않았다(3:21). 유다의 왕은 영원한 왕이시며(5:19), 전능하신 하나님이시기 때문이다(3:35, 38). 그는 하늘에 계시며(3:41, 50, 66), 인간사에 주권적 통치권을 행사하신다.

(2) 유다의 운명은 하나님의 손에 달려 있다. 그의 은총을 회복하기 위해 적절한 반응은 무엇인가? 그것은 진정한 회개와 기도이다(애 3:40-42, 5:21).

(3) 하나님은 나라 자체를 멸하실 수 있으셨으나 심판의 와중에 일부를 남기셨다. 저자는 이것을 하나님의 자비와 긍휼과 신실하심으로 표현했다(3:22-23). 따라서 저자는 하나님에 대한 신뢰를 고백한다. 그는 여호와께서 그의 '기업'이심을 고백하며, 그의 구원을 믿음으로 '기다릴' 것이라고 선언한다(3:24-26).

(4) 저자는 하나님의 징계가 독단적이거나 영원한 것이 아님을 잘 알고 있다(애 3:31-39). 하나님은 백성이 고난을 당하는 것을 원치 않으셨으나 그의 공의는 또한 죄에 대한 심판을 요구하신다는 사실을 알고 있다. 따라서 이런 징계가 찾아올 때 그것을 원망없이 받아들여야 하며(애 3:28-30, 39), 회개함으로 여호와께 돌아가야 한다는 점을 강조한다(애 3:40-42).

굶주리는 아이들,
먹을 것과 마실 것을
찾던 아이들이
성 광장에서 쓰러지고
어머니 품속에서 죽어간다.

시인은 이 비참한 사실을
목도하고,
눈이 눈물로 상했고,
간과 심장이 녹는듯
하다고 했다.
예루살렘의 불행이
너무 크기에 어떤 위로도
소용이 없다.

이런 불행은
거짓 예언자들도
한 몫을 했다.
예루살렘이 안전할 것이라는
구원만을 증거했지
백성의 죄를 드러내는 데는
실패했다.

5. 이스라엘의 대적에 대한 하나님의 보응(렘 46-51장)

(1) 예레미야 46-51장은 이방 나라들에 대한 심판에 대해 자세히 언급하고 있다. 열방에 대한 예레미야의 메시지는 주로 심판에 관한 것이다. 유다에게 이방 나라와의 동맹을 의지하지 말라는 경고가 주어진다. 심판은 먼저, 유다에게 임할 것이지만, 결국은 당시의 열강인 애굽과 바벨론에게 주어지겠고, 점차 주변국들로 확산될 것이다(렘 25:15-38).

- 애굽(렘 46:2-28)에 대한 심판: 애굽은 유다가 의지했던 나라였다. 그러나 그러한 애굽에도 심판이 임할 것이다. 누구를 시용하실 것인가? 바벨론의 느부갓네살과 바벨론 군대를 도구로 사용하시어 애굽의 권세와 영광을 멸하실 것이다(렘 43:10, 44:30, 46:13, 26). 애굽의 신도 징벌을 받을 것이다(렘 46:25).

- 블레셋(렘 47:1-7)에 관한 심판 - 블레셋과 그의 동맹군들의 도시가 함락되고 멸망 받을 것을 예언했다(47:1).

- 모압(렘 48:1-47) - 느보와 기랴다임에 임할 재앙을 선포하신다(렘 48:1-2). 그 땅의 지도자들은 모압의 신 그모스와 함께 포로로 잡혀갈 것이다(7절). 모압의 멸망의 이유는 이스라엘이 멸망을 당할 때 그들이 여호와를 무시했기 때문이다(26-28절).

- 암몬에 대한 심판 예언(렘 49:1-6) - 자만심에 가득 찬 암몬 사람들도 그들의

국가 신인 밀곰과 함께 사로잡혀 갈 것이다(3절).

- 에돔(49:7-22)은 전멸할 것이다. 오바댜서에서 완전한 멸망의 모습을 볼 수 있다.
- 바벨론(50:1-51:58)은 여러 나라들에 대한 하나님의 심판의 도구였다. 그러나 이들은 교만 때문에 멸망의 대상이 된다. 바벨론의 죄악은 그가 여호와의 목전에서 시온에게 행한 잔학한 행위라고 언급하고 있다(51:5, 24).

(2) 선지자들은 왜 주변에 있는 세상나라들에 심판을 선언하는가? 또한 하나님이 이방 나라들을 심판하는 기준은 무엇인가?

- 교만, 우상 숭배, 강포 때문이다.
- 하나님의 백성들을 학대했기 때문이다.

"딸 시온의 장로들이 말을 잃은 채 땅에 주저앉았다. 머리에는 재를 뒤집어썼고 몸에는 거친 베옷을 걸쳤다. 예루살렘의 젊은 여자들은 머리를 숙였다"(애가 2:10). ▼

예루살렘의 멸망(애 1:1–11)

여기 본문 설명 부분은 동교재, 열왕기하, 305면 이하에서 가져온 것입니다.

예루살렘이 망한 다음 유대인들은 너무 비참했다. 그때의 비참함을 시로써 소개하고 있다. 예레미야애가서를 살펴봄으로써 그 당시의 충격이 얼마나 컸었던가를 살펴보자. 저자(시인)는 예루살렘을 위하여 탄식한다. 예루살렘은 얼마나 귀하고 값진 곳인가? 그런데 이 성읍은 파괴되었고 버림을 받았다. 이 성읍을 외로운 과부에 비교함으로써 비참하고 처량함을 보여주고 있다.

1. 나라의 몰락으로 끝나는 실패의 역사를 열왕기 기자는 어떻게 표현하고 있는가? 기자는 모세 언약을 근거로 그 멸망의 원인을 설명하고 있다.

(1) 이들 백성은 "모세와 같은" 선지자의 말을 듣기를 거절했다는 것이다. 기자는 이렇게 책망한다(왕하 17:13-14).

13 여호와께서 각 선지자와 각 선견자를 통하여 이스라엘과 유다에게 지정하여 **이르시기를**
- 너희는 돌이켜 너희 악한 길에서 떠나 나의 명령과 율례를 지키되
- 내가 너희 조상들에게 명령하고 또 내 종 선지자들을 통하여 너희에게 전한 **모든 율법대로 행하라 하셨으나**

14 • **그들이 듣지 아니하고 그들의 목을 곧게 하기를**
- 그들의 하나님 여호와를 믿지 아니하던 그들 조상들의 목 같이 하여

(2) 그러니까 말 안 듣기는 이들 조상이나 별반 다르지 않았다는 것이다. 결국 멸망과 포로라는 비극은 전부 백성들의 잘못이라는 말이다. 결국 언약의 저주가 이들에게 임한 것이다.

2. "이제는 어찌 그리 적막하게 앉았는고"

1:1 **슬프다(אֵיכָה)**[1] 이 성이여
전에는 사람들이 많더니
이제는 어찌 그리 적막하게 앉았는고 (이제는 쓸쓸한 성으로 변했구나)
전에는 열국 중에 크던 자가 이제는 과부(알마나, אַלְמָנָה) 같이 되었고
전에는 열방 중에 공주였던 자가
이제는 강제 노동을 하는 자가 되었도다 (=이제는 노예가 되었구나)

1) 에카(אֵיכָה)는 '어떻게', how, '어디에' where를 의미한다.

אֵיכָה

בָּכוֹ She weepeth, 울다, 비탄하다

1:2 (예루살렘이) 밤에는 **슬피 우니** (=목놓아 우니)
눈물이 뺨에 흐름이여
사랑하던 자들 중에 그에게 위로하는 자가 없고
친구들도 다 배반하여 원수들이 되었도다

예루살렘은 연인들에게 버림받고 친구들에게 배신 당한 탓에 눈물로 지새우는 한 여인과 같다. // 그러나 예루살렘에게 연인은 이방 동맹국들이다. - 이것이 하나님에게는 영적인 간음이었다.

예루살렘에게 연인과 친구들은 누구일까? - 유다의 이방 동맹국들을 가리킨다. (바벨론? 애굽?)

1:3 유다는 환난과 많은 고난 가운데에 **사로잡혀 갔도다**
그가 열국 가운데에 거주하면서 쉴 곳을 얻지 못함이여
그를 핍박하는 모든 자들이 궁지에서 그를 뒤따라 잡았도다

גָּלְתָה is gone into captivity

유다가 고통과 고된 노역에 시달리더니 / 뭇나라에 시달리더니 / 쉴 곳을 찾지 못하며 / 핍박하던 사람들이 재앙에 빠진 유다를 덮쳐 잡는구나(렘 39:1-10 / 느부갓네살의 예루살렘 성 포위)

1:4 시온의 **도로들이** 슬퍼함이여
절기를 지키려 나아가는 사람이 없음이로다
모든 성문들이 적막하며(are desolate)
제사장들이 탄식하며(are groaning)
처녀들이 근심하며
시온도 곤고(=괴로움)를 받았도다

דַּרְכֵי The ways

시온으로 오가는 길목에는 순례자의 발길이 끊어지고 / 들리는 곳은 통곡 소리뿐이구나 / 시온성으로 들어가는 모든 문에도 인적이 끊어지니 / 제사장들은 탄식하고 / 처녀들은 슬픔에 잠겼구나 / 예루살렘도 괴로움을 겪는구나

예루살렘은 버림을 받았다. 외로운 과부처럼, 강제 노동자로 전락한 공주와 같은 신세가 되었다. 연인들에게 버림 받고 친구들에게 배신당했기에 눈물로 밤을 지새우는 한 여인과 같은 신세가 되었다(2절). 유다는 참으로 어려운 시기를 만난다. 결국 유다는 바벨론 포로라는 절망적 상태로까지 가게 되었다(3절). 시인은 의인화라는 문학적 기법을 이용하여 예루살렘에 이르는 도로들이 애곡하고 있다고 표현한다(4절). 하나님 앞에 경배드리는 사람들로 북적거려야 할 모든 성문들은 인적이 끊겨버렸다. 제사장들은 탄식하고 젊은 여자들은 슬퍼한다. 아, 하나님의 도성 예루살렘이 이렇게 처량하게 되다니!

1:5 그의 대적들이 머리가 **되고**
그의 원수들이 형통함은
그의 죄가 많으므로(=죄가 많은 예루살렘을)
여호와께서 그를 곤고하게 하셨음이라(누가 벌하셨는가? 여호와께서!!!)
어린 자녀들이 대적에게 사로잡혔도다

הָיוּ have become

야가(יָגָה)의 히필(사역)동사

- 문제의 발단은? - 예루살렘의 죄 때문에 왔다. 그것도 고의적으로 지은 죄였다(암 1:3, 6, 9 참조).
- 누가 곤고하게 하셨는가? (여호와께서) 예루살렘의 고의적인 반역으로 하나님께서 성읍을 바벨론에게 넘기셨다. 자녀들도 포로로 잡혀갔다.

And all her majesty וַיֵּצֵא

1:6 **딸 시온의 모든 영광이** 떠나감이여(Has departed)
그의 모든 지도자들은 꼴을 찾지 못한 사슴들처럼
뒤쫓는 자 앞에서 힘없이 달아났도다

예루살렘의 지도자들, 이들은 그 성읍의 자랑거리였다. 그러나 지금은 꼴을 찾지 못하는 사슴처럼 되어버렸다. 뒤쫓는 사람(원수) 앞에서 맥없이 끌려간다.

remembers זָכְרָה

1:7 예루살렘이 환난과 유리하는 고통을 당하는 날에
옛날의 모든 즐거움을 **기억하였음이여(זָכְרָה)** - זָכַר의 칼 완료
그의 백성이 대적의 손에 넘어졌으나
그를 돕는 자가 없었고 대적들은 그의 멸망을 비웃는도다

예루살렘은 과거에 얼마나 영화로웠던가! 그러나 지금은 원수들에게 환난과 고통을 당하고 있지 않은가! 백성이 대적의 손에 넘겨졌으나 돕는 사람이 없다. 대적이 그 멸망한 모습을 보고 비웃고 있다. 그 원수들의 조롱을 감수해야 한다.

1) 니다(נִידָה) - unclean thing
Therefore she has become an *unclean thing*.
부정, 불결 -
여기서만 단 한 번 나온다.

'더러운 몸'이 되었구나

1:8 예루살렘이 **크게** 범죄함으로 조소거리[1]가 되었으니
전에 그에게 영광을 돌리던 모든 사람이
그의 벗었음(עֶרְוָה)[2]을 보고 업신여김이여
그는 탄식하며 물러가는도다

חֵטְא greatly

2) 에르와(עֶרְוָה) - 벌거벗음, 수치, 나체, 부끄러움.
전에 그를 떠받들던 사람도 그의 벌거벗음을 보고 업신여긴다. 이제 예루살렘 자신도 한숨을 지으며 얼굴을 들지 못하는구나.

- 이런 일이 왜 일어났는가? 죄의 결과이다. 죄로 인해 수치를 당하고 있는 것이다. 마치 문란한 여인이 악행에 대한 처벌로 벌거벗은 모습을 사람들 앞에 보여 부끄러운 상태가 된 것처럼 말이다. 예루살렘이 그렇다는 말이다.

טֻמְאָתָהּ
Her uncleanness

1:9 **그의**(예루살렘의) **더러운 것(טֻמְאָה)[3]이** 그의 옷깃에 묻어 있으나
그의 나중을 생각하지 아니함이여
그러므로 놀랍도록 낮아져도
그를 위로할 자가 없도다
여호와여 원수가 스스로 큰 체하오니
나의 환난을 감찰하소서

이런 정도로 비참해져도 위로해 주는 사람이 아무도 없다. "원수가 우쭐대고 있으니 나의 고통을 살펴 주십시오."

3) 투므아(טֻמְאָה) - 불결, 부정. NIV - Her filthiness clung to her skirts.
예루살렘의 더러움(이런 은유적인 언어는, 그녀를 월경하는 여인<그러므로 제의적으로 부정한, Her uncleanness>)이 치맛 자락에 묻어 있으나 앞으로 자기에게 닥칠 일을 생각하지 않는구나 "이렇게 될 줄이야!"

יָדוֹ his hand

1:10 대적이 **손을** 펴서 그의 모든 보물들을 빼앗았나이다

(대적들이 모든 보물들을 모두 빼앗아갔습니다 / 주전 597년 성전기명 약탈, 586년 성전 불탐)

주께서 이미 이방인들을 막아(이방인들은 이미 주의 성전 출입금지였다.)

주의 성회에 들어오지 못하도록 명령하신 (신 23:3-6을 보라)

그 성소에 그들이(이방 침략자들이) 들어간 것을

예루살렘이 (이방인을, גּוֹיִם) 보았나이다(רָאֲתָה) - 칼 완료 3인칭 여성 단수

시온의 성전 기명들이 약탈당하고, 성전은 이방 침략자들에 의해 더럽혀졌다. 더럽혀진 여인처럼.

1:11 그(=예루살렘의) **모든** 백성이 생명을 이으려고

보물로 먹을 것들을 바꾸었더니

지금도 탄식하며 양식을 구하나이다

나는 비천하오니 여호와여 나를 돌보시옵소서

כָּל־עַמָּהּ **All** her people

성전은 이미 침략자들에 의해 약탈 당하고 // 11절 - 이와 반면에 예루살렘에 굶주리는 백성은 생존이 문제였다. 자신들이 가지고 있던 보물을 소량의 양식과 바꾸지 않으면 안 된다. "이 비천한 신세를 살펴 주십시오."

3. 12절부터는 의인화된 시온이 직접 말하는 것처럼 표현한다(12-16절).

1:12 지나가는 모든 사람들이여

너희에게는 관계가 **없는가?**

나의 고통과 같은 고통이 있는가 볼지어다

여호와께서 그의 진노하신 날에 나를 괴롭게 하신 것이로다

לוֹא Is it nothing?

"길가는 사람들아 이 일이 너희에게는 상관이 없느냐? 와서 나의 처절한 불행을 보아라"(12절a). 그녀(예루살렘, 시온)는 자신의 고통을 하나님의 진노의 심판으로 돌리고 있다(12절b).

1:13 **높은 곳에서** 나의 골수에 불을 보내어 이기게 하시고

내 발 앞에 그물을 치사 나로 물러가게 하셨음이여

종일토록 나를 피곤하게 하여 황폐하게 하셨도다

מִמָּרוֹם From on high

여호와께서 저 높은 곳에서 불을 보내셔서 그 불화살이 내 뼈속에 박혔다는 것이다. 또한 그물을 치셔서 걸려 넘어지게 하셨다는 것이다. 또한 나(예루살렘)를 슬프고 외롭게 만드셔서 온 종일 힘이 없게 하셨도다. 즉 하나님께서 나(예루살렘)를 심판하셨다는 것이다.

נִשְׂקַד is bound

• 누가 멍에를 만드셨나?
• 무엇으로 만드셨나? - 내가 지은 죄를 묶고 얽어서 만드셨다.
• 어디에다 얹었나? - 목에
• 누구의 손에 넘기셨나?

1:14 내 죄악의 멍에를 그의 손으로 **묶고**
얽어 내 목에 올리사
내 힘을 피곤하게 하셨음이여
내가 감당할 수 없는 자의 손에
주께서 나를 넘기셨도다

그녀(예루살렘)는 자신의 목에 얹혀진 멍에가 자신의 범죄와 반역 때문임을 알고 탄식한다.

내 죄악의 멍에(The yoke of my transgressions, עֹל פְּשָׁעַי)
"죄를 지었다고 하여 주께서 지은 멍에가 어찌나 무거운지..."(공동)

1) סִלָּה - סָלָה의 피엘 동사 완료 / 경시하다, 경멸하다, 거절하다.

2) 총회(성회) - 모에드(מוֹעֵד) 예루살렘을 공격하기 위하여 압도적인 전투부대를 동원하셨다는 것이다.

1:15 주께서 내 영토 안 나의 모든 용사들을
없는 것 같이 여기시고[1)]
성회[2)]를 모아 내 청년들을 부수심이여
처녀 딸 유다를 내 주께서 술틀에 밟으셨도다

סִלָּה has rejected

주님께서는 내 성벽 안에 있는 용사들을 모두 몰아내시고 이들을 쳐부수기 위해 한 날을 잡으시고 나(예루살렘)를 칠 군대를 일으키셨다는 것이다. 마치 그 상황을 처녀 유다가 술틀에 넣어져서 짓밟힌 것에 비유한다(15절).

עַל־ For these things

1:16 **이로 말미암아**(עַל־אֵלֶּה) 내가 우니
내 눈에 눈물이 물 같이 흘러내림이여
나를 위로하여 내 생명을 회복시켜 줄 자가
멀리 떠났음이로다
원수들이 이기매 내 자녀들이 외롭도다

"이런 일을 당하고도 나 어찌 통곡하지 않으리요 눈물을 쏟지 않으리오." - 공동

자신도 버림 받고, 젊은이들을 잃은 것에 대하여 탄식한다.

פֵּרְשָׂה stretches out

1:17 시온이 두 손을 **폈으나**
그를 위로할 자가 없도다
여호와께서 야곱의 사방에 있는 자들에게 명령하여
야곱의 대적들이 되게 하셨으니
예루살렘은 그들 가운데에 있는 불결한 자가 되었도다

그녀(예루살렘)는 도움의 손길을 원하지만 그녀를 돕지 못한다. 왜냐하면 여호와께서 사방에 있는 원수들을 보내셔서 야곱의 백성을 치게 하셨기 때문이다. 예루살렘이 주변 백성들처럼 더럽고 추하게 되었다.

צַדִּיק is righteous

1:18 여호와는 의로우시도다 (여호와의 징벌이 당연함을 인정한다)
그러나 내가 그의 명령을 거역하였도다
너희 모든 백성들아 내 말을 듣고 내 고통을 볼지어다
나의 처녀들과 나의 청년들이 사로잡혀 갔도다

קָרָאתִי I called

1:19 **내가** 내 사랑하는 자들을 **불렀으나**
그들은 나를 속였으며
나의 제사장들과 장로들은 — 구하다가 (무엇을? 양식을)
/그들의 목숨을 회복시킬
그들의 양식을
성 가운데에서 기절하였도다

사랑하는 자를 불렀다는 말은 동맹국들에게 도움을 요청했다는 말이다(렘 27:1-15, 37:1-10). 그러나 그들은 배신했다. 지도자들은 굶주림을 해결하기 위해 애썼지만 성 안에서 기절하였다.

1:20 여호와여 **보시옵소서** רְאֵה See
내가 환난을 당하여
나의 애를 다 태우고 나의 마음이 상하오니
나의 반역이 심히 큼이니이다
밖에서는 칼이 내 아들을 빼앗아 가고
집 안에서는 죽음 같은 것이 있나이다

예루살렘은 자신을 벌하신 여호와의 징벌이 정당하다는 것을 인정한다(18, 20절). 그녀(시온)는 사방에서 굶주림과 죽음을 목격하고 탄식한다(19-20절). 예루살렘은 자신이 당하고 있는 환난을 다시 보아달라고 한다.

1:21 그들이 내가 탄식하는 것을 **들었으나** שָׁמְעוּ They have heard
나를 위로하는 자가 없으며
나의 모든 원수들은 내가 재난 당하는 것을 듣고
주께서 이렇게 행하신 것을 기뻐하나이다
그러나 주께서 그 선포하신 날을 이르게 하셔서
그들이 나와 같이 되게 하소서

예루살렘의 원수들은 현재 처한 상황을 보고, 그것이 하나님께서 내신 것임을 알고 좋아하며 비웃는다. 하나님께서 선포하신 그 날이 하루 빨리 임하게 하셔서 그들이 나와 같은 꼴이 되게 해 주십시오라고 탄원한다.

תָּבֹא come

1:22 그들의 모든 악을
주 앞에 **가지고 오게 하시고**
나의 모든 죄악들로 말미암아
내게 행하신 것 같이 그들에게 행하옵소서
나의 탄식이 많고
나의 마음이 병들었나이다

그녀(예루살렘)를 도울 사람은 아무도 없다. 오히려 원수들은 하나님께서 그녀를 다루신 방법을 좋아한다(21절). 그녀는 자신을 괴롭힌 원수들에게 심판을 내려주실 것을 탄원한다(22절).

예루살렘은 왜 멸망했는가? (애 2:1–22)

누가 예루살렘을 멸망시켰을까? 저자(시인)는 다시 한 번 시온이 처한 현실에 탄식한다. 예루살렘은 여호와의 발등상이었다. 예루살렘 성전은 하나님이 거하시는 곳이었다(1절; 사 60:13; 시 132:7; 대상 28:2). 하나님은 "이스라엘의 모든 뿔(유다 나라의 힘)"을 자르셨다. 그래서 민족의 지도자들로 수치를 당하게 하셨다(2-3절). 하나님께서 이스라엘의 보호자가 되기보다는 오히려 원수가 되고 대적이 되셔서 이스라엘을 삼키셨다(5절). 시인은 하나님께서 성전을 파괴하기를 동산의 초막을 헐듯하셨다고 고백한다(6절). 그리고 원수들로 하여금 그 성전을 더럽히게 하셨다(7절). 이제 예루살렘은 폐허가 되었다. 하나님은 딸 시온의 성벽을 허물기로 결심하셨다.

How אֵיכָה

2:1 **슬프다(אֵיכָה)**
주께서 어찌 그리 진노하사
딸 시온(=예루살렘)을 구름으로 덮으셨는가
이스라엘의 아름다움을 하늘에서 땅에 던지셨음이여
그의 진노의 날에 그의 발판(발등상)[1]을 기억하지 아니하셨도다

저자는 하나님의 진노의 얼굴을 보았다.

1) 언약궤(대상 28:2)나 시온산을 말한다(시 99:5, 9).

왜 딸, 시온을 비참하게 하셨는가? 왜 이스라엘의 영광을 땅으로 던지셨는가? 예루살렘은 여호와의 발등상이었다. 하나님은 진노의 날에 주의 발판, 곧 예루살렘을 기억하지 않으셨다.

2) 발라(בִּלַּע) - 삼키다, 들이키다 / 피엘 동사 완료형

2:2 주께서 야곱의 모든 거처들을 **삼키시고** בִּלַּע[2] has swallowed up
긍휼히 여기지 아니하셨음이여
노하사 딸 유다의 견고한 성채들을 허물어 땅에 엎으시고
나라와 그 지도자들을 욕되게 하셨도다

주님께서 모든 보금자리를 무자비하게 불사르시고 친히 진노하사 딸 유다의 요새들을 무너뜨려 땅에 엎으셨다. 그리고 나라와 통치자들을 욕되게(부끄럽게) 하셨다.

3) 케렌(קֶרֶן) - 힘, 생명, 약동하는 생명력

2:3 맹렬한 진노로 이스라엘의 모든 뿔[3]을 **자르셨음이여** גָּדַע He has cut off
원수 앞에서 그의 오른손을 뒤로 거두어 들이시고
맹렬한 불이 사방으로 불사름 같이 야곱을 불사르셨도다

주께서 진노하사 원수를 치는 대신 이스라엘의 모든 힘(뿔)을 꺾으셨다. 그러니까 원수가 쳐들어 올 때에 오히려 이스라엘을 지키시는 오른손을 거두시고 모든 것을 삼키는 불꽃처럼 야곱 백성을 불사르셨다는 것이다.

דָּרַךְ He has bent

2:4 원수 같이 그의 활을 **당기고**
대적처럼 그의 오른손을 들고 서서
눈에 드는 아름다운 모든 사람을 죽이셨음이여
딸 시온의 장막에 그의 노를 불처럼 쏟으셨도다

마치 우리(예루살렘)가 원수나 되는 것처럼 활을 당기셨다. 우리를 죽이러 오는 적처럼 오른손을 치켜드시고 건장한 사람들을 다 죽이셨다. 딸 시온의 장막에 불길 같은 노여움을 쏟으셨다.

2:5 주께서 원수 같이 **되어** 이스라엘을 삼키셨음이여 ---- הָיָה has become
그 모든 궁궐들을 삼키셨고
견고한 성들을 무너뜨리사
딸 유다에 근심과 애통을 더하셨도다

호세아 8:14을 읽어보자.

8:14 "이스라엘은 자기를 지으신 이를 잊어버리고
왕궁(=전각)들을 세웠으며(=왕궁들은 많이 지었지만 창조주를 잊었다)
유다는 견고한 성읍을 많이 쌓았으나(=세웠으나)
내가 그 성읍들에 불을 보내어 그 성들을 삼키게 하리라"

▶ 그들은 하나님 앞에 언약을 굳게 지키기로 약속한 하나님의 백성이었다(수 8:30-35; 신 27:1-26). 세상 나라와 사람들의 궁극적 관심은 무엇인가? 그러나 지금 하나님의 자녀라는 이스라엘 백성도 그들과 전혀 구별이 가지 않게 타락했다는 것이다. 이제 아무리 높고 견고한 성읍을 쌓았다 하더라도 하나님은 그들에게 심판의 불을 보내실 것이다(호 5:14 참조). 이 예언은 북 이스라엘이 주전 722년 앗수르에게 국가의 멸망으로 나타났고, 남 유다는 유다의 46개의 강한 성읍이 모두 파괴되는 산헤립의 침공으로 나타났다.

▶ **이스라엘은** 창조자 하나님을 잊어버리고 왕궁(전각, 호화스러운 궁전)을 호화 롭게 하는 데만 신경을 썼고, **남 유다는** 스스로의 국방을 튼튼히 한다는 명목하에 견고한 성읍을 많이 세웠다. 세속적인 번영과 세속적인 권력만을 의지했다. 그렇다면 주변의 다른 나라들과 다른 점이 무엇인가!

2:6 주께서 그의 초막을 동산처럼 **헐어 버리시며** ---- וַיַּחְמֹס1) **And** He has violently
그의 절기를 폐하셨도다
여호와께서 시온에서 절기와 안식일을 잊어버리게 하시며
그가 진노하사 왕과 제사장을 멸시하셨도다

1) 접속사 + 하마쓰
하마쓰(חָמַס) 칼동사와우 계속 / 부당하게 행하다, 폭력을 행사하다, 해하다.

초막(쏘크, שֹׂךְ - 움막, 천막) / "주님께서는 성막(초막)을 들에 있는 원두막처럼 부수시고(새번역)" "동산의 초막을 허물듯 성전을 허무셨으며"(쉬운성경) 절기도 폐하셨다. 하나님을 기쁘시게 한다는 것이 오히려 하나님을 피곤케 하는 일이 되었다. 절기와 안식일의 예배가 죄악으로 가득 찬 위선이 되어버렸기 때문이다. 하나님은 이들에게 주신 명절과 안식을 없애시고 왕과 제사장들, 즉 지도자들을 멸시하셨다.

2:7 여호와께서 또 자기 제단을 **버리시며** ---- זָנַח has rejected
자기 성소를 미워하시며
궁전의 성벽들을 원수의 손에 넘기셨으매
그들이 여호와의 전에서 떠들기를 절기의 날과 같이 하였도다

결국 성전 파괴, 제사 금지, 성벽파괴 - 이 모든 것은 적들의 승리가 아니라 하나님께서 적들에게 허락하신 일이다. 그래서 원수들이 절기 때처럼 여호와의 성전에서 환성을 올렸다.

חָשַׁב determined

2:8 여호와께서 딸 시온의 성벽을 헐기로 **결심하시고**
줄을 띠고 무너뜨리는 일에서 손을 거두지 아니하사
성벽과 성곽으로 통곡하게 하셨으매
그들이 함께 쇠하였도다

건축자가 건축할 때 다림줄을 이용하여 조심스럽게 벽돌을 쌓아간다. 그런데 하나님께서 딸 시온(예루살렘)의 성벽을 허물기로 결심하셨다. 그런데 성벽을 허물 때에도 다림줄을 이용하여 철저하게 허무시겠다는 것이다.

"성벽을 측량줄로 재시고 성벽이 허물어질 때까지 손을 떼지 않으셨다. 성벽과 요새가 통곡하며 함께 허물어졌다"(8절, 쉬운성경).

2:9 성문이 땅에 **묻히며**
빗장이 부서져 파괴되고
왕과 지도자들이 율법 없는 이방인들 가운데에 있으며
그 성의 선지자들은 여호와의 묵시를 받지 못하는도다

טָבְעוּ have sunk

"예루살렘 성문은 땅바닥에 떨어졌고, 성문 빗장은 부서졌다. 왕과 대신들은 여러 나라로 사로잡혀 갔다. 선지자들이 묵시를 받지 못하므로 백성들에게 율법을 가르쳐 줄 수 없다. 이스라엘은 율법의 가르침을 받아 살아가는 백성인데, 지금은 지도자가 없다. 율법을 상실하였다는 것은 삶의 근거를 잊어버린 것 같다.

▶ 예루살렘 성문들이 땅바닥에 떨어졌고, 왕과 대신들(지도자)은 포로로 잡혀갔거나 침묵을 강요당했다(9절, 여호와의 가르침이 그쳤고 예언자들도 여호와의 계시를 받지 못했다). 장로들은 말을 잃은 채 땅에 주저앉았다. 젊은 여인들은 머리를 땅에 숙였다. 모든 사람들이 예루살렘의 파멸을 애도한다(10절).

2:10 시온의 장로들이 땅에 **앉아** 잠잠하고
티끌을 머리에 덮어쓰고
굵은 베를 허리에 둘렀음이여
예루살렘 처녀들은 머리를 땅에 숙였도다

יֵשְׁבוּ sit

2:11 내 눈이 눈물에 **상하며** 내 창자가 끊어지며
내 간이 땅에 쏟아졌으니
//이는(Because of, עַל)
딸 내 백성이 패망하여 어린 자녀와 젖 먹는 아이들이
성읍 길거리에 기절함이로다

fail כָּלוּ

"딸 같은 내 백성이 망했으므로 창자가 끊어진다. 어린이와 아기들이 성 광장에서 쓰러져 죽어가고 있다"(쉬운).

▶ 굶주리는 아이들, 먹을 것과 마실 것을 찾던 아이들이 성 광장에서 쓰러지고(길거리에서 상한 자처럼 정신이 혼미하여) 어머니 품속에서 죽어간다. 시인은 이 비참한 사실을 목도하고, 눈이 눈물로 상했고, 간과 심장이 녹는 듯하다

고 했다(11절).

"아이들이 어머니 품에서 숨져 가면서, 먹을 것 마실 것을 찾으며 달라고 조르다가 성 안 길거리에서 부상당한 사람처럼 쓰러진다."(새번역)

2:12 그들이 성읍 길거리에서 상한 자처럼 기절하여
그의 어머니들의 품에서 혼이 떠날 때에
어머니들에게 이르기를 — לְאִמֹּתָם to their mothers
/곡식과 포도주가 어디 있느냐 하도다

2:13 딸 예루살렘이여
내가 **무엇으로** 네게 증거하며 — מָה How
무엇으로 네게 비유할까
처녀 딸 시온이여
내가 무엇으로 네게 비교하여 너를 위로할까
너의 파괴됨이 바다 같이 크니
누가 너를 고쳐 줄소냐

딸, 예루살렘이여
내가 무슨 말을 할 수 있겠느냐?
너를 무엇에 비하겠으며 무엇에 견주겠느냐?
처녀 딸, 시온아
내가 어떻게 너를 위로하겠느냐?
너의 폐허가 바다같이 크니
누가 너를 고칠 수 있겠느냐? (쉬운)

▶ 예루살렘의 불행이 너무 크기에 어떤 위로도 소용이 없었다(13절). 이런 불행은 거짓 예언자들도 한 몫을 했다. 이들은 예루살렘이 안전할 것이라는 구원만을 증거했지 백성의 죄를 드러내는 데는 실패했다(14절). 그들의 예언이 거짓이었음이 드러나고 있지 않은가? 그들은 백성을 속였던 것이다(14절).

2:14 **네 선지자들이** 네게 대하여 헛되고 — נְבִיאַיִךְ Your prophets
어리석은 묵시를 보았으므로
네 죄악을 드러내어서
네가 사로잡힌 것을 돌이키지 못하였도다
그들이 거짓 경고와 미혹하게 할 것만 보았도다

거짓 선지자들은 백성들에게 엄청난 악 영향을 끼쳤다. 그들이 받은 계시는 어리석은(타펠, תָּפֵל - 진부한) 묵시였다. 이들은 예레미야가 전한 메시지와는 전혀 반대되는 예언을 했다. 그들의 예언은 헛된 것뿐이었다.

2:15 모든 지나가는 자들이 다 너를 향하여 **박수치며** — סָפְקוּ Clap their hands
딸 예루살렘을 향하여 비웃고
머리를 흔들며 말하기를
/온전한 영광이라,
모든 세상 사람들의 기쁨이라 일컫던 성이
이 성이냐 하며

여기서 박수는 손가락질 하는, 멸시하는 박수이다. 이들은 예루살렘을 보고 머리를 저으며 빈정거린다.
"이 성이 가장 아름다운 성이냐?"
"천하 일색이라 칭송이 자자하던 네가 고작 이 꼴이냐?"(공동)

2:16 네 모든 원수들은 너를 향하여
그들의 입을 **벌리며** 비웃고 이를 갈며 말하기를
/우리가 그를 삼켰도다
우리가 바라던 날이 과연 이 날이라
우리가 얻기도 하고 보기도 하였다 하도다

פָּצוּ
Have opened

네 모든 원수가 입을 열어 너를 욕하고 비웃으며 이를 간다.

/ 우리가 그를 삼켰다 / 이것이 바로 우리들이 기다리던 그 날이 아닌가! / 우리가 이제 드디어 보았구나

▶ 이스라엘의 원수들은 예루살렘의 멸망을 보고 어떠했을까? 물론 조롱과 멸시의 말을 던지면서 자신들의 승리를 자랑했다(15-16절).

2:17 여호와께서 이미 정하신 일을 **행하시고**
옛날에 명령하신 말씀을 다 이루셨음이여
긍휼히 여기지 아니하시고 무너뜨리사
원수가 너로 말미암아 즐거워하게 하며
네 대적자들의 뿔로 높이 들리게 하셨도다

עָשָׂה has done

원수들이 네게 일어난 일을 보고 즐거워한다. 이 일로 네 원수들의 힘이 더욱 솟구쳤다.

▶ 하나님께서는 거의 10년 간격으로 선지자들을 통하여 심판이 있을 것을 경고하셨다. 주님께서는 오래 전에 선포하셨던 말씀을 다 이루셨다. 그 선포한 경고들이 철저하게 이루어지게 하셨다(17절).

2:18 그들의 마음이 주를 향하여 **부르짖기를**
/딸 시온의 성벽아
너는 밤낮으로 눈물을 강처럼 흘릴지어다
스스로 쉬지 말고 네 눈동자를 쉬게 하지 말지어다

צָעַק cried out

▶ 이제 시인은 백성이 마음을 다하여 주께 부르짖을 것을 촉구하면서, 시온의 '성벽'을 의인화시켜 말하고 있다. "시온의 성벽아, 네 눈물을 밤낮으로 강물처럼 흘려라. 네 눈동자를 쉬게 하지 말게 하고 눈물을 흘려라"(18절, 쉬운성경). 그는 계속 밤에 일어나 부르짖으라고 말한다(19절).

2:19 초저녁에(as the watches of the night begin) **일어나**
부르짖을지어다(cry out, רֹנִּי)
네 마음을 주의 얼굴 앞에 물 쏟듯 할지어다
각 길어귀에서 주려 기진한 네 어린 자녀들의 생명을 위하여
주를 향하여 손을 들지어다 하였도다

קוּמִי Arise

거리마다 굶주림으로 쓰러져 죽어 가고 있는 자녀들을 위해 살려 달라고 기도하라는 것이다.

의인화된 시온이 이렇게 답변한다:

2:20 여호와여 보시옵소서(살펴 주십시오)
주께서 누구에게 이같이 행하셨는지요
(전에도 다른 사람에게 이처럼 행하신 적이 있으십니까?)
여인들이 어찌 자기 열매 곧 그들이 낳은 아이들을 먹으오며
(여자들이 어린 자식을 잡아먹고 있습니다.)
제사장들과 선지자들이 어찌 주의 성소에서 죽임을 당하오리이까

▶ 굶주림에 미칠 지경이 된 어머니들이 자신의 자식들을 잡아먹고 있다. 제사장들과 예언자들이 성전 안에 죽은 채로 엎드러져 있다.

2:21 늙은이와 젊은이(Young and old, 노인과 젊은이)가 다 길바닥에 엎드러졌사오며
내 처녀들과 내 청년들이 칼에 쓰러졌나이다
주께서 주의 진노의 날에 죽이시되
긍휼히 여기지 아니하시고 '도륙하셨나이다'(טָבַח)
(무자비하게 죽이셨습니다.)

2:22 주께서 내 두려운 일들을 사방에서 부르시기를
절기 때 무리를 부름같이 하셨나이다
(주께서 마치 잔치에 사람을 부르듯이 제가 두려워하는 재앙을 부르셨습니다.)
여호와께서 진노하시는 날에는
피하거나 남은 자가 없나이다
(아무도 도망치거나 살아남지 못했습니다)
내가 낳아 기르는 아이들을 내 원수가 다 멸하였나이다
(제가 낳아 기른 자들을 제 원수가 죽였습니다.)

진노, 회개, 그러나 소망 (애 3:1–66)

3:1-21에서는 유다가 받은 고통을 한 개인(예레미야 자신)이 경험한 것들에 당한 고통으로 비유하고 있다. 사 55장, 시 22편과 더불어 예수 그리스도의 고난을 예표하고 있다(NIV 각주).

א
알레프

3:1 여호와의 분노의 매로 말미암아 고난 당한 자는 **나로다**(אֲנִי)
2 **나를**(אוֹתִי) 이끌어 어둠 안에서 걸어가게 하시고
빛 안에서 걸어가지 못하게 하셨으며
3 종일토록 손을 들어 자주자주 나를(אַךְ) 치시는도다

하나님은 무자비한 방법으로 자신(예레미야)을 공격하고 빛으로부터 어둠으로 내몰았다고 묘사한다(1-3절).

ב
베트

4 나의 살과 가죽을 **쇠하게 하시며**(בִּלָּה) 나의 뼈들을 꺾으셨고
5 고통과 수고를 쌓아 나를 에우셨으며(בָּנָה) - 에워(둘러)싸다
6 나를 어둠 속에(בְּמַחֲשַׁכִּים)[1] 살게 하시기를 죽은 지 오랜 자 같게 하셨도다

1) 마흐솨크(מַחְשָׁךְ) - 어두운 곳, 암흑, 무덤 / 흑암 속에서.

시인은 심판의 두려움을 어떻게 표현하고 있을까? 주께서 내 살과 피부를 약하게 하시고, 또 내 뼈를 꺾으셨다. 그리고 고난으로 에워(둘러)싸셨다(4절). 나를 죽은 지 오래된 사람처럼 어두운 감옥에 던져 넣으시고 무거운 쇠사슬로 압박하셨다. 그리고 도움을 호소하는 그의 부르짖음을 외면하셨다(5-8절)고 탄식한다.

ג
기멜

7 나를 **둘러싸서**(גָּדַר) 나가지 못하게 하시고 내 사슬을 무겁게 하셨으며
8 내가 부르짖어 도움을 **구하나**(Even when, גַּם) 내 기도를 물리치시며
9 다듬은 돌을 쌓아 내 길들을 **막으사**(גָּדַר) 내 길들을 굽게 하셨도다

하나님의 공격은 거기에서 그치지 않는다. 시인은 계속해서 이렇게 탄식한다. 돌(장애물)로 내 앞길을 막으사 내 삶의 길을 어렵게 하셨고(9절),

ד
달레트

10 그는 내게 대하여 엎드려 기다리는 **곰과**(דֹּב)
은밀한 곳에 있는 사자 같으사
11 나의 길들로(דְּרָכַי) 치우치게 하시며 내 몸을 찢으시며
나를 적막하게 하셨도다
12 활을 당겨(דָּרַךְ) 나를 화살의 과녁으로 삼으심이여

그리고 사나운 사자나 곰처럼 난도질하셨다(10절). 그리고 나를 그릇된 길로 인도하시고 갈기갈기 찢으셔서 쓸쓸한 곳에 내버려두시며(11절), 나를 과녁으로 삼으셔서 화살을 쏘셨다(12절).

3:13 화살통의 화살들로 내 허리를 **맞추셨도다**(הֵבִיא)

ה
헤

14 **나는** 내 모든 백성에게 조롱거리
곧 종일토록 그들의 노랫거리가 **되었도다**(הָיִיתִי)
15 **나를** 쓴 것들로 **배불리시고**(הִשְׂבִּיעַנִי) - 히필 동사 완료형
쑥으로 취하게 하셨으며

화살통의 화살로 내 심장을 맞추셨다(13절). 그리고 주께서는 모든 사람들로 하여금 나를 웃음거리가 되게 하셨다. 그래서 원수들이 하루 종일 노래를 부르며 나를 놀려댔다(14절). 그래도 심판이 부족하다고 느끼셨는지 나에게 쓴 풀로 배불리시고 고통으로 채우셨다(15절).

16 조약돌로 내 이들을 **꺾으시고**(And He has broken, **וַיַּגְרֵס**)

ו
바브

재로 나를 덮으셨도다
17 **주께서** 내 심령이 평강에서 **멀리 떠나게 하시니**(And... has been rejected,
וַתִּזְנַח) 내가 복을 내어버렸음이여
18 **스스로 이르기를**(So I say, **וָאֹמַר**)
나의 힘과 여호와께 대한 내 소망이 끊어졌다 하였도다

그리고 내 얼굴을 자갈바닥에 내던지셨으며 발로 짓밟으셨다(16절). 시인(예레미야)에게는 이제 평안이 없다. 행복이 무엇인지도 잊어 버렸다(17절). 그는 "힘이 다 빠졌고, 여호와께서 도와 주시리라는 희망도 사라졌다"고 고백한다.

19 내 고초와 재난 곧 쑥과 담즙(쓰라림과 고통)을 **기억하소서**(זְכָר)
20 내 마음이(네 심령이) 그것을 기억하고(זָכוֹר תִּזְכּוֹר)[1]
내가 낙심이 되오니(תָשִׁיחַ)[2]
21 이것을(זֹאת) 내가 내 마음에 담아 두었더니(=회상한즉, אָשִׁיב)
그것이 오히려 나의 소망이 되었사옴은

ז
자인

이렇게 시인은 자신이 좌절과 고통에 짓눌렸다고 고백했지만 **그럼에도 새로운 하나님의 언약적인 사랑을 기억하고 소망을 확신한다.** "그러나(Yet, זֹאת) 중심에 회상한즉(그러나 내가 이것을 생각해 내기에) **오히려 소망이 있사옴은**" / 시인은 비록 끔찍한 고통을 겪기는 했지만 하나님과의 언약 때문에 진멸되지는 않는다(21절)는 사실을 알기에 새로운 소망을 바라본다. 여호와의 자비가 한결 같고 여호와의 자비는 끝이 없다고 노래한다(22절).

22 여호와의 인자(חַסְדֵי)와 긍휼이 무궁하시므로(=여호와의 사랑은 한결 같고)
우리가 진멸되지 아니함이니이다(=여호와의 자비는 끝이 없다)
23 이것들이 아침마다 새로우니(חֲדָשִׁים)(=주의 사랑과 자비가 아침마다 새롭고)
주의 성실하심(=진실하심)이 크시도소이다

ח
헤트

1) 자카르(זָכַר) : '기억하다, 회상하다, 회고하다'라는 뜻이다. 본 동사 앞에서 칼 동사 절대형을 씀으로써 강조의 뜻을 드러냈다. 재난과 고통을 기억하되 아주 철저하게 기억했다는 말이다.

2) 슈아흐(שׁוּחַ) : 칼 동사로 쓰일 때, '가라앉다, 기울다, 비천하다'라는 의미이다. 여기서 시인이 얼마나 침통해 하고 있는가를 볼 수 있다.

24 내 심령에 이르기를 여호와는 **나의 기업이시니**(חֶלְקִי)
그러므로 내가 그를 바라리라 하도다

시인은 온통 두려움에 사로잡혀 있지만 그러함에도 하나님의 신실하심을 확신한다(23-24절).

ט
테트

25 기다리는 자들에게나 구하는 영혼들에게 여호와는 **선하시도다(טוֹב)**
26 사람이 여호와의 구원을 바라고 잠잠히 기다림이 **좋도다(טוֹב)**
27 사람은 젊었을 때에 멍에를 메는 것이 좋으니(**טוֹב**)

따라서 시인은 "기다리는 자에게나 구하는 영혼에게" 구원을 베푸시는 하나님의 개입을 기대한다. 그러므로 "사람이 여호와의 구원을 바라고 잠잠히 기다림이 좋도다"라고 말한다(26절).

י
요드

28 혼자 **앉아서**(יֵשֵׁב) 잠잠할 것은 주께서 그것을 그에게 메우셨음이라
29 그대의 입을 땅의 티끌에 **댈지어다**(יִתֵּן) 혹시 소망이 있을지로다
30 자기를 치는 자에게 뺨을 돌려대어(יִתֵּן) 치욕으로 배불릴지어다

주께서 힘든 일을 맡기셨으므로 홀로 앉아서 조용히 있어야 한다(28절). 겸손하게 침묵을 지키며 하나님의 징계와 고난에 순복할 때에 혹시 희망이 있을지도 모른다(29절). "누가 때리거든 뺨을 돌려 대어라 누가 욕하거든 달게 받아라."(공동)

כ
카프

31 이는(כִּי) 주께서 영원하도록 버리지 아니하실 것임이며
32 (כִּי) 그가 비록 근심하게 하시나
그의 풍부한 인자하심에 따라 긍휼히 여기실 것임이라
33 (כִּי) 주께서 인생으로 고생하게 하시며
근심하게 하심은 본심이 아니시로다

왜냐하면 하나님께서는 자기 백성을 징계는 하시되 영원토록 버리지 않으시기 때문이다(31절). 그의 크신 사랑으로 인해 백성에게 자비를 베푸는 분이시다(32절). 하나님은 "인생으로 고생하며 근심하게 하심이 본심이 아니시다"(33절).

ל
라메드

34 세상에 있는 모든 갇힌 자들을 발로 **밟는 것과**(לְדַכֵּא) - 전 + 피엘 동사
35 지존자의 얼굴 앞에서 사람의 재판을 **굽게 하는 것과**(לְהַטּוֹת)
36 사람의 송사를 **억울하게 하는 것은**(לְעַוֵּת) - 전 + 피엘 동사
다 주께서 기쁘게 보시는 것이 아니로다

따라서 징계와 심판은 오직 마지막 수단으로만 사용하신다. 그렇다면 인간이 고통을 당하는 이유는 무엇인가? (34-36절)

מ 멤

37 주의 명령이 아니면 **누가**(מִי) 이것을 능히 말하여 이루게 할 수 있으랴
38 화와 복이 지존자의 **입으로부터**(מִפִּי) 나오지 아니하느냐
39 살아 있는 사람은
자기 죄들 때문에 벌을 받나니 **어찌** 원망하랴(מַה־[1]יִּתְאוֹנֵן)

1) 아난(אָנַן)의 히트파엘 미완료 / 불평하다, 중얼거리다.

인간이 고통을 당하는 이유는 하나님이 불공평하기 때문이 아니다. 오히려 하나님은 복과 심판을 공평하게 내리시는 공의의 하나님이시다(37-39절). 따라서 살아 있는 사람이 자기 죄값으로 받는 벌을 어찌 불평할 수 있겠는가? (39절)

נ 눈

40 **우리가 스스로** 우리의 행위들을 **조사하고**(נַחְפְּשָׂה) 여호와께로 돌아가자
41 우리의 마음과 손을 아울러 하늘에 계신 하나님께 **들자**(נִשָּׂא)
42 **우리의**(נַחְנוּ) 범죄함과 우리의 반역함을 주께서 사하지 아니하시고

결국 하나님의 불의 때문이 아니라 인간의 죄가 유다 나라를 덮친 재앙의 근본적인 이유라는 것이다. 이제 시인은 "우리가 스스로 행위를 조사하고 여호와께로 돌아가자"고 외친다. "마음과 손을 아울러 하늘에 계신 하나님께 들자"(41절). 이제 하나님의 진노 앞에서 살아남은 자들은 손을 높이 들고 마음을 열어 하늘에 계신 하나님께 기도하자고 외친다.

ס 사메흐

43 진노로 **자신을 가리시고**(סַכֹּתָה) 우리를 추격하시며
죽이시고 긍휼을 베풀지 아니하셨나이다
44 **주께서** 구름으로 자신을 **가리사**(סַכּוֹתָה)
기도가 상달되지 못하게 하시고
45 우리를 뭇 나라 가운데에서 쓰레기와 폐물로(סְחִי) 삼으셨으므로

무엇이 정말 문제인가? 왜 "주께서 구름으로 자신을 가리사 기도가 상달되지 못하게 하시고 뭇 나라 가운데에서 쓰레기와 폐물(찌꺼기와 쓰레기)로 삼으셨을까?" 이들은 자신들이 하나님께 버림을 당했다는 생각을 버려야 한다. 그리고 원수들에게 당하는 수치에 대해 탄식하기에 앞서 먼저 자신들의 죄를 고백해야 한다(42-47절).

פ 페

46 우리의 모든 원수들이 우리를 향하여
그들의 입을 **크게 벌렸나이다**(פָּצוּ)
47 두려움(פַּחַד)과 함정과 파멸과 멸망이 우리에게 임하였도다
48 딸 내 백성의 파멸로 말미암아
내 눈에는 눈물이 **시내처럼 흐르도다**(פַּלְגֵי־מַיִם)

"우리에게 남은 것은 두려움과 함정과 파멸과 폐허뿐입니다"(47절). 시인은 지금 백성의 파멸을 보며 눈물을 흘린다. 그 흐르는 눈물이 그치지 아니하고 쉬지 아니한다(48-49절).

ע
아인

49 **내 눈에** 흐르는 **눈물이**(עֵינִי) 그치지 아니하고 쉬지 아니함이여
50 여호와께서 하늘에서 살피시고 돌아보실 때까지니라(עַד־)
51 나의 성읍의 모든 여자들을 내 눈으로(עֵינִי) 보니
내 심령이 상하는도다

누가 그를 위로할 수 있을까? 구원을 가능케 하는 오직 여호와만이 그에게 평안을 안겨줄 수 있다(49-50절). "도성에 사는 모든 여자가 겪은 일을 보니, 내 마음은 슬픔을 달랠 길이 없습니다."(새번역)

צ
짜데

52 나의 원수들이 이유없이 나를 새처럼 **사냥하는도다**(צוֹד)
53 **그들이** 내 생명을 **끊으려고**(צָמְתוּ) 나를 구덩이에 넣고
그 위에 돌을 던짐이여
54 물이 내 머리 위로 **넘치니**(צָפוּ) 내가 스스로 이르기를
이제는 멸절되었다 하도다

나의 원수들이란? 예레미야에게 어려움을 준 사람들을 가리키는가? 아니면, 예루살렘이 에돔 같은 나라에 의해 고난 당한 것을 말하는가? 원수들에 의해 수많은 위협을 당하지만(52절), 그래서 "나는 이제 죽는구나"했지만, 그를 곤경에서 구원할 자는 오직 여호와 하나님뿐이므로 그분께로 눈을 돌리는 것 외에 다른 길이 없다(55절).

ק
코프

55 여호와여 내가 심히 깊은 구덩이에서
주의 이름을 **불렀나이다**(קָרָאתִי)
56 주께서 이미 **나의 음성을**(קוֹלִי) 들으셨사오니
이제 나의 탄식과 부르짖음에 주의 귀를 가리지 마옵소서
57 내가 주께 아뢴 날에 **주께서 내게 가까이 하여**(קָרַבְתָּ)이르시되
두려워하지 말라 하셨나이다

고통 속에 있는 시인에게 어떻게 응답하셨을까? "내가 주님께 부르짖을 때에, 주님께서 내게 가까이 오셔서 두려워하지 말라고 격려하셨습니다"(57절)(새번역).

ר
레쉬

58 주여 주께서 내 심령의 원통함을 **풀어 주셨고**(רַבְתָּ) - 칼 완료
내 생명을 속량하셨나이다 (제 목숨을 구해 주셨습니다)
59 여호와여 나의 억울함을 **보셨사오니**(רָאִיתָה) - 칼 완료 / 감찰하셨사오니
나를 위하여 원통함을 풀어주옵소서
60 그들이 내게 보복하며 나를 모해함을 **주께서 다 보셨나이다**(רָאִיתָה)

שׁ

쉰

61 여호와여 그들이 나를 비방하며
나를 모해하는 모든 것(**을 들으셨나이다**)(שָׁמַעְתָּ)
62 곧 일어나 나를 치는 자들의 입술에서 나오는 것들과(שִׂפְתֵי) - 여성 쌍수 연계형
종일 나를 모해하는 것들을 들으셨나이다
63 그들이 앉으나(their sitting, שִׁבְתָּם) 서나 나를 조롱하여 노래하는 것을
주목하여 보옵소서

ת

타브

64 여호와여 **주께서** 그들의 손이 행한 대로 그들에게 **보응하사**(תָּשִׁיב)
65 그들에게 거만한 마음을 **주시고** 그들에게 저주를 **내리소서**(תִּתֵּן)
66 주께서 진노로 그들을 **뒤쫓으사**(Thou wilt pursue, תִּרְדֹּף)
여호와의 하늘 아래에서 멸하소서

예루살렘 파멸에 대해 탄식(4:1–22)

시인은 4장에서 다시 예루살렘 파멸에 대해 탄식한다. 1-10절에서는 예루살렘의 사라진 영광을 표현한다. 그래서 예루살렘의 자녀들이 당하는 고난을 나타내고, 11-16절에서는 예루살렘의 종교지도자들에 대한 하나님의 형벌을 언급한다. 17-20절에서는 바벨론 군대가 쳐들어 왔을 때 백성은 어찌할 줄을 몰라했다. 도와 줄 사람을 기다렸으나 허사였다. 21-22절에는 에돔이 유다의 멸망을 기뻐했고 유다의 약점을 이용하여 이득을 취했으나 그들도 곧 하나님의 심판의 잔을 마시게 될 것임을 선언한다. 결국 시온은 다시 안식을 찾게 되겠지만 에돔은 자신의 죄로 인하여 계속 고통을 받게 될 것이다(22절).

1. 예루살렘의 영광은 사라졌다. 그 안에 살던 백성도 지도자도 다 파멸을 경험한다.

How אֵיכָה

1 **슬프다**
어찌 그리 금(자하브, זָהָב)이 빛을 잃고 א
순금(הַכֶּתֶם הַטּוֹב)이 변질하였으며
성소의 돌들(אַבְנֵי־קֹדֶשׁ)이 거리 어귀마다 쏟아졌는고

2 순금에 비할 만큼 보배로운 시온의 **아들들이**(בְּנֵי) ב
어찌 그리 토기장이가 만든 질항아리 같이 여김이 되었는고

그는 예루살렘이 파괴당한 사실을 어떻게 표현하고 있나? 금이 빛을 잃었다. 순금이 변했다. 성소의 돌이 거리 모퉁이마다 흩어졌다(1절)고 표현하고 있다. (순금보다 더 귀했던) 시온의 젊은이들(귀족들)이 토기장이가 빚어 만든 질그릇처럼 업신여김을 받는다고 했다.

3 들개들도(오히려, גַּם־תַּנִּין) 젖을 주어 그들의 새끼를 먹이나 ג
딸 내 백성은 잔인하여(אַכְזָר)[1) 마치 광야의 타조 같도다

4 젖먹이가 목말라서 혀가 입천장에 **붙음이여**(דָּבַק) - 칼 동사 완료형 ד
어린 아이들이 떡을 구하나 떼어 줄 사람이 없도다

5 맛있는 음식을 **먹던 자들이**(הָאֹכְלִים)[2) 외롭게 거리 거리에 있으며
이전에는 붉은 옷을 입고 자라난 자들이 ה
이제는 거름더미를 안았도다

1) 잔인한, 포악한, 사나운. 시인은 이 광경을 타조와 비교한다. 타조는 자신의 알을 쉽게 밟을 수 있는 모래 속에 파묻기에 잔인한 동물로 알려졌다. 지금 부모들은 절망에 빠진 나머지 자녀들을 굶주림에 방치할 수밖에 없다.

2) 아칼(אָכַל)의 칼동사 분사 / 먹다, 삼키다. Those who ate

백성들의 삶은 어떠한가? 들개들도 제 새끼에게 젖을 먹이는데 이 백성들은 잔인하여 광야의 타조와 같아졌다고 탄식한다. 기근이 성읍을 덮치고 그와 함께 고통스러운 공포가 밀려온다. 자녀들의 굶주림을 보다 못한 부모들이 미칠 지경에 이르렀다. "젖먹이는 목이 말라서 혀가 입천장에 달라 붙었고(탈수증에 걸려) 어린이들이 빵을 달라고 하여도 떼어주는 사람이 없다"(4절).

"진수(珍羞, 맛있는 음식)를 먹던 자가 길거리에서 굶주림에 처하고 전에는 붉은 옷(화려한 옷)을 입고 자란 사람이 이제는 거름더미를 안았도다(쓰레기더미를 뒤지고 다닌다)"(5절).

6 전에 소돔이 사람의 손을 대지 아니하였는데도 ו
순식간에 무너지더니
이제는 딸 내 백성의 죄가 소돔의 죄악보다 **무겁도다**(Is greater, וַיִּגְדַּל)

7 전에는 존귀한 자들의 몸이 눈보다 **깨끗하고**(were purer, זַכּוּ) - 칼 완료
젖보다 희며 산호들보다 붉어 ז
그들의 윤택함이 갈아서 빛낸 청옥 같더니

8 이제는 그들의 얼굴이 숯보다 **검고**(is blacker, חָשַׁךְ) ח
그들의 가죽이 뼈들에 붙어 막대기 같이 말랐으니
어느 거리에서든지 알아볼 사람이 없도다

시온을 바라볼 때 예루살렘의 위기는 소돔의 위기보다 심각했다(6절). "전에는 존귀한 자의 몸이 눈보다 깨끗하고 젖보다 희며 산호보다 붉어 그 윤택함이 갈아서 빛낸 청옥 같더니"(7절), 거리에서 아무도 그를 알아보지 못하게 되었다는 것이다. 왜냐하면 "이제는 그 얼굴이 숯보다 검고 그 가죽이 뼈에 붙어 막대기같이 말랐기" 때문이다(8절).

9 칼에 죽은 자들이 주려 죽은 자들보다 **나음은**(Better, טוֹבִים) ט
토지 소산이 끊어지므로 그들은 찔림 받은 자들처럼
점점 쇠약하여 감이로다

10 딸 내 백성이 멸망할 때에
자비로운 부녀들이 자기들의 **손으로**(The hands, יְדֵי) י
자기들의 자녀들을 삶아 먹었도다

시인은 차라리 "칼에 죽은 자가 주려 죽은 자보다 더 낫다"고 말한다(9절). 왜냐하면 칼에 죽은 자들은 빨리 죽지만 굶주림에 시달리는 생존자들은 제 손으로 자기 자식을 잡아먹어야 할 만큼(10절) 힘들기 때문이다. "낟알은 구경도 할 수 없어, 기진하여 허덕이다가 굶어 죽느니 차라리 칼에 맞아 죽는 편이 나은 것을!"(9절) (공동)

11 여호와께서 그의 분(wrath)을 내시며(has accomplished, כִּלָּה) כ
그의 맹렬한 진노(fierce anger)를 쏟으심이여
시온에 불을 지르사 그 터를 사르셨도다

12 대적과 원수가 예루살렘 성문으로 들어갈 줄은
세상의 모든 왕들과 천하 모든 백성이 믿지 못하였었도다(לֹא) ל

13 그의 선지자들의 **죄들**과(מֵחַטֹּאת) 제사장들의 죄악들 때문이니 מ
그들이 성읍 안에서 의인들의 피를 흘렸도다

백성들은 예루살렘을 난공불락의 성으로 생각했다.[1] 그래서 "대적과 원수가 예루살렘 성문으로 들어갈 줄은 세상의 모든 왕들과 천하 모든 백성이 믿지 못하였다"(12절). 그러나 하나님은 백성의 죄로 인해 대단히 분노하셨다. "맹렬한 진노를 쏟으심이여 시온에 불을 지르사 그 터를 사르셨다"(11절). 이런 일이 일어난 근본적인 원인은 무엇일까? "그의 선지자들의 죄들과 제사장들의 죄악들 때문이니 그들이 성읍 안에서 의인들의 피를 흘렸기 때문이다"(13절).

1) 주전 701년 앗수르의 산헤립이 예루살렘을 공격했으나 대패했다. 그래서 이방인들도 유대인들도 예루살렘 성을 난공불락이라고 생각했을 것이다.

2. 종교지도자들은 어떠했을까? (14-16절)

14 **그들이** 거리 거리에서 맹인 같이 **방황함이여**(They have wandered, נָעוּ)
그들의 옷들이 피에 더러워졌으므로 נ
그들이 만질 수 없도다

종교지도자들은 타락해 있었다. "맹인들처럼 거리를 헤매고 다니지만 피로 몸이 더러워진 까닭에 아무도 그들의 옷자락을 만지지 않는다"(14절).

15 사람들이 그들에게 외쳐 이르기를
저리 가라 부정하다, 저리 가라, **저리 가라**(Depart, סוּרוּ),
만지지 말라 하였음이여
그들이 도망하여 방황할 때에 이방인들이 말하기를 ס
그들이 다시는 여기서 살지 못하리라 하였도다

따라서 눈이 먼 부정한 종교 지도자들은 안주할 곳을 찾지 못해 이방 나라를 떠돌아다닐 수밖에 없다(15절).

16 여호와께서 **노하여**(anger, פְּנֵי) 그들을 흩으시고 פ
다시는 돌보지 아니하시리니
그들이 제사장들을 높이지 아니하였으며
장로들을 대접하지 아니하였음이로다

사람들은 그들을 향해 "비켜라, 더럽다!"라고 외친다. 결국 이들을 흩으신 것은 여호와께서 친히 하신 것이었다(16절). 그들의 죄 때문에 그 직분에 걸맞는 존경을 상실했다(렘 4:13).

17 우리가 헛되이(헤벨, הֶבֶל) 도움을 바라므로 (עוֹדֵינָה) ע
우리의 눈이 상함이여
바라보고 바라보았도다(בְּצִפִּיָּתֵנוּ[1] צִפִּינוּ[2])
/우리를 구원하지 못할 나라를

정말로 바벨론 군대가 쳐들어 왔을 때 백성은 어찌할 줄을 몰라했다. 눈이 빠지도록 도와 줄 사람을 기다렸으나 헛일이었다(17절).

18 **그들이** 우리의 걸음을 **엿보니**(They hunt, צָדוּ) צ
우리가 거리마다 다 다닐 수 없음이여
우리의 끝이 가깝고 우리의 날들이 다하였으며
우리의 종말이 이르렀도다

백성을 보호하고 보살펴야 할 지도자들을 하나님께서 거두어버리셨기 때문이다. 가는 곳마다 바벨론 군인들이 포진해 있기에 나다닐 수가 없었다. 시인은 이제 "우리의 끝이 가까웠고 우리의 날이 다해 마지막에 이르렀다"고 탄식한다.

19 우리를 뒤쫓는 자들이 하늘의 독수리들보다 **빠름이여**(are swifter, קַלִּים)
산 꼭대기까지도 뒤쫓으며
광야에서도 우리를 잡으려고 매복하였도다 ק

20 우리의 콧김(רוּחַ אַפֵּינוּ) 곧 여호와께서 기름 부으신 자가
그들의 함정에 빠졌음이여
우리가 그를 가리키며 전에 이르기를 ר
우리가 그의 그늘 아래에서 이방인들 중에 살겠다 하던 자로다

21 우스 땅에 사는 딸 에돔아 **즐거워하며**(שִׂישִׂי) 기뻐하라
잔이 네게도 이를지니 네가 취하여 벌거벗으리라 ש

여호와께서 기름부은 왕(시드기야 왕을 가리킨 듯함)은 어떠했을까? 물론 이 왕은 아무 도움이 되지 못했다. 아니 오히려 바벨론 포로로 끌려갔다(20절). 유다의 남동쪽에 있는 에돔은 유다의 멸망을 기뻐했고 유다의 약점을 이용하여 이득을 취했다(21절). 그러나 그들도 곧 하나님의 심판의 잔을 마시게 될 것이다(21절).

22 딸 시온아 네 죄악의 형벌이 다하였으니(is accomplished, תַּם)
주께서 다시는 너로 사로잡혀 가지 아니하게 하시리로다 ת
딸 에돔아 주께서 네 죄악을 벌하시며 네 허물을 드러내시리로다

1) 전치사 + 차파(צָפָה) 여성 단수 연계형 - 대명사 어미 1인칭 복수 여기서는 '바라보다, 주시하다'라는 의미로 쓰였다. 이 어려운 상황에서 유대인들은 하나님을 찾지 않고 '상한 갈대' 같은 애굽을 의지하며 도움을 바라고 바랐다. 즉 진지하고도 계속적으로 그들의 도움을 바라보았다.

2) 차파(צָפָה) - 먼 곳을 응시하다, 기다리다, 바라보다 / 피엘 동사 1인칭 /

• 바벨론의 군대는 "공중의 독수리보다 빠름이여 산꼭대기에서도 쫓고 광야에도 매복하였도다"고 했다.

• 결국 시온은 다시 안식을 찾게 되겠지만 에돔은 자신의 죄로 인하여 계속 고통을 받게 될 것이다(22절).

마지막 기도(애 5:1-22)

시인은 마지막 기도를 드린다. 그는 현재 상황을 설명하면서 자신들에게 닥친 일을 기억해 달라고 탄원한다. 시인(예레미야)은 이 수치스러운 상황을 기억해 달라고 말한다. 그리고 "우리의 수욕을 감찰하옵소서"라고 간구한다. 수욕(헤르파, חֶרְפָּה)이란 '비난, 조롱, 멸시'를 말할 때 쓰였다(삼상 17:25; 욥 16:10; 시 29:9). 그는 수욕의 구체적인 사실을 나열한다.

5:1 여호와여 우리가 당한 것을 기억하시고
우리가 받은 치욕(수치)을 살펴보옵소서

우리가 이런 형편을 당했는데도 기억해 주지 않으시겠습니까?

"우리 땅이 남의 손에 넘어갔고, 우리 집이 다른 사람에게 넘어갔습니다. 그래서 우리는 고아처럼, 과부처럼 되었습니다."(2-3절).

2 우리의 기업이 외인들에게,
우리의 집들도 이방인들에게 돌아갔나이다
3 우리는 아버지 없는 고아들이오며
우리의 어머니는 과부들 같으니

4 우리가 은을 주고 물을 마시며
값을 주고 나무들을 가져오며
5 우리를 뒤쫓는 자들이 우리의 목을 눌렀사오니
우리가 기진하여 쉴 수 없나이다

더욱 비참한 것은 마실 물과 불을 피울 나무와 같은 가장 기본적인 생활 필수품을 얻기 위해 많은 돈을 지불해야 했다는 것이다(4절). 그들을 계속 추격하기에 곤비해서 쉴 수도 없다(5절).

후에 도망갔던 유대인들이 다시 모여오긴 했으나(렘 40:11-12), 황무해진 시온의 형편은 기아와 약탈로 비참해진 불법천지였다(애가 5장).

6 우리가 애굽 사람과 앗수르 사람과 악수하고
양식을 얻어 배불리고자 하였나이다
7 우리의 조상들은 범죄하고 없어졌으며
우리는 그들의 죄악을 담당하였나이다

이들은 과거에 하나님을 의뢰하기보다는 경제적 안정을 위하여 애굽이나 앗수르와 같은 강대국을 더 의지했다(6절). 물론 하나님은 이런 강대국들과 조약을 체결하지 말 것을 계속 말씀하셨다(사 30:1이하 참조). 이제 유다는 조상들의 죄로 인해 그 결과를 맛보지 않을 수 없었다(7절). 물론 자신들 역시 죄를 지었다고 고백한다(16절).

유다의 남은 자들을 위하여 바벨론은 그달리야를 총독으로 세웠다. 예루살렘이 너무 황폐되었으므로 총독 본부를 미스바(예루살렘에서 북쪽으로 7리)에 두었다(왕하 25:23). 물론 그의 통치도 오래가지 못했다.

8 종들이 우리를 지배함이여
그들의 손에서 건져낼 자가 없나이다
9 광야에는 칼이 있으므로
죽기를 무릅써야 양식을 얻사오니

5장

4 우리가 은을 주고
물을 마시며
값을 주고
나무들을 가져오며

9 광야에는
칼이 있으므로
죽기를 무릅써야
양식을 얻사오니

10 굶주림의 열기로
말미암아
우리의 피부가
아궁이처럼 검으니이다

10 굶주림의 열기로 말미암아
우리의 피부가 아궁이처럼 검으니이다
11 대적들이 시온에서 부녀들을,
유다 각 성읍에서 처녀들을 욕보였나이다

지금 나라를 잃은 유대인들은 생존을 위해 사투를 벌이고 있다. "종들이(아마도 바벨론의 하급 관리들이) 우리들의 통치자가 되었기 때문에 그들 손에서 우리를 건져낼 자가 없나이다"(8절). 식량을 구하기 위해 목숨을 걸어야 했다(9절). 영양실조로 인해 살갗이 아궁이처럼 까맣게 타버렸다(10절). 예루살렘 성중에 있는 여인들은 잔혹하게 유린당하였다(11절).

12 지도자들은 그들의 손에 매달리고
장로들의 얼굴도 존경을 받지 못하나이다
13 청년들이 맷돌을 지며
아이들이 나무를 지다가 엎드러지오며
14 노인들은 다시 성문에 앉지 못하며
청년들은 다시 노래하지 못하나이다
15 우리의 마음에는 기쁨이 그쳤고
우리의 춤은 변하여 슬픔이 되었사오며

공동체의 지도자들은 다 어디로 간 것인가? 이들은 다 매달려 죽고, 장로들은 천대를 받는다(12절).

청년들이 맷돌로 곡식을 갈고 아이들이 나뭇짐을 지고 비틀거린다(13절).

노인들은 다시 성문에 앉지 못하며 청년은 다시 노래하지 못한다(14절).

축제를 즐기던 소리도 이제는 듣지 못한다(15절).

유다의 중요 성읍들이 파괴됨

예레미야애가에서 살펴본 것처럼 유다가 망하고나서 유다의 중요 성읍들은 가혹하고 잔인하게 파괴되었다. 일부 파괴된 정착 지역에는 누가 살게 되었을까?

(1) 물론 나라가 망하고 그 땅에는 "남아 있는 백성들"이 있었다(렘 40:6). 바벨론 왕은 아히감의 아들 그다랴를 이 땅 총독으로 세우고 남녀와 유아와 바벨론으로 옮기지 아니한 빈민을 그에게 위임하였다(렘 40:7)고 했다.

(2) 유다의 중부 고지(高地)에는 주민들이 사라졌으나 바벨론 사람들은 새로운 주민으로 그 공백을 메우지는 아니했다. 이 지역은 점차 에돔 사람들이 장악했다. 이들은 아랍 족속의 압력 때문에 모여서 살았다. 남부 유다 산지로부터 오늘의 벧술(Beth-zur)까지는 '이두매'가 되었다.

16 우리의 머리에서는 면류관이 떨어졌사오니
오호라 우리의 범죄 때문이니이다
17 이러므로 우리의 마음이 피곤하고
이러므로 우리 눈들이 어두우며
18 시온 산이 황폐하여 여우가 그 안에서 노나이다

옛날의 '영광과 명성'(면류관으로 비유)도 사라졌다. 이런 일들은 모두 하나님의 언약을 어긴 대가였다. "오호라 우리의 범죄 때문이니이다"(16절). 폐허가 된 시온에는 거친 들짐승이 울고 있을 뿐이었다(18절).

시인은 혼신을 다하여 마지막 간구를 드린다.

5:19 여호와여 주는 영원히 계시오며
(시온성은 무너졌으나 그렇다고 희망까지 없어진 것은 아니다)
주의 보좌는 세세에 미치나이다

20 주께서 어찌하여 우리를 영원히 잊으시오며
우리를 이같이 오래 버리시나이까
(하나님은 결코 자기 백성을 버리지 않으실 것이다)

21 여호와여 우리를 주께로 돌이키소서
그리하시면 우리가 주께로 돌아가겠사오니
우리의 날을 다시 새롭게 하사 옛적 같게 하옵소서
(진정한 해결책은 하나님께서 이들을 풀어주셔야 한다는 것이다)

22 주께서 우리를 아주 버리셨사오며
우리에게 진노하심이 특심하시니이다
(하나님, 우리를 아주 버리셨습니까?
영원토록 진노를 풀지 않으시렵니까?)

이 특강은 동교재, 열왕기하, 316이하에서 그대로 가져온 것입니다.

Close-up

바벨론 포로는 백성의 정화제였다

1. 우리는 지금까지 살펴본 것처럼, 하나님께서는 언약을 어기고 제멋대로 살아가려는 백성을 끌어 안으려고 많은 선지자들을 보내 경고하셨다. 북이스라엘은 아홉 번의 정변이 일어났고 결국은 주전 722년 앗수르에 의해 망해버렸다. 남유다에서는 언약 갱신의 시도가 여러 번 있었지만 타락한 백성을 되돌리기에는 이미 너무 늦어버렸다. 유다 역시 주전 586년 바벨론에게 점령당했고 종말을 고했다.

(1) 유대인들에게 성전과 시온은 신성불가침의 영역으로 생각되었다.[1)] 이들에게는 성전 파괴가 이해하기 힘든 사건이었다. 어떻게 성전이 있는 예루살렘이 망할 수 있는가! 이스라엘 백성들은 성전을 하나님의 임재를 보증해 주고 파멸을 막아주는 부적과 같은 신비한 힘을 가지고 있다고 오해했다. 그러나 성전은 무너졌고 불타버렸다. 그리고 지금 이들은 포로가 되어 바벨론 제국의 그발 강가에서 울고 있지 않은가![2)]

1) 유다 말기, 예루살렘에는 거짓 선지자들이 득실거렸다. 예레미야는 시온 전통을 맹목적으로 추종했던 하나냐와 격돌함으로써(렘 28장) 거짓 예언을 일삼으며 자신의 직무를 감당하지 않았던 그 당시 선지자들을 향해 과감한 도전을 벌였다.

2) 성전의 거룩성에 관한 사상은 이사야 전반부와 시편 46편, 48편*에 나타나 있다. 예레미야 7장 및 26장과 같은 성전 설교들이 왕조 마지막 시기에 유대인들에게 대단한 호소력을 주었을 것이다. (동교재, 열왕기상 서론)

(2) 그러나, 에스겔(8-11장)에서는 '여호와께서 성전에 계신다는 생각'이 성전 몰락 이전에 이미 철회된 것임을 분명히 했다. 그러니까 성전 파괴는 여호와에 의하여 진행되었다는 것이다. 그러나, 예루살렘 성지에 대한 관심은 계속되었음을 본다(렘 41:5*).

• 렘 41:5 "때에 사람 팔십 명이 그 수염을 깎고 옷을 찢고 몸을 상하고 손에 소제물과 유향을 가지고 세겜과 실로와 사마리아에서부터 와서 여호와의 집으로 나아가려 한지라."

2. 그렇다면 성전의 파괴는 아브라함 선택의 종말을 의미하는 것인가?

(1) 물론 아니다. 성전 파괴와 함께 잃어버린 것들이, 이스라엘로 하여금 이스라엘이 되도록 만드는 것은 아니었다. 오히려 포로로 잡혀감으로써 이스라엘을 덮고 있던 장식품들이 떨어져 나가고 참된 이스라엘이 어떤 것인지 들여다 볼 수 있게 되었다. 그들은 많은 시련을 통과한 후에 하나님의 주권적인 통치의 영광과 위대함을 알게 된다(동교재, 왕상 서론).

(2) 이사야 선지자는 하나님께서 부모와 같이 거역하는 자식을 양육하였다고 말한다(사 1:1-2). 그러나 이스라엘의 패역으로 이들은 고통을 자초한다. 그러나 이 고통은 이스라엘의 특성을 정제하는 정화제였다. 이사야 1:25-26을 읽어보자.

사 1:25 내가 또 내 손을 네게 돌려
네 찌꺼기(시그, סִיג)를 잿물로 씻듯이 녹여 청결하게 하며
네 혼잡물(베딜, בְּדִיל)[1)]을 다 제하여 버리고

1) 겔 22:18 "인자야 이스라엘 족속이 내게 찌꺼기(시그, סִיג)가 되었나니 곧 풀무 불 가운데에 있는 놋이나 주석이나 쇠나 납이며 은의 찌꺼기로다 19그러므로 주 여호와께서 이와 같이 말씀하셨느니라 너희가 다 찌꺼기가 되었은즉 내가 너희를 예루살렘 가운데로 모으고 20사람이 은이나 놋이나 쇠나 납이나 주석이나 모아서 풀무불 속에 넣고 불을 불어 녹이는 것 같이 내가 노여움과 분으로 너희를 모아 거기에 두고 녹이리라."

사 1:26 내가 네 재판관들을 처음과 같이,
네 모사들을 본래와 같이 회복할 것이라
그리한 후에야(אַחֲרֵי־כֵן) 네가 의의 성읍이라,
신실한 고을이라 불리리라 하셨나니

(3) 이스라엘의 패역에 대한 책망과 고소는 열왕기하 17:7-41에서 절정을 이룬다. 그리고 시편 106편에서는 어떻게 설명하고 있는지 읽어보자. 예레미야 선지자도 이스라엘에게 임한 심판은 결코 냉혹한 것이 아니라 백성의 거짓된 삶의 결과라고 말한다(렘 4:18). 결국 고통은 이스라엘 백성의 삶의 방식을 바꾸게 하기 위한(회개) 일종의 충격 요법이었다. 이 고통의 책임은 백성의 것이었다(겔 18:31).

(4) 일반 사가들이 볼 때는 유대인들이 바벨론으로 강제 추방된 것은 느부갓네살 통치 하에서 바벨론 제국의 팽창으로 온 것이다. 그러나 중요한 것은 이스라엘과 하나님과의 관계에서 설명되어져야 한다. 사랑 가운데 특별히 부름 받았던 이스라엘이 성실하심과 진실하신 주권의 하나님에 의해 흩어져 완전 무의 상태로 되었다.

3. 포로 이후에 이들에게는 어떤 변화가 일어났는가?

(1) 포로기 이후 이스라엘 공동체가 왕권이 상실된 상황에 잘 적응하였음을 본다. 이스라엘의 생존은 정치적 형태로서가 아니라, 과거와 마찬가지로 하나님의 활동에 의해 결정되는 것임을 깨달았다. 포로 시대의 선지자, 특히 에스겔은 이 점을 강조했다. 하나님 자신의 임재만이 시내산 언약에서 시작된 유형의 사회, 즉 이스라엘 백성들이 수세기 동안 생각해 왔었던 그러한 유형의 사회를 만들 수 있었다는 사실을 강조했다(동교재, 왕상 서론).

(2) 이스라엘은 현재 벌어진 상황을 직시하고 지금까지의 가식과 허례를 버려야 했다. 이들은 포로 생활 속에서 자신의 믿음의 삶을 실천하는 법을 배워야 했다. 예레미야 29:5-7*을 읽어보자.

• 렘 29:5 “5 너희는 집을 짓고 거기에 살며 텃밭을 만들고 그 열매를 먹으라 6아내를 맞이하여 자녀를 낳으며 너희 아들이 아내를 맞이하며 너희 딸이 남편을 맞아 그들로 자녀를 낳게 하여 너희가 거기에서 번성하고 줄어들지 아니하게 하라 7너희는 내가 사로잡혀 가게 한 그 성읍의 평안을 구하고 그를 위하여 여호와께 기도하라 이는 그 성읍이 평안함으로 너희도 평안할 것임이라.”

(3) 포로로 끌려간 백성들은 이제 회개를 실행해야 했다. 솔로몬은 이때의 상황을 예상했을까? 그는 성전을 다 지어놓고 이런 기도를 드린 적이 있다(왕상 8:33-34).

33 만일 주의 백성 이스라엘이 주께 범죄하여
적국 앞에 패하게 되므로 주께로 돌아와서
주의 이름을 인정하고 이 성전에서 주께 기도하며 간구하거든
34 주는 하늘에서 들으시고
주의 백성 이스라엘의 죄를 사하시고
그들의 조상들에게 주신 땅으로 돌아오게 하옵소서

(4) 지금은 포로로 끌려갔지만 이 백성에게는 소망이 있다. 하나님께서 다음과 같이 약속하셨기 때문이다(신 4:29-31).

• 신 4:29 “그러나 네가 거기서 네 하나님 여호와를 찾게 되리니 만일 마음을 다하고 뜻을 다하여 그를 찾으면 만나리라 30이 모든 일이 네게 임하여 환난을 당하다가 끝 날에 네가 네 하나님 여호와께로 돌아와서 그의 말씀을 청종하리니 31 네 하나님 여호와는 자비하신 하나님이심이라 그가 너를 버리지 아니하시며 너를 멸하지 아니하시며 네 조상들에게 맹세하신 언약을 잊지 아니하시리라.”

4. 에스겔은 성전 파괴는 하나님 자신에 의해서 수행되었다고 말한다(겔 1-24장). 하나님을 반역한 이스라엘은 심판을 통하여 하나님을 알게 된다(겔 25-32장). 에스겔서에서는 "그러면 그들이 내가 여호와인 줄 알리라"라는 말씀이 65회 이상이나 언급된다.

(1) 특히 에스겔 40-48장에서는 새 성전의 모습이 소개되고 있다. 다윗 가계의 관심이 점점 줄어드는 것같이 느껴지나 이는 점점 영적인 면으로 바뀌어져 계시되기 때문이다. 즉, 유다의 장래는 다윗 왕조의 계승자에게 달려 있지 않고 오직 여호와의 주권적 결단에 달려 있음을 선지자를 통해 상기시킨다. 유다는 나무에 비유했을 때 오직 그루터기만 남을 것이며(13절), 그 그루터기를 통해 믿음의 공동체 곧 거룩한 씨가 보존될 것이다. 따라서 점차 남은 자에 대한 사상이 대두된다.

(2) 에스겔의 환상도 하나님과 그의 백성 간의 언약을 담고 있다(겔 16:60-63, 34:25-31, 37:26-28). 에스겔도 이 언약을 '영원한 언약'이라고 불렀다. 자손의 집합적 개념은 예레미야 34:22-24에 나온다. 이는 사무엘하 7장의 다윗 언약을 상기시키고 있다. 또한 죄의 용서를 약속하고 있다. 새 마음과 새 영이 약속되었다(겔 36:27).

5. 예레미야가 사역하던 시대의 상황은 참으로 암담했다. 유다가 바벨론의 무력에 굴복, 모든 희망이 사라져 버렸다. 하나님은 언약을 어긴 백성들을 내버려두셨다고 말씀하신다(렘 2:1-3:5). 예레미야는 이렇게 불안한 사람들에게 희망을 가져다 줄 예언을 환상으로 보고 있었다(렘 31:31-14). 상당수가 바벨론 포로로 끌려가고 다윗 왕조는 무너지지만 다시 회복시키실 것이라는 내용이다. 왜 왕조가 망하고, 예루살렘의 함락은 어찌하여 일어나야 하는가? 하나님의 언약은 영원히 백지화된 것이 아닌가? 그러나 예레미야는 아직도 그 약속은 유효하며, 하나님은 여전히 이스라엘을 사랑하신다는 확신을 전한다. 그는 새 언약을 선포한다(렘 31:31). 바벨론 포로에서 이들은 다시 돌아올 것이다. 왜? 단순히 무너진 성전을 재건하려고? 그 근본 목적은 "다윗에게 의로운 가지가 나게" 하기 위해서이다(렘 33:15). '가지'라고 부르는 자손, 곧 메시아가 언급되고 있다.

6. 아브라함과 다윗에게 주어진 약속은 영원한 언약이기에, 이 언약은 역사의 전 과정에서 모든 시간대를 다루는 신학적 연속성을 가지며 계속 집행되어 왔다. 그리고 그 언약의 성취가 믿음의 백성 모두에게 확대되어 나타났다. 이렇게 한 사람 예수 그리스도 안에서 하나님의 언약들은 구체적인 통일을 이루게 된다. 언약의 핵심인 임마누엘의 원리가 전 과정에 나타난다. 이제 하나님의 백성들은 '성령 안에서 하나님이 거하시도록 함께 지어진' 주의 성전이다(엡 2:21이하).

Close-up 포로와 회복

1) 대충 훑어보아도 선지서에서 '포로'에 관한 예언이 83번, 회복의 예언이 91번, 합해서 174번. 단지 요나서와 말라기서만이 포로와 회복에 대한 예언이 전혀 나타나지 않는다.

▼ 선지자들의 예언 중에 포로 및 회복에 관한 것들은 얼마나 될까? 장차 오실 메시야의 예언은 선지서 전체의 글에서 약 25개가 된다. 이에 비해 이스라엘이 장차 겪을 포로 및 회복에 관한 것은 거의 200여개나 된다고 한다.[1] 이 주제에 대해 조금 더 깊이 고찰해 보자. 이 부분은 팔마 로벗슨, 한정건 역, 「선지자와 그리스도」(P&R, 2007), 14장을 중심으로 요약 정리한 것이다.

1. 포로 및 회복 예언에 대한 보편적인 특징은 무엇인가?

포로 유배에 관련된 심판과 회복에 관련된 희망의 메시지를 확실하게 전달하기 위해 여러 가지 비유와 이상(환상)이 동원되었다.

이런 다양한 메시지의 중심 사상은 무엇인가? 그것은 모두 포로 및 회복과 관련된 예언들이다.

▶ 구두로 전하는 것에 보강하기 위해 **비유**를 사용한다든지 혹은 **행위**로 표현한다. 예를 들어보자.

- 예레미야 - 힌놈의 골짜기에서 **토기를 부순다**(렘 19:11 "그들에게 이르기를 만군의 여호와께서 이와 같이 말씀하시되 사람이 토기장이의 그릇을 한 번 깨뜨리면 다시 (   )하게 할 수 없나니 이와 같이 내가 이 백성과 이 성읍을 (   ) 도벳에 매장할 자리가 없을 만큼 매장하리라." / 이 행위는 포로 유배에 관한 메시지를 눈에 생생히 볼 수 있게 하기 위함이었다. (백성의 거짓된 안전의식)

- 예레미야 - **베띠를 사서 허리에 띠고** 백성 앞에서 나타내 보여라. 그런 후 유브라데로 가서 바위틈에 그 띠를 감추라. 상당한 시간이 흐른 후 그 허리띠를 회수하라. - 그 허리띠는 썩어서 전혀 쓸모 없게 되었다(렘 13:1-7). / 백성들은 포로 유배지에 버려진 후에 변한 그 썩은 모습을 보았다. 그들은 썩은 띠처럼 전적으로 쓸모없게 될 것이다.

- 예레미야 - 바벨론 왕 느부갓네살이 예루살렘 성을 공격했을 때, 잠시 포위망이 풀렸을 때, **땅을 구입한 사건**(렘 32:1-2, 6-12). 처음에 예레미야는 부적절한 때에 땅을 구입하라는 명령 때문에 당황해 한다. 그러나 하나님은 이렇게 말씀하신다. (렘 32:15, 만군의 여호와 이스라엘의 하나님께서 이와 같이 말씀하시니라 사람이 이 땅에서 집과 밭과 포도원을 (다시 사게) 되리라 하셨다 하니라.") - 포로 이후 그 땅이 곧 회복될 것이라는 여호와께로부터 온 메시지이다.

- 렘 10:18 - **투석기의 이미지**를 사용하여 백성을 그 땅 밖으로 내던질 것이라

고 선언하신다.

- 렘 13:24 - **이스라엘을 광야의 바람으로** 마치 겨 같이 흩어버리실 것이다.

- 렘 16:16 - 어부들과 사냥꾼들을 보내실 것이다. 그들은 **유다를 사냥감처럼 다룰 것이다**.

- 렘 24:2-8 - 예레미야는 두 광주리를 보았다. 한 광주리에는 (처음 익은 듯한) **극히 좋은 무화과**가 있었고 한 광주리에는 (나빠서 먹을 수 없는) **극히 나쁜 무화과**가 있었다. 하나님은 무화과 이미지를 통해 메시지를 전달하신다.

2. 에스겔 선지자 역시 상징적 행동과 비유적 표현법을 써 생동감 있게 메시지를 전한다.

- 겔 15:1-6 **포도나무 비유** - 포도나무 그 자체는 다른 나무에 비해 가치가 없고 보기에도 탐탁지 않다. 땔감 외에는 쓸모가 없다. 이것은 하나님의 선택을 받기 전의 이스라엘의 모습이다. 불에 태우는 것 밖에는 아무 짝에도 쓸모가 없는 것처럼 예루살렘 역시 '불에 던질 땔감'으로 묘사된다.

- 겔 24:3-14 - 예루살렘이 마치 **고기 조각으로 가득 찬 가마솥**으로 비유한다.

- 겔 22:20 - "사람이 은이나 놋이나 쇠나 납이나 주석이나 모아서 풀무 불 속에 넣고 불을 불어 녹이는 것 같이 내가 노여움과 분으로 너희를 모아 거기에 두고 녹이리라." - 거룩한 성읍 예루살렘이 이글거리는 용광로가 되어 그 거민들을 녹이고, 그들의 모든 악을 정결케 할 것이다.

- 겔 16, 23장 - 다른 신들을 따라가는 그들의 간음하는 삶 때문에 여호와는 과감한 조치를 취하실 것이다(겔 16:38-40을 보라). 여호와는 "그 땅에서 음란을 그치게 하실 것이며 [세상의] 모든 여인이 경성하여" 죄 가운데 있는 이스라엘을 "본받지 아니할 것이다"(겔 23:48).

- 겔 10-11장 쉐키나의 영광이 점진적으로 예루살렘 성전을 떠난다.

- 겔 1:4-28 하나님의 임재는 인간의 의도대로 한 지역에 머무를 수 없다. 하나

예레미야는 힌놈의 골짜기에서 **토기를 부순다.** ▼

• 겔 4:6 그 수가 차거든 너는 오른쪽으로 누워 유다 족속의 죄악을 담당하라 내가 네게 사십 일로 정하였나니 하루가 일 년이니라 7너는 또 네 얼굴을 에워싸인 예루살렘 쪽으로 향하고 팔을 걷어 올리고 예언하라 8내가 줄로 너를 동이리니 네가 에워싸는 날이 끝나기까지 몸을 이리 저리 돌리지 못하리라 9너는 밀과 보리와 콩과 팥과 조와 귀리를 가져다가 한 그릇에 담고 너를 위하여 떡을 만들어 네가 옆으로 눕는 날 수 곧 삼백구십 일 동안 먹되 10 너는 음식물을 달아서 하루 이십 세겔씩 때를 따라 먹고 11물도 육분의 일 힌씩 되어서 때를 따라 마시라 12 너는 그것을 보리떡처럼 만들어 먹되 그들의 목전에서 인분 불을 피워 구울지니라."

님의 영광은 유동적이다. 하나님의 영광이 예루살렘 성전을 떠나고 나면 한 때 거룩했던 장소는 평범한 장소가 된다. 이제 그곳은 인간군대에 의해 황폐케 될 수 있는 어떤 다른 종교의 신선들과 같이 되어 버렸다. 따라서 **에스겔 이상의 중심 사상은 포로의 주제와 관련된다**.

• 겔 4:4-8 "4너는 또 **왼쪽으로 누워 이스라엘 족속의 죄악을 짊어지되 네가 눕는 날수대로 그 죄악을 담당할지니라** 5내가 그들의 범죄한 햇수대로 네게 날수를 정하였나니 곧 삼백구십 일이니라 너는 이렇게 이스라엘 족속의 죄악을 담당하고" / 이 징조는 이스라엘과 유다 민족이 범죄한 '일정 기간' 동안 에스겔이 그 죄값을 치룬다는 의미이다(이런 에스겔의 행동은 메시야의 사역 곧 그리스도의 대속적 사역에 대한 모형이다).

• 겔 5:1-4 **머리털과 수염을 깎아 저울에 달아 보관하라**. - 머리털과 수염을 깎는 것은 제사장들이 지켜야 할 규례를 어기는 것이다(레 21장). 이는 제사장으로서의 역할이 중단되는 것을 의미한다. 에스겔은 범죄한 백성을 대신하여 하나님의 징계를 받아 머리와 수염이 깎이는 징계와 모멸감을 받아야 한다는 것을 말한다. 이는 이스라엘 백성이 장차 당할 포로에 대한 상징적 행위를 가리킨다.

• 겔 12:1-20 "모든 사람들이 보는 앞에서 짐을 꾸려(**너는 행구를 준비하고**) 어두컴컴할 때 성벽에 구멍을 뚫고 그 성읍을 빠져나가는 연기를 해라." 행구는 포로된 자들의 소유물을 가리킨다. 앞으로 시드기야를 비롯한 많은 왕족들과 백성들이 포로로 잡혀 바벨론으로 끌려갈 것에 대한 징조이다(겔 12:11). 이 예언은 3차 침공시에 이루어졌다(왕하 25:1-7).

• 겔 24:15-27 **에스겔의 아내의 죽음 비유** - 에스겔은 그의 눈에 기뻐하는 것, 곧 자신의 아내가 죽는 일을 당한다. 그러나 선지자는 눈물을 흘려서는 안 된다. 이는 예루살렘의 포로민들이 당할 충격적인 상황에 대한 예언이다. 아내의 죽음은 예루살렘의 멸망을 의미한다.

3. 에스겔은 그가 이상 중에서 경험하는 시리즈를 통하여서도 포로와 회복의 미시지를 전한다.

• 겔 17장 - **두 독수리의 이상** : 이스라엘은 두 마리 큰 독수리가 취할 나뭇가지와 같다. 에스겔은 동료 유다인들에게 분명한 메시지를 전하기 위해 그림 같은 알레고리(수수께끼, 우화)를 사용한다. 이 알레고리의 기본 의미는 다윗 왕가와 국제적 정세 속에서 그 왕가가 처한 상황을 다루고 있다.

- 겔 21:18-27 에스겔은 심판의 도구로서 **바벨론 왕의 칼이 올 두 길에 대한 그림 같은 알레고리**를 보여준다.

- 여호와의 땅의 회복에 대한 예언(겔 35:1-36:38) - 귀환이 확실히 이루어질 것과 (36:24), 용서와 정화의 확실성을 선포한다(겔 36:25).

- **마른 뼈 환상**(겔 37:1-14)
- **두 막대기로서의 이스라엘의 회복**(겔 37:15-28)
- **곡과 마곡의 심판**(겔 38:1-39:29)

- 에스겔은 새 예루살렘과 새 성전에 대한 환상을 본다(겔 40-48장). 유다는 포로가 되었고 예루살렘에서는 여호와의 영광이 떠났으나(겔 1-24장), 이제 포로에서 귀환될 것이고 그의 백성 가운데 하나님이 영광스러운 임재가 다시 시작될 것이다(겔 33-48장).[1]

▶ 이 모든 이상들은 포로 유배에 관련된 심판과 그리고 회복에 관련된 희망의 메시지를 확실하게 전달하는 기능을 한다. 이런 예언적 행동, 비유적 표현, 생생한 이상, 그 외에도 말로 선포하는 **다양한 메시지들의 중심 사상은 무엇인가?** 그것은 **모두 포로 및 회복과 관련된 예언들**이다.

1) 하나님의 보좌에서 흘러나오는 강은 생명과 축복과 하나님의 백성의 회복을 상징한다. 이 성소는 여호와의 임재를 상징한다. 여호와께서 항상 그리고 영원히 자신의 백성과 함께 하신다는 것을 확실하게 보여준다(겔 48:35).

에스겔 40장

1 우리가 사로잡힌 지 스물다섯째 해, 성이 함락된 후 열넷째 해 첫째 달 열째 날에 곧 그 날에 여호와의 권능이 내게 임하여 나를 데리고 이스라엘 땅으로 가시되
2 **하나님의 이상 중에 나를 데리고 이스라엘 땅에 이르러 나를 매우 높은 산 위에 내려놓으시는데** 거기에서 남으로 향하여 **성읍 형상 같은 것이 있더라**
3 나를 데리시고 거기에 이르시니 모양이 놋 같이 빛난 사람 하나가 손에 삼줄과 측량하는 장대를 가지고 문에 서 있더니
4 그 사람이 내게 이르되 인자야 내가 네게 보이는 그것을 눈으로 보고 귀로 들으며 네 마음으로 생각할지어다 내가 이것을 네게 보이려고 이리로 데리고 왔나니 너는 본 것을 다 이스라엘 족속에게 전할지어다 하더라"

포로 및 회복의 예언(주요 개념들)

❶ 포로와 회복은 서로 밀접하게 연결되어 있다.

1. 유다에 대한 심판, 선지자의 메시지는 여기서 끝나지 않는다. 선지자들은 한결같이 포로와 회복을 한 단위로 선포하기 때문이다. 선지자들은 심판을 선포한 후에 항상 회복의 희망을 제시한다. 먼저 호세아서를 살펴보자.

호세아서 – 메시지 전체가 포로와 회복으로 가득 차 있다.

(1) 호세아서는 심판과 회복 이 두 주제로 결합시켜 반복적으로 엮어간다.[1)] 이스라엘에게 타락은 어쩌다가 일어나는 일이 아니었다. 타락은 그들의 습관이며, 그들의 경향이었다. 멸망을 눈앞에 둔 이들 백성은 이미 고치기 힘든 상태에 있었다. 인간의 계책으로 목숨을 걸었고, 우상들에게 목숨을 걸었다. 오직 그것들에만 매달렸다. (아래의 설명은 동교재, 호세아서, 11-14장에서 가져온 것임)

(2) 이스라엘을 망하도록 내버려두실 것인가? (8-11절) 하나님은 갑자기 심경의 변화를 일으켜 자신의 심판을 자비로 돌리시고자 하신다. 하나님의 사랑이 어떻게 이스라엘에게 임할 것인가? (호 11:8)

11:8 “**어찌**(에크, אֵיךְ)[2)] 내가 너를 **놓겠느냐** 에브라임이여
이스라엘이여 **어찌**(에크, אֵיךְ) ‘내가 너를 **버리겠느냐**’(אֲמַגֶּנְךָ)[3)]
내가 **어찌** 너를 **아드마** 같이 **놓겠느냐**
어찌 너를 **스보임** 같이 **두겠느냐**
내 마음이 내 속에서 **돌이키어**(하파크, הָפַךְ)-니팔 동사 완료, ‘뒤엎다, 전복시키다’
나의 긍휼이 온전히 **불붙듯 하도다**”

(3) 원문에는 ‘에크’가 맨 앞에 놓였다. “‘어떻게(How, אֵיךְ)’ 내가 너를 버리겠느냐”라는 불가능한 일을 전제로 하는 말이다. 너를 결코 놓을 수도 버릴 수도 없다는 말이다. ‘내가 너를 버리겠느냐’는 말은 마간(מָגַן - 넘겨주다)의 피엘, 미완료형이다. **‘결코’ 자신의 백성을 버리지 않으시겠다는 뜻이다.**

2. **하나님의 심판은 백성들이 생각하고 있는 것보다 훨씬 무섭고 가혹하다. 긍휼이 베풀어진다 해도 그 심판은 여전히 가혹할 것이다.**

1)
- 오랜 배교에 따른 이스라엘의 멸망, 호 10:9-15
- 이스라엘에 대한 여호와의 사랑, 호 11:1-11
- 이스라엘의 오랜 반역 역사, 호 11:12-12:14
- 에브라임의 무능, 호 13:1-11
- 에브라임의 멸망과 여호와의 구원 약속, 호 13:12-16
- 회개 요청과 회복의 약속, 호 14:1-8

2) 에크는 ‘어떻게’(how)를 의미한다. 이 단어는 단순 의문문에서도 쓰이지만 대체로 질책할 때나 절망, 놀람, 공포, 혹은 바람 등을 나타내는 수사 의문문에서 사용되었다.

3) 이 동사는 피엘(강조 능동)형으로만 사용되었다. ‘주다, 넘겨주다’라는 의미이다.

(1) 얼마나 가혹할까? 호세아 13:15을 읽어보자. 심판을 무엇에 비유하고 있나?

13:15 "그가 비록 형제 중에서 결실하나
동풍(카딤, קָדִים)이 **오리니**
곧 광야에서 일어나는 여호와의 바람이라
그의 근원이 **마르며** 그의 샘이 **마르고**
그 쌓아 둔 바 모든 보배의 그릇이 **약탈되리로다**"

(2) 이제 이스라엘은 앗수르에 의해 파멸을 당할 것이다. 그 심판이 매우 가혹할 것임을 말한다.[1] 이제 여호와께서 동쪽에서 멸망자를 보내실 것이라고 했다. 이 동풍의 위력은 너무 대단해서 모든 샘의 근원(지하수까지도)을 마르게 한다. 그만큼 파괴의 힘이 크다는 것이다. 바로 앗수르의 침략을 비유하고 있다(렘 4:11, 13:24*). 그 동풍을 여호와의 바람이라고 했다. 앗수르를 들어 이스라엘을 벌하는 하나님의 심판을 가리킨다.

- 렘 4:11 "그 때에 이 백성과 예루살렘에 전할 자가 있어서 뜨거운 바람이 광야에 있는 헐벗은 산에서 내 딸 백성에게 불어온다 하리라 이는 키질하기 위함도 아니요 정결하게 하려 함도 아니며"
- 렘 13:24 "그러므로 내가 그들을 사막 바람에 불려가는 검불 같이 흩으리로다."

1) 특히 앗수르군의 만행은 유명했다. 아이들과 임산부는 살육의 대상에서 제외되어야 하는데, 실제 전쟁에서는 그렇지 않았다. 역사 속에서 이런 비참한 일이 자주 있었다(나훔 3:10; 시 137:8-9).

3. 그러면 그곳에 살던 모든 백성들이 영원히 사라질 것인가?

(1) 아니다. 일부는 포로로 끌려가지만 그 땅에 남아 있는 사람들도 있을 것이다. 나라가 없어졌으니 그들이 따르던 우상 종교도 다같이 파괴될 것이다. 호세아 선지자는 최후 심판(함락)이 있기 바로 직전, "여호와께로 돌아오라"는 마지막 초청을 전한다. 여호와 하나님께로 돌아온다는 것은 단순한 방향 전환이 아니다. "너는 말씀을 가지고 여호와께로 돌아와서…"라고 말한다. 따라서 하나님이 이들에게 진정 원하시는 것은 '수송아지'가 아니라 '입술의 말씀'이다. 하나님께서 원하시는 것은 호 6:6의 말씀같이 희생제물이 아니라 상한 심령이다. 즉 회개하는 마음이요, 변화된 삶이다. 만약 이들이 진정으로 돌아온다면 하나님과의 (언약) 관계 회복을 약속하신다.

(2) 호 14:9절에서는 회개하고 여호와께로 나아오는 그들에게 베푸시기로 약속하신 복의 내용을 말하고 있다. 백성들이 '등을 돌리고 떠나갔다'(turning back), 이는 곧 변절을 의미한다(호 14:4, 11:7; 렘 3:11, 12). 그러나 이런 그들이 회개하고 돌아올 때 하나님은 그들을 치료하신다(라파). 그리고 기쁘게(아주 즐거운 마음으로) 그들을 사랑하실(아하브) 것이다.

14:4 "내가 그들의 반역(메슈바, מְשׁוּבָה)[2]을 고치고(치료하고)
기쁘게(즐거이, 자발적으로) 그들을 사랑하리니
//이유(for, כִּי)
나의 진노(아프, אַף)가 그에게서 떠났음이니라"(떠났기 때문이다)

2) 반역 - 뒤로 돌아감(turning back), 배신, 변절.

▲ 이렇게 호세아서에서 살펴본 바와 같이 **심판과 회복** 이 두 주제가 서로 밀접하게 연관되어 있음을 본다.

이사야서에는 심판과 회복의 주제가 많이 나타나고 있다

(1) 물론 이사야서에서도 포로와 회복의 주제가 핵심이다. 사 6:11을 읽어보자.

> 언제까지요?
> -바벨론 포로로 끌려갈 때까지 계속해야 한다는 것이다. 물론 그의 생전에 백성들이 바벨론으로 끌려가는 일은 없었다. 그의 사역 이후에 경건한 왕들이 등장했기 때문이다. 그러나 근본적인 문제는 해결되지 못했다. 다만 경건한 왕들(히스기야, 요시야 등) 때문에 심판이 연기되었을 뿐이다.

6:11 내가 **이르되** 주여 어느 때까지니이까 하였더니
주께서 **대답하시되**
/성읍들은 황폐하여 주민이 없으며
/가옥들에는 사람이 없고 이 토지는 황폐하게 되며
12 /여호와께서 사람들을 멀리 옮기셔서
/이 땅 가운데에 황폐한 곳이 많을 때까지니라

(2) 하나님은 이사야 선지자가 수행해야 할 **사역의 목적**을 말해 준다. 사역 내용은 무엇인가? 하나님은 이 땅에 끔찍한 재난이 일어날 것이며 유다 백성은 포로가 될 것이며, 이 땅의 거주민은 사라질 것이며, 성읍들은 황폐화 될 것이다. 한 때 무성했던 민족의 나무들이 꺾이게 될 것이라고 말씀하신다.

(3) 그렇지만 거룩한 씨가 (민족을 상징하는) 나무의 그루터기로부터 나올 것임을 선언한다(13절). 비록 그루터기만 남는다해도 그 속에서 새로운 가능성이 남아 있다는 것이다. 백성들의 굳은 마음의 결과로 인해 멸망하고 포로로 끌려갈 것이지만 하나님의 구속적 은혜의 결과로 인한 회복이 예고되어 있다.

예레미야서에서도 심판과 회복이 중심 주제이다

1. 예레미야서도 포로와 회복에 관한 예고가 곳곳에 나타난다.

(1) 예레미야 38장까지 전반부에서 단지 두세 장만 빼고 거의 모든 장에서 포로와 회복에 관한 예언이 나온다. 예레미야는 이 주제를 하나님께서 예언하게 하심으로 전하는 것임을 분명하게 밝힌다(렘 30:2).

(2) 예레미야서의 후반부 - 예루살렘의 함락과 그 이후의 역사가 기록되었다(렘 39-45, 52장). 그리고 주변 나라들에 대한 예언이 주어진다(46-51장). 예레미야의 포로와 회복에 관한 예언을 주전 627년경부터 마지막 포로가 이루어지기까지

40년 동안 계속되었다.

(3) 렘 1:10, 12을 보라. 예레미야의 포로와 회복의 주제가 그의 사역 처음부터 주어졌음을 본다.

1:10 보라(רְאֵה - 칼 동사 명령법, 똑똑히 보아라)
내가 ── 오늘 너를 여러 나라와 여러 왕국 위에 **세워(=리라)**
//(목적: לְ to) - 왜 세우실까?
네가 그것들을 뽑고 파괴하며
파멸하고 넘어뜨리며 건설하고 심게 하였느니라(=하려고)

- 네가 ~을 뽑아버리려고(to pluck up) - 1:17 "그들이 순종하지 아니하면 내가 반드시 그 나라를 뽑으리라 뽑아 멸하리라 여호와의 말씀이니라."
- 파괴하려고(to break down) - 더 이상 쓸모 없는 건물은 부수거나 제거한다(렘 39:8 참조, "갈대아인들이 왕궁과 백성의 집을 불사르며 예루살렘 성벽을 헐었고").

(4) 그 어떤 백성도 여호와를 거절하면 그들을 뽑으며 완전히 멸절시키실 것이다(렘 12:17). 그러나 **결론에서의 메시지는 이스라엘을 위한 회복에 강조점을 둔다**(...세우며 심으리라, 렘 31:27-28, 32:41 - 전심을 다해서 구원하실 것이다).

2. 이렇게 예레미야서는 서론에서 도입된 두 주제(포로와 회복)로 책 전체를 통하여 베를 짜나가듯이 교차하며 엮어나간다. 이것이 이 책의 중심주제이다.

❷ 포로와 회복을 일으키는 원인은 각각 다르다.

1. 이스라엘에게 포로는 왜 일어났는가?

(1) 포로는 이스라엘의 범죄 때문에 일어난다. 하나님의 명령을 어겼기 때문이다(렘 9:1-11). 또한 회개를 거절함으로써 포로로 잡혀간다(호 11:5이하). 유다의 포로는 우발적으로 일어난 사건이 아니다. 에스겔은 한쪽 편으로 390일 동안 누워 있게 하셨다. 이는 백성들의 '죄의 연한'을 반영한 햇수이다(겔 4:5, 7:16*).

(2) 백성들의 우상숭배는 하나님으로 하여금 성전에서 떠날 수밖에 없게 만들었다(겔 8:3-6). 유다의 배반은 얼마나 큰 반역이며 죄인가? (겔 20:1-29을 읽어보라)

(3) 에스겔은 유다 백성의 죄를 들추어냄으로써 그것이 포로로 끌려가는 원인이었음을 선포했다. 예레미야도 포로로 끌려가는 이유를 백성이 자기 하나님 여호와의 언약을 버리고 다른 신들에게 절하고 그를 섬긴 연고라고 했다(렘 22:8-9).

- 겔 20:7 또 그들에게 이르기를 너희는 눈을 끄는 바 가증한 것을 각기 버리고 애굽의 우상들로 말미암아 스스로 더럽히지 말라 나는 여호와 너희 하나님이니라 하였으나 8그들이 내게 반역하여 내 말을 즐겨 듣지 아니하고 그들의 눈을 끄는 바 가증한 것을 각기 버리지 아니하며 애굽의 우상들을 떠나지 아니하므로 내가 말하기를 내가 애굽 땅에서 그들에게 나의 분노를 쏟으며 그들에게 진노를 이루리라 하였노라."

• 겔 36:22 "그러므로 너는 이스라엘 족속에게 이르기를 주 여호와께서 이같이 말씀하시기를 이스라엘 족속아 내가 이렇게 행함은 **너희를 위함이 아니요** 너희가 들어간 그 **여러 나라에서 더럽힌 나의 거룩한 이름을 위함이라** 23 여러 나라 가운데에서 더럽혀진 이름 곧 너희가 **그들 가운데에서 더럽힌 나의 큰 이름을 내가 거룩하게 할지라** 내가 그들의 눈 앞에서 **너희로 말미암아 나의 거룩함을 나타내리니** 내가 여호와인 줄을 여러 나라 사람이 알리라 주 여호와의 말씀이니라 24 내가 너희를 여러 나라 가운데에서 인도하여 내고 여러 민족 가운데에서 모아 데리고 고국 땅에 들어가서"

2. 그렇다면 회복의 원인은 무엇인가?

(1) 포로로 끌려간 민족이 다시 회복할 수 있는 요인은 하나님 보시기에 충분한 인정을 받았기 때문도 아니며, 여호와의 동정심 때문에 일어나는 것도 아니다. 그것은 어디까지나 여호와께서 자기 이름의 명예를 위해 그들을 회복시키시는 것이다. 에스겔서 36:22-24*을 읽어보라.

(2) 물론 하나님께서 인간을 위해 존재하는 것으로 인식해서는 안 된다. 그를 존경하는 것은 그가 존경받기에 합당한 분이시기 때문이요, 이것이 그가 이스라엘을 회복시키는 이유이다.

❸ 포로와 회복은 이스라엘 왕조를 끝내는 것

1. 포로와 회복의 예고적 예언은 당시 왕조가 종결되는 것을 포함한다. 그리고 다윗 줄기에서 새 후손으로 대치될 것을 내다보고 있다.

▶ 선지자들은 다윗과 맺은 언약에 따라 신실한 왕이 회복될 미래의 희망도 언급했다.

• 호 2:7 "그가 그 사랑하는 자를 따라갈지라도 미치지 못하며 그들을 찾을지라도 만나지 못할 것이라 그제야 그가 이르기를 내가 본 남편에게로 돌아가리니 그 때의 내 형편이 지금보다 나았음이라 하리라"

(1) 호세아가 보여주는 포로의 결과는 이스라엘 왕조의 멸망이다. 호세아 아모스는 이스라엘을 위한 회복을 말하지 않는다. 반면에 백성들은 북 왕국의 회복을 위해 다윗을 그들의 왕으로 찾아야 할 것을 말한다. 다윗 왕이 무너진 장막을 일으키게 될 것이다(호 3:5; 암 9:11).

(2) 북 이스라엘은 독립된 국가로서 더 이상 존재하지 못한다. 언제까지? 그 기간도 알 수 없다. 성전에서의 예배는 물론, 그들이 그렇게 끈질기게 추구했던 우상 숭배도 없어질 것이다. 이 기간이야말로 자신을 되돌아보는 기간이요, 오직 여호와의 은총만 기다리는 기간이 될 것이다. 이런 기간을 통해서만이 이스라엘은 정신을 차리게 될 것이다(호 2:7*).

(3) 그렇다면 하나님은 이스라엘을 영원히 내버려 두실 것인가? (호 3:5, 동교재, 호세아)

호 3:5 "그 후에(אַחַר) - 얼마큼 이후에?
이스라엘 자손이 **돌아와서**
그들의 하나님 여호와와 그들의 왕 다윗을 **찾고**
마지막 날에는 - 언제?
여호와를 **경외하므로** 여호와와 그의 은총으로 **(나아가리라)**"

(4) 여호와의 징계가 지나간 후, 불순물이 제거된 후에, 여호와를 두려움으로 대하게 될 것이다. 그때에야 이스라엘 자손이 돌아오게 될 것이라고 말씀하신다. "그 후"가 언제일까? 가깝게는 다윗 왕통(왕상 12:16)의 스룹바벨의 지도로 통일 회복되는 때를 가리킬 것이다(호 1:11). 많은 학자들은 그 궁극적 성취는 나타날 메시야 때를 가리킨다고 본다(렘 30:9; 겔 34:23, 24; 37:24, 25).

(5) 예언자들은 **이상적인 다윗계의 미래 통치자를 언급하고 있다**(사 11:1-10; 미 5:2-3). 때로는 그를 '다윗'으로 칭하기도 했다(렘 30:9; 겔 34:23-24, 37:24-25).

2. 아모스의 메시지는 긍정적인 소망으로 끝을 맺는다. 그 심판 너머에 있는 영화로운 시대가 올 것이라는 것이다.

(1) 하나님께서 작정하신 심판은 확정적이다. 그 심판은 여러 번 되풀이 해서 선포되었다. 오히려 종말론적 심판이 없다고 하는 죄인들은 칼에 죽을 것이라고 했다(암 9:10). 정말로 종말론적 심판으로 모든 것이 끝난다면 이스라엘에 대한 여호와의 은혜와 자비, 그리고 선택은 아무런 효과가 없었다거나 전혀 무력했단 말인가?

(2) 그러나 이스라엘과 유다와 열방들은 여호와의 나라로 보존되고, 회복되며, 하나가 될 것이라는 희망의 메시지가 선포된다. 여호와는 언약에 충실하시기 때문에 회개하는 모든 민족에게는 언제든지 은혜와 자비를 기꺼이 베푸신다는 사실을 마지막으로 선포한다. "그 날"은 언제를 가리킬까?[1)]

암 9:11 "그 날에(In that day, 바욤 하후 בַּיּוֹם הַהוּא) - 언제?
내가 다윗의 무너진 장막(수카, סֻכָּה)[1)]을 일으키고(쿰, קוּם)
그것들의 틈(분열)을 막으며
그 허물어진 것을 일으켜서 옛적과 같이(옛날처럼) 세우고"

1) 물론 여기에도 다양한 견해가 있다. 지금까지 너무도 부정적인 메시지를 보내다가 갑자기 밝은 미래를 언급하기에 어떤 학자들은 후대에 삽입한 것이라는 주장도 한다. 그러나 이사야나 호세아, 미가 선지자들도 밝은 미래를 언급하고 있음을 볼 때, 아모스 역시 같은 영화로운 미래를 언급한 것은 이상할 것이 없다. '그 날'은 선지자가 계속 언급했던 '여호와의 날'을 의미한다(암2:16, 5:18, 8:9, 11, 9:11, 13). 물론 죄인들에게는 두려운 심판의 날이지만 '남은 자'들에게는 구원의 날이요 기쁨의 날이다. (동교재, 아모스 9장)

3. 이사야 선지자의 다윗의 후손 언급

(1) 아하스 왕에게 보냄을 받은(사 7:1-3) 이사야 선지자, 그는 지금 아하스 왕에게 메시지를 전하고 있지만 북쪽 연합군이 공격하는 것은 결국 다윗 왕조 전체를 위협하는 것으로 보고 있다(사 7:6이하). 아하스 왕은 여호와께서 요구하신 믿음을 보이는데 실패했지만 처녀에게서 태어날 아이를 통하여 다윗 왕조가 계승될 것을 예언한다(사 7:14).

(2) 히스기야 왕은 바벨론 사신들을 맞이하면서 나라의 무기와 보물들을 다 보여주었다. 이로써 다윗 왕위가 끊기고 그 후손들은 포로로 글려갈 것을 예언하였다(사 39:7). 다윗의 줄기가 더 이상 끊어지지 않을 것이라는 미래의 회복을 선포했지만(사 7:14, 9:6-7, 11:1-10) , 그럼에도 불구하고 선지자는 계속하여 다윗 왕조가 끊어지고 포로로 잡혀갈 것을 선포한다.

4. 예레미야는 포로와 회복을 선포하면서 왕조의 멸망과 메시야 왕의 모심을 연결시킨다.

(1) 예레미야는 나라의 멸망과 포로를 예언하면서 왕들이 멸망당해야 했던 이유를 언급한다. 이 왕들은 하나님이 다윗과 맺은 언약의 중보자로서 그 책임에 실패했기 때문에 비참한 최후를 맞는다. (여호아하스, 여호야김, 여호야긴, 시드기야 등)

• 렘 23:1 "여호와의 말씀이니라 내 목장의 양 떼를 멸하며 흩어지게 하는 목자에게 화 있으리라."

(2) 예레미야는 유다 왕들에 대해 화를 선포한다(이들 왕은 양 떼를 흩어버린 목자와 같다). 이들은 양떼를 돌보기에 완전히 실패했다(렘 23:1*). 이제 하나님 자신이 흩어진 양떼들을 포로에서 데리고 오는 행동에 나설 것이다. 그리고 백성들을 잘 보살펴 줄 그들 위에 세울 것이다. "다윗에게 한 의로운 가지를 일으킬 것이라. 그가 왕이 되어 지혜롭게 다스리며 세상에서 정의와 공의를 행할 것이며..."(렘 23:5-6).

• 다윗 가문의 이 특별한 후손 - "그의 이름은 여호와 우리의 공의"라고 불릴 것이다. 시드기야는 왕위를 누리기에는 너무 미천하기 때문에 언젠가 자격이 있는 사람에게 대체될 것이라고 했다(렘 23:6).

23:5 여호와의 **말씀이니라**
보라!
때가 ——— **이르리니**
내가 ——— 다윗에게 한 의로운 가지(쩨마흐, צֶמַח)를 **일으킬 것이라**
그가 ——┬— 왕이 **되어** 지혜롭게 **다스리며**
　　　　└— 세상에서 정의와 공의를 행할 것이며

(3) "다윗에게 한 의로운 가지를 일으킬 것이라"는 개념은 이사야 11장에서 시작된다. 이사야 선지자는 앗수르는 울창한 수풀 같고(사 10:33, 34), 유다는 쓰러진 나무와 같다(사 11:1)고 했다. 그러나, "한 싹" "한 가지"가 나서 결실할

것이라고 했다. 이사야 11:1을 보자.

이새(이솨이, יִשָׁי)의 줄기에서 한 싹(호테르, חֹטֶר)이 **나며**
그 뿌리에서 한 가지(네째르, נֵצֶר)가 **나서 결실할 것이요**(יִפְרֶה)

(4) 예레미야는 유다의 회복을 바라보면서 이 인물에 관심을 둔다, 그리고 이사야의 예언을 인용한다(렘 33:15-17, 그 날 그 때에 내가 다윗에게서 한 공의로운 가지가 나게 하리니 그가 이 땅에 정의와 공의를 실행할 것이라 16그 날에 유다가 구원을 받겠고 예루살렘이 안전히 살 것이며 이 성은 여호와는 우리의 의라는 이름을 얻으리라. 17여호와께서 이와 같이 말씀하시니라 **이스라엘 집의 왕위에 앉을 사람이 다윗에게 영원히 끊어지지 아니할 것이며**")

(5) 다윗과 세운 언약은 변치 않는다(마치 낮과 밤에 대한 법칙을 정한 여호와의 언약이 변치 않는 것처럼, 33:17). 그 왕위에 앉을 자손이 끊어지지 않을 것이다(33:20-21, 25-26).

(6) 여호야긴은 바벨론 왕에 의하여 높임을 받는다. 이는 다윗의 줄기가 회복될 것이라는 하나님의 약속이 실패하지 않았다는 가능성을 보여주는 것이다. 마태복음, 예수님의 족보에서 여호야긴이 나온다. 바벨론 포로에서부터 다시 시작하는 다윗의 줄기는 다윗 계보를 회복하여 예수 그리스도의 오심까지 연결된다. 예수 그리스도의 탄생, 생애, 죽음, 부활, 그리고 승천에서 이 다윗 줄기의 의로운 가지가 성취되었다.

5. 에스겔서 17:22-24을 읽어보자. 이 비유의 핵심은 무엇인가?

(1) 이스라엘은 두 마리 큰 독수리가 취할 나뭇가지와 같다(겔 17장).[1]
그 내용은 이렇다 :

- 다윗의 집 : 레바논에 심어진 한 그루 나무로 언급한다.
- 바벨론 왕(독수리 - 색깔이 화려하고 날개가 크고 깃이 길고 털이 숱한 큰 독수리)이 나무의 꼭대기 부분(여호야긴)을 바벨론에 옮겨가고 한 씨(=시드기야)를 가나안에 심었다. 이 나무는 잘 자라지 못하여 잠시 동안 바벨론을 의지하다가 후에 애굽(=새로 심겨진 두 번째 독수리, 7절)을 의지한다. 이런 비유에 대한 해석이 겔 17:11-21에 나온다.

(2) **얼마간 왕국을 폐할 것이나 다시 세우실 것이다(겔 17:22-24).**

1) 에스겔은 동료 유다인들에게 분명한 메시지를 전하기 위해 그림 같은 알레고리(수수께끼, 우화)를 사용한다(겔 17장). 이 알레고리의 기본 의미는 다윗 왕가와 국제적 정세 속에서 그 왕가가 처한 상황을 다루고 있다. 17장의 비유를 자세히 읽어보라.

역사를 주관하시는 하나님이 얼마간 왕국을 폐하실 것이지만 다시 심으실 것이다(겔 17:24). 여기 나오는 나무들(22-24절) 곧 온 민족들은 여호와의 행사를 알게 될 것이다(24절). 이 비유가 모호하긴 하지만 그 중심 메시지는 분명하다. 왕들이 포로로 잡혀간 후에 여호와 자신이 이스라엘을 다스릴 왕을 세우실 것이다. 더 나아가서 하나님이 선택한 자가 유다의 타락한 왕 자리에 대신 앉을 것임을 선언한다(겔 21:25-27).

(3) 에스겔에서 미래의 메시아에 대한 기대는 포로와 회복에 관한 예언과 밀접한 관계가 있다. 다윗의 자손인 메시야적 인물이 하나님의 백성을 통치한다는 개념은 새 언약의 구절에서 중요한 요소이다.

6. 이 개념은 바벨론 포로 후에 어떻게 예언되는가? 학개서를 살펴보자.

학 2:21
너는 유다 총독(페하, פֶּחָה)[1] 스룹바벨에게 말하여 이르라
내가 ─ 하늘과 땅을 진동시킬 것이요
22 내가 ┬ 여러 왕국들의 보좌를 엎을 것이요
├ 여러 나라의 세력을 멸할 것이요
└ 그 병거들과 그 탄 자를 엎드러뜨리리니
말과 그 탄 자가 ─ 각각 그의 동료의 칼에 엎드러지리라

1) 70인경은 '유다 지파의'(ἐκ φυλῆς Ιουδα) 스룹바벨로 되어 있다(창49:8-10).

(1) 하나님은 다시 한 번 세계 질서를 무너뜨리실 것을 말씀하신다(학 2:6 참조). 그들의 군사력을 산산이 부술 것이다. 하늘과 땅의 진동은 하나님의 영광이 성전에 충만하게 되는 그 날의 징조일 뿐 아니라 열방을 심판하는 그 날의 징조이기도 하다. "여러 왕국들의 보좌(모든 나라의 정권을 상징한다)를 엎을 것이요." - 이 말은 종말론적인 심판을 선포하신 말씀이다.

학 2:23 만군의 여호와가 말하노라
스알디엘의 아들 내 종 스룹바벨아[2]
여호와가 말하노라
그 날에 '내가 너를 세우고'(אֶקָּחֲךָ- '라카흐'(לָקַח)의 칼 동사 미완료)
너를 인장(호탐, חוֹתָם)으로 삼으리니
//이는(이유, כִּי)
내가 너를(בְךָ) 택하였음이니라(=기 때문에)
만군의 여호와의 말이니라 하니라

2) 스가랴 선지 역시 스룹바벨을 여호와의 종('순', 쩨마흐, צֶמַח ; 슥 3:8)이라고 했다. 하나님께서 이 세상의 열방을 뒤엎으신 후에 스룹바벨은 왕의 '인장(반지)'과 같이 될 것이라고 했다.

(2) 여호야긴의 왕권은 그의 아들 스알디엘에 의해 계승되었고(학 2:3, 스알디엘의 아들 내 종 스룹바벨아…), 또한 그의 조카인 스룹바벨(아들로 입양?)로 이어졌음을 보여준다(대상 3:17-19; 스 3:2). 비록 스룹바벨은 페르시아에서 유다 왕은 아니었지만, 다윗 왕조의 회복에 대한 약속이 스룹바벨을 통해 성취되었다는 가시적, 외형적 증거를 보여준다.

(3) 학개와 스가랴 선지자는 이런 스룹바벨을 어떻게 언급하고 있을까?

너를 인장(호탐, חוֹתָם)[1]으로 삼으리니
//이는(이유, כִּי)
내가 너를(בְּךָ) 택하였음이니라(=기 때문에)

(4) '인장 반지'라는 말은 예레미야 22:24을 생각나게 한다. 스룹바벨의 조부 여호야긴에게 예레미야는 이렇게 하나님의 말씀을 전했다.

- 렘 22:24 "여호와의 말씀이니라 나의 삶으로 맹세하노니 유다 왕 여호야김의 아들 고니야(=여호야긴, 렘 24:1)[2]가 나의 오른손의 **인장반지**(חוֹתָם)라 할지라도 *내가 빼어* [25] *네 생명을 찾는 자의 손과 네가 두려워하는 자의 손 곧 바벨론의 왕 느부갓네살의 손과 갈대아인의 손에 줄 것이라* [26]내가 너와 너를 낳은 어머니를 너희가 나지 아니한 다른 지방으로 쫓아내리니 너희가 거기에서 죽으리라."

- 학 2:23 "만군의 여호와가 말하노라 스알디엘의 아들 내 종 스룹바벨아 여호와가 말하노라 그 날에 내가 너를 세우고 너를 **인장**(חוֹתָם)으로 *삼으리니 이는 내가 너를 택하였음이니라* 만군의 여호와의 말이니라 하니라."

1) 인장(印章)이란? : 호탐(חוֹתָם) - 문서를 인준하기 위해 점토나 밀랍에 인을 찍었던 돌에 조각해서 만든 도장을 말한다.

2) 렘 24:1; 대상 3:16 '여고냐'; 왕하 24:6, 8 '여호야긴'

7. 스가랴서에서는 어떻게 언급하고 있는가?

(1) 스가랴서 후반부(9-14장)는 크게 두 부분으로 볼 수 있다(9-11장과 12-14장). 두 부분 다 '여호와의 말씀의 경고(맛사)'란 말로 시작하고 있다(9:1, 12:1). 스가랴서 두 부분의 중심 메시지는 그리스도의 강림에 관한 것이요, 하나님의 백성들이 어떻게 환난을 극복하고 구원에 이를 것과 그리스도의 왕국이 어떻게 시작되어(9:9-10) 어떻게 완성될 것인가(12:1-14:21)를 보여주고 있다.

(2) "그러므로 시온의 딸아 기뻐하라"(슥 9:7). 기뻐할 이유가 무엇인가? 이제 이들의 왕이 오실 것이기 때문이다. 문맥에서 여호와께서 화자(話者)로 나오시기 때

문에 이 왕은 인간 통치자이다. 이 왕은 다윗의 후손임에 틀림없다(슥 12:8 참조). 이 왕은 나귀를 타고 오신다. 그분은 정의롭고 구원하시는 왕이시다. 이 왕은 평화로운 통치를 하실 분이시다(10절). 하나님은 종말에 나타날 이 왕을 통해 다스리실 것이다. (이하 동교재, 스가랴서 9장에서)

(3) 스가랴는 그의 동료 예루살렘 주민들에게 기뻐하라고 말한다. 그 이유는 무엇일까?

9:9 시온의 딸아
[너는] 크게(메오드, מְאֹד) **기뻐할지어다**(גִּילִי)[1] - 길(גִּיל)의 칼 동사 명령법
예루살렘의 딸아 **즐거이 부를지어다**(הָרִיעִי) - 루아(רוּעַ)의 히필 동사 명령법
보라!(힌네, הִנֵּה)
네 왕이 네게 **임하시나니**(יָבוֹא) - 미완료형, is coming to you
그는 **공의로우시며**(짜디크, צַדִּיק)
구원을 베푸시며(נוֹשָׁע) - 야솨(יָשַׁע)의 니팔 분사
겸손하여서(아니, עָנִי - 약한, 비천한, 가난한)
나귀를 **타시나니**(רֹכֵב) - 라카브(רָכַב)의 칼 동사 분사
/나귀의 작은 것 곧 나귀 새끼니라

8. 스가랴 9:9에서 '그 왕'은 어떤 왕이신가?

(1) **그 왕은 '공의로우시며'**(짜디크, צַדִּיק) : 이사야 선지자는 메시야적 통치를 묘사하는데 이 단어를 사용했다(사 9:5-6, 11:4-5; 렘 23:6). 다윗 가문에서 한 싹이 나올 것인데 그는 공의로 다스리실 것이다(사 11:3-5).

(2) **구원을 베푸시며**(노샤, נוֹשָׁע) : '구원하다'라는 뜻의 '야솨'(יָשַׁע)의 니팔(수동형) 동사 분사형이다. 수동형 분사이므로 '그는 구원을 받으리라'라는 말이 된다. 그리스도께서는 구원을 호소하셨고(시 22:1, 2), 또 구원을 받으셨다(시 22:21, 24).[2]

(3) **겸손하여**(아니, עָנִי) : '아니'는 '가난한, 겸손한, 약한, 비천한, 낮은, 억압을 받는'이라는 뜻을 가지고 있다. 대체로 '겸손한'[3]이라는 뜻으로 번역되었다.

3) 이 단어는 '고난을 당하는'이라는 뜻으로 해석할 수 있다. 이사야 네 번째 여호와의 종의 노래에서(사 52:13-53:12) 고난 받는 종에 대해서 언급하고 있다. 오실 메시야는 그 외모 때문에 멸시를 당한다(사 53:2-3). 그는 사람들의 기대에 어긋나는 모양으로 나타나셨다. 그는 슬픔의 사람이었다. 그런 슬픔을 당한 목적이 실상은

1) '기뻐하라'(길, גִּיל)는 말과 '즐거이 부르라'(루아, רוּעַ)는 단어는 모두 명령형이다. 기뻐하되 아주 크게(메오드, greatly) 기뻐하라는 것이다. '루아'라는 말은 '소리치거나 폭발음을 내다'라는 의미가 있다. 즉 특히 '뿔(민 10:7)이나 전통적인 수양의 뿔(쇼파르, 수 6:5 - 양각 나팔)을 사용하여 소리를 높이다'라는 뜻을 갖고 있다.

이렇게 기뻐하는 이유는 이스라엘의 왕이 임하실 것이기 때문이다. 스가랴는 네 가지 표현을 사용하여 그들에게 오고 있는 왕을 묘사하고 있다. '너의 왕이 네게 임한다'는 말은 '너를 구원하기 위하여', 또는 '너에게 복을 주시기 위하여' 오신다는 말이다. "네게 임하나니"라는 말은 미완료형이다. 미래에 오실 것이라는 말보다는 '오고 있는 도중'(on His way; your king is coming to you)이라는 의미가 있다.

2) 잠깐 십자가상에서 버림을 받으셨으나 구원을 얻어 드디어 영광을 받으셨다(히 2:9). 이로써 그는 우리의 구주가 되어 구원을 베푸는 자가 되셨다.

'이에수스'(Ἰησοῦς)라는 이름이 똑같은 사상(죄에서 구원하는 자)을 가지고 있다(마 1:21).

우리의 죄악 때문에 징벌을 당하는 것이라고 말한다. 그의 모습은 마치 "도수장으로 끌려가는 어린 양처럼" 보였다. 그는 우리의 질병(무거운 짐)을 짊어지고 우리의 아픔을 대신 겪으셨다.

(4) "**나귀를 타시나니**" : 여기서 '나귀'(하모르, חֲמוֹר)는 '(숫)나귀'를 의미한다. 고대 근동에서는 왕들은 종종 나귀를 탔으나 그보다는 왕이 타는 것으로 말이 더 선호되었다. 솔로몬은 애굽의 관습을 모방하여 말을 많이 수입했다. 말은 주로 전쟁에만 사용했다(삼하 8:4, 15:1; 왕상 4:26, 10:26). 그러나 솔로몬 이후에는 높은 지위에 있는 자들이 말을 탔다(전 10:7).[1] 이제 새로운 왕(제사장-왕)은 전쟁의 무기들을 파괴하여 전쟁을 그치게 할 것이다(슥 9:10).

(5) 신적인 용사이신 하나님의 승리는 메시야로 하여금 전 세계적인 하나님의 나라를 평화롭게 통치하실 수 있다. 하나님께서는 자신의 대리자, 다윗의 집의 메시야적 아들을 통해 다음과 같은 일을 하실 것이다. 첫째, 친히 전쟁의 도구들, 즉 병거와 전쟁하는 활을 끊으실 것이다. 다시 말하면 더 이상 전쟁이 없을 것이다. 둘째, 이방 민족에게 평화를 선포할 것이다(학 2:9; 겔 37:26; 사 9:6). 그리고 이 선포된 평화는 바다에서 저 바다까지, 유프라테스 강에서 땅 끝까지 이를 것이다(시 72:8 "그가 바다에서부터 바다까지와 강에서부터 땅 끝까지 다스리리니"). 이 예언은 주님의 초림으로 이루어졌다. 그러나 완성된 영광의 나라는 오직 그의 재림 때에 이루어질 것이다.

1) 나귀는 비천한 동물 중의 하나로 인식되었다(렘22:19). 그리스도께서 나귀를 타고 오신다는 것은 세속적인 왕의 모습이 아니다. 그의 나라는 세상에 속한 나라가 아니다. 나귀를 타고 오신다는 것은 비천함과 겸손함을 보여주는 것이다. 겸손함 보다는 아마 '가난하다'는 말이 더 맞는 표현일 것 같다. 그는 그렇게 가난하셨기 때문이다. 이 예언은 예수님께서 십자가를 지시기 전에, 예루살렘 입성을 하시던 때에 부분적으로 성취되었다(마21:1-11; 막 11:1-11; 눅 19:28-38; 요 12:12-15).

이스라엘 회복의 성경신학적 중요성

▶ 이스라엘의 회복은 죄 용서를 포함한다.

1) 하나님은 이스라엘을 애굽에서 인도해 내실 때 강한 팔로 그들을 이끌어내셨다. 요단강을 건널 때도 마른 땅을 밟고 건너게 하셨다. 사막에서도 양식을 공급해 주심으로 이스라엘에게 수많은 기적을 베푸셨다. 하나님께서 다시 한 번 이스라엘을 이끌어내실 것을 약속하신다.

(1) 만약 죄가 민족의 포로를 가져왔다면 죄의 사함은 회복을 위한 필수적인 요소이다. 미가 선지자는 이 문제를 어떻게 다루고 있나? (미 7:15, 18-20)

7:15 (**이르시되**)
네가 애굽 땅에서 나오던 날과 같이[1]
내가 그들에게 이적을 **보이리라** 하셨느니라

(2) 미가의 간청을 들으시고(미 7:14), 하나님은 미가 선지자를 통하여 "여호와께서 모세 시대에 그랬던 것처럼" 강하고 기적적인 방식으로 자기 백성에게 개입하실 것을 약속하신다. **하나님은 이스라엘에게 기적적인 회복과 복을 약속하셨다.** 이제 더 이상 하나님과 백성 사이에 장벽은 없다. (미 7:18)

(3) 예레미야도 이스라엘의 회복에서 죄 용서를 강조한다. 이스라엘의 파멸은 죄로 인한 것인데(렘 33:5), 그러나 결국은 포로에서 돌아오게 하실 것이다. 그들의 모든 죄악을 사할 것이라고 약속하신다(렘 33:8, 50:20). 다니엘서도 참조해 보라(단 9:18-20). 이 죄에 대한 용서는 옛적부터 있어왔던 규정과 전혀 다르게 이루어질 것인가? 예레미야는 이런 질문에 새 언약이 이루어짐으로써 이루어진다고 했다. 시내산에서 있었던 언약과는 전혀 다른 형태이다. 새 언약에서 백성은 새로운 마음을 가질 것이고, 그들의 죄는 완전히 사해질 것이다(렘 31:33-34). 새 언약의 성취에 대해서는 눅 22:20과 히 9:25-28을 읽어보자.

▶ 이스라엘의 회복은 은혜의 새 생명을 포함한다.

1) 두 광주리의 환상에서 • 매우 좋은 무화과 - 바벨론으로 끌려간 포로들을 가리키고 • 매우 나쁜 무화과(먹을 수 없는) - 새로운 왕 시드기야 치하에서 남아 있는 사람들을 가리킨다.

(1) 회복은 하나님께서 베푸시는 무조건적인 은혜로 이루어진다(렘 24장 - 좋은 무화과나무 / 먹을 수 없는 무화과나무 비유). 여호야긴이 바벨론에 끌려간 직후(597년), 좋은 무화과나무와 나쁜 무화과나무 이미지를 통해 메시지를 전달한다. 바벨론으로 끌려가는 포로들의 대우는 어디까지나 하나님의 은혜로밖에 설명할 수 없다.[1]

(2) 받을 가치가 없는 그들이 다시 회복되어 고국으로 돌아온다는 것은 하나님의

은혜이다. 하나님의 구원의 은혜는 신비이며, 하나님의 선택과 유기도 신비이다(롬 9:22-23). **이스라엘이 포로에서 회복하는 것은 출애굽의 구원사건을 훨씬 능가하는 하나님의 은혜의 실현이다**(렘 23:7-8). 물론 이 회복의 과정에서 죄를 찾아 회개하는 과정이 필요하다(렘 31:19). 민족이 여호와께 돌아올 때에 이스라엘과 유다는 어떤 반응을 보일 것인가? (렘 5:4) 회복의 결과 중 하나는 이들이 기쁨과 즐거움으로 돌아오는 것이다(렘 31:11-13, 33:10-11).

(3) '우르'(עוּר) 동사가 하나님을 주어로 하고 사역형(히필 동사)으로 쓰일 때에는 하나님께서 역사 속에 적극적으로 개입하시는 것을 묘사할 때이다. 즉 하나님은 초연해 계시거나 방관자가 아니라는 말이다. 그는 완전히 책임을 지시며, 그의 계획을 조정하신다. 그의 모든 행동에는 목적이 있다. 우연히 일어나는 사건은 없다. 하나님은 페르시아의 초대 왕 **고레스의 마음을 자극하여** 유대인 포로들을 돌아가도록 허용케 하셨다(욜 3:7).[1)]

(4) 그러나 은혜의 역사가 보다 완전하게 이루어질 미래를 내다보게 된다(슥 5:3-5; 말 1:6, 8, 13-14, 2:2, 3:8을 읽어보자.). 바벨론 포로에서 돌아온 백성들에게서 완전함을 찾아볼 수 없다. 따라서 이런 자들에게 내리는 그 진노의 맹렬함을 주시해 보라(슥 5:4; 신 28:17, 18 참조). 이렇게 올바른 삶을 살지 못한 악인들은, 집안으로 들어가서 그들의 재산과 삶이 파산할 때까지 계속 머무르며, 그것들을 없애버리실 것이라고 선언하신다. 결국 포로 후기의 공동체가 올바른 삶을 살아가지 않는다면, 옛날 조상들이 바벨론 포로로 끌려갔듯이, 다시 가나안 땅에서 쫓겨나 시날 땅에서, 즉 이방인의 땅으로 끌려가 유리하게 될 것이라는 말이다.

(6) 신약에서 예수님이 오심으로 회복을 위한 은혜의 해가 도래했음을 증언한다(눅 4:18-21). 백성들이 복음을 믿게 된 것도 전적으로 하나님의 은혜에 의해서이다(행 18:27, 13:48, 16:14, 20:24, 32; 엡 2:8-9).

▶ 이스라엘의 회복에 이방인들의 참여

(1) 이스라엘의 회복은 이방 민족들의 충만한 참여가 필수적이다. 사도행전 15:14-18을 읽어보고 **야고보 사도가 이방인에 대해 어떻게 진술하고 있는가 보라**. 이방인의 부르심은 이미 신명기 28:9-10에 언급되어 있다. 야고보는 또한 아모스서를 인용하여 진술한다(암 9:11-12 // 행 15:14이하).

(2) 아모스의 메시지는 긍정적인 소망으로 끝을 맺는다(암 9장). 그 심판 너머에 있

1) 하나님은 학개와 스가랴 선지자를 통해 잠자고 있는 여호수아와 스룹바벨과 백성들의 마음을 감동(흥분)시키신 것이다. 여기서 '마음'이라는 단어는 '레브'(mind)가 아니라 '루아흐' (רוּחַ =spirit, 영)라는 단어를 썼다. 그들의 보다 깊은 곳을 감동시키셨다는 표현이다.

아모스의 이 예언은 사도행전에서 성취되었음을 볼 수 있다. 主 예수의 교회로 회심한 이방인들의 자격에 대해서 논쟁이 일어나자 이 긴박한 문제를 다루기 위해 제1차 예루살렘 공의회가 열렸다(행 15장). 이때 아모스의 예언에 대한 호소가 있었다(행 15:16-17). 물론 갑론을박이 있었지만, 이때 **베드로가 일어나 하나님께서 자신을 선택하셔서 이방인에게도 복음을 전하게 하셨음을 증거했다**(행 15:7-11). 이에 장내는 잠잠해졌고(행 15:12), 이어 바울과 바나바의 간증을 들었다. 하나님께서 이방인에게도 복음 증거와 함께 모든 기적과 표적이 일어났음을 증거했다.

는 영화로운 시대가 올 것이라는 것이다. 하나님께서 작정하신 심판은 확정적이다. 그 심판은 여러 번 되풀이 해서 선포되었다. 오히려 종말론적 심판이 없다고 하는 죄인들은 칼에 죽을 것이라고 했다(암 9:10). 정말로 종말론적 심판으로 모든 것이 끝난다면 이스라엘에 대한 여호와의 은혜와 자비, 그리고 선택은 아무런 효과가 없었다거나 전혀 무력했단 말인가? (동교재, 아모서 9장 참조)

(3) 그러나 이스라엘과 유다와 열방들은 여호와의 나라로 보존되고, 회복되며, 하나가 될 것이라는 희망의 메시지가 선포된다. **여호와는 언약에 충실하시기 때문에 회개하는 모든 민족에게는** 언제든지 은혜와 자비를 기꺼이 베푸신다는 사실을 마지막으로 선포한다(암 9:11).

9:11 "그 날에(In that day, 바욤 하후 בַּיּוֹם הַהוּא)[1]
내가 다윗의 무너진 장막을 일으키고(쿰, קוּם)
그것들의 틈(분열)을 막으며
그 허물어진 것을 일으켜서 옛적과 같이(옛날처럼) 세우고"

▶ 이스라엘의 회복은 죽은 자의 부활이 그 정점

(1) 선지자들이 본 이상에서 국가의 회복은 완전한 파멸을 가져온 이스라엘의 멸망에 상쇄할 우주적 갱신과 연결되어 있다.

- 예레미야 9:10, 16 - 국가 파멸의 모습을 그리고 있다(렘 4:23-25).
- 스바냐 - 이스라엘 닥쳐올 멸망을 노아 홍수 때와 비교한다(습 1:3; 창 6:7, 17, 7:21-23; 습 3:8 - 온 세계는 하나님의 질투의 분노에 소멸될 것이다)

(2) 마지막 우주적 갱신과 더불어 어떤 변화가 일어날 것인가? 이사야 11:6-9을 읽어보자. 메시야적 왕의 통치의 결과는 무엇인가? 사 11장에서는 메시야와 같은 왕에 대해서 많은 예언을 제공한다. 11:1에서는 다윗의 계보를 '이새'로부터 시작함으로써 단지 다윗 계보의 연속성보다는 다시 회복될 새 계보를 전제하고 있다.[2] (동교재, 이사야서 11장)

(3) 여기 '내 거룩한 산 모든 곳'(בְּכָל־הַר קָדְשִׁי)은 다만 성전이 있는 산이나 시온으로 알려진 언덕(사 2:3)만을 가리키는 것은 아닐 것이다. 하나님은 여러 곳에 계시며, 여러 곳에서 여러 사람들에게 알리셨다(알리신다). 그러므로

1) "그 날"은 언제를 가리킬까? 물론 여기에도 다양한 견해가 있다. 지금까지 너무도 부정적인 메시지를 보내다가 갑자기 밝은 미래를 언급하기에 어떤 학자들은 후대에 삽입한 것이라는 주장도 한다. 그러나 이사야나 호세아, 미가 선지자들도 밝은 미래를 언급하고 있음을 볼 때, 아모스 역시 같은 영화로운 미래를 언급한 것은 이상할 것이 없다. '그 날'은 선지자가 계속 언급했던 '여호와의 날'을 의미한다(암 2:16, 5:18, 8:9, 11, 9:11, 13). 물론 죄인들에게는 두려운 심판의 날이지만 '남은 자'들에게는 구원의 날이요 기쁨의 날이다.

2) 사 11:6 그 때에(וְ, And, In that day - NLT) - 완전한 성취는 그리스도의 재림 후에. 이리가 어린 양과 함께 살며 표범이 어린 염소와 함께 누우며 송아지와 어린 사자와 살진 짐승이 함께 있어 어린 아이에게 끌리며 7 암소와 곰이 함께 먹으며 그것들의 새끼가 함께 엎드리며 사자가 소처럼 풀을 먹을 것이며 8 젖 먹는 아이가 독사의 구멍에서 장난하며 젖 뗀 어린 아이가 독사의 굴에 손을 넣을 것이라

이 산은 영광스러운 진리, 즉 주어진 세대, 주어진 장소에서 백성들에게 주어진 여호와의 계시가 전 세계 모든 민족에게 전파되기 위해 사용된 상징이다(사 2:1-4, 4:2-6). 이 여호와의 계시가 물이 바다 밑 모든 부분을 완전히 덮듯이(=물이 바다를 채우듯이) 온 세상에 가득 찰 것이다(창 35장 참조).

(4) 그러므로 11:6-9은 구원이 완성될 때의 모습을 보여준다(이미와 아직의 구조 - 재림 후에 궁극적으로 이루어질 하나님의 나라). 새로운 시대를 나타내는 두드러진 묘사는 여호와를 아는 지식(דֵּעָה אֶת־יְהוָה)이 세상에 충만해진다는 것이다. 지식의 부족은 중대한 범죄이다(사 1:3 참조). 하나님을 아는 지식은 여호와의 관계와 여호와에 대한 헌신을 암시한다(WBC).

(5) 새 하늘과 새 땅을 창조(사 65:17-25) - 하나님은 새 하늘과 새 땅을 창조하실 것이라고 선언하신다. 그 나라에서는 "이전 것은 기억되거나 마음에 생각나지 아니할 것이라"(17절)고 했다. 백성은 이 새 창조로 인해 영원히 기뻐하며 즐거워하게 될 것이다. 하나님은 예루살렘을 기쁨이 가득한 성으로 창조하며 그 백성을 기쁨으로 가득하게 하겠다고 말씀하신다(2절). 그 성에서는 다시는 우는 소리와 부르짖는 소리가 들리지 않을 것이다(19절).[1)]

(6) 하나님은 새 하늘과 새 땅을 창조하실 것을 언급하셨다. 새로운 회개가 이루어진 이후, 의인들이 살아가야 할 세상은 어떤 곳일까? 자연 안에서 성취될 평화의 낙원에 대해서는 이미 이사야 11장에서도 언급되었다. 이사야 11장과 65:17-25과 66:10-23을 비교하면서 읽어보라.

(7) 그 때에는 죽음은 사라지고(사 25:8) 새롭고 마지막인 다윗 왕의 통치가 시작될 것이다. 이런 나라의 진입을 가로막는 것은 사악하고 끝내 회개치 않는 자들이다. 그들은 하나님으로부터 영원히 떨어져 나간 사람들이다. 새 하늘과 새 땅, 그곳은 과거의 환난이 모두 잊힌 곳이다.

(8) 하나님 백성의 궁극적 갱신에는 죽은 자의 부활이 포함된다(호 6:1-2 참조). 이사야서에서도 부활의 개념이 나타난다(사 25:7-8).[2)] 죽은 자들이 살아나고.... 땅이 죽은 자를 내어 놓으리로다(사 26:19). 죽은 자의 부활에 개념은 에스겔과 다니엘서에서도 나타난다(겔 37:12-14; 단 12:2). 선지자들이 회복에 대해 말할 때에 땅 전체가 갱신될 것을 말하였으며, 또한 그것은 바로 메시야의 마지막 오심과 연관되어 있음을 알 수 있다.

1) 새 예루살렘(60장), 새 하늘과 새 땅(65:17-25, 66:10-24), 그것은 이전 일들의 결국(結局)과 뚜렷히 대조된다.

이전 일들과 새롭게 도래할 세계에 대한 예리한 대조를 보라(사 41:22, 42:9, 43:9, 18. 44:8, 46:9, 48:3을 읽어보자). 새로운 세계가 도래할 때 먼저 어떤 일이 일어나야 할까?

2) 모든 민족이 하나님의 연회에 참석할 것이다(6절). "이 산에서 만민을 위하여 기름진 것과 오래 저장하였던 포도주로 연회를 베푸시리니" 연회에는 모든 백성들이 참석한다. 모든 민족이 성전에서 예배를 드리게 될 것이다(사 2:2, 66:18 참조). 그때에는 모든 눈물이 씻겨질 것이다(8절). 사망도 영원히 멸하실 것이다. 자기 백성의 수치를 온 천하에서 제거하실 것이다.

■

예레미야 본문 끝 ■

백투더바이블 출간 계획(구약)

1-1 창세기(상)
1-2 창세기(하)
2 출애굽기
3 레위기
4 민수기
5 신명기

6 여호수아
7 사사기
8 룻기
9 사무엘상
10 사무엘하
11 열왕기상
12 열왕기하
13 역대상 · 하
14 에스라 · 느헤미야

15 욥기
16-1 시편(상)
16-2 시편(중)
16-3 시편(하)
17 잠언
18 전도서
19 아가서 · 에스더

20 이사야
21 예레미야
22 에스겔
23 다니엘

24 호세아
25 요엘 · 아모스
26 오바댜 · 요나 · 미가

27 나훔 · 하박국 · 스바냐
28 학개 · 스가랴
29 말라기

▶ 2016. 11월 현재 고딕은 출간 완료

▶ 출간 순서와 번호가 바뀔 수 있습니다.

백투더바이블(예레미야 · 애가)

2016년 11월 10일 초 판 1쇄 인쇄
2016년 11월 20일 초 판 1쇄 발행

저 자 · 장 종 길
발행인 · 조 경 혜
발행처 · 도서출판 그리심

도서출판 그리심 · since 1998
등록번호 / 제7-258호(1998. 4. 23)

● Home page: grisim.biz
● E-mail: grisimcho@hanmail.net

07030 서울시 동작구 사당로2길 72 인정 B동(B01호)
TEL : 523-7589, FAX : 523-7590

* 저자와 협의하여 검인을 생략함

ISBN 978-89-5799-371-2 94230
ISBN 978-89-88291-07-7 (세트)

값 : 뒷표지에